Fitness aquático:
um guia completo

para profissionais

Fitness aquático:
um guia completo para profissionais

6ª edição

Manole

Título original em inglês: *Aquatic Fitness Professional Manual – 6th edition*. Publicado mediante acordo com a Human Kinetics. Todos os direitos reservados.

Copyright © 2010, 2006, 2001, 2000, 1998, 1995 by Aquatic Exercise Association.

Nenhuma parte deste livro poderá ser reproduzida ou veiculada por qualquer meio ou processo, seja eletrônico ou mecânico, incluindo fotocópia, gravações ou qualquer outro sistema de recuperação de dados, sem a permissão da Aquatic Exercise Association.

Este livro contempla as regras do Novo Acordo Ortográfico da Língua Portuguesa.

Editor gestor: Walter Luiz Coutinho
Editora de traduções: Denise Yumi Chinem
Edição: Regiane da Silva Miyashiro

Tradução: Paula Faara

Revisão científica – Coordenação: Mercês Nogueira Paulo
Profissional de Educação Física graduada pela Faculdade de Educação Física de Santo André
Experiência na área de Educação Física, com ênfase em atividades aquáticas, qualidade de vida, idosos, resistência, fraturas e atividade física

Equipe: Ana Paula Braga Plácido
Profissional de Educação Física graduada pela Universidade Estácio de Sá
Especialista em Certificação em Fitness Aquático pela AEA – Aquatic Fitness Instructor
Proprietária da Academia Corpo em Ação e Coordenadora do Parque Aquático da Bom Jardim Maravilha Clube

André Luiz de Britto Teles Codea
Profissional de Educação Física com licenciatura plena pela Universidade Federal do Rio de Janeiro (UFRJ)
Pós-graduado em Anatomia Humana e Biomecânica pela Universidade Castelo Branco (UCB/RJ)
Mestre em Ciência da Motricidade Humana pela UCB/RJ

Betânia Maria Araújo Passos
Profissional de Educação Física graduada pela Universidade Federal de Viçosa
Mestre em Educação Física pela Universidade Católica de Brasília
Doutorado em Desporto pela Universidade de Trás-os-Montes e Alto Douro

Revisão de tradução e revisão de prova: Depto. editorial da Editora Manole
Diagramação: LCT Tecnologia e Serviços
Imagens: Figuras 3.7, 3.8, 5.3, 7.12 e 13.2 de Tammy Page. Figura 2.20: © Human Kinetics – Jason McAlexander. Figura 13.1 de U.S. Department of Agriculture e U.S. Department of Health and Human Services. Todas as outras ilustrações e gráficos pertencem à © LifeART® e Primal Pictures.
Capa: HeyBro
Imagens da capa: AEA – Fotógrafo Troy Nelson

Dados Internacionais de Catalogação na Publicação (CIP)
(Câmara Brasileira do Livro, SP, Brasil)

Fitness aquático : um guia completo para
profissionais / Aquatic Exercise Association ;
[tradução Paula Faara ; revisão científica
coordenação Mercês Nogueira Paulo]. --
Barueri, SP : Manole, 2014.

Título original: Aquatic fitness professional
manual
Vários colaboradores.
Tradução da 6. ed. original em língua inglesa.
Bibliografia.
ISBN 978-85-204-5254-9

1. Exercícios físicos aquáticos I. Aquatic Exercise
Association. II. Paulo, Mercês Nogueira.

14-00534   CDD-613.716

Índices para catálogo sistemático:
1. Exercícios aquáticos : Educação física   613.716

A Editora Manole é filiada à ABDR – Associação Brasileira de Direitos Reprográficos.

Edição brasileira – 2014

Direitos em língua portuguesa adquiridos pela:
Editora Manole Ltda.
Av. Ceci, 672 – Tamboré
06460–120 – Barueri – SP – Brasil
Fone: (11) 4196–6000
Fax: (11) 4196–6021
www.manole.com.br
info@manole.com.br
Impresso no Brasil
Printed in Brazil

Colaboradores e revisores da edição norte-americana

Colaboradores

Deborah Ashlie-Johnson, RN, é conhecida por seu trabalho com populações especiais, incluindo o Aqua Hearts Fitness Program for Cardiac Rehabilitation. Enfermeira por mais de 30 anos, com vasta experiência em enfermagem cardíaca, recentemente realocada para o Tampa Bay Heart Institute em Tampa, Flórida. Instrutora de ioga certificada pela AEA, publicou muitos artigos sobre condicionamento físico e apresentou seminários por todo o país (EUA). Deborah é adepta da consciência mente-corpo para a prevenção de doença.

Paula Briggs, MS, foi diretora de atividades aquáticas no Montain View Regional Rehabilitation Hospital. Membro do corpo docente no departamento de desempenho humano e ciências aplicadas na School of Medicine da West Virginia University (WVU). Introduziu o currículo de terapia aquática na WVU, tornando-a a primeira universidade a oferecer uma especialidade em terapia aquática. Recebeu o prêmio Aquatic Therapy Professional of the Year ATRI's 2000. Em 2008, entrou para a galeria da fama da WVU e foi nomeada professora destaque do ano.

June M. Chewning MA, BS, presidente e especialista educacional da Fitness Learning Systems, uma companhia que oferece educação contínua para profissionais de condicionamento físico e coligados. Professora adjunta no Cincinnati State College no curso de técnico em saúde e condicionamento físico. Especialista educacional e de pesquisa para a AEA, recebeu o prêmio AEA Contribution to the Aquatic Industry, de 1995.

Christine Crutcher, BA, é gerente de programa aquático do parque aquático interno do Willamalane Park and Recreation District, responsável pelo programa de condicionamento físico aquático para as instalações multipiscinas de funcionamento anual no distrito. É professora de condicionamento físico aquático e treinadora de instrutores há 30 anos. Palestrante na IAFC Hydro-Fit Academy e em conferências de recreação. Bacharel em educação e comunicação oral. Instrutora de nível CEC certificada pela AEA.

Pat Fossella, agora aposentada, foi gerente de instalação da Cranford Pools and Fitness Center in Cranford, New Jersey, por 30 anos. Tem numerosas certificações, incluindo operador de piscina certificado e *personal trainer* da AEA e da Aerobics and Fitness Association of America (AFAA). Treinadora de instrutores da Cruz Vermelha Norte-americana para programas como instrutor de segurança na água, guarda-vidas, RCP para o resgatador profissional, instrutor de primeiros socorros, administração de oxigênio, RCP na comunidade e local de trabalho e prevenção de doença. Sempre com forte foco em segurança, Pat também é instrutora de segurança na água do Departamento de Polícia de Cranford.

Nettie Puglisi Freshour, MS, RD, LD, CSSD, é nutricionista registrada e licenciada, estudiosa de nutrição e condicionamento físico desde 1999. Graduação e mestrado em nutrição humana e alimentos pela West Virgina University. Especialista em bem-estar geral e nutrição esportiva. Trabalha como nutricionista nos serviços de atletismo e jantar para WVU. Professora de nutrição esportiva para graduados e em graduação. Foi a primeira especialista certificada em nutrição esportiva (CSSD) no estado de West Virgina.

Gary Glassman, MD, é médico de emergência em exercício em tempo integral no Bucks County, Pennsylvania. Atual membro da AEA Research Committee e ex-membro da AEA Board of Directors and Advisor Council. Tem numerosos artigos publicados na AKWA Magazine relacionados a diversas questões médicas, com grande interesse em esportes, sobretudo na prevenção de lesão. Trabalha para que a população norte-americana obesa e sedentária – muitos dos quais ele atende na sala de emergência diariamente – percebam que o ambiente aquático é ótimo para se exercitar.

Kimberly Huff, MS, CSCS, tem graduação incompleta em educação física e grau de mestre em educação de saúde. Certificada pela National Strength and Conditioning Association, pelo American College of Sports Medicine e pela Aquatic Heart Association. Ministra cursos de revisão de certificação para a ACSM e AEA e é codiretora do AEA's Research Council. Tem artigos publicados em vários periódicos sobre condicionamento físico, é colaboradora frequente da AKWA Magazine e tem apresentado várias conferências internacionais.

Pauline Ivens, MS, é professora de educação de movimento há 36 anos. Proprietária da Aqua Aerobics Unlimited, que oferece educação e treinamento para profissionais de exercício aquático. Mestre em educação física adaptada, certificada pela AEA e ACE, e especialista em treinamento aquático da Aquatic Exercise Association. Praticante de *watsu* e professora licenciada pela NIA. Em 1997, Pauline ganhou o AEA's Aquatic Fitness Professional Global por excelência em liderança e educação em condicionamento físico aquático.

Michael W. Lenk, BS, é engenheiro mecânico e espacial pela University of Rutgers, assim como bacharel em educação secundária (matemática e física). Consultor de condicionamento físico no Guam Hilton International e no World Gym (diretor de condicionamento físico), na University of Guam (instrutor adjunto de condicionamento físico e bem-estar) e na Young Men's Christian Association (YMCA) (consultor de exercício aquático). Também publica no Pacific Daily News e no News Journal como colunista sobre bem-estar.

Rita Monasterio, MS, é formada em neuromecanismos e controle motor, e ciência da dança. Seu foco é a medicina complementar e alternativa. Terapeuta manual integrativa certificada, praticante de energia matricial, integrando diversas e valiosas modalidades de bem-estar e cura. Autora publicada que gerencia um bem-sucedido negócio de saúde holística e bem-estar, Illumination, em Eugene, Oregon.

Mick Nelson, BS Business Administration, MS Education, é diretor de desenvolvimento de instalações para USA Swimming, participando do projeto e do desenvolvimento de 65 novas instalações. Tem ampla experiência como técnico de clube e em gerenciamento de empresa e de ambiente aquático. Especialista em desenvolvimento, programação e tratamento de água e projeto de instalação aquática para empresas. Tem se apresentado em mais de 50 convenções aquáticas norte-americanas nos últimos 10 anos.

Charlotte O. Norton, DPT, MS, ATC, CSCS, fisioterapeuta em uma variedade de formatos em Sacramento, Califórnia. Especialista em ortopedia, medicina esportiva, saúde no lar e fisioterapia aquática. Sua empresa, Building Bridges, está comprometida em facilitar relacionamentos e fornecer cuidado holístico contínuo. Foi vice-presidente da Aquatic Section 2nd e diretora e coeditora de educação e programação do Journal of Aquatic Physical Therapy; também foi coautora do The Aquatic Continuum Of Care, e do Aquatic Tool Box. Em 2007, recebeu o Judy Cirullo Award por liderança em fisioterapia aquática.

Angie Proctor é presidente da Personal Body Trainers/Innovative Aquatics e diretora executiva da AEA. Atuante na indústria de condicionamento físico há mais de 20 anos como gerente de clube, instrutora de condicionamento físico, *personal trainer* e apresentadora internacionalmente reconhecida, oferecendo programas de treinamento em mais de 36 países. Produziu mais de 75 DVDs sobre condicionamento físico aquático, com foco em diversos mercados e com formatos aplicáveis ao treinamento pessoal, exercício em grupo e ao mercado consumidor. Autora sobre condicionamento físico com contribuição reconhecida nos Estados Unidos e no exterior.

Julie See, presidente da AEA e cofundadora da Innovative Aquatics, atua na indústria de condicionamento físico há mais de 25 anos. Especialista em treinamento e programação modernos para condicionamento físico em terra e na água. Coautora do livro *Aqua aerobics: a scientific approach*, editora da AKWA Magazine. Colaboradora, autora e conselheira para publicações de saúde e condicionamento físico nos EUA e no exterior. Também é produtora de mais de 50 vídeos sobre programação de condicionamento físico aquático.

Lori A. Sherlock, MS, é professora assistente da School of Medicine da West Virginia University. Coordenadora e professora de terapia aquática na divisão de fisiologia do exercício. Especialista em treinamento aquático da AEA e codiretora na Aquatic Exercise Association's Research Committee. Colaboradora da AKWA Magazine e grande pesquisadora de temas relacionados ao campo aquático.

Sandy Stoub, MS, é graduada em ciência do exercício e gerontologia, com mais de 25 anos de experiência na indústria de condicionamento físico. Diretora de serviços de bem-estar para Alliance Rehab, Inc., uma organização especializada em suprir as necessidades de organizações de cuidado ao idoso por todo o país. Especialista em treinamento aquático da AEA, presidente do AEA Advisor Committee, apresentadora internacional ganhadora de prêmios, autora e professora adjunta.

Marsha Strahl, agora aposentada, atuou no campo da indústria de condicionamento físico como proprietária do Networking Educational Workshops e como consultora de condicionamento físico para o The Club for Women Only em Chapel Hill, North Carolina. Palestrante convidada frequente em várias faculdades na área de Triad, assim como em conferências nacionais de saúde e condicionamento físico, produtora de programas educacionais de áudio e autora do livro *Become a vocal athlete*. Atualmente, é assistente familiar multigerações.

Christine L. Vega, MPH, RD, CSCS, NSCACPT, é professora na Vicenza High School na Itália. Professora de educação física e saúde em níveis de ensino fundamental, médio e superior há 30 anos. Também foi nutricionista atuante em saúde pública e autora de capítulos sobre nutrição em livros e artigos para várias publicações para leigos. Professora de exercício aquático e especialista em treinamento aquático da AEA.

Jack Wasserman, PhD, é professor emérito na University of Tenessee, Knoxville (UTK), ensinando diversos formatos de exercício em grupo e terapia aquática. Especialista em condicionamento físico e saúde para idosos. Atua no AEA Research Committee. Recebeu numerosos prêmios universitários por seu trabalho de ensino e pesquisa. Membro do Internal Review Board for Research da UTK, do American National Standards Institute (ANSI) e delegado dos EUA para o International Standard Organization (ISO).

Adita Yrezarry Lang, BS, tem mais de 25 anos de experiência na indústria de saúde e condicionamento físico. Graduada em nutrição holística, atualmente é proprietária do Inner Strength Studios and Professional Fitness em Key Biscayne, Flórida. Especialista em nutrição e condicionamento físico de restauração, com conhecimento em biomecânica e treinamento de equilíbrio e estabilidade em adição à saúde holística. Credenciada por Check Institute, NASM, ISCA, ACE e AFAA.

Revisores

Laurie Denomme, Bkinesiology, é diretor assistente de operações da AEA. Especialista em treinamento da AEA e treinador mestre no Bender Method. Diretor do programa de desenvolvimento para Aquatic Options Education e coautor de um livro sobre populações especiais e condicionamento físico aquático pós-reabilitação.

Jason Grush é terapeuta em massagem licenciado, *personal trainer* certificado pela AEA e profissional de condicionamento físico certificado pela AEA. Atualmente, participa do State College of Florida, envolvido no programa de dois anos de terapeuta físico assistente.

Sue Nelson, BS, é especialista em ciência do exercício e exercício aquático da USA Swimming, técnica de natação de nível 4 da ASCA com extensa experiência em negócio e gerenciamento aquático. Sua experiência como instrutora certificada de condicionamento físico aquático e *personal trainer* ajudou com o treinamento de fisioterapeutas licenciados em seu centro particular de terapia para pacientes externos.

Shana Sarchet é profissional de condicionamento físico e gerente de eventos de educação e certificação para a AEA. Professora de condicionamento físico por mais de 15 anos, com certificações como treinadora em grupo e pessoal da AEA, AFAA e consultora nutricional da AFPA.

Sheila O. Smith, PhD, MSN, RN, é professora membro na faculdade de enfermagem na Medical University of South Carolina. Seus interesses de pesquisa são atividade física, obesidade e promoção de saúde. Conduziu projetos financiados de pesquisa em exercício aquático na gravidez e na obesidade.

Seth Anne Snider-Copley, RKT, MA, é especialista em exercício com 20 anos de experiência na indústria de condicionamento físico e bem-estar. Especialista em diversidade e excelência em nível internacional. Fundadora e principal conselheira de bem-estar do BodyCentric, unindo metodologias tradicionais em condicionamento físico e treinamento de materialização (corpo centralizado).

Yumi Watanabe é instrutora certificada da AEA que ministrou aulas de condicionamento físico em grupo e treinamento pessoal por 9 anos. Com alunos na água e em terra, trabalha com muitos participantes internacionais. Certificada como condicionadora física (JHCA), frequenta a faculdade e trabalha como aluna interna da AEA.

Danielle Yeats, BS, é graduada pela York College of Pennsylvania em terapêutica e recreação comunitárias. Trabalha com educação infantil como ajudante de educação especial e professora substituta. Atualmente, trabalha para a AEA no escritório corporativo, ajudando em finanças, educação e administração de certificação.

Sumário

Introdução xv
A missão e o objetivo da AEA xvi
Agradecimentos xvii

Capítulo 1 Condicionamento físico 1
Conceitos fundamentais 1
Introdução 1
Componentes do condicionamento físico 2
    Resistência cardiorrespiratória 2
    Força muscular 2
    Resistência muscular 2
    Flexibilidade 3
    Composição corporal 4
    Componentes de condicionamento físico
      relacionados à habilidade 4
Diretrizes para o exercício 4
    Método de treinamento 5
    Frequência de treinamento 5
    Intensidade de treinamento 5
    Duração de treinamento 8
    Flexibilidade 8
    Exercícios neuromusculares 8
Tipos de condicionamento aeróbio 8
Benefícios do exercício regular 9
    Benefícios do exercício regular para a saúde 9
    Benefícios psicológicos de exercício regular 10
    Atividade física *versus* condicionamento físico . . 10
Resumo 13
Questões para revisão 14
Bibliografia 15

Capítulo 2 Anatomia do exercício 17
Conceitos fundamentais 17
Introdução 17
Organização estrutural do corpo humano 18
Sistemas do corpo humano 18
Termos anatômicos de referência 18
O sistema esquelético 19
    Classificação dos ossos 19
    Composição estrutural do osso 20
    Como os ossos crescem 20
    O esqueleto humano 20
O sistema muscular 22
    Características do tecido muscular 22
    Estrutura muscular 22
    Organização muscular 22

    Músculos da região superior do tronco e
      extremidades 24
    Músculos do tronco 28
    Músculos da região inferior do tronco e
      extremidades 30
O sistema nervoso 32
    Organização do sistema nervoso 33
    Os principais nervos periféricos 34
O sistema respiratório 35
    Organização do sistema respiratório 35
    Fluxo de oxigênio no sistema respiratório 36
O sistema cardiovascular 36
    Organização do sistema cardiovascular 36
    Fluxo sanguíneo e oxigenação 38
Termos cardiovasculares 40
Resumo 40
Questões para revisão 41
Bibliografia 41

Capítulo 3 Análise de movimento 43
Conceitos fundamentais 43
Introdução 43
Posição anatômica 44
Termos relacionados ao movimento 44
Definições matemáticas dos termos relacionados a
    movimento 48
Planos e eixos 48
Alavancas 51
Tipos de articulação 54
    Esferóidea ou bola-e-soquete 55
    Gínglimo ou dobradiça 56
    Elipsóidea ou condilar 57
    Selar 57
    Plana ou deslizante 57
    Trocóidea ou pivô 58
Interação entre os sistemas esquelético e
    muscular 58
Considerações sobre movimento 59
    Cíngulo do membro superior (cintura escapular) . 59
    Articulação glenoumeral (do ombro) 62
    Articulação umeroulnar (parte do complexo
      articular do cotovelo) 63
    Coluna vertebral e cíngulo do membro inferior . 63
    Articulação do quadril 65
    Articulação do joelho 65

Postura e alinhamento. 65
Resumo. 66
Questões para revisão 67
Bibliografia. 67

Capítulo 4   Fisiologia do exercício 69
Conceitos fundamentais. 69
Introdução 69
Princípios fisiológicos 70
    Sobrecarga 70
    Sobrecarga progressiva 70
    Adaptação 70
    Especificidade 71
    Variabilidade/*cross-training* (treinamento cruzado). 71
    Reversibilidade 71
Equilíbrio muscular 72
Metabolismo energético. 73
    Energia 73
    Adenosina trifosfato (ATP) 73
    Sistema ATP-PCr 74
    Sistema glicolítico 74
    Sistema oxidativo 75
    Como esses sistemas trabalham juntos para
      suprir as necessidades energéticas do corpo . . 76
Tecido muscular esquelético 76
    Teoria do filamento deslizante 76
    Tipos de fibras musculares esqueléticas. 77
    Tipos de contração/ação de músculos
      esqueléticos 78
Respostas ao exercício aeróbio 79
Resumo. 81
Questões para revisão 81
Bibliografia. 82

Capítulo 5   O ambiente aquático 83
Conceitos fundamentais. 83
Introdução 83
A imersão em meio aquático 84
Dissipação de calor no ambiente aquático 84
Temperatura da água. 85
Umidade e temperatura do ar 87
Resistência da água 87
Considerações sobre a piscina. 87
    Profundidade da piscina e declive. 88
    Piso da piscina 88
    Superfícies do *deck*. 89
    Valetas e escadas de piscina 89
    Qualidade da água. 90
    Qualidade do ar. 91
Fatores acústicos. 92
Choque elétrico 92
    Trovão e relâmpago. 92
Resumo. 94

Questões para revisão 95
Bibliografia. 95

Capítulo 6   Leis físicas aplicadas ao ambiente aquático 97
Conceitos fundamentais. 97
Introdução 97
Movimento 98
Leis de movimento de Newton e conceitos
    relacionados. 99
A lei da inércia 99
    Inércia corporal total 99
    A inércia da água 100
    Inércia de membro. 100
Arrasto 101
Viscosidade 101
Resistência frontal 102
Posições de mão — Fatores relacionados ao
    formato. 103
Alterações de intensidade com velocidade. 103
A lei de aceleração 103
A lei da ação e reação 106
Alavancas. 107
Flutuabilidade 108
Pressão hidrostática 109
Tensão superficial. 110
Interação das leis físicas 110
Resumo. 111
Questões para revisão 111
Bibliografia. 112

Capítulo 7   Equipamentos de condicionamento físico aquático 113
Conceitos fundamentais. 113
Introdução 113
Principais movimentos e ações musculares 114
    Terminologia e definições. 114
    Movimento puro 114
    Movimento em terra 115
    Movimento submerso 116
Tipos de equipamento aquático e ações
    musculares. 116
    Equipamento flutuante 118
    Equipamento com peso 119
    Equipamento de arrasto 119
    Equipamento emborrachado. 124
    Equipamento de flutuação (mistos com
      objetivo específico) 124
Tabela resumida para ações musculares 126
Seleção e compra de equipamento de
    condicionamento físico aquático 126
Resumo. 129
Questões para revisão 129
Bibliografia. 130

Capítulo 8 Elaboração de programas e liderança em hidroginástica 131

Conceitos fundamentais. 131
Introdução 131
Componentes da aula 132
Componente de aquecimento. 132
Fase de condicionamento e resistência 133
    Treinamento cardiorrespiratório de resistência . 133
    Treinamento de condicionamento muscular . . . 133
    Treinamento de flexibilidade muscular/amplitude de movimento 134
Componente de relaxamento 135
Variações no formato de programa 136
    Treinamento em circuito. 136
    Treinamento intervalado. 136
    Exercício de dança aquática 136
    Condicionamento físico em piscina funda. . . . 136
    Step aquático 137
    Caminhada vigorosa a passos largos (caminhada aquática e *jogging*) 137
    Condicionamento muscular 137
    Kickboxing aquático 137
    Ciclismo aquático 138
    Ai chi. 138
    Pilates, *tai chi* e ioga aquáticos. 138
    Pré e pós-natal 138
    Programas para artrite 138
    Treinamento aquático personalizado e condicionamento físico para pequenos grupos. . . . 139
Condição física e alinhamento postural do instrutor 139
A arte da orientação. 140
    Orientação audível 141
    Orientação visual. 141
    Orientação tátil 142
    Dicas adicionais sobre orientação. 142
    Estilo de orientação 143
Transições suaves para criar fluidez 143
Métodos para instrução segura e efetiva. 146
    Padrões e diretrizes da AEA para instrução a partir do *deck*. 146
    Transmissão de execução de movimento e transferência de peso a partir do *deck*. 148
    Transmissão de ritmo apropriado a partir do *deck* 149
    Ensino de dentro da piscina 149
    Ensinar a partir do *deck* e na piscina 151
    Condução do treino. 151
    Equilíbrio muscular 152
Movimentos de alto risco e inefetivos. 152
    Movimentos muito rápidos (tempo de terra e tempo duplo) 153

Uso prolongado de braços acima da cabeça. . . . 153
Exercícios de impacto muito alto 153
Promoção de desequilíbrio muscular 153
Batimento de pernas 153
Exercício com apoio na parede. 154
Flexão de quadril *versus* condicionamento abdominal 154
Hiperflexão do joelho 154
Integridade da coluna vertebral 154
Uso apropriado de equipamento 154
Comportamento e vestuário profissional 155
Resumo. 156
Questões para revisão 157
Bibliografia. 157

Capítulo 9 Hidroginástica *shallow-water* . . . 159

Conceitos fundamentais. 159
Introdução 159
Definições e termos comuns em coreografia . . . 160
Movimentos básicos em coreografia aquática . . 160
Estilos ou tipos de coreografias 161
    Coreografia de progressão linear ou de estilo livre. 162
    Coreografia piramidal 162
    Coreografia de adição 162
    Coreografia de repetição de sequência ou padronizada 163
    Técnica em camadas 163
Opções de impacto para hidroginástica 164
    Níveis I, II e III. 164
    Movimento com apoio no chão ou posição ancorada. 166
    Movimento impulsionado e elevado 166
Movimentos específicos da água 168
Padrões de braço em hidroginástica. 168
Música 171
Execução do movimento 171
    Tempo de terra (TT) 171
    Tempo de água (TA) 172
    Meio-tempo de água (½ A) 172
Resumo. 175
Questões para revisão 175
Bibliografia. 176

Capítulo 10 Hidroginástica *deep-water* 177

Conceitos fundamentais. 177
Introdução 177
Fisiologia e benefícios da hidroginástica *deep-water*. 178
    Pesquisa em hidroginástica *deep-water*. 178
    Aplicação de pesquisa sobre hidroginástica *deep-water*. 179
Qualificação dos participantes. 180
Interação com o ambiente 181

xii Fitness aquático: um guia completo para profissionais

Profundidade da piscina 182
Espaço de treino do aluno. 182
Temperatura da água. 182
Temperatura do ar. 182
Entrada e saída da piscina. 182
Retorno à posição vertical. 182
Guarda-vidas 183
Calçados. 183
Segurança do equipamento. 183
Opções de equipamentos para piscina funda. . . 184
Cintos de flutuação 184
Coletes de flutuação 184
Flutuadores de braço 185
Tornozeleiras de flutuação 185
Boias tipo espaguete 185
Dispositivos de resistência 185
Aplicações em piscina funda 185
Imersão total 185
Estabilização dinâmica 186
Centro de flutuação e diminuição da gravidade . 187
Princípio de Arquimedes. 188
Colocação de equipamento de flutuação 188
Equilíbrio 188
Equilíbrio muscular 189
Transições 189
Alterações de intensidade. 191
Sobrecarga e adaptação 192
Lei da inércia 192
Lei da aceleração 192
Lei da ação e reação. 192
Resistência frontal 193
Posições de mão 193
Alavancas 193
Flutuabilidade 193
Velocidade 194
Arrasto 194
Programação e condução de aulas de
deep-water. 194
Formatos de aula 194
Instrução a partir do *deck* 196
Música e compasso 198
Público-alvo. 198
Resumo. 199
Questões para revisão 199
Bibliografia. 200

Capítulo 11   Populações especiais 203
Conceitos fundamentais. 203
Introdução 203
Idosos 204
Características 204
Benefícios do exercício 205
Considerações para o programa 205

Indivíduos obesos. 206
Características 206
Benefícios do exercício 207
Considerações para o programa 207
Crianças 208
Características 208
Benefícios do exercício 209
Considerações para o programa 209
Adolescentes 212
Características 213
Benefícios do exercício 214
Considerações para o programa 214
Pré e pós-natal. 214
Características 214
Benefícios do exercício 215
Considerações para o programa 216
Doença cardiovascular 217
Características 218
Benefícios do exercício 220
Considerações para o programa 221
Doenças pulmonares 222
Características 222
Benefícios do exercício 223
Considerações para o programa 223
Doenças musculoesqueléticas 224
Características 224
Doença metabólica 227
Características 227
Benefícios do exercício 228
Considerações para o programa 228
Doenças neuromusculares 228
Distúrbios imunológicos e hematológicos 232
Resumo. 236
Questões para revisão 237
Bibliografia. 238

Capítulo 12   Emergências, lesões e a
saúde do instrutor 239
Conceitos fundamentais. 239
Introdução 239
Planos de ação de emergência 240
Adaptação do treinamento de primeiros
socorros, RCP e DEA ao ambiente aquático . . 240
Emergências. 242
Primeiros socorros básicos 241
RCP e DEA 242
Desespero e afogamento. 242
Mal súbito 243
Diabetes. 244
Infarto agudo do miocáridio (IAM) 244
Parada cardíaca 245
Acidente vascular encefálico (AVE). 245
Convulsões epiléticas 246

Emergências relacionadas ao calor e ao frio.... 246
Relâmpagos 247
Lesões crônicas 249
Periostite (síndrome do estresse tibial medial). . 249
Fascite plantar 250
Tendinite 250
Bursite 250
Problemas da patela...................... 251
Dor nas costas 251
Síndrome do túnel do carpo 252
Fraturas por estresse 252
Orelha do nadador....................... 252
Saúde do profissional de condicionamento
físico 253
Doença pulmonar do guarda-vidas.......... 253
Treinamento excessivo 253
Uso e abuso vocais 254
Resumo................................... 256
Questões para revisão....................... 256
Bibliografia................................ 257

Capítulo 13 Nutrição básica e gerenciamento de peso 259
Conceitos fundamentais..................... 259
Introdução 259
Nutrição geral 260
Componentes nutricionais 260
Absorção dos nutrientes 264
Diretrizes nutricionais para norte-americanos. . 264
Guia alimentar do USDA 266
Preocupações nutricionais comuns............ 267
Redução do risco de câncer................ 267
Cardiopatia, aterosclerose e colesterol
sanguíneo............................. 267
Osteoporose............................ 268
Hipertensão 268
Deficiência de ferro e anemia por deficiência
de ferro 269
Gerenciamento de peso 269
Teorias sobre a obesidade................. 270
Distúrbios alimentares 272
Estratégias de gerenciamento de peso 274
Modificação comportamental............... 276
Motivação 277
Estabelecimento de objetivos 277
Indicar ou não indicar? 277
Coisas para se ter em mente 278
Endereços úteis na internet 279
Resumo................................... 279
Questões para revisão....................... 280
Bibliografia................................ 281

Capítulo 14 Avaliações de risco à saúde e da classificação física 283
Conceitos fundamentais..................... 283
Introdução 283
Histórico de saúde 284
Avaliação de fator de risco 285
Autorização médica......................... 287
Preocupações médicas adicionais 287
Classificação física 288
Classificação relacionada à saúde 288
Frequência cardíaca de repouso 288
Pressão arterial......................... 290
Avaliação postural 291
Classificação de condicionamento físico....... 292
Composição corporal 292
Condicionamento cardiorrespiratório 295
Condicionamento muscular 295
Flexibilidade........................... 296
Avaliação de condicionamento físico aquático . 296
Interpretação dos processos de avaliação do
risco à saúde e da classificação física 297
Resumo................................... 299
Questões para revisão....................... 300
Bibliografia................................ 300

Capítulo 15 Comportamento de exercício. 303
Conceitos fundamentais..................... 303
Introdução 303
Desistência da prática de exercícios........... 304
Características e psicologia do
comportamento de exercício.............. 304
Adesão e cumprimento do exercício 305
A lei de causa e efeito 305
A lei da atração 305
Autoeficácia do exercício 306
Lócus de controle....................... 306
Motivação 306
Personalidade e exercício 307
Modelo transteorético.................... 307
Dependência de exercício 308
Facilitação da mudança comportamental 308
Estratégias de modificação comportamental . . 309
Facilitação do conhecimento sobre exercícios . . 311
Resumo................................... 311
Questões para revisão....................... 312
Bibliografia................................ 313

Capítulo 16 Questões empresariais e considerações legais................... 315
Conceitos fundamentais..................... 315
Introdução 315
Condição de trabalho e estruturas empresariais . 316

Empregado. 316
Prestador de serviços independente 316
Propriedade exclusiva 317
Sociedades 317
Companhia de responsabilidade (Cia. Ltda.) . . . 317
Corporações. 317
Seguro. 317
Gerenciamento de risco 318
Padrão de atenção 318
Responsabilidade 319
Dever 320
Negligência 321
Consentimento informado 321
Isenção ou renúncia à responsabilidade 321
Formulário de relatório de lesão 322

Uso de música em programas de
condicionamento físico. 322
Ato dos Americanos com Deficiências (ADA) . . 325
Resumo. 325
Questões para revisão 326
Bibliografia. 327

Apêndice A   Hidroginástica *shallow-water* . . 329

Apêndice B   Hidroginástica *deep-water* 341

Apêndice C   Respostas às questões
para revisão de capítulo 349

Glossário. 361

Índice remissivo. 381

Introdução

Bem-vindos à área do condicionamento físico aquático – uma ampla variedade de programas que buscam melhorar a saúde e o bem-estar, sendo indicado para todas as idades e habilidades. Embora os exercícios aquáticos englobem diversos tipos de atividades, este manual orienta especificamente sobre exercícios na vertical em piscina rasa (hidroginástica *shallow-water*) e piscina funda (hidroginástica *deep water*).

Novas tendências animadoras estão emergindo na indústria do condicionamento físico, e o condicionamento físico aquático está na vanguarda, por apresentar impacto reduzido e opções desafiadoras para exercício em grupos grandes, grupos pequenos ou mesmo treinamento personalizado. As propriedades da água acentuam ainda mais os benefícios dos métodos de condicionamento físico mais populares, como *kickboxing*, ioga, exercícios localizados, pilates, caminhada, *jogging*, treinamento em circuitos, intervalados e específicos para esporte. A hidroginástica, por exemplo, já não mais é vista como direcionada exclusivamente à população da terceira idade. Programas seguros e efetivos podem ser encontrados para todos os grupos etários, incluindo pais e bebês, crianças, adolescentes, adultos jovens e os da "nova" terceira idade, a geração pós-guerra.

Este manual é um excelente recurso para profissionais de educação física e estudantes em busca de conhecimento em aplicações, educação e treinamento em hidroginástica. A AEA sinceramente espera que as páginas a seguir sirvam de inspiração para revisar, aprender e atualizar as habilidades necessárias para compartilhar efetivamente os benefícios do condicionamento físico aquático com as pessoas. Todos podem trabalhar juntos para a busca de uma comunidade global mais saudável.

A missão e o objetivo da Aquatic Exercise Association (AEA)

Nossa missão

A Aquatic Exercise Association (AEA) é uma organização educacional sem fins lucrativos comprometida com o avanço mundial do condicionamento físico aquático.

Nosso objetivo

Para a AEA, alcançar um estilo de vida saudável por meio do condicionamento físico aquático é um esforço de equipe globalmente apoiado. Por isso, o objetivo da AEA é contribuir para o aumento da consciência, da educação e das oportunidades de contato social que beneficiem tanto os profissionais como o público geral.

A AEA abrange a diversidade cultural dessa área para assegurar que indivíduos em todo o mundo possam desfrutar dos benefícios dos programas de condicionamento físico aquático, independentemente de idade, habilidade, objetivos ou interesses.

Objetivo da certificação

A certificação do profissional de condicionamento físico aquático foi desenvolvida para aumentar a saúde pública, a segurança e a confiança nos programas de condicionamento físico aquático, uma vez que fossem liderados por profissionais certificados.

Essa certificação é elaborada para estabelecer um nível padrão de competência teórica e prática e habilidade para profissionais a fim de assegurar o mais alto nível de planejamento e implementação para uma ampla gama de participantes.

A certificação oferece confiança e segurança aos profissionais certificados, por meio de padrões superiores e constante implementação de pesquisa.

Agradecimentos

A Aquatic Exercise Association (AEA) reconhece que a educação é um processo contínuo e que o conhecimento deve ser compartilhado para que se expanda e se desenvolva. O condicionamento físico é uma área dinâmica, em constante mudança e expansão, portanto, requer de seus praticantes mente aberta e disposição para nunca parar de aprender.

Este manual é dedicado aos profissionais de condicionamento físico aquático, em todo o mundo, que continuam a compartilhar seu tempo, talento e paixão para atingir o objetivo comum de saúde global e qualidade de vida.

A AEA agradece a todos que apoiaram o condicionamento físico aquático, especialmente àqueles que contribuíram para tornar possível este manual educacional.

capítulo 1

Condicionamento físico

Introdução

Este capítulo destaca os componentes do condicionamento físico. O condicionamento físico agrega à atividade física um objetivo: o desejo de manter ou melhorar a capacidade funcional ou um nível predeterminado de condicionamento. Diretrizes são delineadas para a quantidade e a qualidade de exercício recomendadas para o desenvolvimento e a manutenção do condicionamento global em adultos saudáveis. Os benefícios do exercício regular e da atividade física de intensidade moderada são discutidos, assim como seu impacto sobre a saúde geral e a prevenção de doenças crônicas.

Conceitos fundamentais

- Quais são os cinco componentes principais do condicionamento?
- Qual é a forma mais efetiva e segura de alongamento para um adulto comum?
- Quais diretrizes devem ser seguidas para melhorar a resistência cardiorrespiratória, o condicionamento muscular e a flexibilidade?
- Por que a frequência cardíaca durante o exercício é geralmente mais baixa na água que na terra?
- Qual é a resposta de frequência cardíaca em treinamento contínuo e intervalado?
- Como o exercício beneficia o adulto comum?
- Quais são as diretrizes para atividade física estabelecidas pelo Department of Health and Human Services dos EUA?

Componentes do condicionamento físico

O condicionamento físico é largamente definido como a habilidade dos componentes físicos do corpo em funcionar e é medido pelo nível de funcionamento que esses componentes são capazes de atingir. Uma pessoa com um alto nível de condicionamento físico teria um corpo capaz de funcionar fisicamente em níveis ótimos. Uma pessoa com um baixo nível de condicionamento físico teria fraquezas ou limitações que afetariam a habilidade do corpo em funcionar nesses níveis. A avaliação da capacidade funcional e do nível de condicionamento físico é discutida no Capítulo 14.

O condicionamento físico é alcançado por meio do exercício regular. Ao desenvolver ou participar de um programa de exercício, é essencial considerar todos os componentes necessários para um condicionamento físico ótimo.

Há cinco componentes principais do condicionamento físico:

- resistência cardiorrespiratória;
- força muscular;
- resistência muscular;
- flexibilidade;
- composição corporal.

Um instrutor deve entender todos os componentes que afetam o nível de condicionamento de uma pessoa e ser capaz de projetar um programa que estimule ou aperfeiçoe todos os cinco componentes.

Resistência cardiorrespiratória

A **resistência cardiorrespiratória** é definida como a capacidade dos sistemas cardiovascular e respiratório em fornecer oxigênio aos músculos de trabalho por períodos prolongados de produção de energia. O condicionamento cardiorrespiratório descreve a capacidade física de grandes músculos do corpo em realizar movimentos durante um período prolongado. Grandes músculos são encontrados nos membros inferiores, no tronco e nos membros superiores, e são responsáveis pelo movimento motor grosso. O condicionamento cardiorrespiratório é geralmente chamado de "condicionamento físico aeróbio".

Pesquisas indicam claramente que o ambiente aquático é adequado para aumentar e manter o condicionamento cardiorrespiratório, desde que sejam seguidas as diretrizes para exercício aeróbio do American College of Sports Medicine (ACSM).

Força muscular

A **força muscular** é definida como a força máxima que pode ser exercida por um músculo ou grupo muscular contra uma resistência. Espera-se que o músculo exerça sua força máxima em um esforço. Algum tipo de resistência é necessário para treinar a força muscular; pesos livres e aparelhos com pesos são comumente utilizados. Quando o treino é direcionado para ganho de força, uma rotina que utilize pesos levantados por poucas repetições é empregada. Embora não tenha sido encontrado o número ideal de séries e repetições para aumentar ganhos de força máxima, o limite aceitável indicado por pesquisa parece estar entre cinco séries de 2 a 10 repetições em esforço máximo (Fleck e Kraemer, 2003). Algumas pessoas não são capazes de treinar força muscular em decorrência de problemas ortopédicos ou estruturais que tornam difícil ou impossível enfrentar as exigências impostas ao sistema musculoesquelético. Algumas pessoas evitam o treinamento de força por conta de conceitos geralmente equivocados, como preocupação em tornar-se muito corpulento ou medo de achar esse treinamento fisicamente desconfortável.

Hipertrofia muscular é o termo usado para descrever o aumento no tamanho ou na circunferência muscular. **Atrofia** muscular é o termo usado para descrever a perda ou debilidade de tecido muscular pela falta de uso ou por doença.

Equipamentos são usados para treinamento de força na água a fim de maximizar ou aumentar a resistência, assim como em terra. Em terra, a resistência é geralmente determinada pela quantidade de peso levantada. Na água, a resistência é determinada pela flutuabilidade, arrasto ou peso que o equipamento proporciona, assim como a velocidade ou aceleração com que o movimento é executado (ver Cap. 7).

Resistência muscular

Resistência muscular é definida como a capacidade do músculo de exercer força repetidamente ou manter uma contração fixa ou estática durante um tempo. Sua avaliação é feita medindo-se o período durante o qual o músculo pode manter uma contração ou pela contagem do número de contrações executadas em um dado período.

Mais uma vez, não há número ideal de séries e repetições para desenvolver resistência muscular. Assim como no ganho de força, programas devem ser individualizados e variados para alcançar os melhores resultados. Quando o foco é ganho de resistência, múltiplas repetições são geralmente prescritas em séries de 20 ou mais (Van Hoden e Galdwin, 2002). Essas séries são diferentes em intensidade em relação ao esforço máximo em treinamento de força. Ao final da série, o músculo deve apresentar fadiga, mas não necessariamente exaustão. O uso da resistência da água é um excelente caminho para promover e manter resistência muscular. A resistência pode ser aumentada progressivamente por meio da aplicação de mais força contra a barreira da água, aumentando a área de superfície ou o comprimento da alavanca, ou por adição de equipamento.

Embora seja possível treinar especificamente para força ou resistência muscular, esses dois componentes de condicionamento físico não são independentes entre si.

Flexibilidade

Flexibilidade é definida como a habilidade dos membros em mover as articulações por meio de uma completa amplitude de movimento. Ter uma quantidade razoável de flexibilidade articular é importante na redução do risco de lesão, assim como para a mobilidade corporal geral. Perda de flexibilidade pode levar à debilidade de movimento e a uma inabilidade em realizar **atividades de vida diária (AVDs)**. Perda de flexibilidade ocorre como uma parte natural do processo de envelhecimento ou como resultado de estilos de vida sedentários, trauma, lesão ou cirurgia. A fim de manter a flexibilidade, as articulações devem ser levadas a sua amplitude máxima de movimento regularmente.

O exercício é uma série de contrações musculares que tendem a deixar o músculo encurtado, a não ser que este seja intencionalmente alongado imediatamente depois. É o melhor momento para alongar, a fim de manter e melhorar a flexibilidade, porque os músculos estão aquecidos, flexíveis e irrigados com sangue oxigenado. O alongamento após exercícios é essencial para todo tipo de programa físico, incluindo o de hidroginástica.

Também é fundamental alongar-se corretamente. **Alongamento balístico** (movimento de vai e vem, puxar com força ou alongar demais) pode levar o músculo a encurtar, em vez de relaxar. O alongamento balístico ativa o **fuso muscular**, um receptor especializado no músculo chamado de proprioceptor, que monitora a mudança no comprimento muscular e a velocidade desta (Fig. 1.1). O arco **reflexo de alongamento** do músculo é um circuito neurológico que, na verdade, encurta (contrai) o músculo ou aumenta a tensão muscular. É uma resposta involuntária projetada para proteger o tecido muscular de se romper quando alongado em excesso. O alongamento balístico pode ir contra o efeito desejado por levar a encurtamento em vez de aumento do comprimento do músculo.

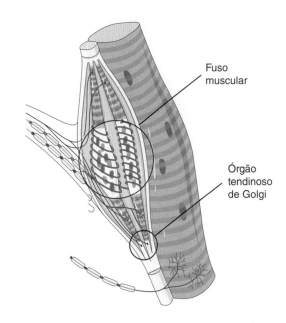

Figura 1.1 Fuso muscular e órgão tendinoso de Golgi.

O **alongamento estático** envolve o alongamento até o ponto de desconforto moderado, mantendo-se a posição alongada. A sua manutenção por 15 a 60 segundos é mais benéfica no pós-alongamento. O alongamento estático adequado não ativa o reflexo de alongamento do músculo e, portanto, relaxa e alonga os músculos. Esse método é o preferido para melhorar a flexibilidade.

Embora geralmente recomendado como uma opção segura e efetiva, o alongamento estático intenso tem mostrado uma redução na produção de força máxima por mais de uma hora após o alongamento estático (Evetovich, Nauman, Conley e Todd, 2003; Young e Behm, 2003). Assim, o alongamento estático antes do treinamento ou da competição pode impossibilitar o desempenho do atleta em atividades que exijam potência máxima, embora a força permaneça aceitável após o exercício.

O **alongamento rítmico ou dinâmico** envolve o movimento das partes do corpo pela amplitude total de uma maneira lenta e controlada. Em vez de parar e manter um alongamento estático, você pode parar brevemente em uma posição estendida ou alongada antes de continuar pela amplitude total de movimento. Por exemplo, um chute frontal lento com uma pausa à frente ajudará a alongar os glúteos e os músculos isquiotibiais. Os participantes da aula precisam respeitar sua amplitude normal de movimento e não alongar demais, para evitar a ativação do arco reflexo de alongamento. Geralmente, prefere-se o alongamento rítmico ao alongamento estático antes do segmento principal do treinamento. Na piscina, o calor adequado pode ser gerado para manter os alunos confortáveis e o calor no tecido muscular durante a fase de aquecimento.

Outro proprioceptor, o órgão tendinoso de Golgi é encontrado nos tendões de seus músculos. O órgão tendinoso de Golgi é um receptor sensorial proprioceptivo que monitora a tensão no músculo (Fig. 1.1). Se o órgão tendinoso de Golgi sentir que muita tensão está sendo criada no músculo, e que essa tensão gerada pode danificar o tecido mole relacionado, o músculo responde com relaxamento. Essa resposta involuntária produz o efeito desejado de liberação de tensão ou relaxamento do músculo para evitar tensão excessiva ou perigosa. O órgão tendinoso de Golgi protege contra o levantamento de cargas excessivas para as quais você pode não estar condicionado de forma segura (Baechle e Earle, 2004).

Composição corporal

Composição corporal, discutida no Capítulo 14, é definida como a porcentagem relativa de gordura do corpo em comparação ao tecido magro (ossos, músculos e órgãos). Ela é um componente básico do condicionamento físico, sendo fundamental entender seu papel na saúde física geral. É desejável construir e manter um nível razoável de tecido muscular magro. Níveis adequados de tecido muscular aumentam a energia e a força e aceleram o metabolismo. Ter uma porcentagem relativa muito alta de gordura aumenta seu risco de cardiopatia, câncer e outras doenças metabólicas. O acúmulo excessivo de gordura subcutânea pode também enfraquecer o desempenho físico e diminuir a qualidade de vida (ver Cap. 11).

A água é um ambiente maravilhoso para desenvolver uma composição corporal favorável e o condicionamento físico global. Exercício aeróbio no ambiente aquático promove perda de gordura, enquanto o trabalho contra a resistência tridimensional da água constrói tecido magro e massa muscular (Colado et al., 2009; Grappmaier et al., 1986; Kieres e Plowman, 1991; Kravitz e Mayo, 1997).

Componentes de condicionamento físico relacionados à habilidade

Além dos cinco componentes principais de condicionamento físico, há também vários **componentes de condicionamento físico relacionados à habilidade**. Estes incluem equilíbrio, coordenação, velocidade, potência, agilidade e tempo de reação (Sova, 2000).

- **Equilíbrio:** a manutenção do equilíbrio enquanto parado (equilíbrio estático) ou em movimento (equilíbrio dinâmico).

- **Coordenação:** a integração de muitas habilidades motoras ou movimentos separados em um padrão de movimento eficiente.

- **Velocidade:** o ritmo em que um movimento ou atividade pode ser executado.

- **Potência:** a função da força e velocidade; a habilidade de transferir energia para força em um ritmo rápido.

- **Agilidade:** a habilidade de mudar de forma rápida e fluente o posicionamento corporal durante o movimento.

- **Tempo de reação:** a quantidade de tempo decorrido entre o estímulo e a ação de acordo com o estímulo.

O praticante comum de exercícios pode não estar preocupado demais com o desenvolvimento desses componentes relacionados à habilidade; entretanto, eles são importantes para a vida diária e deveriam ser incluídos em um programa de exercício. Atletas treinam esses componentes principalmente para melhorar o desempenho em seu esporte. Os componentes relacionados à habilidade geralmente melhoram com o exercício regular, mesmo que você não esteja treinando especificamente para desenvolvê-los. Muitos desses componentes são usados durante uma aula de hidroginástica, durante transições, em mudanças de ritmo, em movimentos com um pé de apoio e assim por diante, e são desenvolvidos e melhorados por meio de prática e repetição. Treinamento de habilidades (também chamado de **treinamento funcional**), que incorpora todos os aspectos relacionados à habilidade do condicionamento físico, está se tornando mais popular como método para melhorar a qualidade de vida e as atividades de vida diárias.

Diretrizes para o exercício

Doenças relacionadas ao estilo de vida tornaram-se prevalentes em muitos países desenvolvidos pelo fato de a população se tornar mais sedentária e fisicamente inativa, adotando hábitos alimentares ruins e sendo exposta a mais riscos ambientais. Muitos estudos epidemiológicos de pesquisa de longo prazo iniciados nos anos 1940 e que continuam até os dias atuais têm sido conduzidos nos Estados Unidos para tentar descobrir quais fatores relacionados ao estilo de vida aumentam ou diminuem o risco para várias doenças. Um dos mais famosos estudos epidemiológicos é o de Framingham, em que várias gerações de famílias na cidade de Framingham, Massachusetts, EUA, têm sido estudadas para monitorar fatores de risco para doenças – doença cardiovascular, em particular.

Um estilo de vida sedentário, ou a inatividade física, foi determinante para elevar o risco de doença cardiovascular e câncer, assim como contribuiu para aumentar o risco de muitas outras doenças (fatores de risco são discutidos no Capítulo 14, no item "Interpretação dos processos de avaliação do risco à saúde e da classificação física"). Estudos foram então conduzidos para coletar dados metabólicos e outros a fim de determinar a quantidade e o tipo de exercício necessários para diminuir significativamente o risco de doença. As diretrizes desenvolvidas pelo American College of Sports Medicine (ACSM), publicadas inicialmente em 1975 e revisadas várias vezes desde então, surgiram como as diretrizes básicas usadas pelos profissionais da área. Elas são muito similares às publicadas pela American Medical Association e pela American Heart Association.

O ACSM faz as recomendações a seguir de quantidade e qualidade de treinamento para o desenvolvimento e a manutenção de condicionamento cardiorrespiratório, composição corporal, flexibilidade, treinamento neuromuscular e força e resistência musculares no adulto saudável (ACSM, 2010).

Método de treinamento

Método descreve o tipo de exercício que está sendo executado. Atividades que usam grandes grupos musculares, que podem ser mantidas continuamente e que são de natureza rítmica e aeróbia são recomendadas para melhorar a resistência cardiorrespiratória. Atividades aeróbias incluem caminhada e trilha, corrida e *jogging*, ciclismo, esqui de fundo (*cross-country*), dança, pular corda, remo, subir escadas, natação, *deep-running*, hidroginástica *shallow-water* (i. e., em piscina rasa; p. ex., *kickboxing*), patinação e algumas atividades esportivas de resistência. Atividades selecionadas devem refletir os interesses individuais e objetivos e ser escolhidas para compreender seu nível de condicionamento físico e de habilidade.

Para todos os adultos, o ACSM (2010) recomenda um programa de treinamento de resistência que inclua uma combinação de exercícios multiarticulares que usem mais de um grupo muscular e tenham como alvo ambos os músculos agonista e antagonista. Exercícios de articulação única podem também ser incluídos no programa de treinamento de resistência.

Frequência de treinamento

Frequência é quantas vezes você se exercita ou treina. Embora melhoras no condicionamento cardiorrespiratório possam ser observadas em indivíduos descondicionados que praticam exercícios duas vezes por semana, treinar menos que isso geralmente não implica uma mudança significativa na capacidade funcional. Para a maioria dos adultos que querem alcançar e manter os benefícios do condicionamento físico, o ACSM (2010) recomenda exercício cardiovascular de intensidade moderada pelo menos cinco vezes por semana, treinamento de intensidade vigorosa pelo menos três dias por semana ou uma combinação semanal de três a cinco dias com atividades moderadas e vigorosas.

Treinamento de resistência duas a três vezes por semana para cada grande grupo muscular é recomendado pelo ACSM. Adicionalmente, pelo menos 48 horas devem separar as sessões de treinamento para cada grupo muscular, a fim de permitir recuperação adequada e desenvolvimento muscular.

Intensidade de treinamento

Intensidade é o vigor com que você se exercita, e pode ser medida de várias formas. Instrutores de condicionamento físico devem entender todas as formas de avaliar a intensidade, embora apenas uma ou duas delas possam ser empregadas na aula.

O consumo máximo de oxigênio ($\dot{V}O_2$máx) é determinado por um equipamento especializado que mede a quantidade de oxigênio que o sujeito expira. A diferença entre a quantidade de oxigênio inspirado e expirado é a quantidade de oxigênio usada pelo corpo. Para encontrar a quantidade máxima de oxigênio que um indivíduo pode utilizar, ele deve correr em uma esteira ergométrica até chegar à exaustão. Nesse ponto de exaustão, é determinada a quantidade máxima de oxigênio que o corpo é capaz de utilizar. Avaliar a intensidade por meio do uso da porcentagem de $\dot{V}O_2$máx não é uma prática para ser usada em uma aula de exercício, mas é importante para os instrutores de condicionamento físico, a fim de entenderem pesquisas e estudos médicos.

No cenário médico e de pesquisa, o condicionamento cardiorrespiratório é geralmente medido como uma porcentagem do consumo máximo de oxigênio. Um nível de intensidade entre 40–85% da reserva de consumo de oxigênio ($\dot{V}O_2$R) é considerado suficiente para estimular uma resposta cardiorrespiratória. As diretrizes do ACSM (2010) recomendam intensidade moderada (entre 40–60% do $\dot{V}O_2$R que aumenta notadamente a frequência cardíaca e a respiração), intensidade vigorosa (maior ou igual a 60% do $\dot{V}O_2$R que aumenta substancialmente a frequência cardíaca e a respiração) ou uma combinação de ambas as intensidades de treinamento, vigorosa e moderada, para a maioria dos adultos.

Os meios mais comuns de medir a intensidade do exercício utilizam uma porcentagem da **frequência car-**

díaca máxima de uma pessoa (FCmáx) ou **frequência cardíaca de reserva** (FCR). A frequência cardíaca máxima de uma pessoa é determinada da mesma maneira que um $\dot{V}O_2$máx. Uma pessoa corre em uma esteira ergométrica com um monitor cardíaco até a exaustão, ponto em que a frequência cardíaca máxima de exercício é determinada. Pelo fato de a avaliação da frequência cardíaca máxima neste método não ser prática, utiliza-se uma frequência cardíaca máxima estimada. A fórmula 220 menos a idade é geralmente aceita entre os profissionais de educação física como uma estimativa razoavelmente exata da frequência cardíaca máxima. Uma intensidade entre 64–94% da FCmáx estimada é recomendada para o treinamento aeróbio.

Uma forma mais precisa para medir a intensidade pelo uso da frequência cardíaca é empregar o método da reserva de frequência cardíaca, também conhecido como **fórmula de Karvonen**. Essa fórmula personaliza a medida de frequência cardíaca pelo cálculo da frequência cardíaca de repouso individual. Uma verdadeira **frequência cardíaca de repouso** (FCrep) é encontrada por meio da medição da frequência cardíaca por 60 segundos em três manhãs antes de levantar e, então, do cálculo da média das três. A fórmula de Karvonen é calculada tirando-se 220 da idade, menos frequência cardíaca de repouso, multiplicando-se pela porcentagem desejada e, então, adicionando de volta a frequência cardíaca de repouso.

Um instrutor de condicionamento físico deve estar ciente de que vários fatores podem afetar a frequência cardíaca de treinamento. Esses fatores incluem estresse, cafeína, medicação, saúde geral e aspectos ambientais. No ambiente aquático, a frequência cardíaca pode ser adicionalmente afetada pela temperatura da água, pela compressão, pelos efeitos da gravidade reduzidos, pela pressão parcial, pelo reflexo de mergulho e pela redução da massa corporal (Tab. 1.1). Recomenda-se que uma contagem de frequência cardíaca de 6 segundos seja utilizada na água. Dados informais coletados indicam que uma contagem de frequência cardíaca de 10 segundos pode não ser tão precisa em virtude da rapidez com que a água pode esfriar o corpo, diminuindo mais rápido, desse modo, a frequência cardíaca de exercício. Pesquisas indicam claramente uma frequência cardíaca reduzida na água quando comparada com a mesma intensidade de exercício em terra. A submersão também afeta a frequência cardíaca de repouso e pode influenciar seus cálculos para frequências cardíacas aquáticas pelo uso da fórmula de Karvonen. Uma pesquisa adicional indicou que a supressão aquática da frequência cardíaca é dependente dos fatores listados na Tabela 1.1, assim como do nível de condicionamento físico e da idade.

Durante anos, a comunidade de condicionamento físico aquático tem trabalhado para determinar o melhor meio para calcular uma frequência cardíaca aquática alvo. McArdle et al. (1971) sugeriram a dedução de 13% ao final do método de Karvonen ou da fórmula de máxima frequência cardíaca. No início da Aquatic Exercise Association, uma dedução de 17 batimentos por minuto

Tabela 1.1 Teorias sobre por que frequências cardíacas aquáticas podem ser mais baixas do que frequências cardíacas alcançadas durante exercício comparável em terra

Temperatura	A água esfria o corpo com menos esforço do que o ar. Esse esforço reduzido significa menos trabalho para o coração, resultando em frequência cardíaca mais baixa
Gravidade	A água reduz os efeitos da gravidade sobre o corpo. O sangue flui da parte de baixo do corpo para cima em direção ao coração com menos esforço, resultando em uma frequência cardíaca reduzida
Compressão	Pensa-se que a água age como um compressor sobre todos os sistemas do corpo, incluindo o sistema vascular, causando uma menor carga venosa ao coração do que o exercício em terra equivalente. O coração tem que trabalhar menos para retornar o sangue dos membros
Pressão parcial	Um gás penetra em um líquido mais prontamente sob pressão. O gás seria o oxigênio e o líquido, o sangue. Acredita-se que uma transferência mais eficiente de gás possa ocorrer em virtude da pressão da água e da carga de trabalho do coração reduzida
Reflexo de mergulho	Este é um reflexo primitivo associado a um nervo encontrado na área nasal. Quando a face é imersa em água, esse reflexo diminui a frequência cardíaca e a pressão arterial. Ele é mais forte em alguns indivíduos do que em outros. Pesquisas sugerem que a face não precisa nem estar na água para que ocorra o reflexo de mergulho. Alguns vivenciam esses efeitos quando estão em pé com água na altura do tórax
Massa corporal reduzida	Uma pesquisa indica que a redução da massa corporal (você pesa menos na água) poderia ao menos ser parcialmente responsável por frequências cardíacas aquáticas mais baixas

(Sova, 1991) foi recomendada para ser subtraída ao final do método de Karvonen ou da fórmula da frequência cardíaca máxima. O uso de uma dedução padronizada pode sobrestimar ou subestimar ambas, frequência cardíaca máxima e porcentagens calculadas desse máximo para um dado indivíduo, em virtude de um número de fatores, incluindo o nível de condicionamento.

Uma pesquisa recente no Brasil e nos Estados Unidos indica que um percentual padronizado ou um número de batimentos por minuto padronizado pode não ser tão exato como uma dedução nos cálculos de determinação de frequência cardíaca aquática. O doutor Luiz Fernando Martins, do grupo de pesquisa de Kruel no Brasil, conduziu vários estudos comparando respostas fisiológicas para terra e água que incluíram centenas de pessoas (Kruel, 1994; Coertjens et al., 2000; Kruel et al., 2002; Alberton et al., 2003). Muitos desses estudos compararam frequências cardíacas tomadas em duas posições fora da água e em duas profundidades na água. As conclusões indicam que duas medições de frequência cardíaca são necessárias para determinar uma dedução aquática individual.

O exemplo seguinte mostra como implementar a dedução de frequência cardíaca aquática de Kruel com a fórmula de Karvonen ao determinar uma frequência cardíaca aquática alvo individual. A equação é baseada em um indivíduo de 50 anos de idade com uma frequência cardíaca de repouso de 70 que quer treinar em 65% de sua frequência cardíaca máxima e que encontrou sua dedução aquática em 8.

$$220 - 50 \ (idade) = 170$$

$$170 - 70 \ (frequência \ cardíaca \ de \ repouso) = 100$$
$$(frequência \ cardíaca \ de \ reserva)$$

$$100 - 8 \ (dedução \ aquática) = 92$$

$$92 \times 0,65 \ (nível \ de \ intensidade) = 59,8$$
$$(arredondado \ para \ 60)$$

$$60 + 70 \ (frequência \ cardíaca \ de \ repouso) = 130 \ bpm$$

O ACSM (2006) recomenda o uso de esforço percebido combinado à frequência cardíaca de exercício para monitorar a intensidade com mais precisão. Como há vários fatores que afetam a frequência cardíaca de repouso e de exercício na água, o uso de ambos, frequência cardíaca ajustada para água e esforço percebido, é uma prática prudente.

Muitos profissionais de condicionamento físico, instrutores de ambos, água e terra, estão usando a **classificação do esforço percebido** para medir a intensidade do exercício. O participante da aula determina subjetivamente o nível de intensidade com esse método. Estudantes são aconselhados a aumentar seu ritmo de respiração (dependendo da temperatura da água) e sentir se estão

> ## Protocolo para determinação da dedução aquática de frequência cardíaca
>
> O indivíduo tem a frequência cardíaca tomada por um minuto após sair da piscina e ficar em pé por três minutos, e por um minuto após estar em pé na água por três minutos com água na altura da axila. Lembre-se de que condições ambientais, medicação, cafeína e movimentação excessiva ao entrar na piscina podem afetar a resposta da frequência cardíaca. Deve-se tomar cuidado para minimizar esses fatores. A dedução aquática de frequência cardíaca é determinada pela subtração da frequência cardíaca tirada em pé na água da frequência cardíaca tirada em pé fora da água.

trabalhando "pouco vigorosamente" a "vigorosamente" (entre 12 e 16), de acordo com a escala de esforço percebido de Borg (Borg, 1998). Embora o esforço percebido seja considerado uma medida subjetiva de intensidade, muitos estudos têm mostrado uma correlação entre esforço percebido e variação de frequência cardíaca de treinamento. Para a maioria das pessoas, o esforço percebido é um meio viável de medir intensidade sem envolver fatores adicionais que podem afetar medidas da frequência cardíaca de treinamento. Em treinamento personalizado, ambos, esforço percebido e frequência cardíaca, são geralmente combinados para monitorar intensidade.

Outra medida subjetiva de determinar a intensidade é o **teste da fala**. Acredita-se que uma pessoa está trabalhando acima de seu limiar aeróbio – ou seja, muito acima da intensidade para exercício aeróbio – se não puder falar durante o exercício. Esse método se mostra útil para algumas configurações de exercício e com certos tipos de alunos.

O monitoramento da intensidade de treinamento de resistência também é importante para a segurança e os resultados efetivos de treinamento. Diretrizes do ACSM (2010) recomendam que adultos treinem cada grupo muscular por um total de quatro séries com 8 a 12 repetições (reps.) em cada uma. Um período de descanso de dois ou três minutos entre as séries ajuda a melhorar o condicionamento físico muscular. Idosos e indivíduos descondicionados devem treinar com uma ou mais séries de 10 a 15 reps. em intensidade moderada. A intensidade moderada é definida como 60 a 70% de **uma repetição máxima** (uma rep. máx. ou 1 RM). Uma **RM** é a quantidade máxima de peso que uma pessoa consegue levantar em uma repetição única para um dado exercício.

Duração de treinamento

Duração é o tempo durante o qual um indivíduo se exercita; ela está inversamente relacionada à intensidade (intensidade maior = duração menor, enquanto intensidade menor = duração maior). Quando o gasto de energia nas atividades é igual, a melhora é semelhante, tanto para intensidade mais alta em duração mais curta quanto para intensidade menor em duração mais longa. Durações maiores de exercícios em intensidade baixa a moderada podem ser preferidas por alguns adultos não atléticos.

A oitava edição de *Guidelines for Exercise Testing and Prescription* do ACSM (2010) fornece informação detalhada com relação à duração de atividade do tipo aeróbia. Para a maioria dos adultos, é recomendado alcançar o seguinte:

- exercício de intensidade moderada executado por pelo menos 30 minutos em cinco ou mais dias por semana para acumular um total semanal de pelo menos 150 minutos; *ou*

- exercício aeróbio de intensidade vigorosa feito por pelo menos 20 a 25 minutos em três ou mais dias por semana para acumular um total semanal de 75 minutos; *ou*

- pelo menos 20 a 30 minutos de uma combinação de exercício de intensidade moderada e vigorosa em 3 a 5 dias por semana.

Para promover ou manter perda de peso, 50 a 60 minutos de exercício diários atingindo um total semanal de 300 minutos de exercício moderado, 150 minutos de vigoroso, ou uma combinação equivalente de exercício moderado e vigoroso são recomendados. Realização de exercício intermitente (pelo menos 10 minutos de duração) para acumular as recomendações mínimas de duração é uma alternativa eficiente ao exercício contínuo. O gasto calórico total e a contagem de passos podem ser usados como alternativa para medir a duração de exercício, que pode provar ser mais atingível e motivador para alguns indivíduos.

- um gasto calórico de 1.000 kcal por semana por meio de atividade física e exercício; *ou*

- pelo menos 3.000 a 4.000 passos por dia de caminhada de intensidade moderada a vigorosa.

Flexibilidade

As diretrizes atuais do ACSM (2010) recomendam que a maioria dos adultos realize um programa de alongamento por um mínimo de 10 minutos ao menos duas a três vezes por semana. Todos os principais grupos musculares e de tendões devem ser alvos com quatro ou mais repetições cada um. Cada repetição de alongamento deve ser mantida por 15 a 60 segundos. Exercícios de alongamento devem estar no limite do desconforto dentro da amplitude de movimento do indivíduo, mas não além. Isso é geralmente percebido como o ponto de rigidez moderada sem desconforto.

Exercícios neuromusculares

Diretrizes para exercício do ACSM (2010) também incluem um componente neuromuscular, que deveria incluir atividades para objetivar equilíbrio, agilidade e propriocepção. (Ver a seção prévia "Componentes de condicionamento físico relacionados à habilidade".) Treinamento neuromuscular realizado por pelo menos duas a três vezes por semana é sugerido para todos os adultos e recomendado para idosos que sofrem quedas frequentes e para indivíduos com dificuldades de movimentação. Atividades como *tai chi chuan, ai chi, pi-yo-chi,* pilates e ioga focam em habilidades neuromusculares.

É importante projetar um programa que inclua a quantidade adequada de atividade física para alcançar o máximo benefício com risco mínimo. Outro aspecto a ser considerado na elaboração do programa é a progressão, que envolve aumento gradual de intensidade, duração e frequência ao longo do tempo para reduzir o risco de lesão e aumentar a execução do exercício. É recomendado que o praticante sem condicionamento comece com um exercício de menor intensidade e aumente o tempo gradualmente, conforme a resistência aumenta. Começar com muito exercício e muito rápido pode resultar em lesão ou exercício mal executado. O praticante iniciante é aconselhado a começar devagar e progredir confortavelmente. É importante realizar aquecimento e relaxamento apropriados. Dor ou fadiga excessiva são sinais certos de esforço além do suportado. O exercício deve demandar esforço, mas deve também deixar a pessoa revigorada, e não fatigada. Dor muscular pode também ser resultado de alongamento inapropriado ou lesão muscular.

Tipos de condicionamento aeróbio

Vários tipos de condicionamento aeróbio são comumente usados em configurações de exercício em grupo ou individuais. A forma mais comum de treinamento aeróbio é o treinamento contínuo. Treinamentos em circuito e intervalados estão se tornando mais populares como alternativas de treinamento. Todos os três tipos de treinamento podem ser utilizados para adicionar variedade ao seu programa de exercício.

Treinamento contínuo parece uma curva em forma de sino. Após o aquecimento, um nível relativamente constante de treinamento é mantido na zona-alvo de treinamento por um período prescrito. A maioria dos programas de exercício em grupo tipicamente utiliza o formato de treinamento contínuo (Fig. 1.2).

Treinamento intervalado consiste em fases de exercício de alta intensidade intercaladas com fases leves; essas fases também são chamadas de ciclos de treinamento e recuperação. O objetivo da maioria dos programas intervalados é manter os intervalos fácil e difícil dentro da zona de treinamento recomendada (Fig. 1.3). Geralmente, programas intervalados realizados dentro do **limiar de treinamento** podem ser intensos e cardiovasculares por natureza. Alguns programas intervalados incluem fases de exercício abaixo do limiar mínimo de treinamento para treinar praticantes iniciantes e de nível mais baixo. Alguns praticantes não podem tolerar treinamento contínuo dentro do limiar de treinamento, mas podem fazer confortavelmente fases curtas acima e abaixo do limiar mínimo. Treinamento intervalado pode também adicionar variedade a seus treinos.

Treinamento em circuito é geralmente feito em um formato de estações com equipamento. As estações podem ser todas de natureza aeróbia, todas para força e resistência muscular ou uma combinação das duas. Alguns circuitos são projetados para a resposta cardiorrespiratória e outros são projetados para alternar trabalho aeróbio com treinamento de resistência muscular. Circuitos podem ser programados de muitas formas e adicionar variedade e *cross-training* (treinamento cruzado) a qualquer programa de exercício.

Muitos instrutores intercalam diferentes métodos de treinamento em seus programas para acrescentar variedade e manter seus alunos estimulados. Treinamentos em circuito e intervalados provocam uma sensação diferente quando comparados com treinamento contínuo e podem proporcionar um treinamento desafiador. Utilizar o treinamento intervalado por 10 minutos durante a parte cardiovascular da aula ou o treinamento em circuito durante a parte de tonificação pode ser divertido para os alunos e também amplia suas habilidades como instrutor. Para informações sobre como incorporar esses métodos para treinamento em um formato de aula, ver Capítulo 8.

Benefícios do exercício regular

Aumento da **capacidade funcional** ou do condicionamento físico resulta em vários benefícios psicológicos e fisiológicos. Muitos desses benefícios têm sido confirmados por meio de pesquisa. Alguns benefícios, como os psicológicos, são difíceis de isolar e confirmar. Além de aperfeiçoar aparência, segurança e eficiência física, o treinamento físico pode melhorar sua saúde e aumentar a qualidade de vida.

Benefícios do exercício regular para a saúde

Muitas pessoas começam um programa de exercício regular com o desejo de melhorar sua aparência física. Muitos querem perder peso, ganhar peso ou aumentar a massa ou o tônus muscular. O treinamento regular de condicionamento físico pode melhorar a aparência e é um instrumento para atingir e manter a perda de peso (ver Cap. 13). Muitos praticantes esquecem suas razões iniciais para começar um programa de exercício e continuam a se exercitar pela sensação boa que o exercício provoca. Essa sensação boa é o resultado de mudanças químicas e físicas que ocorrem no corpo. Por causa dessas mudanças físicas e químicas, o exercício reduz o risco de doença cardiovascular, câncer e outros males.

O exercício aeróbio regular aumenta a capacidade funcional dos sistemas cardiovascular e respiratório. O sistema respiratório torna-se mais eficiente em virtude do aumento do volume de ar inspirado e expirado em cada respiração (**volume corrente**). Os músculos intercostais (da respiração) se tornam mais condicionados, e a habilidade dos pulmões em manter o ar aumenta. Com o uso, o músculo do coração se torna mais forte, aumentando sua habilidade de ejetar mais sangue a cada batida (**volume**

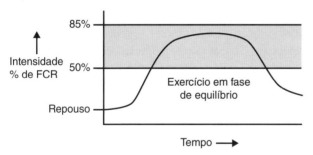

Figura 1.2 Treinamento contínuo.

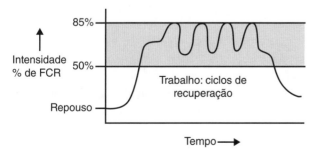

Figura 1.3 Treinamento intervalado.

sistólico). Por poder ejetar um maior volume de sangue a cada batida, o coração bate menos para fornecer sangue ao corpo. Em decorrência dessas adaptações, uma pessoa condicionada tem uma frequência cardíaca de repouso mais baixa. Exercício regular também fortifica as paredes dos vasos sanguíneos e promove o desenvolvimento de redes de capilares e um melhor fornecimento de sangue ao corpo. A habilidade do corpo em extrair oxigênio das células sanguíneas também aumenta, elevando os níveis de resistência cardiorrespiratória.

O exercício é benéfico para o sistema musculoesquelético. A atividade regular fortifica o sistema esquelético e aumenta a densidade óssea. Músculos e tendões tracionando os ossos em suas inserções fortificam a estrutura e o tecido conjuntivo e ajudam a reduzir o risco de osteoporose. O uso repetitivo dos músculos em treinamento aeróbio combinado com treinamento de resistência realmente aumenta a circunferência e a densidade do tecido muscular. O aumento funcional do músculo esquelético é aparente em ganhos de força muscular e resistência. Se um treinamento adequado de flexibilidade é incluído no programa, os músculos esqueléticos se tornam não apenas mais fortes, como também mais flexíveis. Músculos fortes e flexíveis protegem articulações contra lesões e capacitam o corpo a mover-se e funcionar com facilidade.

A eficiência dos sistemas endócrino, nervoso e linfático também aumenta com o exercício regular. O sistema endócrino se torna mais eficiente na regulação de hormônios, e o sistema linfático, na proteção do corpo contra doenças. Os caminhos motores são desenvolvidos e melhorados, permitindo ao sistema nervoso regular melhor a qualidade do movimento e de outras funções nervosas. Funções metabólicas se aprimoram, alterando favoravelmente os níveis e o metabolismo dos lipídios sanguíneos, tornando mais fácil a perda de gordura e a melhora da composição corporal.

Muitos órgãos, como o fígado, os intestinos e os rins, também se beneficiam de exercício regular. O exercício regular melhora o fluxo sanguíneo, a transferência de fluidos e a oxigenação do corpo. A capacidade funcional do corpo cai de 5 a 10% por década entre as idades de 20 e 70 anos. Tecido muscular e flexibilidade também são perdidos no processo de envelhecimento. O exercício regular promove a manutenção da capacidade funcional, do tecido muscular e da flexibilidade em qualquer idade. Os benefícios do exercício para a saúde são verdadeiramente incríveis. Os corpos humanos se desenvolvem como máquinas ativas, feitas para movimentar-se e ser fisicamente ativas. Inatividade física e falta de uso podem ter efeitos prejudiciais para a saúde. A atividade física regular protege o corpo contra lesão e doença.

Benefícios psicológicos de exercício regular

Embora benefícios psicológicos sejam difíceis de isolar e confirmar, profissionais da saúde têm uma impressão geral de que treinamento em exercício melhora a função psicológica. Exercício é prescrito regularmente para reduzir depressão e ansiedade. Praticantes regulares de exercício reportam redução de estresse e tensão, melhora de hábitos de sono, energia aumentada, produtividade aumentada, melhora na autoimagem e na autoestima e maior senso de autocontrole. Programas corporativos de condicionamento físico mostram que praticantes de exercício regular são mais produtivos, têm menos abstenção e menor quantidade de acidentes, custos mais baixos com cuidados com saúde e menos dias de hospital e dias de reabilitação.

No geral, praticantes de exercício regular vivenciam sensação ampliada de bem-estar geral e aumento na qualidade de vida. Pessoas que estão fisicamente condicionadas podem lidar mais prontamente com os rigores físicos, emocionais, sociais e psicológicos de seus trabalhos, sua vida pessoal e sua vida em casa.

Atividade física *versus* condicionamento físico

Nem todo mundo está interessado ou motivado em começar um programa de exercício para melhorar o condicionamento físico. Alguns participantes da aula podem não estar interessados em ou não ser capazes de cumprir um programa intenso de condicionamento físico, preferindo começar com uma atividade de menor nível. Como profissionais de condicionamento físico, somos encorajados e desafiados e fornecer opções de programa para alunos que podem querer melhorar seu perfil metabólico (frequência cardíaca de repouso, pressão arterial, lipídios sanguíneos, açúcar sanguíneo e peso corporal) sem querer aprimorar componentes de condicionamento físico (condicionamento cardiovascular e muscular). Ao oferecer oportunidades para o aumento de atividade física, benefícios para saúde são alcançados e espera-se que aqueles indivíduos queiram continuar a progredir em uma jornada na direção de um estilo de vida mais saudável.

De acordo com estatísticas breves no *site* do National Center for Health Statistics (NCHS), as maiores causas de morte nos Estados Unidos em ordem de prevalência são cardiopatia, câncer, acidente vascular encefálico (AVE), doenças respiratórias crônicas inferiores (DRCI) e lesões não intencionais. Inatividade física é considerada um fator de risco independente para cardiopatia, câncer e AVE, as três principais causas de morte nos Estados Unidos. Muitas agências nesse país enfatizam a importância da atividade física na prevenção de doença crônica, incluindo a American Heart Association (AHA), o Centers for Disease Control and Prevention (CDCs), a American Cancer Society (ACS) e o National Heart, Lung and Blood Institute (NHLBI).

Aproximadamente 250.000 mortes por ano nos Estados Unidos podem ser atribuídas à falta de atividade física regular. A relação entre exercício regular, condicionamento físico e melhora na saúde é bem substancial. Adicionalmente, pesquisas acumuladas nas várias décadas passadas mostram claramente a relação benéfica entre saúde e atividade física regular de intensidade moderada. Apesar dos comprovados benefícios da atividade física, mais de 60% dos adultos norte-americanos não se empenham na atividade física regular e 25% são completamente inativos. Aproximadamente metade dos jovens norte-americanos (idades entre 12 e 20 anos) não participa de atividade vigorosa regularmente.

Além disso, a participação em atividade física regular permanece relativamente baixa. Essa baixa participação pode ser ao menos parcialmente atribuída aos objetivos ou às diretrizes do exercício que talvez pareçam inatingíveis para o praticante de exercício iniciante. É importante reconhecer que atividade regular de baixa intensidade leva a benefícios substanciais para a saúde. O ACSM e os Centers for Disease Control and Prevention (CDCs) dos EUA, em cooperação com o President's Council on Physical Fitness and Sports, revisaram as evidências científicas acumuladas e formularam as seguintes conclusões e recomendações:

- a pesquisa científica demonstra claramente que atividade física regular de intensidade moderada fornece benefícios substanciais para a saúde;

- a atividade física parece fornecer alguma proteção contra várias doenças crônicas como doença coronária cardíaca, diabetes de acometimento do adulto, hipertensão, certos cânceres, osteoporose e depressão;

- benefícios consideráveis à saúde podem ser obtidos por meio de uma quantidade moderada de atividade física. Atividades como caminhada rápida, recolher folhas, corrida ou jogar vôlei são recomendadas na maioria dos dias. Com apenas um modesto aumento diário na atividade, muitos norte-americanos podem melhorar a saúde, assim como a qualidade de vida;

- como a maioria dos norte-americanos falha em seguir essa recomendação, quase todos deveriam tentar aumentar sua participação em atividade física moderada ou vigorosa;

- benefícios adicionais à saúde podem ser obtidos por meio do aumento da atividade física. Indivíduos que mantêm atividades de longa duração ou alta intensidade de modo regular provavelmente irão obter benefícios adicionais;

- a relação dose-resposta entre exercício físico e saúde deveria ser enfatizada (ACSM 2010). É preciso encorajar ao menos quantidades moderadas de atividade física diária.

Em outubro de 2008, o Department of Health & Human Services dos EUA lançou as *Physical Activity Guidelines for Americans*. Essas diretrizes descrevem os principais achados em benefícios da atividade física para a saúde:

- atividade física regular reduz o risco de muitos efeitos adversos à saúde;

- alguma atividade física é melhor do que nenhuma;

- para a maioria dos efeitos relacionados à saúde, benefícios adicionais ocorrem à medida que a atividade física aumenta por meio de maior intensidade, maior frequência ou duração mais longa;

- a maioria dos benefícios à saúde ocorre com pelo menos 150 minutos (2 horas e 30 minutos) de atividade física de intensidade moderada por semana, como a caminhada rápida. Benefícios adicionais ocorrem com mais atividade física;

- ambas as atividades físicas, aeróbia (resistência aeróbia) e de fortalecimento muscular (resistência), são benéficas;

- benefícios à saúde ocorrem para crianças e adolescentes, adultos jovens e de meia-idade, idosos e para aqueles em cada grupo racial e étnico estudado;

- os benefícios da atividade física à saúde ocorrem para pessoas com deficiências;

- os benefícios da atividade física superam a possibilidade de efeitos adversos.

Um resumo das diretrizes de 2008 está listado a seguir; a publicação completa pode ser acessada no site do Department of Health & Human Services: www.hhs.gov. Essas diretrizes foram incluídas nas *Physical Activity Guidelines for Americans* e servem como uma rápida referência para profissionais de condicionamento físico aquático. Quando se trabalha com tais populações, é recomendável que os profissionais de condicionamento físico aquático acessem o documento completo e as diretrizes específicas para as necessidades da população. Mais informações sobre populações especiais podem também ser encontradas no Capítulo 11.

Diretrizes-chave para crianças e adolescentes

- Crianças e adolescentes devem fazer 60 minutos (1 hora) ou mais de atividade física diariamente.

- Aeróbio: a maior parte dos 60 minutos ou mais por dia deve ser de atividade física aeróbia moderada ou vigorosa e deve incluir atividade física de intensidade vigorosa pelo menos três vezes por semana.

- Fortalecimento muscular: como parte dos 60 minutos ou mais de atividade física diária, crianças e adolescentes devem incluir atividade física de fortalecimento muscular em pelo menos três dias da semana.

- Fortalecimento ósseo: como parte dos 60 minutos ou mais de atividade física diária, crianças e adolescentes devem incluir atividade física de fortalecimento ósseo em pelo menos três dias da semana.

- É importante encorajar os jovens a participar de atividades físicas que sejam apropriadas para sua idade, agradáveis e que ofereçam variedade.

Diretrizes-chave para adultos

- Todos os adultos devem evitar inatividade. Alguma atividade física é melhor que nenhuma, e adultos que atuam em qualquer quantidade de atividade física ganham benefícios à saúde.

- Para benefícios à saúde substanciais, adultos devem fazer pelo menos 150 minutos (2 horas e 30 minutos) por semana de atividade física aeróbia de intensidade moderada, ou 75 minutos (1 hora e 15 minutos) por semana de intensidade vigorosa, ou uma combinação equivalente de atividade aeróbia de intensidade moderada e vigorosa. Atividade aeróbia deve ser realizada em episódios de pelo menos 10 minutos, distribuídos preferencialmente durante a semana.

- Para benefícios à saúde adicionais e mais amplos, adultos devem aumentar sua atividade física aeróbia para 300 minutos por semana de intensidade moderada ou 150 minutos por semana de atividade física aeróbia de intensidade vigorosa, ou uma combinação equivalente de atividade aeróbia moderada e vigorosa. Benefícios à saúde adicionais são obtidos pelo empenho em atividade física além dessa quantidade.

- Adultos também devem fazer atividades de fortalecimento muscular de intensidade alta ou moderada e que envolvam todos os grupos musculares principais em dois ou mais dias da semana, já que essas atividades proporcionam benefícios adicionais à saúde.

Diretrizes-chave para adultos com 65 anos ou mais

As diretrizes-chave para adultos também se aplicam a idosos. Adicionalmente, estas diretrizes se aplicam apenas a idosos:

- quando idosos não conseguem fazer 150 minutos de atividade física aeróbia de intensidade moderada por semana em virtude de condições crônicas, eles devem ser fisicamente ativos de acordo com que suas habilidades e condições permitem;

- idosos devem fazer exercícios que mantenham ou melhorem o equilíbrio se eles apresentam o risco de quedas;

- idosos devem determinar seu nível de esforço para a atividade física em relação ao seu nível de condicionamento físico;

- idosos com condições crônicas devem entender os efeitos que suas condições terão na habilidade de executar atividade física regular de forma segura.

Diretrizes-chave para mulheres durante a gravidez e o período pós-parto

- Mulheres saudáveis que ainda não sejam altamente ativas ou façam atividade de intensidade vigorosa devem fazer pelo menos 150 minutos de atividade aeróbia de intensidade moderada por semana durante a gravidez e o período pós-parto. Preferivelmente, essa atividade deve ser distribuída durante a semana.

- Mulheres grávidas que habitualmente estejam engajadas em atividades aeróbias de intensidade vigorosa ou que sejam altamente ativas podem continuar a atividade física durante a gravidez e o período pós-parto, assegurando-se que permaneçam saudáveis e discutam com os profissionais da saúde que as acompanham quando e como a atividade deve ser ajustada com o tempo.

Diretrizes-chave para adultos com deficiências

- Adultos com deficiências e capazes de fazer exercício devem realizar pelo menos 150 minutos de atividade aeróbia de intensidade moderada por semana ou 75 minutos de atividade aeróbia de intensidade vigorosa por semana, ou uma combinação equivalente de atividade aeróbia de intensidade moderada e vigorosa. Atividade aeróbia deve ser realizada em episódios de pelo menos 10 minutos e distribuída preferencialmente ao longo da semana.

- Adultos com deficiências e capazes de fazer exercício devem fazer também atividades de fortalecimento muscular de intensidade moderada ou alta que envolvam todos os grupos musculares principais em dois ou mais dias da semana, já que essas atividades fornecem benefícios adicionais à saúde.

- Quando adultos com deficiências não são capazes de cumprir as diretrizes, eles devem se empenhar em atividade física regular de acordo com suas habilidades e devem evitar a inatividade.

- Adultos com deficiências devem consultar profissionais da saúde sobre as quantidades e os tipos de atividade física que são apropriados para suas habilidades.

Diretrizes-chave para pessoas com condições médicas crônicas

- Adultos com condições médicas crônicas obtêm importantes benefícios à saúde da prática regular de atividade física.

- Quando adultos com condições médicas crônicas fazem atividades de acordo com suas habilidades, a atividade física é segura.

- Adultos com condições médicas crônicas devem estar sob os cuidados de um profissional da saúde. Pessoas com condições crônicas e sintomas devem consultar profissionais da saúde sobre os tipos e as quantidades de atividade apropriados.

Se uma pessoa deseja aumentar a capacidade funcional ou o condicionamento físico, ela deve participar de um programa de exercício físico vigoroso seguindo as diretrizes estabelecidas pelo ACSM para intensidade, duração, frequência e método. Os benefícios à saúde de exercício regular têm sido bem substanciais. Infelizmente, a maioria dos adultos norte-americanos não está motivada a seguir um programa de exercício regular apesar dos benefícios substanciais à saúde. Profissionais de condicionamento físico deveriam ter isso em mente e planejar programas que incentivem atividades de intensidade moderada e criem oportunidades para seus alunos, assim como programas de exercício vigoroso. As pessoas são encorajadas a andar até o trabalho, subir as escadas em vez de pegar o elevador, desligar a TV, praticar jardinagem, dançar, recolher folhas e aumentar gradualmente o tempo ativo acumulado ao longo de cada dia.

Como instrutor de condicionamento físico, *personal trainer*, terapeuta ou qualquer outro tipo de profissional de condicionamento físico aquático, é importante ter consciência dos benefícios da atividade moderada e desenvolver programas de acordo com isso — essa atitude pode levar ao aumento da participação em atividade física. Muitas pessoas não estão motivadas para se exercitar e, em vista disso, podem não aderir a um programa vigoroso. Assim, como profissionais, precisamos fornecer alternativas. Programas de intensidade moderada são uma opção viável para um mercado potencialmente inexplorado, com benefícios confirmados à saúde. Estamos em uma melhor posição para envolver e ajudar mais pessoas do que nunca.

Resumo

1. Programas de exercício regular precisam incluir todos os cinco componentes principais do condicionamento físico. É essencial promover resistência cardiorrespiratória, força e resistência muscular, flexibilidade e composição corporal favorável. O desenvolvimento de todos os cinco componentes promove condicionamento físico em geral e boa saúde.

2. Diretrizes para método, intensidade, duração e frequência para exercício cardiorrespiratório, treinamento de resistência e flexibilidade, assim como a progressão de exercício, devem ser buscadas em qualquer programa de condicionamento físico com o objetivo de obter ótimos benefícios e capacidade funcional. Essas diretrizes asseguram um programa de exercício eficiente para o aumento do condicionamento físico e a redução do risco de doença crônica.

3. Condicionamento aeróbio poderia incluir treinamento contínuo, intervalado e em circuito.

4. Os benefícios do exercício regular caem em duas categorias básicas: benefícios de exercício regular à saúde física têm sido substancialmente documentados com dados científicos; benefícios psicológicos são mais difíceis de isolar e confirmar, mas são geralmente reconhecidos pela comunidade médica.

5. Um profissional de condicionamento físico deve entender a diferença entre condicionamento físico e atividade física e reconhecer os benefícios à saúde de cada um deles. Programas deveriam ser desenvolvidos para alcançar objetivos específicos de condicionamento físico, assim como para aumentar os níveis de atividade que tenham como alvo mudanças saudáveis de estilo de vida.

Questões para revisão

1. _____ é definida como a força máxima que pode ser exercida por um músculo ou grupo muscular contra uma resistência.

2. Que proprioceptor é encontrado nos tendões de seus músculos e mede a tensão muscular?

3. Cite os seis componentes de condicionamento físico relacionados à habilidade.

4. Qual a diferença entre frequência cardíaca máxima e frequência cardíaca de reserva?

5. Como a compressão diminui sua frequência cardíaca na água?

6. Qual a frequência recomendada pelo ACSM (2010) para treinamento de resistência?

7. Defina composição corporal.

8. Liste cinco benefícios do exercício regular.

9. Para calcular a intensidade do exercício, um método popular é a fórmula de Karvonen, que também é conhecida como _____.

   a. Método máximo da frequência cardíaca.

   b. Método da frequência cardíaca de reserva.

   c. Método da frequência cardíaca máxima.

   d. Classificação de esforço percebido.

10. De acordo com as *Physical Activity Guidelines for Americans* de 2008, lançadas pelo Department of Health & Human Services dos Estados Unidos, quais são as diretrizes-chave adicionais para idosos?

Ver respostas a estas questões no Apêndice C.

Bibliografía

American College of Sports Medicine. 2010. *Guidelines for exercise testing and prescription*. 8th edition. Baltimore: Lippincott, Williams & Wilkins.

American Council on Exercise. 2000. *Group fitness instructor manual*. San Diego: American Council on Exercise.

American Council on Exercise. 2003. *Personal trainer manual*. 3rd edition. San Diego: American Council on Exercise.

Baechle, T., and R. Earle. 2004. *NSCA's essentials of personal training*. Champaign, IL: Human Kinetics.

Borg, G. 1998. *Borg's perceived exertion and pain scales*. Champaign, IL: Human Kinetics.

Centers for Disease Control and Prevention. n.d. *FastStats: Leading causes of death*. www.cdc.gov/nchs/fastats/lcod.htm.

Evetovich T.K., Nauman, N.J., Conley, D.S., and J.B. Todd. 2003. Effect of static stretching of the biceps brachii on torque, electromyography, and mechanomyography during concentric isokinetic muscle actions. *Journal of Strength and Conditioning Research*. 17(3): 484-8.

Fleck, S., and W. Kraemer. 2003. *Designing resistance training programs*. 3rd edition. Champaign, IL: Human Kinetics.

National Center for Chronic Disease Prevention and Health Promotion. n.d. *Physical activity and health: A report of the surgeon general*. www.cdc.gov/nccdphp/sgr/intro.htm.

Sova, R. 2000. AQUATICS: *The complete reference guide for aquatic fitness professionals*. 2nd edition. Pt. Washington, WI: DSL, Ltd.

U.S. Centers for Disease Control and Prevention and ACSM. 1993. *Summary statement: Workshop on physical activity and public health sports medicine bulletin* 28:4. Washington D.C.: President's Council on Physical Fitness.

Van Roden, J., and L. Gladwin. 2002. *Fitness theory & practice*. 4th edition. Sherman Oaks, CA: Aerobic & Fitness Association of America.

Young W.B., and D.G. Behm. 2003. Effects of running, static stretching and practice jumps on explosive force production and jumping performance. *Journal of Sports Medicine & Physical Fitness* 43(1): 21-27.

capítulo **2**

Anatomia do exercício

Introdução

Este capítulo apresenta uma visão geral da organização do corpo humano, com um olhar mais aprofundado nos cinco sistemas corporais mais relacionados com o exercício: esquelético, muscular, nervoso, respiratório e cardiovascular. No final do capítulo, veremos como esses sistemas trabalham juntos para iniciar, perpetuar e regular o exercício dentro do corpo humano.

Conceitos fundamentais

- Como as partes do corpo estão relacionadas umas às outras?
- Como os ossos crescem?
- Como os músculos se prendem aos ossos?
- Quais músculos movem as principais articulações no corpo?
- Qual é a diferença entre os sistemas aferente e eferente?
- Como o oxigênio e o dióxido de carbono são trocados nos pulmões?
- Que papel tem o sistema cardiovascular no exercício?
- Qual a organização estrutural do corpo humano?

Organização estrutural do corpo humano

Para dar início ao estudo da anatomia humana, considere que seu corpo consiste de vários níveis de organização estrutural. Esses níveis vão se tornando cada vez mais complexos e estão associados uns aos outros de muitas maneiras.

- O primeiro nível, chamado de químico, é formado por todas as substâncias químicas encontradas no corpo que são essenciais para a manutenção da vida.

- O próximo nível é chamado de celular, que consiste na estrutura básica e unidade funcional do corpo chamada célula. O corpo é composto de numerosos tipos diferentes de células, incluindo as musculares, as sanguíneas, de mucosas e assim por diante.

- Essas células estão organizadas em grupos semelhantes chamados tecidos, que constituem o próximo nível de organização estrutural, chamado tecidual. Células agrupadas juntas para formar tecidos têm funções e estruturas similares.

- Geralmente, esses vários tipos de tecidos se combinam para formar órgãos. Os órgãos compreendem um nível mais elevado de organização, chamado orgânico. Os órgãos têm formas e funções definidas; exemplos incluem o coração, fígado, estômago e cérebro.

- O próximo nível de organização é chamado de sistêmico. Em um sistema corporal, vários órgãos associados são agrupados juntos para executar uma função particular como digestão, secreção de hormônios ou fornecimento de oxigênio ou sangue ao corpo.

- Em primeiro lugar, discutiremos neste capítulo os sistemas corporais e como trabalham juntos para formar o nível mais alto de organização. Esse nível representa todos os sistemas do corpo trabalhando juntos para constituir um organismo – uma pessoa viva.

Sistemas do corpo humano

O corpo humano está dividido em 11 sistemas ou partes. Esses sistemas se inter-relacionam e trabalham juntos de muitas maneiras para permitir aos humanos funcionarem como uma pessoa completa. Um exemplo de inter-relação dos sistemas de particular interesse para os instrutores de condicionamento físico é como os sistemas esquelético, muscular e nervoso trabalham juntos para produzir movimentos motores grossos e finos.

Os 11 sistemas do corpo são organizados como segue:

- **tegumentar** – inclui a pele e todas as estruturas derivadas (cabelo, unhas e assim por diante);

- **esquelético** – todos os ossos do corpo, cartilagem associada e articulações;

- **muscular** – todos os músculos esqueléticos e viscerais, o músculo cardíaco, os tendões e os ligamentos;

- **nervoso** – o cérebro, a medula espinal, os nervos e os órgãos sensoriais (olhos e orelhas);

- **endócrino** – todas as glândulas que produzem hormônios;

- **cardiovascular** – o sangue, o coração e os vasos sanguíneos;

- **linfático** – a linfa, os linfonodos, os vasos linfáticos e as glândulas linfáticas;

- **respiratório** – os pulmões e as vias que levam o ar para dentro e fora deles;

- **digestório** – o trato digestório – uma série de órgãos juntos em um tubo oco longo e retorcido – e órgãos associados, incluindo as glândulas salivares, o fígado, a vesícula biliar e o pâncreas;

- **urinário** – os órgãos que produzem, coletam e eliminam urina;

- **reprodutivo** – os órgãos que produzem células reprodutivas e os órgãos que armazenam e transportam células reprodutivas.

Nem todos esses sistemas são diretamente relacionados ao exercício. Os sistemas de particular interesse para os instrutores de condicionamento físico são o esquelético, o muscular, o nervoso, o cardiovascular e o respiratório. Este capítulo tem um entendimento muito básico da função e do papel que esses cinco sistemas corporais têm no processo de movimento e exercício. O sistema endócrino e os hormônios que ele produz têm uma ação importante na regulação de muitos processos do exercício, mas não será discutido em profundidade nesta obra.

Termos anatômicos de referência

Vários termos anatômicos descritivos se referem a partes do corpo, áreas, localização e posição. A terminologia médica é muito complexa e renderia um curso exclusivo por si só. Com relação a exercícios, nosso interesse principal está em alguns dos termos anatômicos que descrevem localização e posição. Eles são mais especificamente usados em exercício para descrever a posição de uma parte do corpo em relação à outra. Esses termos incluem os seguintes:

- **superior**, que significa *acima*;
- **inferior**, que significa *abaixo*;
- **anterior**, que significa *na frente de*;
- **posterior**, que significa *atrás*;
- **medial**, que significa *em direção à* linha mediana do corpo ou ao segmento;
- **lateral**, que significa *para longe* da linha mediana do corpo ou do segmento.

Esses termos podem ser usados quando a posição de uma parte do corpo é descrita em relação à outra. Por exemplo, o músculo quadríceps femoral, localizado na parte da frente da coxa, poderia ser descrito como sendo anterior (na frente dos) aos músculos isquiotibiais, que estão localizados na parte de trás da coxa. O músculo peitoral na região anterior do tórax seria considerado superior ao músculo reto abdominal localizado no abdome. Os músculos adutores na parte interna da coxa seriam considerados mediais em comparação com os músculos abdutores na parte externa da coxa. O osso úmero no braço seria considerado lateral às costelas. O osso da tíbia na perna, inferior ao osso fêmur na coxa. Você pode ver como esses termos anatômicos são usados para descrever a localização de uma parte do corpo em comparação com outra.

Os próximos dois termos descrevem o posicionamento do corpo em termos espaciais. O termo **supino** se refere ao corpo em posição deitada com o rosto voltado para cima. Já **pronado** se refere ao corpo em posição deitada com o rosto voltado para baixo. Esses termos são geralmente usados para descrever a posição do corpo ao começar, executar ou terminar certo exercício. Os próximos três termos descrevem uma superfície no corpo independente de sua posição no espaço. O termo **ventral** descreve a superfície da frente do corpo. **Dorsal** descreve a superfície de trás do corpo, e também se refere à parte de cima do pé ou peito do pé, assim como ocorre na parte posterior da mão. **Plantar** se refere à superfície de baixo ou sola do pé, bem como palmar se refere à superfície da palma da mão (anterior).

O sistema esquelético

O sistema esquelético é composto de todos os ossos no corpo, assim como as suas cartilagens e articulações associadas. Focaremos nos ossos principais ou fundamentais no corpo associados a movimentos grossos.

A função do sistema esquelético é dar rigidez e forma ao corpo. Sua forma corporal básica é geneticamente determinada em grande parte pela sua estrutura óssea. Se não tivéssemos ossos, seríamos uma massa de carne e órgãos parecida com uma água-viva. O sistema esquelético fornece ao nosso corpo suporte, proteção e forma. A cavidade das costelas e a escápula protegem órgãos vitais como pulmões, rins e fígado, localizados na cavidade torácica do corpo. Os ossos do crânio circundam e alojam o cérebro. Eles também fornecem um sistema de alavancas ao corpo, que é essencial para o movimento. Além de oferecer estrutura, os ossos produzem glóbulos vermelhos e armazenam minerais.

Classificação dos ossos

Os ossos são divididos em quatro tipos básicos ou classificações (Fig. 2.1a-b). A classificação óssea é baseada principalmente na forma dos ossos. Os **ossos longos** são mais longos do que largos e são encontrados principalmente nos apêndices (membros superiores e inferiores). Ossos longos incluem fêmur, tíbia, fíbula, rádio, ulna e úmero. São levemente curvados para serem mais fortes e projetados para absorver estresse em vários pontos. Eles consistem em uma parte longa e fina chamada **diáfise**, ou eixo, e duas terminações do tipo bulbosa chamadas **epífises**.

Os **ossos curtos** são basicamente em forma de cubo e são mais largos do que longos. São exemplos os ossos encontrados no punho e no tornozelo.

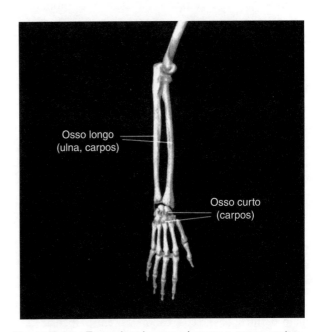

Figura 2.1a Exemplos de ossos longos e ossos curtos.

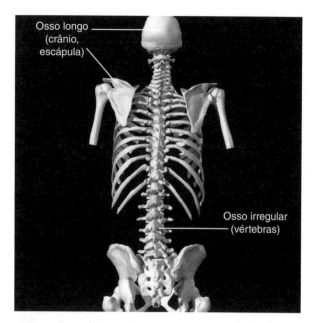

Figura 2.1b Exemplos de ossos planos e ossos irregulares.

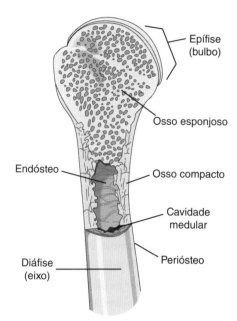

Figura 2.2 Partes de um osso.

Os **ossos planos** são finos e geralmente planos. Oferecem proteção considerável e uma boa superfície para a inserção muscular. Exemplos de ossos planos são os ossos da abóbada ou calota craniana, que protegem o cérebro, e a escápula (parte do cíngulo do membro superior).

Os **ossos irregulares** incluem muitos dos ossos que não se encaixam nas outras três categorias. Eles têm formas complexas e incluem ossos como as vértebras.

Composição estrutural do osso

Um osso é feito de muitas partes, com as proporções de cada uma delas dependendo do tamanho e forma da estrutura. Geralmente, ossos são compostos de material esponjoso e compacto, **periósteo** e **endósteo** e uma **cavidade medular** (Fig. 2.2). O periósteo é uma bainha fibrosa, densa e branca que cobre a superfície do osso, à qual músculos e tendões se ligam. A cavidade medular do osso é a cavidade no centro do osso (diáfise) preenchida com medula gordurosa amarela. O endósteo é a camada de células que reveste a cavidade medular. A parte rígida do osso é feita de material esponjoso e compacto. O osso esponjoso é menos denso e contém espaços para que vasos sanguíneos e outros nutrientes possam ser fornecidos a ele. A parte compacta do osso contém poucos espaços e fornece proteção e solidez.

Como os ossos crescem

O processo pelo qual o osso cresce no corpo é chamado **ossificação**. Ossos, os longos, em particular, têm discos cartilaginosos de crescimento localizados em cada extremidade chamados **discos epifisários**. Inicialmente, esses discos não estão completamente endurecidos e são o local onde ocorre o crescimento do osso. Esses frágeis discos de crescimento podem sofrer danos em crianças em crescimento e adolescentes, e afetar o desenvolvimento ósseo. À medida que uma pessoa envelhece, os discos epifisários endurecem e o crescimento para entre 21 e 25 anos de idade.

Crianças têm grandes quantidades de material orgânico nos ossos, fazendo com que seus ossos fiquem mais moles e flexíveis. À medida que envelhecemos, temos proporções maiores de material inorgânico, o que leva os ossos a se tornarem quebradiços e mais frágeis. As estruturas nos ossos estão em um estado contínuo de construção, destruição e reconstrução. Quando o exercício é combinado com períodos de repouso e programa de nutrição adequados, ossos saudáveis se tornam mais espessos e fortes. O exercício ajuda a construir e fomentar o tecido ósseo saudável, e reduz o risco de doença óssea, como a osteoporose.

O esqueleto humano

O esqueleto humano consiste de 206 ossos e é dividido em duas partes: o **esqueleto axial** e o **esqueleto apendicular**. O esqueleto axial é composto pelos ossos encontrados ao redor do eixo (a linha mediana imaginária do corpo) e inclui crânio, coluna vertebral, esterno e costelas. O esqueleto apendicular se refere aos ossos associados com os apêndices e inclui os membros superiores e inferiores, com seus segmentos: braços, ombros, pernas e quadris (Fig. 2.3).

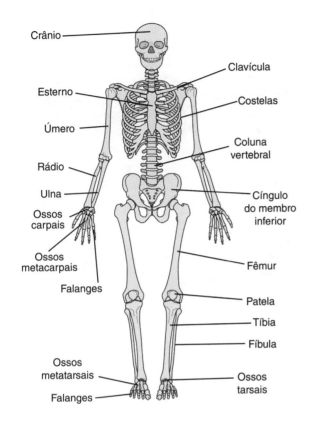 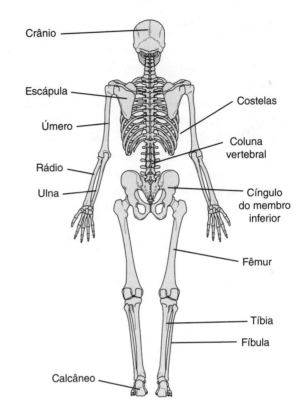

Figura 2.3 O esqueleto humano.

Uma **articulação** (junção) é o ponto de contato entre ossos ou cartilagem e ossos. As articulações são classificadas em fixas, pouco móveis ou totalmente móveis. A quantidade de movimento possível em uma articulação depende da maneira com que os ossos se encaixam, da elasticidade do tecido que envolve as articulações e da posição de ligamentos, músculos e tendões. Os **ligamentos** são bandas de tecido conjuntivo denso e regular que ligam osso a osso em articulações móveis e ajudam a proteger a articulação de deslocamento.

A **coluna vertebral** é tipicamente composta por 26 ossos chamados **vértebras** (Fig. 2.4). Essas vértebras são divididas em cinco secções. A parte da coluna encontrada no pescoço é chamada de coluna **cervical** e contém sete vértebras menores. A parte da coluna vertebral encontrada atrás da cavidade das costelas é a coluna **torácica** e consiste em doze vértebras de tamanho médio. A área mais baixa da parte de trás da coluna vertebral é a região **lombar** e consiste em cinco vértebras grandes. Abaixo da região lombar da coluna localiza-se o **sacro**, que é um osso formado por cinco vértebras fundidas. O **cóccix**, ou osso da cauda, é formado por quatro vértebras fundidas em um ou dois ossos.

Um tecido fibrocartilaginoso, chamado disco intervertebral, é encontrado entre cada vértebra. Esse tecido pode ser lesionado por trauma ou uso excessivo, especialmente na área lombar de suporte de peso ou na delicada área cervical da coluna. Problemas discais não são comuns na área torácica em virtude do suporte e da estabilidade que as costelas fornecem à coluna vertebral nessa região.

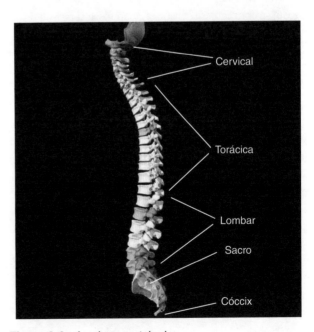

Figura 2.4 A coluna vertebral.

O sistema muscular

Há mais de 600 músculos no corpo humano. O sistema muscular é composto de tecido muscular visceral, cardíaco e esquelético. O **músculo visceral**, o músculo liso ou involuntário sobre o qual não temos controle consciente, é encontrado nas paredes de órgãos como intestinos e esôfago. O **músculo cardíaco** é encontrado no coração. Como profissional de condicionamento físico, o tecido **muscular esquelético** é o que mais desperta interesse.

O sistema esquelético confere forma e suporte ao nosso corpo; contudo, sozinhos, os ossos não são capazes de movê-los. Os músculos trabalham com os ossos no sistema esquelético para criar ou permitir a ocorrência de movimento, tal como fios de uma marionete. O músculo esquelético é geralmente chamado de voluntário ou estriado porque está sob nosso controle consciente e se parece com faixas de tecido. Quando os sistemas esquelético e muscular trabalham juntos para realizar movimento, são geralmente chamados de sistema musculoesquelético.

O sistema muscular tem três funções básicas: trabalhar com outros sistemas no corpo para ajudar a provocar movimento, manter a postura e gerar calor. Os músculos as realizam por meio da contração, que encurta o tecido muscular.

Características do tecido muscular

Todo tecido muscular possui quatro características principais: **excitabilidade, contratilidade, extensibilidade e elasticidade**. Todas são necessárias para que os músculos funcionem. Imagine um músculo incapaz de alongar-se ou, se conseguisse se alongar, não fosse capaz de retornar ao seu comprimento original.

A excitabilidade permite ao músculo receber estímulos e responder a eles. Um estímulo é um tipo de mudança que ocorre no próprio músculo, ou uma mudança que ocorre no ambiente externo ao tecido muscular. Essa mudança deve ser forte o bastante para iniciar um impulso nervoso. Por essa razão, o sistema muscular está intrinsecamente associado ao tecido nervoso.

A contratilidade é simplesmente a habilidade do tecido muscular em encurtar e tornar-se espesso ou contrair quando estimulado. Na verdade, a maioria das contrações musculares resulta na diminuição do comprimento do músculo.

A extensibilidade é a característica que permite ao músculo se alongar. Assim como o músculo tem a habilidade de se encurtar, ele também tem a habilidade de se alongar. A habilidade dos músculos em contrair (encurtar) e estender (alongar) é o que permite que nos movimentemos.

A elasticidade é uma característica muito importante. Se o músculo não possui elasticidade, não consegue retornar à sua forma original depois de contraído ou estendido (como uma massa de vidraceiro). A propriedade de elasticidade permite que o músculo retorne à sua forma original para que possa se contrair ou se estender novamente para repetir o mesmo movimento ou provocar um movimento diferente (algo como uma tira de borracha).

Estrutura muscular

O músculo esquelético é um agrupamento de células muito especializadas trabalhando juntas para fazer com que o músculo se contraia. Pelo fato de os músculos estarem ligados aos ossos, estes se movem quando os músculos contraem, quando estão unidos por articulações móveis. Em termos estruturais, músculos são feixes de fibras firmemente ancorados nos ossos por meio de **tendões**. Tendões são um tecido conjuntivo muito forte e fibroso que conecta a **fáscia**, um recobrimento dos músculos, ao periósteo, que é uma membrana fibrosa que recobre os ossos. Muitos músculos têm ao menos dois tendões, cada um se ligando a um osso diferente. Dependendo do movimento, uma dessas ligações tende a ser mais estacionária ou imóvel e é chamada de **origem** do músculo. A outra ligação, que tende a ter mais mobilidade, é chamada de **inserção** do músculo. No entanto, para evitar confusões de classificação de origem e inserção muscular, atualmente utilizam-se os termos inserção proximal e distal, que determinam, respectivamente, a inserção mais próxima e mais distante do eixo central do corpo.

Esses feixes de fibras musculares que compõem um músculo são mantidos juntos pelo tecido conjuntivo. Se você olhar para um músculo seccionado ao meio, verá que esses feixes de fibras, chamados **fascículos**, são na verdade feixes de células musculares unidos da mesma forma por tecido conjuntivo (Fig. 2.5). Esse tecido conjuntivo profundo é inervado por vasos sanguíneos que fornecem oxigênio e nutrientes necessários para a contração das células musculares. A anatomia da célula muscular e como ocorre a contração dos músculos são abordados no Capítulo 4.

Organização muscular

Os músculos são geralmente encontrados em pares no corpo, em cada lado de uma articulação, o que permite que eles movam ossos em ambas as direções (Fig. 2.6). Os músculos pareados têm uma relação que possibilita que um músculo relaxe ou se alongue enquanto o outro está se encurtando ou contraindo.

Em um par muscular, o músculo que está contraindo ativamente, em qualquer dado momento, é chamado de

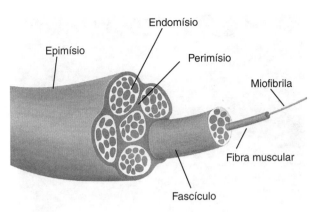

Figura 2.5 Estrutura muscular.

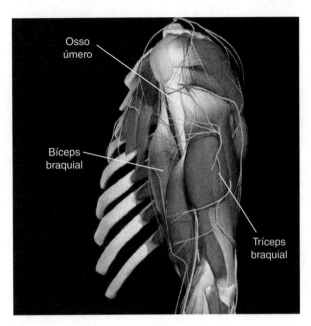

Figura 2.6 Par muscular bíceps e tríceps.

agonista, o motor principal. Esse músculo contrator tem o "sofrimento" de fazer o trabalho. O outro músculo em um par muscular deve relaxar ou ceder para que o músculo agonista contraia. Esse músculo relaxado ou alongado é chamado de **antagonista**. O agonista e o antagonista em um par muscular trabalham juntos para contrair e relaxar em cada lado de uma articulação para que o movimento ocorra em direções diferentes e em várias angulações. Se ambos os músculos contraíssem ao mesmo tempo, o movimento naquela articulação não seria possível. É o que acontece, por exemplo, em uma contração estática.

O bíceps e o tríceps braquiais são um exemplo de par muscular. O músculo bíceps braquial está na parte anterior do braço, cruza a articulação do cotovelo e se liga no antebraço. Quando o músculo bíceps braquial está contraído, o antebraço se eleva na direção do braço. O cotovelo poderia permanecer nessa posição curvada se não fosse o músculo tríceps localizado na parte de trás do braço. O tríceps braquial passa por trás da articulação do cotovelo e, da mesma maneira, se conecta ao antebraço. Quando o tríceps braquial se contrai, ele endireita o antebraço. A organização desses pares de grupos musculares pelo corpo é o que nos permite realizar uma variedade de movimentos. Os pares musculares serão abordados com mais profundidade no Capítulo 4.

É importante considerar os efeitos da gravidade ao observar como os músculos trabalham. Em um braço parado e curvado em relação ao alinhamento neutro, a gravidade ajuda o movimento para baixo (extensão do braço) e reduz bastante o trabalho do músculo tríceps braquial. Na presença de gravidade, muitos dos nossos movimentos de "retorno" são auxiliados pela gravidade. O corpo deve estar posicionado de forma que o músculo possa trabalhar contra a gravidade para treinar em terra. Assim, um exercício precisaria ser realizado para o músculo bíceps braquial e outro para o músculo tríceps braquial.

É importante mesmo para o instrutor de condicionamento físico de nível inicial ter um conhecimento geral sobre os grupos musculares básicos e como eles estão envolvidos no movimento. Para elaborar e implementar um programa eficiente, você deve estar ciente sobre quais músculos são responsáveis por quais movimentos. Neste capítulo, visualizaremos a localização desses músculos principais e as articulações associadas envolvidas. No Capítulo 3, na análise de movimento, você aprenderá mais sobre os músculos responsáveis por movimentos em cada articulação. Assim, seu estudo sobre músculos compreenderá duas partes: a localização dos músculos e as respectivas articulações que eles movem e quais músculos estão envolvidos em um movimento específico em uma dada articulação. Essa dupla abordagem deve permitir que você elabore um programa mais eficaz para melhorar o tônus e a força muscular em todos os músculos principais no corpo, em vez de um programa aleatório baseado em tentativa e erro. É necessário adquirir um conhecimento básico sobre o que cada movimento proporciona em sua coreografia sob o ponto de vista muscular. Assim, você poderá elaborar um programa eficaz, seguro e equilibrado.

Veja as Figuras 2.7a-b para uma visão completa dos principais músculos no corpo e a Tabela 2.1 para nomes dos principais músculos, sua localização no corpo e as articulações que movem.

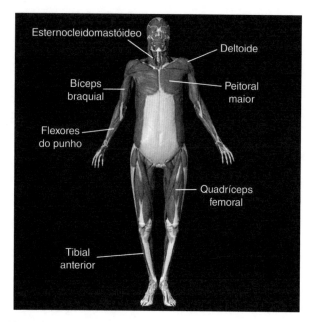

Figura 2.7a Vista anterior dos músculos do corpo.

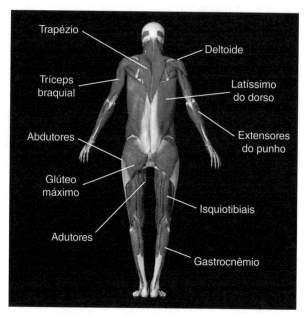

Figura 2.7b Vista posterior dos músculos do corpo.

Músculos da região superior do tronco e extremidades

Os músculos principais da região superior do tronco incluem o esternocleidomastóideo, o peitoral maior, o trapézio, o latíssimo do dorso, o deltoide, o bíceps braquial, o tríceps braquial, os flexores do punho e os extensores do punho. Vários outros músculos estão envolvidos na região superior do tronco. Uma vez que você tenha aprendido sobre os músculos principais, recomenda-se o estudo dos músculos adicionais localizados na região superior do tronco. Para começar, você deve ter o conhecimento básico sobre a quais ossos determinado músculo se conecta, em vez de decorar o nome de cada origem e inserção. Isso irá ajudar a identificar a(s) articulação(ões) que cada músculo move. Também lhe dará valiosa informação sobre o movimento que cada músculo produz.

A localização do músculo, onde ele se conecta, a(s) principal(ais) articulação(ões) movidas são fornecidos pela descrição de cada músculo ou grupo muscular no texto a seguir. Use a Tabela 2.1 como sumário para nome, localização e articulação(ões) movida(s) por cada músculo ou grupo.

Esternocleidomastóideo. O esternocleidomastóideo é encontrado na parte anterior do pescoço. Tal como implica seu nome, esse músculo se conecta ao esterno e à clavícula até a área da mandíbula. As principais articulações movidas são a coluna vertebral na área cervical ou do pescoço (Fig. 2.8).

Peitoral maior. O músculo peitoral maior é encontrado no tórax. Origina-se no esterno, na clavícula e nas costelas, e se insere no braço. A principal articulação movida é a do ombro. O músculo peitoral também move a articulação esternoclavicular (na qual o esterno e a clavícula se encontram; Fig. 2.9).

Trapézio. O trapézio é um grande músculo em forma de diamante encontrado na parte superior das costas e na parte de trás do pescoço. As fibras nesse músculo estão em três direções principais. É dividido em três partes com base no direcionamento das fibras e nos movimentos pelos quais são responsáveis. As fibras na parte superior do trapézio (parte descendente) se direcionam em um ângulo para baixo no pescoço e para fora no sentido da escápula. As fibras na parte média do trapézio (parte transversa) se direcionam horizontalmente cruzando a parte superior das costas. As fibras na parte inferior do trapézio (parte ascendente) se direcionam em um ângulo para cima e para fora a partir da coluna no sentido da escápula. Surpreendentemente, o músculo trapézio não cruza a articulação do ombro ou se liga ao osso úmero e, assim, não pode ser responsável pelos movimentos na articulação do ombro. O trapézio move a escápula e a articulação esternoclavicular, e a parte descendente do trapézio estende o pescoço e a cabeça (Fig. 2.10).

Tabela 2.1 Os principais músculos do corpo

Nome do músculo	Localização	Articulação(ções) movida(s)
Esternocleidomastóideo	Parte da frente do pescoço	Coluna cervical
Peitoral maior	Parte anterior do tórax	Ombro Esternoclavicular
Trapézio • Superior (S) • Médio (M) • Inferior (I)	Parte superior das costas e do pescoço	Escápula Esternoclavicular Coluna cervical
Latíssimo do dorso	Parte superior e média do dorso	Ombro
Deltoide • Anterior ou parte clavicular (A) • Medial ou parte acromial (M) • Posterior ou parte espinal (P)	Parte superior do ombro	Ombro
Bíceps braquial	Parte anterior do braço	Cotovelo Ombro
Tríceps braquial	Parte posterior do braço	Cotovelo Ombro
Flexores do punho	Parte anterior do antebraço	Punho Falanges
Extensores do punho	Parte posterior do antebraço	Punho Falanges
Eretor da espinha	Dorso, ao longo da coluna vertebral	Articulações intervertebrais da coluna
Quadrado do lombo	Parte inferolateral do dorso	Região lombar da coluna
Reto do abdome	Abdome	Região lombar da coluna
Oblíquos interno e externo	Abdome	Região lombar da coluna
Transverso do abdome	Abdome	Região lombar da coluna
Iliopsoas (psoas maior e menor, ilíaco)	Parte da frente do quadril	Quadril
Glúteo máximo	Nádegas	Quadril
Abdutores do quadril (glúteo médio e mínimo)	Parte lateral do quadril	Quadril
Adutores do quadril	Parte medial da coxa	Quadril
Quadríceps femoral (reto femoral, vasto medial, vasto intermédio, vasto lateral)	Parte anterior da coxa	Quadril (reto femoral) Joelho (vastos)
Isquiotibiais (bíceps femoral, semimembranoso, semitendíneo)	Parte posterior da coxa	Quadril Joelho
Gastrocnêmio	Panturrilha	Tornozelo
Sóleo	Panturrilha	Tornozelo
Tibial anterior	Parte anterior da perna	Tornozelo

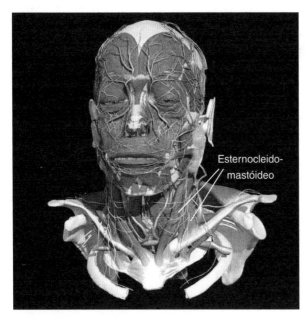

Figura 2.8 Esternocleidomastóideo.

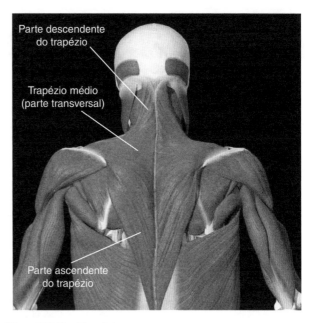

Figura 2.10 Trapézio.

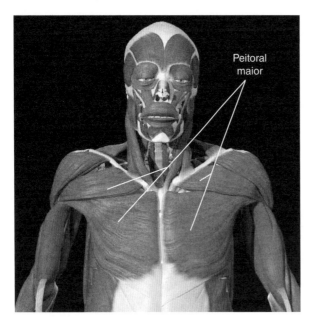

Figura 2.9 Peitoral maior.

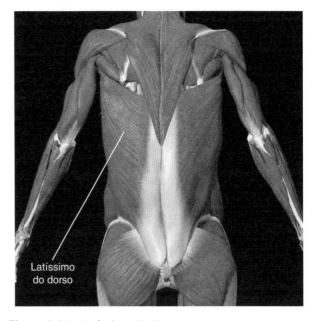

Figura 2.11 Latíssimo do dorso.

Latíssimo do dorso. O músculo latíssimo do dorso está localizado nas partes média e inferior das costas. É um músculo largo e plano que se conecta ao osso do quadril e à coluna vertebral e se direciona para cima e para fora em ambos os lados da parte inferior das costas para se conectar ao braço ou ao osso úmero. A principal articulação que esse músculo move é a do ombro (Fig. 2.11).

Deltoide. O deltoide é o músculo que cobre o ombro. Em virtude do fato de estar ligado na parte da frente e atrás do ombro, o deltoide está envolvido em três tipos de movimento e dividido em fibras musculares anteriores (parte clavicular), médias (parte acromial) e posteriores (parte espinal). Esse músculo está localizado no topo do ombro e se conecta ao braço ou ao osso úmero. Ele move a articulação do ombro (Fig. 2.12).

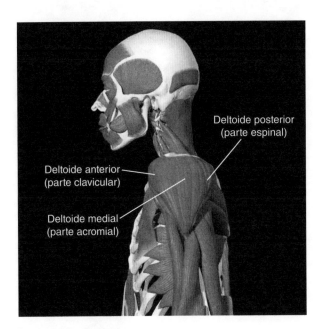

Figura 2.12 Deltoide.

Bíceps braquial. O músculo bíceps braquial é assim chamado por ter duas origens ou (bi) inserções proximais. Está localizado na parte anterior do braço e move três articulações. Origina-se acima do ombro e se insere no antebraço. Nosso principal interesse está em saber como ele move a articulação do cotovelo. Ele também cruza a articulação do ombro e a radiulnar no antebraço (Fig. 2.13).

Tríceps braquial. O músculo tríceps braquial é encontrado na parte posterior do braço. Origina-se em três lugares, como o nome diz. Como o músculo bíceps braquial, o tríceps braquial move as articulações do ombro e do cotovelo e se insere no antebraço (Fig. 2.14).

Flexores do punho. Os flexores do punho são um grupo de músculos encontrados na parte anterior do antebraço, responsável por mover o punho e os dedos (falanges). Sua organização e a ligação do antebraço com a mão permitem a flexão do punho, assim como a movimentação da mão, do polegar e dos demais dedos (Fig. 2.15).

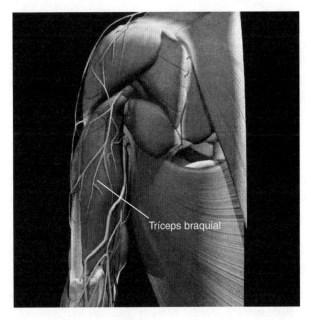

Figura 2.14 Tríceps braquial.

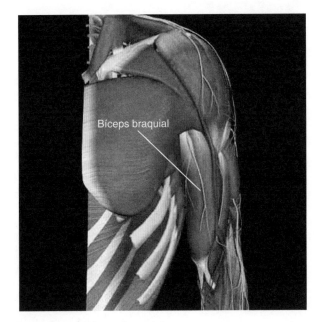

Figura 2.13 Bíceps braquial.

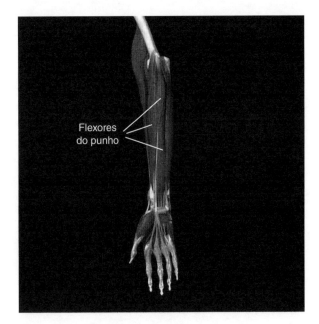

Figura 2.15 Flexores do punho.

Extensores do punho. Os extensores do punho são um grupo de músculos encontrados na parte posterior do antebraço que trabalham em oposição aos flexores do punho. Eles também movem o punho e os dedos (falanges). Assim como o nome diz, sua ligação do antebraço para a mão permite a extensão do punho e a movimentação da mão, do polegar e dos demais dedos (Fig. 2.16).

Músculos do tronco

Os principais músculos na parte média do corpo incluem o eretor da espinha, o quadrado do lombo, o reto do abdome, os oblíquos externo e interno, e o transverso do abdome. Esses músculos fornecem suporte e estabilidade para a área lombar ou a área de suporte de peso da coluna vertebral. Ter força e flexibilidade adequadas nesses músculos melhora o alinhamento postural e reduz o risco de problemas na parte inferior das costas.

Eretor da espinha. O músculo eretor da espinha está localizado nas costas, ao longo de todo o comprimento da coluna vertebral. Ele é uma grande massa de tecido que se divide e se conecta de forma imbricada à medida que se direciona para a parte superior das costas. O eretor da espinha move as articulações intervertebrais da coluna (Fig. 2.17).

Quadrado do lombo. O músculo quadrado do lombo está localizado na parte inferior das costas. Ele vai do osso do quadril para cima, até as costelas e vértebras lom-

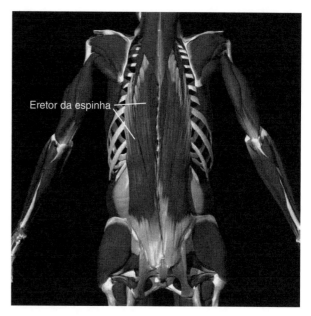

Figura 2.17 Eretor da espinha.

bares. As fibras estão dispostas em uma leve angulação e podem flexionar a coluna lateralmente se apenas um lado estiver contraído. Elas também ajudam na respiração profunda (Fig. 2.18).

Reto do abdome. Esse músculo longo e plano vai da pelve para cima até o esterno e as costelas. Essas fibras estão dispostas de forma paralela à linha mediana; o

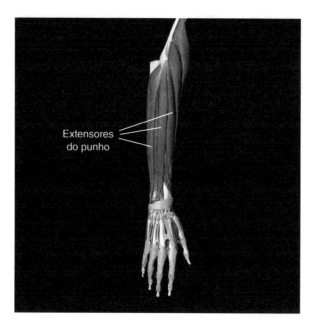

Figura 2.16 Extensores do punho.

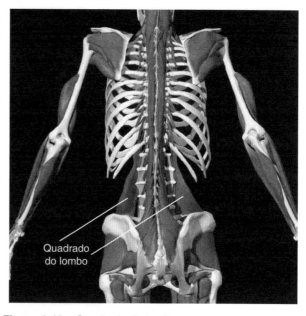

Figura 2.18 Quadrado do lombo.

termo "reto" significa direto. É geralmente conhecido como suporte biológico natural para a parte inferior das costas. Muitas pessoas acreditam que exercícios como elevações de perna, bicicleta ou elevação de pernas segurando na borda da piscina trabalham ativamente o músculo reto do abdome. Esses exercícios, envolvendo a articulação do quadril, não abrangem ativamente o reto do abdome, porque ele não cruza a articulação do quadril e se liga ao fêmur. O músculo reto do abdome se contrai para estabilizar a pelve e proteger a parte inferior das costas ao se elevar as pernas e realizar o movimento de quadril. Nesse caso, ele não faz ativamente o trabalho, atua como estabilizador. Assim como o eretor da espinha, ele move as articulações intervertebrais da coluna (Fig. 2.19).

Transverso do abdome. O transverso do abdome é como uma tira que cruza horizontalmente a frente da cavidade abdominal. Esse músculo ajuda a manter os órgãos abdominais no lugar. Após a gravidez ou à medida que envelhecemos, esses músculos podem se tornar fracos e flácidos e precisam ser fortalecidos. Sua ação comprime o abdome e leva a pelve à inclinação posterior. O exercício abdominal é mais eficiente quando iniciado por uma compressão abdominal ou pelo envolvimento do transverso do abdome (Fig. 2.20).

Oblíquos externo e interno. Os músculos oblíquos externo e interno trabalham com o músculo reto do abdome. O termo "oblíquo" se refere às fibras musculares

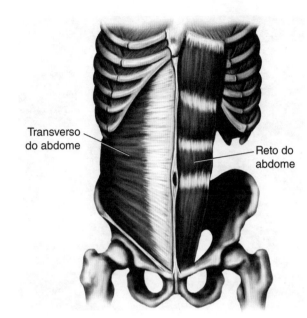

Figura 2.20 Transverso do abdome.

que vêm da diagonal para a linha mediana. Os oblíquos internos estão localizados abaixo dos oblíquos externos em um padrão V invertido (Fig. 2.21). Os oblíquos externos são mais superficiais dos que os internos e estão localizados na direção oposta, formando um padrão em V (Fig. 2.22). Ambos, oblíquos internos e externos, circundam a cintura e movem as articulações intervertebrais da coluna.

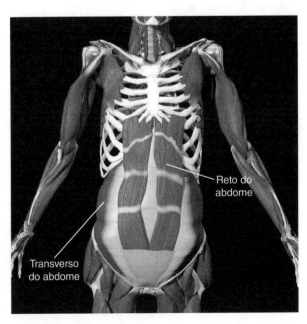

Figura 2.19 Reto do abdome.

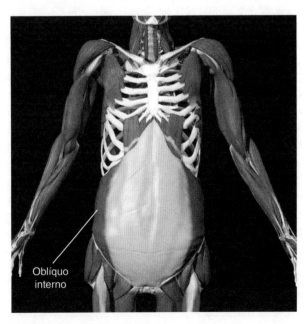

Figura 2.21 Oblíquo interno.

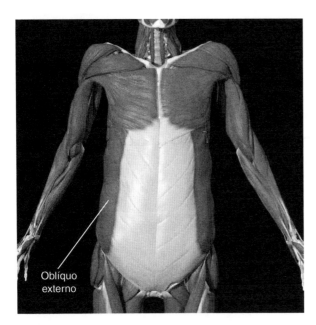

Figura 2.22 Oblíquo externo.

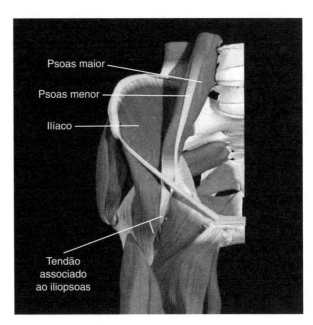

Figura 2.23 Iliopsoas.

Músculos da região inferior do tronco e extremidades

Os músculos das extremidades inferiores incluem todos os principais músculos nos quadris e membros inferiores. Alguns desses são os maiores músculos esqueléticos no corpo e são capazes de contrações poderosas para mover o peso corporal. Eles também são capazes de processar maiores quantidades de gordura e açúcar para produzir energia a fim de suprir suas contrações. Esses músculos incluem o iliopsoas, o glúteo máximo, os adutores e abdutores do quadril, o quadríceps femoral, os isquiotibiais, o gastrocnêmio, o sóleo e o tibial anterior.

Iliopsoas. O iliopsoas é composto de três músculos: psoas maior, psoas menor e ilíaco. Mais conhecidos como flexores do quadril, esses músculos se originam nas vértebras lombares e no osso do quadril, e se inserem na coxa ou no fêmur. Eles são geralmente confundidos com os músculos abdominais porque passam através da parte inferior do abdome. Na verdade, eles movem a articulação do quadril e trabalham independentemente dos músculos abdominais (Fig. 2.23), embora fiquem ativos de modo particular em exercícios abdominais do tipo "sentar-se acima" (flexão total do quadril com os joelhos flexionados).

Glúteo máximo. Como diz o termo "máximo", esse músculo é o maior dos três músculos glúteos. Está localizado nas nádegas, origina-se ao longo das vértebras inferiores e do osso do quadril e se insere no fêmur. Ele move a articulação do quadril. Seu principal movimento é a extensão da perna a partir do quadril (Fig. 2.24).

Abdutores do quadril. Esses músculos, assim chamados pelo movimento que iniciam, estão localizados na parte lateral das nádegas. Esse grupo é composto do glúteo médio e do glúteo mínimo. Esses músculos se originam ao longo da crista posterior do osso do quadril e se inserem no fêmur. Eles movem a articulação do quadril (Fig. 2.25a-b).

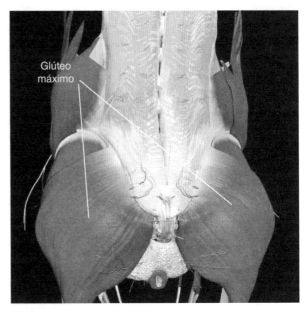

Figura 2.24 Glúteo máximo.

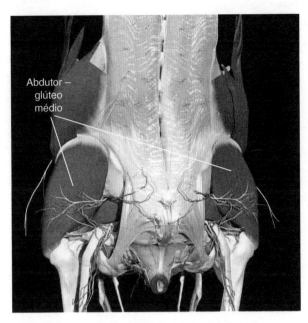

Figura 2.25a   Glúteo médio.

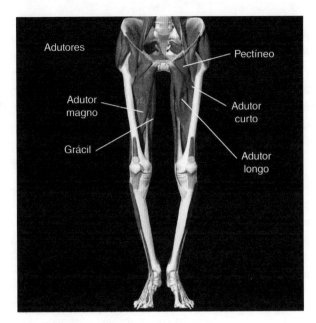

Figura 2.26   Adutores do quadril.

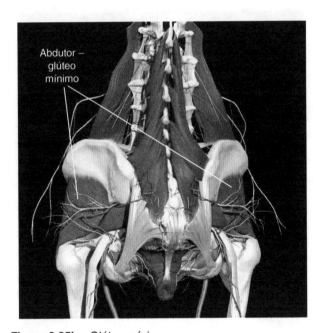

Figura 2.25b   Glúteo mínimo.

Quadríceps femoral. O termo "quad" significa quatro, e há quatro partes do grupo muscular do quadríceps femoral encontradas na parte anterior da coxa. O reto femoral (fibras que passam paralelas à linha mediana do fêmur) é um músculo grande e longo que se origina acima do quadril. É a única parte do grupo quadríceps que move o quadril, ou seja, é biarticular. Os três músculos vastos – vasto lateral, intermédio e medial – originam-se no fêmur. Todas as quatro partes do quadríceps cruzam a articulação do joelho e se inserem na perna (Fig. 2.27).

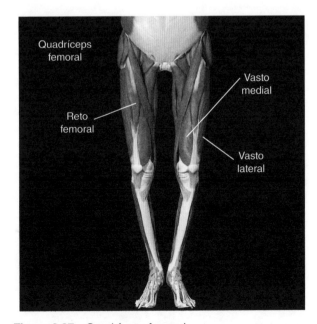

Adutores do quadril. Os adutores do quadril trabalham em oposição aos abdutores do quadril. Esse grupo é composto basicamente de cinco músculos menores localizados na parte medial da coxa. Originam-se em maior parte na região anteroinferior do osso do quadril, chamada de púbis, e se inserem no fêmur. Eles também movem a articulação do quadril (Fig. 2.26).

Figura 2.27   Quadríceps femoral.

Isquiotibiais. O grupo dos isquiotibiais, na parte posterior da coxa, é composto por três músculos. O bíceps femoral ("duas cabeças de origem") tem uma cabeça que se origina acima do quadril e outra que se origina no fêmur. O semimembranoso e o semitendinoso se originam acima do quadril, e os três se inserem na perna. Os isquiotibiais movem as articulações do quadril e do joelho (Fig. 2.28).

Gastrocnêmio. O gastrocnêmio é um grande músculo encontrado na região conhecida como panturrilha. O gastrocnêmio se origina na parte inferior do fêmur e na parte posterior do joelho e se insere na região do calcanhar pelo grande tendão do calcâneo (vulgarmente conhecido como tendão de Aquiles). A principal articulação movimentada é a do tornozelo (Fig. 2.29).

Sóleo. O sóleo é o músculo que fica diretamente sob o gastrocnêmio e trabalha com este. Esse músculo se origina perto do gastrocnêmio na tíbia e na fíbula e se insere na parte posterior do calcanhar através do grande tendão do calcâneo. A principal articulação movimentada é a do tornozelo (Fig. 2.30).

Tibial anterior. Como o nome implica, o tibial anterior está localizado anteriormente na perna, junto ao osso da tíbia ou na região vulgarmente conhecida como canela. Origina-se na parte anterior da perna e se insere na parte superior do pé e, assim, movimenta a articulação do tornozelo (Fig. 2.31).

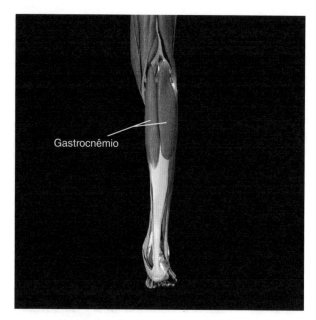

Figura 2.29 Gastrocnêmio.

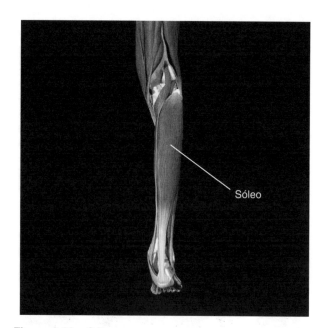

Figura 2.30 Sóleo.

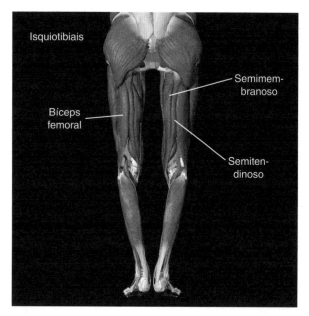

Figura 2.28 Isquiotibiais.

O sistema nervoso

O sistema nervoso é composto de cérebro, medula espinal, nervos e órgãos sensoriais. Funciona como centro de controle e rede de comunicação dentro do corpo (Fig. 2.32). As reações imediatas determinadas pelo sistema nervoso e transmitidas por impulsos nervosos são ferramentas para manter o corpo funcionando de modo eficaz. O sistema endócrino divide a responsabilidade na manu-

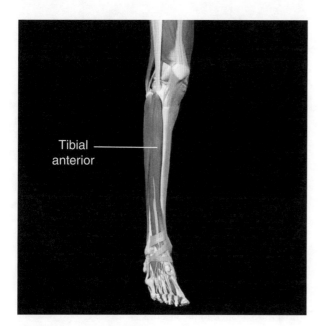

Figura 2.31 Tibial anterior.

tenção da homeostase corporal com o sistema nervoso por meio da secreção de hormônios. Ajustes induzidos por hormônios são muito mais lentos do que aqueles feitos pelo sistema nervoso, mas são igualmente importantes.

O sistema nervoso tem três funções principais. Em primeiro lugar, mudanças externas e internas percebidas por uma variedade de órgãos e tecidos sensoriais. Depois disso, o sistema nervoso interpreta essas mudanças. E, por último, responde a essas interpretações por meio de contrações musculares ou secreções hormonais. Nessa visão geral do sistema nervoso, nosso foco é a sua relação com os músculos esqueléticos na iniciação de contrações musculares voluntárias.

Organização do sistema nervoso

O sistema nervoso de alguma forma se parece com o sistema cardiovascular na maneira como se distribui pelo corpo. O cérebro e a medula espinal são as estruturas principais e são classificadas como **sistema nervoso central** (SNC). Nesse sentido, o sistema nervoso central age como o coração no sistema cardiovascular. Os vários processos nervosos que se ramificam a partir da medula espinal e do cérebro, como no sistema vascular, constituem o **sistema nervoso periférico** (SNP). O sistema nervoso periférico conecta o cérebro e a medula espinal com receptores, músculos e glândulas.

O sistema nervoso periférico pode ser dividido em sistemas **aferente** e **eferente** (Fig. 2.33). O sistema aferente conduz informação sensitiva via neurônios, ou células nervosas, dos sensores na periferia do corpo para

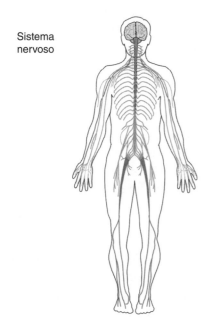

Figura 2.32 O sistema nervoso.

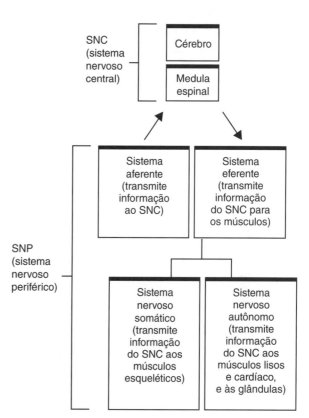

Figura 2.33 Divisões do sistema nervoso.

o sistema nervoso central. Esse sistema transmite informação que chega sobre a posição e o tônus do músculo para o sistema nervoso central. Os neurônios eferentes, também conhecidos como motoneurônios, retransmitem informação motora que sai do sistema nervoso central para as células musculares.

O sistema eferente também é dividido em sistemas nervosos **somático** e **autônomo**. O sistema autônomo consiste de neurônios eferentes que transmitem impulsos aos músculos involuntários e às glândulas, e não está envolvido na preocupação principal do instrutor de condicionamento físico. O sistema somático consiste de neurônios eferentes que transmitem mensagens ou impulsos ao sistema muscular esquelético voluntário sob nosso controle consciente. O sistema nervoso somático é importante para os instrutores de condicionamento físico, uma vez que funciona como uma parte essencial da conexão entre a mente e o músculo para permitir nossa movimentação, inclinação, contorção e nosso alongamento.

A Figura 2.34 descreve um neurônio eferente ou motor típico no sistema nervoso somático e sua conexão com o tecido muscular esquelético. Como ele leva o músculo a se contrair (teoria do filamento deslizante), é discutido no Capítulo 4.

A Figura 2.35 mostra como os maiores neurônios do cérebro e da medula espinal se ramificam em numerosos neurônios (cada um deles é mostrado na Fig. 2.34) na fibra muscular, o que é chamado de circuito divergente. Um único motoneurônio no cérebro pode estimular vários neurônios na medula espinal, que por sua vez estimulam várias fibras musculares.

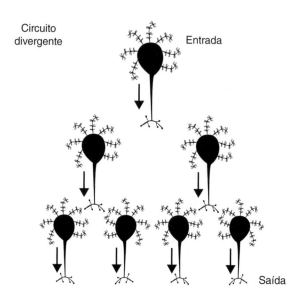

Figura 2.35 Circuito divergente.

Os principais nervos periféricos

O instrutor de condicionamento físico não precisa conhecer todos os ramos e nervos do corpo, mas deve ter uma compreensão geral sobre a organização do sistema, e estar ciente sobre alguns dos principais nervos é benéfico. Às vezes, um aluno que sofre uma lesão musculoesquelética pode ter um dano nervoso associado. Um exemplo seria dor no quadril e na coxa associada a dano no nervo ciático, quando a região lombar da coluna é lesionada.

Há quatro ramos nervosos principais ao longo da medula que se originam do sistema nervoso central ou da medula espinal. Esses quatro agrupamentos são conhecidos como **plexo cervical**, que se origina nas vértebras cervicais; o **plexo braquial**, que também se origina na área cervical e em algumas das vértebras torácicas; o **plexo lombar**, nas vértebras lombares; e o **plexo sacral**, nas vértebras lombares inferiores e no sacro (Fig. 2.36a-b). Esses grandes nervos se ramificam em pares a partir da coluna por meio de aberturas entre as vértebras para atender os lados direito e esquerdo do corpo.

Os nervos que se ramificam do plexo cervical atendem à região superior do tronco e às extremidades e não estão basicamente associados com o movimento motor. Os nervos que se originam no plexo braquial atendem aos braços e à área dos ombros. Três grandes nervos motores seriam de particular interesse: o mediano, o ulnar e o radial (o maior no plexo braquial). Todos esses nervos fornecem fibras motoras para vários músculos nos braços, nos antebraços e nas mãos.

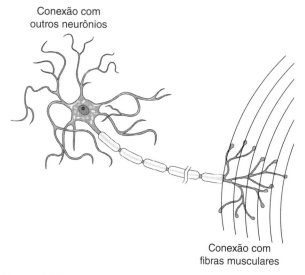

Figura 2.34 Motoneurônio.

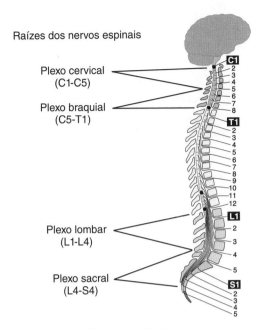

Figura 2.36a Nervos espinais.

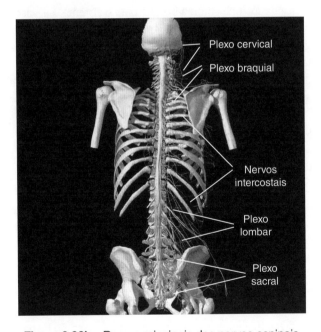

Figura 2.36b Ramos principais dos nervos espinais.

Os nervos do plexo lombar são: o femoral, o safeno e o obturatório. O nervo femoral é o maior deles e atende toda a camada dérmica dos membros inferiores, ao passo que o obturatório atende as fibras motoras dos músculos adutores da coxa. No plexo sacral se localiza o maior nervo do corpo humano, o nervo ciático, que atende os músculos isquiotibiais e se divide em nervos que vão até a parte inferior da perna.

O sistema respiratório

O sistema respiratório é composto de pulmões e de uma série de passagens que constituem a entrada e a saída de ar dos pulmões. O sistema respiratório é importante em exercícios porque funciona para fornecer oxigênio ao corpo a partir do ar que inspiramos. Esse oxigênio é crítico na produção de energia usada para manter a contração muscular. Outra importante função do sistema respiratório é eliminar o dióxido de carbono do organismo, um subproduto da produção de energia, pela sua expiração, ou seja, em direção oposta à entrada de oxigênio.

Organização do sistema respiratório

O sistema respiratório é dividido em trato respiratório superior e inferior (Fig. 2.37). O trato respiratório superior consiste nas partes localizadas fora da cavidade torácica. Essas partes incluem o nariz e as cavidades nasais, a faringe e a **traqueia** (o tubo que conecta as passagens nasais com os pulmões). O trato respiratório inferior consiste nos brônquios e nos pulmões, o que inclui os bronquíolos, os dutos alveolares e os alvéolos.

Fluxo de oxigênio no sistema respiratório

O ar entra e sai do sistema respiratório pelo nariz e, opcionalmente, pela boca. O nariz é composto de osso e cartilagem recobertos por pele e contém pequenos cílios

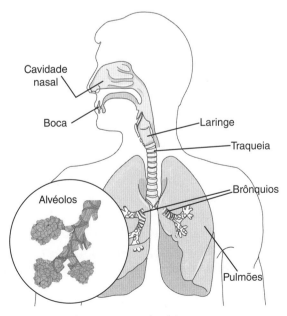

Figura 2.37 O sistema respiratório.

que bloqueiam a entrada de pó e outros poluentes. O ar passa através da cavidade nasal, chega à faringe, atravessa o palato mole e a laringe (caixa de voz) até a traqueia. A traqueia tem 10 a 12 cm de comprimento e contém vários segmentos cartilaginosos em forma de "c", que a mantém permanentemente aberta. Ela desce para a cavidade torácica e termina ao se dividir em brônquios principais direito e esquerdo. Esses dois brônquios entram nos respectivos pulmões e continuam a se dividir e se ramificar em **bronquíolos** cada vez menores. O menor bronquíolo termina em finos dutos alveolares, e estes, em pequenos sacos de ar em forma de balão nos pulmões, conhecidos como **alvéolos**.

Os alvéolos são o local em que oxigênio e dióxido de carbono são trocados com o sistema vascular. Os alvéolos são circundados por um rico suprimento de capilares pulmonares. O oxigênio atravessa os capilares pulmonares vindo dos alvéolos para ser transportado pela corrente sanguínea aos músculos. O dióxido de carbono é transportado do tecido muscular para os pulmões pela corrente sanguínea. Nos alvéolos, o dióxido de carbono atravessa do sangue para os alvéolos, onde é finalmente expirado através do trato respiratório.

A inspiração e a expiração são respostas involuntárias controladas basicamente pelo sistema nervoso autônomo. Impulsos nervosos involuntários são enviados para o diafragma e os músculos intercostais e fazem com que se contraiam. O **diafragma** se move para baixo, e os músculos intercostais contraem para expandir a cavidade torácica. Essa expansão cria uma pressão, que faz com que os pulmões expandam e se encham de ar. Quando a pressão nos pulmões e a externa se igualam, uma inspiração normal está completa. Uma contração mais potente do diafragma e dos músculos intercostais expandirá ainda mais os pulmões, permitindo que você respire mais fundo.

A expiração é um processo muito mais simples. Quando os impulsos diminuem, o diafragma e os músculos intercostais relaxam. A cavidade torácica se torna menor e comprime os pulmões e o tecido alveolar, forçando o ar para fora pelo trato respiratório.

A respiração correta durante o exercício é crítica para proporcionar oxigenação ao corpo, assim como estabilidade circulatória. Se um aluno segura sua respiração durante o esforço, uma pressão desigual é criada no tórax, a pressão arterial cai e o fluxo sanguíneo para o coração diminui. Quando ele começa a respirar novamente e relaxa, o sangue inunda o coração, causando um aumento agudo da pressão arterial, o que é conhecido como **manobra de Valsalva** e pode criar condições perigosas em pessoas com hipertensão ou doença cardiovascular.

O sistema cardiovascular

O sistema cardiovascular tem esse nome em virtude dos órgãos pelos quais é composto: *cardio*, que significa coração, e *vascular*, que representa os vasos sanguíneos e o sangue que é carregado para todas as partes do corpo.

O sistema cardiovascular possui muitas funções importantes no corpo, incluindo as seguintes:

- distribuição de oxigênio e nutrientes às células;
- remoção de dióxido de carbono e resíduos das células;
- manutenção do equilíbrio acidobásico do corpo;
- auxílio na regulação do calor corporal;
- auxílio ao corpo na proteção contra doença.

Organização do sistema cardiovascular

Como previamente estabelecido, o sistema cardiovascular é composto de coração, vasos sanguíneos e sangue. O coração é um órgão encontrado dentro da cavidade torácica e funciona como a bomba para o sistema. Os vasos sanguíneos são tubos que ligam o coração aos demais órgãos e tecidos corporais. O sangue é o fluido que transporta oxigênio e nutrientes, bem como resíduos do metabolismo que a bomba empurra através dos tubos para todas as partes do corpo ou para os pulmões (Fig. 2.38a-b).

Coração

O coração é um músculo oco, do tamanho de um punho fechado localizado posterior e ligeiramente à esquerda do esterno na cavidade torácica (Fig. 2.39). É composto por quatro câmaras – duas receptoras chamadas átrios, e duas impulsionadoras, ou bombeadoras, chamadas ventrículos. O sangue flui em apenas uma direção através do coração, ou seja, dos átrios para os ventrículos. Uma parede ou **septo** se encontra entre os lados direito e esquerdo do coração, separando-os completamente, e várias pregas membranosas chamadas **valvas** abrem para permitir que o sangue flua entre as câmaras do coração e então fecham para evitar o refluxo. O sangue entra no **átrio direito** do coração por duas grandes veias chamadas de **veia cava superior** (transporta sangue da parte superior do corpo) e **veia cava inferior** (transporta sangue da parte inferior do corpo). O sangue, então, flui através da valva atrioventricular direita para dentro do **ventrículo direito**. O ventrículo direito contrai para impulsionar o sangue através da **artéria pulmonar** aos capilares nos alvéolos dos pulmões. Nestes, o sangue é oxigenado e enviado de volta para o **átrio esquerdo** do coração por meio das **veias pulmonares**, duas direitas e duas esquerdas. Então, passa através

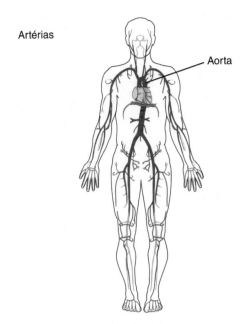

Figura 2.38a As artérias do sistema cardiovascular.

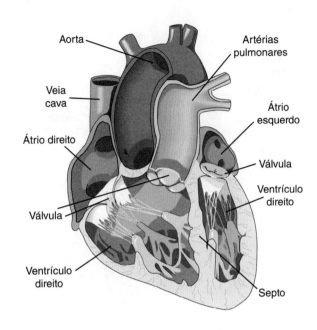

Figura 2.39 O coração.

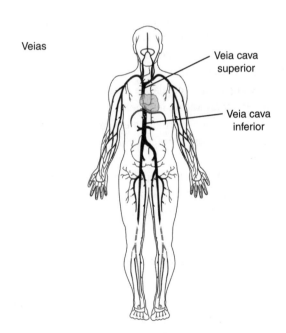

Figura 2.38b As veias do sistema cardiovascular.

Se um desses vasos coronários ou suas ramificações fica entupido ou bloqueado, há uma restrição de fluxo sanguíneo para o músculo cardíaco. Quando uma parte significativa ou todo o coração não recebe quantidade suficiente de oxigênio e nutrientes necessários para que contraia, por causa do bloqueio de vasos coronários ou suas ramificações, ocorrerá um ataque cardíaco. Na verdade, parte do músculo cardíaco pode morrer pela falta de oxigênio, danificando o coração e tornando-o um órgão ou bomba muito menos eficiente, ou simplesmente impedindo-o de funcionar (Fig. 2.40).

Vasos

Três dos maiores vasos sanguíneos no corpo já foram mencionados com suas funções – a veia cava inferior, a veia cava superior e a aorta. O sistema vascular é dividido em **artérias**, **capilares** e **veias**. Todas as artérias, com exceção das pulmonares, transportam sangue oxigenado do músculo cardíaco para todas as partes do corpo. A grande artéria aorta, que se origina do ventrículo esquerdo do coração, ramifica-se cada vez mais em artérias cada vez menores chamadas **arteríolas**. Arteríolas são os menores ramos de artérias encontrados na rede de capilares. Capilares são os vasos pelos quais as artérias e veias se encontram com os órgãos e tecidos corporais. Capilares têm membranas muito delgadas que prontamente permitem a troca de oxigênio e nutrientes por dióxido de carbono e resíduos pelas suas paredes. Na verdade, essa troca ocorre entre o sangue e os fluidos teciduais. Depois

da valva atrioventricular esquerda para dentro do **ventrículo esquerdo**, onde é energicamente bombeado para fora do coração através de uma grande artéria, chamada **aorta**, para o corpo.

Em virtude de o coração ser feito de músculo cardíaco, também precisa receber suprimento de nutrientes e oxigênio encontrados no sangue. O coração é abastecido por vasos sanguíneos próprios chamados artérias **coronárias**.

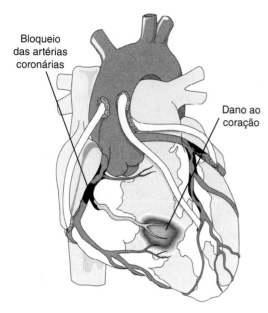

Figura 2.40 Ataque cardíaco.

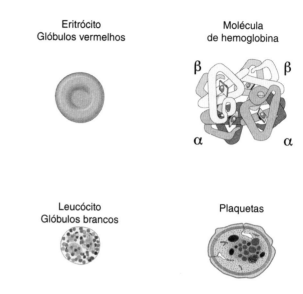

Figura 2.41 Células sanguíneas.

que o sangue passa através dos capilares, trocando oxigênio e nutrientes por dióxido de carbono e resíduos, passa então para as **vênulas**, que são os menores ramos de veias. Todas as veias, com exceção das pulmonares, transportam sangue desoxigenado pelo corpo de volta ao coração. Muitas dessas veias contêm pequenas válvulas que previnem o refluxo do sangue e conectam-se com mais e mais veias, até que alcançam as veias cavas superior e inferior no coração. Os vasos sanguíneos são como quilômetros e quilômetros de tubos transportando sangue em um circuito contínuo a partir do coração, atravessando o corpo e voltando novamente ao órgão.

Sangue

Os humanos têm entre quatro a seis litros de sangue. Cinquenta e dois a 62% de seu sangue é feito de plasma, que é a porção líquida. Trinta e oito a 48% é composto de elementos figurados ou várias células sanguíneas, que estão suspensas no plasma (Fig. 2.41). As funções gerais do sangue incluem transporte, regulação e proteção. O sangue transporta nutrientes, gases, hormônios e resíduos. Ele ajuda a regular a temperatura corporal, o equilíbrio eletrolítico e de fluido e o equilíbrio acidobásico. O sangue nos protege por meio dos glóbulos brancos e da coagulação quando somos lesionados.

Os **eritrócitos**, ou glóbulos vermelhos, são de particular interesse ao instrutor de condicionamento físico. Eles contêm a proteína **hemoglobina**, na qual o oxigênio é transportado pelo sangue. O ferro é um componente essencial da hemoglobina e, na verdade, é ele que se liga ao oxigênio. Herdamos nosso tipo sanguíneo de nossos pais. Tipos sanguíneos são determinados principalmente por variações nas células sanguíneas vermelhas.

Outra importante célula no sangue é o glóbulo branco, também chamada de **leucócito**. Glóbulos brancos são maiores dos que os vermelhos e têm a função de proteger o corpo de doenças infecciosas, assim como fornecer imunidade.

As **plaquetas**, ou trombócitos, são células que funcionam de várias maneiras para prevenir perda sanguínea quando sofremos lesão, incluindo o mecanismo de coagulação.

Fluxo sanguíneo e oxigenação

Agora vamos revisar o que acabamos de ler sobre o caminho que o sangue faz através do corpo e discutir como o sangue é oxigenado (Fig. 2.42a-c).

- O sangue entra no coração através das veias cavas superior e inferior e vai para o átrio direito.
- Então, passa para o ventrículo direito, onde é enviado aos pulmões pelas artérias pulmonares.
- Nos pulmões, as artérias se ramificam em vasos cada vez menores chamados arteríolas, nas redes de capilares.
- Nas redes de capilares, oxigênio e dióxido de carbono são trocados através dos alvéolos pulmonares.

- Nos alvéolos, o oxigênio se liga ao ferro na hemoglobina dos glóbulos vermelhos.
- O sangue oxigenado viaja pelas vênulas que se combinam com outras para formar as veias pulmonares.
- As veias pulmonares entram no átrio esquerdo do coração e o sangue atravessa para o ventrículo esquerdo.

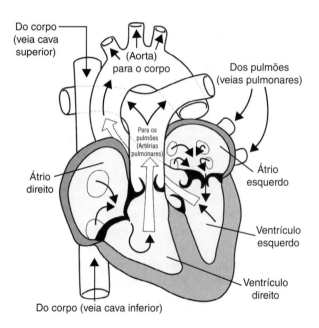

Figura 2.42a Fluxo sanguíneo através do coração.

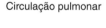

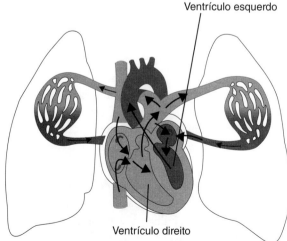

Figura 2.42b Circulação pulmonar.

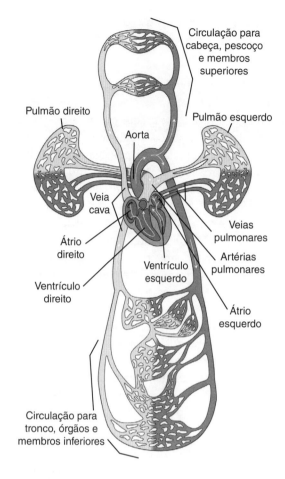

Figura 2.42c Fluxo sanguíneo através do corpo.

- O ventrículo esquerdo contrai vigorosamente para bombear sangue através da aorta para quilômetros de outras artérias do corpo.
- As artérias se ramificam em unidades cada vez menores, as arteríolas, localizadas nos capilares em vários tecidos do corpo.
- Nos capilares, oxigênio e nutrientes do sangue são trocados por dióxido de carbono e resíduos dos fluidos teciduais.
- O sangue passa para as vênulas, que se combinam para terminar nas veias cavas superior e inferior. Lá, o processo recomeça em um ciclo interminável que traz vida e vitalidade ao organismo.

Termos cardiovasculares

- **Ciclo cardíaco:** contração simultânea dos átrios seguida de contração simultânea dos ventrículos. A sequência de eventos em uma batida do coração.

- **Sístole:** a contração ativa do músculo cardíaco. A contração ventricular impulsiona sangue para as artérias.

- **Diástole:** relaxamento do músculo cardíaco no ciclo cardíaco.

- **Pressão arterial:** a força que o sangue exerce sobre as paredes dos vasos sanguíneos. Dois números são obtidos (a pressão arterial sistólica e a diastólica) e normalmente expressos como uma fração. A pressão arterial sistólica é aquela exercida durante a parte de contração ativa do ciclo cardíaco. Esse número é considerado normal se estiver entre 90 e 120 quando tomada no braço. A pressão arterial é mais baixa nos capilares para permitir a filtragem sem romper as delicadas membranas das paredes. A pressão arterial diastólica é aquela nas veias quando o coração está relaxado no ciclo cardíaco. A pressão diastólica normal está entre 60 e 80 no braço. Uma pressão arterial de 120/80 é considerada normal e de 140/90 é considerada no limite para ser alta. Pressão arterial alta crônica pode enfraquecer as paredes do vaso sanguíneo e aumentar o risco de doença cardiovascular.

- **Débito cardíaco:** o volume de sangue bombeado por um ventrículo em um minuto. Geralmente expresso como DC = VS × FC, o débito cardíaco é igual ao volume sistólico vezes frequência cardíaca.

- **Volume sistólico:** a quantidade de sangue bombeada por um ventrículo em um batimento cardíaco.

- **Frequência cardíaca:** o número de vezes que o coração bate ou completa o ciclo cardíaco em um minuto. A frequência cardíaca é mais baixa em repouso e aumenta com maior nível de atividade.

- **Arritmia:** um ritmo cardíaco anormal ou irregular.

- **Taquicardia:** uma frequência cardíaca anormalmente rápida ou alta.

- **Bradicardia:** uma frequência cardíaca anormalmente lenta ou baixa.

- **Aterosclerose:** um depósito anormal de gordura e outros materiais nas paredes das artérias, que estreita a luz do vaso e aumenta o risco de bloqueio.

- **Doença arterial coronariana:** quando a aterosclerose afeta as artérias do músculo cardíaco.

- **Angina:** dor no tórax causada por falta de fluxo sanguíneo e, consequentemente, falta de oxigênio para o músculo cardíaco. A angina é um sintoma de doença cardíaca.

- **Sopro cardíaco:** um som cardíaco anormal ou extra, causado por mau funcionamento de uma valva cardíaca.

Resumo

1. Mencionamos no início deste capítulo como todos os sistemas no corpo trabalham juntos para criar o organismo ou indivíduo. Os cinco sistemas já discutidos (sistemas esquelético, muscular, nervoso, respiratório e cardiovascular) trabalham juntos para permitir que nos movamos e sustentemos exercícios prolongados. Cada sistema contribui com suas qualidades especiais, que nos permitem iniciar, manter e regular o exercício.

2. Em exercício, o sistema esquelético fornece a estrutura rígida em que nossos músculos se prendem. Sem a alavancagem que o sistema esquelético fornece, o movimento humano não seria possível.

3. O sistema muscular fornece a energia que move o esqueleto. Nossos músculos se prendem de osso a osso atravessando articulações e têm a habilidade de contrair. Quando nossos músculos se contraem, os ossos se movem. Tendões e aponeuroses são formados por tecido conjuntivo fibroso que prende os músculos aos ossos ou a outros músculos, enquanto os ligamentos unem ossos a ossos e fornecem estabilidade às articulações.

4. O movimento coordenado, ou voluntário, do sistema musculoesquelético é possível por causa do sistema nervoso. Esse sistema nos dá a conexão entre mente-músculo de que precisamos para nos movimentarmos. Sem o sistema nervoso não seríamos capazes de controlar a qualidade ou quantidade das nossas contrações musculares.

5. Os sistemas respiratório e cardiovascular fornecem oxigênio e nutrientes de que os ossos precisam para crescer e os músculos, para contrair. Sem esses dois sistemas, não seríamos capazes de manter a contração dos músculos esqueléticos – ficaríamos sem combustível. Os sistemas cardiovascular e respiratório também desempenham um papel decisivo na remoção de dióxido de carbono e resíduos de nossos corpos.

6. Esses cinco sistemas, auxiliados pelos outros sistemas corporais, trabalham juntos para nos fazer as criaturas maravilhosas que somos – capazes de correr, dançar, nadar e pedalar. O corpo humano é realmente uma máquina complicada, mas incrível.

Questões para revisão

1. O sistema esquelético fornece ao nosso corpo suporte, proteção e _____.

2. O úmero é classificado como um osso _____.

3. Qual característica do músculo permite que ele se encurte e se compacte?

4. O grupo muscular _____ flexiona a perna a partir do joelho.

5. O que é um motoneurônio?

6. Descreva a manobra de Valsalva.

7. Nomeie os 11 sistemas do corpo.

8. Nomeie os seis termos anatômicos de referência relacionados ao exercício, usados para descrever localização e posição.

9. Liste os três tipos de tecidos musculares no corpo humano.

10. O processo pelo qual os ossos crescem no corpo é chamado _____.

Ver as respostas a estas questões no Apêndice C.

Bibliografia

American Council on Exercise. 2000. *Group fitness instructor manual*. San Diego: American Council on Exercise.

Gray, H. 1901. *Gray's anatomy*. New York: Crown Publishers.

Riposo, D. 1990. *Fitness concepts: A resource manual for aquatic fitness instructors*. 2nd edition. Pt. Washington, WI: Aquatic Exercise Association.

Scanlon, V., and T. Sanders. 2003. *Essentials of anatomy and physiology*. 4th edition. Philadelphia: F.A. Davis Company.

Tortora, G., and S. Grabowski. 2002. *Principles of anatomy and physiology*. 10th edition. Indianapolis: Wiley Publishing, Inc.

Van Roden, J., and L. Gladwin. 2002. *Fitness: Theory & practice*. 4th edition. Sherman Oaks, CA: Aerobic & Fitness Association of America.

capítulo 3

Análise de movimento

Introdução

Neste capítulo, são fornecidas as informações necessárias para analisar movimentos básicos e ajudá-lo a identificar a razão para escolher determinados exercícios para o ambiente aquático. A estruturação é um fator importante em um programa de exercícios bem-sucedido, e os instrutores devem ter o conhecimento que justifique suas escolhas para isso. É sua responsabilidade proporcionar um direcionamento do treino para resistência cardiovascular, equilíbrio muscular, alinhamento neutro e boa mecânica corporal.

Conceitos fundamentais

- Que postura o corpo humano assume na posição anatômica?
- Qual a diferença entre flexão/extensão e abdução/adução?
- Que tipos de movimento ocorrem em cada plano?
- Como uma articulação serve de fulcro em uma alavanca de terceira classe no corpo?
- Que tipo de articulação se move em todos os três planos de movimento?
- Qual a diferença entre escoliose e cifose?
- Como o centro de gravidade difere do centro de flutuação?

"O corpo humano e seus movimentos são bonitos e surpreendentes – organizados, sincronizados, adaptáveis, rápidos e precisos. O corpo é como uma incrível máquina: melhora com o uso se os movimentos realizados são compatíveis com seu projeto e com as leis da Física relacionadas ao movimento" (American Council on Exercise, 2000).

Se sua aula de hidroginástica foi cuidadosamente analisada e avaliada, você seria capaz de explicar a escolha de uma combinação específica de exercícios, como decidiu trabalhar certas articulações e músculos, e quais são os benefícios dos exercícios do seu plano de treinamento? Se você quer ensinar um movimento que seja compatível com a estrutura corporal, é preciso ter algum conhecimento sobre a forma como o corpo é projetado – suas capacidades e limitações relacionadas ao movimento –, bem como sobre as funções diárias que o corpo deve ser capaz de executar sem sobrecarga, lesão, ou indo além de sua capacidade individual.

Neste capítulo, abordaremos a **cinesiologia** (o estudo do movimento humano) e a **biomecânica** (área da cinesiologia que lida especificamente com a análise do movimento). Disciplinas como Cinesiologia e Biomecânica podem ser um pouco desafiadoras para o profissional da área de educação física, mas não se deve desanimar, porque a análise de movimentos fundamentais é uma ferramenta extremamente útil na elaboração de programas de treinamento seguros e eficientes.

O domínio da análise de movimento requer prática. É preciso desenvolver uma habilidade de observação apurada a fim de poder analisar todas as atividades relacionadas aos movimentos e ao equilíbrio durante o exercício. Observar uma articulação por vez durante cada exercício será compensador, já que você conhecerá mais precisamente os componentes de cada exercício. Isso lhe permitirá criar e modificar movimentos e elaborar sequências de movimentos para seus alunos.

Posição anatômica

A primeira ferramenta para a análise de movimento é a imagem do corpo em **posição anatômica**. Toda a literatura sobre estrutura e função do corpo humano se refere à posição anatômica. O corpo está em pé (ou em decúbito dorsal, como se estivesse em pé), com os membros superiores estendidos ao longo do corpo, palmas das mãos voltadas para a frente, membros inferiores unidos e pés direcionados para a frente (Fig. 3.1). Na posição anatômica, as articulações e os segmentos corporais estão em posição neutra (não estão flexionados, hiperestendidos ou rotacionados), com exceção dos antebraços, que se encontram em supinação (palmas das mãos voltadas para

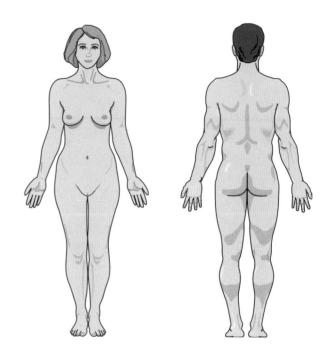

Figura 3.1 Posição anatômica.

a frente). Essa é a posição de referência (posição neutra ou zero grau) para definições e descrições de movimentos.

Termos relacionados ao movimento

Definições anatômicas e termos relacionados ao movimento são utilizados para identificar ações realizadas pelas articulações e descrever movimentos de partes do corpo. Para termos anatômicos de referência, consulte o Capítulo 2. No presente capítulo, definiremos termos anatômicos de movimento. Esses termos são descritos sob a forma de pares de opostos: flexão/extensão, abdução/adução, rotação medial (interna)/rotação lateral (externa), elevação/abaixamento, protração/retração, pronação/supinação e inversão/eversão. Esses movimentos podem ocorrer em mais de uma articulação no corpo ou podem ser exclusivos de apenas um local. Outros três termos geralmente utilizados no campo do exercício e que pertencem ao grupo dos movimentos de partes do corpo são hiperextensão, circundução e inclinação. Utilize a Tabela 3.1, o texto e as figuras a seguir para revisar esses movimentos fundamentais até que se sinta seguro em reconhecê-los e aplicá-los em todas as principais articulações do corpo.

Flexão e **extensão** podem ser visualmente descritas tomando-se como referência a posição anatômica. Na flexão, o movimento é realizado para sair da posição anatômica, enquanto na extensão observa-se o retorno a ela. Tecnicamente, flexão e extensão são definidas em termos matemáticos. Flexão é a diminuição do ângulo articular, e

Tabela 3.1 Movimentos fundamentais a partir da posição anatômica

Flexão	Diminuição do ângulo entre dois ossos (p. ex., dobrar o braço na articulação do cotovelo, saindo da posição anatômica). *Nota*: no tornozelo, ocorre a flexão plantar.
Extensão	Aumento do ângulo entre dois ossos (p. ex., esticar o braço no cotovelo, retornando à posição anatômica). *Nota*: no tornozelo ocorre a dorsiflexão ou flexão dorsal.
Hiperextensão	Extensão contínua que ultrapassa a posição neutra (p. ex., no pescoço, ao levantar a cabeça para olhar para cima).
Abdução	Movimento que se afasta da linha mediana do corpo (p. ex., elevação do membro inferior para a lateral).
Adução	Movimento que se aproxima da linha mediana do corpo (p. ex., retorno do membro inferior à posição neutra após elevação lateral).
Medial (interno)	Movimento rotatório ao redor do longo eixo do osso que se aproxima da linha mediana do corpo (p. ex., rotação do membro superior para dentro, a partir do ombro).
Lateral (externo)	Movimento rotatório ao redor do longo eixo do osso que se afasta da linha mediana do corpo (p. ex., rotação do membro superior para fora, a partir do ombro).
Circundução	Movimento circular de um membro descrevendo a figura de um cone. É a combinação entre flexão, extensão, abdução e adução (p. ex., movimentos circulares realizados com o membro superior ou inferior).
Elevação	Movimentação de uma parte do corpo na direção da cabeça (p. ex., levar os ombros para cima).
Abaixamento	Movimentação de uma parte do corpo na direção dos pés (p. ex., levar os ombros para baixo).
Protração	Movimento do ombro para a frente e em giro afastando-se da coluna vertebral (abdução das escápulas/borda do ombro).
Retração	Movimento do ombro para trás e em giro aproximando-se da coluna vertebral (adução das escápulas/borda do ombro).
Pronação	Rotação medial do antebraço ou movimento de virar a palma da mão medialmente.
Supinação	Rotação lateral do antebraço ou movimento de virar a palma da mão lateralmente.
Inversão	Giro da sola do pé para dentro ou medialmente.
Eversão	Giro da sola do pé para fora ou lateralmente.
Inclinação	Movimentos comuns à cabeça, escápula e pelve (p. ex., movimento do topo da pelve para a frente [inclinação pélvica anterior], para trás [inclinação pélvica posterior], ou para direita ou esquerda [inclinação pélvica lateral]).

extensão é o aumento desse ângulo. Dessa forma, considera-se flexão o movimento realizado na direção da parte anterior da cabeça, pescoço, tronco, membros superiores e quadril. Entretanto, a flexão de joelho, tornozelo e dedos dos pés é um movimento realizado na direção posterior, simplesmente porque os membros inferiores são projetados de forma diferente da parte superior do corpo. Um membro superior estendido encontra-se em posição anatômica ou neutra. Quando o membro superior se dobra no nível do cotovelo, ocorre flexão, e o ângulo entre o antebraço e o braço diminui de 180° para 90°, 45° ou menos. Ao realizar o movimento contrário (aumentando o ângulo de 45° para 90° e para 180°), ocorre a extensão (Fig. 3.2). A referência matemática do movimento é abordada posteriormente neste capítulo.

Hiperextensão é definida como o movimento de extensão que vai além da extensão neutra. É importante saber onde e quando a hiperextensão é aceitável; por exemplo, a hiperextensão lenta e prolongada da região lombar

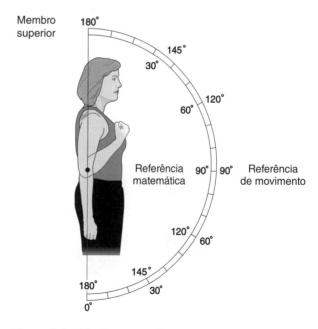

Figura 3.2 Flexão e extensão.

da coluna pode ser um legítimo exercício de fortalecimento das costas. A hiperextensão pode não ser desejada sob o ponto de vista da integridade articular, como no caso de hiperextensão de joelhos e cotovelos. A hiperextensão permanente com inclinação pélvica anterior (lordose) não é desejável sob o ponto de vista postural. As principais articulações em que a hiperextensão é aceitável são quadril, ombro e punho (radiocarpal). A hiperextensão do quadril envolve o glúteo máximo e os músculos biarticulares da região posterior da coxa. Esse movimento recruta esses grupos musculares pouco trabalhados e deve ser incluído em um programa de exercícios. A hiperextensão do ombro envolve vários músculos das costas e da parte posterior do ombro e, dessa forma, devem ser incluídos em um programa de exercícios (Fig. 3.3). Tenha em mente que o alinhamento corporal é crucial para o uso seguro e eficiente dos exercícios de hiperextensão. Por exemplo, não é recomendado realizar hiperextensão do quadril combinada com a da coluna. A pelve deve permanecer estável em posição neutra quando a hiperextensão do quadril (chute para trás) é realizada. Embora essas articulações formem uma cadeia articular no movimento de hiperextensão, o movimento deve ocorrer ao máximo na articulação do quadril, e não na região lombar da coluna.

Abdução e **adução** referem-se aos movimentos realizados que se afastam (abdução) ou se aproximam (adução) do longo eixo ou da linha mediana (centro) do corpo. Esses movimentos ocorrem em várias áreas do corpo, mas, em relação à elaboração de exercícios, tendemos a nos concentrar na abdução e adução dos quadris e dos ombros. Polichinelos, passos laterais e elevações laterais do quadril são exemplos de movimentos de abdução e adução no plano frontal, ou movimentos laterais (Fig. 3.4).

Movimentos de abdução e adução ocorrem também no plano transversal ou paralelo ao chão, ou seja, combinados com os movimentos de flexão e extensão. No exercício, abdução e adução transversais (às vezes chamadas de horizontais) ocorrem principalmente no quadril e também no ombro. Na altura dos ombros, ao trazer os membros superiores em posição estendida da lateral para a frente do corpo, unindo-os na mesma altura, realiza-se adução transversal. Ao retornar os membros superiores para a referida posição inicial, realiza-se abdução transversal.

Rotação se refere ao movimento ao redor do eixo longo de um membro ou do tronco para todas as áreas do corpo, exceto escápula e clavícula. No campo do exercício, usamos o termo "girar" para indicar rotação (Fig. 3.5). Rotação em direção à linha mediana é chamada de medial (interna); e o movimento realizado afastando-se da linha mediana é chamado de rotação lateral (externa). Girar o membro superior a partir do ombro em direção ao centro do corpo é um exemplo de rotação medial. Girar o membro superior a partir do ombro em direção oposta ao centro do corpo é um exemplo de rotação lateral.

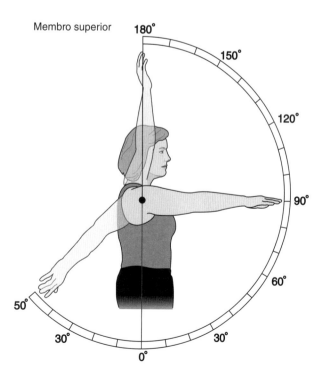

Figura 3.3 Hiperextensão.

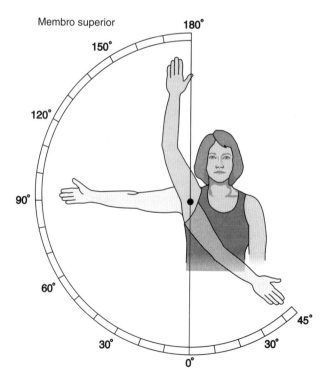

Figura 3.4 Abdução/adução.

Figura 3.5 Rotação.

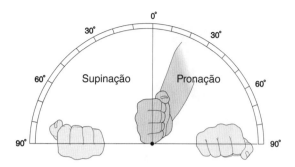

Figura 3.6 Pronação/supinação.

É importante incluir ambos os movimentos de rotação medial e lateral a partir dos quadris ao alongar-se, já que a rotação medial geralmente é negligenciada. É recomendado que a rotação lateral do ombro seja executada rotineiramente para alongar os músculos anteriores do ombro e fortalecer os músculos posteriores do ombro a fim de compensar ombros curvados. Exercícios de rotação contra resistência para a coluna ajudarão a desenvolver os músculos oblíquos interno e externo no abdome. Exercícios de alongamento em rotação geralmente são realizados durante o relaxamento para liberar tensão no pescoço.

Pronação e supinação são termos específicos ao movimento do antebraço. Pronação do antebraço é a rotação medial (palma para baixo ou para trás), e supinação do antebraço é a rotação lateral (palma para cima ou para a frente). É benéfico incluir exercícios de pronação e supinação na água para condicionar os músculos do antebraço (Fig. 3.6).

Elevação, abaixamento, protração e retração referem-se aos movimentos que ocorrem principalmente no cíngulo do membro superior (cintura escapular). Elevação consiste no movimento em direção superior (em direção à cabeça). Abaixamento refere-se ao movimento em direção inferior (em direção aos pés). Protração é o movimento das escápulas afastando-se da coluna (seria o correspondente à abdução das escápulas), e retração é o movimento oposto (correspondente à adução das escápulas). Atividades diárias como sentar, levantar ou carregar mochilas sobre os ombros tendem a causar excessiva elevação dos ombros (encolher os ombros, em oposição ao abaixamento) e protração. O exercício vertical na água constitui um excelente meio de trabalhar movimentos de abaixamento e retração e, assim, compensar esse desequilíbrio postural.

Inversão e eversão são termos específicos ao movimento do pé. Inversão é a elevação da borda medial (interna) do pé ou virar a sola (parte de baixo) do pé para dentro. Eversão é a elevação da borda lateral (externa) do pé ou virar a sola do pé para fora.

Circundução é o movimento a partir de uma articulação em direção circular e é, na verdade, uma combinação de flexão, extensão, abdução e adução. A terminação óssea proximal (mais próxima) permanece relativamente estável, enquanto a terminação distal (mais afastada) desenha um círculo. Exemplos comuns de circundução são os círculos com o braço (circundução a partir do ombro) e com a perna (circundução a partir do quadril). A circundução, em termos de exercício, deve ser realizada nos sentidos horário e anti-horário (Fig. 3.7).

A **inclinação** descreve certos movimentos de cabeça, cíngulo do membro superior (cintura escapular) e cíngulo do membro inferior (cintura pélvica). A cabeça e o cíngulo do membro inferior têm inclinações anterior e posterior. **Inclinação anterior da cabeça** significa a flexão (achatamento) da região cervical da coluna, e a inclinação posterior resulta em extensão. Com o cíngulo do membro inferior ocorre o oposto. A região lombar da coluna se flexiona (achata) com a inclinação posterior da pelve e realiza extensão com a inclinação anterior da pelve. A direção da inclinação da pelve é determinada a partir do movimento da parte superior da pelve. Inclinação ante-

Figura 3.7 Circundução.

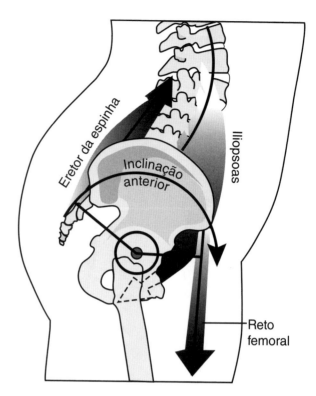

Figura 3.8 Inclinação pélvica anterior.

rior da pelve ocorre quando a parte superior da pelve se move para a frente (Fig. 3.8). Inclinação posterior ocorre quando essa parte posterior se move para trás. Inclinação lateral da pelve resulta na movimentação da parte superior da pelve para a direita ou para a esquerda.[1]

Os movimentos da escápula são complexos e serão abordados posteriormente no tópico sobre o cíngulo do membro superior, mais adiante neste capítulo.

Consulte a Tabela 3.2 para obter um resumo dos principais músculos do corpo, das articulações em que o movimento ocorre e os principais movimentos.

Definições matemáticas dos termos relacionados a movimento

Outro importante fator em análise do movimento é considerar a variedade de graus de amplitude de movimento (definições matemáticas) em cada articulação do corpo humano. Em ciência do movimento, o que se considera serem os graus de amplitude normal de movimento para algumas das principais articulações são apresentados

---

1 N.R.C.: Os termos inclinação anterior, posterior e lateral da pelve também são referidos como báscula anterior, posterior ou lateral.

na Tabela 3.3. A familiaridade com essas normas é valiosa para o instrutor ao elaborar exercícios e rotinas ou ao lidar com orientações ortopédicas ou casos de reabilitação. Lembre-se de que o movimento varia de um indivíduo para outro em razão da sua própria amplitude de movimento, estrutura articular, lesão ou estresse. Não presuma que todos executarão essas amplitudes, mas elas são boas diretrizes, especialmente para indivíduos que estão trabalhando para melhorar ou readquirir capacidade funcional.

Planos e eixos

O corpo se move em três planos. Referimo-nos aos planos com base nas dimensões no espaço – para a frente/para trás, para cima/para baixo, de um lado a outro. Os planos estão em ângulos retos em relação uns aos outros. O **plano sagital** é vertical e se estende de frente para trás, dividindo o corpo (ou segmento) nas partes direita e esquerda. O **plano frontal** é vertical e se estende de um lado a outro. É possível visualizar facilmente esse plano posicionando-se no vão de uma porta. O vão da porta divide a passagem em uma porção anterior e uma posterior, e é possível pensar nessa divisão também em relação ao corpo. O **plano transversal** é horizontal e divide o corpo nas porções superior e inferior (Tab. 3.4 e Fig. 3.9). Pense nesse plano como uma mesa, pois movimentos trans-

Tabela 3.2 Grupos musculares e movimentos

Nome do músculo	Articulação(ções) movida(s)	Movimento principal
Esternocleidomastóideo	Coluna cervical	Flexão e rotação da cabeça
Peitoral maior	Ombro Esternoclavicular	Flexão e adução transversal do braço na altura do ombro
Trapézio • Superior (S) • Médio (M) • Inferior (I)	Escápula Esternoclavicular Coluna cervical	(S) Elevação da escápula e extensão do pescoço (M) Retração da escápula (L) Abaixamento da escápula
Latíssimo do dorso	Ombro	Extensão e adução do braço na altura do ombro
Deltoide • Anterior ou parte clavicular (A) • Medial ou parte acromial (M) • Posterior ou parte espinal (P)	Ombro	(A) Adução transversal do braço na altura do ombro (M) Abdução do braço na altura do ombro (P) Abdução transversal do braço na altura do ombro
Bíceps braquial	Cotovelo Ombro	Flexão do antebraço na altura do cotovelo Flexão do braço na altura do ombro
Tríceps braquial	Cotovelo Ombro	Extensão do antebraço na altura do cotovelo Extensão do antebraço na altura do ombro
Flexores do punho	Punho Falanges	Flexão da mão na altura do punho Flexão das falanges
Extensores do punho	Punho Falanges	Extensão da mão na altura do punho Extensão das falanges
Eretor da espinha	Articulações intervertebrais da coluna	Extensão do tronco ao longo da coluna vertebral
Quadrado do lombo	Região lombar da coluna	Flexão lateral do tronco
Reto do abdome	Região lombar da coluna	Flexão do tronco
Oblíquos interno e externo	Região lombar da coluna	Flexão e rotação do tronco
Transverso do abdome	Região lombar da coluna	Compressão abdominal e inclinação pélvica posterior
Iliopsoas (psoas maior e menor, ilíaco)	Quadril	Flexão da perna na altura do quadril
Glúteo máximo	Quadril	Extensão da perna na altura do quadril
Abdutores do quadril (glúteo médio e mínimo)	Quadril	Abdução da perna na altura do quadril
Adutores do quadril	Quadril	Adução da perna na altura do quadril
Quadríceps femoral (reto femoral, vasto medial, vasto intermédio, vasto lateral)	Quadril (reto femoral) Joelho (vastos)	Flexão da perna na altura do quadril Extensão da parte inferior da perna na altura do joelho
Isquiotibiais (bíceps femoral, semimembranoso, semitendíneo)	Quadril Joelho	Extensão da perna na altura do quadril Flexão da parte inferior da perna na altura do joelho
Gastrocnêmio	Tornozelo	Flexão plantar do tornozelo
Sóleo	Tornozelo	Flexão plantar do tornozelo
Tibial anterior	Tornozelo	Dorsiflexão do tornozelo

Tabela 3.3 Movimento articular e amplitude de movimento

Articulação	Movimento	Amplitude normal de movimento
Ombro	Flexão	150–180°
	Extensão/hiperextensão	50–60°
	Abdução	180°
	Adução	0° (evitada pelo tronco)
	Rotação medial	70–90°
	Rotação lateral	90°
Cotovelo	Flexão	140–150°
	Extensão	0°
Radiulnar	Pronação	80°
	Supinação	80°
Punho	Flexão	60–80°
	Extensão/hiperextensão	60–70°
	Abdução/desvio radial	20°
	Adução/desvio ulnar	30°
Quadril	Flexão	100–120°
	Extensão/hiperextensão	30°
	Abdução	40–45°
	Adução	0–30°
	Rotação medial	40–45°
	Rotação lateral	45–50°
Joelho	Flexão	135–150°
	Extensão	0–10°
Tornozelo	Flexão plantar	40–50°
	Flexão dorsal	20°

Adaptado de V. Heyward, 2010, *Advanced fitness assessment and exercise prescription*, 6th ed. (Champaign, IL: Human Kinetics), p. 252.

versais são semelhantes a mover-se sobre uma mesa que circunda o corpo.

O movimento também é indicado com linhas imaginárias através do corpo. Essas linhas são chamadas eixos, e o movimento tem lugar em um eixo. Há três tipos de eixos posicionados em ângulos retos uns em relação aos outros e na intersecção de dois planos (Fig. 3.10).

Imagine uma linha que parte do topo de nossa cabeça e passa verticalmente até o pé através do centro do corpo – trata-se **eixo longitudinal**. Esse eixo está na intersecção dos planos sagital e frontal. Outra linha que se estende da parte anterior do corpo para a parte posterior é chamada de **eixo anteroposterior**. O eixo anteroposterior está na intersecção dos planos sagital e transversal. O terceiro eixo se estende horizontalmente de um lado a outro do corpo (de medial para lateral) e é o **eixo laterolateral**. Esse eixo é o cruzamento dos planos frontal e transversal (Tab. 3.4 e Fig. 3.10).

Os movimentos de abdução e adução ocorrem no eixo anteroposterior no plano frontal, como abertura e fechamento lateral das pernas (polichinelos). Flexão e extensão ocorrem no eixo laterolateral no plano sagital. Um exemplo é a inclinação do tronco para a frente. Os movimentos de rotação medial e lateral, assim como abdução e adução transversais, ocorrem no eixo longitudinal no plano transversal. As exceções a essas definições gerais de eixos e planos estão relacionadas à escápula, clavícula e polegar.

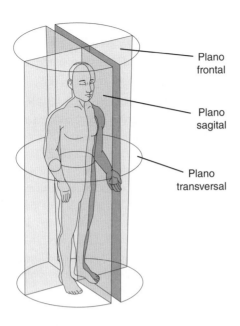

Figura 3.9 Os três planos do corpo.

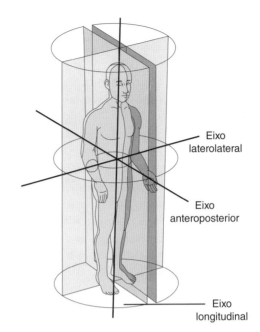

Figura 3.10 Três tipos básicos de eixo.

A importância dos eixos e planos para o instrutor de hidroginástica está no fato de ajudá-lo a proporcionar uma experiência de movimento totalmente equilibrada. Por exemplo, se você nunca inclui movimentos laterais (plano frontal) ou se negligencia exercícios de extensão na parte de trás do corpo (plano sagital), o treino não está equilibrado.

O corpo não se move de maneira puramente linear. Enquanto todo o corpo pode estar se movendo para a frente, muitas de suas partes podem estar se movendo em outras direções e planos. Todo movimento é uma interação complexa de dimensões espaciais. A água facilita movimentos multidirecionais em virtude de sua fluidez. É interessante notar que podem ser alcançados mais movimentos no plano transversal na água do que em terra, especialmente na região inferior do tronco. A sustentação da flutuação permite melhor suporte para o movimento horizontal. Embora os movimentos de hidroginástica sejam criados para a água, os pontos essenciais de referência para estrutura e equilíbrio do exercício são a posição anatômica, os planos e os eixos.

Alavancas

O corpo se move por meio do uso de um sistema de **alavancas**. Os ossos agem como braços de alavanca, e as articulações funcionam como fulcros para elas. As alavancas anatômicas do corpo não podem ser mudadas, mas o movimento pode ser feito de forma mais eficiente se você possui um entendimento básico do sistema de alavancas.

Alavancas consistem em barras rígidas que giram ao redor de um eixo. No corpo, os ossos representam as barras rígidas (braços de alavanca), e as articulações são os eixos (fulcro). O eixo ou **fulcro** (F) pode ser visualizado como um ponto de pivô. Há dois tipos diferentes de forças agindo

Tabela 3.4 Planos e eixos do corpo

Plano	Descrição do plano	Eixo de rotação	Descrição do eixo	Movimento comum em plano e ao redor do eixo
Frontal	Divide o corpo em partes anterior e posterior	Anteroposterior	Vai da frente para trás	Abdução, adução e flexão lateral
Sagital	Divide o corpo em partes direita e esquerda	Laterolateral	Vai de um lado a outro	Flexão, extensão e hiperextensão
Transversal	Divide o corpo em partes superior e inferior	Longitudinal (vertical)	Vai da cabeça aos pés	Rotação medial e lateral, abdução e adução transversal

em uma alavanca: **resistência** (R) e **potência** (P). Resistência pode ser reconhecida como a força a ser superada, enquanto o esforço é exercido para superar a resistência. As contrações musculares fornecem a força para mover as alavancas, enquanto a força de resistência vem principalmente da gravidade em terra. Em terra, a força de resistência pode ser aumentada com o uso de equipamentos de treinamento, como pesos. No ambiente aquático, a resistência vem do arrasto do fluido. Na água, a resistência pode ser aumentada pelo uso de leis físicas discutidas no Capítulo 6 ou pela adição de equipamento abordada no Capítulo 7.

Há três tipos básicos de alavancas: alavanca de primeira classe, de segunda classe e de terceira classe. Uma alavanca tem três pontos que determinam o seu tipo e que tipo de movimento é mais adequado.

Esses pontos são:

- o fulcro (F) (o ponto de rotação);
- o ponto de aplicação da força ou potência (P) (geralmente uma inserção muscular);
- o ponto de resistência de aplicação (R) (às vezes, o centro de gravidade do braço de alavanca e, às vezes, a aplicação de uma resistência externa, como um peso).

Conforme observado nas Figuras 3.11 e 3.12, os três pontos na alavanca produzem uma alavanca de primeira classe com o fulcro (F) entre a potência (P) e a resistência (R). A articulação atlanto-occipital (localizada na base do crânio) age como fulcro (F). A potência (P) é representada pela contração muscular que ocorre na parte superior das costas e no pescoço para inclinar a cabeça para trás em hiperextensão. A resistência é fornecida pelo peso da face e da área mandibular da cabeça. Um exemplo comum de alavanca de primeira classe é a gangorra. Outro exemplo é uma tesoura. Não são encontradas muitas alavancas de primeira classe no corpo humano.

Nas Figuras 3.11 e 3.12, os três pontos produzem uma alavanca de segunda classe com a resistência (R) entre o fulcro (F) e a força (potência/P). Nesse exemplo, o foco são os dedos do pé. O peso do corpo é a resistência (R), enquanto o fulcro (F) é a base dos dedos do pé. A potência ocorre quando o músculo da panturrilha puxa o calcanhar para cima durante uma contração. Um exemplo comum de alavanca de segunda classe é o carrinho de mão. Outro exemplo é um martelo usado para remover um prego. Também não são encontradas muitas alavancas de segunda classe no corpo.

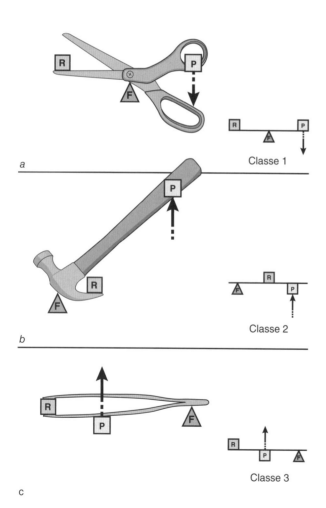

Figura 3.11 Alavancas.

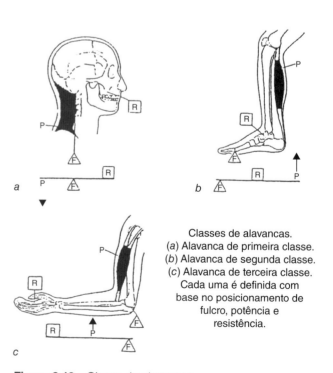

Classes de alavancas.
(*a*) Alavanca de primeira classe.
(*b*) Alavanca de segunda classe.
(*c*) Alavanca de terceira classe.
Cada uma é definida com base no posicionamento de fulcro, potência e resistência.

Figura 3.12 Classe de alavancas.

Nas Figuras 3.11 e 3.12, é possível ver os três pontos que produzem uma alavanca de terceira classe com a potência (P) entre o fulcro (F) a resistência (R).

Aqui, o peso do antebraço (ou o peso segurado pela mão) é a resistência (R), e a contração do músculo bíceps braquial (que se insere no antebraço) é a potência (P) com a articulação do cotovelo agindo como fulcro (F). Exemplos comuns de alavancas de terceira classe são uma pinça e a ação de martelar um prego na madeira. A maioria das articulações no corpo relacionadas ao exercício são alavancas de terceira classe.

Também é importante entender o conceito de vantagem mecânica. Nosso sistema anatômico de alavancagem pode ser usado para adquirir uma vantagem mecânica que possa melhorar movimentos simples ou complexos. A distância da inserção muscular até a articulação é importante porque um braço de potência mais longo requer menos força para mover a alavanca. O termo "braço de potência" (BP) é a distância entre a articulação e a inserção muscular, enquanto o termo "braço de resistência" (BR) é a distância entre a articulação e o ponto de aplicação da resistência (R) (Fig. 3.13). A vantagem mecânica de uma alavanca é a proporção do braço de potência em relação ao braço de resistência. Mesmo a mais leve variação da localização de força e resistência afeta essa proporção e muda a potência efetiva do músculo. Por exemplo, suponha que dois músculos de mesma força estão cruzando e agindo em uma articulação. Presuma que um músculo está fixado mais longe da articulação e que o outro está mais perto, criando uma diferença no comprimento do braço de potência. O músculo inserido mais longe produzirá o movimento mais vigoroso em virtude do braço de resistência mais longo. Assim, a força do movimento depende do posicionamento das inserções musculares. Uma simples alteração em 0,5 cm na inserção pode fazer uma diferença considerável na força aplicada para mover uma alavanca (Fig. 3.14).

Os alunos que compõem um grupo geralmente apresentam formas e tamanhos variados. É impossível saber se um aluno possui um comprimento de braço de potência diferente do de outro aluno. Assim, a regra geral para o instrutor é orientar de acordo com as necessidades individuais do aluno e tentar continuamente tomar boas decisões sobre qual quantidade de potência e resistência é a mais benéfica para o grupo como um todo.

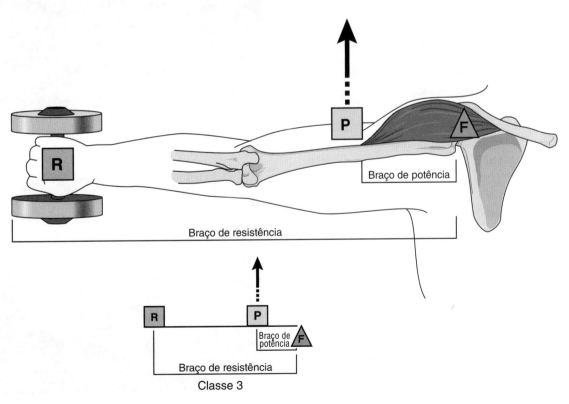

Figura 3.13 Braço de potência e braço de resistência.

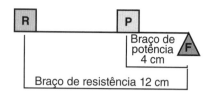

Vantagem mecânica = 4:12 ou 1:3 ou 0,33

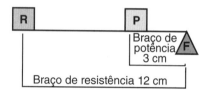

Vantagem mecânica = 3:12 ou 1:4 ou 0,25
Como o músculo se insere mais perto da articulação, o braço de potência é mais curto e a vantagem mecânica é menor (0,25 é menos do que 0,33).

Figura 3.14 Ajuste da vantagem mecânica.

Tipos de articulação

Olhar para a estrutura das articulações e para a interação entre os sistemas esquelético e muscular demanda um entendimento profundo das capacidades do corpo. Um conhecimento básico da estrutura articular é outra ferramenta que ajuda o instrutor a fazer escolhas seguras e eficazes em relação a exercício.

Articulações são os mecanismos pelos quais os ossos são mantidos juntos. Uma conexão ou articulação anatômica é formada quando duas superfícies articulares ósseas recobertas por cartilagem hialina se encontram e, assim, torna-se possível que o movimento ocorra na junção. A forma das superfícies articulares e o tipo de articulação determinam o grau ou a amplitude de movimento possíveis. Às vezes, os ossos estão tão próximos que não há movimento apreciável, como em uma articulação fixa. Em outras, a conexão é bem solta, permitindo grande liberdade de movimento. As articulações devem fornecer estabilidade total, estabilidade em uma direção com liberdade em outra, ou liberdade em todas as direções.

Há três categorias básicas de articulações baseadas no movimento permitido na articulação.

- **Articulações fixas (imóveis)** – os ossos são mantidos juntos por tecido conjuntivo fibroso que forma uma membrana ou um ligamento interósseo (i. e., conectando os ossos ou posicionando-se entre eles). Essas articulações geralmente mantêm fixas duas partes do corpo, como a sutura sagital do crânio faz com os ossos parietais (Fig. 3.15).

- **Semimóveis** – os ossos são mantidos juntos por fortes membranas fibrocartilaginosas. A articulação sacroilíaca (que mantém a parte de trás da pelve unida ao sacro) e a sínfise púbica (que mantém unida a parte inferior da frente da pelve) são articulações semimóveis (Fig. 3.16).

- **Móveis (articulações sinoviais)** – os ossos são mantidos juntos por meio de membranas sinoviais. A cavidade articular é preenchida com fluido sinovial, que

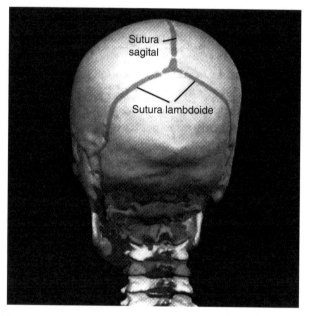

Figura 3.15 Articulações fixas.

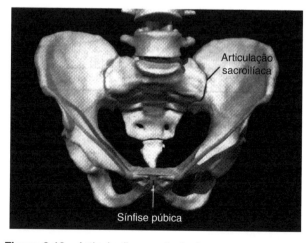

Figura 3.16 Articulações semimóveis.

permite que o movimento ocorra com mínima fricção. Localizada entre ossos, ligamentos, tendões e músculos em algumas articulações estão as bolsas sinoviais, ou bursas (bolsas preenchidas com fluido sinovial), que também agem como redutoras de fricção para superfícies móveis adjacentes. A maioria das articulações no corpo relacionadas ao exercício são articulações sinoviais móveis (Fig. 3.17).

As principais **articulações sinoviais** para o profissional de educação física são descritas a seguir. Consulte as Tabelas 3.5 e 3.6 para ver resumos sobre articulações, movimentos e planos de movimento.

Esferóidea ou bola-e-soquete
(exemplos: articulações do quadril e do ombro)

Uma superfície com formato de bola se articula com uma superfície em forma de soquete. Movimentos de flexão/extensão, abdução/adução, rotação e circundução são possíveis ao redor de inúmeros eixos. A articulação do quadril (coxofemoral) é a articulação (conexão) do acetábulo com a cabeça do fêmur (Fig. 3.18). A articulação do ombro (articulação glenoumeral) é articulação (conexão) da cabeça do úmero com a cavidade glenoidal da escápula.

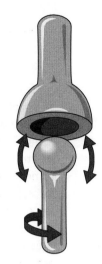

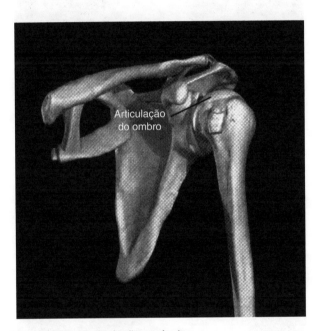

Figura 3.17 Articulações móveis.

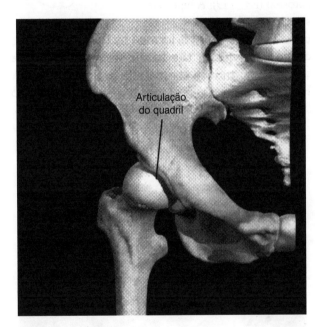

Figura 3.18 Articulação do quadril.

Tabela 3.5 Classificação das articulações sinoviais

Articulação	Movimento	Exemplo
Esferóidea ou bola-e-soquete	Todos os movimentos articulares	Quadril e ombro
Gínglimo ou dobradiça	Flexão e extensão	Umeroulnar, joelho e tronozelo
Elipsóidea ou condilar	Todos com exceção de rotação (ossos permitem movimentos em dois planos sem rotação)	Radiocarpal (punho)
Trocóidea ou pivô	Supinação, pronação e rotação	Atlantoaxial (base do crânio) e radiulnar (antebraço)
Selar	Todos, com exceção de rotação	Polegar (primeira articulação)
Plana ou deslizante	Deslizamento	Intertarsal (tornozelo) e intercarpal (punho)
Combinação entre dobradiça e plana	Flexão, extensão e deslizamento	Temporomandibular

Gínglimo ou dobradiça
Exemplos: articulações umeroulnar, tibiofemoral e talocrural

Uma articulação em dobradiça envolve duas superfícies articulares que restringem principalmente o movimento a um eixo. As articulações em dobradiça geralmente possuem fortes ligamentos colaterais. Flexão e extensão são os movimentos principais. A articulação umeroulnar é a articulação do úmero com a ulna e faz parte do complexo articular do cotovelo (Fig. 3.19). A hiperextensão é limitada pelo olécrano da ulna. A articulação do joelho é formada pelas articulações dos côndilos do fêmur com os da tíbia e pela patela, que se articula com a superfície patelar do fêmur (Fig. 3.20). Hiperextensão do joelho é anormal. Alguma rotação lateral e medial é possível quando o joelho é flexionado.

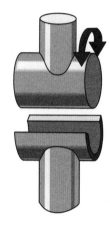

O joelho estendido é essencialmente travado, e a rotação não é possível. O tornozelo é a articulação da tíbia e da fíbula com o tálus (Fig. 3.21).

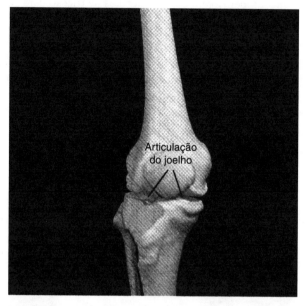

Figura 3.20 Articulação do joelho.

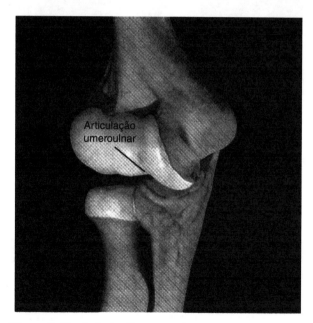

Figura 3.19 Articulação umeroulnar.

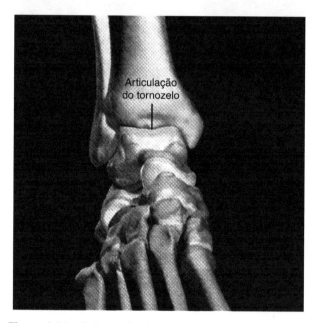

Figura 3.21 Articulação do tornozelo.

Elipsóidea ou condilar
Exemplo: articulação radiocarpal (punho)

Esta articulação é formada por uma superfície oval convexa posicionada próxima a uma superfície elíptica côncava e proporciona movimento em dois eixos. Extensão e flexão do punho ocorrem ao redor do eixo laterolateral. Abdução e adução ocorrem ao redor do eixo anterointerior. Circundução (círculo com o punho) é possível pela combinação das articulações radiulnar e mediocarpal, mas o movimento não é tão livre como em uma verdadeira articulação esferóidea (Fig. 3.22).

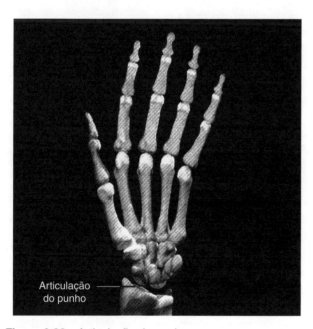

Figura 3.22 Articulação do punho.

Selar
Exemplo: primeira articulação carpometacarpal (polegar)

Cada superfície articular tem convexidade em ângulos retos com relação a uma superfície côncava. Todos os movimentos, com exceção de rotação, são possíveis nessa articulação. A articulação do polegar é formada pela articulação do trapézio com o primeiro metacarpo (Fig. 3.23).

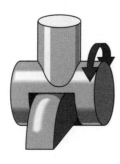

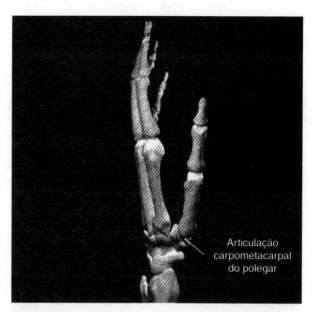

Figura 3.23 Articulação carpometacarpal do polegar.

Plana ou deslizante
Exemplo: articulações intertarsais (no pé) ou intercarpais (na mão)

Estas articulações são formadas pela proximidade de duas superfícies relativamente planas, o que permite a ocorrência de movimentos deslizantes. As articulações intertarsais e intercarpais são nomes genéricos que designam as articulações entre os ossos tarsais e carpais (Fig. 3.24).

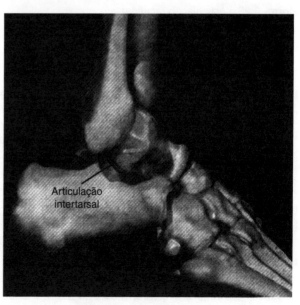

Figura 3.24 Articulação intertarsal.

Trocóidea ou pivô
Exemplo: articulação radiulnar proximal

Esta articulação é formada por um pivô ósseo central cercado por um anel osteoligamentoso. Rotação é o único movimento possível. Pronação e supinação do antebraço ocorrem a partir da articulação radiulnar proximal, em conjunção com a articulação radiulnar distal (Fig. 3.25).

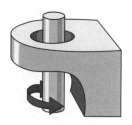

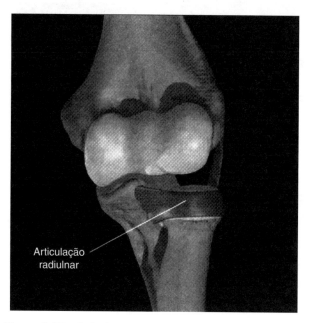

Figura 3.25 Articulação radiulnar.

Interação entre os sistemas esquelético e muscular

É importante olhar para a interação entre os sistemas esquelético e muscular para que se possa entender o movimento. Os ossos nada podem fazer sem os músculos. Além disso, a movimentação isolada da articulação não indica precisamente todos os músculos envolvidos em um movimento.

O músculo compõe a maior porção da massa corporal total. O movimento é gerado quando a tensão muscular criada pelos músculos faz funcionar um sistema de alavancas em uma articulação, movendo assim a inserção muscular mais próxima de sua origem. Até mesmo o mais simples dos movimentos humanos é um complexo e coordenado esforço de ativação (contração) de certos músculos (**agonistas**), desativação (**antagonistas**) ou co-contração de agonistas e antagonistas.

A quantidade de movimento em uma articulação específica é limitada por vários fatores. Além das limitações ósseas, pode haver limitações ligamentares. Por exemplo, o ligamento iliofemoral (conectando o quadril ao fêmur) limita a extensão do tronco quando o fêmur está fixo (p. ex., é difícil realizar hiperextensão a partir do quadril quando os dois pés estão no chão). Há também limitações musculares. Os componentes do tecido conjuntivo do músculo esquelético têm propriedades elásticas limitadas. Se um movimento é forçado além de sua limitação natural, nosso corpo imediatamente responde com dor ou com um mecanismo reflexo para parar o movimento.

São dignas de nota para os instrutores de exercício as áreas do corpo em que os músculos atravessam mais de uma articulação. **Músculos biarticulares** atravessam duas articulações, enquanto os **multiarticulares** atuam em três ou mais articulações. O envolvimento em uma articulação pode causar limitação de movimento em outra; por exemplo, tente deixar o punho cerrado com os flexores dos dedos enquanto ele está ativamente flexionado. Semelhante a isso é a insuficiência passiva. O comprimento do músculo evita a amplitude completa de movimento na(s) articulação(ões) que o músculo atravessa. Um exemplo de insuficiência passiva é a dos músculos isquiotibiais. É mais fácil trazer seu joelho até o tórax quando o joelho está flexionado do que quando seu membro inferior está estendido. Em outras palavras, você tem maior amplitude de movimento no quadril quando o joelho está flexionado do que quando está estendido.

Alguns músculos agem como músculos-guia (assistentes) para evitar movimento indesejado ou ajudar o movimentador principal. Esses músculos são chamados **sinergistas**. Um bom exemplo é a ação sinergística do grupo dos isquiotibiais. Os músculos individuais nesse grupo são raramente citados porque estão quase sempre trabalhando em conjunto. Alguns músculos se contraem para estabilizar (ou fixar) uma articulação ou osso a fim de que outra parte do corpo possa exercer força contra um ponto fixo. Isso acontece em grande parte ao redor dos ombros. Os músculos do ombro darão estabilidade para que movimentos específicos possam ser feitos com suas mãos. É importante a inclusão de atividade para os músculos estabilizadores. A água é um ótimo meio para trabalhar os estabilizadores do tronco, particularmente em piscina funda, onde o controle do corpo está totalmente focado

Tabela 3.6 Articulações, possíveis movimentos e planos

Articulação	Movimento	Plano
Coluna vertebral (articulações intervertebrais – cartilaginosa e deslizante)	Flexão, extensão e hiperextensão	Sagital
	Flexão lateral	Frontal
	Rotação	Transversal
	Circundução	Multiplanar
Quadril (esferóidea)	Flexão, extensão e hiperextensão	Sagital
	Abdução e adução	Frontal
	Rotação	Transversal
	Circundução	Multiplanar
	Abdução e adução transversais	Transversal
Joelho (gínglimo)	Flexão e extensão	Sagital
Tornozelo (gínglimo)	Flexão dorsal e plantar	Sagital
Ombro (esferóidea)	Flexão, extensão e hiperextensão	Sagital
	Abdução e adução	Frontal
	Rotação	Transversal
	Circundução	Multiplanar
	Abdução e adução transversais	Transversal
Umeroulnar (gínglimo)	Flexão e extensão	Sagital
Radiulnar (pivô)	Pronação e supinação	Transversal
Punho (condilar)	Flexão, extensão e hiperextensão	Sagital
	Abdução e adução	Frontal
	Circundução	Multiplanar

na estabilização dinâmica dos músculos do tronco. Essa é uma das razões pela qual em geral são vistas melhoras significativas no alinhamento postural ao seguir um programa consistente de hidroginástica.

A Tabela 3.7 apresenta uma visão geral dos músculos mais envolvidos nos principais movimentos das partes do corpo. Alguns desses músculos não foram incluídos no Capítulo 2 e estão aqui para estudo avançado, se você desejar. Uma visão mais abrangente de tais músculos vai além do objetivo deste livro, mas focaremos nas considerações-chave para as principais áreas do corpo. Veja a Figura 3.26a-d para conhecer as localizações dos músculos.

Considerações sobre movimento

As seções seguintes discutem a estrutura básica e os movimentos para muitas das principais articulações pertinentes a um programa eficiente de exercícios.

Cíngulo do membro superior (cintura escapular)

O entendimento do cíngulo do membro superior e sua relação com a articulação do ombro é um grande desafio. O complexo articular do ombro, que consiste nas articulações esternoclavicular, acromioclavicular e na articulação glenoumeral ou do ombro, tem uma maior amplitude de movimento do que qualquer outra parte do corpo. Além disso, o cíngulo do membro superior proporciona estabilidade, permitindo aos braços, antebraços e às mãos executar habilidades motoras finas. O cíngulo do membro superior é composto das clavículas e das escápulas. Os movimentos do cíngulo do membro superior têm seu ponto pivotal na junção da clavícula com o esterno (articulação esternoclavicular), mas estaremos mais conscientes sobre a atividade que ocorre na escápula ao analisarmos o movimento para o cíngulo do membro superior. As escápulas têm suas próprias características

60 Fitness aquático: um guia completo para profissionais

Tabela 3.7 Principais movimentos e músculos envolvidos

Parte do corpo	Movimento da articulação	Principais músculos envolvidos
Escápula	Fixação	Trapézio, serrátil anterior, romboides maior e menor, levantador da escápula
	Adução	Trapézio (fibras da parte média), romboides maior e menor
	Abdução	Serrátil anterior
Braço (articulação do ombro)	Flexão	Deltoide anterior, peitoral maior, bíceps braquial
	Extensão	Latíssimo do dorso, tríceps braquial
	Adução	Latíssimo do dorso, redondo maior, peitoral maior
	Abdução	Deltoide médio, supraespinal
	Adução transversal	Peitoral maior, deltoide anterior
	Abdução transversal	Deltoide posterior, infraespinal, redondo menor
	Rotação medial	Latíssimo do dorso, redondo maior
	Rotação lateral	Infraespinal, redondo menor
Antebraço (articulação radiulnar e umeroulnar)	Flexão	Bíceps braquial, braquiorradial
	Extensão	Tríceps braquial
	Supinação	Supinador, bíceps braquial
	Pronação	Pronador redondo, pronador quadrado
Tronco (região lombar da coluna)	Flexão	Reto do abdome, oblíquos interno e externo
	Extensão	Eretor da espinha
	Rotação	Oblíquos interno e externo
	Flexão lateral	Quadrado do lombo
Coxa (articulação do quadril)	Flexão	Iliopsoas, reto femoral no quadríceps
	Extensão	Glúteo máximo, todos os três isquiotibiais
	Adução	Adutores longo, magno, curto, e grácil
	Abdução	Glúteos médio e mínimo
Perna (articulação do joelho)	Flexão	Isquiotibiais
	Extensão	Quadríceps femoral
Pé (articulação do tornozelo)	Flexão dorsal	Tibial anterior, extensor longo dos dedos
	Flexão plantar	Gastrocnêmio, sóleo, tibial posterior
	Inversão	Tibial posterior, tibial anterior
	Eversão	Músculos fibulares, extensor longo dos dedos

únicas. Refere-se ao funcionamento das escápulas como uma articulação (articulação escapulotorácica), mas ela não tem características normais de articulação, sendo por isso classificada como uma articulação funcional. Ela se une ao tórax (cavidade torácica) e à coluna vertebral por músculos. Esses músculos são orientados obliquamente, o que significa que sua direção de tração pode levar as escápulas a produzir movimentos rotatórios, bem como lineares. Como resultado, os movimentos atribuídos à escápula não ocorrem individualmente como puros. As Figuras 3.27 e 3.28 mostram os movimentos aceitos pelas escápulas, e a Tabela 3.8 resume as ações que levam

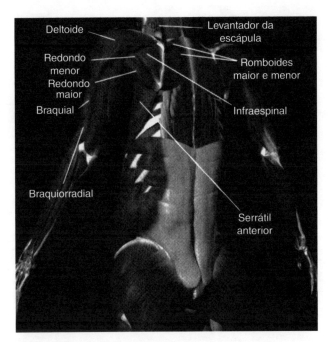

Figura 3.26a Localização dos músculos das costas.

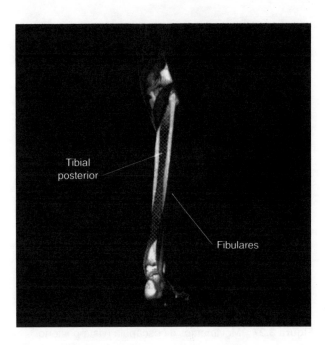

Figura 3.26b Localização dos músculos da parte posterior da perna.

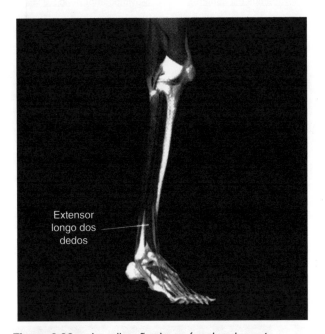

Figura 3.26c Localização dos músculos da parte anterior da perna.

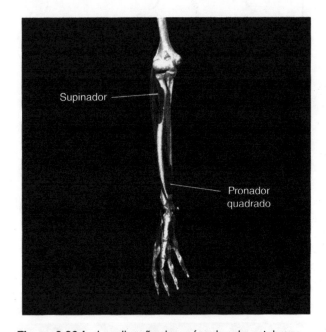

Figura 3.26d Localização dos músculos do antebraço.

as escápulas a executar esses movimentos. A Tabela 3.8 e a Figura 3.28 também indicam os principais músculos envolvidos em cada movimento. É importante manter a capacidade funcional nessa área do corpo por meio da inclusão de exercícios para os músculos que movimentam as escápulas. É fácil negligenciar esses músculos posturais porque eles não atravessam uma articulação principal como o ombro, mas, em vez disso, precisam do movimento das escápulas. Os movimentos complementares que ocorrem na articulação esternoclavicular são superior, inferior, posterior, anterior e alguma rotação (ver Tab. 3.8). Por exemplo, o movimento posterior na articulação esternoclavicular com abdução das escápulas é a aproximação dessas estruturas ósseas.

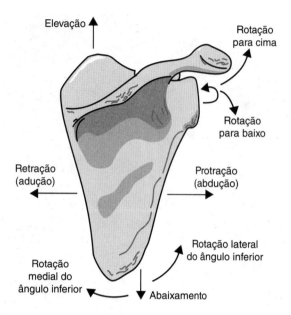

Figura 3.27 Movimentos da escápula (vista posterior).

Articulação glenoumeral (do ombro)

A articulação glenoumeral (do ombro) é do tipo esferóidea (bola-e-soquete), composta da cabeça do úmero (bola) que se encaixa na cavidade glenoidal da escápula (soquete). Ela tem as principais possibilidades de movimento, incluindo flexão/extensão/hiperextensão, abdução/adução, rotação e circundução. A amplitude de movimento é aumentada pela interação da articulação do ombro com o cíngulo do membro superior. Por exemplo, pode-se esperar que a flexão do ombro descreva um arco de 180° a partir da posição anatômica para a posição sobre a cabeça (Fig. 3.3). Entretanto, apenas aproximadamente 120° é realmente a flexão realizada a partir da articulação do ombro. Os outros 60° são alcançados pela abdução e rotação lateral do ângulo inferior da escápula — movimento no cíngulo do membro superior —, permitindo assim que o membro superior continue se flexionando acima da cabeça. Essa atividade combinada é muito comum ao redor do ombro.

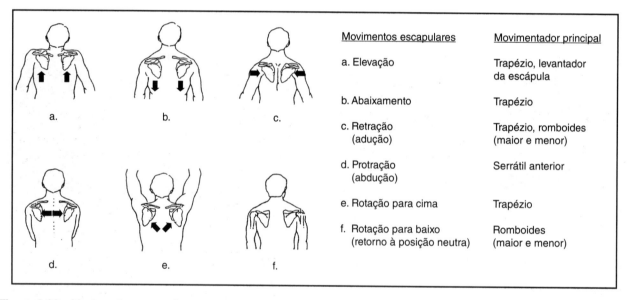

Figura 3.28 Movimentos escapulares.

Tabela. 3.8 Movimentos da articulação esternoclavicular

Movimentos escapulares	Movimentador principal	Movimento que acompanha o esternoclavicular
a. Elevação	Trapézio, levantador da escápula	Superior
b. Abaixamento	Trapézio	Inferior
c. Retração (adução)	Trapézio, romboides maior e menor	Posterior
d. Protração (abdução)	Serrátil anterior	Anterior
e. Rotação para cima (rotação lateral do ângulo inferior)	Trapézio	Rotação
f. Rotação para baixo (retorno à posição neutra) (rotação média do ângulo inferior)	Romboides maior e menor	Rotação

Articulação umeroulnar (parte do complexo articular do cotovelo)

A articulação umeroulnar é uma articulação gínglimo (em dobradiça), e o movimento nela é limitado basicamente à flexão e à extensão. Como no joelho, alguns graus de hiperextensão são possíveis nessa articulação, mas não são recomendáveis. Você também não deve incentivar a flexão excessiva dela (ou do joelho), porque tal movimento pode abrir a articulação e provocar estresse indesejado nos tendões e ligamentos associados. Geralmente, o movimento no cotovelo é negligenciado, com a realização de movimento no ombro, em vez disso. Recomenda-se que sejam incluídos exercícios de flexão e extensão do cotovelo, trabalhando assim os músculos bíceps braquial, tríceps braquial e os demais músculos do braço.

Coluna vertebral e cíngulo do membro inferior

As vértebras, individualmente, têm apenas leve movimentação, mas, quando combinadas, permitem que a coluna vertebral execute uma amplitude considerável de movimento. A coluna pode flexionar (inclinar para a frente), estender (retornar ao normal), hiperestender (estender além da posição anatômica), flexionar lateralmente (inclinar para o lado) e rotacionar. Ela tem curvas naturais permanentes (Fig. 3.29). Os músculos que afetam a coluna devem estar equilibrados em força e flexibilidade para manter essas curvas normais.

A amplitude de movimento na coluna é melhorada ainda mais quando se adiciona o movimento da pelve, que corresponde ao movimento da coluna, porém, em direção oposta. Enquanto a coluna flexiona para a frente, a pelve se inclina para trás (inclinação posterior da pelve). O contrário ocorre com a extensão da coluna (inclinação anterior da pelve). Na inclinação lateral da pelve, esta não está nivelada de lado a lado (Fig. 3.30). É fácil lembrar do movimento pélvico pensando na pelve como um balde de água. Quando o topo do balde derrama água para a frente, é uma inclinação anterior. Quando o topo do balde derrama água pra trás, é uma inclinação posterior. Quando o balde, inclusive, derrama água para lado, é uma inclinação lateral.

A manutenção ou retreinamento das curvas normais da coluna pode ser o foco principal nos programas de exercício. Uma grande porcentagem da população tem problemas na coluna, e muitos deles são causados ou piorados por desequilíbrios na força muscular, flexibilidade e mecânica corporal. Por sermos criaturas verticalmente orientadas, esses desequilíbrios são exacerbados pela tração da gravidade. Por exemplo, abdomes enfraquecidos

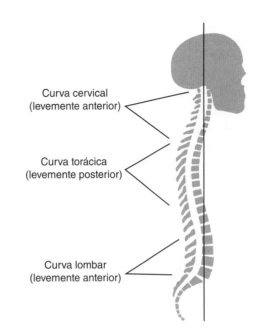

Figura 3.29 Curvas normais da coluna.

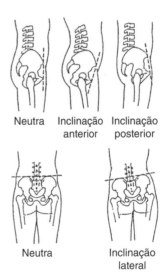

Figura 3.30 Posições pélvicas.

permitem que a inclinação pélvica anterior se mova mais para a frente, causando hiperextensão lombar. Permanecer sentado por tempo prolongado causa encurtamento dos flexores do quadril e, novamente, a inclinação anterior é levada além do normal, forçando a região lombar da coluna à hiperextensão. A curva lordótica acentuada é um fator contribuinte para a dor na parte inferior das costas. De forma parecida, uma inclinação pélvica posterior exagerada elimina a curva normal da região lombar da coluna, e também pode causar dor na parte inferior das costas. Exercícios abdominais são recomendados para a correção de inclinação anterior extrema a fim de melhorar a postura. A força nos músculos eretores da espinha ajudará a controlar a inclinação pélvica posterior anormal. As diretrizes gerais para exercícios são alongar músculos encurtados e fortalecer músculos enfraquecidos.

Também podemos ver curvaturas anormais da coluna. As três mais comuns são **escoliose**, **cifose** e **lordose** (Fig. 3.31a-b). Escoliose se refere à curvatura lateral da coluna. Os ombros e a pelve parecem desnivelados e a cavidade torácica pode estar torcida. A cifose (corcunda) se refere a uma curva exagerada na região torácica. A cabeça está geralmente muito mais para a frente, com ombros curvados e tórax encolhido. A lordose (curva para trás) é uma curva côncava aumentada nas regiões lombar e/ou cervical da coluna. Essas condições podem ser consideradas permanentes, e assim o exercício não as corrigirá.

Nosso objetivo é estabelecer (e continuamente reestabelecer) as curvas normais da coluna. Chamamos isso de postura neutra ou alinhamento vertical neutro. É a posição recomendada para provocar o mínimo estresse na coluna e a posição mais segura para prevenção de lesão quando os membros estão envolvidos em atividade. Na posição neutra, a pelve está reta, sem inclinação em qualquer direção. A coluna está em neutralidade – sem estar flexionada ou estendida. Há uma leve curva natural para dentro na parte inferior das costas (Fig. 3.32). Ao realizar treinamento de resistência, inclusive exercício aquático, o corpo deve estar sempre ser colocado em posição neutra antes de sobrecarregar os grupos musculares. Se um aluno não pode alcançar a posição neutra, deve consultar um médico. O alinhamento neutro ocorre facilmente se há equilíbrio muscular. Infelizmente, muitos dos nossos hábitos diários põem estresse inadequado em nossos músculos e provocam desequilíbrios. Exemplos incluem inclinar a cabeça lateralmente para prender o telefone no ombro ou ficar sentado na frente do computador por horas. Até em programas de exercício são vistos desequilíbrios, especialmente se o aluno usa apenas exercícios flexores do quadril, como elevações de joelho ou chutes para a frente, ignorando a parte de trás do corpo. O equilíbrio muscular pode ser obtido por meio de exercício regular que inclua *cross-training* (treinamento cruzado). O instrutor deve planejar para proporcionar meios para equilibrar força muscular e flexibilidade entre os lados direito e esquerdo, para a frente e para trás, partes superior e inferior do corpo, assim como equilíbrio proporcional de força em pares de músculos opositores dentro do programa de exercício.

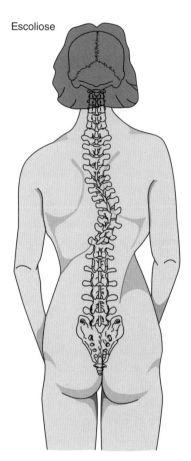

Figura 3.31a Curva lateral da coluna.

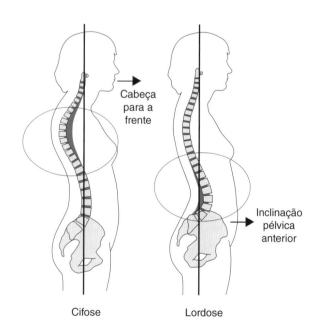

Figura 3.31b Desvios posturais nas regiões torácica (cifose) e lombar (lordose) da coluna vertebral.

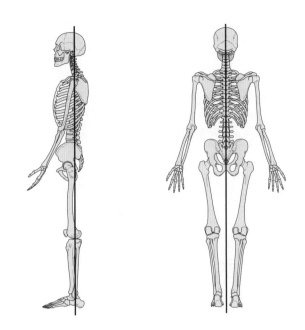

Figura 3.32 Postura neutra.

A densidade da água necessita de posicionamento cuidadoso da coluna em uma posição preparada para os desafios do treino de resistência. Isso é particularmente relevante com a popularização de equipamento de flutuação e de outra resistência para exercício aquático. Esse equipamento proporciona um desafio adicional para o equilíbrio e a coordenação e, se o aluno não pode controlar a postura neutra enquanto se exercita com equipamento, este deve ser removido.

Articulação do quadril

A articulação do quadril é esferóidea, ou seja, do tipo bola-e-soquete, como o ombro, mas tem maior estabilidade principalmente por causa de seu papel de sustentação de peso. O acetábulo do quadril é mais profundo, e a cabeça do fêmur é uma esfera mais completa do que a do úmero. A articulação do quadril também tem vários ligamentos fortes. Assim como a articulação do ombro interage com o cíngulo do membro superior, a articulação do quadril interage com o cíngulo do membro inferior. Os movimentos da articulação do quadril podem se referir tanto à flexão da coxa ao mover o membro inferior à frente da pelve (p. ex., um chute para a frente) ou à pelve se movendo em direção à coxa (p. ex. curvando-se para a frente a partir dos quadris). O movimento na articulação do quadril inclui flexão, extensão e hiperextensão, abdução e adução, rotação medial e lateral e circundução. O ponto importante para os instrutores é lembrar que alguns dos músculos que atravessam a articulação do quadril também têm ligações com a coluna (como o iliopsoas), de forma que os movimentos do quadril podem provocar mudanças na região lombar da coluna.

Articulação do joelho

O joelho é uma articulação gínglimo (em dobradiça) modificada, projetada para executar principalmente flexão e extensão, com um pequeno grau de rotação possível quando o joelho está flexionado. O joelho é capaz de atingir alguns graus de hiperextensão. Entretanto, a hiperextensão é considerada um movimento anormal para o joelho, e os instrutores certamente não devem usar exercícios que incentivem a hiperextensão. Os principais músculos que agem no joelho são o quadríceps e os isquiotibiais. O osso da patela (tampa do joelho) age como uma polia para aumentar a força efetiva do quadríceps pelo aumento da alavancagem ou vantagem mecânica. Exercícios aquáticos podem proporcionar importante equilíbrio muscular necessário entre o quadríceps e os isquiotibiais.

Postura e alinhamento

A importância do alinhamento neutro da coluna tem sido discutida em relação à coluna e à prevenção de lesões. O alinhamento neutro da coluna também faz parte do mecanismo corporal de controle para o **equilíbrio**. A habilidade de manter o equilíbrio corporal durante muitos exercícios é importante para a execução correta deles, assim como para a prevenção de lesões. Sob uma perspectiva mecânica, a manutenção do equilíbrio envolve o controle de posicionamento do **centro de gravidade** do corpo. Em um objeto igualmente simétrico e denso, o centro de gravidade está localizado no centro geométrico do objeto. No corpo humano, a posição das partes do corpo determina onde o centro de gravidade estará em qualquer momento. Cada vez que o corpo se move, há uma redistribuição de massa corporal, e o centro de gravidade se desloca. Movimento de grandes partes do corpo (p. ex. membros inferiores) tem maior efeito sobre o centro de gravidade do que o movimento de partes pequenas (p. ex. membros superiores).

Para manter o equilíbrio, uma linha vertical que passa através do centro de gravidade do corpo até o chão deve cair dentro de uma base de sustentação. A base de sustentação inclui a área do corpo em contato com o solo, que é o pé, em muitos casos, mais a área entre esses pontos. Manter a base larga e o corpo próximo ao chão ajuda a assegurar que a linha de gravidade fique dentro da base de sustentação. Quando você se inclina em qualquer direção, o centro de gravidade se desloca com você. Se você se inclina muito, o centro de gravidade pode se deslocar para fora da base de sustentação e fazer com que você perca o equilíbrio e caia.

Quando você entra na água, o centro de gravidade ainda se aplica, especialmente em piscina rasa. Você ainda tem uma base (os pés) em contato com o fundo da piscina. Quando você vai para direções diferentes, seu centro de gravidade pode se mover para fora da base de sustentação, causando desequilíbrio e terminando com o corpo na horizontal e flutuando. Como instrutor, você deve, na verdade, elaborar movimentos para posicionar o corpo na horizontal ou tirar vantagem da flutuabilidade para aumentar a amplitude de movimento. Entretanto, a teoria do alinhamento equilibrado ainda é a consideração-chave na elaboração de exercícios, e movimentos sem equilíbrio podem levar a problemas como perda de coordenação e comprometimento de alinhamento. Além disso, muitos praticantes não são nadadores e não querem que seus pés deixem o fundo da piscina.

Quanto mais profunda a piscina, mais o **centro de flutuação** assume o lugar do centro de gravidade. O centro de flutuação pode ser definido como o centro de volume do corpo que desloca a água. O centro de flutuação está geralmente localizado na região do tórax, próximo aos pulmões. Ele varia de acordo com a composição corporal do aluno. Na posição vertical, o centro de flutuação e o de gravidade estarão em uma linha vertical, mas a distância entre eles depende dos depósitos de gordura no corpo, do tamanho da cavidade torácica e da quantidade de músculo. Uma pessoa com muita gordura flutua facilmente, e uma pessoa com mais massa muscular afunda. Gordura e ar têm maior deslocamento de água do que osso, órgãos e músculo.

A elaboração de exercícios para água deve incentivar o controle do centro de flutuação e de gravidade pelo fato de estarem fortemente ligados à postura neutra. Mantenha os ombros sobre os quadris com a pelve na vertical. Restabeleça a posição neutra frequentemente e considere passar pelo alinhamento neutro entre mudanças de padrão de movimento e de direção. Reservar um tempo para a diminuição da turbulência da água através do oferecimento de uma atividade centrada entre os movimentos com deslocamento também ajuda o corpo a permanecer alinhado.

A introdução de equipamento de flutuação para tornozelo e pé adicionou um desafio totalmente novo ao alinhamento em exercício em piscina funda. O fato de que esse equipamento quer flutuar até a superfície favorece desafios para os músculos estabilizadores do tronco. Os abdominais e o eretor da espinha precisam estar ativos todo o tempo (estabilização dinâmica) para manter o alinhamento ombro/quadril com as pernas abaixo do corpo. Isso adiciona consideráveis benefícios de treinamento postural ao exercício em piscina funda. Leia mais sobre exercício em piscina funda no Capítulo 10.

Resumo

1. Um entendimento básico sobre análise do movimento é necessário para um programa seguro e eficiente. Um claro entendimento sobre o que cada exercício alcança e por que certos movimentos estão incluídos em um programa maximiza os benefícios do programa.

2. Termos anatômicos relacionados ao movimento se referem à posição neutra ou anatômica. Termos pertinentes relacionados ao movimento incluem flexão/extensão/hiperextensão, abdução/adução, rotação medial/lateral, circundução, inclinação, supinação/pronação, inversão/eversão, elevação/abaixamento e retração/protração.

3. O corpo humano se move ao redor de três eixos e três planos que estão situados em ângulos retos. É importante incluir movimento ao redor de todos os três eixos e planos para alcançar o equilíbrio muscular.

4. Os sistemas esquelético e muscular trabalham juntos como um sistema de alavancas para mover o corpo humano. A maioria dos movimentos relacionados ao exercício resulta de articulações de terceira classe envolvendo ossos, articulações e músculos associados.

5. Há vários tipos de articulações no corpo humano. O movimento em qualquer articulação é determinado pelo tipo de articulação, pelos ossos que circundam a articulação, como os músculos atravessam a articulação e o tecido mole adjacente. É importante conhecer os músculos associados a cada articulação, o tipo de articulação e as possíveis opções de movimento seguro em cada uma delas.

6. Postura e alinhamento são críticos na prevenção de distúrbios musculoesqueléticos crônicos, assim como lesão aguda. Postura e alinhamento adequados devem ser ensinados e promovidos em qualquer programa de hidroginástica.

Questões para revisão

1. _____ é o afastamento da linha mediana do corpo.

2. Flexão e extensão são executadas principalmente no plano _____.

3. Em uma alavanca de terceira classe, a _____ está entre a _____ e o _____.

4. Que tipo de articulação é a umeroulnar (parte do complexo do cotovelo)?

5. Nomeie os três tipos de curvaturas permanentes naturais na coluna vertebral.

6. Em piscina funda, você manipula principalmente seu centro de _____.

7. Liste pelo menos seis termos relacionados ao movimento, usados para identificar ações de articulação.

8. Descreva a posição anatômica.

9. O cíngulo do membro superior é composto de _____ e de _____.

10. Escoliose se refere a uma curvatura _____ da coluna.

Ver as respostas a estas questões no Apêndice C.

Bibliografia

American College os Sports medicine. 2006. *Guidelines for exercise testing and prescription*. 7th edition. Baltimore: Lippincott, Williams & Wilkins.

American Council on Exercise. 2000. *Group fitness instructor manual*. San Diego: American Council on Exercise.

April, E. 1984. *Anatomy (National Medical Series)*. Indianapolis: John Wiley & Sons Publishers.

Burke, R. 1993. *Kinesiology and applied anatomy: The science of human movement*. 7th edition. Philadelphia: Lea & Febiger Publishers.

Clarkson, H. 2000. *Musculoskeletal assessment: Joint range of motion and manual muscle strenght*. 2nd edition. Baltimore: Lippincott, Williams & Wilkins.

Heyward, V. 2002. *Advanced fitness assessment & exercise prescription*. 4th edition. Champaign, IL: Human Kinetics.

Kendall, F., E. McCreary, P. Provance, M. McIntyre, and W. Romani. 2005. *Muscles: Testing and function with posture and pain*. 5th edition. Baltimore: Lippincott, Williams & Wilkins.

Kreighbaum, E. and M. Barthels. 1995. *Biomechanics: A quantitative approach for studying human movement*. 4th edition. San Francisco: Pearson-Benjamin Cummings Publishers.

Riposo, D. 1990. *Fitness concepts: A resource manual for aquatic fitness instructors*. 2nd edition. Pt. Washington, WI: Aquatic Exercise Association.

Sweigard, L. 1974. *Human movement potential: Its ideokinetic facilitation*. New York: Harper and Row Publishers.

Thompson, C. and R. Floyd. 2000. *Manual of structural kinesiology*. 14th edition. New York: McGraw-Hill Publishers.

Todd, M. 1980. *The thinking body: A study of the balancing forces of dynamic man*. Highstown, NJ: Princeton Book Company Publishers.

Tortora, G., and S. Grabowski. 2002. *Principles of anatomy and physiology*. 10th edition. Indianapolis: Wiley Publishing, Inc.

Van Roden, J., and L. Gladwin, 2002. *Fitness theory & practice*. 4th edition. Sherman Oaks, Ca. Aerobic & Fitness Association of America.

capítulo **4**

Fisiologia do exercício

Introdução

Este capítulo apresenta uma abordagem básica sobre os princípios fisiológicos que governam a resposta do corpo ao exercício, como a maneira pela qual o corpo produz energia para o exercício, como os músculos contraem e as respostas fisiológicas do corpo ao exercício aeróbio.

Conceitos fundamentais

- Como você aumenta seu nível de condicionamento físico?
- O que é um par muscular?
- Como os sistemas metabólicos do corpo produzem ATP?
- Como um músculo contrai?
- Qual a diferença entre fibras de contração rápida e de contração lenta?
- Como uma ação muscular isométrica difere de uma ação muscular isotônica?
- O que é exercício em estado de equilíbrio?

Princípios fisiológicos

Princípios fisiológicos básicos precisam ser aplicados e respeitados em programas de exercício. Entender esses princípios ajuda o profissional de condicionamento físico a prezar os conceitos fisiológicos fundamentais básicos que governam como o corpo muda e responde ao exercício. Às vezes, esses princípios são ignorados ou manipulados ao se promover programas de exercício da moda ou "sem esforço", o que significa que a maioria desses programas não produz resultados efetivos ou duradouros. Tais princípios do exercício ajudarão o profissional de condicionamento físico a solucionar esses conceitos equivocados em relação ao exercício e a orientar seus alunos a participar de programas apropriados e eficientes que ofereçam resultados duradouros. Entender esses princípios básicos também ajudará a aconselhar alunos que estejam "estacionários" ou que tenham atingido um platô em seu programa de condicionamento físico.

Sobrecarga

Definição: introdução de uma tensão ou uma demanda maior que o normal em um sistema fisiológico ou órgão que geralmente resulta em um aumento de força ou função.

Esse princípio explica o método pelo qual você se torna mais fisicamente condicionado. Se você apenas flexionar o antebraço repetidamente, sem resistência adicional, verá pequena ou nenhuma mudança no músculo bíceps braquial. Mas se você flexionar o antebraço repetidamente com um peso adicional ou com uma tensão ou demanda maior do que a normal, verá ganhos de força no bíceps braquial e em outros músculos responsáveis por aquele movimento. Se você quer aumentar a função ou o condicionamento físico, deve sobrecarregar o músculo ou o sistema. O método mais comum para a sobrecarga do sistema musculoesquelético é por meio do treinamento de resistência. O uso de pesos, de tiras de resistência ou da resistência da água produz demanda adicional nos grupos musculares-alvo do treinamento e resulta em função ou força aumentada. O sistema cardiorrespiratório deve ser sobrecarregado para alcançar aumentos na função ou no condicionamento cardiorrespiratório. O princípio de sobrecarga também deve ser empregado para promover ganhos em flexibilidade.

Sobrecarga progressiva

Definição: aumento gradual e sistemático na tensão ou demanda colocada sobre um sistema fisiológico ou órgão para evitar o risco de fadiga crônica ou lesão.

Sobrecarga imprópria em um programa de condicionamento físico pode produzir uma ameaça fisiológica ao corpo. Fazer muito e muito rápido pode levar à lesão ou à fadiga crônica. É mais confortável progredir por meio de níveis graduais de sobrecarga adicional com menor risco de lesão. Por exemplo, um aluno não condicionado precisa participar de vários programas com equipamento mínimo ou sem equipamento antes de adicionar equipamento de resistência. O aluno não condicionado também pode precisar tirar alguns curtos momentos de descanso ou saltar no lugar em sua primeira participação no segmento cardiorrespiratório da aula. A sobrecarga progressiva, se utilizada adequadamente, aumenta o engajamento do aluno ao programa, e pode ser alcançada pelo aumento incremental de intensidade, duração ou frequência do exercício. Também é importante permitir repouso e recuperação adequados. Encoraje os participantes da sua aula a aprenderem a diferença entre forçar o corpo em uma graduação razoável e maltratá-lo por meio de uma carga de trabalho excessiva.

Adaptação

Definição: habilidade de um sistema ou órgão em se ajustar à tensão ou à sobrecarga adicional com o decorrer do tempo pelo aumento de força ou pela função.

O corpo humano se torna mais condicionado ao se adaptar a demandas ou sobrecarga adicionais colocadas sobre ele. Se o corpo executa repetidamente o mesmo tipo de exercício com a mesma carga de trabalho, esse exercício particular se tornará mais fácil de realizar na medida em que o corpo se adapta à sobrecarga pelo aumento de força e função. Se você quer aumentar mais a função, deve continuar a sobrecarregar o corpo gradualmente conforme ele se adapta a cada novo desafio. Algumas pessoas ficam desencorajadas pela aparente facilidade de sua sessão de exercício após segui-la por vários meses ou anos, já que não vivenciam mais um desafio e parecem não estar realizando um bom treinamento. A adaptação é um dos prêmios de um programa de exercício regular; os alunos devem ter a consciência de que, quanto mais estão condicionados, mais o exercício parece fácil, e devem tomar cuidado para não excederem os limites de segurança somente para se sentirem novamente desafiados. Eles devem ser aconselhados a trocar para outro tipo de exercício que apresente desafios, pois essa é, geralmente, a opção mais saudável.

Especificidade

Definição: você treina apenas aquela parte do sistema ou do corpo que é sobrecarregada.

A adaptação fisiológica é específica ao sistema ou parte do corpo que está sendo sobrecarregado. Se você levanta pesos para treinar os músculos bíceps braquiais, verá pequeno ou nenhum benefício para os músculos tríceps braquial, deltoides ou dos membros inferiores. Para verificar avanços, você deve treinar especificamente aquele músculo, grupo muscular ou sistema metabólico.

Em virtude da especificidade, você deve executar vários exercícios para treinar todos os grupos musculares principais em seu corpo. Exercício cardiorrespiratório também produz diferentes resultados de diferentes maneiras. Pedalar trabalha músculos envolvidos nesse tipo de movimento, mas não treinará efetivamente os músculos e o sistema cardiovascular para corrida. Exercícios com uso de degrau trabalham os sistemas musculoesquelético e cardiorrespiratório de forma diferente do exercício aeróbio aquático. Um corredor bem condicionado se sente desafiado ao tentar pedalar, assim como um ciclista bem condicionado pode sentir o mesmo em uma aula de hidroginástica. O exercício é específico na maneira como treina o sistema musculoesquelético e os sistemas metabólicos. Estar em forma auxilia para uma melhor execução de qualquer tipo de exercício, entretanto, seu corpo executará com menos esforço e maior facilidade exercícios que você treinou especificamente.

Variabilidade/*cross-training* (treinamento cruzado)

Definição: variação de intensidade, duração ou modo (*cross-training* [treinamento cruzado]) das sessões de exercício para obter melhor equilíbrio muscular e condicionamento físico em geral.

O aumento da demanda sobre uma variedade de grupos musculares ou sistemas fisiológicos cria adaptação mais disseminada no corpo. A variabilidade é necessária em virtude da lei da especificidade. Atletas devem treinar especificamente para melhorar suas habilidades e desempenho em um determinado esporte. Por outro lado, o adulto comum que busca saúde e condicionamento físico

em geral deve praticar uma variedade de modos de exercício, intensidade e duração para desafiar o corpo e desenvolver uma base mais ampla de condicionamento físico geral. Muitas pessoas se tornam estacionárias em seu programa de exercício. A variação do treino geralmente proporcionará o desafio desejado e ajudará a manter o foco nos objetivo de perda de peso ou de condicionamento físico. Lembre-se de que o corpo se adapta especificamente a qualquer sobrecarga. Para saúde e condicionamento físico geral, a variabilidade constitui uma necessidade.

Reversibilidade

Definição: o corpo retornará gradualmente ao estado de pré-treinamento quando o exercício é descontínuo.

Condicionamento físico não pode ser armazenado. Quando você não se exercita, a função fisiológica ou a força decrescerão aos níveis de pré-treinamento com o passar do tempo. A reversibilidade é o princípio de exercício que menos agrada a todos os praticantes. Quando se trata de condicionamento físico, você deve usá-lo ou irá perdê-lo.

Um ponto encorajador é que nossos corpos realmente armazenam músculo ou memória de condicionamento físico. Em razão de vários fatores associados à memória muscular, uma pessoa previamente bem condicionada do ponto de vista físico achará mais fácil voltar à forma, em oposição a alguém que nunca se exercitou. Incentive seus alunos a não usarem uma dispensa de duas semanas como desculpa para abandonar completamente a prática de exercícios. Começar de novo pode ser difícil nas primeiras sessões, mas o condicionamento voltará rapidamente.

Há um de **limiar de treinamento**, ou certa sobrecarga, que deve ser excedido para que melhoras no condicionamento sejam visualizadas. Exceder os limites de segurança desse limiar, ou tentar progredir de forma muito agressiva, aumenta o risco de lesões e de fadiga crônica. Pessoas que se exercitam regularmente se fixam em certo modo de exercício, fato particularmente verdadeiro para praticantes de exercício que estão em programas em grupo. Essas pessoas geralmente ficam em um platô ou se desgastam. Elas devem ser incentivadas a realizar *cross-training* (treinamento cruzado) para contrabalançar o constante desejo do corpo em se adaptar a qualquer sobrecarga específica. *Cross-training* (treinamento cruzado) produz equilíbrio muscular e condicionamento físico mais generalizado. Tentar realizar o treino de outro instrutor ou um tipo diferente de aula em grupo (exercício em piscina funda em oposição ao de piscina rasa) pode ser suficiente para estimular e desafiar seu corpo de uma maneira distinta.

Equilíbrio muscular

Os músculos no sistema musculoesquelético são, em primeiro ligar, arranjados em pares por todo o corpo. Esses pares musculares tendem a estar dispostos ao redor da mesma articulação em lados opostos (Fig. 4.1). Esses músculos trabalham como agonistas e antagonistas para afetar o movimento naquela articulação. Alguns pares musculares comuns que afetam movimentos grossos são:

- bíceps braquial e tríceps braquial – parte da frente e de trás das articulações do cotovelo e do ombro;
- deltoide (porções clavicular e espinal) – parte da frente e de trás da articulação do ombro;
- reto do abdome e eretor da espinha – parte da frente e de trás do tronco;
- iliopsoas e glúteo máximo – parte da frente e de trás da articulação do quadril.
- abdutores e adutores do quadril – parte de dentro e de fora da articulação do quadril;
- quadríceps femoral e isquiotibiais – parte da frente e de trás das articulações do quadril e do joelho;
- tibial anterior e gastrocnêmio/sóleo – parte da frente e de trás da articulação do tornozelo.

Pares musculares que circundam qualquer dada articulação precisam ser razoavelmente equivalentes em força e flexibilidade. Desequilíbrio muscular em força ou flexibilidade, ou em ambas, afeta a integridade da articulação e aumenta o risco de lesão. Muitas lesões agudas e crônicas podem ser atribuídas à uma integridade articular inadequada decorrente de desequilíbrio muscular em força ou flexibilidade. O equilíbrio muscular deve ser considerado para as partes da frente e de trás, os lados esquerdo e direito e as partes superior e inferior do corpo.

O corpo humano procura por simetria e equilíbrio. Às vezes, um levantador de peso pode ignorar o conceito de equilíbrio muscular e treinar apenas os músculos peitorais ou a área do tórax, sem balancear seu treino para incluir a parte superior das costas. Quando apenas um músculo do par muscular é sobrecarregado, e o outro é ignorado, o corpo geralmente ativa uma resposta fisiológica para evitar que se torne muito desequilibrado. Isso inibe o desenvolvimento do músculo sobrecarregado. Para estimular o desenvolvimento de forma mais efetiva, ambos os músculos, em um par muscular, devem ser estimulados ou sobrecarregados.

Esse princípio se aplica não somente ao levantamento de peso, mas também a todas as formas de exercício. Se você treina realizando apenas um tipo de exercício ou certo tipo de programa, você pode promover desequilíbrio muscular. Por exemplo, pedalar coloca muita ênfase nos músculos quadríceps. Portanto, outros tipos de exercício que sobrecarreguem ativamente os isquiotibiais devem ser combinados com um programa de treinamento em bicicleta para manter a igualdade em força dos músculos da coxa e a integridade da articulação do joelho. Lembre-se de que ambos os músculos em um par muscular também devem ser alongados durante cada treino para manter a igualdade em flexibilidade.

A água é um ótimo ambiente para promover e construir equilíbrio muscular. A resistência da água circunda o praticante e afeta todo o movimento em todas as direções. Adicionalmente, os efeitos da gravidade são reduzidos. Em terra, sob os efeitos da gravidade, uma rosca direta (flexão e extensão do cotovelo a partir do alinhamento neutro) trabalha apenas os músculos bíceps. O bíceps braquial contrai concentricamente (encurta) no caminho para cima contra a gravidade e contrai excentricamente (alonga) no caminho para baixo para controlar o movimento de retorno. O tríceps braquial basicamente permanece sem carga. Na água, os dois músculos trabalham para executar uma rosca direta similar. O bíceps braquial contrai concentricamente no caminho para cima contra a resistência da água, e o tríceps braquial contrai concentricamente contra a resistência da água no caminho para baixo. A água promove o equilíbrio muscular ao oferecer resistência para ambos os músculos, em um par muscular, em ambas as direções de movimento. (Lembre-se de que o uso de equipamento com peso, flutuante ou em-

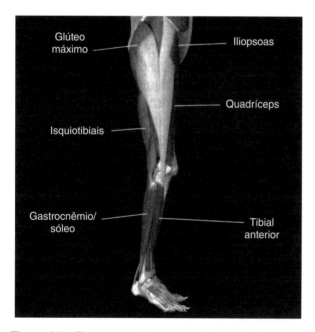

Figura 4.1 Pares musculares na parte inferior do corpo.

borrachado muda a carga de treinamento e afeta o modo como os músculos, em um par muscular, são solicitados.)

Metabolismo energético

A conversão de energia no corpo humano é um processo fascinante. Fornecer energia que os músculos em trabalho precisam para contrair é complicado e envolve uma multidão de hormônios, enzimas, vitaminas e minerais. Como instrutor de hidroginástica, é importante ter um entendimento básico sobre como a energia é produzida no tecido muscular.

Energia

Há seis formas de energia – química, mecânica, térmica, luminosa, elétrica e nuclear. A lei de conservação de energia estabelece que, "a energia não pode ser criada ou destruída, apenas convertida de uma em outra. A energia total é um sistema isolado constante" (Ostdiek e Bord, 1994). Essa energia pode ser convertida de um tipo para outro. A produção de energia nos humanos começa com a energia nuclear produzida pelo Sol. No final, toda a energia usada pelo mundo biológico é derivada do Sol. Um pouco dessa energia alcança a Terra sob a forma de energia luminosa, que é convertida em energia química pelas plantas por meio de um processo conhecido como **fotossíntese**.

As plantas usam essa energia química para construir moléculas alimentares como glicose, celulose, proteínas e lipídios, mas os humanos não são capazes disso. Devemos comer plantas e outros animais para abastecer nossa energia química. Esse alimento é usado pelo corpo humano para suprir a energia química necessária para o crescimento e a energia mecânica exigida para as contrações musculares (Fig. 4.2). É a conversão de energia química em energia mecânica no corpo para as contrações musculares que focaremos aqui. Essas mudanças ou reações químicas que ocorrem no corpo são chamadas de **respiração metabólica**.

Adenosina trifosfato (ATP)

A **adenosina trifosfato**, um composto químico, é a fonte de energia mais imediata para uma célula. A formação de ATP na célula muscular envolve a conversão do alimento: a comida é consumida, digerida, absorvida para a corrente sanguínea, transportada para células ativas (o local de produção de energia) e imediatamente usada ou armazenada. Carboidratos são convertidos em glicose e armazenados como glicogênio. Gorduras são convertidas em ácidos graxos e armazenadas principalmente como tecido adiposo (gordura). As proteínas são quebradas em aminoácidos e finalmente armazenadas como gordura

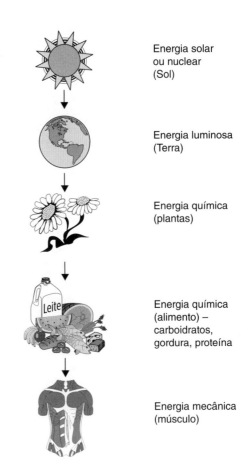

Figura 4.2 Cadeia de conversão de energia.

se não forem usadas (Fig. 4.3). Essa quebra do alimento não é diretamente usada para trabalhar. Em vez disso, é empregada para confeccionar ATP, que é armazenada em todas as células musculares.

É a quebra de ATP que libera a energia a ser usada pelo músculo para contrair ou executar um trabalho mecânico (Fig. 4.4). A ATP é composta por uma estrutura complexa chamada adenosina e três partes menos complexas chamadas fosfatos, que são mantidos no lugar por conexões altamente energéticas. Quando uma dessas conexões de fosfato é quebrada ou removida do resto da molécula, energia é liberada e sobram adenosina difosfato (ADP) e fosfato inorgânico. A quebra de um mol de ATP libera entre 7 e 12 quilocalorias de energia.

Há três sistemas que produzem essa energia para as células musculares. O sistema ativado primeiramente para fornecer essa energia depende de modo específico do tipo de exercício executado. O músculo ativo tem disponível uma fonte imediata de energia (o sistema ATP-PCr), uma fonte de energia de curto prazo (a glicólise anaeróbia ou sistema glicolítico) e uma fonte de energia de longo prazo (sistema aeróbio ou oxidativo). A seguir, está uma visão simplificada de cada sistema para ajudá-lo a adquirir conhecimento básico sobre como a energia é produzida durante o exercício.

Sistema ATP-PCr

O **sistema ATP-PCr** abastece o músculo em trabalho com uma fonte de energia imediata. Atividades com alta demanda de energia em um curto período dependem principalmente da ATP gerada por reações enzimáticas nesse sistema. Uma fonte de ATP rapidamente disponível é fornecida aos músculos para as contrações. Isso envolve uma série relativamente curta de reações químicas, não requer oxigênio, e tanto a ADP quanto a FCr (fosfocreatina) são armazenadas e ficam prontamente disponíveis no músculo. Essa é a forma menos complexa de gerar ATP. A fosfocreatina tem uma ligação de fosfato altamente energética com aquela encontrada no ATP, e ambas são referidas como fosfagênios. A fosfocreatina é quebrada na presença da enzima creatina fosfoquinase para produzir creatina (Cr), fosfato inorgânico (Fi) e energia. A energia liberada é usada para formar ATP a partir de ADP (Fig. 4.5).

Essa reação enzimática bioquimicamente acoplada continua até que os estoques de fosfocreatina estejam esgotados no músculo. O sistema ATP-PCr é a principal fonte de energia para contrações musculares durantes os primeiros segundos de exercício. A quantidade total de energia de ATP disponível a partir desse sistema é muito limitada e estaria esgotada após mais ou menos 8 a 10 segundos de exercício máximo.

Sistema glicolítico

O **sistema glicolítico**, ou **glicólise anaeróbia**, usa apenas carboidratos e produz duas moléculas de ATP a partir da glicose, e três moléculas de ATP a partir de glicogênio. Esse sistema metabólico é a principal fonte de ATP para energia intermediária ou atividades que durem mais do que alguns segundos até aproximadamente dois minutos. O sistema glicolítico, como o sistema ATP-PCr, não precisa de oxigênio e envolve a quebra incompleta de carboidratos em ácido **láctico**, que causa fadiga muscular.

O corpo quebra carboidratos em açúcar simples chamado **glicose**, que é também usado imediatamente ou

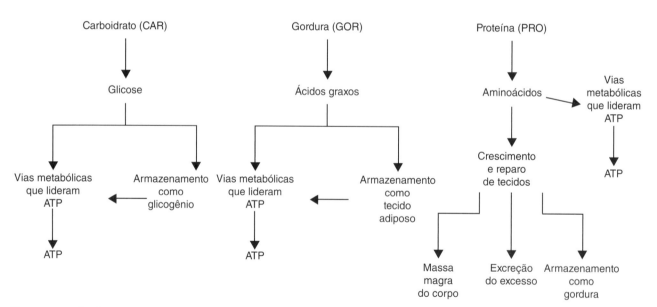

Figura 4.3 Quebra do alimento.

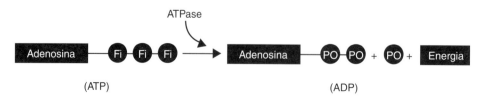

Figura 4.4 Quebra de ATP.

$$PCr \rightarrow Cr + PO + energia$$
$$PO + energia + ADP \rightarrow ATP$$

Figura 4.5 Quebra de fosfocreatina.

armazenado no fígado e nos músculos sob a forma de glicogênio. Os termos açúcar, carboidrato, glicose e glicogênio são geralmente usados de forma intercambiável ao se referir ao metabolismo energético em geral. A glicólise anaeróbia se relaciona à quebra de glicogênio na ausência de oxigênio, um processo quimicamente mais complicado do que o sistema ATP-PCr e que requer uma série mais longa de reações químicas. O sistema glicolítico deve ter cerca da metade da rapidez do sistema fosfagênio, mas produz maiores quantidades de ATP (duas moléculas a partir de glicose e três a partir de glicogênio, quando comparado a uma molécula no sistema fosfagênio). Em decorrência da formação de ácido láctico, um subproduto desse sistema, a produção, na verdade, pode ser menor do que três. Quando o ácido láctico se forma no músculo e no sangue, leva à fadiga muscular e, finalmente, à falha muscular. A produção de ATP pela glicólise anaeróbia é alcançada por meio de uma reação acoplada, ou em duas partes. O glicogênio é quebrado em ácido láctico e energia, que é usada para sintetizar três ATPs a partir de três ADPs e três moléculas de fosfato (PO) (Fig. 4.6).

Sistema oxidativo

O **sistema oxidativo** produz um maior número de ATPs, usa oxigênio para gerar ATP e é ativado para produzir energia para o exercício de longa duração. O metabolismo aeróbio é um processo mais lento e mais complicado. O ATP obtido a partir da quebra de glicose ou de ácidos graxos na presença de oxigênio demanda centenas de reações químicas complexas envolvendo centenas de enzimas. A quebra ocorre em um subcompartimento na célula muscular chamado **mitocôndria** (Fig. 4.7). As mitocôndrias são consideradas as casas de força da célula e são capazes de produzir quantidades massivas de ATP para abastecer as contrações musculares.

O sistema aeróbio consiste de três partes. A primeira parte, glicólise aeróbia, é a quebra do glicogênio na presença de oxigênio. A diferença entre glicólise anaeróbia, discutida previamente, e glicólise aeróbia é que o oxigênio previne o acúmulo de ácido láctico, cujo precursor é o ácido pirúvico. O oxigênio deriva grande parte do ácido pirúvico nas segunda e terceira partes do metabolismo aeróbio (ciclo de Krebs e cadeia de transporte de elétrons) antes de ser convertido em ácido láctico. Se o glicogênio é usado como fonte de combustível, 3 ATPs são gerados durante a quebra aeróbia de glicose e 36 ATPs são gerados no sistema de transporte de elétrons, para um total de 39 ATPs (Fig. 4.8).

Se ácidos graxos são usados como combustível em vez de glicogênio, é necessário mais oxigênio, mas a produção de ATP é substancialmente mais alta.

A gordura é quebrada em ácidos graxos e preparada para a entrada no ciclo de Krebs e, consequentemente, no sistema de transporte de elétrons. Essa reação acoplada produz 130 ATPs (Fig. 4.9).

Glicogênio e ácidos graxos são as fontes de combustível preferidas usadas no sistema oxidativo. Ocasionalmente, a proteína é usada como fonte metabólica de combustível, e comumente para produzir menos de 5% das necessidades energéticas. O uso de proteína como fonte de combustível geralmente ocorre quando o corpo está fisicamente estressado por jejum, outras medidas alimentares ou tem níveis extremamente baixos de estoques de gordura e glicogênio. Quando a proteína é usada como uma fonte de combustível, é convertida em glicose por meio de um processo chamado **gliconeogênese**. Um subproduto desse processo é o nitrogênio, que é convertido em ureia e excretado pelos rins. Depois que os aminoácidos são convertidos em glicose, seguem o mesmo caminho no ciclo de Krebs e no sistema de transporte de elétrons assim como a glicose. Se o corpo tem que converter um excesso de aminoácidos em glicose, a consequente remoção de nitrogênio/ureia pode ser estressante para os rins. Os estoques dos rins, fígado e músculo podem ser comprometidos como resultado de uma dieta de alta quantidade de proteína ou baixa quantidade de carboidrato.

$$Glicogênio \rightarrow Ácido\ láctico + Energia$$
$$Energia + 3\ ADPs + 3\ PO \rightarrow 3\ ATPs$$

Figura 4.6 Sistema glicolítico.

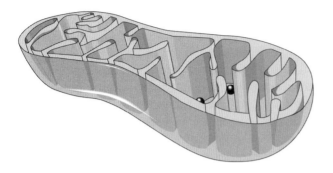

Figura 4.7 Mitocôndria.

Em resumo, o sistema metabólico aeróbio requer grandes quantidades de oxigênio para converter glicogênio para 39 ATPs e ácidos graxos para 130 ATPs. O ácido graxo ou o glicogênio são quebrados e preparados para o ciclo de Krebs e o sistema de transporte de elétrons, tendo como resultado dióxido de carbono, água, calor e energia. O dióxido de carbono é expirado, a água e o calor são eliminados por meio de evaporação e radiação, e a energia é usada na segunda parte da reação acoplada para sintetizar ATP.

Como esses sistemas trabalham juntos para suprir as necessidades energéticas do corpo

Como previamente estabelecido, sistemas energéticos específicos são ativados em resposta a tipos específicos de exercício ou atividade. Em momentos de baixa demanda de energia ou inatividade física, substratos armazenados como lipídios ou glicogênios são usados para suprir a demanda energética do corpo. Durante o repouso, grande parte da demanda energética é suprida pelo sistema oxidativo, que recebe oxigênio por meio do processo normal de respiração. Demandas mais altas estimulam o sistema cardiorrespiratório a prover mais oxigênio à mitocôndria na célula muscular para ser usado na produção de energia aeróbia. É importante entender que um sistema não é desativado enquanto outro sistema é ativado. Todos os sistemas funcionam a todo momento (Fig. 4.10). Quais sistemas estão sendo usados e em que grau é controlado e regulado por hormônios. Hormônios liberados durante o exercício e o repouso são responsáveis por alterações na taxa de produção de energia e parcialmente responsáveis pela seleção das fontes de combustível usadas.

Tecido muscular esquelético

Agora que você sabe de onde vem a energia necessária para as contrações musculares, pode ser útil saber como o ATP é convertido em energia mecânica. Para entender isso, primeiro é necessário saber um pouco sobre o tecido muscular e como ele contrai. Esse também é um processo complicado e o instrutor de condicionamento físico precisa saber apenas o básico.

Teoria do filamento deslizante

Os músculos consistem de feixes de fibras feitos de feixes de **miofibrilas** (Fig. 4.11), compostas de filamentos proteicos. Os filamentos proteicos consistem em um filamento grosso chamado **miosina** e de um fino chamado **actina**. Cada agrupamento ou unidade funcional é chamado de **sarcômero** (Fig. 4.12a). Há pontes cruzadas de proteína entre esses dois filamentos. Na presença de cer-

---

(Oxigênio) (Dióxido de carbono) (Água)

Glicogênio + 6 O_2 → 6 CO_2 + 6 H_2O + Energia

Energia + 39 ADPs + 39 PO → 39 ATPs

Figura 4.8 Sistema oxidativo ao usar glicogênio como fonte de combustível.

(Oxigênio) (Dióxido de carbono) (Água)

Ácido graxo + 23 O_2 → 16 CO_2 + 16 H_2O + Energia

Energia + 130 ADPs + 130 PO → 130 ATPs

Figura 4.9 Sistema oxidativo ao usar ácido graxo como fonte de combustível.

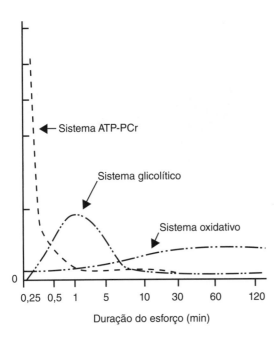

Figura 4.10 Como os sistemas metabólicos trabalham juntos.

tas vitaminas, minerais, enzimas e, é claro, ATP, as finas fibras de actina deslizam sobre essas pontes cruzadas e encurtam ou contraem a fibra muscular (Fig. 4.12b). Essas bandas de actina e miosina não mudam em comprimento para causar a contração muscular, e, em vez disso, deslizam coletivamente umas sobre as outras por meio das pontes cruzadas (Fig. 4.12c-d).

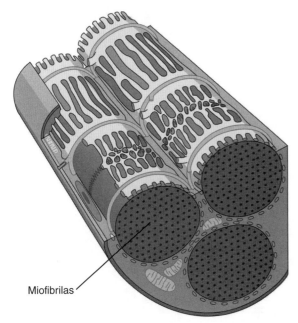

Figura 4.11 Tecido muscular.

Fibras musculares são inervadas por células nervosas especializadas chamadas de **motoneurônios**, que se originam da medula e do cérebro. Essa conexão nervosa do cérebro ao músculo oferece controle consciente do movimento ou contrações musculares voluntárias. Cada motoneurônio pode transmitir sinais a um número de miofibrilas. Uma **unidade motora** consiste de um motoneurônio e de todas as miofibrilas que ele estimula. Se um movimento muscular fino é requerido, seja nos olhos ou nas mãos, um motoneurônio pode apenas estar conectado com cinco miofibrilas ou menos. Em movimentos que requerem controle muscular grosso, um motoneurônio pode estar associado a cerca de 500 miofibrilas. Essas unidades motoras seguem o **princípio do tudo ou nada**, que estabelece que, ou todas as fibras musculares em uma unidade motora se contraem, ou então nenhuma se contrai. Embora as fibras dentro de uma unidade motora não ajam de forma independente, isso permite a contração parcial de um músculo por meio da estimulação de apenas uma parte das unidades motoras dentro daquele músculo. A quantidade de tensão criada dentro do músculo depende do número de unidades motoras (motoneurônio e suas fibras) estimuladas a se encurtar ou contrair.

Tipos de fibras musculares esqueléticas

A duração da contração de vários músculos depende de sua função no corpo. Os movimentos dos olhos devem ser rápidos, de modo que a duração da contração dos músculos oculares seja menor do que 1/100 de segundo. O músculo gastrocnêmio na perna não depende de movimento rápido para funcionar adequadamente. Dessa forma, a duração da contração desse músculo é de mais ou menos 1/30 de segundo. Músculos de **contração rápida** são feitos principalmente de "músculo branco" ou fibras musculares de contração rápida. Músculos de contração lenta são feitos principalmente de "músculos vermelhos" ou fibras musculares de **contração lenta**. Fibras musculares de contração lenta demoram a entrar em fadiga e são projetadas para exercício submáximo prolongado. São de cor vermelha porque contêm mais mitocôndrias, mioglobina e armazenam mais gordura para a produção de energia aeróbia (como carne escura em galinha). Os músculos de contração rápida, por outro lado, são especializados em contrações de alta intensidade e, assim, entram em fadiga mais prontamente. Eles dependem mais da produção de energia anaeróbia, contêm menos mitocôndrias e mioglobina e são mais esbranquiçados em aparência.

Não sabemos o quanto do tipo de fibra muscular predominante é geneticamente predeterminado em huma-

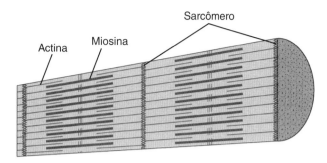

Figura 4.12a Sarcômero.

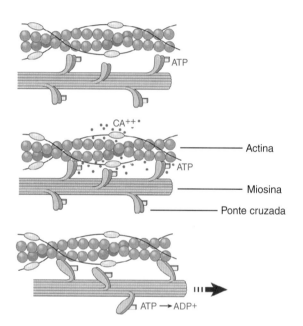

Figura 4.12b Pontes cruzadas de actina-miosina.

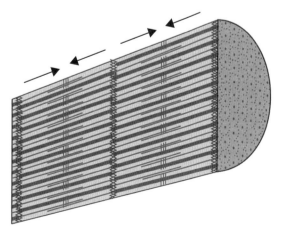

Figura 4.12c Teoria do filamento deslizante.

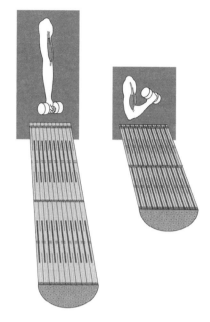

Figura 4.12d Contração muscular.

nos. Há diversas variações das fibras musculares de contração rápida (IIa, IIb e IIc), e também é possível que fibras sejam capazes de assumir as características de outro tipo em resposta ao treinamento aeróbio ou anaeróbio (Wilmore e Costill, 2001). Sabe-se que corredores de longa distância têm mais fibras de contração lenta de resistência e que velocistas têm mais fibras de contração rápida anaeróbias. Todos os músculos esqueléticos possuem ambos os tipos de fibras, mas o tipo de fibra muscular predominante em qualquer dado músculo esquelético depende de vários fatores, incluindo a função do músculo, genética e como o músculo tem sido treinado.

Tipos de contração/ação de músculos esqueléticos

O músculo esquelético pode gerar três tipos de ações musculares: **isotônica**, **isométrica** e **isocinética**.

Contrações isotônicas são ações nas quais o músculo se encurta e se alonga, e o movimento ocorre a partir da articulação. Elas causam ou controlam o movimento articular. A força gerada por essa contração muda conforme o comprimento do músculo e o ângulo da articulação. As ações isotônicas consistem em duas partes – o encurtamento, ou fase **concêntrica**, e o alongamento, ou fase **excêntrica**. A ação é concêntrica quando o músculo cria tensão enquanto se encurta ou contrai (p. ex., levantamento de um peso contra a resistência da gravidade na rosca de punho). O abaixamento do peso auxiliado pela gravidade ou a retenção de tensão em um músculo que se alonga é considerado uma ação muscular excêntrica, e não uma contração, já que o músculo se alonga em vez de se encurtar, como diz o termo contração (Ostdiek e Bord, 1994). Geralmente, os termos "ação muscular" e "contração muscular" são usados de modo alternado. Em programas comuns de levantamento de peso, uma contração concêntrica é geralmente seguida de uma contração/ação muscular excêntrica. A parte excêntrica é chamada geralmente de trabalho negativo.

Ações musculares concêntricas e excêntricas são de particular interesse no ambiente aquático. A princípio, contrações concêntricas são usadas em hidroginástica porque a propriedade de arrasto da água fornece mais resistência do que a gravidade ou a flutuabilidade. Como estabelecido anteriormente, ambas as partes de um par muscular são trabalhadas concentricamente na água em oposição a um músculo sendo trabalhado concêntrica e excentricamente em terra (sob a força da gravidade). É um erro comum afirmar que as contrações excêntricas são significativamente melhores no ganho de força em um músculo. Uma pesquisa indicou que o treinamento excêntrico não resulta em maiores ganhos em força isométrica, concêntrica e excêntrica do que o treinamento normal de resistência com halteres (Fleck e Kraemer, 2003). A água pode não ser o ambiente ótimo para a obtenção de força muscular máxima (seu maior potencial de força) ou hipertrofia (massa muscular), mas a pesquisa indicou com clareza que ganhos de força certamente podem ser alcançados por meio de treinamento aquático. É incerto se a ausência de ações musculares excêntricas em exercícios de resistência de arrasto na água afeta a magnitude dos ganhos de força. Ações excêntricas podem ser introduzidas para promover variedade por meio do uso de equipamento flutuante, com peso e emborrachado. Uma coisa é certa: ações musculares excêntricas provocam níveis mais altos de dor muscular.

Ações musculares isométricas ocorrem quando a tensão é desenvolvida no músculo sem movimento a partir da articulação ou uma mudança no comprimento do músculo. Em uma ação isométrica, a tensão permanece constante porque o comprimento do músculo não muda. Um exemplo de ação isométrica é segurar uma alavanca na posição para baixo, ou tentar mover um objeto fixo, como pressionar um batente de porta. Em virtude de não haver envolvimento de movimento, essa ação muscular geralmente é chamada de contração estática.

Ações musculares isocinéticas são, de certa forma, uma combinação de contrações isométricas e isotônicas. Por causa disso, alguns consideram as ações musculares isocinéticas como uma "técnica" em oposição a outro tipo de contração muscular (Thompson e Floyd, 2000). Uma ação muscular isocinética é uma ação dinâmica mantida em velocidade constante que é independente da quantidade de força muscular gerada pelos músculos envolvidos. Assim, com as ações isocinéticas, a velocidade de encurtamento e alongamento é constante. Ações isocinéticas não são executadas em hidroginástica porque isso requer equipamento muito especializado e caro. O equipamento isocinético é usado principalmente em fisioterapia e em locais de treinamento de atletas.

Respostas ao exercício aeróbio

Exercício aeróbio prolongado, como uma aula aeróbia aquática, provocam certas respostas fisiológicas dentro do corpo. Ao começar a se exercitar, uma demanda imediata por mais oxigênio é colocada no corpo. Infelizmente, o corpo não pode fornecer de imediato quantidades aumentadas de oxigênio ao músculo em trabalho. Leva tempo para transportar o oxigênio do ar pelos sistemas respiratório e vascular até a mitocôndria na célula muscular. Esse momento de suprimento de oxigênio inadequado é chamado de **déficit de oxigênio**, e o ATP é sintetizado principalmente pelo sistema anaeróbio com o acúmulo de ácido láctico na célula muscular. Eventualmente, o corpo é capaz de fornecer o oxigênio necessário para o exercício, e o fornecimento dele equivale à sua demanda. Isso se chama **exercício em estado de equilíbrio**. Ao finalizar o exercício, o fornecimento de oxigênio excede a demanda. Suas frequências cardíaca e respiratória não só caem imediatamente, mas o fazem de modo gradual com o passar do tempo. Esse momento de excesso de suprimento de oxigênio é chamado de **débito de oxigênio** ou **excesso de consumo de oxigênio pós-exercício (EPOC)**. Durante esse tempo, oxigênio extra é necessário para converter os resíduos, como o ácido láctico, para serem removidos do tecido muscular (Fig. 4.13).

Em exercício anaeróbio ou de intensidade muito alta, o corpo nunca atinge o estado de equilíbrio porque o fornecimento de oxigênio nunca alcança a demanda (Fig. 4.14). Nesse tipo de exercício, os fosfagênios são esgotados, o sistema respiratório sofre, o ácido láctico aumenta e o músculo entra em fadiga.

É importante assegurar que seus alunos não trabalhem em um nível de intensidade muito alto ou em níveis anaeróbios ao tentarem fazer um treinamento aeróbio. É preciso entender os métodos de alteração de intensidade e orientar cada aluno a trabalhar para atingir e manter o estado de equilíbrio aeróbio. A maioria dos alunos faz treinamentos aeróbios para melhorar a saúde e queimar calorias, a não ser que estejam treinando para um evento em particular.

A porção EPOC de um programa de exercício é geralmente chamada de recuperação, fase em que os estoques

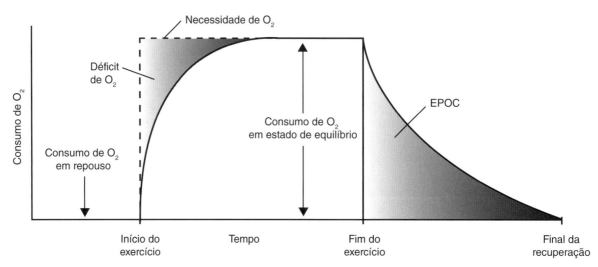

Figura 4.13 Exercício aeróbio em estado de equilíbrio.

de ATP, PCr e glicogênio são novamente completados, a gordura é reposta indiretamente por meio da reposição de glicogênio e o ácido láctico acumulado durante o exercício é removido. A reposição dos estoques energéticos e a remoção de ácido láctico requerem ATP. O oxigênio consumido durante a fase de recuperação (EPOC) supre a energia de ATP imediata necessária durante a recuperação. A restauração de ATP e PCr leva apenas alguns minutos, já a de glicogênio no músculo e no fígado pode levar um dia ou mais. Exercício leve e alongamento durante a fase de recuperação (recuperação ativa) facilitam a remoção de ácido láctico.

O estado fisiológico do corpo durante a recuperação dá suporte à necessidade de relaxamento adequado e alongamento após uma sessão de exercício, além de apoiar a importância de repouso em um programa de exercício para evitar fadiga crônica e dor muscular. Isso explica por que o consumo calórico, ou metabolismo, permanece elevado por um período após o exercício. Altos níveis de carboidratos pós-exercício não são necessários para repor os estoques de glicogênio. Geralmente, na ausência de carboidratos prontamente disponíveis, os estoques de gordura são usados para repor os estoques de glicogênio.

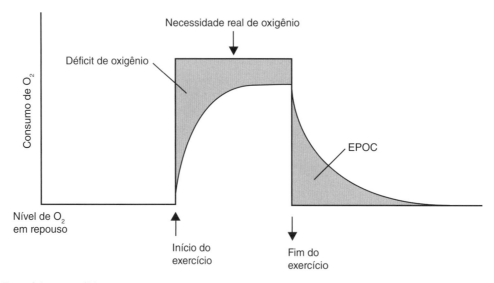

Figura 4.14 Exercício anaeróbio.

Capítulo 4 Fisiologia do exercício **81**

Resumo

1. Seis princípios fisiológicos governam a resposta do corpo ao exercício. Esses princípios são sobrecarga, sobrecarga progressiva, adaptação, especificidade, variabilidade e reversibilidade.

2. O sistema musculoesquelético requer simetria a respeito de flexibilidade e força. Equilíbrio muscular deve ser uma consideração principal em qualquer programa de exercício para atingir de forma segura níveis ótimos de condicionamento físico.

3. O corpo usa três sistemas energéticos para sintetizar ATP para as contrações musculares. Para energia imediata (até 8 a 10 segundos), o sistema ATP-PCr é usado em primeiro lugar. Para energia imediata (de 10 segundos a 2 minutos), o sistema glicolítico ou a glicólise anaeróbia é usada principalmente. Para energia de longa duração, o sistema oxidativo fornece a maioria dos ATPs necessários.

4. A energia química do ATP é usada para executar o trabalho mecânico das contrações musculares. Os músculos contraem através da teoria do filamento deslizante.

5. Dois tipos básicos de fibras musculares são encontrados no músculo esquelético: fibras musculares de contração rápida (ou brancas) usadas para exercícios intensos ou de explosão, e as fibras musculares de contração lenta (ou vermelhas) usadas para exercícios de intensidade moderada e de longa duração.

6. Há três tipos básicos de ações musculares: ações isotônicas consistem em ações musculares concêntricas e excêntricas, ações isométricas são aquelas em que a tensão é desenvolvida sem movimento e ações isocinéticas requerem equipamento especializado.

7. As respostas ao exercício aeróbio incluem déficit de oxigênio, estado de equilíbrio e EPOC. No exercício anaeróbio, o corpo nunca alcança o estado de equilíbrio. A recuperação do exercício é o momento em que os estoques de energia são repostos e o ácido láctico e outros resíduos são removidos.

Questões para revisão

1. _____ estabelece que você treine apenas a parte do sistema ou do corpo que é sobrecarregada.

2. Nomeie três pares musculares no corpo.

3. Que sistema metabólico produz a maior quantidade de ATP para o músculo em trabalho?

4. A proteína é quebrada em _____.

5. Defina o princípio do tudo ou nada.

6. Que tipo de tecido muscular está mais bem adaptado para atividades de resistência?

7. Ações musculares concêntricas e excêntricas são parte de uma contração muscular _____.

8. Ao iniciar o exercício, o tempo de suprimento inadequado de oxigênio é chamado de _____.

9. Há uma dada sobrecarga que deve ser excedida para que sejam vistas melhoras no condicionamento físico. Isso se chama _____.

10. Nomeie três tipos de ações musculares que o músculo esquelético pode gerar.

Ver as respostas a estas questões no Apêndice C.

Bibliografia

American Council on Exercise. 2000. *Group fitness instructor manual*. San Diego: American Council on Exercise.

American Council on Exercise. 2003. *Personal trainer manual*. 3rd edition. San Diego: American Council on Exercise.

Fleck, S., and W. Kraemer. 2003. *Designing resistance training programs*. 3rd edition. Champaign, IL. Human Kinetics.

Ostdiek, V., and D. Bord. 1994. *Inquiry into physics*. 3rd edition. St. Paul, MN: West Publishing Company.

Thompson, C., and R. Floyd. 2000. *Manual of structural kinesiology*. 14th edition. New York: McGraw-Hill Publishers.

Tortora, G., and S. Grabowski. 2002. *Principles of anatomy and physiology*. 10th edition. Indianapolis: Wiley Publishing, Inc.

Van Roden, J., and L. Gladwin. 2002. *Fitness: Theory & practice*. 4th edition. Sherman Oaks, CA: Aerobic & Fitness Association of America.

Wilmore, J., and D. Costill. 2001. *Physiology of sport and exercise*. 3rd edition. Champaig, IL: Human Kinetics.

capítulo 5

O ambiente aquático

Introdução

Os profissionais da área de exercício enfrentam muitos desafios em suas tentativas de oferecer um bom programa para os seus alunos. O profissional de condicionamento físico aquático se depara com os componentes adicionais relacionados ao trabalho nesse tipo de ambiente. Temperatura da água, resistência da água, considerações estruturais da piscina, produtos químicos da piscina, fatores acústicos e risco de choque elétrico se tornam preocupações adicionais. O instrutor de condicionamento físico aquático precisa aprender a gerenciar o ambiente aquático, assim como faz com suas aulas.

Conceitos fundamentais

- Quais são os principais meios pelos quais o corpo dissipa o calor no exercício aquático?

- Como evitar que os alunos sintam frio ao entrar na piscina e durante o alongamento?

- Quais são as faixas de temperatura ideais para os vários formatos de programa de exercício aquático?

- Como você pode superar dificuldades ambientais na piscina para melhorar a qualidade da aula de hidroginástica e manter a segurança dos alunos?

A imersão em meio aquático

Embora a temperatura do ar e a umidade também influenciem os parâmetros fisiológicos do exercício e o conforto dos que praticam essa atividade física, a água por si tem um impacto mais direto. Uma variável principal é comum a toda pesquisa em condicionamento físico aquático: imersão do corpo na água. Pesquisas indicam que a imersão na água tem um impacto direto nas respostas fisiológica, psicológica e emocional. (A informação que se segue está compilada nos dados de pesquisa em condicionamento físico aquático da Aquatic Exercise Association, que é gerenciada pelo AEA Research Committee.)

Estudos sobre imersão datam de 1938 e continuam até o presente, e baseiam-se em duas categorias gerais: imersão da face (como em natação ou exercício horizontal) e sem imersão da face (como em exercício vertical na água). Neste manual, a imersão sem a face é a preocupação principal. Muitas das respostas fisiológicas à imersão na água são aceitas na pesquisa:

- alterações na circulação, no volume sanguíneo e no coração;

- redução de ambas as frequências cardíacas do corpo em repouso e em exercício;

- alterações na regulação térmica e mudanças na temperatura central do corpo, com dissipação de calor principalmente por condução e convecção;

- impacto sobre a resposta renal, decorrente da diurese e de um aumento do fluido sanguíneo;

- respostas do sistema endócrino;

- a pressão hidrostática influencia na superfície e nos órgãos internos do corpo;

- a redução do peso hidrostático com redução de tensão nas articulações;

- descompressão da coluna em piscina funda;

- redução de inchaço nas extremidades, especialmente nas pernas e nos tornozelos;

- benefícios fisiológicos e anatômicos em alunas pré-natais;

- efeitos sobre o transporte de oxigênio e seu consumo;

- ajustes musculoesqueléticos para realizar movimento em um ambiente mais viscoso, incluindo um aumento no esforço muscular, no tipo de contração muscular e na quantificação do esforço percebido;

- mudanças biomecânicas em padrões de movimento;

- mudanças na função pulmonar, distribuição sanguínea pulmonar, carga adicionada aos músculos respiratórios;

- facilitação da recuperação do exercício executado na água do executado em terra.

A água é um ambiente muito complexo, que oferece numerosos benefícios como um exercício intermediário. As respostas fisiológicas à imersão na água são afetadas pelos seguintes fatores:

- temperatura da água;

- profundidade da água;

- composição corporal;

- intensidade do exercício (repouso, exercício submáximo ou máximo);

- imersão temporária da cabeça e da face;

- fatores individuais do aluno (idade, gênero, doença e assim por diante).

Como a pesquisa continua a ser conduzida no ambiente aquático, expandimos nosso entendimento sobre as condições ótimas para o exercício aquático seguro e eficiente. Está claro que nem todo programa tem as mesmas exigências ambientais. Por exemplo, a ioga baseada em ambiente aquático exigirá temperaturas da água mais aquecidas para efeitos fisiológicos ótimos, conforto físico e fisiológico e segurança quando comparada a um programa envolvendo exercício cardiorrespiratório intenso.

Conhecimento adequado do ambiente aquático é essencial para a sua eficiência como profissional de condicionamento físico aquático. Ao estudar como o corpo se move na água e os efeitos fisiológicos e psicológicos da imersão na água, assim como as recomendações e diretrizes da aplicação baseada em pesquisa, você influenciará positivamente a qualidade da experiência de exercício de seus alunos.

Dissipação de calor no ambiente aquático

A água esfria o corpo mais rápido do que o ar. Pelo fato de os alunos estarem cercados por água, a maioria não vivencia os efeitos negativos do calor quando estão se exercitando vigorosamente na piscina. O calor, um subproduto do metabolismo, é eliminado pelo corpo por meio da **radiação** (perda de calor através da vasodilatação dos vasos superficiais), **evaporação** (evaporação de suor pela pele, esfriando o corpo) e, na água, principalmente por **condução** (a transferência de calor para a substância ou o objeto em contato com o corpo) e **convecção** (a transferência de calor pelo movimento de um líquido ou gás entre áreas de diferentes temperaturas). Em terra, assim como na água, uma grande quantidade de calor é dissipada e irradiada da cabeça. A restrição da dissipação de calor (p. ex., pelo uso de toucas) pode levar ao mal-estar relacionado ao calor (Cap. 12). O corpo ainda pode dissipar calor na água por meio da vasodilatação periférica e da sudorese. Na maioria dos programas de condicionamento físico aquático, a temperatura da água está bem abaixo da temperatura normal do corpo. Por causa da água mais fria que circunda o corpo, a dissipação de calor através de condução e convecção é facilitada.

Sentir frio pode ser um problema para alguns alunos por causa dos efeitos de resfriamento facilitados pela água. Vários produtos (p. ex., roupas de neoprene e camisetas de *lycra* de manga comprida) estão no mercado para ajudar a conservar a temperatura interna e o calor corporal. Os humanos têm sangue quente e temperatura corporal estável em cerca de 37°C. Quando o corpo é colocado na água abaixo dessa temperatura, ela retira calor do corpo. Os alunos podem estar confortáveis na água se gerarem calor corporal adicional, por exemplo por meio de exercício. Quando em terapias ou em outros programas em que o aluno não gera calor corporal suficiente pelo movimento, medidas adicionais devem ser tomadas para manter os alunos aquecidos se a temperatura da piscina não pode ser aumentada.

Ambientes aquáticos e temperaturas de piscina podem variar de um local para outro, assim como de um dia para outro. Instrutores de exercícios aquáticos precisam observar os alunos para ver se estão sobreaquecendo ou sentindo frio e ajustar o programa e a intensidade de exercício de acordo com isso.

Temperatura da água

A temperatura da água variando entre 28 e 30°C é a mais confortável para os programas típicos de condicionamento físico aquático. Essa faixa de temperatura é considerada tépida e permite ao corpo reagir e responder normalmente à demanda do exercício e ao aumento de temperatura corporal que o acompanha. Os benefícios do resfriamento ainda são sentidos quando o calor corporal sobe com a atividade vigorosa. Há um pequeno risco de sobreaquecimento. Por essa razão, a Aquatic Exercise Association recomenda essa faixa de temperatura de água para a maioria dos programas cardiorrespiratórios de intensidade moderada a intensa.

Na água fria, abaixo de 26°C, as respostas fisiológicas do corpo estão alteradas. Com uma temperatura de água mais fria, os ritmos metabólico e cardíaco se tornam mais lentos, assim como as funções circulatórias e a maioria dos fluidos corporais permanece na área do tronco para manter os órgãos essenciais aquecidos e em funcionamento. Se a circulação é reduzida nas extremidades, os músculos permanecem frios e inflexíveis, aumentando o risco de lesão. Isquemia (falta de oxigênio) ocorrerá nos músculos das extremidades por causa da redução de fluxo sanguíneo. Isso causa cãibra muscular, mais notadamente na região da panturrilha.

Note que a natação e outras formas de exercício sem impacto podem ser executadas em temperaturas levemente mais baixas. O efeito do impacto, como na hidroginástica *shallow-water*, parece levar à maior suscetibilidade a cãibras e resfriamento do corpo. Embora temperaturas de 22 a 25°C possam ser o limite aceitável para a natação, elas são geralmente muito frias para a maioria dos programas de exercício de impacto vertical e talvez levem à lesão.

Por outro lado, tentar alcançar os benefícios do condicionamento físico aquático em temperaturas de água perto ou acima dos 32°C também pode ser prejudicial. Essa temperatura é muito quente para programas de exercício moderado a vigoroso que geram quantidades significativas de calor corporal. Calor interno aumentado, ritmos cardíaco e metabólico aumentados e circulação e distribuição de fluidos maiores resultam de exercício aeróbio vigoroso. Se a água está muito quente, o sobreaquecimento pode acontecer. A dissipação de calor é prejudicada e o corpo, resfriado ineficientemente. Essa temperatura é melhor para atividades do tipo terapêutico, como massagem aquática ou exercícios de amplitude de movimento e de flexibilidade/reabilitação para lesões musculoesqueléticas. Essa temperatura da água também funciona bem para programas aquáticos de *tai chi chuan*, *ai chi*, pilates, ioga, para artrite e alongamento. A Tabela 5.1 lista as temperaturas recomendadas para diversos programas.

Trabalhar em temperaturas da água entre 28 a 30°C permite ao corpo reagir naturalmente para alcançar os benefícios do condicionamento físico sem se preocupar com a conservação de calor ou o sobreaquecimento. Mudanças fisiológicas causadas pela temperatura da água são mínimas nesse intervalo, e o corpo pode estabilizar as temperaturas internas para um nível confortável.

Os alunos devem ser encorajados a começar movimentos de grandes músculos assim que entrarem na piscina para ajustar a mudança de temperatura do ar para a água. Eles também devem ser incentivados a manter algum tipo de movimento para gerar calor a maioria do tempo em que estão na água. Até mesmo pequenas pausas podem iniciar o processo de resfriamento. Se uma aula tradicional aeróbia está em curso, os alunos devem ser incentivados a manter algum tipo de movimento na parte de alongamento para evitar que a temperatura interna diminua. Por exemplo, durante o alongamento estático das extremidades inferiores, deve-se manter as extremidades superiores se movendo para gerar calor e vice-versa. A quantidade de movimento necessária para manter a temperatura central depende da temperatura da água e da composição corporal do aluno.

Programas de exercício vigoroso aquático que produzem significante calor corporal são mais adequados para temperaturas de água mais tépidas. Como discutido previamente, de 28 a 30°C é um intervalo de temperatura adequado para esse tipo de atividade. Programas que requerem movimentos lentos, controlados, como programas de força, tonificação ou alongamento, irão requerer temperaturas de água ligeiramente mais altas. Evite ministrar programas de exercício vigoroso em piscinas com temperaturas extremas acima de 32°C e tenha cuidado com as abaixo de 27°C.

Muitos locais agora têm ambas as piscinas, uma aquecida para terapia e uma para condicionamento físico, o que torna o programa simples no que diz respeito à temperatura da água. Esses locais podem oferecer diversos programas na temperatura da água adequada. Geralmente, os gerenciadores de piscina com apenas uma piscina escolherão uma temperatura média que possa ser usada por muitos tipos de programa. Piscinas multiuso custam mais para operar efetivamente e, assim, ajustes na temperatura da água sugerida são geralmente requeridos para acomodar uma maior variedade de programas. Por exemplo, uma temperatura da água de 29,1°C será aceitável para programas vigorosos como natação e hidroginástica em piscina rasa ou funda. Ela ainda pode ser aceitável para programas terapêuticos e para artrite se os alunos usarem coletes que mantenham o calor corporal. Uma temperatura média irá aumentar as opções de programa que irão, por outro lado, aumentar o uso e o rendimento da piscina. Códigos do departamento de saúde local devem ser consultados antes de ajustar as temperaturas da água, já que isso pode afetar as faixas que são aceitáveis e até alterar a classificação de uso da piscina.

Tabela 5.1 Temperatura recomendada da água/padrões e diretrizes para programas de condicionamento físico aquático da Aquatic Exercise Association

Natação competitiva	25,6–27,8°C*
Treinamento de resistência	28,3–30°C (intervalo mínimo)
Terapia e reabilitação	32,2–35°C** (programa de baixa função – temperaturas mais baixas podem ser mais apropriadas para programas de intensidade mais alta e populações específicas)
Esclerose múltipla	26,7–28,9°C
Doença de Parkinson	32,2–33,3°C**** (temperatura ideal)
Gravidez	28,3–29,4°C
Artrite	28,3–32,2°C***
Idosos	28,3–30°C (intensidade moderada a alta) 30–31,1°C (baixa intensidade)
Crianças, condicionamento físico	28,3–30°C
Crianças, aulas de natação	28,9°C ou +* (varia com idade, duração da aula e programa; para aprender a nadar, o mais adequado é 28,9–31,7°C, quando disponível)
Programas infantis (4 anos ou menos)	32,2–33,9°C*
Obesos	26,5–30°C

*USA Swimming.

**Aquatic Therapy & Rehab Institute (ATRI).

***Arthritis Foundation.

****American Parkinson Disease Association (APDA).

Encoraje os alunos a escutarem seus corpos. Se estiverem muito aquecidos, diminua o ritmo; se estiverem com frio, aumente a atividade ou os níveis de intensidade. Cada corpo é diferente e, portanto, responderá diferentemente ao exercício aquático. Incentive os alunos a encontrarem seu melhor nível de conforto, não importa qual seja a temperatura da água.

Algumas diretrizes gerais para temperaturas da água são listadas na Tabela 5.1, mas tenha em mente que variações nessas recomendações geralmente são necessárias. Faça ajustes no vestuário e no programa para ter certeza da segurança do aluno. Também populações especializadas não listadas podem exigir temperaturas de água específicas para um programa eficiente e seguro.

Umidade e temperatura do ar

Temperatura do ar e níveis de umidade ideais não são facilmente determinados, já que muitos fatores devem ser considerados. A recomendação geral para a temperatura do ar de piscina coberta é o intervalo de 24 a 29,5°C; a temperatura do ar não deve exceder 29,5°C para o conforto dos profissionais trabalhando no *deck*. A recomendação geral para a umidade do ar para piscina coberta é o intervalo de 50 a 60%; menos que 50% de umidade relativa pode causar efeito de resfriamento nos alunos ao saírem da piscina.

A temperatura do ar e a umidade afetam ambos, os alunos dentro da piscina e os profissionais da área trabalhando no *deck*. O programa deve ser ajustado a todas as condições ambientais, inclusive temperatura do ar e umidade, para proporcionar opções seguras de treinamento para os alunos na piscina. Profissionais da área trabalhando no *deck* também devem levar em conta essas condições. Quando está no *deck*, o instrutor deve tomar cuidado para evitar o sobreaquecimento e a desidratação; beber água em abundância e esfriar o corpo por imersão ou mergulho; incorporar uma variedade de técnicas de orientação para evitar esforço excessivo. Demonstração de movimentos de perna com o uso de uma cadeira ou de um banco no *deck* para evitar impacto pode ajudar a proteger o instrutor de lesões musculoesqueléticas e de sobreaquecimento.

A temperatura e a umidade do ar também podem afetar a operação e manutenção de piscinas cobertas, assim como a determinação do tamanho do sistema de desumidificação e o controle de qualidade da água. Se você dá aulas em uma piscina externa, seu desafio será enfrentar condições ambientais imprevisíveis influenciadas pelo vento, umidade e luz solar direta. Altas temperaturas e exposição solar total contribuem para o aquecimento excessivo dos alunos e, até de forma mais direta, o instrutor no *deck*. Altos níveis de umidade do ar podem tornar as condições mais extremas. Temperaturas do ar frias, especialmente combinadas com vento, podem contribuir para o resfriamento do instrutor e do aluno, até mesmo se a água está quente. Quando a temperatura do ar está fria, o instrutor deve orientar os alunos a manter sua cabeça seca e a usar roupas apropriadas, como um colete ou uma jaqueta de neoprene. Além disso, evite sair da piscina para o *deck* durante a aula; o resfriamento será mais evidente se ficar com a roupa molhada enquanto estiver no *deck*. Um instrutor deve permanecer flexível e versátil para proporcionar um programa que funcione com as condições ambientais variantes.

Resistência da água

A viscosidade e a resistência da água representam um desafio único aos instrutores em programas de hidroginástica. Um entendimento completo das propriedades da água é muito importante para a elaboração de um programa seguro e eficiente. Um capítulo inteiro é dedicado a esse assunto. Para informações adicionais sobre a resistência da água, ver o Capítulo 6.

Considerações sobre a piscina

Há piscinas de muitas formas, tamanhos e profundidades. A profundidade da água, o declive da piscina, suas valetas e sua superfície do fundo podem criar considerações programáticas adicionais para os exercícios aquáticos.

Como instrutor, é considerada sua responsabilidade checar cuidadosamente a área da piscina antes da aula. Informe aos alunos sobre quaisquer problemas ou preocupações que possam resultar em lesão. Obviamente, a segurança é o mais importante. Chegar pelo menos 10 minutos antes da aula para conduzir uma rápida checagem de segurança é um tempo bem gasto.

Os riscos da piscina devem ser bem registrados por escrito e encaminhados ao gerente ou ao operador da piscina. Sempre documente quaisquer lesões também por escrito, utilizando um formulário de ocorrência de lesão (ver Cap. 16), e pegue o nome de uma testemunha. Se os riscos não forem eliminados, uma reclamação adicional deve ser preenchida. Se os responsáveis pelo local não corrigirem o problema, guarde suas reclamações registradas em seus arquivos e trabalhe o mais longe do risco, se possível. Se não for possível trabalhar de forma segura, talvez não seja aconselhável dar aulas naquele local, até que o problema seja corrigido.

Profundidade da piscina e declive

Algumas piscinas, como as em curva, variam pouco em profundidade. Outras piscinas podem começar em 1 m de profundidade e terminar em 3,05 m ou mais. Piscinas em curva limitam o programa de exercício de piscina rasa com uma profundidade máxima geralmente de 1,4 m. Nessa profundidade, programas aeróbios, de caminhada ou *jogging* aquático, *step* aquático, de força, de tonificação e alongamento, todos de piscina rasa, podem ser oferecidos. Uma parte da piscina com profundidade de 1 a 1,4 m é considerada ideal e irá acomodar a maioria dos praticantes em piscina rasa confortavelmente na profundidade recomendada na altura do tórax e da axila. Uma profundidade ligeiramente maior de 0,9 a 1,5 m assegurará que a maioria dos alunos possa participar de forma segura e confortável. Piscinas com profundidade de 2 m ou mais podem proporcionar condições ideais para exercício de piscina profunda (*deep-water exercises*).

Uma piscina com um ligeiro declive é ideal para acomodar alunos de várias alturas. Quase todas as piscinas têm algum nível de declive, o que é bom para os alunos praticarem para enfrentar diferentes direções enquanto se exercitam. Isso ajuda a compensar desequilíbrios musculoesqueléticos e de alinhamento que podem ocorrer por causa do trabalho em superfície inclinada. Se o declive da piscina é severo, programas em piscina rasa podem não ser viáveis. Uma inclinação muito íngreme pode causar deslizamento, base desnivelada, instabilidade de equipamento e alinhamento corporal ruim. Programas em piscina funda são independentes do declive da piscina.

A profundidade da água afeta o nível de impacto do aluno, o controle de movimento e o alinhamento corporal. Em programas em piscina rasa, em profundidades no nível da cintura ou abaixo, o impacto é aumentado, e a habilidade dos alunos em usar seus braços de forma efetiva na água é reduzida. Já o exercício executado em profundidade acima da axila compromete o controle de movimento e o alinhamento corporal. Em programas de exercícios *deep-water*, exercitar-se em piscina rasa pode afetar o alinhamento corporal e restringir os movimentos em virtude da possibilidade de tocar no fundo da piscina com os pés. A profundidade da piscina e o programa são abordados mais adiante em capítulos posteriores.

Como medida de segurança, informe aos alunos sobre a profundidade da piscina, mesmo quando marcada claramente nela ou no *deck*, assim que entrarem na área da piscina. Isso ajudará a prevenir que alguém que não saiba nadar vá para a parte mais funda e a diminuir o risco de um resgate indesejado.

Piso da piscina

Piscinas são construídas com muitos tipos de materiais, incluindo concreto, azulejo cerâmico, metal, vinil e plástico. O tipo de material usado para construir a piscina e o tipo de acabamento (pintado, recoberto etc.) determina a superfície do fundo da piscina. Ela é pouco preocupante para os praticantes de exercícios em piscina funda e para nadadores, mas pode afetar a qualidade do treino em piscina rasa. Se o piso da piscina for rugoso, os alunos poderão perder uma camada de pele das solas de seus pés. Se o piso da piscina for escorregadio, o apoio para mudar de direção ou elevar um movimento ficará muito difícil.

Usar calçados pode ser benéfico para alunos de condicionamento físico aquático. Eles proporcionam absorção extra de impacto, asseguram boa base, protegem a pele dos pés e fornecem peso e resistência adicionais. Seu uso melhora a qualidade do treino por permitir uma melhor base e controle do movimento nas mudanças de direção. Esse controle possibilita ao aluno usar as propriedades da água de forma mais eficiente. Calçados também proporcionam segurança aos alunos ao entrarem e saírem da piscina enquanto andam sobre o *deck* ou no ambiente circundante, que pode estar escorregadio.

Mesmo com a diminuição do impacto causado pelo efeito da flutuação, os alunos vivenciam algum grau dele em programas em piscina rasa. Os calçados ajudam com o estresse de impacto produzido por movimentos do tipo rebote por proporcionar um grau de amortecimento e apoio. Eles são benéficos para alunos que têm problemas ortopédicos ou para aqueles que precisam usar próteses mesmo enquanto se exercitam na piscina.

Impacto e fricção constantes podem ser prejudiciais para as solas dos pés, produzindo lesões, especialmente para alunos diabéticos ou indivíduos com pele delicada, problemas circulatórios ou distúrbios de pele. Os calçados ajudam a proteger a sola dos pés e a prevenir o contato com superfícies rugosas encontradas mais frequentemente em piscinas de concreto. O uso de calçados também ajuda a evitar escorregar ou pisar em um objeto estranho, como um brinco.

Todos os alunos de exercícios aquáticos em piscina rasa devem ser incentivados a usar algum tipo de calçado aquático para minimizar o risco de lesão dentro e fora da piscina e aumentar sua habilidade de trabalhar efetivamente na água (Fig. 5.1). Uma variedade de calçados está disponível no mercado com diversas faixas de preço. A maioria das lojas de calçados esportivos agora tem calçados para condicionamento físico aquático. Ajude os alunos de suas aulas a escolherem os calçados mais apropriados.

O AEA recomenda que todos os instrutores de condicionamento físico aquático usem calçados e um tapete antiderrapante enquanto ensinam a partir do *deck* (Fig. 5.2). O uso de calçados apropriados para esse tipo de ensino é vital para a segurança do instrutor. Se todas as suas aulas são dadas dessa maneira, ou seja, a partir do *deck*, use calçados esportivos apropriados para fornecer amortecimento e apoio. Se você dá aulas no *deck* e na água ou entra na água para esfriar, use um calçado apropriado para condicionamento físico aquático para minimizar o impacto e proporcionar o apoio necessário para ambos os ambientes.

Superfícies do *deck*

A maioria das superfícies do lado de fora da piscina é feita de materiais que não são resilientes por natureza. As superfícies do *deck* podem ser escorregadias, secas ou molhadas, e precauções de segurança devem ser tomadas. Novamente, usar calçados apropriados e tapete antiderrapante quando está dando aulas, além de instruir verbalmente e avisar aos alunos sobre os perigos, pode ajudar a reduzir o número de escorregões e quedas.

Valetas e escadas de piscina

As valetas da piscina podem afetar a forma como os alunos entram e saem da piscina e como seguram na sua borda; elas também proporcionam opções para vários exercícios de tonificação e alongamento. Esteja ciente do projeto e não force exercícios e posições que possam colocar os alunos em risco ao trabalharem ao longo da lateral da piscina; algumas piscinas têm declive no qual o fundo encontra a parede lateral, e você pode não ser capaz de ficar em pé ao lado da borda para fazer exercícios de tonificação. Por outro lado, aquele declive pode ser ótimo para fazer um alongamento pós-exercício da panturrilha.

Muitas piscinas agora têm rampas, acessos de entrada, elevadores de cadeira ou áreas rasas onde os alunos podem sair ou entrar na água, de acordo com o American with Disabilities Act. Algumas piscinas ainda requerem o uso de escadas para entrar e sair da água, e isso pode restringir o tipo de aluno que você pode acomodar na aula — alguns podem precisar de assistência ou podem não ser capazes de sair da piscina subindo a escada. Certifique-se de que a escada está bem presa, sem estar rachada ou quebrada, e não coloque os alunos da sua aula em risco. Alguns instrutores usam escadas para prender equipamento ou como uma estação para exercícios de tonificação em um circuito. Tenha certeza de que a área ao redor da escada está livre de riscos potenciais e que a entrada e a saída não estão restritas.

Figura 5.1 Calçados para condicionamento físico aquático oferecem muitos benefícios para os alunos dessa modalidade.

Figura 5.2 O uso de calçados e de um tapete antiderrapante contribui para uma instrução segura a partir do *deck*.

Qualidade da água

Piscinas públicas e privadas devem ser mantidas por um operador ou gerenciador de piscina credenciado por órgão habilitado estadual, nacional ou internacional. Esse profissional é treinado e licenciado para manter a segurança do público em um ambiente aquático. Para mais informações sobre as diretrizes apropriadas para a manutenção de piscinas e detalhes sobre como se tornar um operador de piscina e de *spa* certificado, consulte a National Swimming Pool Foundation (NSPF) no *site* www.nspf.org.[1]

As piscinas de natação variam em tamanho, forma e localização, mas basicamente todas funcionam da mesma maneira. Para proporcionar um ambiente seguro para os indivíduos, as piscinas requerem uma combinação de filtragem de água e tratamento químico para limpar continuamente um grande volume de água. São necessários sete componentes principais para uma piscina de natação típica:

- um grande reservatório para comportar a água e os banhistas;
- uma bomba motorizada para movimentar a água de um componente da piscina para outro;
- um filtro de água para limpar a água e remover os detritos;
- um alimentador químico para adicionar produtos químicos que desinfetem a água;
- ralos no reservatório e nas peneiras para alimentar o sistema de bombeamento (note que todos os ralos devem estar de acordo com os atuais códigos de prevenção de acidentes – Ato de Virginia Graham Baker, 2008)[2];
- vias de retorno da água que foi bombeada através dos sistemas de filtragem e desinfecção de volta para o reservatório;
- um sistema de encanamento para conectar todos esses elementos (Fig. 5.3).

---

1 N.E.: Para informações sobre manutenção de piscinas e demais orientações sobre o tema no Brasil, consultar o *Manual de orientações para fiscalização sanitária em estabelecimentos prestadores de atividade física e afins*, da Agência Nacional de Vigilância Sanitária (Anvisa), no site http://portal.anvisa.gov.br/wps/wcm/connect/d4afdf80474586a29016d43fbc4c6735/Academia+de+Ginastica.pdf?MOD=AJPERES.

2 N.E.: A NBR 10819 de 11/1989, da Associação Brasileira de Normas Técnicas (ABNT), estabelece as condições exigíveis para projeto e construção de casas de máquinas, vestiários e banheiros de piscinas. O *Manual de orientações para fiscalização sanitária em estabelecimentos prestadores de atividade física e afins*, da Anvisa, também orienta quanto às exigências brasileiras. Em http://portal.anvisa.gov.br/wps/wcm/connect/d4afdf80474586a29016d43fbc4c6735/Academia+de+Ginastica.pdf?MOD=AJPERES.

Sistemas de desinfecção de piscina são necessários para a saúde pública e por quatro razões:

- eliminam patógenos perigosos, como bactérias, que proliferam na água, o que reduz o potencial de disseminação de doença de banhista para banhista;
- equilibram a química da água para evitar danos às várias partes da piscina;
- equilibram a química da água para evitar irritação da pele e dos olhos do banhista;
- equilibram a química da água para mantê-la limpa.

O agente desinfetante mais popular usado nos sistemas de piscina é o **cloro**. Cloro é um composto químico instável, e deve-se tomar cuidado ao armazená-lo e usá-lo na área da piscina. Um desinfetante alternativo é o **brometo**, que funciona essencialmente do mesmo modo que o cloro, com resultados um pouco diferentes, embora não seja tão amplamente usado.

Às vezes, indivíduos reclamam sobre irritação na garganta e nos olhos, estragos na roupa, irritações de pele ou seus cabelos mudando de cor na piscina. Muitos fatores podem causar esses incidentes. Níveis de cloro incorretos em geral são suspeitos, mas, na verdade, eles não são normalmente os culpados. A seguir está uma lista dos fatores que podem levar à ocorrência desses incidentes:

- equilíbrio químico da água impróprio em relação à acidez e à alcalinidade (pH);
- vento e reflexo do sol;
- excesso de detritos ou turvação presente na água em decorrência de sistema de filtragem em mau funcionamento;
- falta de aderência da terra de diatomáceas ao septo do filtro — e, assim, ele não realiza a filtragem de forma apropriada;
- sujeira em cestos ou armadilhas de fiapo e cabelo;
- detritos assentados não aspirados;
- níveis altos de sólidos dissolvidos;
- tamanho de filtro impróprio para a quantidade de banhistas;
- circulação inadequada do sistema de filtragem;
- presença de óxidos de cobre na água;
- presença de cloraminas na água;
- manuseio impróprio dos produtos químicos de piscina;
- resíduo de loção em suspensão na água (p. ex., produtos oleosos de lanolina);

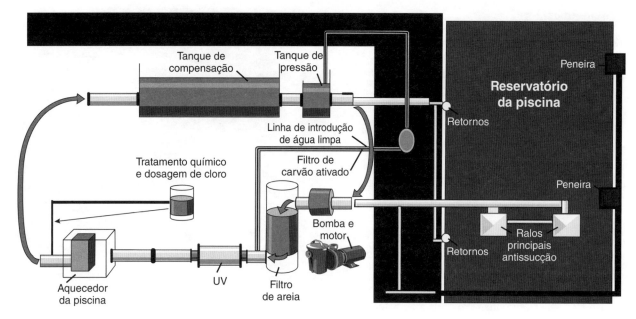

Figura 5.3 Componentes da piscina.

- resíduo de nitrogênio e amônia pelo uso impróprio de agentes de limpeza nos *boxes* dos chuveiros, vestiários e *decks* de piscina.

O grande irritante na água são geralmente as **cloraminas** (cloro disponível combinado), que são formadas quando o cloro livre na água se combina com outros elementos, como a amônia. Quando esses compostos são formados, a habilidade de matar bactérias é 100 vezes mais lenta do que com cloro livre disponível. As cloraminas causam irritação ocular, e o odor desagradável geralmente atribuído ao cloro.

O método mais amplamente aceito para remover (destruir) as cloraminas é o ultravioleta (UV), que também mata muitas cepas de bactérias. O UV não é um filtro, mas uma câmara de luz instalada na sala de filtragem da piscina. Há dois tipos de UV e muitos fabricantes. O dono ou operador da piscina deve pesquisar sobre a efetividade de vários sistemas antes de comprar uma unidade de UV.

Você deve também encontrar um sistema de desinfecção de piscina por ozonização, que permite que o ozônio aja como principal oxidante e desinfetante. O ozônio é dispensado na água da piscina antes do processo de injeção de cloro. O ozônio destrói muitos compostos orgânicos e microrganismos que, tipicamente, reagiriam com o cloro, resultando em uma redução da demanda de cloro total de sólidos dissolvidos. Essa demanda menor de cloro permite ao operador da piscina atingir a desinfecção da água com o mínimo de cloro residual, e a redução do total de sólidos dissolvidos melhora a limpidez da água. A redução de cloro minimiza a quantidade de gás de cloro que causa corrosão nos ambientes de piscina de natação. O ozônio também desintegra as cloraminas. Piscinas que usam ozônio ou um sistema de geração de sal de cloro, às vezes chamado de piscina salinizada, precisam ser monitoradas atentamente. É comum ter reclamação dos frequentadores sobre coceira na pele quando a água se torna desbalanceada.

Qualidade do ar

Temperatura do ar, níveis de umidade e circulação são questões importantes para instalações de piscina coberta e influenciam o conforto e a segurança dos empregados e alunos; assim, elas requerem monitoramento constante. Toda piscina coberta tem algum tipo de sistema de aquecimento, ventilação e ar-condicionado (AVAC). Esses sistemas são projetados para controlar a temperatura e o fluxo de ar e a umidade, mas não removerão os contaminantes do ar. Uma ventilação adequada é crítica para manter a umidade apropriada e remover vapores químicos da área da piscina. A qualidade do ar em piscina coberta deve ser monitorada de acordo com as diretrizes do departamento de saúde local, do estado e do país.

A doença pulmonar do guarda-vidas é afetada diretamente pelos cuidados com a qualidade do ar e a ventilação encontradas em piscinas cobertas, especialmente naquelas com dispositivos de pulverização de água; ver o Capítulo 12 para mais informação sobre esse problema.

Fatores acústicos

Muitas vezes, a acústica em áreas de piscina é ruim e pode alterar a qualidade da instrução. Geralmente, você compete com o eco dos tetos altos e paredes de concreto, assim como o barulho dos ventiladores, dos sistemas de filtragem, dos drenos, das aulas de natação, das festas de aniversário, da música e de outros indivíduos usando a mesma piscina. Pode ser muito difícil para o instrutor comunicar sinais e instruções. A acústica ruim pode causar frustração do aluno (ele pode não ouvir), assim como lesão de voz no instrutor. (A lesão de voz é discutida mais à frente no Cap. 12.)

Faça uma experiência com diferentes locais para ensino ao redor da piscina antes de começar sua aula. Em virtude da construção ou disposição, pode ser menos barulhento em uma área do que em outra, ou sua voz pode ser transmitida mais claramente a partir de alguns locais. Às vezes, os alunos ouvem melhor quando as instruções são dadas do *deck*; outras vezes, eles ouvem melhor quando você está dentro da piscina. Faça os ajustes necessários para reduzir a frustração por barulho adicional, mas não comprometa a segurança do aluno ou do instrutor.

Tire o melhor de sua situação ao aprender a usar efetivamente sinais de mão e braço e outras técnicas de linguagem não verbal. Sistemas de microfone estão disponíveis para uso no ambiente aquático; eles geralmente melhoram a qualidade da aula e reduzem o risco de lesão de voz para o instrutor (Fig. 5.4). Com a crescente popularidade do condicionamento físico aquático, muitas companhias têm projetado e fabricado sistemas de som e de *public address* (PA – sistemas de som com microfones, amplificadores e alto-falantes) para uso específico no ambiente aquático. Esses sistemas variam em custo e são um investimento compensador para instituições e instrutores.

Choque elétrico

Eletricidade e água da piscina podem ser uma mistura mortal. Muitos instrutores usam *boomboxes*, microfones, relógios de ritmo e outros dispositivos elétricos para apresentar as aulas de condicionamento físico aquático. Para minimizar o risco de choque ou eletrocução, os instrutores devem ser extremamente cuidadosos ao usar aparatos elétricos. Mantenha os dispositivos longe da piscina, a não ser que sejam aprovados para o uso na borda da piscina. Dispositivos aprovados serão duplamente isolados ou projetados para reduzir o risco de choque.

Tenha certeza de que, antes do uso, qualquer extensão elétrica, luz ou outra instalação elétrica esteja instalada e aterrada adequadamente. Não se arrisque com extensões

Figura 5.4 Microfones melhoram a instrução em ambientes de piscina.

defeituosas ou danificadas. Não use o dispositivo onde possa ser molhado. Assegure-se de que o fio elétrico e o dispositivo não serão imersos ou mergulhados e os coloque em uma mesa ou cadeira, fora do *deck* da piscina. Seque-se antes de tocar dispositivos elétricos, fios elétricos ou extensões. Use calçados com sola de borracha para prevenir queimaduras teciduais e interrupção em sinais cardíacos elétricos se levar um choque.

Muitos instrutores usam *boomboxes* à prova d'água, operados por bateria na área da piscina. Muitas instituições reconhecem o perigo e não permitem dispositivos elétricos na área da piscina. Baterias recarregáveis são usadas para reduzir o custo de reposição da bateria. Outros locais têm sistemas de som instalados longe da área da piscina, o que elimina o risco de choque e eletrocução.

Trovão e relâmpago

Outro risco potencial associado com choque elétrico envolve o relâmpago. O National Lightning Safety Institute (NLSI) recomenda os seguintes procedimentos de segurança para piscinas de natação:

1. Determine uma pessoa responsável como observador de segurança do clima. Use as previsões de tempo do rádio ou da TV para obter boa informação sobre as condições do tempo.

2. Quando o trovão ou relâmpago é percebido, use o método relâmpago-trovão para determinar, grosso modo, sua distância e velocidade. Essa técnica mede o tempo entre ver o relâmpago e escutar o trovão associado. Para cada cinco segundos entre o relâmpago e o trovão, o relâmpago está a aproximadamente 1,6 km de distância. Assim, um relâmpago-trovão de 10 segundos significa que o relâmpago está a aproximadamente 3,2 km de distância. Em qualquer contagem relâmpago-trovão de 30 segundos ou menos, a piscina deve ser evacuada e os alunos direcionados para um abrigo seguro nas proximidades.

3. As atividades na piscina devem permanecer suspensas até 30 minutos após se ouvir o último trovão. A distância do acerto A ao acerto B ao acerto C deve ser de mais ou menos 12,8 km de distância. E pode acertar muito além disso. Não arrisque com relâmpagos.

Embora não haja mortes registradas de pessoas causadas por relâmpagos em piscinas de natação cobertas, incidentes com raios envolvendo pessoas em prédios sem piscina são bem documentados. Há um conflito entre atividades em piscina coberta e segurança em relação a raios – fechar as operações da piscina, mesmo por um curto período, resulta em perda de lucro e outras questões de gerenciamento. O artigo "Quando o raio acerta", de Tom Griffiths e Matthew Griffith, direciona ainda mais o atual debate sobre a evacuação de piscinas de natação cobertas durante períodos de trovão ou relâmpago (Aquatics International, 2008). O National Electric Code exige que todos os prédios tenham um sistema de proteção completo contra raios e que sejam ligados e aterrados adequadamente.[3] De acordo com esse artigo, se o local estiver de acordo com a exigência do código, não seria necessário fechar uma piscina coberta durante períodos de trovão ou raio. O artigo continua com as seguintes recomendações:

---

3 N.E.: No Brasil, tal exigência se dá pela Lei n. 11.337, de 26 de julho de 2006 (www.planalto.gov.br/ccivil_03/_Ato2004-2006/2006/Lei/L11337.htm).

Lista de checagem de programa de condicionamento físico aquático

Em resumo, use os seguintes itens para escolher uma piscina para programas de condicionamento físico aquático.

☐ Os níveis de temperatura da água e do ar da piscina estarão apropriados para os tipos de programas que você deseja ministrar?

☐ Os níveis de temperatura e umidade irão permitir que você dê aulas e faça demonstrações a partir do *deck* de forma segura?

☐ Há espaço suficiente na profundidade apropriada para acomodar um grupo de alunos razoavelmente grande?

☐ Qual seria o número máximo de alunos para suas aulas, baseado na avaliação de espaço dentro do recomendado para a profundidade da água? (Deixe aproximadamente 1,2 × 2,4 m ou 9,8 m² de espaço por aluno para programas em piscina rasa e 9,8 a 11 m² por aluno em piscina funda.)

☐ O fundo e o declive da piscina são apropriados para o tipo de aula que você deseja ministrar?

☐ Há espaço suficiente para você ensinar e demonstrar a partir do *deck*?

☐ O público-alvo de sua aula será capaz de entrar e sair da piscina de forma segura?

☐ As valetas e bordas da piscina limitarão o tipo de programa que você planeja conduzir?

☐ O *deck* da piscina é mantido limpo e livre de riscos?

☐ Os produtos químicos da piscina são monitorados apropriadamente e mantidos de acordo com o comitê local de saúde e os padrões estaduais?

☐ A área da piscina é ventilada apropriadamente?

☐ A acústica da piscina é adequada para o tipo de programa que você planeja ministrar?

☐ Há uma fonte segura de eletricidade para um sistema de som ou será necessário usar um sistema operado por bateria?

☐ As condições da piscina são adequadas e há espaço de armazenamento apropriado para qualquer equipamento que você planeje usar? (Para informação adicional sobre equipamento, ver o Cap. 7.)

☐ Há um guarda-vidas de plantão durante sua aula? Há equipamento de salvamento na área da piscina? (Para informação adicional sobre segurança na água, ver o Cap. 12.)

Entretanto, muitas medidas precisam ser tomadas para manter nadadores a salvo em piscinas cobertas durante tempestades com trovões. Primeiro, presumindo que a piscina e instalação foram construídas de acordo com os padrões nacionais, um eletricista qualificado deve conduzir uma inspeção detalhada em ambas regularmente. Os gerentes de piscina e outros membros da equipe devem ser treinados para reconhecer e relatar potenciais problemas elétricos como parte de sua inspeção diária da instalação. Durante tempestades com trovões, todas as portas e janelas para o ambiente externo a partir da área da piscina devem ser mantidas fechadas. (www.aquaticsintl.com/2008/novdec/0811_rm.html)

Membros da instituição e alunos nem sempre podem entender ou apreciar as políticas conservadoras de fechamento. A Young Men's Christian Association (YMCA; no Brasil, Associação Cristã de Moços – ACM) sinaliza esse tópico específico no manual de consulta, Guidelines for Indoor Pools – Closing Because of Lightning:

*Pode haver alguma resistência de alguns membros e visitantes que estejam usando a piscina em qualquer momento de tempestade com relâmpagos, mas é para sua própria segurança evacuar o local. Sua ACM deve elaborar uma política de evacuação da piscina quando há relâmpagos, ameaçadores ou quando as condições estão corretas. A piscina e as áreas de chuveiros devem permanecer evacuadas até 30 minutos após a existência da última evidência de relâmpago. Mesmo que ligação e aterramento **possam** proteger seus participantes, a ACM ainda deve evacuar a área da piscina para ter certeza de que há segurança. (ACM, 2003, p. 2.)*

Por fim, você deve estar de acordo com os códigos locais, regionais e estaduais, assim como os procedimentos de operação do local. Esteja ciente das políticas de segurança e dos planos de ação de emergência para todas as piscinas em que você trabalha ou treina para que, em casos de emergência, você saiba seu papel.

As chances são pequenas de que todos esses parâmetros sejam perfeitamente alcançados. Todos esses fatores irão, entretanto, ter algum impacto sobre o modo como você ministra seu programa aquático. Escolha seu local de trabalho e a piscina baseando-se nos parâmetros que são absolutamente necessários para que você conduza uma aula segura e eficiente para a população-alvo e o tipo de programa que deseja ministrar. Determine se você pode fazer ajustes ou modificações no programa levando em conta os parâmetros não atingidos. Por exemplo, se a piscina está de acordo com suas especificações físicas, mas a acústica é ruim, experimente diferentes sistemas de som e posicionamento, microfones ou tipos de música até que ache algo que funcione bem o suficiente, mesmo sem ser perfeito.

Resumo

1. Exercitar-se na água é diferente de fazê-lo em terra. Temperatura da água, dissipação de calor e fatores relacionados à piscina afetam o programa no ambiente aquático.

2. Esteja familiarizado com a piscina e a instituição. Verifique o declive da piscina, a superfície do piso da piscina e os fatores acústicos antes de ministrar sua aula. Elabore um programa seguro e eficiente que seja adequado ao seu ambiente aquático.

3. Esteja ciente dos potenciais de risco associados ao ambiente aquático. Esses perigos oferecem risco de lesão para o instrutor e o aluno. É importante documentar e relatar riscos ao gerente superior.

4. Use dispositivos elétricos de acordo com os padrões de segurança aceitáveis e reconheça os perigos associados à relâmpago ao trabalhar em ou ao redor de piscinas.

Questões para revisão

1. Como a radiação é diferente da convecção na dissipação de calor?

2. Quais são os possíveis problemas associados à execução de exercício vertical em água abaixo dos 27°C?

3. Qual é o intervalo de temperatura ideal para uma típica aula de condicionamento físico e cardiorrespiratório aquático?

4. Qual é o intervalo recomendado de profundidade da água de uma piscina para conduzir um programa aquático de condicionamento físico em piscina rasa?

5. Qual é geralmente o principal fator irritante no ambiente aquático de uma piscina clorada?

6. Um aluno não pode dissipar calor por meio do suor ao se exercitar na água. Verdadeiro ou falso?

7. As respostas fisiológicas à imersão em água são afetadas por composição corporal, intensidade de exercício e fatores individuais de cada aluno, como idade, gênero e doença. Verdadeiro ou falso?

8. Liste ao menos três benefícios do uso de calçados aquáticos durante o exercício em piscina rasa.

9. A acústica em áreas de piscina é geralmente ruim. Liste três ideias que podem ajudar a reduzir lesão de voz no instrutor.

10. O que é o método relâmpago-trovão?

Ver as respostas a estas questões no Apêndice C.

Bibliografia

Aquatic Exercise Association. 2005. *Standards & guidelines for aquatic fitness programming.* Nokomis, FL: Aquatic Exercise Association.

Harris, T. 2005. *Introduction to how swimming pools work.* www.howstuffworks-pool. HowStuffWorks, Inc.

Howley, T., and D. Franks. 2003. *Health fitness instructor's handbook.* 4th edition. Champaign, IL: Human Kinetics.

Kinder, T., and J. See. 1992. *Aqua Aerobics: A Scientific Approach.* Peosta, Ia: Eddie Bowers Publishers.

Lindle, J. (2001). Is your indoor pool equipment safe? *AKWA.* 15(4): 3-4. Nokimis, FL: Aquatic Exercise Association.

Moor, F., E. Manwell, M. Noble, and S. Peterson. 1964. *Manual of hydrotherapy and massage.* Nampa, ID: Pacific Press Publishing Association.

Osinski, A. 1988. Water myths. *The AKWA letter.* 2(3): 1-7. Nokimis, FL: Aquatic Exercise Association.

Osinski, A. 1993. Don't court disaster: Use electrical equipment safely. *The AKWA letter.* 7(3): 1, 14-15. Nokimis, FL: Aquatic Exercise Association.

Sharkey, B. 1989. *Physiology of fitness.* 3rd edition. Champaign, IL: Human Kinetics.

Sova, R. 2000. *AQUATICS: The complete reference guide for aquatic fitness professionals.* 2nd edition. Pt. Washington, WI: DSL, ltd.

YMCA. 2003. *Guidelines for indoor pools: Closing due to lightning.* Chicago: YMCA Services Corporation.

capítulo 6

Leis físicas aplicadas ao ambiente aquático

Introdução

Neste capítulo, fornecemos informação necessária para adquirir um entendimento claro sobre "como a água funciona", ou, mais importante, "como trabalhar a água". Seu corpo reage ao movimento na água de forma diferente quando comparado ao movimento em terra, que é afetado principalmente pela gravidade. Na água, a intensidade está relacionada:

- à velocidade dos movimentos;
- à taxa de mudança na velocidade (aceleração);
- à área de superfície (resistência frontal) na direção do movimento;
- à inércia do aluno e da água;
- ao número de vezes que você muda de direção.

Você refinará sua eficiência como um profissional de condicionamento físico à medida que se familiarizar com as leis físicas e propriedades de um ambiente aquático. Aumentar seu conhecimento sobre os princípios que governam o exercício na água lhe permite maximizar os benefícios que os alunos recebem em seus programas e faz com que queiram voltar para fazer mais.

Conceitos fundamentais

- Como o movimento no ambiente aquático é afetado pela viscosidade da água?

- Como a inércia de corpo, a água e o membro afetam a intensidade no exercício aquático?

- Como a mudança de posicionamento corporal ao se deslocar afeta a intensidade?

- Qual posição de mão é mais efetiva para puxar a água e adicionar efeito no treinamento da região superior do corpo?

- Por que o simples aumento da velocidade de movimento não é a melhor alternativa para aumentar a intensidade no ambiente aquático?

- Como você pode aplicar o conceito de aceleração no movimento aquático?

- Que influência a combinação de movimentos de pernas e braços tem na intensidade do exercício aquático?

- Por que uma elevação de joelho é um movimento menos intenso do que um chute frontal?

Uma das lições mais úteis para o profissional de condicionamento aquático iniciante é formular um programa que use a água em toda sua extensão. Instrutores que tentam simplesmente transpor para a piscina seu programa-base em terra descobrem rapidamente que as coisas não funcionam da mesma maneira na água. O uso ineficaz do ambiente aquático às vezes leva a uma perspectiva desiludida do exercício na água, tanto por parte dos instrutores quanto dos alunos.

Instrutores e treinadores vindos de um sólido conhecimento sobre natação também podem ter problemas ao tentar aplicar os princípios da água em uma aula de condicionamento físico da mesma maneira que fariam para a natação. Exercício aquático vertical é diferente do exercício executado na horizontal ou da natação. Um profissional de condicionamento físico aquático eficiente aprende a tirar o melhor do ambiente aquático e pode manipular as propriedades físicas da água para oferecer um treino eficiente.

Neste capítulo, definiremos e explicaremos as leis de movimento de Newton, as propriedades de viscosidade e flutuabilidade e o uso de alavancas, resistência frontal e posições de mão para modificar a intensidade de um treino aquático. Adicionalmente, aplicações práticas para cada princípio serão discutidas em relação ao condicionamento físico aquático. Esses princípios e leis podem ser empregados para aumentar a efetividade aeróbia em piscina rasa, caminhada aquática, hidroginástica *deep-water*, *step* aquático, treinamento aquático individualizado, terapia na água, treinamento específico para esporte e até o uso de equipamento no ambiente aquático.

Movimento

O **movimento** ocorre quando há uma mudança na posição no espaço. Movimento é um termo mais relativo do que absoluto. Por exemplo, se você está sentado em um trem em movimento, a pessoa sentada próxima a você, em relação a você, não estaria se movendo. Mas, para uma pessoa parada na estação de trem olhando o trem passar, ambos, tanto você como a pessoa sentada ao seu lado, estão em movimento. Seu movimento na água é uma parte de seu esforço, mas o movimento da água em relação ao seu corpo pode também afetar sua carga de trabalho.

O movimento do corpo pode ser linear, como para a frente e para trás ou da direita para a esquerda. O movimento pode ocorrer também dentro do próprio corpo, como flexão e extensão ou abdução e adução de um membro, que são movimentos rotacionais por serem executados em torno de um eixo de rotação. No movimento linear, o corpo todo se move por uma mesma distância. Entretanto, se você flexionar ou estender seu joelho, seu pé percorrerá a maior distância (Fig. 6.1). A habilidade dos músculos em causar movimentos articulares ou rotacionais é uma combinação da distância do ponto de inserção do músculo a partir da articulação, da magnitude da força muscular e da direção da ação ou do ângulo de tração do músculo ("Vantagem mecânica" é descrita no Cap. 3).

Conceitos básicos de movimento foram desenvolvidos por Aristóteles e Galileu, como velocidade e aceleração, que agora são termos e conceitos usados na vida diária. Aristóteles desenvolveu o conceito de que um objeto cai com uma velocidade constante, que depende de seu peso e o meio no qual está caindo. Aristóteles estava enganado. Um objeto pesado cai com a mesma velocidade de um leve no vácuo e geralmente no ar, como documentado por Galileu. Em decorrência da fricção (causada pela **viscosidade**) na água, um objeto realmente cai mais rapidamente pelo ar do que pela água. Galileu mais tarde desenvolveu os conceitos de movimento incompletos de Aristóteles para incluir os efeitos da fricção e da gravidade.

O organismo humano é capaz de correr, pular, saltitar, dançar, andar, curvar-se e mover-se de muitas outras formas. Nossos corpos foram projetados para serem máqui-

Movimento linear (para a frente)

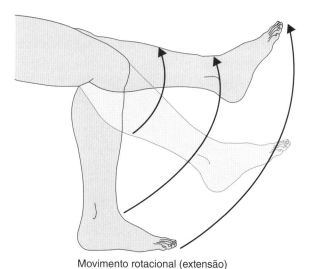

Movimento rotacional (extensão)

Figura 6.1 Movimento linear e rotacional.

nas ativas. O movimento da máquina humana assume a forma de atividade física ou exercício e é essencial para o funcionamento normal e a saúde.

Profissionais de educação física estudam o movimento do corpo humano para determinar meios seguros, efetivos e eficientes de mover o corpo todo ou suas partes. O movimento *seguro* deve proteger o corpo de uma lesão, uma doença crônica ou do uso com o tempo. Por *efetivo* entende-se que o movimento está atingindo seu objetivo, o qual pode ser aumentar a resistência cardiorrespiratória, flexibilidade ou força muscular, ou para manobrar um carrinho de supermercado por uma loja lotada. O movimento *eficiente* é a melhor e mais rápida maneira – ou a maneira mais barata, sob uma perspectiva de movimento – de atingir o objetivo desejado. Durante o exercício na água, o movimento do corpo ou de suas partes será afetado pela viscosidade, flutuabilidade e, de alguma maneira, pela gravidade.

Estudos sobre o movimento articular ao andar em uma piscina têm mostrado que indivíduos têm movimentos articulares maiores em mais de 30% (amplitude de movimento) do que ao andar em terra. A amplitude de movimento adicional é benéfica para terapia e para idosos.

Leis de movimento de Newton e conceitos relacionados

Isaac Newton foi um cientista do século XVII que estudou as leis da gravidade e do movimento extensivamente. Ele selecionou as ideias de Galileu sobre movimento e procurou por regras sistemáticas que governam e mudam o movimento. Nós usamos forças todos os dias para mover objetos, mover nosso corpo, mudar de direção, ficar ereto e se mover contra a ação da gravidade. As forças que causam movimento podem ser analisadas pela aplicação das três leis de Isaac Newton: inércia, aceleração e ação e reação. Discutiremos também os conceitos de arrasto, viscosidade, resistência frontal, alavancas, posições de mão e alteração de intensidade com velocidade.

A lei da inércia

Inércia: um objeto permanecerá em repouso ou em movimento com velocidade constante (velocidade e direção), a não ser que seja influenciado por uma força pura externa (desequilibrada) (Ostediek e Bord, 1994).

Esta lei estabelece que um objeto permanece estacionário, a não ser que uma força o leve a se mover. Quando a força aplicada é maior do que as forças de resistência, como a fricção, o objeto começará a ganhar velocidade na direção da força aplicada. Se o objeto está

se movendo a uma velocidade constante em uma certa direção, necessitará de uma força para mudar tanto a velocidade como a direção do objeto. Essa tendência de resistir a mudanças no estado de movimento é chamada inércia de um objeto.

A massa do objeto afeta a quantidade de força requerida para mudar sua velocidade ou direção. A massa está relacionada ao peso e à inércia. A força da gravidade sobre uma massa gera sua resistência em mudar de direção e velocidade. Assim, um objeto com maior massa requer mais força para superar sua inércia.

Um objeto flutuando no espaço sideral apresenta inércia embora não tenha peso. Em decorrência da inércia, um objeto se move eternamente na mesma direção e velocidade no espaço sideral até que uma força seja aplicada. Isso não é verdade em terra por causa do atrito e porque a gravidade puxa o objeto para baixo. Nem é verdade na água por causa do atrito e da viscosidade da água. Um exemplo do efeito da inércia em terra pode ser verificado no fato de que mais força é necessária para empurrar um carro do que um carrinho de supermercado, porque o carro tem mais massa e atrito. Se a mesma força fosse aplicada a ambos, o carrinho de supermercado teria maior aceleração, uma vez que tem menor massa e atrito do que o carro (Fig. 6.2).

Em exercícios na água, há basicamente três objetos que se movem e são afetados pela lei da inércia: movimento de todo o corpo (inércia corporal total), movimento da água (inércia da água) e movimento dos membros (inércia de membro).

Inércia corporal total

A inércia corporal total pode contribuir para a intensidade do exercício se o deslocamento for incluído na coreografia. Requer mais esforço para superar a inércia para começar, parar ou mudar um movimento para o corpo todo do que para continuar com o mesmo movimento. Pense em um trem. A locomotiva deve produzir uma grande quantidade de força para colocar o trem em movimento. Uma vez que o trem esteja em movimento, a locomotiva deve fornecer energia suficiente para superar a resistência do ar e do solo a partir das rodas sobre o trilho. É necessária mais força para colocar o trem em movimento ou pará-lo do que para mantê-lo em movimento a uma velocidade constante. Em outras palavras, uma vez que o trem esteja em movimento a locomotiva não precisa trabalhar tão pesadamente.

Assim como é verdadeiro para o trem, é necessária mais força para colocar o corpo em movimento e pará-lo do que para continuar no mesmo movimento. Correr 16 tempos de forma leve para a frente e para trás requer força

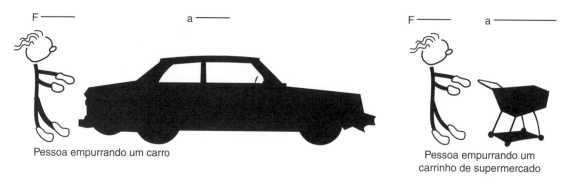

Figura 6.2 Força e aceleração. Se a mesma força é aplicada para empurrar um carro e um carrinho de supermercado, este último tem maior aceleração porque possui menos massa e atrito.

para iniciar a corrida para a frente, parar o movimento, mudar de direção para trás e parar a corrida. (É claro que a inércia do membro está também ocorrendo.) Esse movimento pode ser feito de forma mais intensa ao correr 8 tempos para a frente, 8 tempos para trás, 8 tempos para a frente e 8 tempos para trás. Essa combinação requer mais força ou energia porque você pararia e mudaria de direção por duas vezes. Ao correr 4 tempos para a frente, 4 tempos para trás, 4 tempos para a direita, 4 para a esquerda e 8 tempos em círculo, você estaria aumentando a intensidade por superar ainda mais a inércia para iniciar, parar e mudar de direção.

A inércia da água

Se os participantes de uma aula estão se movendo em uma determinada direção por um tempo, e então dão meia-volta, o grupo irá sentir que há um movimento de corrente de água contra a direção. Por causa do movimento do grupo, a água começa a se mover com o grupo. Contudo, quando o grupo muda a direção, a inércia da água faz com que continue na direção original com a velocidade prévia. O grupo vira, mas a água continua na mesma direção.

A inércia da água pode ser usada para aumentar a intensidade do exercício. Se vários passos são dados para a frente em uma linha reta, a água começa a se mover naquela direção. Quando você reverte a direção do corpo, você estará tentando parar e então reverter o movimento da água, assim como fez com o movimento do corpo. Esse efeito combinado aumenta a intensidade do exercício. Se você corre para a frente e, então, volta para trás, você não está aplicando força para superar somente a inércia do corpo, mas também para superar a inércia da água. A incorporação de movimentos de deslocamento em sua coreografia aumenta o gasto de energia pelo aumento da inércia total do corpo e da inércia da água.

Inércia de membro

No corpo humano, os músculos se ligam à parte externa dos ossos. Quando contraímos nossos músculos, a força externa, ou a contração do músculo ligado ao osso, move o osso. Se ambos os músculos em um par muscular se contraírem em cada lado da articulação ao mesmo tempo, o movimento externo rotacional puro seria zero e o osso não se moveria. Uma vez que nossos músculos agem com agonistas e antagonistas, um músculo contrai para proporcionar a força enquanto o outro relaxa e o movimento ocorre a partir da articulação. Nossos ossos e músculos constituem um sistema de alavancas para nos dar vantagem mecânica e para maximizar as forças musculares de forma a nos movermos de maneira mais eficiente. Tem sido demonstrado que a eficiência está relacionada tanto à força do agonista quanto à habilidade de relaxar o antagonista.

No corpo humano, músculos ligados a ossos fornecem a força externa que move o esqueleto. Em terra, o esforço muscular exigido para mover um membro é causado pela inércia – você deve aplicar força para fazer o membro se mover, mudar de direção e parar. Nosso movimento é limitado pela estrutura da articulação e pelo tecido mole, de forma que há um limite em quanto um membro pode se deslocar antes de ter que parar ou mudar de direção. Na flexão e extensão da perna, você primeiro deve iniciar o movimento, pará-lo, iniciá-lo na direção oposta, pará-lo e repetir. Na medida em que você executa esse movimento mais rápido (como em uma corrida leve), ele requer mais força e energia, desde que você mantenha a mesma amplitude de movimento, porque você está superando a inércia com mais frequência. O efeito da inércia é claramente sentido quando pesos manuais são usados durante o exercício aeróbio em terra. Uma lesão por hiperextensão pode ocorrer se o indivíduo não puder controlar a inércia do peso das mãos (parar o movimento), caso os músculos fiquem exaustos.

O ar não é muito viscoso e não oferece muita resistência, a não ser que o movimento tenha velocidade muito elevada. A resistência principal ao movimento sentida em terra é contra a gravidade e o atrito em relação ao chão. A resistência principal aos membros na água vem do arrasto, que está relacionado a uma combinação da viscosidade da água e da velocidade relativa de movimento entre o membro e a água. Quando você move seu corpo todo em uma linha reta, as forças de arrasto produzem um efeito de inércia, para mudança de direção e parar um volume de água. Pelo fato de a água oferecer resistência, ainda mais força e energia são necessárias para iniciar e mudar o movimento. A força é aplicada para começar um polichinelo e abduzir as pernas. Força é aplicada a fim de parar o movimento, iniciar a adução e pará-la. Assim, energia adicional é requerida para mover o membro ou o corpo de um estado de repouso para um de movimento ou exercício. Uma vez que o membro esteja se movendo em uma linha reta em velocidade constante na água, as exigências energéticas principais são causadas pelo arrasto. Energia adicional é necessária quando você tenta parar o movimento do membro ou mudar sua direção.

Velocidade de movimento aumentada eleva o gasto de energia apenas se você mantiver exatamente a mesma amplitude de movimento. Se você diminui essa amplitude quando aumenta o ritmo, o gasto de energia é reduzido. Frequentemente, os alunos trapaceiam para tornar o movimento mais fácil ao realizá-lo com uma menor amplitude à medida que o ritmo aumenta.

Ao usar a lei da inércia (inércia de corpo, da água e dos membros) em programas de exercícios, dois fatores precisam ser considerados. O primeiro é relacionado aos alunos. Eles devem estar razoavelmente condicionados e habilitados à prática de exercícios na água, de modo a seguir padrões mais complicados que promovam mudança de movimentos e direção. O segundo fator envolve a acústica da área da piscina. Os alunos podem ficar frustrados ao tentarem seguir padrões complexos quando não conseguem entender as orientações verbais. Em situações de acústica ruim, os instrutores são mais bem-sucedidos ao usar movimentos de deslocamento para superar a inércia. Padrões de deslocamento com combinações simples de movimentos são geralmente mais fáceis de ensinar com linguagem corporal do que com combinações complexas, embora ambas as opções aumentem a intensidade com base na lei da inércia.

Os instrutores deveriam saber como usar a lei da inércia para aumentar ou diminuir a intensidade. Um aluno menos condicionado pode ser instruído a correr 24 tempos no lugar, em vez de se deslocar para a frente e para trás para diminuir a intensidade. Alunos mais condicionados podem incorporar movimentos de deslocamento e combinações para criar inércia pelo início do movimento, pela parada e mudança de direção, e usando mudança de direção para aumentar a intensidade. O entendimento da lei da inércia capacita o instrutor a ajudar os alunos a individualizar seus programas para alcançarem seus objetivos.

Antes de seguir para as segunda e terceira leis de Newton, precisamos revisar as propriedades de arrasto, resistência frontal, posições de mão e alterações de intensidade usando a velocidade. Esses conceitos estão intimamente relacionados e ajudam a explicar as leis de movimento de Newton.

Arrasto

O movimento na água tende a diminuir a velocidade rapidamente. O **arrasto**, a resistência ao movimento que você sente na água, existe em função das características do fluido (viscosidade), da forma e do tamanho frontais e da velocidade relativa entre o aluno e a água. Os resultados do arrasto contribuem para as sobrecargas muito diferentes para os músculos durante o exercício na água quando comparado ao exercício em terra. Em terra, sua sobrecarga muscular diminui quando você atinge uma velocidade constante. Na água, você tem uma sobrecarga muscular constante proporcionada pela água ao longo de toda a amplitude de movimento.

Viscosidade

A **viscosidade** se refere ao atrito entre as moléculas de um líquido ou um gás, levando as moléculas a uma tendência de aderir umas às outras (**coesão**) e, na água, a um corpo submerso (**adesão**). A água é mais viscosa que o ar, assim como o melaço é mais viscoso que a água. A viscosidade aumenta à medida que a temperatura diminui. Ar, água e melaço são mais viscosos no frio; entretanto, uma mudança na viscosidade da água não é percebida em pequenas oscilações de temperatura que vivenciamos nos exercícios aquáticos.

Esse atrito entre as moléculas, ou a viscosidade da água, é o que causa a resistência ao movimento. Pelo fato de a água ser mais viscosa que o ar, a água proporciona mais resistência ao movimento do que o ar. Como Galileu descobriu, atrito e viscosidade levam um objeto a cair mais devagar pela água do que pelo ar. Ele descobriu que a combinação da área de superfície de um objeto e de sua velocidade determina a resistência ao movimento causada pela viscosidade do fluido (arrasto). Durante o exercício, a resistência adicional aumenta a intensidade de movimento e, assim, requer maior esforço muscular. Maior gasto de energia causa maior gasto calórico.

Quando você anda para a frente na água por alguns metros, a viscosidade (coesão e adesão) da água faz com que você tenha um "bloco" de água para mover com você. A viscosidade também pode tornar mais difícil andar em certo ritmo próximo à parede do que a alguma distância da parede. Quando você anda mais perto da parede, você tem mais atrito, o que prejudica seu movimento para a frente.

Há muitas maneiras de alterar a resistência da água. O **fluxo aerodinâmico** é o movimento contínuo e estável de um fluido (Fig. 6.3). O ritmo do movimento em qualquer ponto fixo permanece constante. Um nadador tenta tornar o corpo aerodinâmico pela redução da superfície frontal e pela criação de uma mecânica de nado suave e eficiente para minimizar o atrito ou a resistência enquanto se desloca pela água. Um nadador aerodinâmico pode ir mais rápido ainda, com menos gasto de energia. A mecânica apropriada do movimento e o fluxo aerodinâmico são favoráveis para os nadadores competitivos.

Um propósito do exercício vertical na água é aumentar o gasto de energia. A criação de arrasto adicional e impedância com fluxo turbulento pode aumentar a resistência (Fig. 6.4). **Fluxo turbulento** é o movimento irregular de um fluido com movimento variando em qualquer ponto fixo. Ele cria movimentos rotatórios chamados **redemoinhos** que aumentam a resistência da água (Fig. 6.5). Você pode aumentar o fluxo turbulento ao redor do corpo e dos membros pela aplicação das leis de Newton por meio do aumento da resistência frontal, da mudança do comprimento de alavanca ou do membro, e da mudança da posição da mão. Esses princípios são discutidos nas seções a seguir.

Resistência frontal

A **resistência frontal**, outro fator que afeta a intensidade do exercício, resulta das forças horizontais da água. Em terra, a força principal que age no corpo é a força vertical para baixo da gravidade. A resistência horizontal do ar pode ser sentida ao se tentar andar para a frente contra um vento forte. Na maioria das configurações de exercício, a resistência horizontal do ar é mínima ou imperceptível. Na água, a gravidade não é a força principal que

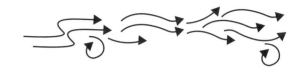

Figura 6.4 Fluxo turbulento.

Figura 6.5 Redemoinhos.

age no corpo, porque a tração vertical para baixo da gravidade é contrabalanceada pela força vertical para cima da flutuação. Entretanto, a resistência horizontal é muito perceptível por causa da viscosidade da água. Nesse sentido, andar na água pode ser como andar por uma forte tempestade de vento.

O tamanho da **área frontal de superfície** de um objeto apresentado contra a resistência horizontal da água afeta a quantidade de energia necessária para mover um objeto pela água. A maioria dos barcos é pontuda na frente para que eles possam passar pela água, criando menos turbulência e redemoinhos. A área de superfície reduzida permite um movimento mais aerodinâmico e requer menos energia para mover o barco (Fig. 6.6). Nos exercícios aquáticos, propor uma área de superfície frontal menor em relação à linha intencional de deslocamento também faz com que o movimento fique mais fácil. Por exemplo, uma área de superfície lateral do corpo é comumente menor do que a área de superfície frontal do corpo. Movimentos para os lados criam, assim, menos resistência frontal do que movimentos para a frente. Para aumentar ainda mais a resistência por meio da área de superfície frontal, você pode andar para a frente com os braços abertos para o lado, com as palmas das mãos viradas para a frente. Deslocar-se para a frente com elevações laterais de joelho é uma ação mais intensa do que deslocar-se para a frente com elevações frontais de joelho, porque o primeiro tipo de movimento aumenta a dimensão da área de superfície frontal do corpo.

Um objeto ou corpo deve se deslocar de encontro à resistência frontal. O movimento estacionário do corpo (p. ex., correr sem sair do lugar) não é afetado pela resistência frontal da água, assim como ocorre com um barco ancorado. Entretanto, o tamanho da área de superfície dos membros e das mãos se movendo contra a resistência da água em movimentos estacionários influencia a intensidade.

Figura 6.3 Fluxo aerodinâmico.

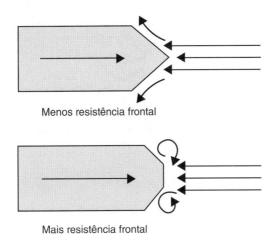

Figura 6.6 Resistência frontal.

Posições de mão — Fatores relacionados ao formato

A área de superfície criada pelo posicionamento da mão enquanto movimenta o braço pela água influencia na intensidade necessária pelos músculos de trabalho associados. A mão pode servir como uma pá para puxar mais água ou ser posicionada para minimizar seu arrasto na água. O tamanho e a forma da área de superfície da mão enquanto se move na água determinam a quantidade de água que a mão puxa e quanta resistência é criada. Uma mão com punho fechado ou posicionada de lado, de forma a cortar a água, cria mínima resistência. A posição da mão usada para a maioria dos nados (uma mão aberta, em leve forma de xícara com os dedos relaxados e levemente abertos) é a mais efetiva para puxar a água. Muitos praticantes iniciantes de exercícios aquáticos ignoram ou não entendem o posicionamento da mão na água e, assim, não usam a água de forma mais eficiente. Ensinar os alunos a posicionarem suas mãos para "trabalhar a água" aumentará a eficiência do treino. Ao contrário, posições de mão que demandem menos esforço são úteis para alunos com estabilizadores posturais e musculatura superior fraca, que apresentam problemas articulares ou nos ombros, artrite ou qualquer outro problema musculoesquelético que possa ser agravado pela adição de resistência.

Alterações de intensidade com velocidade

Os termos *sprint* (rapidez) e "velocidade" geralmente são usados para expressar o mesmo significado, mas *sprint* nem sempre é o mesmo que velocidade: tecnicamente, mede o ritmo com que nos movemos ou deslocamos; já a velocidade envolve não apenas a rapidez, mas a direção. Em movimentos que envolvem apenas uma direção, *sprint* e velocidade são praticamente sinônimos.

Nos exercícios aquáticos, a resistência da água aumenta com a rapidez ou **velocidade** do movimento. Muitos instrutores que não estão familiarizados com as propriedades da água usam a velocidade exclusivamente para aumentar a intensidade. Embora o aumento da velocidade aumente a intensidade, é altamente questionável se este é o meio mais efetivo para alterar a intensidade. A aplicação dos princípios e leis descritos neste capítulo aumentará a intensidade de forma mais segura e efetiva.

Quando a velocidade é aumentada, a amplitude de movimento e a posição corporal podem ser comprometidas. O meio mais eficiente para treinar um músculo é por meio da amplitude total de movimento. Também é difícil vencer a resistência da água em todas as direções de movimento ao usar movimentos rápidos, mais balísticos. Adicionalmente, alguns indivíduos não são capazes de manter a velocidade alta o suficiente para alterar ou influenciar a intensidade. O instrutor precisa oferecer alternativas que proporcionem uma amplitude total de movimento com modificações individuais baseadas nas leis físicas. As opções incluem posição da mão (formato de arrasto), braços de alavanca (braços e pernas), impacto adicional (aceleração), utilização dos braços com inibidores e auxiliares (ação/reação), e o deslocamento (inércia total do corpo). Há outras opções e também combinações de opções.

Alterar a intensidade com base nessas opções não comprometerá a amplitude de movimento ou a segurança dos alunos. Um indivíduo pode trabalhar ao longo da amplitude total de movimento, contra a resistência da água em todas as direções, e promover equilíbrio muscular. Utilizar as leis e as propriedades da água pode ajudar a individualizar alterações na intensidade por meio de uma variedade de ajustes, e constitui uma opção muito melhor do que simplesmente mudar a velocidade.

A lei de aceleração

Aceleração: a reação do corpo medida por sua aceleração é proporcional à força aplicada, na mesma direção da força aplicada e inversamente proporcional à sua massa.

A segunda lei de movimento de Newton é a aceleração, que descreve como um objeto mudará sua direção ou velocidade quando uma força é aplicada. A aceleração é a rapidez com que você muda a velocidade; se você muda a velocidade no período de um ano, você necessitaria de apenas 0,00000003 da quantidade de força que precisa para a mesma mudança no período de um minuto. A velocidade expressa a relação exata entre força e aceleração. Para um dado corpo ou massa, uma força maior causa uma aceleração proporcionalmente maior. Todos os objetos têm massa e os que possuem maior massa requerem uma força externa maior para mudar a velocidade no mesmo ritmo que um objeto menor. Como mencionado previamente, é preciso muito mais força para empurrar um carro do que um carrinho de supermercado porque o carro tem maior massa. A direção da aceleração de um objeto é a mesma da força que age sobre ele (Ostediek e Bord, 1994).

Quanto maior a força vertical aplicada sobre um objeto em uma distância fixa, mais alto o objeto irá. (Isso é expresso pela equação Força = massa x aceleração, ou F = ma.) Simplificando, isso indica que, quanto mais forte você empurrar o fundo da piscina, mais alto você será capaz de pular. Você pode aumentar a intensidade usando a lei de aceleração pela aplicação de mais força contra o fundo da piscina para pular mais alto no mesmo ritmo.

Um objeto mais pesado, que contenha mais massa, não irá mais alto do que um objeto mais leve quando a mesma força for aplicada. Em outras palavras, uma pessoa mais pesada não irá pular mais alto do que uma pessoa mais leve quando elas aplicarem a mesma força. Para pular na mesma altura, a pessoa mais pesada deve aplicar mais força para mover a massa mais pesada na mesma altura. Essa mudança de movimento, ou aceleração (pular para cima), depende da magnitude da força aplicada e da massa do objeto. (Isso é expresso pela equação aceleração = Força dividida pela massa, ou a = F/m.) Como um instrutor, lembre-se de que nem todo aluno tem a mesma massa ou a mesma habilidade de aplicar força muscular. Uma pessoa musculosa pode ter muita massa, mas ainda será capaz de gerar muito força para movê-la. Uma pessoa sem condicionamento e com excesso de gordura pode não ser capaz de aplicar muita força muscular para saltar alto.

Outro conceito em aceleração é de que é necessária mais força muscular para mover a mesma massa por uma distância maior no mesmo período. Esse conceito é útil para aumentar a intensidade sem aumentar o ritmo do movimento. Por exemplo, é necessário mais força/esforço muscular para saltar 1,8 m para a direita a cada batida da música do que para saltar 0,9 m a cada batida (Fig. 6.7). Assim, outro meio de aumentar a intensidade usando a lei da aceleração é incentivar os alunos a se deslocarem mais além – saltando mais longe ou dando passos mais largos – a cada batida, pela aplicação de mais força muscular.

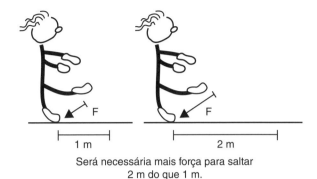

Figura 6.7 Aceleração pela adição de força para cobrir uma distância maior.

O conceito de aceleração também se aplica a movimentos de elevação, como descrito no Capítulo 9. Esses movimentos requerem mais força para mover as pernas por meio de uma maior amplitude de movimento, ou maior distância, no mesmo período. Um exemplo é a diferença entre um polichinelo normal e um com as pernas grupadas no movimento para fora (Fig. 6.8). Para aumentar ainda mais a intensidade, o aluno poderia agrupar mais os joelhos em ambos os movimentos de pernas, para dentro e para fora.

A Tabela 6.1 mostra como um polichinelo normal pode ser feito de forma mais intensa com o uso de mais força para aumentar a aceleração.

Outro exemplo desse conceito pode ser aplicado ao pular para a frente e para trás. Mais força precisa ser aplicada para mover as pernas a uma distância maior com saltos grupados do que com um pulo normal para a frente

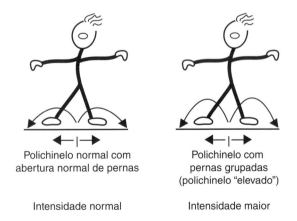

Figura 6.8 Aceleração pela adição de mais força para elevar o movimento no polichinelo.

Tabela 6.1 Alteração de intensidade com aceleração

Polichinelo normal, com pulo normal nos movimentos para dentro e para fora	Intensidade normal
Polichinelo com as pernas grupadas no movimento para fora e com pulo normal no movimento para dentro Ou Polichinelo com pulo normal no movimento para fora e com as pernas grupadas no movimento para dentro	Mais intenso
Polichinelo com as pernas grupadas nos movimentos para fora e para dentro	Intensidade máxima

e para trás. Assim, agrupar as pernas como se fosse saltar sobre um tronco de uma árvore é mais intenso do que um pulo normal no mesmo ritmo (Fig. 6.9). Mais força é necessária para acelerar as pernas por uma maior amplitude de movimento no mesmo ritmo.

A lei de aceleração pode ser usada para modificar a intensidade do exercício de duas maneiras: fazendo mais esforço (aplicando mais força) contra a resistência da água com os braços e as pernas ao começar um movimento para ganhar velocidade e fazendo mais esforço (aplicando mais força) contra o fundo da piscina a fim de impulsionar o corpo para cima ou para a frente.

A aplicação de mais força contra a resistência da água proporciona benefícios de tonificação para os grupos musculares que executam o movimento, o que também requer mais esforço e gasto de energia. Casualmente, trazer os braços para a frente ao longo da superfície da água (fácil) enquanto executa exercício de pernas de esqui de fundo (*cross-country*) exige menos esforço do que empurrar os braços energicamente para o fundo e lateralmente para as coxas (difícil), enquanto executa um exercício de pernas esqui de fundo (*cross-country*) (Fig. 6.10).

Muitos instrutores ficam confusos, pensando que aceleração significa simplesmente aumentar a velocidade, como pressionar o acelerador em seu carro, o que não é inteiramente verdadeiro. Pense em aceleração como a aplicação de mais força para mover seus membros por meio de uma grande amplitude de movimento no mesmo ritmo. É importante entender como usar a lei de aceleração para aumentar e diminuir a intensidade. Movimentos que usam menos força contra a resistência da água ou para o fundo da piscina requerem menos esforço. Exemplos de diminuição de intensidade incluem deslizar os braços suavemente sobre a superfície da água, redução da amplitude de movimento, subida de degraus menores ou menos impacto. Movimentos que posicionam os membros para trabalhar mais vigorosamente contra a resistência da água e movimentos que requerem que se empurre o fundo da piscina com mais força para pular mais alto ou subir degraus maiores no mesmo ritmo aumentarão a intensidade.

Salto normal para a frente com pulo normal
Intensidade normal

Salto para a frente com pernas grupadas
(salto "elevado")
Intensidade maior

Figura 6.9 Aceleração pela adição de mais força para elevar o movimento em um salto para a frente.

Braços fáceis — levar os braços para a frente e para trás sobre a superfície da água

Braços difíceis — aplicação de mais força para empurrar os braços estendidos e no fundo, no mesmo ritmo

Figura 6.10 Adição de força para aumentar a aceleração.

A lei da ação e reação

Ação e reação: para cada ação há uma reação equivalente e oposta.

A terceira lei de Newton faz uma importante afirmação sobre força. Uma força pode ser descrita de forma genérica como uma interação entre dois corpos. Newton descobriu que essas forças ocorrem em pares. Por exemplo, você não pode realizar um cabo de guerra sem alguém do outro lado da corda. Não haveria força contra a qual lutar e não haveria tensão na corda. Outro exemplo é empurrar uma parede. Quando você empurra uma parede, ela empurra de volta com força equivalente (Fig. 6.11). As forças ocorrem em pares, e Newton as nomeou de ação e reação.

No ambiente viscoso da água, a lei de ação e reação se torna muito aparente. Quando você empurra seu pé contra o fundo da piscina, a reação é a impulsão de seu corpo para cima. Mais força aplicada na ação produz uma reação mais vigorosa. (Ação ou reação estão associadas com aceleração. Aceleração diz respeito à quantidade de força, enquanto ação e reação dizem respeito à associação de forças.) Assim, quanto mais vigorosamente você empurrar seus pés contra o fundo da piscina, mais alto você subirá. Isso não é exclusivo da água, e a mesma reação ocorre quando você empurra seus pés contra o chão no ar. As propriedades da água fazem com que a ação e reação sejam perceptíveis em todo o movimento, o que não é verdadeiro para todas as ações e reações no ar. Na água, quando você arrasta suas mãos para a esquerda (ação), isso resulta em seu corpo sendo empurrado para a direita (reação). Quando você empurra seus braços para a frente (ação), isso resulta em seu corpo sendo empurrado para trás (reação; Fig. 6.11). Esse ambiente viscoso apresenta um desafio adicional ao tentar combinar movimentos de perna e braço.

Alguns instrutores podem associar movimentos de perna e braço que sejam aceitáveis, porém não estariam utilizando todo o potencial da água. Por exemplo, um instrutor pode combinar elevação de joelho com inclinação lateral do braço (puxar os braços flexionados em direção à cintura). Esse movimento é comumente executado em programas terrestres. Ele funciona na água, mas pode ser executado de forma mais eficiente. A análise do movimento usando a lei de ação e reação mostra uma elevação do corpo (reação), à medida que a perna empurra o fundo da piscina (ação) para impulsionar o corpo e elevar o joelho. A elevação do joelho (ação) proporciona resistência limitada ao movimento para cima produzido pelo salto, ao causar uma reação para baixo. Em resumo, a tendência principal ou reação do corpo em uma elevação de joelho é

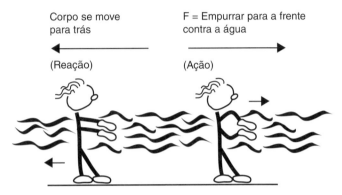

Figura 6.11 Ação e reação.

o movimento para baixo. Agora, incorpore o movimento dos braços combinados com as pernas. Quando os braços se arrastam para baixo (ação), o corpo tende a se mover para cima (reação). O arrasto dos braços para baixo causa um movimento para cima, auxiliando esse movimento produzido pelas pernas. Como afirmado anteriormente, ele é perfeitamente aceitável.

Entretanto, se o instrutor quiser aumentar a intensidade, uma combinação mais efetiva de pernas e braços deve ser considerada. Se o movimento é mudado para ter os braços arrastados para cima (ação) durante a elevação do joelho, o resultado é uma força para baixo (reação) que age sobre o corpo. Mais turbulência e resistência são criadas com esse movimento porque a reação para cima à elevação de joelho é oposta à reação para baixo ao arrasto do braço. Quando braços e pernas são usados para criar reações opostas, considera-se que os braços estão dificultando o movimento das pernas. Assim, movimentos assistidos de braços criam menos turbulência e resistência e são menos intensos, mas movimentos de braços resistivos criam mais turbulência e resistência, tornando o exercício mais intenso.

Os membros podem ser usados para auxiliar ou dificultar o movimento ao se deslocar na água. Movimentos de braços para a frente, como o nado *crawl*, empurrando a água para trás, auxilia o movimento do corpo para a frente. Movimentos de braços do nado *crawl* para trás, empurrando a água para a frente, podem ajudar em uma corrida para trás. Os movimentos de braço podem ser combinados com os de perna para ajudar a progredir ou impedir o avanço na direção desejada de deslocamento. Empurrar ambos os braços para a frente, em frente ao corpo, enquanto corre para a frente, faz com que o movimento para a frente se torne mais intenso ou difícil. A reação do corpo para mover-se para trás enquanto os braços são empurrados para a frente se opõe à reação do corpo em se deslocar para a frente enquanto os pés são empurrados para trás contra o fundo da piscina.

As pernas também podem ajudar ou dificultar o movimento de deslocamento. Um exemplo é chutar enquanto se desloca para a frente e para trás. A ação da perna para cima e para a frente causa uma reação do corpo para baixo e para trás. Um chute para a frente que acentue o movimento para a frente da perna auxilia o movimento de deslocamento para trás e dificulta o movimento ao se deslocar para a frente.

Quando os braços trabalham em oposição às pernas, mais turbulência e resistência são criadas, e o movimento é mais intenso; isso também é verdadeiro quando os braços são usados para dificultar o movimento das pernas durante o deslocamento. Braços que auxiliam as pernas durante o deslocamento, ou trabalham junto com as pernas em movimento estacionário, criam menos turbulência e resistência e diminuem a intensidade. Considere o nível de condicionamento físico e as habilidades de seus alunos ao usar a lei de ação e reação. Se os alunos não são fortes o bastante ou habilidosos para usar os braços a fim de dificultar o movimento e aumentar a intensidade e ainda manter o posicionamento e alinhamento corporais, então, o uso dos braços como auxiliares pode ser a escolha mais prudente. Segurança e alinhamento são as principais considerações ao combinar movimentos de braços e pernas. Ao ensinar técnicas, assim como proporcionar opções e incentivar o automonitoramento, você permitirá que indivíduos de diferentes níveis de condicionamento físico participem da mesma aula.

Alavancas

O princípio das alavancas foi discutido no Capítulo 3. Esse sistema de alavancas do corpo humano (com os ossos servindo como braços de hastes, articulações, como fulcro e músculos fornecendo a força) é o que permite o movimento. Como discutido no Capítulo 3, a razão entre a extensão do braço de potência e o de resistência é o que determina a vantagem mecânica. Até mesmo a menor mudança nessa razão aumenta ou diminui a quantidade de força necessária para o músculo mover o membro. Embora não seja possível mudar o comprimento do braço de força (no qual o músculo se liga ao osso), é permitido mudar o comprimento do braço de resistência ou do membro. É possível fazer com que a perna fique mais longa pela extensão do joelho e da flexão plantar do tornozelo, e que o braço fique mais longo pela extensão do cotovelo e manutenção do punho em posição neutra com a mão aberta.

No exercício, o comprimento do braço de resistência da alavanca determina a intensidade ou a quantidade de energia requeridas pelo músculo para mover o membro ou parte do corpo. Uma elevação de joelho, ou braço de resistência encurtado, requer menos esforço do músculo iliopsoas do que um chute com a perna estendida. Em uma elevação do joelho, a resistência da água ao longo do comprimento do membro da articulação do quadril até a do joelho deve ser superada. Em um chute, a quantidade de resistência de água da articulação do quadril até os dedos dos pés ao longo de todo o comprimento da perna deve ser superada. É fácil entender a razão pela qual um chute requer mais esforço muscular do que uma elevação de joelho; o que também é verdade para movimentos executados com os braços. Uma elevação lateral de braços com os cotovelos flexionados (braço de resistência menor) requer menos esforço do que a mesma elevação com os cotovelos estendidos (maior braço de resistência) (Fig. 6.12).

Uma perna estendida resulta em mais inércia. Assim, um chute com a perna estendida requer mais energia do que uma corrida com o joelho elevado porque o pé está além da articulação do quadril. Na água, esse efeito é exacerbado por causa da viscosidade. O princípio de alavancas também significa que uma pessoa com membros mais compridos deve realizar mais trabalho muscular do que uma pessoa com membros mais curtos para se movimentar em uma mesma amplitude de movimento no mesmo período. Uma pessoa com membros mais longos tem mais efeitos de inércia para superar porque o pé está mais longe da articulação do quadril.

Movimentos de alavancas longas podem ser usados em hidroginástica para aumentar a intensidade. É aconselhável começar o aquecimento com alavancas mais curtas, e então gradualmente progredir para as alavancas mais longas no decorrer do treino para evitar tensão excessiva ou articulações "frias". A maioria dos instrutores progride para o uso de alavancas mais longas durante a parte de intensidade mais alta do treino. Também se lembre de que, embora o aumento do braço de alavanca aumente a intensidade, não há vantagem em trabalhar com

Figura 6.12 Braços de alavanca.

membros hiperestendidos. A manutenção de uma leve flexão no membro, ou "articulações frouxas", na verdade proporciona uma pequena vantagem de treinamento pela criação de redemoinhos que aumentam a turbulência. A manutenção de articulações frouxas também reduz a tensão no tecido mole da articulação e assegura que o músculo, de fato, realizará o esforço.

Consulte a Tabela 6.2 para revisar as propriedades e as leis do movimento na água que influenciam e determinam o esforço muscular ou intensidade. É importante aprender e entender as opções disponíveis ao criar sua coreografia. Aprender esses princípios e os efeitos que eles têm no aumento ou na diminuição da carga para cada aluno em seu programa de exercício aumenta a efetividade de sua instrução e é fundamental para um exercício aquático vertical eficiente.

Flutuabilidade

Princípio de Arquimedes: a perda de peso de um corpo submerso é igual ao peso do fluido deslocado pelo corpo.

O princípio de Arquimedes descreve a propriedade de flutuação da água. Quando está em pé na água, você está sujeito a duas forças opostas: a força vertical da gravidade para baixo e a força vertical da **flutuação** para cima. A magnitude da flutuação depende do tamanho e da densidade do corpo submerso. Uma vez que a perda de peso é igual ao peso da água deslocada, o peso e o tamanho do corpo submerso determinam sua flutuabilidade. Um corpo compacto mais denso (uma pessoa menos musculosa) deslocaria uma quantidade relativamente pequena de água; entretanto, a diferença entre o peso da água deslocada e o do corpo pode ser relativamente pequena. Se o peso do corpo é maior que o da água deslocada, a pessoa afunda. Se o peso do corpo é menor que o da água deslocada, a pessoa flutua (Fig. 6.13). A maioria das pessoas é flutuante em vários graus, dependendo do tamanho, da densidade, da capacidade pulmonar e da porcentagem de gordura. Apenas uma pequena porcentagem da população realmente "afunda".

A flutuação oferece muitos benefícios para praticantes de hidroginástica. Ela diminui os efeitos da gravidade e reduz o peso suportado pelo corpo ou a compressão das articulações. Muitas pessoas que não podem se exercitar em terra suportando seu próprio peso podem fazê-lo confortável e vigorosamente na água. A flutuação também depende da profundidade de imersão, uma vez que estar submerso em maior profundidade desloca mais água. Um corpo imerso até o pescoço precisa suportar aproximadamente 10% de seu peso corporal; um corpo imerso até o peito, 25 a 35%; um corpo imerso até a cintura, ao redor de 50%. Essas porcentagens variam de acordo com a composição corporal e o gênero. Consciência cinestésica e estabilização muscular aumentadas são exigidas à medida que a profundidade da imersão aumenta. A maioria das pessoas pode se exercitar confortavelmente na profundidade do tórax ou das axilas porque eles ainda têm peso corporal suficiente (efeito da gravidade) para controlar seus movimentos. Para programas de piscina rasa, velocidade e controle de movimento são prejudicados quando a imersão ultrapassa a profundidade das axilas.

Se o **centro de gravidade** (normalmente na região do quadril/cintura) e o **centro de flutuação** (normalmente na região do peito) estão alinhados verticalmente, o corpo está relativamente estável na água. Se o centro de gravidade e o de flutuação não estão verticalmente alinhados, o corpo irá rolar ou girar até que o equilíbrio seja alcançado. Quando o corpo ou os membros são movimentados, esse alinhamento vertical pode ser alterado. Deve-se tomar cuidado ao planejar transições e movimentos de deslocamento na água para manter o corpo em alinhamento ou realinhar o corpo entre os movimentos. Treinamento específico para desafiar o equilíbrio deve ser cuidadosamente sinalizado, e opções devem ser oferecidas para reduzir o risco de lesão.

Quando suspenso na água, seu corpo gira ao redor de seu centro de flutuação. Embora o centro de gravidade não seja importante a considerar quando se está suspenso,

Tabela 6.2 Aumento e diminuição da intensidade em hidroginástica

Lei ou princípio	Para aumentar a intensidade	Para diminuir a intensidade
Lei da inércia *Inércia total do corpo, inércia da água e inércia de membro*	Combine movimentos de iniciar, parar e mudar de direção. Adicione movimentos de deslocamento. Use algumas repetições em uma combinação	Repita o mesmo movimento várias vezes, permaneça no lugar
Lei de aceleração *Força e massa*	Empurre mais vigorosamente contra a resistência da água ou contra o fundo da piscina para pular mais alto ou dar passos mais largos	Deslize os braços através da água, reduza a amplitude de movimento, dê passos menores, com menos impacto
Lei de ação e reação *Forças opostas*	Use braços, pernas ou combinações para dificultar	Use braços, pernas ou combinações para auxiliar
Resistência frontal *Área de superfície frontal*	Aumento do tamanho da área frontal que está de frente à linha de deslocamento	Diminuição do tamanho da área que está em frente à linha de deslocamento
Posições de mão *Em forma de lasca, fechada, aberta e em forma de xícara*	Coloque a mão em forma de xícara com os dedos ligeiramente abertos	Coloque a mão na água como se estivesse cortando ou cerre o punho
Alavancas *Alavancas curtas e longas*	Use alavancas longas com braços e pernas estendidos	Use alavancas mais curtas com braços e pernas flexionados

Se você pesa mais do que a água que desloca, irá afundar.

Se você pesa menos do que a água que desloca, irá flutuar.

Figura 6.13 Flutuação.

o alinhamento corporal apropriado continua importante. Em um exercício vertical em suspensão, o alinhamento corporal apropriado aumenta a efetividade do treino e reduz o risco de lesão.

Assim como a gravidade auxilia ou faz resistência aos movimentos em terra, a flutuação pode ajudar ou fazer resistência ao movimento na água. Uma vez que a força de flutuação está direcionada verticalmente para cima, qualquer movimento flutuante em direção à superfície da piscina é chamado de **flutuação assistida**; qualquer movimento de um objeto flutuante para o fundo da piscina é chamado de **flutuação resistida**; e qualquer movimento em flutuação na superfície da água é chamado de **flutuação suportada**. Ao mover o corpo na água sem equipamento, você tende a trabalhar mais contra a resistência da água em oposição à sua flutuação. Quando equipamento é adicionado, flutuação e gravidade se tornam mais envolvidos e afetam o uso muscular. O uso de equipamento é discutido mais adiante, no Capítulo 7.

Pressão hidrostática

A **pressão hidrostática** é definida como a pressão exercida pelas moléculas de um fluido sobre um corpo imerso. De acordo com a lei de Pascal, a pressão é exercida igualmente sobre todas as superfícies de um corpo imerso em repouso em qualquer profundidade. A pressão aumenta com a profundidade e a densidade do fluido da água. A água do mar exerce mais pressão em dada profundidade porque é mais densa do que a água pura.

Essa pressão hidrostática afeta os órgãos internos do corpo, assim como a pele. A pressão hidrostática pode diminuir o inchaço e a pressão, especialmente nas extremidades inferiores que estão mais submersas na água. A pressão compensa a tendência do sangue em se concentrar nas extremidades inferiores durante o exercício e ajuda o retorno venoso para o coração. Se essa pressão for exercida na cavidade torácica, também pode ajudar a condicionar os músculos usados para inspiração e expiração profundas e enérgicas. Entretanto, pessoas que têm distúrbios respiratórios podem ter dificuldades em respirar quando imersos em água acima da cavidade torácica em virtude da pressão hidrostática. Embora a pressão hidrostática não tenha relação direta com a intensidade em hidroginástica, ela afeta os sistemas e órgãos corporais. Acredita-se que a pressão hidrostática pode ser ao menos parcialmente responsável por frequências cardíacas mais baixas na água. A pressão hidrostática exerce "até mesmo" estímulo tátil e ajuda a aumentar a percepção das partes do corpo, o que é benéfico no âmbito terapêutico.

Tensão superficial

A **tensão superficial** é a força exercida entre as moléculas superficiais de um fluido. Essa tensão cria uma "pele" na superfície da água que torna mais difícil atravessá-la. Essa característica da água pode adicionar um nível de dificuldade para alguns alunos.

Quando um membro atravessa a superfície da água para o ar, a mudança de viscosidade e a quebra da tensão da superfície da água podem resultar em movimentos balísticos e sobrecarregar as articulações envolvidas. Recomenda-se que movimentos sejam executados abaixo ou acima da superfície da água, mas não alternadamente entre os dois níveis. O esforço adicional e o movimento balístico aumentam o risco de uso excessivo ou de lesão aguda para as articulações envolvidas (geralmente o ombro). Certos estilos de nados, como o *crawl* e o de costas, envolvendo circundução a partir da articulação do ombro sem equipamento, são uma exceção a essa recomendação.

Interação das leis físicas

Para nadadores e condutores de barco, o arrasto e a turbulência são um entrave, mas, para um instrutor de exercícios aquáticos, esses fatores são ferramentas benéficas para individualizar o exercício em um ambiente de grupo, pois permitem a esse instrutor aumentar ou diminuir a intensidade. Na discussão a seguir, tentamos explicar a constante interação das leis físicas e a elaboração de aula de hidroginástica.

Os músculos produzem movimentos ao redor das articulações que estão opostas na água por momentos e pela inércia. Os **momentos** são o produto da força e da distância da força das articulações móveis. A velocidade de um objeto (p. ex., a mão) também é uma função da distância a partir da articulação móvel. Essa combinação de efeitos pode ser ilustrada naquele arrasto causado pela mão e se torna extremamente importante ao afetar o trabalho exercido pelos músculos do ombro ou do cotovelo. O trabalho dos músculos do ombro causado pelo arrasto na mão é assim afetado tanto pela mudança na velocidade do movimento da mão (uma função da distância até o ombro) quanto pela distância entre a mão e o ombro.

O formato de arrasto da mão é outro efeito a discutir. Ele é causado pela área de superfície frontal e pela forma. Todos podem sentir o efeito da área de superfície frontal ao usar a mão de forma plana ou de forma a cortar a água. O efeito da forma pode ser sentido facilmente a partir de uma mão em formato de concha *versus* uma mão de forma plana. Um formato de concha tem um coeficiente de arrasto mais alto do que um formato plano com a mesma área se o formato de concha estiver de frente para a direção do movimento. A força de arrasto é aumentada em 40%. O coeficiente de arrasto é discutido mais adiante no Capítulo 7.

Filas de pessoa fazendo caminhada na água são como ciclistas. As pessoas ao longo da fila sentem muito menos o arrasto e trabalham menos do que a primeira pessoa da fila. Padrões de movimento que previnem como um "escudo" de arrasto prolongado aumentam o esforço de trabalho para a maioria do grupo de alunos. Filas de pessoas andando, quando estas estão próximas entre si, mas em direções opostas, também aumentam a média de esforço. Se um grupo de pessoas forma um círculo e anda em uma direção ao redor dele, então a água próxima às pessoas é acelerada para a mesma velocidade de seu movimento. Quando o grupo inverte a direção, a lei da inércia diz que a água tenta continuar a se movimentar na direção original. As pessoas, então, devem aplicar mais força contra o fundo da piscina e a água (aceleração) para mudar a direção da água do sentido horário para o anti-horário.

A Aquatic Exercise Association incentiva os profissionais de condicionamento físico aquático a se tornarem familiarizados com essas leis e propriedades físicas da água. Vocês também são encorajados a usá-las para criar programas de hidroginástica seguros e efetivos para todos os alunos. O programa dinâmico desenvolve suas habilidades como instrutor e melhora as habilidades e os níveis de condicionamento físico de seus alunos. O melhor meio para dar valor a esses conceitos e leis é senti-los na água. Guarde um tempo para pensar sobre as leis e como elas funcionam. À medida que você faz conexões, as leis se tornam algo que você domina e usa, em vez de alguma coisa que você precisa aprender.

Resumo

1. Viscosidade é a principal propriedade responsável por oferecer resistência ao se fazer exercício na água.

2. As leis de Newton sobre movimento (inércia, aceleração, e ação e reação) podem ser usadas efetivamente para aumentar e diminuir a intensidade do exercício. As propriedades viscosas da água fazem com que essas leis sejam mais prevalentes na elaboração de programa de exercício aquático quando comparado com o programa de exercício em terra.

3. A mudança de resistência frontal em deslocamento, a mudança do comprimento da alavanca ou do membro ou, ainda, o ajuste das posições de mão podem alterar a intensidade do exercício.

4. As propriedades de flutuação, pressão hidrostática e tensão superficial não afetam drasticamente a intensidade, mas é importante entendê-los para a elaboração de um programa de hidroginástica.

5. O uso de *sprint* e velocidade para aumentar ou diminuir a intensidade de exercício não é tão eficiente quanto o uso das leis de movimento de Newton e as propriedades físicas da água para alterar a intensidade.

6. O arrasto é a força principal contra a qual trabalhamos na água. O entendimento de como usar o arrasto efetivamente aumenta suas habilidades como instrutor.

Questões para revisão

1. Ao adicionar o elemento de deslocamento na coreografia aquática, você está aumentando a intensidade ao usar a lei _____.

2. Qual a diferença entre movimento linear e rotacional?

3. O atrito entre moléculas de um líquido ou gás é chamado de _____.

4. Qual movimento é mais intenso baseando-se na resistência frontal: uma corrida alternada com passos largos para a frente ou uma corrida alternada com passos largos para a lateral?

5. O aumento considerável na velocidade na água reduz a amplitude de movimento para a maioria dos movimentos. Verdadeiro ou falso?

6. Empurrar os braços para a frente enquanto corre para a frente na água aumenta ou diminui a intensidade?

7. Você irá afundar ou flutuar se você pesa mais do que a água que desloca?

8. Qual é a principal força que causa resistência no ambiente aquático: flutuação, gravidade ou a viscosidade e o arrasto da água?

9. A incorporação de movimentos de braços auxiliadores ou dificultadores aplica qual lei física para alterar a intensidade do exercício na água?

10. Liste os dois fatores importantes a considerar quando se aplica a lei da inércia em programas de hidroginástica.

Ver as respostas a estas questões no Apêndice C.

Bibliografia

Grolier. 1990. *The new book of popular science*. Volume 3. Danbury, CT: Lexicon Publishers.

Kinder, T., and J. See. 1992. *Aqua aerobics: A scientific approach*. Peosta, IA: Eddie Bowers Publishers.

Miller, F. 1977. *College physics*. 4th edition. New York: Harcourt Brace Jovanovich, Inc.

Ostdiek, V., and D. Bord. 1994. *Inquiry into physics*. 3rd edition. St. Paul, MN: West Publishing Company.

Shoedinger, P. 1994. *Principles of hydrotherapy*. Aquatic Therapy Symposium. Charlotte, NC: Aquatic Therapy and Rehabilitation Institute.

Sova, R. 2000. *AQUATICS: The complete reference guide for aquatics fitness professionals*. 2nd edition. Pt. Washington, WI: DSL, Ltd.

World Book. 1993. *The world book encyclopedia*. Chicago: Word Book, Inc.

capítulo 7

Equipamentos de condicionamento físico aquático

Introdução

À medida que o instrutor experiente se torna mais familiarizado com o ambiente aquático, ele irá, sem dúvida nenhuma, aprender a apreciar a versatilidade dos programas de condicionamento físico aquático. As propriedades físicas únicas da água a fazem muito mais interessante e um meio mentalmente mais desafiador para trabalhar do que sua contraparte, o ar. O equipamento aquático pode adicionar desafio ao programa. Esse equipamento aumenta o potencial do programa de hidroginástica por meio do acréscimo de opções em piscina funda (*deep-water*), treinamento de resistência, entre outros. Abra novas possibilidades eficientes de treinamento para seus alunos com equipamentos aquáticos a partir do entendimento sobre seu funcionamento.

Conceitos fundamentais

- Quais fatores devem ser considerados ao se investir em equipamentos aquáticos?
- Quais músculos são responsáveis pelos movimentos principais no exercício?
- Como a gravidade afeta o músculo que está sendo usado e o tipo de ação muscular?
- Como a viscosidade e o arrasto da água afetam a equação de uso do músculo quando submerso?
- Ao usar o equipamento de flutuação, em que direção estarão o movimento resistido e o assistido?
- Como o uso de equipamento com peso na água difere do uso de equipamento com peso em terra?
- O que é "coeficiente de arrasto"? O que afeta a intensidade do equipamento de arrasto?
- O uso de equipamento emborrachado/elástico na piscina é diferente do uso em terra?
- Como o tipo e o tamanho do equipamento de flutuação afetam o posicionamento na água?

Uma crescente variedade de equipamentos está disponível para uso em treinamento aquático. Alguns desses equipamentos são usados em condicionamento físico em terra e podem ser trazidos para o ambiente aquático, enquanto outros equipamentos são desenvolvidos especificamente para uso na água. A seguir, está uma lista parcial dos tipos gerais de equipamento usados no ambiente aquático.

- Luvas para hidroginástica (luvas "mão de pato").
- Halteres de espuma.
- Remos.
- Boia tipo espaguete (Fig. 7.1).
- Cinto de flutuação para hidroginástica.
- Flutuadores de braço ou tornozeleiras flutuantes.
- Nadadeiras – seguradas com a mão ou presas nos tornozelos ou pulsos.
- Equipamento de arrasto para segurar com a mão.
- Equipamento de arrasto preso aos membros inferiores.
- Paraquedas de arrasto.
- Bolas – bolas de praia, de polo aquático, com peso e assim por diante.
- Vários halteres para segurar com a mão.
- Pranchas de natação de espuma.
- Placas de espuma.
- Tubos e faixas emborrachados.
- Bicicletas aquáticas para *spinning*.
- Equipamento aquático de treinamento de resistência preso ao *deck*.
- Ergômetros aquáticos como esteiras, bicicletas e máquinas de esqui.
- Degraus para *step* aquático.

Antes de acrescentar um equipamento ao seu programa aquático, você deve reconhecer o objetivo dele, além de prestar atenção às questões de segurança e entender como o equipamento irá alterar os resultados de treinamento.

Principais movimentos e ações musculares

Ao considerar um equipamento para condicionamento físico, você precisa entender a ação muscular concêntrica e a excêntrica com diferentes tipos de equipamento. Na água, você precisa compreender os efeitos da gravidade, assim como os da flutuação, a viscosidade da água e a resistência do arrasto. Tenha em mente que algumas escolhas de equipamentos serão exclusivas do ambiente aquático.

Terminologia e definições

Antes de desafiar ações musculares com equipamento, é importante esclarecê-las e revisar a terminologia em diversos ambientes. A Tabela 7.1 apresenta uma revisão, além de definições e explanações para a terminologia relacionada aos músculos.

Movimento puro

Entender a ação muscular sem qualquer efeito provocado pelo ambiente é o primeiro passo para compreender o uso de equipamentos. A Tabela 2.1 pode ser usada para revisar as ações musculares básicas. O **movimento puro** é a ação muscular sem a gravidade, a água ou o equipamento (Tab. 7.2). Se você estiver no espaço sideral, não haverá impacto do ambiente e seu movimento seria causado pela contração do(s) músculo(s) que move(m) aquela articulação; isso é movimento puro (Figs. 7.2 e 7.3).

Figura 7.1 Boias tipo espaguete sendo usadas em aula.

Capítulo 7 Equipamentos de condicionamento físico aquático **115**

Tabela 7.1 Terminologia relacionada ao músculo

Agonista	O movimentador principal ou músculo principal responsável pelo movimento. O músculo que está contraindo ativamente.
Antagonista	O músculo que se opõe ao movimentador principal. Geralmente, ele cede ou relaxa para permitir que o agonista contraia.
Sinergista	Os músculos que ajudam os movimentadores principais. Movimentadores ou músculos secundários.
Ação muscular concêntrica	A ação principal de um músculo. Um músculo gerando força enquanto se encurta. Ação (movimento) dinâmica. Os filamentos de actina e miosina deslizam uns sobre os outros, encurtando a fibra muscular.
Ação muscular estática	Ação isométrica. Um músculo agindo para gerar força sem mudar o comprimento muscular. Não há mudança no ângulo articular. As fibras de actina e miosina formam pontes cruzadas e reutilizam a força produzida, mas a força é muito grande para permitir que os filamentos deslizem uns sobre os outros. Exemplos incluem: • contração estática dos músculos ao redor e no cíngulo do membro inferior para manter a posição pélvica e os alinhamentos apropriados enquanto as pernas se movem; • contração estática dos músculos ao redor da escápula para manter as escápulas para baixo e para trás enquanto os braços se movem.
Ação muscular excêntrica	Um músculo que gera força enquanto se alonga. Ação (movimento) dinâmica. Os filamentos de actina são afastados essencialmente alongando o sarcômero.
Movimento assistido	O movimento assistido se refere a qualquer parte na amplitude de movimento de um exercício que é facilitada pelas forças de gravidade ou flutuação, ou pelas propriedades de um aparato ou certa parte de um equipamento. O movimento assistido geralmente se manifesta como uma contração excêntrica. O músculo está se contraindo e alongando para controlar o movimento facilitado. Exemplos incluem: • movimento de retorno para o ponto de base quando utilizado equipamento emborrachado de resistência (assistido por equipamento); • movimento em direção ao chão ou centro da terra (ao longo do vetor de gravidade), se está sendo usado um equipamento com peso (assistido pela gravidade); • movimento em direção à superfície da água (ao longo do vetor de flutuação), ao se utilizar de equipamento flutuante (assistido pela flutuação).
Movimento resistido	O movimento resistido se refere a qualquer parte da amplitude de movimento de um exercício em que a força de resistência adicional é criada ao se mover uma carga contra as forças de gravidade ou de flutuação. Essa força também pode ser criada pelas propriedades ou pela mecânica de um aparato ou de certa parte de um equipamento. O movimento resistido geralmente se manifesta como uma contração concêntrica. O músculo está contraindo e encurtando para mover a carga. Exemplos incluem: • ação muscular que empurra o equipamento emborrachado para longe de seu ponto de base (resistido por equipamento); • ação muscular que eleva um peso para cima a partir do chão ou centro da terra ao longo do vetor de gravidade (resistido pela gravidade); • ação muscular que empurra uma parte do equipamento flutuante para baixo na direção do fundo da piscina ao longo do vetor da flutuação (resistido pela flutuação).

Movimento em terra

O movimento em terra é afetado pela atração da gravidade, um vetor vertical que atrai os corpos em direção ao centro da Terra. Qualquer movimento executado para longe do chão sofre resistência da gravidade. Qualquer movimento em direção ao chão é auxiliado pela gravidade. Uma vez que a gravidade auxilia o movimento para baixo, você emprega uma ação muscular excêntrica para abaixar um membro ou um peso na direção da terra com controle. Se você relaxar o músculo envolvido, o membro ou o peso irá apenas cair, em vez de ser movido para baixo em ritmo constante com controle. Os movimentos isotônicos realizados em terra consistem tipicamente em ações musculares concêntricas e excêntricas do mesmo músculo (Tab. 7.3).

Tabela 7.2 Exemplo de ação muscular em movimento puro: posição ereta, flexão e extensão do braço a partir do ombro

Flexão	Bíceps braquial (Fig. 7.2)	Fletir o antebraço para cima ou movê-lo saindo da posição anatômica
Extensão	Tríceps braquial (Fig. 7.3)	Estender o antebraço ou retorná-lo à posição anatômica

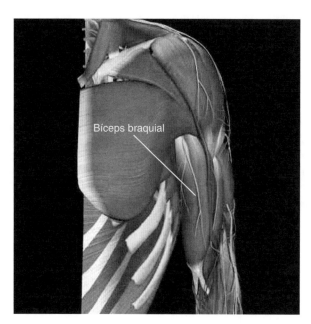

Figura 7.2 Localização do músculo bíceps braquial.

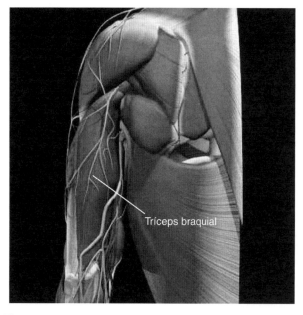

Figura 7.3 Localização do músculo tríceps braquial.

Movimento submerso

O movimento submerso é afetado pelas condições ambientais impostas pela água. Como mencionado no Capítulo 6, a principal força que afeta o movimento na água é a viscosidade e o arrasto. A água envolve você e afeta o movimento em todas as direções, de modo que todo movimento na água, em todos os planos, sofre resistência. Contrações em ambos os músculos em um par muscular são exigidas para flexionar e estender um membro, de maneira que a ação muscular é concêntrica para ambos os músculos do par (Tab. 7.4).

A Tabela 7.5 mostra um resumo das ações musculares – movimento puro, em terra e submerso – envolvidas em exercícios comuns.

Tipos de equipamento aquático e ações musculares

Antes de escolher um equipamento para incorporar em seus programas aquáticos, você deve entender como os vários tipos de equipamento afetam a ação muscular. O uso apropriado do equipamento envolve o entendimento de sua função, seu objetivo, suas limitações e propriedades, seus fatores de segurança e sua biomecânica.

O equipamento aquático se divide em cinco categorias gerais:

- flutuante (que proporciona resistência ao exercício);
- de arrasto;
- com peso;
- emborrachado;
- de flutuação (que auxilia o aluno a flutuar adequadamente).

É importante considerar os movimentos **assistido** e **resistido**, as relações entre os músculos agonistas e antagonistas, os tipos de contrações musculares e o efeito de cada tipo de equipamento em movimentos de uma ou múltiplas articulações.

Tabela 7.3 Exemplo de ação muscular em terra sob a gravidade: posição ereta, flexão e extensão do braço a partir do cotovelo

Flexão	Bíceps braquial	Ação muscular concêntrica
Extensão	Bíceps braquial	Ação muscular excêntrica

Tabela 7.4 Exemplo de ação muscular em movimento submerso: posição ereta, flexão e extensão do braço a partir do cotovelo

Flexão	Bíceps braquial	Ação muscular concêntrica
Extensão	Tríceps braquial	Ação muscular concêntrica

Tabela 7.5 Ações musculares para exercícios comuns para movimento puro, movimento em terra e movimento submerso

Exercício	Movimento puro	Movimento em terra	Movimento submerso
Rosca de bíceps			
Flexão do antebraço	Bíceps braquial	Bíceps braquial concêntrico	Bíceps braquial concêntrico
Extensão do antebraço	Tríceps braquial	Bíceps braquial excêntrico	Tríceps braquial concêntrico
Rosca de perna			
Flexão da parte inferior da perna	Isquiotibiais	Isquiotibiais concêntricos	Isquiotibiais concêntricos
Extensão da parte inferior da perna	Quadríceps	Isquiotibiais excêntricos	Quadríceps concêntricos
Elevação lateral de braço			
Abdução do braço	Deltoide	Deltoide concêntrico	Deltoide concêntrico
Adução do braço	Latíssimo do dorso	Deltoide excêntrico	Latíssimo do dorso concêntrico
Elevação lateral da perna			
Abdução da perna	Abdutores	Abdutores concêntricos	Abdutores concêntricos
Adução da perna	Adutores	Abdutores excêntricos	Adutores concêntricos
Adução e abdução transversas do braço			
Adução transversa	Peitoral e deltoide anterior	Principalmente, deltoides isométricos para manter o braço elevado na altura do ombro	Peitoral e deltoide anterior concêntricos
Abdução transversa	Deltoide posterior, infraespinal e redondo menor	Principalmente, deltoides isométricos para manter o braço elevado na altura do ombro	Deltoide posterior, infraespinal e redondo menor concêntricos
Elevação frontal do braço			
Flexão do braço	Deltoide anterior, peitoral e bíceps braquial	Deltoide anterior, peitoral e bíceps braquial concêntricos	Deltoide anterior, peitoral e bíceps braquial concêntricos
Extensão do braço	Deltoide posterior, latíssimo do dorso e tríceps braquial	Deltoide anterior, peitoral e bíceps braquial excêntricos	Deltoide posterior, latíssimo do dorso e tríceps braquial concêntricos
Chute frontal com perna estendida			
Flexão da perna	Iliopsoas e reto femoral	Iliopsoas e reto femoral concêntricos	Iliopsoas e reto femoral concêntricos
Extensão da perna	Glúteo máximo e isquiotibiais	Iliopsoas e reto femoral excêntricos	Glúteo máximo e isquiotibiais concêntricos

Equipamento flutuante

O equipamento flutuante é específico para o ambiente aquático. Ele é composto de um material de densidade parecida com espuma de célula fechada que flutua na água, ou é preenchida com ar, como uma bola (Figs. 7.4 a 7.6). Embora seja leve em terra, esse tipo de equipamento pode criar uma grande quantidade de resistência na água. Ele interage com as forças de flutuação. Sabemos que o vetor de flutuação é vertical, aponta para cima e que a flutuabilidade afeta o movimento em direção à superfície e ao fundo da piscina. Qualquer movimento em direção ao fundo da piscina com um objeto flutuante é de flutuação resistida e geralmente uma ação muscular concêntrica. Esse movimento vai contra a tendência dos objetos de flutuar ou serem suportados pela flutuabilidade da água. Qualquer movimento em direção à superfície da água é assistido pela flutuabilidade e geralmente uma ação muscular excêntrica. O músculo precisa gerar força à medida que alonga no sentido de controlar o movimento para cima, que é facilitado pela flutuabilidade (Tab. 7.6).

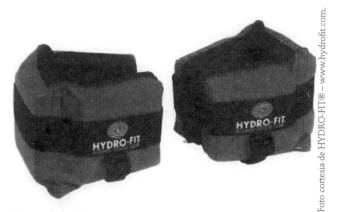

Figura 7.5 Flutuadores de braço ou tornozelos.

Figura 7.4 Halteres de espuma.

Figura 7.6 Bola.

Tabela 7.6 Exemplo de ação muscular na água com equipamento flutuante: posição ereta, flexão e extensão do braço a partir do cotovelo

Flexão	Tríceps braquial	Ação muscular excêntrica assistida pela flutuação
Extensão	Tríceps braquial	Ação muscular concêntrica resistida pela flutuação

Equipamento com peso

A ação muscular para resistência com peso na água é muito semelhante àquela exercida em terra. O equipamento com peso afunda na água e é influenciado pelas forças de gravidade (Figs. 7.7 e 7.8). O vetor de gravidade, como o de flutuação, é vertical, mas aponta para baixo em vez de para cima. Embora os efeitos da gravidade sejam reduzidos na água, contanto que a resistência com peso seja mais densa que a água e afunde, ela será afetada pela gravidade. Qualquer movimento executado para cima, contra as forças da gravidade, é resistido pela gravidade e geralmente cria uma ação muscular concêntrica; qualquer movimento executado para baixo é assistido pelas forças de gravidade e geralmente cria uma ação muscular excêntrica (Tab. 7.7). Quando comparadas, as ações musculares com flutuação e com peso são opostas entre si.

Os equipamentos com peso e os flutuantes se complementam bem na elaboração de programas. É difícil treinar os músculos deltoide, abdutores, iliopsoas e eretores da coluna vertebral, por exemplo, com um equipamento flutuante, a não ser que você assuma posições inviáveis ou se arrisque a lesionar a região lombar. A maioria dos movimentos desses grupos musculares é assistida pela flutuabilidade e trabalha principalmente como antagonista. O uso de equipamento com peso trabalha esses músculos sem problema. Por outro lado, é difícil exercitar os músculos adutores, latíssimo do dorso, abdominal e glúteo máximo estando na água com pesos. O uso de equipamentos flutuantes trabalha esses grupos musculares com facilidade. Mais uma vez, é muito importante que você planeje seu programa de resistência na água se você vai usar equipamento. O equipamento com peso deve ser cuidadosamente supervisionado e monitorado se for usado em piscina funda.

Equipamento de arrasto

O equipamento de arrasto satisfaz a equação de equilíbrio muscular de forma mais simples do que se for usada a resistência com peso ou a flutuante. A introdução desse tipo de equipamento simplesmente aumenta as forças de arrasto da água (Figs. 7.9 a 7.11). A equação muscular se

Figura 7.7 Pesos para tornozelo.

Figura 7.8 Halteres.

torna a mesma que a equação para se mover na água sem uso de equipamento; entretanto, a força de resistência foi aumentada. Você estará usando principalmente contrações concêntricas com todas as direções de movimento.

Tabela 7.7 Exemplo de ação muscular na água com equipamento com peso: posição ereta, flexão e extensão do braço a partir do cotovelo

Flexão	Bíceps braquial	Ação muscular concêntrica resistida pela gravidade
Extensão	Bíceps braquial	Ação muscular excêntrica assistida pela gravidade

O equipamento de arrasto geralmente aumenta a área de superfície ou a turbulência a fim de criar resistência adicional para a ação muscular. Esse equipamento pode ser desajeitado e, na verdade, reduzir o potencial da amplitude total de movimento em decorrência do aumento da área de superfície. O posicionamento do corpo pode precisar ser ajustado para acomodar o equipamento. Apesar dessas desvantagens, o equipamento de arrasto é geralmente preferido pelos instrutores/treinadores, assim como pelos participantes da aula. O movimento e as forças de resistência parecem mais consistentes com o movimento natural na água (Tab. 7.8).

Um conceito importante a ser notado em relação ao vetor direcional da força de arrasto é que o arrasto sempre se opõe à direção do movimento. Diferentemente das forças de flutuação e de gravidade, que sempre têm vetores de força verticais, a força de arrasto pode ser em qualquer direção, dependendo do movimento realizado no exercício. A quantidade de resistência criada por uma peça de equipamento de arrasto é baseada em área frontal de resistência, forma, rapidez ou velocidade do movimento, e em turbulência e densidade do meio.

Figura 7.9 Luvas para hidroginástica (luvas "mão de pato").

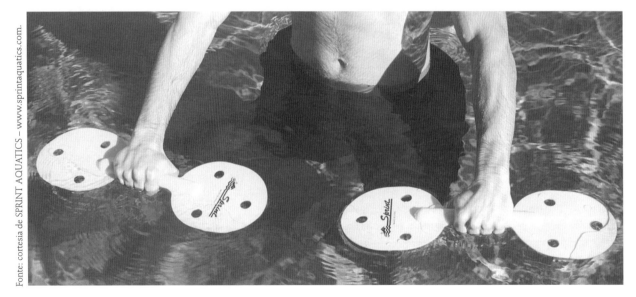

Figura 7.10 Remos.

Tabela 7.8 Exemplo de ação muscular na água com equipamento de arrasto: posição ereta, flexão e extensão do braço a partir do cotovelo

Flexão	Bíceps braquial	Ação muscular concêntrica resistida pela água
Extensão	Tríceps braquial	Ação muscular concêntrica resistida pela água

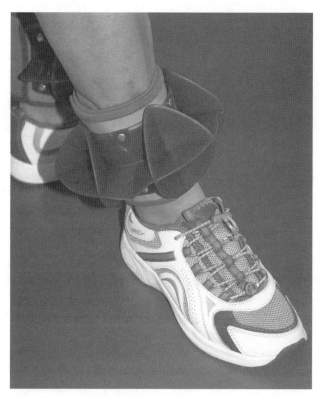 

Figura 7.11 a) Treinadores de perna hidrorresistentes se prendem ao tornozelo e proporcionam resistência de arrasto adicional. b) Treinadores de braço hidrorresistentes são segurados pela mão e fornecem resistência de arrasto adicional.

Estudos

Muitos praticantes acreditam que o movimento na água com equipamento de arrasto produz exclusivamente ações musculares concêntricas. Um estudo de pesquisa conduzido no Brasil investigou o tipo de ação muscular que ocorre ao se realizar flexão e extensão do quadril com equipamento aquático de arrasto nos tornozelos (Alberton et al., 2006). A eletromiografia indicou que a ação muscular excêntrica estava presente no exercício com movimento contínuo. Acredita-se que o movimento contínuo cria uma atividade turbulenta na água, assim como a necessidade de ação muscular excêntrica para desacelerar o movimento a fim de poder reverter rapidamente a direção (de flexão para extensão ou extensão para flexão). O estudo indicou que o movimento contínuo com uso de equipamento de arrasto no ambiente aquático com mudança de direção causando fluxo turbulento pode aumentar a quantidade de ação excêntrica no músculo antagonista, enquanto a ação principal do agonista permanece basicamente excêntrica.

Explanação do conceito

- Flexão da perna a partir do quadril (chute para a frente, perna estendida) – o músculo agonista é o reto femoral no grupo quadríceps; fundamentalmente uma ação muscular concêntrica.

- À medida que a perna atinge o ápice do chute, os isquiotibiais (antagonistas) disparam excentricamente para tornar o movimento mais lento para que a perna possa parar e mudar rapidamente de direção.

- Extensão da perna a partir do quadril – o músculo agonista é o grupo dos isquiotibiais; fundamentalmente uma ação muscular concêntrica.

- À medida que a perna atinge o final do chute, o reto femoral no quadríceps (antagonista) dispara excentricamente para tornar mais lento o movimento para que a perna possa parar e mudar de direção rapidamente.

O **coeficiente de arrasto** de uma peça de equipamento varia de acordo com sua forma. Uma placa quadrada tem um coeficiente de arrasto de 1,00; uma circular, 1,15; um copo esférico virado para a frente, 1,40; uma coluna cilíndrica virada para a frente, 2,30; uma coluna vertical virada para trás, 1,20 (Fig. 7.12). Esses valores numéricos de coeficiente de arrasto indicam relativa dificuldade da respectiva forma para serem movidas pela água (i. e., um cilindro virado para a frente seria mais difícil de mover do que um copo esférico virado para trás). Esses valores relativos presumem que todos os objetos possuem a mesma área projetada.

A força de arrasto varia linearmente com e proporcionalmente à área projetada do objeto. Se você seleciona uma peça de equipamento com o dobro de área da outra, ela fornecerá duas vezes o arrasto. No mesmo sentido, uma peça de equipamento que é três vezes a área da outra fornece três vezes o arrasto.

A **velocidade relativa**, ou o quão rápido o objeto se move pela água, é o fator mais significativo em relação à força de arrasto em virtude do "termo ao quadrado". Se você dobrar a velocidade do movimento, a força aumenta em um fator de quatro. Da mesma forma, se você triplicar a velocidade do movimento, a força aumenta em um fator de nove.

Pelo fato de a velocidade de movimento ser um componente tão significativo na força de arrasto total, os instrutores acham difícil ordenar que todos os alunos participem dos movimentos na mesma velocidade. Na maioria dos casos, o aluno pode ser o que determina sua velocidade de movimento apropriada. A regulação da velocidade ditada pela rapidez da música em batidas por minuto trabalhará teoricamente apenas com alunos de mesmo nível de condicionamento físico e habilidade e, assim, requer um programa cuidadoso de padrões e transições de movimento, assim como de variações para diferentes habilidades.

A turbulência também afeta a utilização de equipamento de arrasto. Redemoinhos, vácuos e outras irregularidades de fluxo fazem com que a força de arrasto aumente tremendamente. A matemática requerida para ilustrar os efeitos da turbulência está muito além do escopo deste texto, mas você deve saber que a rugosidade de superfície, as irregularidades de superfície, o perfil de superfície e os buracos e fendas, todos contribuem para a turbulência.

Um exemplo de uma das mais populares peças de equipamento de arrasto é a luva para hidroginástica (luva "mão de pato"). Essas luvas são usadas para aumentar o arrasto das mãos e dos braços através da água, aumentando assim a resistência e a carga de trabalho para o tronco. Essas luvas vêm em uma variedade de formas, tamanhos e materiais. O tipo de material da qual a luva é feita afetará seu arrasto. Um tipo de material mais poroso, como a *lycra*, permite que mais água passe pela luva e não será tão intenso como uma luva de neoprene ou de borracha. Você deve escolher o tipo de luvas mais adequado para seus alunos.

Todo equipamento, seja ele com peso, flutuante ou emborrachado, aumentará as forças de arrasto em algum grau porque cria uma área maior de superfície do que apenas nossos membros ou nosso corpo. Quando você se move com equipamento com peso ou flutuante pela água, as propriedades de arrasto produzem resistência adicional. Embora a contribuição do arrasto possa ser mínima, ainda deve ser algo a se considerar.

O equipamento de arrasto pode ser usado por todo corpo, assim como para exercícios cardiorrespiratórios (Tab. 7.9). Paraquedas de arrasto usado em terra para corrida também pode ser usado na água para criar resistência. Um paraquedas menor é geralmente usado na água. Coletes de arrasto utilizados em natação podem facilmente ser adaptados para o exercício vertical. Se um aluno é muito condicionado fisicamente ou está treinando para certo esporte de resistência, considere a incorporação do equipamento de arrasto de resistência para aumentar os resultados do treinamento cardiorrespiratório.

Placa quadrada
Coef. de arrasto de 1,00

Placa circular
Coef. de arrasto de 1,15

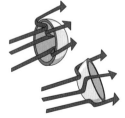

Copos esféricos
Virados para a frente —
Coef. de arrasto de 1,40
Virados para trás —
Coef. de arrasto de 1,20

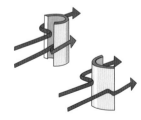

Colunas cilíndricas
Viradas para a frente —
Coef. de arrasto de 2,30
Viradas para trás —
Coef. de arrasto de 1,20

Figura 7.12 Coeficiente de arrasto (coef.).

Tabela 7.9 Ações musculares para exercícios comuns com o uso de equipamento flutuante, com peso e de arrasto

Exercício	Equipamento flutuante	Equipamento com peso	Equipamento de arrasto
Rosca de bíceps			
Flexão do antebraço	Tríceps braquial excêntrico	Bíceps braquial concêntrico	Bíceps braquial concêntrico
Extensão do antebraço	Tríceps braquial concêntrico	Bíceps braquial excêntrico	Tríceps braquial concêntrico
Rosca de perna			
Flexão da parte inferior da perna	Quadríceps excêntrico	Isquiotibiais concêntricos	Isquiotibiais concêntricos
Extensão da parte inferior da perna	Quadríceps concêntrico	Isquiotibiais excêntricos	Quadríceps concêntricos
Elevação lateral de braço			
Abdução do braço	Latíssimo do dorso excêntrico	Deltoide concêntrico	Deltoide concêntrico
Adução do braço	Latíssimo do dorso concêntrico	Deltoide excêntrico	Latíssimo do dorso concêntrico
Elevação lateral da perna			
Abdução da perna	Adutores excêntricos	Abdutores concêntricos	Abdutores concêntricos
Adução da perna	Adutores concêntricos	Abdutores excêntricos	Adutores concêntricos
Adução e abdução transversas do braço			
Adução transversa	Principalmente, latíssimo do dorso e parte ascendente do trapézio isométricos para manter a flutuabilidade sob a água. Peitoral e deltoide anterior concêntricos pela resistência de arrasto	Principalmente, deltoides isométricos para manter o braço elevado na altura do ombro. Peitoral e deltoide anterior concêntricos pela resistência de arrasto	Peitoral e deltoide anterior concêntricos
Abdução transversa	Principalmente, latíssimo do dorso e parte ascendente do trapézio isométricos para manter a flutuabilidade sob a água. Deltoide posterior, infraespinal e redondo menor concêntricos pela resistência de arrasto	Principalmente, deltoides isométricos para manter o braço elevado na altura do ombro. Deltoide posterior, infraespinal e redondo menor concêntricos pela resistência de arrasto	Deltoide posterior, infraespinal e redondo menor concêntricos
Elevação frontal do braço			
Flexão do braço	Deltoide posterior, latíssimo do dorso e tríceps braquial excêntricos	Deltoide anterior, peitoral e bíceps braquial concêntricos	Deltoide anterior, peitoral e bíceps braquial concêntricos
Extensão do braço	Deltoide posterior, latíssimo do dorso e tríceps braquial concêntricos	Deltoide anterior, peitoral e bíceps braquial excêntricos	Deltoide posterior, latíssimo do dorso e tríceps braquial concêntricos
Chute frontal com perna estendida			
Flexão da perna	Glúteo máximo e isquiotibiais excêntricos	Iliopsoas e reto femoral concêntricos	Iliopsoas e reto femoral concêntricos
Extensão da perna	Glúteo máximo e isquiotibiais concêntricos	Iliopsoas e reto femoral excêntricos	Glúteo máximo e isquiotibiais concêntricos

Equipamento emborrachado

A ação muscular criada pelo equipamento emborrachado é virtualmente a mesma, sem levar em conta o ambiente. Qualquer ação muscular que se afaste do ponto de base é resistida e concêntrica; qualquer ação muscular em direção ao ponto de base é assistida e excêntrica. O equipamento emborrachado é geralmente composto por faixas ou tubos (Figs. 7.13 e 7.14). A posição do ponto de base determina o grupo muscular que está sendo trabalhado. No exemplo dado na Tabela 7.10, se você ancorar ou prender a faixa mais baixo que o cotovelo, você trabalha o bíceps braquial concêntrica e excentricamente. Se você ancorar a faixa mais alto que o cotovelo, a flexão e a extensão do cotovelo trabalharão o tríceps braquial excêntrica e concentricamente.

Muitos tipos de equipamento emborrachado foram criados, incluindo faixas e tubos com alças, correias e meios de ancorar o equipamento com seu próprio corpo ou algum local externo (porta, *deck* da piscina, um companheiro; Tab. 7.11). O equipamento emborrachado tem preço razoável, é compacto e fácil de transportar. Com o tempo, esse tipo de equipamento irá se romper pela exposição aos produtos químicos e ao sol; ele deve ser inspecionado frequentemente a fim de preservar a segurança dos alunos.

Equipamento de flutuação (mistos com objetivo específico)

O **equipamento de flutuação** geralmente não é usado para aumentar a resistência; em vez disso é usado principalmente para criar a **flutua**ção **neutra**. Há muitos tipos de cintos de flutuação disponíveis para o uso em piscina funda.

Os participantes da aula necessitam de algum tipo de flutuação neutra para ajudar a manter o alinhamento ver-

Figura 7.13 Tornozeleiras.

Figura 7.14 Tubos emborrachados.

Tabela 7.10 Exemplo de ação muscular na água com equipamento emborrachado: posição ereta, flexão e extensão do braço a partir do cotovelo

Ancoragem baixa, abaixo do cotovelo		
Flexão	Bíceps braquial	Ação muscular concêntrica resistida afastando-se do ponto de base
Extensão	Bíceps braquial	Ação muscular excêntrica assistida em direção ao ponto de base
Ancoragem alta, acima do cotovelo		
Flexão	Tríceps braquial	Ação muscular excêntrica assistida em direção ao ponto de base
Extensão	Tríceps braquial	Ação muscular concêntrica resistida afastando-se do ponto de base

Capítulo 7 Equipamentos de condicionamento físico aquático

Tabela 7.11 Ações musculares para exercícios comuns usando equipamento emborrachado

Exercício e movimento	Ancoragem	Ancoragem
Rosca de bíceps	Alta	Baixa
Flexão do antebraço	Tríceps braquial excêntrico	Bíceps braquial concêntrico
Extensão do antebraço	Tríceps braquial concêntrico	Bíceps braquial excêntrico
Rosca de perna	Na frente	Atrás
Flexão da parte inferior da perna	Isquiotibiais concêntricos	Quadríceps excêntrico
Extensão da parte inferior da perna	Isquiotibiais excêntricos	Quadríceps concêntrico
Elevação lateral do braço	Alta	Baixa
Abdução do braço	Latíssimo do dorso excêntrico	Deltoide concêntrico
Adução do braço	Latíssimo do dorso concêntrico	Deltoide excêntrico
Elevação lateral da perna	Medial	Lateral
Abdução da perna	Abdutor concêntrico	Adutor excêntrico
Adução da perna	Abdutor excêntrico	Adutor concêntrico
Adução e abdução transversal do braço	Na frente	Atrás
Adução transversal	Deltoide posterior, infraespinal e redondo menor excêntricos	Peitoral e deltoide anterior concêntricos
Abdução transversal	Deltoide posterior, infraespinal e redondo menor concêntricos	Peitoral e deltoide anterior excêntricos
Elevação frontal do braço	Na frente	Atrás
Flexão do braço	Deltoide posterior, latíssimo do dorso e tríceps braquial excêntricos	Deltoide anterior, peitoral e bíceps braquial concêntricos
Extensão do braço	Deltoide posterior, latíssimo do dorso e tríceps braquial concêntricos	Deltoide anterior, peitoral e bíceps braquial excêntricos
Chute à frente	Na frente	Atrás
Flexão da perna	Glúteo máximo e isquiotibiais excêntricos	Iliopsoas e reto femoral concêntricos
Extensão da perna	Glúteo máximo e isquiotibiais concêntricos	Iliopsoas e reto femoral excêntricos

tical em exercícios em piscina funda. A flutuação neutra mantém a cabeça do indivíduo acima da água, de forma que vários grupos musculares podem ser isolados e exercitados. Ele poderá utilizar o cinto de flutuação enquanto usa nadadeiras de arrasto nas mãos ou nos tornozelos em exercícios em piscina funda. Os cintos de flutuação (Fig. 7.15) também podem ser usados com tornozeleiras e halteres flutuantes. O equipamento de flutuação pode ser usado para programas de alongamento e relaxamento, permitindo liberdade de movimento em piscina funda e rasa. Às vezes, o equipamento flutuante de resistência é usado para flutuação — por exemplo, o uso de halteres de espuma enquanto o aluno está em decúbito dorsal para fazer abdominais *crunch*. Nesse caso, os halteres são usados mais para manter a flutuação neutra do que para a resistência.

O tipo e tamanho do equipamento de flutuação podem afetar o posicionamento na água. Se um cinto com uma peça traseira grande é colocado em uma pessoa com excesso de gordura subcutânea na parte posterior do corpo, a flutuabilidade adicional pode causar uma cambalhota para a frente, o que torna difícil manter o alinhamento vertical. Se um cinto tem segmentos móveis de flutuação, experimente a colocação ao redor do corpo para encontrar o local mais confortável e funcional. A composição corporal, especialmente depósitos de gordura e densidade muscular, afeta o posicionamento e o uso de equipamento de flutuação. Esteja atento sobre como o cinto deve ser ajustado para se adequar ao tamanho do aluno.

Sempre deixe seus alunos experimentarem o equipamento e praticarem ficar na vertical em piscina rasa antes de ir para a piscina mais funda. Veja o Capítulo 10 para in-

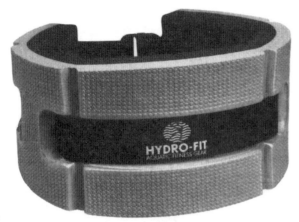

Figura 7.15 Cintos de flutuação.

formação mais detalhada sobre equipamento e recuperação vertical em piscina funda. Evite pular na piscina enquanto está usando um equipamento; em vez disso sente-se na lateral da piscina, coloque o equipamento e, então, deslize da borda para dentro da piscina, ou entre a partir de degraus, da escada ou de rampa. Ensine o uso seguro do equipamento tanto na piscina quanto no *deck*. Ao trabalhar com não nadadores em piscina funda, tenha certeza de que o equipamento de flutuação esteja preso ao tronco (cinto ou colete); o indivíduo também deve estar confortável com a água acima de sua cabeça e ser capaz de recuperar a posição vertical.

Tabela resumida para ações musculares

A Tabela 7.12 é um resumo das ações musculares para rosca de braço em pé. Essa tabela combina informações de tabelas prévias neste capítulo para ajudá-lo a ver melhor a figura inteira da ação muscular. É impressionante que o mesmo movimento – flexão e extensão a partir do cotovelo – resulte em diferentes envolvimentos e ações musculares, dependendo do ambiente e do tipo de equipamento. Embora possa levar tempo para entender completamente as ações musculares e o uso de equipamento na água, é imperativo ter em conta essa informação para que saiba o resultado de cada movimento para o benefício dos alunos de sua aula.

Seleção e compra de equipamento de condicionamento físico aquático

O equipamento traz variedade e oportunidades adicionais de treinamento para seu programa de condicionamento físico (Fig. 7.16). Antes de se decidir por investir em equipamentos, há vários fatores a se considerar. Pesquise opções de equipamentos para determinar o que funciona melhor em sua piscina e com seu público. Considere esses fatores antes de investir em equipamentos para seus programas aquáticos.

- Qual o objetivo do equipamento? Você precisa de equipamento para ajudar em alongamentos, aumentar força muscular ou alcançar flutuação neutra? Considere para quê você vai usar o equipamento antes de comprar. O equipamento é feito para um exercício ou há vários exercícios que podem ser executados com uma única peça de equipamento? O equipamento pode ser usado em vários tipos de formatos de aula? Esteja certo de que o equipamento selecionado pode ser usado para atingir o objetivo pretendido do treinamento.

- Quem usará o equipamento? Considere que tipo de população que você irá treinar e se o equipamento escolhido será seguro e efetivo para aquele grupo. Ele pode ser segurado confortavelmente? Pode ser colocado e removido facilmente? Pode ser movido e manipulado por seus alunos? O nível de intensidade criado pelo equipamento será apropriado?

- Você pode armazenar e transportar o equipamento facilmente? Você tem um lugar bem ventilado próximo à

Figura 7.16 Há muitos tipos diferentes de equipamento aquático para compra. Quais são adequados à sua instituição?

Tabela 7.12 Tabela resumida para ações musculares

Ambiente / equipamento	Músculo	Ação muscular	Resistida ou assistida
Movimento puro			
Flexão	Bíceps braquial		
Extensão	Tríceps braquial		
Em terra, sem equipamento			
Flexão	Bíceps braquial	Concêntrica	Resistida pela gravidade
Extensão	Bíceps braquial	Excêntrica	Assistida pela gravidade
Submerso, sem equipamento			
Flexão	Bíceps braquial	Concêntrica	Resistida pela água
Extensão	Tríceps braquial	Concêntrica	Resistida pela água
Equipamento flutuante			
Flexão	Tríceps braquial	Excêntrica	Assistida pela flutuação
Extensão	Tríceps braquial	Concêntrica	Resistida pela flutuação
Equipamento com peso			
Flexão	Bíceps braquial	Concêntrica	Resistida pela gravidade
Extensão	Bíceps braquial	Excêntrica	Assistida pela gravidade
Equipamento de arrasto			
Flexão	Bíceps braquial	Concêntrica	Resistida pela água
Extensão	Tríceps braquial	Concêntrica	Resistida pela água
Equipamento emborrachado com ancoragem baixa			
Flexão	Bíceps braquial	Concêntrica	Resistida pela borracha
Extensão	Bíceps braquial	Excêntrica	Assistida pela borracha
Equipamento emborrachado com ancoragem alta			
Flexão	Tríceps braquial	Excêntrica	Assistida pela borracha
Extensão	Tríceps braquial	Concêntrica	Resistida pela borracha

piscina onde o equipamento pode ser guardado? Muitas piscinas têm áreas limitadas de *deck* e de armazenamento. Alguns equipamentos são volumosos ou devem ser pendurados para secar. Você pode colocar o equipamento em um lugar seguro para prevenir que alguém o manuseie da forma errada? Você pode transportar o equipamento facilmente para a área da piscina? Muitos fornecedores de equipamento vendem malas, cavaletes, armários ou caixas para guardar o equipamento aquático e deixá-lo seguro. Considere o preço de armazenamento quando comprar o equipamento.

- O equipamento é durável e relativamente livre de manutenção? Quanto tempo o equipamento dura? Você precisará comprar peças de reposição? Qual é o custo

do equipamento em relação à estimativa de vida do produto? Você terá verba adicional para repor ou comprar peças para o equipamento? O equipamento vem com garantia?

- Você pode testar o equipamento antes de comprar? É sempre uma boa ideia testar antes de comprar. Testar o equipamento pode revelar vantagens ou desvantagens para o uso daquele equipamento em particular para treinamento em sua aula ou em sua instituição.

- O equipamento pode ser usado de forma segura e efetiva em seu ambiente de piscina? O equipamento pode ser usado com seu declive de piscina, fundo de piscina e espaço de exercício do aluno? A adição de equipamento requer mais espaço por aluno. Se você tem uma piscina pequena, você pode ter que reduzir o número de alunos que você permite em uma aula com equipamento. As temperaturas de sua piscina e do ar são apropriadas para o uso de equipamento? Há tração adequada para o uso do equipamento?

- O equipamento trará alunos adicionais para sua aula? O equipamento se pagará por fornecer verba adicional pelo recrutamento de alunos ou pelo aumento da retenção deles aos seus programas de condicionamento físico aquático? O equipamento terá um impacto financeiro positivo?

Pode haver considerações adicionais sobre a compra de equipamentos, incluindo o orçamento disponível. É sempre uma decisão prudente comprar de um fabricante de boa reputação em vez de fazer ou adaptar seu próprio equipamento. Pode haver questões de viabilidade associadas ao equipamento feito em casa ou alterado. O guia de compra de equipamento aquático lhe ajudará a fazer boas escolhas.

Guia de compra de equipamento aquático

- ☐ Qual o objetivo da aula ou do exercício?
- ☐ O equipamento considerado atende ao objetivo?
- ☐ Qual a média de nível de condicionamento físico do grupo de alunos ou do indivíduo?
- ☐ O equipamento será apropriado para o público-alvo?
- ☐ O equipamento é essencial para o desenvolvimento de um novo programa?
- ☐ O equipamento é essencial para a expansão de um programa em curso?
- ☐ O equipamento é vital para a manutenção dos membros afiliados ao programa?
- ☐ Liste todos os potenciais usos do equipamento.
- ☐ Qual o custo do equipamento? Haverá custos adicionais de transporte ou impostos?
- ☐ Qual o ritmo estimado de retorno da compra? (p. ex., quantos novos membros você precisará ter para pagar pelo equipamento?)
- ☐ Qual o seu prazo estimado para resgatar o investimento?
- ☐ Há armazenamento adequado disponível e um meio de transportar o equipamento?
- ☐ Qual a estimativa de vida útil do equipamento? Quando terá que ser reposto?
- ☐ Qual seu custo por mês ou ano para reposição ou reparo?
- ☐ Você será capaz de testar o equipamento antes de comprá-lo?
- ☐ Quais efeitos (positivo, negativo ou neutro) as seguintes condições da piscina têm sobre o desempenho do equipamento?

  - Espaço da piscina.
  - Profundidade da piscina.
  - Declive da piscina.
  - Fundo/superfície da piscina.
  - Temperatura da água.
  - Temperatura do ar.
  - Espaço/capacidade de manobrar do *deck*.

Resumo

1. Muitos fatores devem ser considerados ao se decidir comprar um equipamento para condicionamento físico aquático. Use o guia de compra de equipamento aquático para avaliar objetivamente o equipamento proposto antes de abordar a gerência com uma requisição de compra ou submeter pessoalmente uma ordem de compra.

2. Torne-se familiarizado com o ambiente aquático e suas propriedades únicas, desse modo você usará movimentos e atividades apropriados para equipamentos baseados em água (em vez de baseados em terra) para um treino efetivo, que produzirá resultados positivos e manterá seus alunos satisfeitos e querendo voltar.

3. Procure aprender e entender as propriedades e ação musculares do equipamento de exercícios aquáticos para que você possa entender o objetivo e os resultados de cada movimento executado.

Questões para revisão

1. Liste cinco fatores a se considerar ao selecionar e comprar um equipamento aquático.

2. Quando o movimento é facilitado pelas propriedades do equipamento, ele é considerado um movimento _____.

3. Ao se executar uma rosca de perna em pé em terra, a flexão do joelho é uma ação _____ dos músculos isquiotibiais, e a extensão é uma ação _____ dos músculos isquiotibiais.

4. Ao se executar um chute frontal na água, a flexão do quadril é uma ação _____ do músculo iliopsoas, e a extensão é uma ação _____ do músculo glúteo máximo.

5. Ao incorporar equipamento de arrasto, uma elevação lateral de braço é (resistida ou assistida) para cima e (resistida ou assistida) para baixo.

6. Descreva como o ponto de ancoragem afeta o uso muscular ao trabalhar com equipamento emborrachado.

7. Ao se exercitar na água, você precisa entender apenas o efeito da flutuação porque a gravidade não é mais um fator que influencia o movimento. Verdadeiro ou falso?

8. _____ é a ação muscular que independe de fatores ambientais, incluindo gravidade, água e equipamento.

9. Ao usar o equipamento de flutuação, é difícil atingir os _____, a não ser que você assuma posições inviáveis.

   a. latíssimo do dorso, adutores do quadril e glúteos;

   b. deltoides, abdutores do quadril e iliopsoas.

10. Todo equipamento, se não for de peso, flutuante ou emborrachado, aumentará a _____ em algum grau porque cria uma maior área de superfície.

Ver as respostas a estas questões no Apêndice C.

Bibliografia

Alberton, C.L., LovisBlack, G., PinheiroVendrusculo, A., Brentano, M.A., Borges Jr., N.G., e L.F.M. Kruel. 2006. *Muscle activation in water exercise:agonist and antagonist action with or without resistive equipment*. Laboratório de Pesquisa do Exercício-GPAT-ESEF-UFRGS, Porto Alegre, Brasil e UDESC/Laboratório de Biomecânica, Florianópolis, Brasil.

Kuethe, A. E C. Chow. 1997. *Foundations in aerodynamics*. 5th edition. Indianapolis: John Wiley and Sons Publishers.

Lindle, J. 2002. *Aquatic personal trainer manual*. 2nd edition. Nokomis, FL: Aquatic Exercise Association.

Sova, R. 2000. *AQUATICS: the complete reference guide for aquatic fitness professionals*. 2nd edition. Pt. Washington, WI: DSL, Ltd.

Wholers, B., K. Shreeves, B. Shuster, D. Richardson e J. De La Torre. 1991. *PADI adventures in diving: advanced training for open water divers*. Revides edition. Rancho Santa Margarita, CA: PADI Americas.

capítulo **8**

Elaboração de programas e liderança em hidroginástica

Introdução

Neste capítulo, discutiremos as recomendações básicas para o desenvolvimento dos componentes de um programa de condicionamento físico aquático que seja pertinente tanto ao exercício em grupo quanto ao treinamento individualizado. Consideraremos vários formatos de aula, enfatizando a versatilidade do exercício na água. As técnicas de orientação, as habilidades transicionais e a metodologia de liderança segura são de grande importância – todos esses aspectos serão abordados neste capítulo. Adicionalmente, olharemos os movimentos de hidroginástica de alto risco e as qualificações para a liderança de condicionamento físico em grupo.

Conceitos fundamentais

- Quais os três componentes inerentes a um treino de condicionamento físico aquático?

- Quais são as principais diferenças em formatos de aula de hidroginástica?

- Por que os instrutores devem ensinar com forma e alinhamento apropriados?

- Quais são as diferenças entre orientação audível, visual e tátil?

- Quais são os exemplos de transições básica, intermediária e avançada?

- O uso de alto impacto a partir do *deck* para dar aula é a única opção para um instrutor de exercícios aquáticos?

- Quais movimentos em condicionamento físico aquático são considerados de alto risco e ineficazes?

- Quais qualidades os empregadores procuram ao contratarem instrutores de condicionamento físico aquático?

Componentes da aula

Não importa se a aula de hidroginástica é em piscina rasa ou funda, de natureza aeróbia ou de força, elaborada para crianças, adultos ou idosos, o formato básico do programa é similar. Os componentes de uma sessão de treinamento, como afirmado pelas recomendações do American College of Sports Medicine, devem incluir um aquecimento, uma fase de resistência, atividades opcionais e relaxamento (ACSM, 2006). O objetivo da estrutura da aula é facilitar o ingresso do corpo em um estado de exercício que, então, retorne gradualmente ao estado pré-exercício. Cada componente serve a um propósito fisiológico para minimizar o risco e melhorar o processo de treinamento.

Um instrutor experiente usa uma variedade de métodos para criar formatos de programa interessantes enquanto mantém os elementos-chave de cada componente de treinamento. Mudar é bom. A maioria dos alunos gosta de variedade no formato da aula, da música ao movimento. Quando uma instituição oferece diversos programas, os participantes da aula podem combinar treinos. A variação programática geralmente objetiva componentes de condicionamento físico como resistência cardiorrespiratória, condicionamento muscular e flexibilidade. Alguns formatos de aula proporcionam treinamento para todos os três componentes do condicionamento físico. Sem levar em conta o formato de aula, lembre-se do propósito de cada componente de treinamento e siga as recomendações gerais para a indústria do condicionamento físico.

Componente de aquecimento

De acordo com o ACSM (2006), o aquecimento serve aos seguintes propósitos:

- facilita a transição entre repouso e exercício;
- alonga músculos posturais;
- aumenta o fluxo sanguíneo;
- aumenta o ritmo metabólico;
- aumenta a extensibilidade do tecido conjuntivo;
- melhora função e amplitude de movimento articulares;
- melhora o desempenho muscular.

O componente de aquecimento consiste em duas ou três partes que podem ser executadas distintamente em sessões de 3 a 5 minutos cada uma ou que podem ser combinadas em uma experiência fluente que leva de 9 a 15 minutos. Você tem opções para variedade até mesmo no componente de aquecimento! O primeiro compo-

nente é a **aclimatação** ao ambiente, que é importante, não interessa o modo de exercício. Quando você vai de um ambiente interno para um ambiente externo com temperatura alta e úmida ou temperatura baixa, é importante se aclimatar antes de começar um exercício vigoroso. Os alunos precisam entrar na água e se ajustarem a sua temperatura. Em condicionamento físico aquático, isso geralmente é chamado de **aquecimento térmico**, que pode incluir movimentos rítmicos, como caminhada na água pela extensão da piscina ou uma sequência de marcha ou corrida no lugar combinada com vários movimentos de braço, como ir para a frente, de lado a lado, para cima, para baixo e ao longo do corpo. Se o exercício é em água mais fria (26,7 a 28,3°C), o aquecimento termal pode precisar ser estendido por 5 a 10 minutos para assegurar que calor corporal adequado seja gerado antes de se progredir para o pré-alongamento. O principal objetivo do aquecimento termal é a aclimatação à água.

A segunda parte do aquecimento é o **pré-alongamento** opcional. Dependendo da temperatura da água, você pode optar por não incluir um pré-alongamento ou, pelo menos, por modificá-lo por meio do uso de preparação dinâmica muscular e articular em vez de alongamento estático. Estudos indicam que o alongamento estático pode reduzir a habilidade e execução de contração muscular. Assim, um alongamento dinâmico pode ser mais apropriado se a sessão de exercício está focada em potência ou agilidade, como em formatos de treinamento atléticos específicos. Alguns instrutores preferem o alongamento dinâmico (ativo ou rítmico) em oposição ao estático porque é mais fácil de manter a temperatura interna; entretanto, é imperativo não alongar em excesso. Alongamentos dinâmicos são incorporados em movimentos de corpo todo. Em vez de manter o alongamento, use movimentos lentos e de grande amplitude para alongar os músculos (p. ex., abdução horizontal lenta do ombro, adução para alongar o peitoral e a parte espinal do deltoide ou chutes lentos para a frente para alongar os isquiotibiais, chutes lentos para trás com o joelho flexionado para alongar os flexores do quadril e quadríceps). O alongamento dinâmico é geralmente preferido para pré-competição atlética e pré-prática e auxilia com as sessões de treinamento focadas em potência ou de alta intensidade.

Seja qual for método que você escolher, assegure-se de manter a temperatura interna elevada e os membros aquecidos. Tanto o alongamento dinâmico quanto o estático são aspectos importantes na elaboração do exercício, mas bom senso por parte do profissional de condicionamento físico é necessário para determinar qual técnica é mais apropriada para a população, o formato do programa e o ambiente. De acordo com o manual do ACSM sobre treinamento individualizado, "Não há resposta certa ou errada sobre qual o melhor momento para alongar; é baseado nas preferências individuais. O alongamento pode ser executado logo antes ou após o exercício" (2007, p. 367). Quando possível, o pré-alongamento é um componente agradável de incluir, mas é algo que pode ser omitido com segurança se os riscos sobrepuserem os benefícios.

A terceira parte do aquecimento é geralmente chamada de **aquecimento cardiorrespiratório**. Seu principal objetivo é elevar gradualmente a frequência cardíaca e o consumo de oxigênio na preparação para exercício mais vigoroso. O aquecimento cardiorrespiratório permite que o desempenho do corpo seja mais eficiente durante o exercício e faz que a transição seja mais confortável. É recomendável incluir essa fase do processo de aquecimento até mesmo se o segmento principal da aula não objetivar treinamento aeróbio. Todas as formas de exercício se beneficiarão do aumento do fluxo sanguíneo e dos níveis de oxigênio e da lubrificação articular.

Alguns instrutores usam o aquecimento cardiorrespiratório como uma prévia das atividades que se seguirão. Uma nova coreografia pode ser ensinada em um ritmo mais lento. Esse também pode ser o momento de incluir um elemento social, como caminhada aquática em duplas ou outra formação de trabalho. Crianças gostam de atividades que sejam moderadamente ativas, como "siga o mestre" ou fingir ser animais diferentes. Em uma aula de treinamento esportivo, movimentos locomotores básicos, como saltitar, pular, galopar e saltar em múltiplas direções, criam um aquecimento efetivo e divertido que prepara o corpo para um programa mais vigoroso. Seja qual for sua escolha, esteja certo de que os grupos musculares principais sejam preparados para a ação seguinte.

Se a combinação da temperatura da água e do ar não está favorável ao aquecimento apropriado do corpo e sua preparação para o exercício, a aula pode precisar ser adiada. Se você está em uma piscina externa com temperatura da água de 25,6°C, dia nublado, temperaturas do ar mais frias com brisa, pode ser impossível completar um aquecimento bem-sucedido. Se os alunos estão desconfortáveis e incapazes de se aquecerem, a aula pode ser uma experiência negativa. Comunicação e estabelecimento de políticas de cancelamento de aula podem ajudar a evitar confusão sobre quando as condições estão desfavoráveis para a aula. Ninguém gosta de cancelar ou adiar uma aula, mas se as condições ambientais são desfavoráveis, pode ser uma escolha sábia fazê-lo. Esteja ciente sobre as temperaturas do ar e da água para poder, assim, tomar uma decisão apropriada para modificar seu formato de programa ou adiar a aula se as condições determinarem.

Fase de condicionamento e resistência

A fase de condicionamento de um formato de aula consiste no modo principal de exercício. Geralmente, é de natureza cardiorrespiratória, mas não sempre. A fase de condicionamento pode também focar no condicionamento muscular e na flexibilidade ou, às vezes, nos três componentes.

Treinamento cardiorrespiratório de resistência

O formato do treinamento cardiorrespiratório de resistência pode variar dependendo do modo e do tipo de treinamento (Tab. 8.1). O treinamento cardiorrespiratório pode ser feito em formato de aula contínuo, intervalado ou em circuito. Cada formato desafia os sistemas cardiorrespiratório e metabólico de forma diferente. Para revisar essas diferenças, consulte o Capítulo 1. A Aquatic Exercise Association recomenda temperaturas da água entre 28 e 30°C para a maioria dos formatos de aula de treinamento de resistência cardiorrespiratória. Isso permite resposta ótima ao exercício, evitando respostas fisiológicas de resfriamento (causadas por temperaturas da água mais frias) e a necessidade do coração em trabalhar mais energicamente para esfriar o corpo (causada por temperaturas da água mais quentes).

Os movimentos podem variar de isolados simples a combinações e padrões complexos. É claro que você quer considerar o público de sua aula. Tenha como objetivo o uso de grandes músculos e execute movimentos em uma intensidade que promova o consumo de oxigênio. A extensão desse componente dependerá da habilidade, do objetivo, do período e da intensidade da aula. Revise as diretrizes do ACSM no Capítulo 1.

Alguns exemplos de exercício cardiorrespiratório podem incluir polichinelos no lugar, correr para a frente com braços no nado peito; esqui de fundo (*cross-country*) se elevando para fora da água; chutes para a frente com a perna estendida, movendo-se para a frente. Muitos formatos podem ser escolhidos, de movimentos esportivos e circuito militar na água até coreografia de dança ou *kickboxing*. O uso efetivo das leis físicas cria um treino que usa os princípios da água de forma mais eficiente.

Treinamento de condicionamento muscular

O componente de resistência pode objetivar treinamento de condicionamento muscular em oposição à resistência cardiorrespiratória. Treinamento de condicionamento muscular inclui exercícios – executados com ou sem equipamento – para a parte superior do corpo, parte inferior do corpo ou para a musculatura do tronco. A intenção é sobrecarregar os músculos ou grupos musculares para melhorar a resistência muscular ou a força.

Tabela 8.1 Ideias para formatos de aula para resistência cardiorrespiratória

Dança aeróbia	
Corrida e caminhada a passos largos	
Treinamento em piscina funda	
Kickboxing	Estes programas podem ser ministrados nos formatos contínuo, intervalado ou em circuito
Circuito militar	
Treinamento específico para esporte	
Uso de *step* aquático	
Podem ser desenvolvidos formatos para populações específicas, incluindo alunos com artrite, perinatal, idosos, obesos, crianças e em reabilitação cardíaca	

A temperatura da água deve ser apropriada para uma aula de condicionamento muscular. Se a água estiver muito fria, os alunos esfriarão porque não estarão gerando calor suficiente, isolando músculos que estariam com movimento corporal total. Geralmente, temperaturas de ao menos 28 a 30°C são recomendadas para condicionamento muscular. Se você incorporar mais movimento corporal total com o isolamento de grupos musculares, use o número mais baixo deste intervalo. Para isolamento de músculos, você deve ser capaz de usar temperaturas da água acima de 30°C. Não é má ideia incorporar pelo menos alguns segmentos de movimento corporal total durante a aula para assegurar que a temperatura corporal se mantenha em um intervalo confortável.

Lembre-se do princípio de sobrecarga progressiva ao iniciar um programa de treinamento muscular. Faça mais repetições com menos resistência para promover ganhos de resistência, e use resistência mais alta à fadiga com poucas repetições para promover ganhos de força muscular. Estações de condicionamento físico muscular podem ser alternadas com estações cardiorrespiratórias em um treino em circuito. Você também pode criar um formato de aula que use apenas estações de condicionamento físico muscular. Alguns instrutores incorporam isolamento muscular com movimento corporal total como um componente de descanso ativo em um ciclo intervalado de trabalho/repouso. Assim como é verdadeiro para o treinamento cardiorrespiratório, há muitas opções de formato para o treinamento de condicionamento muscular (Tab. 8.2).

Treinamento de flexibilidade muscular/amplitude de movimento

Uma terceira opção para a fase de resistência de um formato de aula é focalizar flexibilidade muscular e amplitude de movimento (Tab. 8.3). Você ainda deve considerar a importância do aquecimento termal e da sobrecarga progressiva ao escolher este tipo de formato de aula. Em virtude da natureza mais lenta do movimento nesses programas, a temperatura da água precisa ser um pouco mais quente. As recomendações para a temperatura da agua estão entre 30 e 32°C. Melhora na flexibilidade e amplitude de movimento são os objetivos principais da aula. É fácil esquecer a importância da amplitude de movimento em um regime de condicionamento físico e o papel da flexibilidade como um componente principal de condicionamento físico.

Programas de ioga e *tai chi* têm se tornado muito populares em condicionamento físico em terra. Muitos praticantes de exercício querem essa opção para ter variedade e para aumentar o treinamento cardiorrespiratório e de condicionamento muscular de forma mais vigorosa. Esses programas também atendem às necessidades dos alunos que desejam realizar apenas atividade física ou exercício de intensidade mais baixa. Esses formatos de aula abrem a porta para indivíduos menos ativos que querem ter atividade física em ambiente de grupo e lhe dão a oportunidade de expandir seu grupo de alunos.

Os praticantes de hidroginástica têm refletido essa tendência com a popularização de *tai chi*, *ai chi*, ioga e programas de alongamento e relaxamento na água. A água adiciona uma nova dimensão à formatação de aula de amplitude de movimento e relaxamento. Enquanto a água estiver quente e confortável, a flutuação oferece alongamento assistido e o componente flutuante para melhorar o relaxamento. A água também proporciona *feedback* cinestésico constante. Muitas instituições com piscinas aquecidas oferecem esses formatos de aula. Formatos cardiorrespiratórios vigorosos em temperaturas de água acima dos intervalos recomendados levam ao risco de mal-estar relacionado ao calor; entretanto, uma aula de amplitude de

Tabela 8.2 Ideias para formatos de aula para treinamento de condicionamento muscular

Programa de condicionamento muscular com incorporação de atividades de isolamento muscular como componente principal da aula
Combinação de estações de circuito de condicionamento muscular e cardiorrespiratórias
Uso de condicionamento muscular para o ciclo de recuperação em uma aula intervalada
Ter como alvo a resistência muscular, por meio de resistência moderada e mais repetições
Ter como alvo a força, por meio do uso de equipamento de resistência mais intensa, trabalhando até a fadiga voluntária
Ter como alvo a musculatura do *core*, por meio do uso da resistência da água ou adição de equipamento para melhorar a postura
Incorporação de tonificação muscular em um formato de treinamento contínuo
Após o relaxamento cardiorrespiratório, realizar exercícios de isolamento muscular antes do alongamento final
Usar um *step* aquático como ferramenta para dar uma aula de condicionamento muscular
Incorporação de condicionamento muscular em uma aula de *kickboxing* ou circuito militar

movimento em ritmo mais lento pode ser ideal. Lembre-se de adicionar movimento total de corpo ou segmentos de alongamento para manter a temperatura do corpo elevada.

Componente de relaxamento

De acordo com o ACSM (2006), o relaxamento serve aos seguintes propósitos:

- proporciona recuperação gradual da fase de resistência do exercício;
- permite ajustes circulatórios apropriados;
- permite que a frequência cardíaca e a pressão arterial retornem a níveis próximos ao de repouso;
- melhora o retorno venoso, reduzindo o potencial para hipotensão ou tontura pós-exercício;
- facilita a dissipação de calor corporal;
- promove a remoção mais rápida de ácido láctico;
- promove flexibilidade no alongamento pós-exercício.

Na maioria dos programas de condicionamento físico aquático, o relaxamento consiste de duas partes: o **relaxamento cardiorrespiratório** e o **alongamento pós-exercício**. No relaxamento cardiorrespiratório, movimento controlado, lento e de baixa intensidade é usado para ajudar o corpo a se recuperar até valores próximos dos de repouso. Caminhada, movimentos de baixo impacto ou movimentos de baixa intensidade são geralmente incorporados no relaxamento cardiorrespiratório. O efeito resfriador da água geralmente ajuda na recuperação, dependendo, é claro, da temperatura da água. A habilidade do corpo em conduzir calor para a água acelera o processo de resfriamento.

Muitos instrutores introduzem um segmento de **atividades opcionais** na aula após ou no lugar do relaxamento cardiorrespiratório. As atividades opcionais podem incluir exercícios de tonificação após uma aula cardiorrespiratória específica para esporte. Também podem focalizar exclusivamente um trabalho abdominal ou do *core*. Se incluído, esse segmento de atividades opcionais geralmente dura de 5 a 15 minutos, dependendo da extensão total da aula.

Tabela 8.3 Ideias para formatos de aula de treinamento de flexibilidade muscular e amplitude de movimento

Programas adaptados de *tai chi*
Programas de *ai chi*
Posições adaptadas de ioga incorporadas na aula
Extensão do segmento de alongamento final para focalizar flexibilidade
Uso de equipamento flutuante, com peso, ou de flutuação para aumentar a amplitude de movimento
Programas de piscina funda sem uso de peso para amplitude de movimento
Programas para artrite/fibromialgia

O alongamento pós-exercício consiste em exercícios de alongamento para que os músculos retornem ao comprimento pré-exercício, sendo o exercício uma série de contrações musculares ou o encurtamento do tecido muscular. É importante alongar após o exercício para reter e promover flexibilidade. A temperatura da água determina um alongamento estático ou dinâmico, mas o primeiro geralmente é o recomendado para melhoras na flexibilidade a longo prazo. "Embora tanto o alongamento estático quanto o DROM[1] (alongamento dinâmico) aumentem a flexibilidade dos isquiotibiais, um alongamento estático de 30 segundos foi mais efetivo que a mais nova técnica DROM, quanto a aumento de flexibilidade" (Bandy, 2001).

Temperatura corporal elevada pode ser mantida ao correr no lugar enquanto se executam alongamentos estáticos para a parte superior do corpo. Da mesma maneira, a temperatura pode ser mantida ao saltitar com uma perna enquanto se alongam os isquiotibiais da perna oposta. A manutenção da temperatura central é fundamental ao se realizar alongamento estático.

Como no aquecimento, o formato da aula também determina o relaxamento. Se o treinamento de flexibilidade muscular for o componente de resistência primário da sessão, o relaxamento cardiorrespiratório e possivelmente o alongamento pós-exercício serão omitidos. Geralmente, uma aula de flexibilidade muscular será concluída com um relaxamento ou exercício de centralização em oposição a um relaxamento estruturado. Um alongamento pós-exercício sempre pode ser considerado após uma aula de condicionamento muscular. É importante retornar os músculos ao seu comprimento de repouso ou, além disso, se flexibilidade adicional é desejada.

Variações no formato de programa

Outros desvios das recomendações gerais para componentes de aula podem ser encontrados em programas que tenham formatos especializados. Discutiremos os formatos mais comuns, algumas variações de componentes e os fatores que fazem com que o treino seja único.

Treinamento em circuito

O treinamento em circuito geralmente é chamado de treinamento em estação. As estações podem ser cardiorrespiratórias, de condicionamento muscular, de flexibilidade ou de qualquer combinação. O formato em circuito pode ser guiado pelo instrutor, em que todos na aula executam cada estação ao mesmo tempo. O instrutor ensina cada estação, e cada pessoa realiza os mesmos movimentos e usa o mesmo equipamento ao mesmo tempo. O circuito também pode ser autoguiado, com indivíduos ou pequenos grupos girando de estação em estação. Uma aula em circuito pode também misturar essas opções; o instrutor lidera o grupo no segmento cardiorrespiratório e, então, os alunos se distribuem em pequenos grupos em várias estações com equipamentos. O treinamento em circuito é muito versátil e limitado apenas por sua imaginação.

Treinamento intervalado

O segmento aeróbio da aula é composto de uma série de ciclos de trabalho que incluem segmentos de alta e de baixa intensidade. A curva típica em sino da frequência cardíaca para o nível de intensidade é substituída por ciclos flutuantes. A proporção entre os ciclos de trabalho (alta intensidade à baixa intensidade) variam com o nível e as habilidades dos alunos, algo em torno de 1:3 a 3:1, geralmente medida em minutos. Com alunos mais avançados, a intensidade pode entrar em treinamento anaeróbio por pequenos segmentos. Para alunos sem condicionamento ou com certas condições crônicas, a intensidade pode oscilar para cima e para baixo do limiar aeróbio mais baixo. O formato em intervalo é especialmente adaptado para alunos bem condicionados, e também é recomendado para treinamento específico para esporte porque muitas condições similares são encontradas em atividades atléticas.

Exercício de dança aquática

Alguns programas aquáticos são mais apropriados para sequências de coreografia mais altamente desenvolvidas e podem incorporar movimentos orientados para dança. Os componentes da aula permanecem similares; a diferença é encontrada no nível de complexidade existente na coreografia, que desafia os alunos tanto física quanto mentalmente. Nesse tipo de treinamento, é útil ensinar segmentos de combinações durante o aquecimento para preparar os alunos para o que está à frente. Isso também previne diminuições indesejadas dos níveis de intensidade durante o segmento cardiorrespiratório da aula.

Condicionamento físico em piscina funda

Este formato proporciona uma opção de exercício sem impacto; a maioria dos outros programas aquáticos é de impacto baixo ou reduzido. Preferencialmente, essa aula é conduzida no tanque de saltos da piscina, porque isso permite amplitude total de movimentos, sem restrições, para alunos de todas as alturas. Os componentes da aula

---

1   N.R.C.: *DROM* = *dynamic range of movement* – amplitude de movimento dinâmica.

seguem um curso similar, mas o programa é elaborado para que os alunos não toquem o fundo da piscina durante o treino. O exercício em piscina funda (hidroginástica *deep-water*) pode ser extremamente intenso e para indivíduos muito bem condicionados, mas também pode ser usado para reabilitação e elaboração de programas para populações especiais, porque nenhuma tensão de impacto é gerada. Os movimentos devem ser executados em oposição para desenvolver equilíbrio e controle. Diferentes tipos de equipamento de flutuação estão disponíveis para incorporar na elaboração da aula para permitir flutuação neutra. Alguns equipamentos são mais apropriados que outros, dependendo dos níveis e necessidades de seus alunos. O alongamento final deve ser executado em uma posição de flutuação ou em contato com a parede da piscina para estabilização. Para informação adicional, ver o Capítulo 10.

Step aquático

O treinamento com degrau (*step* aquático) é um programa de condicionamento físico que incorpora um degrau (banco, *deck*) para subir e descer durante uma parte da aula. Esse tipo de treinamento pode ser executado de forma segura e efetiva no ambiente da piscina. A profundidade da água deve ser apropriada, o declive da piscina deve ser gradual para prevenir que o degrau se mova excessivamente e um espaço adequado é necessário, dependendo do tamanho do degrau. Uma boa indicação sobre a profundidade da água é ter o nível na altura dos cotovelos quando os alunos ficam em pé sobre o degrau. Isso significa uma profundidade na altura do tórax ao ficar em pé no fundo da piscina. Geralmente, os programas aquáticos usam o degrau durante os segmentos aeróbio ou de condicionamento muscular. O degrau é uma excelente ferramenta para se utilizar em algumas estações de uma aula de circuito, especialmente se sua instituição tem um número limitado de degraus.

Caminhada vigorosa a passos largos (caminhada aquática e *jogging*)

A caminhada vigorosa a passos largos pode ser incorporada como aquecimento ou relaxamento para outros programas de aula ou o formato inteiro da aula pode ser elaborado em torno de padrões de caminhada. Esse formato se adapta facilmente a todas as profundidades de água. A coreografia é geralmente simples, fazendo com que seja fácil de acompanhar e de instruir. Programas de caminhada vigorosa incentivam a interação social entre os alunos. Com modificações simples, esse formato pode ser elaborado para todos os níveis de alunos.

Condicionamento muscular

Este tipo de treinamento focaliza força e resistência musculares, assim como atividades de alongamento para flexibilidade. Pode ser incorporado como um segmento de outro programa ou como um formato de aula independente. Programas de condicionamento muscular geralmente incorporam equipamento adicional a fim de promover resistência adicional para sobrecarga contínua sobre o sistema muscular. A chave é isolar grupos musculares específicos e usar precisão e controle durante todos os movimentos. A água mais aquecida é benéfica, já que o movimento corporal total é limitado.

Kickboxing aquático

Condicionamento físico de *kickboxing* é um treino intervalado que usa mudanças em velocidade e resistência para criar ciclos de treinamento eficientes. O *kickboxing* aquático transfere essas técnicas de treinamento e padrões de movimento (chutes, socos e bloqueios) para a água para uma opção de exercício de alta intensidade, altamente resistivo e ainda de baixo impacto (Fig. 8.1). Ao usar as propriedades únicas da água, em particular as forças de flutuação e arrasto, pode ser criado um programa ótimo de *cross-training* (treinamento cruzado) para alunos de grupo e alunos de treinamento personalizado.

Figura 8.1 *Kickboxing* e outras artes marciais podem ser adaptadas à água.

Ciclismo aquático

Bicicletas estacionárias projetadas especificamente para a piscina têm se tornado uma opção de treinamento popular para exercício em grupo, treinamento personalizado e reabilitação. Com instrução apropriada, o ciclismo aquático pode ser uma opção segura e efetiva para todos os níveis de habilidade. Ao mesmo tempo em que é similar ao ciclismo estacionário em terra, pedalar enquanto imerso tira vantagem dos benefícios do ambiente aquático. A resistência é determinada pelo projeto único da bicicleta, que aumenta a resistência de arrasto quando pedalada; essa resistência é ajustável na maioria dos estilos de bicicletas aquáticas. A resistência também é influenciada pela velocidade do pedalar ou pelas RPM (rotações por minuto) e alteração da posição corporal na bicicleta.

Ai chi

O *ai chi* foi criado no Japão no início dos anos 1990 por Jun Konno. Esse exercício aquático simples e o programa de relaxamento empregam uma combinação de respiração profunda e movimentos lentos e amplos de braços, pernas e tronco com foco direcionado para dentro. Executados em água na altura do peito, os movimentos circulares criam harmonia, promovem um corpo flexível e aumenta a amplitude de movimento. Os padrões fluidos, contínuos do *ai chi*, são facilitados pela temperatura aquecida do ar e da água. O *ai chi ni* envolve trabalho com companheiros (*ni* = dois, em japonês).

Pilates, *tai chi* e ioga aquáticos

Muitos instrutores adaptam posturas de ioga, movimentos de *tai chi* e exercícios de pilates para uso na piscina (Fig. 8.2). As temperaturas do ar e da água devem ser apropriadas para prevenir resfriamento e alcançar benefícios ótimos. Os focos são técnicas de respiração, força do *core*, ativação muscular, alinhamento corporal e flexibilidade.

O pilates é um programa de exercício de força e alongamento sem impacto que envolve iniciação muscular precisa e controle de respiração. Desenvolvido por Joseph Pilates, esse formato tem como alvo o tronco, chamado de casa de força, e todo o movimento é preciso e executado com um propósito.

O *tai chi* é geralmente classificado como uma forma de artes marciais tradicionais chinesas. Com seus movimentos fluidos e padrões de movimento graciosos, o *tai chi* se transfere bem para o ambiente aquático, desde que as temperaturas da água e do ar estejam aquecidas apropriadamente. Os benefícios do *tai chi* aquático incluem equilíbrio, coordenação, agilidade, flexibilidade e foco mental.

Os programas de ioga focalizam geralmente o alinhamento e o alongamento da coluna enquanto coordenam movimento e respiração. Há muitos estilos de ioga, que incluem *hatha*, *iyengar*, *vinyasa* e *astanga*. As posturas, ou *asanas*, têm a intenção de aquietar a mente e aumentar o foco. A prática de ioga em uma piscina de água aquecida aumenta a força estática porque contrações isométricas são necessárias para manter as posturas. O objetivo geral é treinar o corpo, a mente e o espírito simultaneamente para restaurar o equilíbrio.

Pré e pós-natal

Programas aquáticos são ideais para mulheres durante a gestação e no pós-parto devido à quantidade reduzida de estresse de impacto durante a atividade aeróbia, ao ambiente frio e confortável e pela resistência contínua criada pela água. Programas aquáticos podem permitir que mulheres continuem seu programa de condicionamento físico durante a gestação, quando treinos baseados em terra se tornam inseguros ou desconfortáveis. Outra opção que tem se tornado popular são os programas de pai-criança.

Na aula perinatal, o foco deve ser a manutenção do nível atual de condicionamento, em vez de se esforçar para fazer melhoras significativas. O aquecimento e o relaxamento devem ser mais longos e ter mudanças de intensidade mais graduais. A coreografia deve ser mantida simples e permitir desequilíbrios posturais, e nutrição e hidratação adequadas devem ser incentivadas. A aprovação de um médico é recomendada para todas as participantes perinatais. Avise as participantes para monitorarem a intensidade, limitarem atividades de alongamento à amplitude de movimento pré-gravidez e evitarem ficar superaquecidas durante o exercício. Veja o Capítulo 11 para informação adicional.

Programas para artrite

A Arthritis Foundation desenvolveu um programa de certificação aquática para instrutores com o desejo de liderar programas especializados para artrite. Outros instrutores escolhem colocar alunos com artrite em um nível menor em programas gerais. Lembre-se de que, de qualquer maneira, o foco inicial dos alunos com artrite é readquirir e manter a amplitude de movimento e as habilidades funcionais. Alguns alunos podem também desejar melhorar a capacidade aeróbia, desenvolver força muscular ou alterar a composição corporal, mas esses objetivos devem ser alcançados sem comprometer a segurança. Siga a regra de dor de duas horas: se o aluno tem dor ou sensação dolorosa por mais de duas horas após o treino, a intensidade e duração do trabalho estão demandando muito.

Figura 8.2 Programas de pilates, ioga e *tai chi* aquáticos tornam-se cada vez mais populares.

A água aquecida é mais confortável e permite atividades de baixa intensidade sem ficar frio. O aquecimento é fundamental e deve ser mais longo que o dos programas comuns de condicionamento físico. Limite o número de repetições executadas por grupo muscular e tente submergir a articulação afetada durante o movimento. Focalize todos os grupos musculares e habilidades motoras finas, como movimentos com os dedos, punhos, tornozelos e pés. Acesso seguro para entrar na piscina e vestiários devem ser considerados. Veja o Capítulo 11 para mais informação.

Treinamento aquático personalizado e condicionamento físico para pequenos grupos

Formatos de treinamento personalizado e de condicionamento físico para pequenos grupos estão ganhando popularidade. Há muitas aplicações para esses formatos de treinamento, incluindo a transição de reabilitação ou terapia para exercício em grupo. As definições seguintes são extraídas do "Curso de planejamento personalizado em piscina" (Personal Pool Programming Curse), desenvolvido por Innovative Aquatics. **Treinamento personalizado** são programas de condicionamento físico individualizados e customizados, elaborados para atender às necessidades e aos objetivos de um aluno específico. As sessões são elaboradas para aprimorar a saúde geral e o condicionamento físico baseadas nos objetivos gerais do aluno. O **condicionamento físico para pequenos grupos** é definido como dois a cinco indivíduos trabalhando sob a orientação de um profissional de condicionamento físico para alcançar saúde ótima e benefícios de condicionamento por meio de uma formação mais íntima e individualizada do que o exercício em grupo. Sob a orientação de um profissional de condicionamento físico, ótimos resultados podem ser alcançados e platôs de exercício reduzidos por meio deste tipo de formação.

Condição física e alinhamento postural do instrutor

Um bom exemplo é o melhor professor, e, como instrutor de condicionamento físico aquático, sua forma de lecionar fornece o exemplo. Ao demonstrar alinhamento adequado enquanto conduz a aula, você incentiva os alunos a fazerem o mesmo. Mantenha o alinhamento corporal correto, boa postura, movimentos precisos e controlados e ritmo apropriado em todos os momentos – esteja você na piscina ou no *deck*. O alinhamento corporal correto requer que as orelhas estejam centralizadas sobre os ombros, os ombros sobre os quadris e os quadris sobre os tornozelos sob uma vista lateral. O tórax deve estar aberto e a cavidade torácica erguida, os músculos abdominais, para dentro e para cima, e os ombros, para trás, porém relaxados. Evite a hiperextensão – em particular da coluna vertebral, dos joelhos e dos cotovelos – durante a demonstração do exercício.

Monitore constantemente os alunos para que tenham alinhamento e forma corretos. Orientações específicas devem ser incorporadas para reforçar a posição desejada ou para alertar os alunos sobre a posição inadequada do corpo ou membro. É geralmente preferível usar orientações positivas em vez das negativas, como "Contraia os abdominais e alinhe a coluna", em vez de "Não curve sua coluna".

Orientações motivacionais também podem ajudar a manter os alunos executando os movimentos corretamente. Incentive bom comportamento por meio de reforço positivo. Lembre-se de sempre incorporar ambas as orientações, verbal e visual, para ter um melhor efeito.

A arte da orientação

A orientação é uma forma especializada de comunicação. É o ato de comunicar informação para instigar ação. Quando um instrutor usa técnicas de orientação efetivamente, a aula flui e os alunos estão relativamente alheios sobre como os movimentos se desenvolvem de um para o outro. As sequências apenas parecem se encaixar. Aprender a usar diferentes tipos de orientação e vários métodos para passar a informação pode ser difícil para a maioria dos instrutores. É preciso prática e experiência, e seu domínio pode não ser alcançado a não ser após anos de ensino.

Orientações são usadas para diversos objetivos, incluindo os listados a seguir.

- **Orientações de forma e segurança** objetivam postura apropriada, ação segura de articulação, níveis apropriados de força e intensidade, técnicas de respiração e foco muscular.

- **Orientações motivacionais** incentivam os alunos a agirem de uma forma positiva, mental e fisicamente. Os alunos devem se sentir positivos em relação a suas capacidades corporais e estarem ansiosos para desafiar a si mesmos dentro de limites seguros e sem o estresse da competição.

- **Orientações transicionais** informam os alunos que uma mudança está prestes a ocorrer e explicam como fazê-la de forma segura e efetiva. O tempo é muito importante para que as orientações sejam passadas cedo o suficiente para ensinar, mas não tão cedo a ponto de que o tempo de execução seja confuso. As orientações transicionais são discutidas mais adiante no capítulo.

- **Orientações direcionais** comunicam a direção para qual você quer que seus alunos se desloquem ou movam seus corpos. Exemplos incluem se mover para a frente, para trás, para o lado, para cima, para trás, ou para cima e para trás, como se estivesse em um cavalo de madeira de balanço.

- **Orientações numéricas** comunicam as repetições desejadas de cada movimento ou o número de movimentos que falta antes de uma mudança.

- **Orientações de movimento** ou **passo** dizem aos alunos o movimento básico que está sendo executado (p. ex., polichinelo, cavalo de madeira de balanço, corrida etc.).

- **Orientações de trabalho de pés** descrevem mais especificamente como a parte inferior do corpo deve ser usada. Geralmente, as orientações de trabalho de pés são expressas em "direita" e "esquerda".

- **Orientações de ritmo** expressam as contagens musicais usadas durante o movimento. Mudanças de ritmo e contagens complexas são consideradas orientações de ritmo (p. ex., tempo de terra, tempo de água, meio-tempo de água, chá-chá-chá [1, 2, 3 e 4], simples-simples-duplo).

- Orientações de relaxamento não são apenas para o relaxamento e o alongamento, mas também são válidas durante o treinamento aeróbio e muscular para produzir a percepção de um ambiente de exercício confortável, enquanto ainda desafia os alunos. Como as orientações motivacionais, as de relaxamento são percebidas mentalmente e fisicamente. Um exemplo é "Relaxe seus ombros".

- **Orientações de imagem** podem ser usadas durante movimento intenso para ajudar os alunos a terem uma pausa mental do trabalho, possivelmente permitindo uma intensidade mais alta por um período maior. Elas também podem ser usadas para facilitar relaxamento e alongamento.

- **Orientações de *feedback*** são usadas para manter uma linha de comunicação aberta entre o instrutor e os alunos. Perguntar aos alunos sobre o nível de fadiga, compreensão do movimento descrito, alinhamento, foco muscular, e assim por diante, oferece ao instrutor uma informação valiosa para modificar o plano de aula diário e os objetivos da aula.

Após considerar o tipo de orientação, verifique como transmiti-la. Há três meios principais: audível, visual e por toque (tátil).

Orientação audível

Orientação audível é a mais comum entre os instrutores. Qualquer orientação audível absorvida pela audição, incluindo palavras faladas (verbal), apitos, palmas, mudanças musicais, sinos e assim por diante, é considerada uma orientação audível (Tab. 8.4). Tire o máximo de cada palavra dita ao usar orientações verbais. Use sua voz com moderação para evitar dano às cordas vocais.

A orientação verbal é mais efetiva quando:

- é dada antes o suficiente para permitir o tempo de reação;
- é limitada a uma a três palavras cuidadosamente escolhidas;
- é falada em um ritmo que pode ser facilmente entendido; e
- varia em tom.

Quando você faz a contagem de uma combinação para os alunos, considere realizar uma contagem regressiva, como "8, 7, 6, 5, 4, 3, 2, 1". Nas últimas duas contagens, diga aos alunos onde eles devem estar. Deixar as duas últimas contagens para uma orientação transicional dá aos alunos um aviso antecipado de que a combinação está prestes a mudar ou progredir. Alguns instrutores fazem isso por meio da contagem progressiva, deixando as contagens 7 e 8 para a orientação verbal. Ela pode também acordar os alunos de um "atordoamento" coreográfico e colocá-los em prontidão para prestarem atenção em algo novo que está para acontecer. Transições que envolvem mudanças em planos de movimento, especialmente aquelas que incorporam alavancas longas, podem exigir que você sinalize antes, talvez na quinta ou sexta contagem. Tenha em mente que a resistência adicional da água torna o tempo de reação mais lento.

Orientação visual

Orientações visuais podem não ser usadas tão frequentemente por um instrutor quanto as orientações audíveis, mas, na verdade, são o tipo de orientação que a maioria dos alunos percebe. Há uma porcentagem maior de pessoas que aprendem mais facilmente por meios visuais quando comparado com meios auditivos ou táteis. Somado a isso, a acústica da piscina é notoriamente ruim, fazendo com que seja difícil para os alunos entender palavras faladas. Assim, a orientação visual é uma importante habilidade a aprender.

Tabela 8.4 Exemplos de técnicas de orientação audível e visual

Movimento	Orientação audível	Orientação visual manual
Caminhada	"Caminhe"	Aceno com dois dedos
Jogging	"Trote"	Aceno com toda a mão
Elevação de joelho	"Joelhos"	Polegares para cima
Elevação de calcanhares	"Calcanhares"	Polegares apontando para os ombros
Cavalo-marinho	"Balance"	Oscilação para o lado, palma da mão para cima e, então, para baixo
Polichinelo	"Poli"	Mãos unidas, arqueie as mãos para cima e para fora, para cima e para dentro a fim de mostrar o salto para fora e para dentro
Passo deslizante	"Deslize"	Deslize as mãos niveladas abertas e fechadas
Chutes com perna estendida	"Chute"	Use o braço estendido para "chutar" na direção desejada
Chutes de karatê	"Karatê"	Dê socos com os braços direto para a frente a partir dos ombros
Jogging de 3 tempos e virada	"Três e vire"	Acene com os dedos três vezes e então mova a mão em círculo
Pêndulo	"Pêndulo"	Eleve um braço para o lado e para baixo, o outro braço para o lado e para baixo
Movimentos enérgicos	"Energia"	Feche um dos punhos

As orientações visuais constituem qualquer orientação absorvida por meio da visão, incluindo sinais manuais (Fig. 8.3), contato visual, expressões faciais, postura, demonstração física e linguagem corporal. Enquanto usa orientações visuais, observe seus alunos para ver as reações. Se você receber a ação que deseja de seus alunos, então a orientação visual foi efetiva e bem-sucedida. Filmar sua orientação visual enquanto dá uma aula é uma ótima maneira de avaliar e melhorar sua técnica.

Orientação tátil

Em relação às orientações audíveis e visuais, este é um tipo menos comum de orientação. Um aprendiz tátil aprende melhor fazendo. Uma pessoa tátil pratica o movimento e se conscientiza bem sobre como este é sentido no corpo. Ajudar esses alunos com o toque para melhorar o alinhamento e a execução pode aumentar a efetividade do movimento e facilitar o processo de aprendizagem. Um instrutor ou *personal trainer* deve sempre pedir permissão para tocar os alunos para que não se sintam ofendidos ou surpresos. Lembre-se de que manipular ou forçar um aluno a um movimento ou uma posição é diferente do que tocar e pode levar a sérias consequências. Aprenda a usar o toque apropriada e efetivamente.

Dicas adicionais sobre orientação

Use todos os três métodos de orientação para atingir uma grande variedade de alunos. Orientação combinada recorre a todos os estilos de aprendizagem e alcança mais alunos. Você precisa planejar e praticar sua execução de orientação. Após elaborar uma coreografia, pratique o movimento e planeje as orientações audíveis, visuais e táteis para usar durante a aula. Escreva as palavras a serem usadas e quando incorporar palmas ou apitos, sinais manuais ou de braço, expressão facial, postura, e assim por diante. Pratique as orientações antes que os alunos precisem delas. Orientar com o ritmo da música às vezes ajuda na escolha do momento.

Para a maioria dos instrutores, a habilidade de orientação não vem naturalmente; com a prática, a orientação se torna mais fácil e, finalmente, torna-se automática. Desenvolva boas habilidades de orientação desde o começo para evitar ter que voltar atrás e quebrar velhos hábitos que podem não ser efetivos. Se você está indo para o ensino na água vindo do terrestre, você descobrirá que ensinar na água é um pouco diferente. Como o ritmo é bastante diferente na água, uma prática adicional pode ser necessária para aprender técnicas efetivas de orientação aquática.

Se você desenvolver um padrão que use sempre, pode tornar a orientação mais fácil ao dar um nome a este padrão. Por exemplo, você pode nomear uma combinação com contagem de 32 e, assim, indicar o padrão com apenas uma palavra: digamos que você queira orientar os alunos a pularem para a frente por 8 tempos, saltar para a direita por 8 tempos, pular para trás por 8 tempos e saltar para a esquerda por 8 tempos. Uma vez que esse padrão de movimento cria uma série composta por quatro movimentos de 8 tempos, você pode nomear o padrão de 32 tempos completo de "bloco". Essa palavra curta reflete a combinação total e poupa sua voz. Ensine os padrões de elementos e direções para os alunos e então, gradualmente, reduza a orientação a uma palavra.

Não hesite em usar orientações direcionais como se fossem de passos. Por exemplo, você pode querer dizer sempre "frente", quando quiser que os alunos corram levemente para a frente. Diga "trás", quando eles realizarem o mesmo movimento para trás. Apenas tente ser consistente. Adicionalmente, pode ser aconselhável que a equipe inteira de hidroginástica use as mesmas orienta-

Figura 8.3 Orientações manuais claras ajudam os alunos a não perderem informações importantes sobre segurança ou direção.

ções verbais e visuais, pois isso facilita o trabalho para os alunos e instrutores substitutos. Os alunos podem sempre seguir qualquer instrutor e o uso de técnicas de orientação padronizadas não impedirá a criatividade.

Outra excelente técnica de orientação é dizer aos alunos "olhem para mim". Se você não está certo de como indicar algo ou se a mudança é difícil de articular, uma simples referência ao fato de que uma mudança está vindo pode ser suficiente para alertar os alunos para o próximo passo. Adicionalmente, se você tem tido os mesmos alunos ou alunos por algum tempo, eles podem ser capazes de captar imediatamente o que você está fazendo.

Às vezes, é mais fácil ter alunos seguindo a partir de trás (de costas para os alunos), quando se ensina um padrão de pé mais complicado. Você pode olhar sobre seu ombro para verificar, manter contato visual e mostrar a eles que você ainda está prestando atenção. Quando você está bem certo de que os alunos estão seguindo o padrão, você pode virar e olhar para eles novamente e fazer a imagem espelhada. Se não houver guarda-vidas adicional enquanto estiver dando aula, você poderá dar as costas a seus alunos apenas por curtos períodos, por razões de segurança.

Após a aula ter a combinação inteira com uso de técnicas de orientação verbal e visual descritas neste capítulo, você pode, então, começar a desafiar os alunos intelectualmente. Veja se eles podem executar os movimentos usando apenas orientações verbais. Então, tente usar apenas orientações visuais. Veja se os alunos prestaram atenção suficiente para executar a combinação inteira sem suas orientações visuais ou verbais.

Uma vez que a coreografia e as orientações são elaboradas, pratique a apresentação de toda essa informação em frente a um espelho ou aos seus colegas instrutores. Analise o uso de contato visual, linguagem corporal, precisão e controle, e energia e entusiasmo. O contato visual é necessário para criar confiança e sinceridade entre o instrutor e o aluno, além de ser valioso para dar *feedback* e outras informações sobre orientação. A linguagem corporal comunica a atitude do instrutor sobre condicionamento físico, si mesmo, formato da aula e os alunos. Apoiar-se sobre um quadril e ter má postura mostram que o instrutor não está interessado em liderar a aula ou no progresso dos alunos. Pratique a linguagem corporal positiva no espelho todos os dias, incluindo sorriso, postura, risada, foco e concentração.

Melhore suas habilidades de apresentação pela distinção dos pontos de início e final do movimento, o uso de mãos "finalizadas", a manutenção da postura e do alinhamento e a marcação de transições com orientações

visuais e verbais. A combinação de todas essas habilidades comunica o movimento desejado, mas energia e entusiasmo adicionais para ensinar eletrificam os programas e motivam os alunos a aderirem a um programa de exercício de longo prazo. Atrele o entusiasmo necessário ao estabelecimento de um ritual pré-aula que crie uma mentalidade positiva. Alguns instrutores meditam no carro antes de entrar na área de condicionamento físico, alguns escutam determinado tipo de música e outros recitam uma citação favorita antes do começo da aula.

Estilo de orientação

O estilo de orientação é pessoal e se desenvolve com o tempo. Alguns instrutores acham eficiente um estilo de "sargento instrutor", baseado no comando, enquanto outros acham que a orientação sugestiva obtém melhores resultados. Dependendo da personalidade dos alunos da aula, uma mistura de estilos geralmente cria um nível eficiente de comunicação. Se uma aula é geralmente calma e construída com base em liderança forte, um estilo baseado no comando pode prevalecer. Uma aula agressiva, determinada, pode fazer com que alunos independentes se sintam ofendidos. A experimentação com vários estilos ajudará você a identificar rapidamente os estilos de orientação apropriados para cada aula. Pratique até que possa customizar seu estilo de orientação para ir ao encontro das necessidades de cada aula.

Transições suaves para criar fluidez

Transições suaves de um movimento a outro são fundamentais na elaboração de um treino bem equilibrado e divertido. A execução dos movimentos, assim como o tempo de reação para mudança de movimentos, é mais lenta ao se exercitar na água. Embora isso permita tempo de atraso adicional para se preparar para o próximo exercício ou combinação, também significa que as orientações transicionais devem ser dadas mais cedo do que em uma rotina baseada em terra. Enquanto a orientação na locução da contagem de sétimo ou oitavo tempo pode preparar os alunos no exercício em terra, completar a orientação na quinta ou sexta batida na locução de uma contagem de 8 tempos pode ser necessário para uma transição suave na água. A instrução em condicionamento físico aquático requer habilidades diferentes em relação à elaboração de programas baseados em terra, inclusive quanto a técnicas de orientação.

Vários tipos de orientações transicionais podem ser dados para qualquer movimento. Por exemplo, para indicar o movimento cavalo-marinho 7 e vira, você pode incorporar qualquer um dos seguintes sinais:

144 Fitness aquático: um guia completo para profissionais

- direcional – indicar a direção para a qual o corpo se move: "Em cima, atrás, em cima, atrás, em cima, atrás, em cima e vira";

- numérico – indicar o número de repetições antes de mudar: "1, 2, 3, 4, 5, 6, 7 e vira" ou "8, 7, 6, 5, 4, 3, 2 e vira";

- trabalho de pés – indicar o pé sobre o qual o peso deve estar apoiado: "Direita, esquerda, direita, esquerda, direita, esquerda, direita, direita";

- movimento ou passo – descrever o movimento real: "Balance, balance, balance, balance, balance, balance, balance e chute";

- rítmico – descrever o ritmo do passo, dependendo se está em tempo de água ou meio-tempo de água. Você pode indicar um único movimento cavalo-marinho *versus* um cavalo-marinho duplo.

Uma mistura de orientações pode ser mais eficiente do que contar com um único método. Instrutores principiantes, ao desenvolverem a coreografia, podem achar mais fácil usar um movimento neutro ou manter o padrão entre movimentos. Em piscina rasa, isso envolve o retorno a um movimento simples como um *jogging* ou saltito antes da transição para outro movimento. Esse método fornece mais tempo aos instrutores e alunos para se prepararem para cada componente da sequência.

Seja extremamente cauteloso em transições em que a direção de deslocamento é alterada ou ao mover os membros de um plano para outro. Esses tipos de transições podem tirar temporariamente o alinhamento normal do corpo e causar tensão adicional. Todas as transições devem parecer fluidas, permitindo a mudança de um movimento para outro ou de uma direção para outra, sem interromper a energia da aula (Tab. 8.5).

A flutuabilidade da água permite que os alunos realizem transições que podem ser inviáveis ou arriscadas em terra. Até mesmo considerando esse elemento de flutuabilidade, o risco de lesão aumenta quando o corpo está fora de alinhamento.

As transições em piscina rasa se dividem em três principais categorias: básica, intermediária e avançada. Os alunos, o objetivo e o formato da sua aula determinam qual tipo de transições pode ser aplicável.

Uma **transição básica** é aquela em que cada novo movimento começa onde o movimento prévio terminou, ou passa por um alinhamento neutro. Uma elevação de joelho alternada termina na oitava contagem com o pé direito no chão e o joelho esquerdo elevado. Esse movimento pode facilmente sofrer transição para qualquer outro movimento de um pé, como um chute frontal, uma rosca de perna ou uma elevação da perna com rotação lateral do quadril (ver o Apêndice A para descrições de movimentos cardiorrespiratórios em piscina rasa). Essa transição requer que você continue com um movimento de perna alternado, para ser uma transição que flua. Você pode manter facilmente o alinhamento neutro com o mínimo de coordenação e força do *core*, à medida que passa pela transição. Uma transição básica geralmente passa de um movimento com apoio de uma perna para um movimento com apoio de uma perna, ou um movimento com apoio de duas pernas para movimento com apoio de duas pernas e é executado geralmente no mesmo plano. Por exemplo, uma elevação de joelho para um chute frontal é uma transição que ocorre de um movimento com apoio de um pé para um movimento com apoio de um pé, e ambos os movimentos são no plano sagital.

Se você tem alunos que requerem transições básicas, e você quer fazer uma transição de um movimento com apoio de um pé para um com apoio de dois pés (p. ex., uma elevação de joelho para um esqui de fundo [*cross-country*]), considere a passagem pelo alinhamento neutro. A elevação de joelho termina com o pé direito para baixo e o joelho esquerdo elevado na última batida da oitava contagem. Em vez de mudar diretamente de uma elevação de joelho (movimento apoiado em um pé) para um esqui de fundo (*cross-country*) (movimento apoiado nos dois pés), você pode adicionar um balanço central ou uma elevação de joelho em meio-tempo de água (elevação de joelho, balanço central) para fazer a transição (Tab. 8.6). Isso passará o movimento com apoio de um pé (elevação de joelho) pelo alinhamento neutro ou balanço central antes de ir para o movimento com apoio de dois pés (esqui de fundo [*cross-country*]). Esse tipo de transição é simples de orientar e fácil para todos os níveis de alunos em boa forma.

Tabela 8.5 Regra geral do polegar para transições em piscina rasa

Pule ou salte (pés unidos/com apoio de dois pés) faz a transição para qualquer outra base em todos os planos. Com isso, o meio-tempo de água com balanço central é fácil de usar em transições de plano a plano ou movimento a movimento
Jogging (pés alternados/com apoio de um pé) faz a transição para qualquer base-guia alternativa que se mova no mesmo plano
Saltito (mesma pé/com apoio de um pé) faz a transição para qualquer base-guia, a mesma ou alternativa, que se mova no mesmo plano

Tabela 8.6 Exemplo de transição em piscina rasa

Elevação de joelho para esqui de fundo (*cross-country*) – transição básica

Batida de tempo de água →	1	2	3	4	5	6	7	8
Elevação de joelho	Joelho D	BC	Joelho E	BC	Joelho D	BC	Joelho E	BC
Batida de tempo de água →	9	10	11	12	13	14	15	16
Esqui de fundo (*cross-country*)	Esqui D	Esqui E	Esqui D	Esqui E	Esqui D	Esqui E	Esqui D	Esqui E

Elevação de joelho para esqui de fundo (*cross-country*) – transição intermediária

Batida de tempo de água →	1	2	3	4	5	6	7	8
Elevação de joelho	Joelho D	Joelho E	Joelho D	Joelho E	Joelho D	Joelho E	Joelho D	Joelho E
Batida de tempo de água →	9	10	11	12	13	14	15	16
Esqui de fundo (*cross-country*)	Esqui E	Esqui D	Esqui E	Esqui D	Esqui E	Esqui D	Esqui E	Esqui D

Elevação de joelho para esqui de fundo (*cross-country*) – transição intermediária

Batida de tempo de água →	1	2	3	4	5	6	7	8
Elevação de joelho	Joelho D	Joelho E	Joelho D	Joelho E	Joelho D	Joelho E	Joelho D	Joelho E
Batida de tempo de água →	9	10	11	12	13	14	15	16
Esqui de fundo (*cross-country*) – nível III	Esqui D suspenso	Esqui E suspenso	Esqui D suspenso	Esqui E suspenso	Esqui D suspenso	Esqui E suspenso	Esqui D suspenso	Esqui E suspenso

Uma **transição intermediária** requer um pouquinho mais de coordenação e força no *core* para passar pela transição enquanto mantém o alinhamento seguro. Esse tipo de transição é mais seguro para alunos mais bem condicionados ou experientes sem condições musculoesqueléticas ou médicas. Uma transição intermediária requer habilidades adicionais de orientação e um programa coreográfico para manter a fluidez.

Se usarmos o exemplo da elevação de joelho para esqui de fundo (*cross-country*) neste caso, uma transição intermediária não passaria por meio do alinhamento neutro (Tab. 8.6). Você terminaria a contagem de 8 elevações de joelho com o joelho direito abaixado e joelho esquerdo elevado. Por meio da compressão do core, você pode mudar diretamente para um pé à frente de esqui de fundo (*cross-country*) esquerdo, pulando e colocando o pé esquerdo à frente e o direito para trás. Você pode escolher também pular e trocar os pés no meio da água, aterrissando com o pé direito para a frente e o esquerdo

para trás. Se você quer que os alunos executem a transição com a postura ereta, evite inclinar ou torcer o tronco. Eles devem se esforçar para manter o alinhamento dos quadris para cima e usar seus braços para adicionar equilíbrio, caso necessário.

Uma **transição avançada** pode ser considerada na coreografia elaborada para alunos condicionados fisicamente ou atletas treinados. Essa transição requer força no core e coordenação adicionais para passar pela transição de forma segura. Muitas vezes, o corpo não mantém o alinhamento neutro e o tronco pode estar inclinado ou torcido.

Novamente, considere a transição de uma elevação de joelho para o esqui de fundo (*cross-country*) (Tab. 8.6). A elevação de joelho termina com o joelho esquerdo elevado. Um aluno experiente e bem condicionado fisicamente pode fazer a transição seguramente para um esqui de fundo (*cross-country*) de nível III com o pé esquerdo ou o direito elevado. Isso requer que o corpo se incline para a frente suavemente e que a parte superior do tronco se torne mais envolvida à medida que o corpo passa por um movimento suspenso. Os músculos abdominais precisam permanecer contraídos para proteger a parte lombar da coluna vertebral, e essa transição requer um pouco mais de coordenação.

As transições em hidroginástica devem ser estabelecidas pela população e o objetivo da aula e a habilidade do instrutor em passar orientações transicionais de qualidade. Para novos instrutores, pode ser mais fácil planejar transições básicas que passem pelo alinhamento neutro. Isso dá aos alunos uma oportunidade de ajustar o movimento, caso você demore ou se esqueça de orientar. Um instrutor mais experiente pode começar a incorporar transições intermediárias e avançadas se for apropriado para o grupo de alunos. Se está apenas começando como instrutor, mantenha suas transições simples e seguras. Considere o uso de um movimento neutro como balanço central em piscina rasa, ou movimento em meio-tempo de água que balance o centro para fazer transições. Isso permite que você desenvolva habilidades de orientação com transições simples e seguras que facilitem o fluxo e o profissionalismo em sua aula. A Tabela 8.7 fornece exemplos de transições básicas, intermediárias e avançadas com o uso de uma variedade de movimentos.

Métodos para instrução segura e efetiva

Há três opções para o posicionamento de um instrutor enquanto dá uma aula de condicionamento físico aquático:

- a partir do *deck* da piscina;
- a partir da piscina;
- indo e voltando entre o *deck* e a piscina.

Há vantagens, desvantagens e preocupações com segurança para cada um desses métodos. Nesta seção, listaremos os prós e contras de cada posicionamento, oferecendo dicas para cada método e alertando você sobre as preocupações com a segurança.

Padrões e diretrizes da AEA para instrução a partir do *deck*

A AEA recomenda a instrução a partir do *deck* como método preferido de conduzir condicionamento físico aquático na maioria das situações. A instrução a partir do *deck* fornece o nível de segurança mais alto para os alunos por permitir uma melhor observação e resposta mais rápida a situações de emergência. A instrução a partir do *deck* também proporciona grande visibilidade do professor de condicionamento físico aquático pelos alunos e vice-versa. A AEA recomenda que o profissional de condicionamento físico aquático permaneça no *deck* quando não houver guarda-vidas adicional de prontidão, houver novos alunos no programa ou quando novos movimentos são demonstrados.

A segurança do profissional de condicionamento físico aquático não fica comprometida se precauções apropriadas forem tomadas. Sugestões para instrução segura a partir do *deck* incluem:

Tabela 8.7 Exemplos de transições básicas, intermediárias e avançadas

Movimento	Básica	Intermediária	Avançada
Elevação de joelho para esqui de fundo (*cross-country*) (movimento apoiado em um pé para um apoiado em dois pés)	Elevação de joelho com balanço central, para um esqui de fundo (*cross-country*)	Elevação de joelho para um pé esquerdo à frente de esqui de fundo (*cross-country*)	Elevação de joelho para esqui de fundo (*cross-country*) nível III
Cavalo-marinho para um polichinelo (movimento apoiado em um pé para um apoiado em dois pés – mudança de plano)	Balanço 3 com balanço central, para um polichinelo	Cavalo-marinho terminando na direita/pé da frente elevado, para um polichinelo	Cavalo-marinho terminando na direita/pé da frente elevado, para um polichinelo com joelhos elevados.
Esqui de fundo (*cross-country*) para polichinelo (mudança de plano)	Esqui de fundo (*cross-country*) com balanço central, para polichinelo	Esqui de fundo (*cross-country*) terminando na esquerda com pé à frente para polichinelo	Esqui de fundo (*cross-country*) com joelho elevado terminando na esquerda com pé à frente para polichinelo com joelhos elevados, nível I ou II
Giro para um polichinelo (mudança de plano)	Giro com balanço central, para um polichinelo	Giro terminando na esquerda, para um polichinelo olhando para a frente	Giro terminando na esquerda, para um polichinelo nível II olhando para a frente

- evitar demonstração de movimento de alto impacto;
- utilizar uma cadeira para demonstrações de baixo impacto e necessidades de equilíbrio (Fig. 8.4);
- considerar técnicas de ensino sem impacto;
- usar um calçado apropriado para instrução a partir do *deck*;
- quando disponível, usar tapete antiderrapante e amortecedor para reduzir estresse de impacto;
- usar vestuário apropriado para o ambiente em que trabalha;
- beber água suficiente pra se manter hidratado e proteger sua voz;
- usar um microfone quando disponível ou incorporar orientações não verbais;
- posicionar a fonte de música de modo a proporcionar menos interferência na orientação vocal;
- tomar cuidado ao utilizar qualquer fonte de eletricidade, inclusive sistemas de som, perto da piscina em decorrência do potencial risco de choque elétrico;
- instalar aterrados ao redor das áreas de piscina para reduzir o risco potencial de choque elétrico;
- conduzir o treino, em vez de participar dele.

Treine para resistência, força, flexibilidade e equilíbrio dentro de seu programa de treinamento pessoal para assegurar a habilidade de ter um desempenho seguro no *deck*.

Vantagens

- Você está altamente visível para os alunos.
- Você pode usar seu corpo todo, tronco superior e inferior, para fornecer orientações visuais.
- Geralmente, mas não sempre, você pode ser ouvido melhor a partir do *deck*.
- Você tem grande visualização de seu grupo, pode ver o que os alunos estão fazendo. Isso é especialmente importante nos casos em que é esperado que você seja, ao mesmo tempo, guarda-vidas e instrutor.
- Alguns movimentos, em virtude de sua complexidade, podem ser demonstrados somente a partir do *deck*, onde os alunos podem ver o que todo o seu corpo está fazendo.
- Coreografia complexa é mais bem explicada e demonstrada a partir do *deck*.
- Novos alunos geralmente podem seguir melhor a instrução a partir do *deck* porque o instrutor está mais visível.
- É mais fácil mudar ou ajustar sua música.
- É recomendado pela AEA para a maioria das situações.

Desvantagens

- Você está exposto a diversos elementos (calor, umidade, sol, vento, resfriamento).
- Você aumenta seu risco de lesão causado por deslizamento ou impacto.
- Seus alunos podem estar em hiperextensão prolongada de pescoço olhando para você no *deck*.
- O ritmo e a execução dos movimentos (ar e gravidade) devem ser alterados para se aproximarem das condições aquáticas (viscosidade e flutuabilidade).
- Pode ser difícil demonstrar movimentos específicos à água a partir da terra.

Figura 8.4 O uso de cadeira ou banco é uma opção segura para instrução a partir do *deck*.

Transmissão de execução de movimento e transferência de peso a partir do *deck*

Demonstração segura e efetiva de opções de impacto para vários movimentos e combinações é um dos desafios mais duros que um instrutor enfrenta ao ensinar a partir do *deck*. No *deck*, o instrutor precisa demonstrar níveis I, II e III, com apoio no chão, com propulsão/elevação e movimentos específicos à água em um ritmo apropriado com gravidade e sem flutuação. Não é preciso dizer que isso requer pensamento e movimentação criativos, assim como a assistência de cadeiras, bancos, escadas e qualquer coisa que você puder inventar.

Impacto total (alto)

Muitos movimentos aquáticos podem ser demonstrados em terra como são executados na água pelo simples ajuste de ritmo. Polichinelos, esquis de fundo (*cross-country*), *jogging*, elevações de joelho, chutes, voltas, saltos e balanços podem todos ser demonstrados com impacto total no *deck*. O impacto total se aproxima ao máximo da mecânica real do movimento do modo como é para ser executada na água. Se você quer que seus alunos executem polichinelos na água, simplesmente execute polichinelos em terra em tempo de água apropriado.

Entretanto, as demonstrações a partir do *deck* não são tão simples. A maioria dos *deck*s de piscina é feita de superfícies implacáveis, como concreto ou azulejo e podem ser escorregadias ou ficar molhadas. Instrutores que ensinam usando impacto total aumentam seu risco de uso excessivo ou lesões agudas. A maioria dos instrutores tem recorrido ao uso de demonstrações de impacto reduzido ou sem impacto para evitar o uso excessivo e conservar seu sistema musculoesquelético. Você pode reduzir o deslizamento e o estresse de impacto pelo uso de um par de calçados que forneçam bom apoio e de um tapete antiderrapante e amortecedor sobre o *deck*. O impacto total é usado em baixa medida, geralmente para demonstrar os primeiros passos de um determinado movimento ou para motivar os alunos.

Impacto reduzido (baixo)

Impacto reduzido (manutenção de um pé em contato com o chão) conserva o vestuário e poupa o seu sistema musculoesquelético, mas desafia o instrutor a demonstrar de forma apropriada a transferência de peso para movimentos com apoio de um pé. Além disso, os alunos devem ser ensinados a usarem ambas as pernas e impactar, apesar de o instrutor usar uma perna e baixo impacto no *deck*. Alguns instrutores utilizam sinais dizendo "ambos os pés" ou "pule" para ajudar com esse problema. Outros apontam alunos com mecânica apropriada para que os demais imitem ou usem orientações não verbais para motivar os alunos.

Baixo impacto em tempo de água e meio-tempo de água desafiam as habilidades de equilíbrio do instrutor. O uso de um poste ou uma cadeira para dar suporte pode ajudar com o equilíbrio durante algumas das transições mais difíceis. A manutenção de uma larga base de suporte (pés afastados na distância dos ombros ou ligeiramente mais afastados) e abaixamento de seu centro de gravidade em alguns centímetros (posição ligeiramente agachada) melhora a estabilidade e o equilíbrio e faz com que muitos movimentos sejam mais fáceis de executar em ritmos mais lentos em terra.

Demonstração de transferência de peso apropriada no *deck* para movimentos com apoio de um pé podem imitar melhor a transferência de peso em alto impacto por meio de um desvio rápido ou exagerando ligeiramente a transferência de peso de um pé durante o próximo movimento de baixo impacto. O uso de uma marcha com joelho alto para demonstrar elevações de joelho incentiva os alunos a marcharem da mesma maneira na piscina. A flexão plantar a partir do tornozelo com rotação da sola do pé para o calcanhar para mudar rapidamente o peso de um pé para o próximo imita mais a aparência de pulo de pé em pé para executar uma elevação de joelho. Essa técnica pode motivar melhor os alunos a adicionarem impacto ao movimento na piscina.

O uso de baixo impacto também faz que fique mais fácil ensinar em uma aula multinível. Alunos que podem usar impacto e níveis altos de intensidade são incentivados a fazê-lo. Aqueles que precisam de baixo impacto ou intensidade podem executar os movimentos usando baixo impacto na água. Alunos avançados podem fazer polichinelos com impacto total ou elevações na água, enquanto os alunos que precisam de baixo impacto e intensidade podem fazer meio-polichinelo. Os alunos que precisam de baixo impacto e alta intensidade podem fazer meio-polichinelo com joelhos flexionados em direção ao tórax. A demonstração de baixo impacto é geralmente o método preferido de instrução a partir do *deck* para a maioria dos movimentos e combinações em virtude de sua versatilidade e segurança.

Sem impacto

Alguns instrutores, por necessidade ou escolha, ensinam a partir do *deck* com técnicas sem impacto, o que requer que esses profissionais se tornem mais habilidosos em técnicas de orientação verbais e não verbais para motivar os alunos e guiá-los por meio de transições e mudanças de movimento.

Em um método de instrução sem impacto, o instrutor suporta o peso corporal nos braços pelo uso do corrimão de uma escada de piscina, duas cadeiras resistentes ou por meio de outros meios. Os pés são elevados do solo para executar o movimento de perna sem impacto. Esse método geralmente é empregado por instrutores em piscina funda para imitar a suspensão do corpo na água. Embora muito efetiva, a suspensão do corpo com apoio nos braços por longos períodos pode ser difícil para as articulações do ombro, cotovelo e punho. Para reduzir o risco de lesão, os movimentos podem ser mostrados por algumas repetições e, então, a demonstração pode mudar para outro método.

Alguns métodos de instrução sem impacto a partir do *deck* empregam uma cadeira ou um banco. O instrutor se senta na beirada da cadeira e imita os movimentos aquáticos com os quadris flexionados e com o uso de ambas as pernas. Esse método requer fortes músculos flexores do quadril bem como fortes músculos abdominais para dar suporte à coluna. Embora as cadeiras estejam prontamente acessíveis, podem não ser tão versáteis como um banco. Com um banco de 0,8 a 0,9 m, o instrutor pode demonstrar movimentos com menos flexão do quadril. Uma perna mais estendida pode dar aos alunos uma melhor ideia de como o movimento deve ser executado em uma posição em pé. Uma vez que o banco não tem braços ou apoio para as costas, é mais fácil demonstrar voltas ou movimentos que exijam mudança direcional. Muitos instrutores acham que muitos movimentos específicos à água e elevados podem ser ensinados muito efetivamente a partir de uma cadeira ou um banco. Embora a mecânica demonstrada no *deck* não seja idêntica ao que é desejado na água, os movimentos podem ser ensinados a partir de uma cadeira ou um banco com orientação verbal e visual adicional para que os alunos alcancem o movimento correto na água.

Um método eficiente e bastante usado de instrução sem impacto a partir do *deck* envolve o uso de braços e pernas. Os instrutores sinalizam verbalmente: "meus braços são suas pernas"; alguns até mesmo colocam sapatos em suas mãos para a visualização. O uso de seus braços funciona muito bem para demonstrar os movimentos para dentro e para fora de um polichinelo ou de um movimento para a frente e para trás de um esqui de fundo (*cross-country*). Também é muito fácil de conduzir o ritmo apropriado e a transferência de peso sem as questões de equilíbrio ou impacto. Combinações de ritmo como polichinelo em tempo de água duplo e meio-tempo de água (único, único, duplo, ou fora, dentro, fora, fora) são facilmente transmitidas. A combinação do uso de braços com orientação verbal e não verbal pode transmitir efeti-

vamente a maioria dos movimentos com o mínimo uso e desgaste do corpo do instrutor.

Orientação verbal bem entonada e em tempo certo também pode ser efetiva em transmitir movimentos aquáticos a partir do *deck*. Geralmente, os instrutores usam meios de demonstração de alto ou baixo impacto para alguns movimentos e, então, mudam a demonstração para uma orientação totalmente verbal, uma vez que os alunos tenham entendido o movimento. O uso da orientação "fora, dentro, fora, vire" pode transmitir verbalmente o desejo de ter os alunos fazendo um polichinelo e, então, pularem abrindo as pernas e fazendo uma meia-volta em uma sequência com contagem de 4. Embora a orientação verbal possa evitar o uso excessivo e conservar o sistema musculoesquelético, a lesão vocal se torna um risco. O instrutor deve tomar precauções para reduzir o risco de lesão vocal, como discutido no Capítulo 12.

A maneira mais eficiente de demonstrar movimentos aquáticos desejados a partir do *deck* é combinar métodos de alto, baixo e sem impacto, verbal e não verbal. A mudança de um método para outro, ou a combinação de métodos, reduz o risco de impacto e lesões vocal e do tronco superior por evitar o uso excessivo de uma parte do corpo. Além disso, o uso de vários métodos permite que você escolha o modo mais efetivo para demonstrar cada movimento, seja suspenso, elevado ou de nível II. A combinação de opções de impacto no *deck* permite o uso de uma variedade de métodos e técnicas de ensino para proporcionar uma qualidade de instrução mais alta aos alunos.

Transmissão de ritmo apropriado a partir do *deck*

O ritmo precisa ser ajustado no ambiente aquático em virtude das propriedades de viscosidade, arrasto e resistência da água. A execução de movimento e o tempo de água são discutidos no Capítulo 9.

Ensino de dentro da piscina

Pode haver momentos em que ensinar de dentro da piscina é a opção preferida. Para proporcionar aos alunos um treino seguro e efetivo, várias considerações devem ser feitas pelo condutor da aula e, assim como na instrução a partir do *deck*, é necessária prática para desenvolver boas habilidades de instrutor.

Vantagens

- Você não está exposto aos elementos e tem o benefício do efeito de resfriamento da água.
- Você se beneficia do efeito amortecedor da água e da tensão reduzida de impacto.

- Você pode circular entre o grupo e prover contato e *feedback* para cada um dos alunos. Você pode usar treinamento de toque, quando necessário.

- Você pode ter a sensação do movimento da mesma forma que os alunos. Isso pode capacitá-lo a motivar melhor e também permite que você ajuste mais precisamente a intensidade para alguns movimentos.

- É mais fácil demonstrar com ritmo e transferência de peso apropriados de dentro da água.

- Permite que você se conecte com seu grupo de alunos.

Desvantagens

- É muito difícil para os alunos verem o que você faz. Se você tem um grupo grande de alunos ou vários alunos novos, ensinar de dentro da piscina pode ser muito desafiador.

- Você geralmente elimina a orientação visual com a parte inferior do tronco. Uma vez que a maioria dos alunos são aprendizes visuais, alguns deles podem ficar frustrados ao não conseguirem ver o que supostamente devem fazer.

- Pode ser mais difícil para os alunos ouvirem e entenderem você.

- Alguns movimentos são impossíveis de explicar ou demonstrar de dentro da piscina, como um padrão de perna complicado que envolva voltas.

- Sob o ponto de vista de segurança, é desejável ensinar a partir do *deck* em casos em que não há nenhum guarda-vidas disponível, a fim de que possa reconhecer facilmente uma situação de salvamento na água.

Alguns instrutores não podem ensinar facilmente a partir do *deck* em decorrência de limitações físicas. O profissional que tenha dor crônica nas costas, crises de artrite ou esteja nos últimos estágios de gravidez pode preferir ensinar na água. Muitos instrutores aquáticos foram alunos entusiásticos e dedicados de aulas de condicionamento físico aquático e, por isso, foram recrutados e incentivados a se tornarem instrutores. Essa participação pode ter sido decorrente de limitações físicas que restringiam o exercício em terra, de modo que, para eles, ensinar a partir do *deck* pode levar a problemas de saúde.[2]

---

2 N.E.: É importante ressaltar que essa prática é comum nos EUA, porém é ilegal no Brasil. Aqui, os instrutores de exercícios aquáticos necessitam de formação específica para exercer a profissão.

É possível ser um instrutor eficiente de dentro da água. Ajustes precisam ser feitos na orientação e coreografia baseada nos alunos da aula. Se você tem um grande número de alunos que sejam novatos nesse ambiente ou em sua aula, você precisará ser muito habilidoso na orientação verbal, usar coreografia simplificada e circular entre o grupo para prestar ajuda e fornecer instruções. Se tem um grupo que está com você por vários programas, você deverá ser capaz de introduzir movimentos, coreografia e padrões mais avançados. Se você tem um aprendizado consistente dos elementos coreográficos básicos, você pode construir sobre esses movimentos e desafiá-los com uma coreografia mais complicada, cujo ensino é mais difícil, e muitas vezes impossível, de dentro da piscina.

Alguns instrutores ensinam primeiro a partir do *deck* e, então, entram na piscina para repetir um padrão na água. Ao ensinar da piscina, considere as dicas a seguir.

- Maior importância é colocada na orientação verbal, inclusive a entonação de voz e a habilidade de explicar o mesmo movimento de várias maneiras diferentes. Uma vez que o instrutor está circulando na piscina, em alguns momentos sem encarar os alunos, um microfone à prova d'água é altamente recomendado. Você deve falar devagar e usar frases concisas de duas a três palavras para orientar. A orientação verbal se torna importante porque você não terá a visibilidade da parte inferior do corpo para indicar visualmente.

- Mude seu posicionamento na piscina ao longo da aula. Você pode usar um formato de círculo com você no centro ou ao longo da piscina do lado dos alunos no círculo. Alguns instrutores permanecem no meio e formam grupos à sua direita e esquerda. Se você tem um grupo grande, você pode precisar que se façam dois ou três círculos ao seu redor. Posicione os alunos mais novos no círculo interno para que eles possam vê-lo melhor.

- Mantenha o contato visual o máximo possível com os alunos. Algumas vezes, as expressões faciais dos alunos podem dizer quem está tendo dificuldade. O contato visual também permite a comunicação verbal. Dê aos alunos a oportunidade de pedirem ajuda. "Alguém precisa de assistência?" incentiva os alunos a pedirem ajuda quando não entenderem.

- Use o sistema de cooperação e integração. Se você tem um grupo grande com novos alunos, peça aos mais antigos para auxiliarem os novos. Eles podem ajudar a explicar e demonstrar movimentos. Você pode até mesmo oferecer a "embaixadores da aula" um desconto em seus valores de aula por ajudá-lo com os novos alunos.

- Se for possível, vá para a parte rasa da piscina para demonstrar. Dessa maneira, o grupo pode ver mais claramente o que você faz e observar orientações visuais de forma e movimento. Lembre-se dos fatores de segurança porque o impacto aumenta em piscina rasa.

- Ensine primeiro os elementos e, então, combinações simples e combinações e padrões mais complicados. A construção da coreografia em blocos funciona bem. Também considere ensinar uma combinação estacionária antes de adicionar o elemento de deslocamento. Desenvolva padrões com elementos de deslocamento que movam os alunos para ou ao redor de você, de forma que você possa "inspecionar" todos.

- Circule ao redor da piscina checando todos os alunos e se oferecendo para a assistência individual, demonstrações e explicações. Use meias-calças de cores escuras para que os alunos possam ver facilmente o movimento que suas pernas estão fazendo sob a água.

- Mostre movimentos de perna com seus dedos, braços e mãos. A maioria dos instrutores acha essa forma modificada de orientação visual muito útil. Você pode elevar apenas suas mãos ou dedos para uma elevação frontal de joelho e elevar todo o seu braço para um chute frontal. Mover suas mãos para dentro e para fora é uma ótima demonstração visual para um polichinelo, tanto de dentro da água e quanto do *deck*. Demonstre movimentos de braço acima da superfície da água e, então, faça o movimento submerso. A consistência é a chave para esse tipo de orientação: use os mesmos sinais manuais consistentemente para cada movimento. Combine essas orientações visuais modificadas com orientação verbal para maior sucesso.

- Use apoios para ajudar com a instrução. Coloque calçados em suas mãos para demonstrar um movimento logo acima da superfície da água e no *deck*. Segure uma boia tipo espaguete acima da superfície da água e faça com que os alunos executem uma corrida de futebol americano em uma posição agachada, ou faça movimentos de nível II sob a boia tipo espaguete. Tenha cartões de orientação em lugares diferentes ao redor do *deck* da piscina para manter auxílios visuais.

- Ao ensinar exercícios em piscina funda a partir da piscina, encare os alunos e faça a imagem espelhada de seu movimento. Esteja ciente sobre a lesão vocal. Você pode lesionar seriamente sua voz ao projetá-la ao nível da água em profundidade de água na altura do pescoço.

Ensinar a partir do *deck* e na piscina

Esse método combina as vantagens de ensinar no *deck* e na piscina e reduz as desvantagens.

É claro que há cuidados para um instrutor que frequentemente vai e volta do *deck* para a piscina, e vice-versa. Esteja certo de que pode entrar e sair da piscina com segurança. Se sua piscina não tem acesso fácil, você pode escolher ensinar a primeira metade da aula a partir do *deck* para familiarizar os alunos com todos os movimentos. Então, pode entrar na piscina na segunda metade da aula e usar aqueles movimentos para criar combinações, padrões e adicionar deslocamento. Isso minimiza o número de vezes que você tem que entrar e sair da piscina.

Um bom par de calçados aquáticos é essencial. É preferível um par que amorteça o impacto, reduza o risco de escorregar e permita que você vá do *deck* para a piscina com segurança. Bons calçados são um bom investimento em sua saúde.

Se você tem limitações físicas que atrapalhem sua habilidade de ensinar a partir do *deck*, considere opções que permitam que você esteja neste ambiente e instrua de forma segura. Por exemplo, dar aulas usando um banco ou usar seus braços para demonstrar o movimento das pernas reduz impacto. O uso de um tapete antiderrapante no *deck*, a fim de executar passos amortecidos e melhores, combinado com o uso de movimentos de baixo impacto, pode permitir que uma instrutora gestante demonstre alguns movimentos a partir do *deck* de maneira segura.

O ensino a partir do *deck* exige um conjunto diferente de habilidades do ensino na água. Você precisa aprender ritmo, execução de movimento e transferência e peso a partir do *deck*, assim como técnicas de orientação e coreografia para instrução na água. O esforço adicional se paga quando você aprende o máximo de estratégias de ensino quanto possível. Isso coloca você na melhor posição para ensinar qualquer segmento particular de sua aula e permite que você atinja um maior número de alunos.

Saber como ensinar a partir do *deck* e na piscina expande suas opções de coreografia e programas. Você pode introduzir e ensinar qualquer movimento. Seu marketing como instrutor expande à medida que suas habilidades de ensinar expandem, permitindo que você ensine uma maior variedade de formatos.

Condução do treino

Há uma diferença entre conduzir o treino e obter um treino. Embora não haja dúvida de que certos benefícios físicos e fisiológicos sejam obtidos quando o instrutor ensina adequadamente, há uma diferença significativa entre ensinar para um grupo com determinado nível de condicionamento físico e ter um desempenho no nível do instrutor. Sempre se lembre de que a aula pertence aos alunos. É importante para um instrutor reservar tempo e energia suficientes para seu treino pessoal. Evite usar sua aula como seu treino.

Antes de tudo, seu primeiro papel como instrutor é proporcionar uma experiência educacional para seus alunos. Como discutido previamente, isso envolve oferecer uma experiência segura, efetiva e divertida; isso é o que motiva seus alunos a assisti-la. Participe da aula de outra pessoa ou desenvolva uma rotina pessoal de treino para aumentar seu nível de condicionamento físico, uma vez que é um excelente meio de dar o exemplo sobre os benefícios da variabilidade ou do *cross-training* (treinamento cruzado). Assim como os princípios da especificidade se aplicam aos alunos, ensinar os mesmos programas em um nível similar, da mesma forma, pode se aplicar aos instrutores. É simples não oferecer um treino equilibrado. Um instrutor precisa ficar em forma para evitar lesão aguda e uso excessivo. Conduzir uma aula não significa fazê-la com os alunos, repetição por repetição, mas sim observá-las e corrigi-las percorrendo o *deck* ou se movendo pela piscina.

Uma aula pode ser ensinada mais efetivamente à habilidade média daquele grupo particular. Escolha o nível em que a maioria dos alunos parece estar (iniciante, intermediário ou avançado) e ensine naquela amplitude enquanto oferece modificações para aumentar ou diminuir a intensidade para alcançar a todos.

Enquanto seria agradável supor que todo mundo lê as descrições da aula e frequenta aquela que atende às suas necessidades e habilidades, é de conhecimento geral que muitos programas são "programas de zoo". Isso ocorre quando alunos de todos os tamanhos, formas e habilidades se reúnem porque o dia e a hora são certos para eles. É claro que isso cria um desafio para o instrutor. Entender e aplicar os princípios da água e expandir suas técnicas de ensino lhe ajudam a gerenciar uma aula multinível de maneira eficiente.

Equilíbrio muscular

Uma importante chave para um programa de condicionamento físico seguro e efetivo é o desenvolvimento e a manutenção de equilíbrio muscular apropriado. O corpo humano geralmente trabalha em pares musculares para executar movimento. Infelizmente, os estilos de vida diários têm levado a desequilíbrios nesses pares musculares que podem causar alinhamento corporal inadequado, pos-

tura ruim e lesões crônicas. Todos os programas de condicionamento físico devem ser elaborados para ajudar a trazer os pares musculares de volta ao equilíbrio por meio de uma coreografia bem planejada, da orientação cuidadosa e do tempo adequado gasto no alongamento final.

A água fornece resistência em todas as direções em movimento submerso, mas podemos colocar o foco em uma direção. Assim, é benéfico ao instrutor dar boas orientações verbais e visuais para incentivar os alunos a colocarem mais energia na direção do movimento que fortalecerá o músculo mais fraco de um par. Por exemplo, ao executar um cruzamento de braços na frente ao corpo, focalize a energia no movimento de retorno de abdução transversal e retração escapular (empurrando os braços para trás e aproximando as escápulas) para fortalecer a parte espinal do deltoide, trapézio e romboide. Se focalizarmos a adução transversal, colocaremos a ênfase nos músculos peitoral e a parte clavicular do deltoide; esses músculos já tendem a estar tensionados em virtude da atividade diária e dos hábitos posturais.

Outro ponto a se considerar é alongar os músculos que você fortaleceu durante certo treino. Os alunos geralmente estão com pressa e pulam um dos componentes mais importantes do programa de condicionamento físico – flexibilidade. Um músculo forte pode ser lesionado tão facilmente quanto um músculo fraco se não for flexível. Execute alongamento estático para todos os principais grupos musculares trabalhados; também considere adicionar alongamentos que tornem mais longos os músculos encurtados por sentar, andar, estresse ou atividades diárias comuns.

Movimentos de alto risco e inefetivos

Como regra geral, são movimentos muito contraindicados para programas aquáticos de condicionamento físico. Mas há vários movimentos de alto risco que podem ser cuidadosamente avaliados antes de incorporá-los a um programa de condicionamento físico. Quase todos os movimentos podem ser benéficos no formato apropriado com a população adequada (p. ex., o "alongamento de obstáculo" é aceitável para atletas de atletismo que correm com barreiras). Entretanto, há muitos movimentos que são tão especializados em seus benefícios que devem ser considerados de alto risco para inclusão em programas de condicionamento físico para a população geral. Novamente, o exemplo do alongamento de obstáculo – seria considerado de alto risco para aulas aeróbias em terra em virtude do potencial de lesão e da disponibilidade de uma opção mais segura. Pergunte-se: "Há outro movimento que seja tão efetivo quanto, mas que seja mais seguro?"

A seguir, estão algumas considerações sobre movimentos para avaliar cuidadosamente a segurança e efetividade. Se você escolher inclui-los em seu programa, opções adicionais também devem ser apresentadas e demonstradas. Novos movimentos devem ser avaliados em relação à segurança e à efetividade antes da instrução. Evite experimentar novos movimentos durante a instrução.

Movimentos muito rápidos (tempo de terra e tempo duplo)

Muitos instrutores intercalam movimentos em tempo de terra ou mais rápidos na coreografia para adicionar variedade e, algumas vezes, intensidade. Se o movimento rápido é usado, considere as alavancas curtas (elevações de joelho e roscas de perna) e execute os movimentos em oposição ao deslocamento. É aceitável usar velocidade para proporcionar variedade, mas lembre-se que a amplitude de movimento é comprometida e geralmente os benefícios da água são minimizados. Não é aceitável dar toda a aula ou até a maior parte dela em tempo de terra. É mais efetivo aumentar a intensidade pelo uso das leis e dos princípios da água em oposição ao simples aumento de velocidade.

Ao incorporar movimentos de velocidade rápida, permita aos alunos automodificarem a cadência se necessário e usarem movimentos rápidos com moderação. Alguns instrutores usam repetições limitadas de exercícios em tempo de terra para adicionar variedade à coreografia, mas ainda dão a maior parte da aula em tempo de água ou meio-tempo de água.

Uso prolongado de braços acima da cabeça

O movimento de braços acima da cabeça é desejável para a articulação do ombro e deve ser incluído ao menos na parte de alongamento de cada treino. Mas o uso prolongado desse movimento pode levar à fadiga dos músculos deltoides, elevação do ombro e possível lesão no ombro. Às vezes, os instrutores usam movimentos de braço sobre a cabeça extensivamente em ambos os exercícios, em terra e aquáticos, para elevar a frequência cardíaca. Isso pode levar a uma falsa percepção de intensidade aeróbia por causa da necessidade do corpo em fornecer sangue aos braços contra a gravidade acima da cabeça, como explicado no Capítulo 9. Você verá uma elevação da frequência cardíaca, mas não uma elevação comparável do consumo de oxigênio.

Com os braços acima da superfície da água, os alunos também tendem a olhar na direção de suas mãos, aumentando a possível compressão nas vértebras cervicais.

Com o uso excessivo dos braços fora da água, os alunos perdem os benefícios que a água pode oferecer por meio da resistência adicional em todas as direções de movimento e da força gravitacional diminuída. A variedade por meio do movimento acima da cabeça limitado pode ser divertido, mas nunca deve comprometer a segurança ou ser usado por períodos prolongados.

Exercícios de impacto muito alto

Saltos pliométricos, que impulsionam o corpo para cima e para fora da água, podem ser muito úteis para o desenvolvimento de potência em um público atlético, mas devem ser usados com cuidado para a população geral. Se você escolher incluir alguns desses movimentos em sua aula para alunos mais condicionados, tenha certeza de que você está na profundidade de água apropriada para minimizar o estresse de impacto ao aterrissar e para orientar um alinhamento adequado. Use alternativas de baixo impacto que proporcionem resultados similares para alunos menos condicionados.

Promoção de desequilíbrio muscular

A elaboração de programas que criam ou aumentam o desequilíbrio muscular existente devem ser reavaliados. Programas de caminhada a passos largos em que há deslocamento apenas para a frente pela água, programas de condicionamento muscular que negligenciam a flexibilidade e programas aeróbios que focalizam a flexão de quadril e o movimento dos braços para a frente contribuem para uma postura ruim e aumentam o potencial para lesão. Planeje seu programa e sua coreografia cuidadosamente. Qualquer movimento que leve ao alinhamento ruim deve ser eliminado e modificado; mesmo se for um exercício específico ou uma transição entre movimentos, mantenha o alinhamento adequado.

Batimento de pernas

O batimento de pernas, se executado segurando na parede ou com uma prancha ou qualquer outro equipamento de flutuação, pode levar à hiperextensão das vértebras lombares ou cervicais. Muitos alunos de condicionamento físico aquático não são nadadores e, assim, não ficam confortáveis trabalhando em decúbito ventral com seu rosto próximo ou na água. Se o batimento de pernas for usado, sugira aos alunos da aula angularem os batimentos abaixo da superfície da água e relaxarem a cabeça e o pescoço. Ofereça opções para aqueles que não estejam confortáveis com o movimento (p. ex., batimento de pernas na vertical em piscina funda com equipamento de flutuação ou balanços de perna em pé).

Exercício com apoio na parede

Exercícios que exigem que os alunos segurem na parede da piscina por períodos prolongados podem ser muito estressantes para as articulações do ombro, punho ou dedos. Se o aluno suporta o peso de seu corpo ao segurar com os cotovelos no *deck* da piscina, o cíngulo do membro superior/articulação do ombro pode ser comprometido. Certo nível de força é requerido na parte ascendente do trapézio e no latíssimo do dorso para manter o alinhamento neutro do cíngulo do membro superior.

Agarrar na borda da piscina pode torcer as mãos, os punhos e dedos na tentativa de manter a posição. A maioria dos exercícios com apoio na parede pode ser executada na posição vertical em piscina funda (com flutuação no nível do tronco) ou modificada para uma posição em pé em piscina rasa. Se você escolher incorporar exercícios com apoio na parede, limite a posição a um ou dois minutos antes de voltar à posição em pé. Inclua opções para aqueles que não sejam capazes de realizar o exercício nessa posição.

Flexão de quadril *versus* condicionamento abdominal

Uma vez que muitos alunos de condicionamento físico aquático têm interesse no fortalecimento ou na tonificação de seus músculos abdominais, os instrutores se esforçam para proporcionar uma variedade de opções de exercícios abdominais. Infelizmente, muitos desses exercícios não incorporam os músculos abdominais a não ser como estabilizadores ou auxiliares; em vez disso, o movimento principal vem do iliopsoas, ou dos flexores do quadril. Em decorrência de o iliopsoas passar pelo cíngulo do membro inferior, o aluno pode sentir um tensionamento na área abdominal inferior quando esses músculos estão contraídos. Na realidade, o iliopsoas encurtado pode causar tensão na parte inferior das costas se os abdominais não forem fortes o suficiente para estabilizar a pelve. Os músculos abdominais não estão contraindo ativamente para produzir o movimento; dessa maneira, os benefícios são mínimos.

O reto abdominal contrai para produzir flexão da coluna vertebral, e *não* a flexão do quadril. Movimentos que flexionam a articulação do quadril, como uma elevação dupla de pernas ou bicicletas, não flexionam a coluna vertebral e, assim, não contraem os músculos abdominais. Tenha certeza de que exercícios abdominais estão tecnicamente corretos, ou os resultados desejados não serão alcançados e a parte inferior da coluna vertebral poderá estar em risco.

Hiperflexão do joelho

Alongamentos e exercícios que flexionam demais a articulação do joelho, como tracionar o calcanhar em direção às nádegas em um alongamento de quadríceps, tendem a alongar também em excesso os ligamentos que proporcionam estabilidade ao joelho. Demonstre a maneira adequada de fazer este alongamento ao segurar o calcanhar longe das nádegas, apontando o joelho para baixo e inclinando a pelve em uma direção posterior. O alongamento também pode ser executado pela elevação do pé, mas sem segurá-lo; pelo posicionamento do pé na parede atrás de você, contraindo as nádegas e inclinando a pelve; ou soltando o joelho na direção do fundo da piscina enquanto em pé em uma posição de caminhada a passo largo, contraindo as nádegas e inclinando a pelve.

Integridade da coluna vertebral

Círculos totais de pescoço são considerados de alto risco para a maioria dos alunos e devem ser usados com moderação em um programa de condicionamento físico, sempre que possível. Geralmente, é seguro inclinar a cabeça na direção do ombro (flexão lateral) ou do tórax (flexão para a frente) e wvirar a cabeça para olhar sobre cada ombro (rotação). Evite deixar que a cabeça vá na direção da coluna (hiperextensão), porque isso comprime as vértebras cervicais e pode causar dano, especialmente quando executada em um movimento repetitivo, como em um movimento circular. A hiperextensão cervical deve ser executada de uma forma lenta, controlada. A tensão nas vértebras cervicais também pode ocorrer se os alunos inclinarem a cabeça para trás por um período prolongado para enxergar o instrutor no *deck*. Essa situação pode ocorrer se o nível da água estiver significativamente mais baixo que o do *deck* ou se os alunos se exercitarem muito próximos da borda da piscina da qual o instrutor está conduzindo a aula.

Evite movimentos (atividades aeróbias, exercícios de condicionamento muscular e alongamentos) que levem o aluno a arquear, ou hiperestender, a parte inferior das costas, especialmente em um movimento repetitivo com resistência adicional. Para segurança adicional, flexão da coluna vertebral e do quadril, em que o tronco é trazido na direção das pernas em uma posição vertical, deve sempre ser apoiado (p. ex., coloque as mãos nas coxas ou na parede).

Uso apropriado de equipamento

Antes de incorporar qualquer tipo de equipamento a um programa de exercício, o instrutor ou treinador deve entender completamente como usar a ferramenta selecionada de forma segura e efetiva. Tenha em mente que equipamento pode alterar a ação muscular. Ofereça opções de treinamento sem equipamento, a não ser que seja necessário para a segurança geral da aula, como um cinto de flutuação para piscina funda.

Equipamento de flutuação preso ao tronco (cinto ou colete de flutuação) ou aos braços (braçadeiras projetadas para hidroginástica) é recomendado para a manutenção do alinhamento e da segurança geral na hidroginástica *deep-water*. Com a progressão adequada, as tornozeleiras podem ser uma opção de flutuação apropriada para alguns indivíduos. O posicionamento mais seguro de equipamento flutuante em piscina funda é prendê-lo ao corpo, porque isso elimina o risco de perdê-lo mesmo que o indivíduo comece a entrar em pânico. O equipamento de flutuação que exige que o indivíduo se segure no aparato, como uma boia tipo espaguete, prancha ou halteres, pode criar a falsa sensação de bem-estar e levar a um potencial resgate na água. As habilidades de natação do indivíduo, a força do *core* e o conforto pessoal em piscina funda devem ser considerados na escolha do equipamento.

Equipamento de flutuação portátil pode ser usado para resistência adicional na parte superior do corpo tanto para as piscinas rasas quanto para as fundas. Períodos de treinamento com equipamento submerso devem ser limitados ou intervalos frequentes devem ser incluídos. Mantenha o alinhamento neutro dos punhos e evite a preensão apertada do equipamento. Observe e sinalize cuidadosamente para assegurar o alinhamento adequado do cíngulo do membro superior. O abaixamento escapular reduz o risco de lesão na cápsula do ombro e previne a abdução de ombro acima de 90° sem rotação lateral. Cuidados similares devem ser considerados quando o equipamento de flutuação portátil é usado para treinamento suspenso, como um exercício abdominal em decúbito dorsal. Evite a abdução de ombro acima de 90° sem rotação lateral.

Comportamento e vestuário profissional

O que faz um ótimo instrutor? Muitas qualidades em combinação criam um indivíduo que é capaz de conduzir uma aula de condicionamento físico aquático segura, efetiva e divertida. Se esforce para se apresentar como um profissional de exercício em sua aparência, atitude e em seu comportamento.

O uso de vestuário apropriado para o ensino de condicionamento físico aquático reflete sua imagem profissional. Os instrutores devem se vestir para o exercício de forma oposta que o fazem para um banho de sol ou natação. Vestuário de apoio, que permite que você permaneça recatado enquanto ensina e entra e sai da piscina, retrata

profissionalismo e estabelece o tom de que você está ali para conduzir uma aula de exercício. O vestuário aquático adequado para instrução inclui:

- calçados para hidroginástica que forneçam apoio e sejam antiderrapantes;
- sutiã de suporte para mulheres e um suportador atlético para homens;
- roupas de exercício resistentes ao cloro, que podem incluir maiôs, roupa de banho de suporte, *leggings* ou calção de ciclismo usado sobre ou embaixo da roupa de banho para proporcionar recatamento, calção usado sobre a roupa de banho, calção de banho para homens ou qualquer outra combinação aceitável de vestuário profissional para condicionamento físico aquático;
- uso de cores que contrastem com a cor da pele, para que suas pernas possam ser facilmente vistas;
- chapéu, óculos de sol e protetor solar, se estiver ensinando em área externa.

Um pouco de pesquisa

O uso de calçados em piscina rasa pode fazer mais do que apenas adicionar profissionalismo. Um estudo publicado em 2006, no *Aquatic Fitness Research Journal*, da AEA, observou a execução de corrida de 457,2 m em piscina rasa com e sem o uso de calçados. Os pesquisadores descobriram que, quando calçados são usados, eles levam a tempos de corrida significativamente mais rápidos e $\dot{V}O_2$máx presumido mais alto (Clemens e Cisar, 2006). Assim, parece que os calçados aquáticos fornecem tração e a chance de ser agressivo na hidroginástica, e podem até ajudá-lo a queimar mais calorias.

Chegue cedo o suficiente na aula para ser capaz de preparar tudo adequadamente, prepare-se para ela e para cumprimentar seus alunos. Em consideração aos outros instrutores, limpe tudo e guarde as coisas após sua aula. Siga os procedimentos da instituição para folgas ou recrutamento de professores substitutos se você estiver doente ou não puder dar a aula. Saiba e entenda os procedimentos de emergência disponíveis e siga as regras da instituição no processamento dos registros de aula.

As qualificações que os empregadores procuram em um instrutor de condicionamento físico aquático incluem:

- educação e conhecimento. Empregadores podem exigir que você tenha um certificado profissional ou algo equivalente. Você deve estar preparado para demonstrar um entendimento razoável dos princípios da água, princípios de exercício, coreografia e orientação, e ter uma disposição para continuar aprendendo e ensinando;
- experiência. Muitos empregadores procuram instrutores com experiência de ensino. Se você não tem experiência, pode cumprir um programa tutorial ou de treinamento para receber experiência prática antes de ensinar;
- energia e entusiasmo. Os empregadores procuram por instrutores que sejam entusiasmados sobre o ensino e transmitam esse entusiasmo para os alunos;
- motivação. Como um instrutor, você precisa estar automotivado e ser capaz de motivar os outros. Um instrutor motivado e motivador retém e recruta alunos para programas;
- boas habilidades interpessoais. Para ser um instrutor de condicionamento físico em grupo, você precisa ter uma personalidade amigável e compassiva;
- adaptabilidade. O ambiente aquático é raramente estável. Você precisa ser capaz de se adaptar às mudanças ambientais e da instituição;
- responsabilidade. Empregadores querem instrutores que compareçam consistentemente e conduzam uma boa aula;
- sinceridade. Você precisa mostrar que se importa e está lá para atender ao grupo de alunos.

Tornar-se um instrutor excepcional é um processo contínuo. Você precisa estar aberto a aprender e melhorar não apenas para você mesmo, mas para os alunos que olham para você e suas habilidades, para ajudá-los a alcançarem seus objetivos de condicionamento físico.

Resumo

1. Diretrizes gerais foram recomendadas para a formatação de aulas com concessões para considerações ambientais, variações de programas e objetivos e habilidades dos alunos.

2. A água pode realmente oferecer algo a todos, desde alunos sem condicionamento até atletas de elite. Os benefícios possíveis incluem ganhos de força, amplitude de movimento aumentada e benefícios cardiovasculares.

3. A criatividade é incentivada, contanto que esteja de acordo com os três princípios de segurança, efetividade e diversão.

4. Embora habilidades de instrução a partir do *deck* sejam altamente recomendadas, espera-se que certas circunstâncias exijam que o instrutor esteja na água com os alunos. Esteja confortável em ambos os ambientes, *deck* e piscina.

5. Aprender a ser um instrutor de exercício versátil aumenta sua capacidade de alcançar mais alunos por meio de seus programas.

6. Avalie continuamente seus programas sob todos os ângulos; reconheça movimentos de alto risco e seja capaz de oferecer alternativas quando exigido.

7. Um ótimo instrutor de condicionamento físico aquático nunca alcança um estado de equilíbrio, mas oscila entre o aprendizado e o ensino.

Questões para revisão

1. Nomeie três opções principais disponíveis para o componente de resistência de um treino aquático.

2. Qual a diferença entre dança aquática e caminhada a passo largo?

3. Dê um exemplo de orientação de trabalho de pés.

4. Que tipo de orientação (audível, visual ou tátil) é melhor usar em todos os momentos?

5. Que tipo de transição requer o melhor nível de força do *core* e coordenação para ser executada de forma segura?

6. Nomeie três opções para demonstrar ou ensinar movimentos a partir do *deck*.

7. Por que os batimentos de perna são considerados um movimento de alto risco para a maioria dos alunos?

8. Liste quatro qualificações que os empregadores podem procurar em um instrutor aquático.

9. Os componentes de uma sessão de treino como estabelecido pelas recomendações do ACSM são:

10. _____ é um programa aquático que tem como alvo o tronco, chamado de casa de força, e todo o movimento é preciso e executado com um propósito.

    a. *Ai chi.*

    b. Ioga aquático.

    c. *Tai chi* aquático.

    d. Pilates aquático.

Ver as respostas a estas questões no Apêndice C.

Bibliografia

American College of Sports Medicine. 2006. *Guidelines for exercise testing and prescription.* 7th edition. Baltimore: Lippincott, Williams & Wilkins.

American College of Sports Medicine. 2010. *Guidelines for exercise testing and prescription.* 8th edition. Baltimore: Lippincott, Williams & Wilkins.

American College of Sports Medicine. 2007. *ACSM's Resources for the Personal Trainer.* 2nd edition. Baltimore: Lippincott, Williams & Wilkins.

American Council on Exercise. 2000. *Group fitness insructor manual.* San Diego: American Council on Exercise.

Bandy, W.D. 2001. *The effect of static stretch and dynamic range of motion training on the flexibility of the hamstring muscles. J Orthop Sports Phys Ther.* 27(4): 295-300.

Clemens, C.A., and C.J. Cisar. 2006. The effect of footwear on the reliability of the 500-yard shallow water run as a predictor of maximal aerobic capacity. (VO_2max). *AEA Aquatic Fitness Research Journal* 3(1). pp. 36-39.

Denomme, L., and J. See. 2006. *AEA instructor skills.* 2nd edition. Nokomis, FL: Aquatic Exercise Association.

Fowles, J.R., D.G. Sale, and J.D. MacDougall. 2000. Reduced strenght after passive stretch of the human plantar flexors. *J Appl Physiol* 89(3): 1179-1188.

Howley, T., and D. Franks. 2003. H*ealth fitness instructor's handbook.* 4th edition. Champaign, IL. Human Kinetics.

Innovative Aquatics. (2008). *Personal pool programming.* Nokomis, FL: Personal Body Trainers, Inc. DBA Innovative Aquatics.

Sova, R. 2000. Aquatics: *The complete reference guide for aquatic fitness professionals.* 2nd edition. Pt. Washington, WI: DSL. Ltd.

Van Roden, J., and L. Glaswin. 2002. *Fitness: Theory & practice.* 4th edition. Sherman Oaks, CA: Aerobic & Fitness Association of America.

Wilmoth, S. 1986. *Leading aerobics dance exercise.* Champaign, IL: Human Kinetics.

capítulo 9

Hidroginástica *shallow-water*

Introdução

Seja no formato de aulas em grupo ou individuais, os instrutores de condicionamento físico aquático se beneficiarão do entendimento sobre como incorporar as propriedades únicas da água para oferecer um treino seguro, eficiente e divertido por meio da criação de padrões de movimento. Neste capítulo, discutiremos definições de coreografia, estilos de coreografia, várias alternativas de impacto e padrões de braço para programas de condicionamento físico aquático na modalidade *shallow-water* (piscina rasa). Opções de música e ritmo para atividades aeróbias nessa modalidade também serão fornecidas.

Conceitos fundamentais

- Como você pode variar a forma como apresenta os movimentos básicos para seu grupo de alunos a fim de adicionar variedade e ampliar a experiência de aprendizagem?

- Você é capaz de apresentar uma variedade de opções de impacto para o seu grupo a fim de acomodar alunos de todos os níveis?

- Quais as opções para o uso seguro da parte superior do tronco em hidroginástica?

- Como o uso de movimentos em tempo de terra, tempo de água e meio-tempo de água proporciona variedade e ajuda a fazer transições seguras em sua coreografia aquática?

Definições e termos comuns em coreografia

Embora o termo coreografia possa trazer à mente uma variedade de imagens, ele simplesmente significa o arranjo ou a sequência-padrão de uma série de movimentos. Uma coreografia bem planejada pode fazer com que toda aula ou treino aquático sejam excitantes; ao mesmo tempo, proporciona um exercício equilibrado que promove segurança e eficiência. A seguir, alguns termos comuns e suas definições, que permitirão um melhor entendimento da coreografia aquática.

Componente ou movimento A menor parte ou segmento na coreografia. Uma elevação de joelho, um chute ou um polichinelo são considerados um "movimento" ou componente básico da coreografia.

Padrão ou combinação Um padrão ou uma combinação refere-se a dois ou mais movimentos conjugados para formar algum tipo de sequência reprodutível na coreografia.

Estilos ou tipos de coreografia Diferentes formas de conjugar movimentos ou padrões tanto em sequência, número de repetições, ou ambos.

Batidas (beats ou bpm) Pulsações regulares em um ritmo constante. As batidas podem ser encontradas em música, criadas por um metrônomo ou outro aparelho, ou determinadas pelo instrutor.

Compasso A frequência de velocidade em que as batidas ocorrem.

Tempo de água Uma frequência de velocidade apropriada usada no ambiente aquático para permitir um tempo de reação mais lento e amplitude total de movimento durante uma coreografia aquática. O tempo de água recomendado é de 125 a 150 batidas por minuto (bpm), usadas em meio-tempo para uma típica aula aeróbia em piscina rasa. Compassos mais lentos ou ligeiramente mais rápidos podem ser utilizados dependendo do tipo de movimento, formato do programa, nível dos alunos e do uso de equipamento de resistência.

Transição Uma transição ocorre quando há a mudança de um movimento para outro. A mudança de uma elevação de joelho para uma rosca de perna é uma transição. Ela também ocorre quando há mudança de um padrão para outro.

Transições direcionais ocorrem quando a linha de deslocamento é mudada dentro de uma combinação ou padrão. Saltar quatro vezes para a direita e virar e saltar quatro vezes para a esquerda constitui uma transição direcional.

Alinhamento e forma Alinhamento é o posicionamento do corpo durante o movimento. A postura e o posicionamento (forma) do corpo promovem melhor isolamento muscular e reduzem o risco de lesão. Alinhamento e forma são influenciados pela estrutura articular, histórico de lesão anterior ou cirurgia e degeneração articular. Nem todos têm a mesma postura ideal, e isso é algo que se deve empenhar para alcançar. Você deve preparar a coreografia para suas aulas de forma que promova e melhore o alinhamento corporal e a forma adequados em seus alunos.

Fatores gerais de alinhamento corporal a serem considerados e observados em seus alunos incluem: (1) postura ereta durante o movimento; (2) evitar se inclinar para a frente a partir da coluna vertebral ou da cintura ao realizar elevações de joelho, chutes, elevações de perna com rotação lateral do quadril e assim por diante; (3) manter os ombros para baixo e para trás, peito elevado, abdominais contraídos e a parte de trás do pescoço alongada para manter um bom alinhamento.

Tente "posicionar" os membros, em vez de "agitá-los". Evite hiperestender os joelhos, cotovelos, ombros ou quadris.

Evite torção excessiva dos joelhos em relação ao pé. Os joelhos devem permanecer na direção dos dedos dos pés. Ao fazer movimentos de torção, gire a partir da cintura, mantendo os quadris e as pernas estacionários, ou gire a partir do quadril (rotação de quadril), mantendo os joelhos sobre os pés.

Ao realizar um avanço, posicione o joelho de apoio sobre ou atrás do calcanhar para evitar tensionar o joelho. Ao executar uma rosca de perna, traga o calcanhar para cima e atrás, até ligeiramente acima da altura do joelho. Trazer o calcanhar até o glúteo, ou flexioná-lo em excesso, tenciona significativamente os joelhos. Mantenha os joelhos lado a lado e ligeiramente afastados. Ao permitir que o joelho venha mais para a frente ao flexionar a perna, serão trabalhados os flexores do quadril em vez dos isquiotibiais.

Instrução Refere-se à orientação, por meio de dicas, aos alunos de uma aula. É o ato de comunicar informação para instigar ação por meio de sinais verbais ou não verbais, ou ambos.

Movimentos básicos em coreografia aquática

Variações de movimento começam com movimentos básicos ou componentes. Movimentos básicos são as menores partes ou segmentos em uma coreografia.

Podem ser variados para criar intensidade e variedade, por exemplo, deslocar-se com uma elevação de joelho (um movimento básico) para criar mais intensidade pelo aumento da inércia. Os componentes também podem ser combinados com outros movimentos básicos para criar padrões ou combinações em coreografia.

Um instrutor experiente torna-se mais bem-sucedido ao criar treinos seguros, efetivos e eficazes. A adoção de um conhecimento profundo das leis físicas e das propriedades da água permite que você adicione variedade, equilíbrio e especificidade a um treino aquático sem sacrificar sua segurança ou eficiência. Se uma sessão de exercício na água for coreografada como um treino em terra, muito do que a água tem a oferecer é perdido. A água é um ambiente único que oferece oportunidades singulares de movimento.

As Tabelas 9.1 e 9.2 demonstram movimentos básicos comuns em coreografia aquática para pernas e braços.

Veja no Apêndice A a descrição e a imagem correspondentes a vários desses movimentos.

Estilos ou tipos de coreografias

Estilos ou tipos de coreografia são meios de conjugar movimentos básicos ou padrões em sequência, número de repetições, ou ambos. Assim como em um exercício em terra, os programas de condicionamento físico aquático usam uma variedade de estilos ou tipos de coreografia para criar um treino seguro, eficiente e agradável. Embora muitos instrutores tendam a usar apenas um ou dois estilos de coreografia, tentar usar um novo tipo adiciona variedade e diversão à sua aula, assim como aperfeiçoa suas habilidades de liderança.

A seguir, são apresentados os estilos de coreografia que funcionam melhor para a hidroginástica. Movimentos individuais são descritos no Apêndice A.

Tabela 9.1 Movimentos básicos para a parte inferior do corpo em *shallow-water* (piscina rasa)

Jogging (com aterrissagem em pés alternados)	Salto (com aterrissagem em ambos os pés)	Saltito (com aterrissagem em um pé repetidamente)
• Curto • Largo • Dentro dentro, fora fora • Fora fora, dentro dentro • Elevações de joelho • Chutes • Roscas de isquiotibiais • Elevação da perna com rotação do quadril • Pêndulo • Cavalo-marinho • Saltos • Mambo • Chá-chá-chá • *Jogging* cruzado • Passos laterais	• Curto • Largo • Polichinelos • Esqui de fundo (*cross-country*) • Esqui estilo livre (*moguls*) • Giro • Salto de *cheerleading* • Salto grupado • Salto de sapo • Toque de calcanhares no ar	• Balanço com joelho • Balanço com chute • Chutes de *jazz* • Chutes de *cancan* • "Duplos" para pés alternados em meio-tempo de água • Joelho/chute para trás

Tabela 9.2 Movimentos básicos para a parte superior do corpo em *shallow-water* (piscina rasa)

Movimento a partir do ombro	Movimento a partir do cotovelo/antebraço
• Abdução (planos frontal e transversal) • Adução (planos frontal e transversal) • Flexão • Extensão • Hiperextensão • Rotação • Circundução	• Flexão • Extensão • Supinação • Pronação

Coreografia de progressão linear ou de estilo livre

A progressão linear é um estilo de coreografia em que as séries de movimentos são executadas sem um padrão previsível (daí o termo *estilo livre*). O instrutor geralmente segue por meio de uma longa lista de movimentos até que a aula acabe, com ou sem repetir qualquer componente dado. Embora um formato de combinação não seja planejado, é indispensável que o instrutor entenda como fazer a transição para cada novo movimento de forma segura e eficaz. O uso de instruções e transições são discutidas no Capítulo 8.

Embora essa coreografia não tenha padrões reprodutíveis, ela ainda é planejada e executada para dar equilíbrio ao treino.

Exemplo
8 movimentos de cavalo-marinho para a direita, 8 para a esquerda
16 movimentos de *jogging* com elevação dos joelhos
8 roscas de perna com balanço central
8 esquis de fundo (*cross-country*) com balanço central
16 polichinelos
16 pêndulos
...e assim por diante

Coreografia piramidal

Na coreografia piramidal, o número de repetições para cada movimento em uma combinação é aumentado ou diminuído gradualmente. O instrutor pode usar 16 repetições de cada um de quatro movimentos diferentes, repetir aqueles mesmos movimentos em 8 vezes (8 repetições cada), então em 4 e, então, em 2. Também é possível reverter para o padrão original pela repetição da combinação em séries de 4, 8 e, finalmente, 16 repetições.

Esse estilo funciona bem para ensinar uma combinação mais complexa, que é confusa se mostrada inicialmente no formato final. Por meio da construção de uma base ampla de repetições para cada movimento, os alunos podem aprender o padrão com a técnica correta. Então, com a diminuição gradual do número de repetições, enquanto mantém a sequência, o treino se torna mais desafiador, tanto física como mentalmente.

Exemplo
16 chutes para a frente
16 elevações laterais de perna
16 chutes para trás
8 balanços no lugar
8 saltos grupados

próximo...
8 chutes para a frente
8 elevações laterais de perna

8 chutes para trás
4 balanços no lugar
4 saltos grupados

próximo...
4 chutes para a frente
4 elevações laterais de perna
4 chutes para trás
2 balanços no lugar
2 saltos grupados

finalmente...
2 chutes para a frente
2 elevações laterais de perna
2 chutes para trás
1 balanço no lugar
1 salto grupado

Coreografia de adição

A coreografia de adição é um meio de construir padrões gradualmente, enquanto se fornece reforço positivo por meio da repetição à medida que a sequência é aprendida. Às vezes, é também chamada de método da memória ou da construção em bloco. Após o estabelecimento de um movimento (A), outro movimento é ensinado (B) e, então, adicionado ao primeiro (A-B). Mais movimentos geralmente se seguem, um de cada vez, para desenvolver uma combinação simples ou, às vezes, complexa.

Esse estilo permite que os alunos treinem enquanto aprendem; não há interrupção no fluxo da aula enquanto se ensina a combinação.

Exemplo

Ensine e pratique A...
8 movimentos de *jogging* para a frente com calcanhares elevados
8 movimentos de *jogging* para trás com joelhos elevados

então, ensine e pratique B...
esqui de fundo (*cross-country*) com 3 balanços centrais

junte A-B e pratique...
8 movimentos de *jogging* para a frente com calcanhares elevados
8 movimentos de *jogging* para trás com joelhos elevados
4 séries de esqui de fundo (*cross-country*) com 3 balanços centrais

então, ensine e pratique C...
chute de *jazz* (ou chute de futebol americano)

junte A-B-C e pratique...
8 movimentos de *jogging* para a frente com calcanhares elevados
8 movimentos de *jogging* para trás com joelhos elevados

4 séries de esqui de fundo (*cross-country*) com 3 balanços centrais

16 chutes de *jazz* (ou chute de futebol americano)

Coreografia de repetição de sequência ou padronizada

Nesse tipo de coreografia, uma série padronizada de movimentos é ensinada inicialmente em sua forma final. Os alunos aprendem pela repetição da combinação total várias e várias vezes. O número de repetições necessário para aprender o padrão depende de sua complexidade. Esse estilo funciona bem com padrões menos complexos ou para alunos de nível mais avançado.

Muitas vezes, a repetição de sequência é usada quando o instrutor coreografa uma rotina específica para cada música diferente. Nesse caso, o padrão pode também incluir ligeiras variações para acompanhar a música (p. ex., executando sempre uma parte da combinação durante o refrão).

Exemplo

4 saltos para a direita

7 movimentos de cavalo-marinho para a direita, e vire para a frente

8 pêndulos

4 saltos para a esquerda

7 movimentos de cavalo-marinho para a esquerda, e vire para a frente

8 pêndulos

repita o padrão várias vezes

Técnica em camadas

A técnica em camadas começa com um padrão que pode ser repetido; primeiro, o padrão pode ser ensinado via repetição de sequência, adicionado, ou coreografia piramidal. Quando os alunos estão confortáveis com o padrão, mudanças são sobrepostas gradualmente; os movimentos são substituídos por outros, um de cada vez no padrão. O padrão pode ser "descascado de volta" ou "desmontado" para o padrão original, se desejado.

Exemplo (*denota a mudança):

comece com...

4 passos largos para a direita, 4 para a esquerda

4 séries de polichinelos de 3 vezes

8 toques de tornozelo para a frente

4 chutes frontais com balanço central

mude para...

4 passos largos para a direita, 4 para a esquerda

4 séries de polichinelos de 3 vezes

8 toques de tornozelo para a frente

*2 séries de balanço de joelho com 3 balanços centrais

mude para...

4 passos largos para a direita, 4 para a esquerda

4 séries de polichinelos de 3 vezes

*8 roscas de perna

2 séries de balanço de joelho com 3 balanços centrais

mude para...

4 passos largos para a direita, 4 para a esquerda

*8 séries de polichinelos com cruzamento de tornozelos

8 roscas de perna

2 séries de balanço de joelho com 3 balanços centrais

finalmente, termine com...

*8 deslizamentos para a direita, 8 para a esquerda

8 séries de polichinelos com cruzamento de tornozelos

8 roscas de perna

2 séries de balanço de joelho com 3 balanços centrais

Como instrutor, você não está limitado aos cinco estilos de coreografia discutidos; outros estilos ou métodos também podem ser usados. Entretanto, os mostrados aqui anteriormente são relativamente simples e funcionam bem na água. Geralmente, os instrutores se tornam proficientes e ficam confortáveis usando um único estilo de coreografia. Ao sair da sua zona de conforto e introduzir uma variedade de estilos de coreografia para o seu grupo, você pode estar alcançando e motivando um maior número de alunos com o processo de aprendizagem. As pessoas têm diferentes estilos de aprendizagem ou preferências. Ensinar coreografia de estilo livre pode ser atraente para alguns alunos em virtude de seu estilo sem repetição. Contudo, pode não ser atraente para aqueles que gostam de ordem e padrões. A coreografia de construção em blocos pode ser atraente ao aprendiz do tipo "parte-todo" por causa da introdução de um elemento por vez. Por outro lado, a técnica pode ser frustrante ao aprendiz do tipo "todo-parte" que prefere ver o padrão inteiro primeiro.

É impossível atender a cada aluno individualmente em um formato de aula em grupo. Você pode, entretanto, ensinar o estilo de aprendizagem preferido da maioria de seus alunos por ao menos parte da aula pelo uso de vários estilos de coreografia. Isso pode atrair um grande público para sua aula enquanto proporciona familiaridade e desafio a todos os seus alunos. A variação de coreografia pode gerar neles sentimentos de satisfação e divertimento. Pela simples incorporação de estilos diferentes de coreografia em programas de condicionamento físico aquático, movimentos antigos parecem novos e originais. Os instrutores podem expandir suas habilidades pela introdução de novos métodos de coreografia, assim como novos movimentos e combinações. Os alunos gostarão da mudança!

Opções de impacto para hidroginástica

A água é um excelente meio para a prática de exercícios em razão das forças reduzidas vivenciadas pelo corpo quando parcialmente submerso. Isso proporciona uma alternativa de baixo impacto a programas realizados em terra. Mesmo dentro do domínio aquático, podemos modificar as forças de impacto criadas pelo treino. Como instrutor, é importante manter isso em mente, uma vez que os alunos geralmente se adaptam ao aumento de intensidade em seus treinos, mas podem não ser fisicamente capazes de aumentar o impacto. Muitos alunos escolhem a água especificamente por ser uma alternativa de exercício de menor impacto.

A profundidade da água afeta diretamente a quantidade de impacto transferida pelo sistema musculoesquelético. Mover-se mais fundo na água diminui o impacto para um dado exercício. Exercitar-se sem tocar o fundo da piscina, como nos exercícios em piscina funda (*deep-water*), na verdade cria um treino sem impacto.

A maneira como executamos certo movimento também influencia a quantidade de força com que batemos no fundo da piscina. Compare a diferença nas forças de batida ao andar e correr em terra. Muitos movimentos podem ser executados na água seja com rebote (*jogging*) ou sem rebote (caminhada). [Nota: é difícil executar movimentos sem rebote se o exercício for realizado em uma profundidade na altura da axila ou maior.] A incorporação de ambas as técnicas permite uma maior variedade em sua coreografia, ao mesmo tempo que possibilita aos alunos escolher a opção que funciona melhor para seu nível de habilidade. Podemos levar os movimentos com rebote um passo à frente e torná-los de natureza pliométrica ao empurrar o fundo da piscina vigorosamente para impulsionar o corpo para cima e para fora da água. Ambos, intensidade e impacto, irão aumentar.

A seguir, são apresentadas as variações básicas de impacto geralmente usadas em coreografia aquática.

Níveis I, II e III

A coreografia elaborada em vários níveis de impacto oferece oportunidades adicionais de movimento para seus alunos. Movimentos de nível I, II e III são variações de impactos exclusivas da água e podem ser executados com sucesso em virtude das propriedades flutuantes da água. Movimentos de nível II e III devem ser executados com profundidade da água na altura do peito à axila, a fim de permitir liberdade de movimento para as pernas e os braços. Em uma piscina muito rasa, movimentos de nível II envolvem excessiva flexão de quadril e joelho, enquanto a amplitude de movimento é prejudicada em movimentos de nível III.

Movimentos de nível I (Fig. 9.1) são executados em uma posição ereta com o nível da água na altura da cintura até a axila. O impacto é mais comumente usado em movimentos de nível I. Um polichinelo com rebote, chute, elevação de joelho ou rosca de perna são exemplos de movimento de nível I. Os movimentos de nível I, ou de rebote regular, usam a aceleração para empurrar os alunos para cima e para fora da água, aumentando a intensidade e o impacto. A maioria dos movimentos de nível I também pode ser executada com menos impacto, como marcha em vez de *jogging* (ver a seção "Movimento com apoio no chão ou posição ancorada", mais adiante neste capítulo).

O movimento de nível II (posição neutra) (Fig. 9.2) é executado mediante a flexão de quadris e joelhos para submergir o corpo para a profundidade no nível do ombro, enquanto o movimento é executado. O impacto é possivelmente eliminado, embora ainda haja contato com o fundo da piscina. Os ombros permanecem na superfície da água em oposição ao movimento para cima e para baixo do corpo, que ocorre no nível I. Muitos instrutores e alunos têm a concepção equivocada de que o movimento de nível II é menos intenso do que o de nível I porque falta impacto. Os movimentos de nível II desafiam o sistema muscular a empregar energia em virtude da ausência de impulsão vertical – diferentemente do que ocorre na execução de nível I ou movimentos de rebote. Por meio da flexão a partir dos quadris e joelhos, as alavancas da perna são alteradas de forma que podem criar mais forças de arrasto. Ao eliminar a força vertical, mais força horizontal deve ser criada pelo aumento da amplitude de movimento. O nível II incentiva o aluno a aumentar a intensidade pela criação de mais força horizontal contra a resistência da água em oposição à força vertical. Os alunos precisam ser instruídos e incentivados apropriadamente para criar essa força a fim de obter os benefícios do movimento de nível II, ao mesmo tempo que possam apreciar a variedade que ele cria. Há uma leve transferência para cima da carga de trabalho do tronco pelo fato de as alavancas estarem profundamente submersas na água.

Os movimentos de nível III (posição suspensa) (Fig. 9.3) são executados sem tocar o fundo da piscina. O corpo está submerso até os ombros, como no nível II, enquanto o aluno é encorajado a executar o movimento sem ter seus pés batendo ou tocando no chão. O impacto é completamente eliminado e a carga de trabalho é transferida mais para a parte superior do corpo (mantendo o corpo flutuante) e o tronco (estabilização e alinhamento), à medida que o movimento é executado. Polichinelos e séries de esquis de fundo (*cross-country*) são movimentos comuns executados no nível III. O desafio do movimento de nível III é determinado, em parte,

Figura 9.1 Exemplo de movimento de nível I.

pelo tamanho do corpo e densidade. Um aluno magro e musculoso precisa gastar mais energia para permanecer flutuante quando comparado a um aluno mais flutuante. Todos devem ser encorajados a exercer força contra as forças horizontais da água e usar a amplitude total de movimento para manter a intensidade. Em vez disso, os alunos que se sintam desconfortáveis em tirar seus pés do fundo da piscina podem ser incentivados a executar o movimento nos níveis I e II.

Outra opção em impacto é combinar os níveis II e III. Os ombros permanecem submersos, enquanto em uma parte do movimento você encosta seus pés no fundo (nível II) e na outra permanece suspenso (nível III). Por exemplo, um polichinelo pode ser executado em todos os três níveis. Também pode ser executado como uma combinação: nível II tocando o solo no movimento "para fora" e nível III permanecendo com as pernas grupadas no movimento "para dentro". Isso pode ser indicado como "poli toque *fora*, grupado e suspenso *dentro*", ou de forma mais simples, "poli e grupado", uma vez que o aluno esteja em nível II. Um movimento de esqui de fundo (*cross-country*) com balanço central pode ser feito da mesma forma: tocando quando as pernas estão separadas

Figura 9.2 Exemplo de movimento de nível II.

Figura 9.3 Exemplo de movimento de nível III.

de frente para trás e suspenso (grupado) quando as pernas mudarem as posições.

Movimento com apoio no chão ou posição ancorada

Assim como em terra, o impacto pode ser um problema para alguns alunos também na água. Às vezes, os instrutores podem preferir um método de baixo impacto para adicionar variedade a seus programas. Movimentos com apoio no chão ou ancorados estão encontrando seu espaço em cada vez mais formatos de aula e proporcionando uma variação viável de movimento.

Movimentos com apoio no chão variam de alguma maneira a partir dos movimentos de nível II tanto quanto a posição corporal como a transferência de peso. Movimentos com apoio no chão exigem que os ombros permaneçam na superfície da água; assim, o corpo pode continuar na posição vertical. Esses movimentos são executados com um pé em contato com o fundo da piscina a todo momento.

Um polichinelo de nível II é executado com ambas as pernas deixando o fundo da piscina para afastar e unir em seguida. Um polichinelo com apoio no chão é executado como um meio-polichinelo (passo lateral com agachamento) na água com a perna direita afastando e unindo seguida pela perna esquerda com o mesmo movimento. O meio-polichinelo pode ser executado pela alternância das pernas direita e esquerda ou executando um número de repetições com a direita antes de mudar para a esquerda. O esqui de fundo (*cross-country*) com apoio no chão é executado pelo movimento da perna direita para a frente e para trás por várias repetições e, então, trocando para a esquerda. Uma variação desse tipo de esqui de fundo com apoio no chão é o avanço para a frente ou para trás com uma perna, dando um passo à frente e juntando as pernas ou um passo para trás, também juntando as pernas.

Movimentos com apoio de um pé (ou movimentos com alternância da perna dominante) também podem ter apoio no chão ou ser executados no nível II. A diferença está na transferência de peso. No nível II, acontece com um toque rápido no fundo da piscina com os pés direito e esquerdo. Em uma elevação de joelho com apoio no chão, um pé é deixado firmemente apoiado. Uma elevação de joelho alternada em uma posição com apoio no chão se torna uma marcha. A repetição de 4 ou 8 vezes para o movimento na direita antes de mudar para 4 ou 8 vezes na esquerda é um método geralmente usado para criar intensidade em um movimento com apoio no chão.

Além do benefício de oferecer variedade e uma opção de baixo impacto aos alunos, a maioria dos movimentos com apoio no chão é facilmente demonstrada ou ensinada pelo instrutor a partir do *deck*. Na maioria dos casos, os alunos imitam o movimento da mesma maneira que e é executado no *deck*. Com um pouco de criatividade, o instrutor pode oferecer uma aula inteira de exercício com apoio no chão ou incorporar movimentos com apoio no chão em quase todos os formatos de aula em piscina rasa (*shallow-water*). A instrução dos alunos para usar com eficiência as forças de arrasto da água assegura um treino intenso sem permitir que ambos os pés deixem o fundo da piscina.

Movimento impulsionado e elevado

A pliometria, ou treino em saltos, é uma forma de treinamento de resistência de ação dinâmica em terra que se tornou popular no final dos anos 1970 e início dos 1980. O termo "exercício cíclico de alongamento e encurtamento" geralmente substitui o termo "pliometria" e descreve esse tipo de exercício de resistência com mais precisão (Fleck e Kraemer, 2003). O objetivo principal do treinamento pliométrico é aumentar a habilidade de saltar através do uso do reflexo de alongamento para facilitar o recrutamento de unidades motoras musculares adicionais. As técnicas de treinamento usam saltos e saltos grupados no lugar, saltar para dentro e para fora de uma caixa e saltar usando cintos com peso. O exercício de alongamento e encurtamento pode ser executado para a parte superior do corpo, por exemplo, por meio do uso de uma *medicine ball*. Mudanças positivas em testes de desempenho motor foram maiores com o treinamento simultâneo de força e pliometria do que cada tipo de treinamento isoladamente. Parece ser valiosa a adição de treinamento pliométrico a um programa quando ganhos em desempenho motor e produção de força são desejados.

Como método de prevenção de lesão, é geralmente recomendado que o indivíduo seja capaz de executar um agachamento com barra nas costas pelo menos 1,5 a 2 vezes seu peso corporal antes de fazer treinamento pliométrico, que é considerado uma estratégia avançada de treinamento (Fleck e Kraemer, 2003) e, por essa razão, requer um pré-treinamento antes de sua execução.

O uso da água pode adicionar uma dimensão aos treinamentos de salto com movimentos impulsionados. A redução da gravidade prevê um recrutamento reduzido de unidades motoras por meio do reflexo de alongamento, fazendo assim que o movimento seja menos pliométrico. Entretanto, saltar na água pode possibilitar que o aluno recrute mais unidades motoras por meio das propriedades de arrasto da água, tensão superficial, viscosidade e resistência. As vantagens do treinamento aquático de salto incluem o impacto reduzido e a resistência inerente aumentada em todas as direções do movimento submerso. O treinamento pliométrico em terra, em virtude de sua natureza de alto impacto, pode aumentar o risco de lesão às estruturas do sistema musculoesquelético responsáveis pela sustentação de peso. A resistência da água cria sobrecarga adicional e leva em conta o recrutamento motor aumentado e o impacto reduzido, reduzindo assim o risco de lesão e a dor muscular de início tardio (DMIT).

As pesquisas já realizadas indicam resultados favoráveis dos programas de treinamento pliométrico aquático. Um estudo conduzido na Ohio State determinou que "um programa de treinamento pliométrico aquático elaborado adequadamente é eficiente em aprimorar potência, força e velocidade em mulheres fisicamente ativas" (Robinson, Devor, Merrick e Buckworth, 2004). Outro estudo, conduzido em 2001, encontrou uma diferença significativa em protocolos de treinamento pliométrico tanto em água quanto em terra (Cearin, Mattacola e Sitler, 2001). Ambos os programas melhoram o salto vertical, e nenhuma diferença foi encontrada entre os dois.

Saltos altos na água podem ser usados em uma aula típica em grupo, assim como em um treinamento específico para esporte. A execução de movimentos em água na altura do peito, combinada com opções de baixo impacto para alunos menos condicionados, reduz o risco de lesão para a maioria dos alunos. O uso das leis de inércia, aceleração e ação e reação para impulsionar os movimentos para cima, para a frente ou para trás pode adicionar variedade ao movimento e aumentar a intensidade. A adesão rigorosa à segurança, incluindo profundidade adequada da água, adequação ao público da aula e alternativas de baixo impacto devem sempre ser consideradas antes de adicionar um movimento elevado em seu formato de aula.

De modo semelhante, movimentos elevados, como saltos com potência ou grupados, usam a aceleração para aumentar a intensidade (Tab. 9.3). Entretanto, o foco desse

Tabela 9.3 Opções de movimento impulsionado (rebote) e em suspensão

Movimento	Opções impulsionadas e em suspensão
Balanço Salto com pé juntos no lugar	• Salto grupado (joelhos flexionados em direção ao peito) • Salto de sapo (joelhos separados) • Salto grupado para a frente e para trás • Salto grupado para a direita e para a esquerda (esqui de estilo livre – *mogul*) • Salto e giro (¼, ½ e giros totais)
Polichinelo	• Polichinelo com joelhos flexionados em direção ao peito (grupado para dentro, para fora ou ambos) • *Cheerleading* (pule e separe as pernas para o lado – abdução – e aterrisse com os calcanhares unidos) • Toques de calcanhar (comece em abdução, salte e toque um calcanhar no outro enquanto suspenso; aterrisse com os pés separados) • Cruzamentos de calcanhar (comece em abdução, salte e cruze os calcanhares enquanto suspenso; aterrisse com os pés separados)
Esqui de fundo (*cross-country*)	• Esqui de fundo (*cross-country*) com flexão de joelho em direção ao tórax • Salte e separe as pernas uma para a frente e outra para trás, aterrisse com os pés unidos

tipo de movimento não é impulsionar o corpo para cima e para fora da água (como no treinamento impulsionado ou pliométrico). Em vez disso, em saltos com potência ou grupados, a ênfase é puxar os joelhos energicamente em direção ao peito (flexionando os joelhos em direção ao corpo) e, então, empurrar as pernas energicamente para longe e na direção do fundo da piscina para aumentar o esforço muscular. Essas opções elevadas podem ser executadas nos níveis I e II, e até mesmo no nível II adicionando uma opção viável na elaboração de programa.

Movimentos específicos da água

Uma das melhores partes da instrução em condicionamento físico aquático é conduzir sua aula em movimentos específicos da água. Esses movimentos podem ser executados na água, mas são impossíveis ou de alto risco em terra. Movimentos específicos da água geralmente envolvem tirar os dois pés do fundo da piscina ao mesmo tempo, dando ao movimento um "clima aquático" e fazendo da aula uma experiência única. Muitos movimentos impulsionados ou elevados também são considerados específicos da água.

Com um pouco de inventividade, os movimentos específicos da água podem ser combinados com movimentos tradicionais para criar padrões únicos que desafiam equilíbrio, tempo de reação, coordenação e mente sem o medo de cair ou se machucar. Considere combinar os seguintes movimentos específicos da água com movimentos tradicionais para criar padrões desafiadores ou inventar você mesmo alguns movimentos específicos. Lembre-se de sempre testar o movimento antes de usá-lo. Verifique a forma e a segurança e prepare movimentos alternativos para aqueles que não quiserem tentar movimentos específicos da água.

Chute Kelly Chute para a frente, direita, esquerda, direita. Segure a perna direita no ar e pule sobre a perna direita elevada com o pé esquerdo para terminar olhando na direção oposta com a perna direita ainda elevada, mas agora atrás do corpo (quadril hiperestendido).

Chute rápido Salto e chute rápido com a perna direita e com a esquerda antes de aterrissar (frontal ou lateral).

Chute duplo de perna Flexione os joelhos em direção ao peito, estenda ambas as pernas à frente, flexione e abaixe as pernas para o fundo novamente. Ou flexione joelhos, estenda ambas as pernas para a direita (ou a esquerda), flexione e abaixe.

Chute com pegada Chute a perna direita para a frente (ou para o lado) e segure-a nessa posição. Eleve a perna esquerda, realizando um chute para tocar a perna esten-

dida elevada, e, então, abaixe a perna esquerda novamente. Você está chutando rapidamente com a perna na vertical para encontrar a perna elevada e, então, retornar para baixo. Execute para a direita ou a esquerda.

Salto grupado e em direção ao calcanhar Salte e flexione os joelhos em direção ao peito. Salte e flexione as pernas para trás. Isso é equivalente a fazer uma elevação dupla de joelho e, então, uma rosca dupla de perna.

Salto e giro Adicione um quarto-giro, meio-giro ou giro completo a seus movimentos.

Padrões de braço em hidroginástica

É fácil relegar os movimentos de braço a um simples meio de adicionar variedade aos movimentos. Geralmente, os instrutores ficam estacionados nos mesmos padrões de braço com os mesmos movimentos de perna. Os alunos acham desafiador tanto mental como fisicamente quando o padrão de braço é mudado. Essa mudança também pode adicionar diversão à aula.

Há cinco maneiras básicas de adicionar variedade usando movimentos de braço. A primeira é mudar um movimento de braço específico que é combinado com um movimento específico de perna. Por exemplo, um movimento de braço típico do polichinelo seria abdução e adução enquanto as pernas estão abduzindo e aduzindo; para adicionar variedade, tente combinar um polichinelo com movimentos de braço no plano transversal (paralelo ao chão, como *chest press* e retração de cotovelos) ou no sagital (movimentos feitos de frente para trás, como empurrar para a frente e para trás). Você também pode variar o movimento no plano frontal cruzando os braços à frente, para trás, alternando um cruzamento frontal com um para trás ou fazendo um polichinelo em T, começando com os braços para os lados e, então, aduzindo e abduzindo.

Uma segunda maneira de adicionar variedade nos braços é usar combinações ou padrões de braço (Tab. 9.4). O movimento de perna pode continuar o mesmo por 8 tempos, mas o movimento de braço varia a cada 4 tempos ou por todos os 8 tempos.

Uma terceira maneira de adicionar variação é usar os braços acima da superfície da água. Movimentos de braços devem evitar a combinação de movimentos para dentro e para fora da água (com exceção de alguns estilos de nado) e devem ficar geralmente na água ou totalmente fora da água para a combinação ou o padrão. Se você necessita fazer uma transição da água para o ar ou de volta, considere o uso de alavancas curtas para evitar tensão nas articulações do ombro e do cotovelo. A maioria dos instrutores usa os braços fora da água com moderação

Tabela 9.4 Padrões de braço

Polichinelo com padrão de braço							
Tempo de água	1	2	3	4	5	6	7	8
Pernas	Fora	Dentro	Fora	Dentro	Fora	Dentro	Fora	Dentro
Braços	Abdução	Adução transversal	Abdução transversal	Adução	Abdução	Adução transversal	Abdução transversal	Adução

Chute frontal com padrão de braço							
Tempo de água	1	2	3	4	5	6	7	8
Pernas	Direita	Esquerda	Direita	Esquerda	Direita	Esquerda	Direita	Esquerda
Braços	Empurre E para a frente e D para trás	Empurre D para a frente e E para trás	Empurre ambos os braços para a frente	Empurre ambos os cotovelos para trás, aproximando as escápulas	Adução atrás	Abdução e inclinação de cotovelos	Adução atrás	Abdução e inclinação de cotovelos

porque o movimento de braço sobre a cabeça pode criar instabilidade da parte inferior das costas se os músculos abdominais não estiverem contraídos adequadamente para estabilizar o tronco. Os instrutores podem considerar o uso dos braços sobre a cabeça com movimentos estacionários, por segurança.

A vantagem do uso dos braços para fora da água é a incorporação de amplitude de movimento sobre a cabeça. A desvantagem é não usar a resistência da água. Enquanto a profundidade da água for adequada, a maioria dos instrutores faz movimentos de braço na água na maior parte de sua aula para usar a resistência da água, a fim de criar resistência na região superior do tronco. Movimentos de braço executados de forma segura fora da água podem adicionar diversão, incorporando-se palmas sobre a cabeça com um polichinelo ou levando os braços sobre a cabeça para executar um salto de *cheerleading*.

Esteja certo de informar seus alunos de que há uma diferença drástica entre mover partes do corpo fora da água e fazê-lo dentro da água. Avise-os de que essa diferença pode parecer desafiadora e pode levar tempo para que acostumem a ela. A segurança para as delicadas áreas das regiões lombar e cervical da coluna é importante. "Braços acima da cabeça" não implica que os braços se movam atrás da cabeça. A posição dos braços acima da cabeça se refere aos braços para cima e ligeiramente à frente da cabeça, como se fossem esticados a partir das sobrancelhas ou da testa. Isso reduz a tentação de hiperestender as costas ou o pescoço. Braços acima da cabeça é uma posição natural. As pessoas esticam os braços para cima o tempo todo, seja para pegar uma caixa de cereal ou para acenar a um amigo. Essa amplitude de movimento é necessária para o desenvolvimento funcional, ainda que o foco não seja manter os braços acima da cabeça por longos períodos, o que coloca tensão no cíngulo do membro superior e no músculo deltoide.

Algumas pessoas equivocadamente acreditam que a posição dos braços para fora da água e acima da cabeça é extenuante porque cria uma frequência cardíaca elevada. Na verdade, o uso dos braços acima da cabeça estimula uma "resposta pressórica". Estudos sugerem que os braços elevados acima da cabeça fazem o coração trabalhar mais vigorosamente para bombear o sangue contra a gravidade. O movimento de braço em geral não cria o mesmo gasto de energia que os músculos maiores dos quadris e das coxas. Assim, a frequência cardíaca aumentada criada pelo uso dos braços sobre a cabeça e a estimulação da resposta pressórica tipicamente não criam um aumento proporcional no gasto de energia. O praticante de exercício não gasta necessariamente mais calorias ou aumenta a resposta cardiovascular por causa da frequência cardíaca elevada nessa posição. O fundamental é que, embora a frequência cardíaca possa aumentar porque os braços estão elevados, a elevação prolongada não aumenta proporcionalmente o consumo de oxigênio ou a "queima" de gordura ou aumenta o condicionamento cardiovascular.

A quarta opção para o envolvimento dos braços é mantê-los em uma posição neutra. Movimentos neutros de braços não assistem nem resistem os movimentos de perna. Geralmente, um braço neutro é simplesmente mantido sobre a superfície da água. Segurar os braços para fora da água ajuda a treinar os músculos estabilizadores, como os abdominais e paravertebrais. Tirar os braços para fora da água e cruzá-los na altura do peito cria mais trabalho para os músculos do tronco enquanto se movimenta na água, um meio mais dinâmico e resistivo que o ar. Com os braços para fora da água, a parte superior do corpo não pode ajudar com estabilidade; assim, os músculos do *core* devem trabalhar com mais energia. A diferença em resistência para os membros superiores fora da água e para os inferiores dentro da água força o corpo a desenvolver sua consciência cinestésica e desafiar a musculatura do *core* (tronco) para estabilizar. Com essa opção você perde o benefício de treinar a parte superior do corpo contra a resistência da água, embora alcance um treinamento mais intenso do *core*.

Mais uma vez, considere as necessidades e habilidades de seus alunos ao decidir incorporar movimentos de braço neutros em sua coreografia.

Ao criar variações de movimento que usam diferentes padrões de braço, sempre considere as propriedades da água. Mover um membro pela água, em comparação com movê-lo pelo ar, aumenta a resistência em virtude da viscosidade aumentada da água. Da mesma maneira, é difícil usar os braços na água sem envolver muitos dos grandes músculos do tronco. É por isso que o treino na piscina pode ser mais árduo do que um treino aeróbico tradicional em terra para a parte superior do corpo e adicionar gasto de energia. Um simples movimento de braço de um polichinelo (abdução e adução) em terra envolve contração concêntrica e excêntrica dos músculos deltoides. Na água, o mesmo movimento usa os deltoides e o latíssimo do dorso, trabalhando as duas partes do par muscular. Esse trabalho muscular pareado ajuda no desenvolvimento de equilíbrio muscular.

Também é importante saber que os braços na água ajudam com equilíbrio e estabilidade. Como quinta opção, você pode ter os braços simplesmente flutuando (ou em descanso) na água durante a atividade, tornando mais fácil manter a posição e o alinhamento corporais adequados. Isso pode ajudar indivíduos que têm dificuldade em manter o equilíbrio e exigem assistência extra durante o exercício ou pessoas que estejam começando a se exercitar à medida que se adaptam ao ambiente aquático. Entretanto, para indivíduos condicionados, isso pode provar ser uma desvantagem, já que os músculos do *core* não estão tão engajados em dar suporte e estabilizar o corpo quando os braços estão simplesmente flutuando. Considere as necessidades individuais de seus alunos para criar movimentos de braço que proporcionem um desafio adequado.

Ao elaborar uma coreografia, o bom senso deve ser levado em conta quanto aos movimentos de braços. Os braços podem ser usados para auxiliar o movimento, impedi-lo, auxiliar no equilíbrio ou criar um treino mais desafiador para o tronco. Eles podem ser usados dentro ou fora da água. Use os braços para criar variedade na coreografia, mas lembre-se de que qualquer movimento repetido por um longo período em uma posição pode ultrapassar os limites da segurança. Pratique variedade e moderação. Seja criativo com seus braços, mas pratique variedade e moderação com vistas à segurança (Tab. 9.5).

Tabela 9.5 Resumo das opções de uso de braço em exercício aquático

1. Mudança de padrões "típicos" de braço e perna	• Combine perna de polichinelo com abdução e adução transversal • Combine pernas de esqui de fundo (*cross-country*) com roscas de bíceps e tríceps
2. Criação de combinações ou padrões de braço	• Mantenha as pernas do mesmo modo por 16 tempos, mas mude os braços em um padrão de 4 a 8 tempos
3. Uso dos braços acima da superfície da água	• Bata palmas acima da cabeça com o polichinelo • Estenda os braços acima da cabeça em um V com um salto de *cheerleading*
4. Manutenção dos braços em posição neutra, tipicamente fora da água	• Os braços não ajudam nem impedem. Eles permanecem em posição neutra acima da água e permitem o envolvimento da musculatura maior do tronco • Exemplo: cruze os braços sobre o peito enquanto faz caminhada na água
5. Flutuação dos braços na superfície da água	• Os braços são usados para ajudar no equilíbrio e na estabilidade

Música

A música pode ser usada para motivação, manutenção da cadência e alcance da intensidade desejada. Embora a música não seja uma exigência do programa de condicionamento físico aquático, o instrutor pode querer obter vantagem do reforço positivo que a música proporciona. De acordo com o dr. Len Kravitz, em *The effects of music on exercise* (1994), a música pode oferecer muitos benefícios ao exercício. Os alunos perceberam melhor desempenho quando a música foi parte de seu programa de condicionamento físico, embora o desempenho real possa não ter mostrado melhora. A música pode afetar positivamente a atitude mental dos alunos durante o exercício; assim, a seleção apropriada da música é importante. A música tende a evocar associações agradáveis com o programa de condicionamento físico.

Em situações em que a acústica é extremamente insatisfatória, a adição de música pode criar um ambiente em que é mais difícil aprender e ensinar. Por exemplo, grupos especiais com capacidades limitadas de audição podem achar que a música os impede de entender as orientações verbais dos instrutores. Seleções de música instrumental e ênfase em técnicas de comunicação não verbal podem ajudar a compensar esses inconvenientes da música dentro de um programa de condicionamento físico aquático. Seleções instrumentais podem ser preferíveis para reduzir os problemas acústicos porque as orientações verbais não competem com a letra. Esse tipo de música geralmente apela para programas intergerações. Outras considerações são as preferências musicais dos alunos, níveis de habilidade do grupo e ambiente da piscina. A profundidade e o declive da piscina afetarão a velocidade de movimento, assim como a complexidade de sua coreografia.

Ao usar música, a AEA sugere que aproximadamente 125 a 150 batidas por minuto (bpm) em meio-tempo para atividades aeróbias tradicionais em piscina rasa (*shallow-water*). Alguns instrutores escolhem usar ritmos de música alternativos, mas a coreografia deve ser apro-

priada. Meio-tempo simplesmente significa contagem de qualquer outra batida. A música nesse compasso é motivadora e permite uma amplitude total de movimento e movimentos de alavanca longa. A velocidade de execução também capacita os alunos a se beneficiarem completamente das propriedades únicas da água.

Execução do movimento

Incorporamos três métodos de movimento ao nos exercitarmos na piscina: tempo de terra, tempo de água e meio-tempo de água. O uso desses três métodos assegura que a intensidade apropriada seja mantida durante a parte aeróbia do treino e considera a amplitude total dos movimentos. Esses três compassos promovem variações para cada movimento. Uma elevação de joelho pode ser executada em tempo de terra, em tempo de água e em meio-tempo de água com balanço central. Os compassos também podem ser combinados para adicionar mais variedade. Um exemplo de uma elevação de joelho em um compasso combinado consiste em executar 4 elevações de joelho em tempo de água seguidas por 2 balanços centrais.

Tempo de terra (TT)

Recomendação: 125 a 140 bpm usados no compasso. Ao usar um movimento em tempo de terra, você pode não querer exceder 140 bpm por causa da redução resultante em amplitude de movimento.
Orientação: geralmente indicado como "tempo duplo" ou "velocidade de terra".

Alguns instrutores aumentam a intensidade simplesmente aumentando a velocidade. Embora isso seja eficiente, a qualidade de movimento no ambiente aquático começa a se deteriorar na medida em que o compasso aumenta. O movimento em tempo de terra corresponde à mesma velocidade de movimento usada em atividades em terra (Tab. 9.6). O movimento ou impacto ocorre a cada

Tabela 9.6 Movimentos em tempo de terra (TT)

Movimento	Batida 1	Batida 2	Batida 3	Batida 4	Batida 5	Batida 6	Batida 7	Batida 8
Polichinelo	Fora	Dentro	Fora	Dentro	Fora	Dentro	Fora	Dentro
Esqui de fundo (*cross-country*)	Direita	Esquerda	Direita	Esquerda	Direita	Esquerda	Direita	Esquerda
Elevação de joelho	Direita	Esquerda	Direita	Esquerda	Direita	Esquerda	Direita	Esquerda
Rosca de perna	Direita	Esquerda	Direita	Esquerda	Direita	Esquerda	Direita	Esquerda

** 8 batidas em tempo de terra

172 Fitness aquático: um guia completo para profissionais

batida. O excesso de uso de tempo de terra na água não é recomendado. Um músculo é trabalhado de forma mais eficiente por meio da amplitude total de movimento. O tempo de terra diminui a amplitude de movimento consideravelmente, reduzindo a eficiência de condicionamento muscular do exercício. Uma das qualidades positivas do ambiente aquático é a resistência oferecida pela água para movimentos em todas as direções. A velocidade mais rápida de movimento reduz a habilidade do indivíduo em ir contra a resistência da água em todas as direções de movimento, reduzindo a qualidade natural da água de proporcionar equilíbrio muscular. Use o tempo de água de forma prudente para evitar o aumento do risco de lesão causada por alinhamento insatisfatório e transições rápidas.

Não estamos sugerindo que o tempo de terra seja completamente evitado em um programa de hidroginástica. Movimentos em tempo de água bem colocados podem adicionar variedade e diversão à coreografia aquática. Ao considerar o uso de tempo de terra no ambiente aquático, tenha as seguintes recomendações em mente:

- o tempo de terra deve ser usado com moderação e não constituir mais do que 10 a 15% de de seu programa;
- considere o uso de movimentos com apoio de um pé e com alavancas curtas para tempo de terra. Movimentos com alavancas longas podem causar tensão articular adicional em compassos mais rápidos;
- não execute movimentos que combinem ambientes. Mantenha o movimento todo sob a água ou todo acima da água;
- Considere o uso de movimentos em tempo de terra no local. Deslocar-se com movimentos rápidos pode aumentar o risco de lesões.
- esteja certo de que o movimento em tempo de terra não sacrifica alinhamento e integridade articular;
- combine os movimentos em tempo de terra com tempo de água e meio-tempo de água como uma maneira de considerar transições seguras e mais lentas em alinhamento neutro.

Tempo de água (TA)

Recomendação: 125 a 150 bpm usados em meio tempo de água (62 a 75 bpm com o metrônomo).
Orientação: geralmente indicado como "simples" ou "tempo de água".

O tempo de água é definido como um "ritmo apropriado de velocidade usado no ambiente aquático para permitir reação mais lenta e amplitude total de movimento em coreografia aquática" (See, 1998). É recomendado que o tempo de terra de 125 a 150 bpm seja usado em meio-tempo. Isso é igual a um tempo de 62 a 75 bpm em um metrônomo.

Como estabelecido na definição, o tempo de água permite a amplitude total de movimento, condicionamento muscular equilibrado e tempo adicional para transições seguras (Tab. 9.7). A maioria dos exercícios de um programa de hidroginástica deve ser composta de movimentos em tempo de água combinados com movimentos em meio-tempo de água. O tempo de água permite amplitude total de movimento para movimentos com alavancas longas. Quando o tempo se aproxima do final mais elevado dessa amplitude recomendada, pode se tornar necessário usar movimentos com alavancas curtas para manter a amplitude total de movimento.

Meio-tempo de água (½ A)

Recomendação: 120 a 150 bpm usados em meio tempo com adição de balanço a qualquer outra batida aquática.
Orientação: geralmente indicado como "duplos", "balanço central" ou "meia-água".

O meio-tempo de água é simplesmente a execução de movimentos em tempo de água com um balanço em qualquer outra batida (Tab. 9.8). Esse balanço é geralmente, mas não sempre, executado em alto impacto na água. O meio-tempo de água adiciona variedade em exercícios aquáticos e o balanço central (BC) pode ser usado para fazer a transição de um movimento a outro em alinhamento neutro. Ele permite "força muscular mais concentrada em

Tabela 9.7 Movimentos em tempo de água (TA)

Movimento	Batida 1	Batida 2	Batida 3	Batida 4	Batida 5	Batida 6	Batida 7	Batida 8
Polichinelo	Fora		Dentro		Fora		Dentro	
Esqui de fundo (*cross-country*)	Direita		Esquerda		Direita		Esquerda	
Elevação de joelho	Direita		Esquerda		Direita		Esquerda	
Rosca de perna	Direita		Esquerda		Direita		Esquerda	

** 8 batidas em tempo de terra

Tabela 9.8 Movimentos em meio-tempo de água (½A)

Movimento ↓	Batida 1	Batida 2	Batida 3	Batida 4	Batida 5	Batida 6	Batida 7	Batida 8
Polichinelo	Fora		Balanço para fora		Dentro		Balanço para fora	
Esqui de fundo (*cross-country*) (esqui duplo)	Direita		Balanço para a direita		Esquerda		Balanço para a esquerda	
Esqui de fundo (*cross-country*) (esqui com balanço central)	Direita		Balanço central		Esquerda		Balanço central	
Elevação de joelho (joelho duplo)	Direita		Balanço D para cima		Esquerda		Balanço L para cima	
Elevação de joelho (joelho com balanço central)	Direita		Balanço central		Esquerda		Balanço central	

** 8 batidas em tempo de terra

todas as direções de movimento e encoraja uma maior amplitude de movimento" em decorrência da redução da velocidade da articulação (Denomme e See, 2006).

Há várias opções para o posicionamento de balanço, dependendo do movimento. Para um polichinelo, o movimento é executado no salto lateral, balanço na posição lateral, salto para o centro, balanço na posição central (indicado como "polichinelo duplo"). O movimento de esqui de fundo (*cross-country*) pode ser executado pulando com os pés em um movimento de frente para trás, balanço nessa posição, salto e troca de posições de frente para trás e balanço nessa posição (sinalizado como "esqui duplo"). Ele também pode ser executado em meio-tempo de água ao saltar afastando os pés de frente para trás, saltar e trazer os pés unidos ao centro, saltar com o pé oposto de frente para trás e, então, saltar para aterrissar com os pés unidos de novo (indicado pelo instrutor como um "esqui com balanço central"). Uma elevação de joelho e a maioria dos movimentos com apoio de um pé podem ser executadas em meio-tempo de água pela elevação do joelho direito e um balanço com o joelho direito elevado, mudando para o joelho esquerdo elevado, e balanço com o joelho esquerdo permanecendo elevado (sinalizado como "elevação dupla de joelho"). Ele também pode ser executado por meio da elevação da perna direita, balanço

central com ambos os pés, elevação do joelho esquerdo e balanço central com ambos os pés (indicado pelo instrutor como "balanço central de joelho").

Para maior variedade em meio-tempo de água, o balanço pode ser executado antes do movimento. Por exemplo, os alunos podem fazer "balanço central, esqui" ou "balanço central, elevação de joelho". Ao planejar transições com balanço central primeiro, você pode estar em uma posição com a perna elevada ou para a frente para começar o próximo movimento. Entretanto, quando o balanço é o segundo, como previamente discutido, ou em qualquer parte da contagem, a sequência de movimento termina em uma posição de alinhamento neutro (balanço central), permitindo uma transição para quase qualquer movimento. Isso faz do meio-tempo de água uma ferramenta valiosa para criar transições suaves e fluxo em sua coreografia. Transições são discutidas em mais detalhes no Capítulo 8.

A Tabela 9.9 apresenta alguns exemplos de movimentos com compassos combinados. Quanto mais experiência você ganha como instrutor, mais fáceis esses conceitos se tornam. Tanto faz se você ensina do *deck* ou na piscina, uma orientação eficaz, demonstração da técnica, opções de impacto e variações de compasso ajudam a criar uma aula eficiente.

Fitness aquático: um guia completo para profissionais

Tabela 9.9 Movimentos em tempo de terra (TT) combinados com movimentos em tempo de água (TA) e meio-tempo de água (½A)

Movimentos combinados ↓	Batida 1	Batida 2	Batida 3	Batida 4	Batida 5	Batida 6	Batida 7	Batida 8	Batida 9	Batida 10	Batida 11	Batida 12	Batida 13	Batida 14	Batida 15	Batida 16
4 TA elevações de joelho com 8 TT roscas de perna (RP)	D EJ		E EJ		D EJ		E EJ		D RP	E RP	D RP	E RP	D RP	E RP	D RP	E RP
4 TT polichinelos (P) com 2 ½A esquis de fundo (cross-country) (EF)	F P	De P	F P	De P	F P	De P	F P	De P	D EF		BC		E EF		BC	
1 ½A de fundo (cross-country) (EF) e 2 TT polichinelos (P) e 4TA roscas de perna (RP)	D EF		BC		F P	De P	F P	De P	D RP		E RP		D RP		E RP	
2TA elevação da perna com rotação lateral do quadril (EP-RLQ) e 3TT elevação da perna com rotação lateral do quadril e 2 ½A chute para a frente (C)	D EP-RLQ		E EP-RLQ		D EP-RLQ	E EP-RLQ	D EP-RLQ	Pausa	E C		BC		D C		BC	

**16 batidas em tempo de terra

D = direita
E = esquerda
BC = balanço central
EJ = elevação de joelho
RP = rosca de perna
P = polichinelo
EF = esqui de fundo (cross-country)
EP-RLQ = elevação da perna com rotação lateral do quadril
C = chute
F = fora
De = dentro

Resumo

1. Os instrutores devem entender as definições e os termos básicos de coreografia comuns para a instrução de condicionamento físico em grupo.

2. Há movimentos básicos genéricos para a coreografia aquática.

3. Embora a coreografia de condicionamento físico aquático tenha vários estilos e tipos, o resultado deve ser o mesmo: um programa bem elaborado, seguro e efetivo que ajuda os participantes a alcançarem seus objetivos de exercício.

4. Várias opções de nível de impacto estão disponíveis para coreografia aquática, incluindo os níveis I, II ou III, movimentos ancorado, impulsionado e em suspensão.

5. Padrões de braço geralmente são combinados com padrões de perna que proporcionam tonificação da parte superior do tronco e aumentam o gasto de energia. Há cinco maneiras principais de usar os braços na coreografia aquática.

6. A música, um componente opcional para qualquer programa de condicionamento físico, pode proporcionar um impacto positivo nos participantes na programação das aulas.

7. A água é um meio de exercício com propriedades únicas. Com foco na máxima eficiência, os instrutores devem aprender os princípios que governam o ambiente aquático e elaborar movimentos de exercício de acordo com isso. Usar principalmente movimentos em tempo de água e meio-tempo de água em sua coreografia permite que você proporcione um exercício eficiente por meio de uma amplitude de movimento total.

Questões para revisão

1. Qual a diferença entre bpm e compasso?

2. Qual estilo de coreografia substitui movimentos com outros movimentos um de cada vez em um padrão ou sequência original?

3. Qual compasso a seguinte tabela representa?

Batida – 8 batidas de tempo de terra	1	2	3	4	5	6	7	8
Chute frontal	D		E		D		E	

4. Um _____ ocorre quando há a mudança de um movimento para outro ou de um padrão para outro.

5. O número de repetições de cada movimento em uma combinação é gradualmente diminuído ou aumentado em qual estilo de coreografia?

6. Quais são os cinco estilos de coreografia listados neste capítulo?

7. Em que profundidade da água os movimentos de níveis I e II devem ser executados?

8. Há cinco maneiras básicas de adicionar variedade aos padrões de braço. Que opção faz com que fique mais fácil para os alunos manterem o alinhamento adequado?

9. Quais são os três métodos de movimento ao se exercitar na piscina?

10. Qual a diferença entre movimento impulsionado e movimento em suspensão?

Ver as respostas a estas questões no Apêndice C.

Bibliografia

Cearin, T., C. Mattacola, and M. Sitler. 2001. Efficacy of six weeks of water training on vertical jump height. *Journal of athletic training*. April-June. 36(2): S-57.

Denomme, L., and J. See. 2006. *AEA instructor skills*. 2nd edition. Nokomis, FL: Aquatic Exercise Association.

Fleck, S., and W. Kraemer. 2003. *Designing resistance training programs*. 3rd edition. Champaing, IL: Human Kinetics.

Howley, T. and D. Franks. 2003. *Health fitness instructor's handbook*. 4th edition. Champaign, IL.:Human Kinetics.

Kinder, T. and J. See. (1992). *Aqua aerobics: A scientific approach*. Peosta, IA: Eddie Bowers Publishers.

Kravitz, L. 1994. The effects of music in exercise. *IDEA today magazine*. 12(9): 56-61. San Diego: IDEA Health and Fitness Association.

Lindle, J. 2002. *Turn up the heat*. Instructor Training Workshop. West Harrisson, IN: Fitness Learning Systems, Inc.

Lindle, J. 2002. *Waved water choreography*. Instructor Training Workshop. Est Harrisson, IN: Fitness Learning Systems, Inc.

Robinson, L., S. Devor, M. Merrick, and J. Buckworth. 2004. The effects of lands vs. aquatoic plyometrics on power, torque, velocty, and muscle soreness in women. *Journal of strenght & conditioning research*. 18(1): 84-91.

See, J. 2002. *Get decked*. Instructor Training Workshop. Nokomis, FL: Innovative Aquatics.

See, J. 1997. *Successful strategies*. Instructor Training Workshop. Nokomis, FL: Innovative Aquatics.

See, J. 1998. *Teaching with a full deck.* Instructor Training Workshop. Nomkomis, FL. Innovative Aquatics.

Sova, R. 2000. *AQUATICS: The complete reference guide for aquatic fitness professionals*. 2nd edition. Pt. Washington, WI: DSL, Ltd.

Wilmoth, S. 1986. *Leading aerobics dance exercise*. Champaign, IL: Human Kinetics.

capítulo **10**

Hidroginástica *deep-water*

Introdução

Este capítulo é dedicado à modalidade de hidroginástica em piscina funda (*deep-water exercise*) – treinamento sem impacto que pode oferecer uma série completa de desafios na hidroginástica. Na década de 1990, vários estudos exploraram a opção de exercício em piscina funda com resultados favoráveis. O programa de hidroginástica na modalidade *deep-water* se tornou muito popular e continua a envolver praticantes com formatos criativos, opções de equipamentos eficientes e direcionamento de mercado. A hidroginástica em piscina funda consiste em uma excelente modalidade de treinamento para todas as idades e habilidades. Um programa especializado pode ser apropriado para idosos, pessoas com problemas nas costas, obesos e corredores de maratona, para mencionar apenas alguns. Trata-se de um meio de treinamento aquático agradável e eficiente para uma gama abrangente de praticantes.

Conceitos fundamentais

- O que faz os programas de exercício em piscina funda (*deep-water exercise*) serem diferentes daqueles em piscina rasa (*shallow-water exercise*)?

- A segurança é uma preocupação na hidroginástica em piscina funda?

- O uso de equipamento é necessário em um programa de treinamento em piscina funda?

- Como os movimentos e transições dferente entre programas em piscina funda e em piscina rasa?

- Como se altera a intensidade na hidroginástica em piscina funda?

- Quais são os formatos típicos de programas para a modalidade *deep-water*?

- Como o instrutor ensina a modalidade *deep-water*?

A hidroginástica *deep-water* (*deep-water exercise*) é tradicionalmente definida como um programa de condicionamento físico executado em suspensão na água, em uma profundidade que permite ao aluno permanecer na vertical, sem tocar, no entanto, o fundo da piscina. Geralmente, um equipamento é usado para a flutuação neutra, que permite ao aluno se concentrar no trabalho contra as propriedades de arrasto em oposição à tentativa de se manter em flutuação. Os alunos podem se mover livremente nos três planos de movimento, o que proporciona um treino completo do corpo todo, equilíbrio muscular e desafio substancial para os músculos centrais sem causar tensão de impacto às articulações.

Nem todas as piscinas têm uma profundidade suficiente para acomodar a verdadeira hidroginástica *deep-water*, mas os programas desenvolvidos em piscina rasa podem ser modificados para incluir movimentos de nível III sem impacto. Ao trabalhar em suspensão no nível III, os quadris e os joelhos são flexionados para executar o movimento sem tocar o fundo da piscina. O aluno trabalha principalmente contra as forças de arrasto horizontais da água e geralmente transfere mais o trabalho para a região superior do tronco. Como os movimentos de nível III são considerados uma opção em coreografia em piscina rasa, os calçados geralmente são recomendados, mas equipamentos para flutuação neutra não costumam ser exigidos.

Outra situação em que os movimentos suspensos podem ser usados é no caso de programas executados em profundidades de água transicionais, em que a piscina é muito funda para o treino tradicional em piscina rasa (*shallow-water exercise*) e muito rasa para o treino tradicional em piscina funda (*deep-water exercise*). O treinamento *deep-water* transicional não é considerado um programa tradicional de *shallow-water*, porque o aluno não está o tempo todo em contato com o fundo da piscina. Também não é considerado hidroginástica *deep-water* tradicional porque o aluno toca o fundo da piscina durante alguns movimentos (de modo semelhante aos movimentos de nível II, mas com menos flexão de quadril e joelho). Assim, o termo "transicional" descreve a hidroginástica executada em piscinas com profundidades de 1 a 1,6 m. Equipamento flutuante pode ser usado, e calçados são recomendados porque há algum contato com o chão da piscina.

Fisiologia e benefícios da hidroginástica *deep-water*

Exercitar-se suspenso em um ambiente aquático fundo produz diferentes respostas fisiológicas, em comparação as modalidades de treino em água rasa. As seções seguintes discutem a aplicação de resultados de pesquisa atuais para a elaboração de programas de *deep-water* seguros e eficientes.

Pesquisa em hidroginástica *deep-water*

A hidroginástica *deep-water* desenvolveu-se como uma alternativa de treinamento nos anos 1980 e 1990. A maioria das pesquisas sobre a modalidade *deep-water* compara corrida, *jogging* e caminhada (em esteira ou ao ar livre) em terra com a corrida, o *jogging* e a caminhada em piscina funda.

Os estudos foram desenvolvidos para investigar uma gama de fatores:

- comparação das respostas da frequência cardíaca;
- respostas perceptíveis e nível de diferenças de esforço percebido;
- comparação do intervalo de corrida;
- respostas e comparações da frequência cardíaca máxima e do consumo de oxigênio;
- comparações de resposta submáxima;
- respostas com e sem a flutuação neutra;
- efeitos da mecânica de corrida em piscina funda sobre as respostas fisiológicas;
- efeitos da corrida em piscina funda sobre o encurtamento da coluna vertebral;
- respostas fisiológicas e diferenças entre os gêneros;
- manutenção de $\dot{V}O_2$máx e força da perna em corredores treinados;
- manutenção do desempenho na corrida em terra na reabilitação de lesão;
- comparações das respostas fisiológicas em atletas competitivos e não competitivos;
- efeitos da corrida em piscina funda sobre o desempenho da corrida em terra;
- efeitos do uso e do não uso de calçados durante a corrida em piscina funda associados aos efeitos sobre os parâmetros fisiológicos de gasto calórico, $\dot{V}O_2$máx, limiar de esforço percebido (LEP) e taxa de troca respiratória.

Há pouca pesquisa em que os experimentos tenham sido repetidos. É difícil chegar a quaisquer conclusões sólidas porque a metodologia de estudo varia grandemente em relação aos sujeitos participantes dos estudos, aos métodos de treinamento e formatos de tempo, técnicas de averiguação e à questão ou objetivo real da pesquisa. Os pesquisadores descobriram que as respostas cardiorrespiratórias ao treinamento em piscina funda podem ser menores, semelhantes e maiores às da corrida em esteira ou em terra. São praticamente inexistentes pesquisas publicadas sobre respostas fisiológicas para formatos de programa de condicionamento físico aquático em piscina funda que não incluam corrida, *jogging* ou caminhada.

> ## Adaptações fisiológicas de treinamento a um programa de hidroginástica em piscina funda com duração de 14 semanas
>
> Rosalie G. Barreta, PhD
> *Universidade do Novo México (EUA), 1993*
>
> Dezessete voluntários participaram de um curso eletivo de educação física de três vezes por semana durante 14 semanas em um programa de hidroginástica em piscina funda com o uso de cintos flutuantes de 10 cm e halteres de espuma. A cadência da música foi entre 100 e 130 batidas por minuto e a aula consistia em aquecimento, 20 minutos de trabalho cardiorrespiratório, exercícios de resistência com os halteres e relaxamento.
>
> Os resultados mostraram melhoras significativas no $\dot{V}O_2$máx (medido com cicloergometria), flexibilidade (teste modificado de sentar e alcançar), força de flexão/extensão de ombro, abdução/adução transversal de ombro, flexão/extensão de coxa (Omnitron) e composição corporal (hidrodensitometria).

Aplicação de pesquisa sobre hidroginástica *deep-water*

Pesquisas indicam que a hidroginástica *deep-water*, quando executada em intensidade e duração apropriadas, produz benefícios favoráveis à saúde e é uma opção de treinamento viável para aperfeiçoar o condicionamento físico. Além disso, são assinalados os seguintes benefícios e considerações sobre o treinamento para a modalidade *deep-watter*:

- Os gastos de energia em caminhada ou corrida em esteira *versus* velocidades correspondentes de caminhada e corrida em piscina funda mostraram que na caminhada em esteira se gasta 4 kcal/min, na corrida em esteira 11,8 kcal/min, e na corrida em piscina funda, 11,5 kcal/min (Coad, Storie, Perez & Wygand, 1987). Outro estudo mediu o gasto de energia em 13,5 kcal/min para corrida em piscina funda com 60% de $\dot{V}O_2$máx e 18,9 kcal/min em 80% de $\dot{V}O_2$máx (DeMaere & Ruby, 1997). Seria razoável presumir que o gasto calórico em piscina funda varia entre 8,8 (intensidade mais baixa) e 18,9 (intensidade mais alta) kcal/min para a maioria dos formatos de aula cardiorrespiratória. Qualquer forma de exercício que eleve o consumo de oxigênio e o gasto calórico é benéfico. Observou-se que a hidroginástica *deep-water* oferece respostas favoráveis ao treinamento, incluindo o desenvolvimento de condicionamento cardiorrespiratório, como verificado pelo aumento do $\dot{V}O_2$máx (Kravitz e Mayo 1997; Dowzer, Reilly, Cable e Nevill 1999; Withley & Schoene 1987).

- Estudos desenvolvidos com sujeitos treinados em resistência descobriram que o treinamento *deep-water* é bem-sucedido para a manutenção do desempenho aeróbio (Bushman et al., 1997; Hertler et al., 1992; Wilber et al. 1996; Burns e Lauder, 2001; Rudzki e Cunningham, 1999). Muitos atletas usam a piscina funda como oportunidade de realizar *cross-training* (treinamento cruzado) ou como meio de continuar exercitando-se durante a reabilitação de lesões. Como forma de dar a oportunidade de realização de *cross-training*, pode-se considerar o oferecimento de aulas de corrida em piscina funda (*deep-water running*) para os praticantes de *jogging* e corrida interessados. O treinamento deve assemelhar-se ao máximo em intensidade, duração e frequência com o treinamento em terra, ou incorporar um volume de treinamento semelhante na combinação de treinamento em terra e em água.

- Vários estudos (Svendenhag e Seger, 1992; Glass, Wilson, Blessing e Miller et al., 1995; Frangolias e Rhodes, 1995; Michaud, Brennan, Wilder e Sherman, 1995) mostraram níveis sanguíneos de lactato equivalentes ou mais altos para testes de corrida ou *jogging* na água quando comparados aos testes em terra. A hipótese admite que trabalho de braços e pernas contra a resistência da água pode criar mais uso de energia anaeróbia e explicar o maior limiar de esforço percebido (LEP) em treinados e não treinados. Respostas de frequência cardíaca foram mais baixas na água quando comparou-se com o exercício em terra. Isso era esperado e é consistente com outra pesquisa aquática (ver o Capítulo 1 para mais informações sobre respostas da frequência cardíaca). Ao ministrar aulas da modalidade *deep-water*, esteja ciente da percepção aumentada de exercício (LEP mais alto) e do possível acúmulo de ácido láctico, que pode refletir como fadiga muscular. Você pode desejar incorporar períodos de recuperação ativa para permitir a remoção de ácido láctico; assim, um formato intervalado é um método que funciona bem para o treinamento de *deep-water*. À medida que a imersão aumenta, também aumentam as forças de arrasto da água. Na piscina funda, o aluno trabalha com a água na na altura do pescoço, o que permite forças de arrasto substanciais. Além disso, ajustes aquáticos precisam ser feitos para frequências cardíacas-alvo em hidroginástica *deep-water*. Parece que quando os alunos estão submersos até o pescoço, a supressão aquática da frequência cardíaca é ainda maior do que quando submersos até o peito (ver Capítulo 1 para mais informação sobre intensidade de exercício). Tenha em mente que essa resposta é individual.

- Observou-se que a forma de exercício vertical contribui substancialmente para as respostas metabólicas na corrida em piscina funda (Frangolias et al., 1995). Corredores experientes em corrida em piscina funda demonstraram valores de $\dot{V}O_2$máx em terra e na água que estavam dentro de 3,8 mL/kg/min, enquanto a diferença em corredores inexperientes foi devida principalmente ao posicionamento vertical. Em qualquer programa de *deep-water*, é importante orientar, corrigir, incentivar e programar a postura vertical apropriada. Familiaridade com piscina funda, bem como a forma e a técnica adequadas, podem afetar substancialmente as respostas metabólicas e a efetividade do treino. Essa informação também dá suporte ao uso de equipamentos de flutuação neutra durante a prática de hidroginástica *deep-water*. A flutuação neutra permite aos alunos trabalhar em uma posição vertical correta e, assim, potencialmente queimar mais calorias. O uso de um equipamento de flutuação pode adicionar considerável eficiência a um treino em piscina funda (Fig. 10.1).

- Uma pesquisa que avaliou 8 corredores competitivos correndo em ritmo submáximo por 30 minutos mostrou que a corrida em piscina funda registrou valores de consumo de oxigênio, razões de troca respiratória e LEP mais altos que a corrida normal em esteira ou ao ar livre (Richie e Hopkins, 1991). Concluiu-se que o exercício submáximo em conformidade com as recomendações do ACSM pode ser suficiente e eficazmente completado em piscina funda.

- Respostas da pressão sanguínea no exercício em piscina funda são muito similares às respostas ao exercício em terra. A pressão sistólica aumenta e fica em platô com o exercício em estado de equilíbrio e a pressão diastólica permanece ralativamente inalterada.

- Um estudo conduzido por Dowzer, Reilly e Cable (1998) mostrou que o exercício em piscina funda diminuiu a carga compressiva sobre a coluna vertebral quando comparado com o exercício em piscina rasa e a corrida em esteira. As implicações incluem o uso de corrida/exercício em piscina funda para alunos com dor na região lombar e reabilitação de problemas da coluna vertebral, tendo em mente que o aluno deve ter força adequada na região do *core* para manter o alinhamento vertical. A reabilitação das costas bem-sucedida e programas de saúde para as costas estão sendo conduzidos em piscina funda.

- Algumas pesquisas indicam resultados favoráveis com o uso de calçados aquáticos comuns ou calçados aquáticos de treinamento especializado – projetados para obter vantagem da resistência complacente da água – enquanto se realiza *jogging* ou corrida em piscina funda. Além do possível aumento do *feedback* neuromuscular, Garry Killgore, Ph.D, demonstrou em sua pesquisa que calçados de treinamento aquático criam uma diferença relativa significativa em relação ao gasto calórico e ao consumo de oxigênio ($\dot{V}O_2$) (9% e 7,6% de aumento sobre o pé descalço).

Qualificação dos participantes

É importante avaliar a capacidade de um indivíduo em participar de aulas de hidroginástica *deep-water* confortavelmente e de forma segura. As habilidades básicas devem ser levadas em consideração independentemente do nível de intensidade de suas aulas em piscina funda. As diretrizes seguintes se aplicam à sua avaliação de cada indivíduo participante dos seus programas de treino.

O aluno será capaz de manter a posição vertical em piscina funda? Uma pessoa que deseja participar de uma aula da modalidade *deep-water* deve ser capaz de alcançar uma postura vertical na água usando seus músculos estabilizadores centrais. Geralmente, os alunos que são moderadamente ativos na vida diária têm um nível adequado de força abdominal para manter as pernas posicionadas para baixo.

O aluno tem realizado alguma atividade física prévia? Se o aluno está se recuperando de uma lesão ou se tem estado sedentário, você pode primeiro observá-lo andar em piscina rasa para determinar sua habilidade em controlar a flutuabilidade do corpo e manter a posição corporal vertical.

O aluno será capaz de entrar e sair da piscina de forma independente? Avalie a condição física básica, força em pernas e braços, por meio da observação dos alunos ao andarem na aula, apertando sua mão ao cumprimentá-los, fazendo algumas perguntas sobre as atividades que apreciam e verificando tônus muscular em braços e pernas. Se sua piscina possui apenas escadas verticais para entradas e saídas, os alunos devem ser capazes de segurar nos corrimãos e de se estabilizar em uma perna à medida que se impulsionam para cima e para fora da água.

O aluno está tratando algum problema cardíaco ou respiratório? Pergunte se o aluno está sob os cuidados de um médico para tratar algum problema de saúde ou peça-lhe que preencha um formulário de histórico de saúde.

Se um evento cardíaco ocorreu nos últimos 12 meses, seria prudente determinar mais detalhes sobre os níveis atuais de exercício. Indivíduos que sofreram um evento cardíaco nos últimos 3 meses precisam seguir diretrizes específicas antes de começar um programa de exercício. O nível MET (energia gasta durante a atividade) desejável para um paciente em reabilitação cardíaca que se recuperou e é capaz de se exercitar em terra confortavelmente por meia hora está em 5 a 6 METs, o que representa uma frequência cardíaca de aproximadamente 30 batidas acima da frequência cardíaca de repouso. A hidroginástica *deep-water* geralmente produz um nível MET de 11 a 13,1. Assim, inicialmente, o exercício em piscina funda pode não ser o programa recomendado em decorrência do alto nível de esforço exigido.

Alunos com problemas respiratórios às vezes acham que a pressão hidrostática ou o cinto de flutuação impede a respiração confortável durante o exercício em piscina funda. Nesses casos, o indivíduo pode ficar mais confortável em uma aula em piscina rasa ou escolher colocar o cinto em seus braços ou tornozelos para deixar a parte central do corpo livre.

O aluno está nervoso quanto ao fato de estar com água acima da cabeça? É importante estar ciente do fato de um aluno estar apreensivo sobre entrar em uma piscina funda em virtude da falta de experiência ou de habilidades de natação. Tenha certeza de que o equipamento está ajustado adequadamente, notifique o guarda-vidas sobre o grau de habilidade do aluno e instrua o aluno a ficar perto da borda inicialmente. Mesmo quando usar um suporte flutuante, o aluno poderá entrar em pânico e ter uma experiência desagradável. Ensine como readquirir a postura vertical a partir das posições de decúbito dorsal e ventral.

A seguir, são apresentados vários métodos para ajudar a orientar alunos que não estão prontos para começar uma aula diretamente em piscina funda.

- Pratique as atividades de piscina funda na piscina rasa. Introduza os movimentos de piscina funda com ajuda da flutuabilidade em piscina rasa. Oportunidades controladas para vivenciar exercício livre de impacto podem ajudar a superar medos enquanto o aluno fica familiarizado com os movimentos e os equipamentos.

- Desenvolvimento dos músculos estabilizadores do tronco. A participação em ginástica em piscina rasa ou em outros programas de fortalecimento do *core* pode ajudar a fortalecer os estabilizadores do tronco, que serão exigidos para uma experiência em piscina funda.

- Ensine aos alunos técnicas de autossalvamento (discutidas mais adiante neste capítulo). Mostre como retornar à posição vertical a partir de uma flutuação dorsal ou ventral. Explique como controlar os sintomas de pânico (p. ex., deitar de costas e relaxar até ser capaz de retornar a uma posição ereta).

Interação com o ambiente

Alguns fatores ambientais se sobrepõem à programação da aula independentemente da profundidade da piscina, embora outros sejam exclusivos da piscina funda. Serão considerados especialmente a profundidade da água, o espaço de treino, a entrada e a saída da piscina, o retorno à posição vertical, os calçados e a segurança dos equipamentos.

Figura 10.1 Flutuadores de braço proporcionam flutuabilidade para a prática de hidroginástica *deep-water*.

Profundidade da piscina

A hidroginástica *deep-water* é é mais bem-sucedida em uma profundidade em que o corpo possa ser suspenso verticalmente e esteja livre para se mover em qualquer direção, em qualquer velocidade, sem vivenciar impacto ou tensão de suporte de peso. Uma profundidade de piscina de aproximadamente 2 m ou mais proporciona o ambiente ideal para esse tipo de aula.

Espaço de treino do aluno

O espaço ideal para a prática de hidroginástica *deep-water* é um pouco maior do que aquele da piscina rasa porque os alunos de *deep-water* tendem a flutuar em movimento. Preferencialmente, cada aluno de hidroginástica *deep-water* deve ter um espaço de treino de 9,8 a 11 m², dependendo do nível da aula, do tipo de programação e das escolhas de equipamento. Os alunos podem criar espaço amplo ao permanecerem na vertical com os braços abduzidos na altura dos ombros, formando um círculo. Para uma proporção ideal, determine o tamanho máximo da classe por meio do cálculo da área do espaço da piscina funda dividida por 9,8 a 11. Uma aula de nível iniciante com exercícios predominantemente estacionários requer menos espaço do que um treino avançado que emprega exercícios de deslocamento.

Temperatura da água

A temperatura normal do corpo é de 37°C. Pelo fato de a água esfriar o corpo mais rapidamente que o ar, a temperatura da água tem um efeito direto sobre o nível de intensidade do exercício, que pode ser confortável e seguramente mantido. A temperatura recomendada para uma aula que envolva de 20 a 40 minutos de atividade aeróbica é de 28 a 30°C. Durante as fases de aquecimento e de relaxamento, esteja consciente de que o corpo dos alunos está 90% submerso e precisa continuar a se mover para evitar o resfriamento. A temperatura recomendada para um ritmo de aula mais lento com ênfase em tonificação e alongamento é de 28,8 a 33,3°C.

Temperatura do ar

A temperatura do ar e o nível de umidade ideais não são facilmente determinados. Se o ar está mais aquecido do que a temperatura da água, a água parecerá fria quando o aluno entrar na piscina. Se a temperatura do ar estiver mais fria que a da água, a água parecerá mais aquecida. Em uma instalação externa, o ar não pode ser controlado, mas oferecerá efeitos sensoriais semelhantes aos do ambiente coberto. Modificações no programa e no vestuário apropriado são necessárias para manter o aluno confortável e seguro com base na temperatura do ar do ambiente da piscina.

Também reconheça que o instrutor sobre o *deck* deve fazer as modificações apropriadas nas escolhas de vestuário, hidratação adequada e habilidades de ensino que influenciem o conforto e a segurança. Em uma piscina coberta, um ventilador estrategicamente posicionado no chão em um *deck* seco ajuda a dissipar o calor enquanto o instrutor demonstra os movimentos. Assegure-se de que o ventilador não lance vento pela água, pois provocaria o resfriamento dos alunos.

Entrada e saída da piscina

Há diversos modos de entrada e saída de piscina, dependendo da idade dos alunos e da configuração da instalação. Se você dá aula em um tanque profundo que é separado da piscina rasa, você geralmente encontra corrimãos com degraus feitos na parede da piscina ou escadas verticais com corrimãos. Essas duas opções requerem certa quantidade de força na parte superior do corpo e também exigem a capacidade de suportar peso em uma perna enquanto se empurra o corpo para cima com a outra perna.

Se você tem uma área de piscina funda conectada com a área de piscina rasa, seus alunos podem preferir entrar na piscina no final raso e andar até a parte mais funda. Piscinas que possuem entradas com degraus e corrimãos ou rampa com declive suave proporcionam acesso a uma vasta gama de alunos. Também existem escadas de piscina portáteis para piscina rasa que permitem entrada e saída mais fáceis.

Retorno à posição vertical

Como um pré-requisito para a hidroginástica *deep-water*, os alunos devem ser testados em relação à capacidade de retornar à posição vertical. Um aluno pode entrar em uma piscina funda e perder o controle do alinhamento vertical, terminando em decúbito dorsal ou ventral. Isso pode levar a a uma situação de pânico e desespero se o indivíduo não for capaz de readquirir a postura ereta de modo rápido e eficiente. Algumas instalações oferecem orientação sobre piscina funda para aclimatar os alunos ao ambiente e ensinar habilidades de recuperação da posição vertical. As habilidades de recuperação da posição vertical incluem readquirir a postura vertical a partir das posições de decúbito dorsal e ventral.

Readquirir a postura vertical a partir da posição de decúbito dorsal Instrua o aluno a trazer os joelhos na direção do tórax ao mesmo tempo em que conduz a cabeça e os ombros para a frente e pressiona os braços para a frente e para cima (flexão de ombros). A ação dos braços ajuda a trazer os quadris abaixo dos ombros (reação). Em seguida, estende-se as pernas em direção ao fundo da piscina para retornar à posição vertical.

Readquirir a postura vertical a partir da posição de decúbito ventral Se o aluno estiver usando um cinto de flutuação, ele deverá empurrar os joelhos na direção do peito e estender o pescoço para olhar para cima, ao mesmo tempo em que deverá pressionar os braços para baixo, à sua frente, a fim de trazer os quadris abaixo dos ombros e, então, estender as pernas na direção do fundo da piscina.

Se estiver usando tornozeleiras de flutuação, o aluno deverá sempre rolar para uma posição de decúbito dorsal primeiro. Reveja as instruções anteriores para readquirir a postura vertical a partir da posição de decúbito dorsal. Note que é mais fácil trazer apenas um joelho em direção ao tórax por causa do equipamento de flutuação nos tornozelos.

Guarda-vidas

Ensinar hidroginástica requer foco e atenção. A AEA recomenda altamente ter um guarda-vidas de prontidão durante aulas de hidroginástica. O instrutor pode, então, focar-se no treino e no desempenho dos alunos, enquanto o guarda-vidas se concentra nos sinais precoces de desespero ou emergência. Se não houver um guarda-vidas de plantão, o instrutor deverá obter habilidades para auxiliar os alunos de forma segura em casos de emergências aquáticas (nos dois tipos de piscina, profunda e rasa) e contar com um tubo de resgate disponível o tempo todo.

Ninguém nunca planeja entrar em pânico. O pânico é um medo opressor que inibe a vítima de pensar ou reagir racionalmente; pode acontecer tanto em piscina funda quanto em rasa. Em uma piscina funda, o grau de perigo se eleva porque nenhum dos envolvidos é capaz de ficar em pé no fundo da piscina. Uma vítima em pânico geralmente precisa da assistência de um profissional treinado que possa ajudá-la a readquirir o controle.

Calçados

Em uma aula de hidroginástica *deep-water*, o aluno não entrará em contato com o fundo da piscina durante o treino. Calçados aquáticos não são exigidos nessa modalidade, mas podem proporcionar segurança e conforto para andar no *deck* da piscina no momento de ir e voltar da aula e ao entrar e sair da piscina. De fato, o uso de calçados conta como uma peça de equipamento de resistência no pé no final de uma alavanca longa. O conteúdo da aula determinará se isso é benéfico ou se adiciona tensão

desnecessária às articulações. Além disso, certos tipos de calçados proporcionam peso adicional que pode ajudar os alunos com o alinhamento vertical nesse ambiente de flutuação e sem impacto. Inversamente, alguns calçados aumentam a flutuação da perna e, nesse caso, os alunos sem força suficiente no *core* podem não ser capazes de manter o alinhamento vertical apropriado.

Segurança do equipamento

O equipamento de flutuação que requer que o indivíduo se segure no dispositivo, como uma boia tipo espaguete, prancha ou halteres, pode criar a falsa sensação de bem-estar. A alternativa mais segura de flutuação (assistência à flutuabilidade) em piscina funda é aquela que se prende ao corpo do aluno, como um cinto, colete ou flutuadores de braço/tornozeleiras. Não há potencial de perder o equipamento de flutuação, mesmo se o indivíduo entrar em pânico. Durante um típico nado recreativo, a maioria dos lugares não permite que as pessoas se apoiem em pranchas ou halteres de espuma para a flutuação em piscinas fundas. A ironia dessa situação é que muitos desses mesmos lugares convidam adultos, com habilidades limitadas, para participar de programas de *deep-water* usando apenas flutuador segurado pela mão como auxílio à flutuabilidade. Essa prática pode levar à tragédia. Se você trabalha nesse tipo de situação, faça a si mesmo as seguintes perguntas:

- E se o aluno entrar em pânico e soltar os halteres?

- E se o aluno perder a prancha e, então, agarrar-se a outro aluno na tentativa de permanecer flutuando?

- E se o aluno desequilibrar-se na boia tipo espaguete e não for capaz de readquirir a estabilidade vertical?

- Qual o papel que você desempenha no resgate e qual a sua responsabilidade profissional?

Há outra questão de segurança a se considerar ao selecionar equipamentos para hidroginástica *deep-water*. A suspensão do corpo por longos períodos de tempo com equipamento flutuante segurado com a mão pode comprometer a integridade articular. Muitos alunos não possuem força adequada na parte ascendente do músculo trapézio para manter a articulação do ombro em uma posição abaixada, levando, assim, à sobrecarga estática da parte descendente do trapézio, um grupo muscular já sobrecarregado por uso excessivo pelo estilo de vida geral. Segurar o equipamento de flutuação na superfície com os braços abduzidos pode causar impacto no ombro. O suporte com o flutuador sob os braços pode criar desconforto. Ao usar equipamento flutuante em posição submersa, o aluno lida não somente com a força flutuante da água para cima, mas também deve compensar a flutuabilidade do equipamento e a sua própria flutuabilidade natural. Durante movimento dinâmico, como condicionamento aeróbico, há um maior risco de comprometimento do alinhamento.

A AEA faz as seguintes recomendações para programas em piscina funda ou treinamento suspenso em piscina rasa para proporcionar um treino seguro e eficiente para a população em geral:

- A hidroginástica *deep-water* deve ser realizada com o equipamento de flutuação preso ao tronco (cinto ou colete de flutuação) ou preso aos braços (flutuadores de braço projetados para hidroginástica). Com progressão e treinamento adequados, tornozeleiras podem ser uma opção de flutuação apropriada para alguns indivíduos.

- Se o equipamento de flutuação for segurado pela mão para proporcionar uma resistência adicional, devem ser oferecidas opções para os alunos com necessidades especiais, e períodos de treinamento com o equipamento submerso devem ser limitados ou pausas frequentes devem ser incorporadas. Deve-se manter o alinhamento neutro dos punhos e evitar apertar muito o equipamento. O instrutor precisa observar com cuidado e orientar para assegurar que o alinhamento apropriado do cíngulo do membro superior seja mantido.

- Se o equipamento de flutuação segurado pela mão for usado para treinamento em suspensão em piscina rasa, devem ser oferecidas opções para os alunos com necessidades especiais, e períodos de treinamento em suspensão devem ser limitados ou pausas frequentes devem ser incorporadas. Evite a abdução do ombro acima de 90° sem rotação lateral. O abaixamento da escápula reduz o risco de lesão na cápsula articular do ombro. O instrutor deve observar e orientar cuidadosamente para assegurar que o alinhamento adequado do cíngulo do membro superior seja mantido.

Opções de equipamentos para piscina funda

A seguir, discutiremos opções populares de equipamentos para piscina funda com relação ao objetivo e à segurança. Pratique você mesmo com o equipamento antes de apresentá-lo a seus alunos.

Cintos de flutuação

O dispositivo de flutuação mais comum é o cinto usado no meio do corpo. Há uma grande variedade de cintos de flutuação com respeito a tamanho (largura e espessura), forma, textura (espuma macia ou rígida) e, sobretudo, flutuabilidade. É importante que o cinto fique confortável e que o aluno se sinta seguro com o nível de flutuabilidade proporcionado. O cinto de flutuação é projetado para fornecer um suporte flutuante na água para que o aluno possa focar-se no uso da resistência da água para alcançar a intensidade desejada.

É melhor oferecer uma variedade de cintos para atender a todos os indivíduos. A correta adaptação do cinto depende do formato do corpo, bem como da distribuição de gordura corporal. Alguns alunos podem ter flutuabilidade suficiente para manter uma posição corporal adequada sem o uso de um cinto, mas precisam da segurança de um dispositivo de flutuação ao se exercitar em piscina funda. Se um cinto é muito flutuante, o aluno pode ter dificuldade em manter a posição vertical do corpo. A flutuabilidade inadequada traz o queixo para a superfície da água e coloca o aluno em um "modo de sobrevivência", em que ele procura manter-se flutuante durante a aula toda. Um aluno que parece projetar-se para a frente a partir dos quadris provavelmente requer menos flutuabilidade na região posterior do corpo; um aluno que parece projetar-se para trás ou apresenta um arco excessivo na região lombar provavelmente requer menos flutuabilidade na frente do corpo. Considere um tipo diferente de cinto ou distribua a flutuabilidade de forma diferente, se o modelo do cinto permitir. Um aluno maior requer um cinto com tira mais longa, não um com flutuabilidade aumentada. Um aluno magro, que precisa mover continuamente as pernas para ficar em um nível confortável na água, pode precisar de um cinto mais flutuante ou uma combinação de cinto e tornozeleiras.

O cinto deve ser adaptado na cintura, abaixo do peito. Se você tentar adaptar o cinto aos quadris, o cinto escorregará para cima assim que o aluno submergir. Ao apertar a tira, segure-a próxima ao cinto com uma mão e deixe o cinto mais apertado ao puxar a ponta solta da tira com a outra mão.

Coletes de flutuação

Os coletes de flutuação são usados na parte superior do corpo para proporcionar flutuação neutra e podem ser uma alternativa mais confortável para alguns indivíduos. A adaptação adequada é importante para o conforto e para facilitar o movimento. Os ombros do colete não devem subir ao redor das orelhas quando o indivíduo estiver submerso. A quantidade de flutuabilidade proporcionada deve permitir ao aluno manter o alinhamento vertical correto durante o movimento.

Flutuadores de braço

Flutuadores de braço podem constituir uma opção mais confortável para alunos que se sintam restritos pelo cinto, como mulheres no pré-natal e asmáticos. Esses flutuadores devem ser posicionados na parte superior do braço, para que o aluno possa repousá-lo em uma posição natural para se exercitar. Para alguns alunos mais receosos, flutuadores de braço parecem opções mais seguras que o cinto. Eles ajudam o indivíduo a permanecer ereto, enquanto o cinto pode criar mais problemas de equilíbrio se estiver faltando tônus muscular no *core*. Os flutuadores devem ser feitos de espuma e não infláveis.

Tornozeleiras de flutuação

Tornozeleiras de flutuação fornecem flutuabilidade e resistência adicional durante um treino. As tornozeleiras exigem que os alunos recrutem os músculos do tronco para manter uma posição vertical do corpo. Para essa aplicação, deve-se tomar cuidado para ensinar aos alunos como readquirir a postura vertical a partir de ambas as posições, decúbito dorsal e ventral. Para a maioria das pessoas, a AEA recomenda que o cinto ou o colete de flutuação seja usado inicialmente com tornozeleiras para oferecer segurança adequada até que o indivíduo se sinta confortável e torne-se proficiente no treinamento com flutuabilidade na parte inferior do corpo.

Boias tipo espaguete

Boias tipo espaguete são muito populares para treino em piscina funda e exercícios aquáticos transicionais. Esse tipo de equipamento auxilia na flutuação, mas não está preso ao aluno, e, assim, não é considerado tão seguro quanto um cinto, colete ou flutuadores de braço. O treinamento em piscina funda com espaguetes como dispositivo principal de flutuação deve ser considerado apenas para alunos com habilidades de natação. Eles geralmente são colocados ao redor das costas ou na frente do tronco (embaixo dos ombros enquanto se mantém o cíngulo do membro superior em posição neutra) ou entre as pernas.

Dispositivos de resistência

Uma variedade de opções de equipamentos estão disponíveis para aumentar a resistência em piscina funda. Equipamentos de resistência para a parte superior do corpo podem ser usados de forma segura se o aluno usar também um dispositivo de flutuação para obtenção de suporte. As opções incluem luvas "mão de pato", halteres, equipamento de arrasto seguro com a mão e boias tipo espaguete.

Equipamentos de resistência para a parte inferior do corpo podem ser usados de forma segura se o aluno empregar também um dispositivo de flutuação para obter suporte. Há dispositivos como aquafins que se prendem ao tornozelo ou perna e aumentam a área de superfície do membro. Também há dispositivos em forma de calçado para aumentar a resistência abaixo do tornozelo. As tornozeleiras podem proporcionar superfície aumentada e o suporte flutuante necessário.

Saiba bem como usar o equipamento que escolheu para oferecer aos seus alunos. As opções de equipamento podem afetar a cadência e a escolha do exercício; prepare seu programa com o equipamento em mente (veja no Capítulo 7 mais informações sobre escolhas de equipamento).

Aplicações em piscina funda

As seções seguintes discutem as aplicações que diferenciam os formatos de treinamento em piscina funda (*deep-water*) e em piscina rasa (*shallow-water*). Embora todos os formatos de programas de hidroginástica compartilhem muitas semelhanças, há conceitos importantes que fazem da modalidade *deep-water* um tipo de treinamento sem impacto excepcional.

Imersão total

O princípio mais básico para o instrutor de *deep-water* é se lembrar de que o corpo está imerso em um ambiente predominantemente não natural. A imersão total não é uma situação normal para o corpo, e ainda é a primeira parte da experiência na modalidade *deep-water*. Imersão, efeitos da flutuabilidade, resistência, arrasto, pressão hidrostática e temperatura afetarão o modo como o aluno será capaz de lidar com os exercícios que você escolheu e conectar todos esses fatores. Tudo fica mais lento; o corpo demora mais para começar um padrão de movimento, concluir as repetições e fazer qualquer tipo de mudança. Por não haver contato com o chão, os processos neurológicos devem encontrar novos caminhos para completar tarefas de forma bem-sucedida, desde simplesmente ficar na vertical até padrões de movimentos de exercícios potencialmente complexos. Os instrutores não devem ignorar o momento de imersão. Esse é o primeiro passo para a piscina funda e para fatores significativos no ensino do alinhamento e da técnica de exercício em piscina funda (Fig. 10.2).

Figura 10.2 Alinhamento correto na modalidade *deep-water*.

Os seres humanos são bípedes, e a postura ereta é fundamental para a função. Independentemente da modalidade de exercício, a melhora da capacidade funcional em terra deve estar no topo da lista de objetivos. Ao colocar o corpo na posição vertical na água, mantém-se uma estratégia organizacional familiar para orientação espacial. Cabeça sobre os ombros e ombros sobre os quadris é a orientação normal do corpo humano. Essa orientação familiar ajuda o corpo a lidar com as características não familiares da imersão em piscina funda, incluindo a falta de contato com o chão e o efeito diminuído da gravidade.

Ao dizer ao grupo "cabeça sobre os ombros, ombros sobre os quadris", o instrutor faz referência aos cinco pontos de referência ósseos do alinhamento postural neutro. Raramente os instrutores dirão "processo mastoide sobre processo do acrômio". Em vez disso, a linguagem anatômica é substituída por palavras comuns que ajudarão os alunos a atingir o mesmo resultado. Os instrutores dizem "orelhas em linha com os ombros, ombros em linha com os quadris". Em uma piscina funda, a posição vertical de exercício deve refletir o mesmo exato alinhamento, mas geralmente o posicionamento é ensinado em um formato dinâmico, em vez de estático. As pernas se movem em uma ação de *jogging* alternado; assim, o instrutor precisa orientar quanto ao posicionamento das pernas para que os alunos possam se manter em alinhamento vertical. Para uma ação de *jogging* estacionária, as orientações incluem:

- eleve cada joelho em direção ao tórax em frente ao corpo;
- flexione o joelho de forma que o tornozelo fique posterior ao joelho;
- estenda completamente cada perna para que retorne à linha vertical.

Erros comuns para observar e corrigir incluem:

- abaixar o peito em direção aos quadris. Pratique o alongamento do corpo e oriente para a manutenção do espaço máximo entre a pelve e a cavidade torácica;
- chutar os calcanhares para cima e atrás do corpo, o que pode causar uma inclinação pélvica anterior e um resultante arqueamento da parte inferior da coluna vertebral, porque o corpo está caindo para a frente. Corrija isso pedindo uma maior elevação dos joelhos à frente e posicionando o tornozelo posteriormente ao joelho (mas não atrás do corpo);
- elevar o joelho com o pé à frente do joelho e não retornar à posição completamente estendida abaixo do corpo. Nesse cenário, os alunos sentem que estão caindo para trás e, provavelmente, se curvarão para a frente e projetarão o queixo para compensar. Embora o grau de flexão do quadril esteja bom, solicite uma maior flexão do joelho para que o calcanhar esteja posterior ao joelho. Reforce a extensão de quadril e joelho para que o corpo retorne à linha vertical em cada repetição.

Essas questões de alinhamento são exclusivas da piscina funda porque os pés não tocam o fundo. Em piscina rasa, é mais fácil manter o alinhamento porque os alunos naturalmente trazem o pé para baixo sob o corpo, como fazem em terra.

Estabilização dinâmica

Estabilização dinâmica é a habilidade do corpo em manter alinhamento postural neutro ou próximo ao neutro (uma posição estável) enquanto se move. Na maioria das atividades executadas, uma posição estrutural segura para o centro do corpo é tentada antes que a carga seja adicionada. O alinhamento postural neutro é uma posição que coloca a coluna vertebral em sua posição mais forte e segura. Essa posição verticalmente alinhada em piscina funda permite uma centralização a partir da qual outros movimentos são possíveis sem causar lesão. A falta de contato com o chão em piscina funda leva o corpo a usar uma estratégia totalmente nova para alcançar esse alinhamento postural neutro.

Em terra, o mecanismo proprioceptivo pelo qual a pessoa sabe se está em pé ereta e equilibrada se dá principalmente pelas articulações dos tornozelos e pelo contato efetivo com o solo. A partir de uma posição em pé, o cérebro recebe mensagens contínuas por meio dos tornozelos. Essas mensagens vão para o sistema nervoso central e iniciam um circuito de *feedback* proprioceptivo para controlar o tônus muscular e gerar respostas reflexas.

Em termos simples, os receptores sensoriais nos músculos, articulações e tecidos conjuntivos coletam informações sobre a posição corporal, processam essas informações e capacitam o sistema nervoso central para dar a resposta apropriada. Por exemplo, quando uma pessoa cai, a propriocepção permite ao cérebro saber que a queda está ocorrendo, ativar as estratégias corretas para readquirir equilíbrio e enviar mensagens aos músculos para contrair e evitar a queda. Os músculos nas pernas e nos pés contraem para ajustar o posicionamento e readquirir o equilíbrio.

Em piscina funda já não é possível usar essa estratégia de *feedback* proprioceptivo. O corpo agora deve usar um sistema diferente para saber se está na vertical e equilibrado. As mensagens para o cérebro não vêm mais por meio dos tornozelos e dos pés. Em vez disso, ocorre o recrutamento dos músculos estabilizadores posturais; isso é, os abdominais, eretor da espinha e intercostais contraem. Esses músculos posturais do *core* desempenham um papel-chave na nova estratégia para equilibrar e corrigir o alinhamento do corpo. Esses grupos musculares estão ativos 100% do tempo em piscina funda. Sua atividade é discreta, mas constante. Essa contração contínua dos músculos do *core* é a principal razão pela qual melhoras tão boas são vistas em pessoas que frequentam regularmente aulas de hidroginástica *deep-water*. A estabilização também ocorre em piscina rasa, mas é muito mais dinâmica na funda. Um entendimento desse processo de estabilização dinâmica é essencial para o instrutor ensinar hidroginástica *deep-water*.

Para o instrutor, esse processo se traduz nas seguintes diretrizes:

- no início da aula, dê tempo ao corpo para estabelecer a estratégia de estabilização dinâmica por meio dos músculos posturais. Isso significa oferecer exercícios sem deslocamento no começo da aula e fornecer correções posturais para alcançar o alinhamento neutro;

- revisite frequentemente o alinhamento postural neutro, especialmente antes de um exercício muito desafiador, em que a resistência de alta intensidade é aplicada sobre qualquer um dos membros;

- adote o alinhamento postural neutro para realizar as transições. Passe pelo centro ao mudar para outro exercício;

- esteja certo de que o cinto de flutuação ou outro equipamento não impeça a habilidade do aluno em alcançar o alinhamento postural neutro.

Centro de flutuação e diminuição da gravidade

O efeito diminuído da gravidade também desempenha um papel vital na aquisição de um bom alinhamento para a prática de hidroginástica *deep-water*. Lembre-se de que a força da gravidade ainda está presente; caso contrário, a água não ficaria na piscina. Para o corpo em movimento, isso significa que ainda temos um centro de gravidade (o centro de massa corporal), por meio do qual o corpo mantém o equilíbrio. Em terra, o centro de gravidade do corpo tende a ficar na área pélvica. Em aulas de hidroginástica *shallow-water*, os ainda ainda conseguem conservar uma base de apoio e manter o centro de gravidade baixo e dentro da base. À medida que a profundidade aumenta, o centro de flutuação (o centro do volume de um corpo) começa a influenciar o equilíbrio e o equilíbrio corporal mais que o centro de gravidade. Não temos mais os pés em contato com o chão ou aquela base de suporte.

O centro de flutuação está localizado na região do tórax, perto das bolsas de ar criadas pelos pulmões. Na piscina funda, há uma interação entre o centro de gravidade e o de flutuação. A gravidade é uma força para baixo e a flutuação é uma força para cima; assim, quando o corpo está imerso na água, duas forças opostas agem sobre ele. Se você entrar na piscina funda e não fizer nada, o centro de flutuação e o de gravidade provavelmente colocarão o corpo na horizontal com a face voltada para baixo. Quando se pede aos alunos para ficarem em uma posição vertical de exercício, o centro de flutuação e o de gravidade se movem para o alinhamento vertical. Ao se alinharem, os alunos têm uma sensação de equilíbrio. É importante para os instrutores observar os alunos com cuidado enquanto eles fazem esses ajustes de alinhamento. Verifique qualquer coisa que possa causar dificuldade, como composição corporal, colocação de equipamento de flutuação ou tipo de flutuação usada.

Princípio de Arquimedes

Seguindo o Princípio de Arquimedes, existe uma relação direta entre o peso da parte do corpo submersa e a quantidade de fluido deslocado por aquela parte do corpo. Esse princípio determina se o indivíduo flutua ou afunda. Quando o peso do corpo submerso é igual ao peso do fluido deslocado, o centro de gravidade e o de flutuabilidade estão em alinhamento vertical. Se essa equação não está igual, o centro de gravidade e o de flutuabilidade não estão alinhados verticalmente, levando o corpo a rolar e girar até encontrar um lugar de equilíbrio. Os alunos se desequilibram até ficar na vertical. O tecido adiposo e o ar têm um volume de deslocamento maior do que o tecido magro. Assim, embora um aluno com mais gordura corporal flutue facilmente, ele pode ter dificuldade em permanecer em alinhamento. Na situação oposta, um corpo muito musculoso afundará porque o corpo não está deslocando água suficiente para permitir que a pessoa flutue.

Colocação de equipamento de flutuação

Uma questão-chave em todas as considerações sobre alinhamento é a colocação de equipamento flutuante para um corpo imerso. A flutuabilidade adicional afeta o equilíbrio. Muita flutuabilidade significa que o peso do corpo submerso não é mais igual ao peso do fluido deslocado, fazendo com que o corpo saia da vertical, debatendo-se para encontrar um lugar de equilíbrio. Embora um cinto de flutuação seja geralmente recomendado para hidroginástica *deep-water*, cada aluno precisa passar por uma avaliação individual. Lembre-se de que o cinto tem o seu próprio centro de gravidade e o de flutuabilidade. O uso de um cinto pode alterar o alinhamento postural neutro.

Um mergulhador verifica a flutuabilidade a cada mergulho que inclua ficar estático e na vertical mantendo uma respiração normal. Esse teste pode ser aplicado ao exercício aquático vertical – um cinto de flutuação bem ajustado permitirá que o indivíduo mantenha o nível apropriado na água com a cabeça acima da água enquanto está em uma posição vertical estacionária. Durante a inspiração e a expiração, o corpo naturalmente se elevará e cairá à medida que a pressão do ar mudar dentro dos pulmões. Ao inspirar, o corpo se eleva levemente e, então, afunda levemente na expiração. Quando a flutuação neutra adequada é estabelecida, essa mudança no nível é mínima. Além disso, quanto mais relaxada a pessoa permanece e quanto mais consistente e uniforme é a maneira como ela respira, mais fácil é manter o nível adequado na água. Com uma boa estabilização do *core* e com a adoção de padrões adequados de respiração, é possível alcançar o alinhamento adequado.

Essa informação se traduz nas seguintes diretrizes para o instrutor:

- cintos de flutuação são adequados para a maioria dos alunos em aulas de *deep-water*;
- as instalações devem contar com uma seleção de modelos de cinto;
- o aluno com reservas de gordura corporal mais altas pode não necessitar de um cinto para flutuação, mas pode precisar de assistência para alcançar o alinhamento adequado;
- o aluno musculoso pode precisar de um cinto de flutuação adicional;
- considere alterar a localização do equipamento de flutuação para acomodar a distribuição de gordura corporal.

O uso de equipamento adicional, como halteres flutuantes para exercícios de fortalecimento da parte superior do corpo, também perturbará o equilíbrio estabelecido. A equação é alterada e o corpo tentará se ajustar a essa mudança no deslocamento e encontrar um novo equilíbrio. Além disso, o alinhamento pode ser comprometido; assim, o uso de equipamento adicional requer mais orientações por parte do instrutor.

Equilíbrio

O equilíbrio é a chave no movimento em piscina funda. Sem pontos de apoio para os pés no fundo da piscina, cada movimento ainda requer um ponto final. Ao se executar o movimento de esqui de fundo (*cross-country*), como as pernas sabem quando mudar de direção? Elas são limitadas pela amplitude de movimento pessoal e controladas pela demonstração de um movimento pelo instrutor e pelo ritmo (musical ou não). Se cada perna é posicionada de forma equidistante na frente e atrás do corpo, o movimento parece equilibrado. Exercícios simétricos são mais fáceis de executar porque ambos os lados do corpo correspondem. Assim, um polichinelo em piscina funda parece confortável pelo fato de ambas as pernas realizarem o mesmo padrão de movimento ao mesmo tempo. Exercícios simétricos alternados, como corrida e esqui de fundo (*cross-country*), também são distribuídos pelo fato de cada lado do corpo realizar a mesma ação. Movimentos assimétricos são mais desafiadores porque o posicionamento desnivelado dos membros em piscina funda geralmente leva o tronco a se afastar da vertical.

Por exemplo, *moguls*, em que ambas as pernas estão de um lado do corpo e então mudam para o outro lado, são mais desafiadores de executar porque o movimento é assimétrico. Quando as pernas são empurradas para um lado, o corpo naturalmente se inclina para o lado oposto. À medida que o aluno sente que o corpo está perdendo equilíbrio, uma tentativa de manter a posição vertical de exercício é feita. Isso faz com que os músculos do tronco trabalhem mais vigorosamente. O instrutor pode oferecer exercícios assimétricos com o objetivo de desenvolver de força no *core*. Entretanto, o comprometimento do alinhamento corporal é obviamente desencorajado, de modo que se deve tomar cuidado ao selecionar os exercícios apropriados para cada grupo. O aluno menos hábil reagirá à perda de controle desequilibrando-se, debatendo-se e buscando a melhor posição para readquirir o equilíbrio, sobrecarregando potencialmente os músculos posturais, particularmente na parte inferior das costas.

Avalie cada exercício em relação à integridade postural e decida se o movimento é adequado para iniciantes ou se deve ser considerado um exercício mais avançado. Os instrutores da modalidade *deep-water* precisam planejar cuidadosamente todos os exercícios para que o equilíbrio possa ser mantido e desafios adicionais sejam seguros e eficientes. Movimentos controlados e precisos no tempo apropriado ajudam na manutenção do equilíbrio e no alinhamento adequado.

Equilíbrio muscular

O treino em piscina funda deve ser direcionado para o princípio básico de treinamento de todos os pares musculares opostos. Um treino equilibrado fornece oportunidades de fortalecer e alongar todos os principais grupos musculares para ajudar a adquirir e manter boa postura, integridade articular e capacidade funcional de saúde. Felizmente, a hidroginástica *deep-water* incentiva o equilíbrio muscular porque o corpo está imerso de maneira que todos os movimentos encontram a resistência da água em todas as direções. Entretanto, o instrutor pode ainda conscientemente planejar exercícios em todos os planos de movimento. Existe uma tendência em focalizar os movimentos à frente do corpo; exercícios laterais podem ser negligenciados, e movimentos posteriores são geralmente limitados por estarem fora do alcance do olhar.

O movimento posterior é mais difícil em termos de elaboração de exercícios. Os instrutores precisam se lembrar de que movimentos como hiperextensão de ombro e de quadril têm amplitude limitada. Ao pensar em equilíbrio muscular, lembre-se de que a ativação de músculos opositores começa logo que o movimento muda de direção. Por exemplo, digamos que a perna oscilou para a frente em um exercício de esqui de fundo (*cross-country*) (flexão de quadril). Assim que a perna muda de direção e se inicia a extensão de quadril, os músculos extensores do quadril são empregados. A perna oscila a partir de sua

posição à frente por todo o caminho, passa pela posição neutra e se direciona à hiperextensão total. Esse é um movimento amplo na modalidade *deep-water*, com tempo de sobra para alcançar um bom fortalecimento de todos os músculos envolvidos na extensão de quadril. Amplitude total de movimento associada a equilíbrio muscular é um excelente benefício da hidroginástica *deep-water*. Nenhum movimento precisa ser encurtado, porque o pé não está posicionado no chão da piscina.

Transições

As transições na modalidade *deep-water* devem ser planejadas cuidadosamente para adicionar fluidez à aula, ajudar a manter a postura vertical e evitar lesões. Transição é a mudança de um movimento para outro, como a mudança de um *jogging* com elevação do joelho para um chute frontal. Virar à direita a partir de uma corrida para a frente é outra transição. A inclusão de quatro tempos de jogging centralizado entre um *jogging* com as pernas afastadas e um esqui de fundo (*cross-country*) é um movimento transicional. Os instrutores devem saber como ensinar transições suaves e seguras e reconhecer quando um movimento transicional é exigido.

Em um capítulo anterior discutimos três tipos de transições que ocorrem na coreografia em piscina rasa: uma transição básica que passa pelo alinhamento neutro, uma transição intermediária que requer um pouco mais de força do *core* e coordenação para passar pelo alinhamento neutro e uma transição avançada que exige força do *core* e coordenação significativas para manter o controle postural. As transições proporcionam conexões suaves e contribuem para o sequenciamento seguro e efetivo. As transições devem continuar a restabelecer a postura vertical e permitir que os alunos se sintam equilibrados. A falta de boas transições pode tirar o aluno do equilíbrio e fazer com que a sequência se torne desarticulada. Transições insatisfatórias podem também interromper o fluxo e a intensidade da aula.

Lembre-se de que o tempo de reação na água é mais lento do que em terra. Na piscina funda, será ainda mais lento, principalmente porque o aluno não pode empurrar os pés contra o fundo da piscina para ajudar na transição. O corpo está totalmente suspenso, e por isso deve ser mais fácil fluir de um movimento para o outro sem nenhuma alavancagem adicional. É por essa razão que não se pode fazer movimentos de "cavalo-marinho" em piscina funda, já que exigem a transferência de peso do pé da frente para o de trás, enquanto o corpo se inclina para a frente e, então, para trás. Em piscina rasa, empurra-se o fundo da piscina com um pé para balançar com o outro. Em piscina funda, não há nada sólido para empurrar, então esse movimento não é possível.

Na piscina funda, a transição de um movimento para o próximo pode ser mais favorável do que em piscina rasa. A lesão é mais provável de ocorrer quando o corpo sofre impacto do que quando está fora de alinhamento. Sem o impacto em piscina funda, o potencial de lesão é reduzido. É possível manter alinhada a região superior do tronco e fazer transições com a região inferior do tronco em piscina funda, o que seria mais estranho em piscina rasa. É claro que isso requer um grau de força do *core*. Em virtude dessa diferença, as transições na modalidade *deep-water* são classificadas em três categorias principais: transição básica (T), movimento transicional (MT) e transição de compasso (transição C).

Considere esta sequência de hidroginástica *deep-water*: *jogging* com elevação do joelho, esqui de fundo (*cross-country*), batimento de pernas na vertical, chutes frontais, elevação da perna com rotação lateral do quadril, *jogging* com as pernas afastadas para *jogging* com elevação do joelho, voltando ao movimento inicial da sequência. Essa sequência usa transições básicas (T) para manter a progressão:

- *jogging* com elevação do joelho;
- (T) esqui de fundo (*cross-country*);
- (T) batimento de pernas na vertical;
- (T) chutes frontais;
- (T) elevação da perna com rotação lateral do quadril;
- (T) *jogging* com as pernas afastadas;
- (T) *jogging* com elevação do joelho.

Os movimentos transicionais não são necessários porque você pode fluir de um movimento para o próximo, mantendo a região superior do tronco estável enquanto posiciona as pernas. O *jogging* com elevação do joelho pode mudar diretamente para o esqui de fundo (*cross-country*), a ação de esqui passa direto por meio da posição para o batimento de pernas, sendo este uma boa posição para mudar para chutes frontais, e assim por diante.

Agora, considere a seguinte sequência de exercício de *deep-water*: *jogging* com elevação do joelho, *jogging* com as pernas afastadas, esqui de fundo (*cross-country*), corrida para trás, corrida lateral e chutes frontais. Essa sequência requer vários movimentos transicionais (MT):

- *jogging* com elevação do joelho;
- *jogging* com as pernas afastadas;
- (MT) *jogging* com elevação do joelho;
- esqui de fundo (*cross-country*);
- (MT) *jogging* com elevação do joelho;

- corrida para trás;
- (MT) *jogging* com elevação do joelho;
- corrida lateral;
- (MT) *jogging* com elevação do joelho;
- chutes frontais.

Por que os movimentos transicionais são necessários nessa sequência? O *jogging* com as pernas afastadas está no plano frontal, e o esqui de fundo (*cross-country*) está no plano sagital; assim, essa mudança requer um movimento transicional. Um esqui de fundo (*cross-country*) para corrida para trás seria estranho porque duas coisas estão ocorrendo: uma mudança de exercício; mais a adição de deslocamento. Passar de corrida para trás para corrida lateral envolve duas direções diferentes, sem mencionar que correr para trás em piscina funda é bastante desafiador. Uma mudança imediata para o deslocamento lateral pode comprometer o alinhamento. Embora um praticante de *deep-water* talentoso possa lidar com essas mudanças sem um movimento transicional, ao trabalhar com um grupo de nível misto o método de ensino mais seguro adicionará o movimento transicional. A corrida lateral envolve deslocamento no plano frontal, e a mudança para chutes frontais abrange um exercício estacionário sagital com um padrão de movimento completamente diferente. Uma transição segura consiste em parar o deslocamento, restabelecer o alinhamento postural neutro e, então, começar os chutes. Isso assegura que todos os alunos estejam alinhados de forma neutra ao passarem pela transição.

Há muitos métodos transicionais que resultam em padrões de movimento bem elaborados. Adicionalmente às transições básicas e aos movimentos transicionais, pode-se usar uma transição de compasso ou tempo (transição C). Assim como em piscina rasa, pode-se usar movimentos em meio-tempo de água em piscina funda para facilitar transições suaves. Em piscina funda, um retorno à posição central (alinhamento postural neutro) em um tempo ou uma pausa no centro pode substituir o balanço central. Um chute em meio-tempo que retorna ao centro fará uma transição com fluidez para um polichinelo em piscina funda, e um polichinelo em piscina funda fará uma transição com fluidez para muitos outros movimentos porque a posição final é centralizada no alinhamento postural neutro. Você também pode incorporar movimentos duplos como um método de meio-tempo de água em treinamento em piscina funda. A Tabela 10.1 mostra exemplos de uso de transições de compasso para se mover por meio do alinhamento neutro para fazer transições.

Transições bem planejadas em piscina funda certamente adicionam qualidade e eficiência ao treino ao

Tabela 10.1 Transições em *deep-water*

Combinação	Considere uma transição mais fluida
8 esquis de fundo (*cross-country*) para 8 chutes frontais	6 esquis de fundo (*cross-country*) 1 esqui de fundo (*cross-country*), meio-tempo (esqui com pausa no meio) 4 chutes frontais, meio-tempo (chute com pausa no meio)
8 *moguls* para 4 polichinelos *deep-water*	*Moguls* em 3 (D, E, D) – segurar grupado no centro *Moguls* em 3 (E, D, E) – segurar grupado no centro 4 polichinelos *deep-water*
8 obstáculos para 8 roscas de perna	7 obstáculos Chute de pernas para baixo no centro Rosca de perna simples/simples/dupla (D, E, DD) Rosca de perna simples/simples/dupla (E, D, EE)

mesmo tempo que reduzem o risco de lesão. A inclusão de uma variedade de métodos transicionais aperfeiçoa suas combinações de movimentos, assim como suas habilidades de ensino. Se você não ensina boas transições, os movimentos do treino parecerão estranhos e desarticulados. Os alunos podem tentar fazer ajustes porque o corpo pode sentir que algo está faltando ou que aquele movimento não flui. O instrutor deve ensinar transições seguras e eficientes em vez de permitir que os alunos se autocorrijam. A seguir, algumas diretrizes gerais.

- Ao mudar o plano de movimento, um movimento transicional geralmente é necessário, a não ser que o corpo volte para o alinhamento postural neutro dentro da repetição do movimento. *Jogging* com as pernas afastadas para esqui de fundo (*cross-country*) requer um movimento transicional. Esqui de fundo (*cross-country*) (esqui em meio-tempo, com pausa no centro) para polichinelos pode ser um transição direta. Os instrutores precisam sentir como fluem os exercícios para ver se os alunos podem ir diretamente para o próximo movimento ou se existe a necessidade de inserir um movimento transicional.

- Ao continuar o deslocamento na mesma direção, geralmente não é necessário um movimento transicional. Por exemplo, passar de *deep-running* para a frente a um deslocamento de esqui de fundo (*cross-country*) para a frente é uma transição fácil.

- A mudança de direção do deslocamento (de trás para a frente e vice-versa, ou lateralmente para a direita e então esquerda) é facilitada pelo movimento transicional. Tenha em mente a inércia da água e a profundidade de imersão. Se o alinhamento for comprometido, será melhor adicionar um *jogging* com elevação do joelho antes de começar em uma nova direção de deslocamento.

- Quando as pernas permanecem na mesma posição, mas os braços mudam para um plano diferente de movimento, considere o uso de um movimento transicional. Por exemplo, digamos que você esteja executando um esqui de fundo (*cross-country*) com um balanço alternado de braço no plano sagital e que gostaria de manter o padrão de esqui para as pernas, porém mudando os braços para abdução/adução. Isso será mais suave se as pernas se juntarem e executarem quatro tempos de um batimento de pernas enquanto os braços se reposicionam. Então, continue o esqui de fundo (*cross-country*) com o novo padrão de braço.

- Os iniciantes se beneficiam das transições em alinhamento centralizado; praticantes habilidosos de *deep-water* podem geralmente lidar com sequências com menos movimentos transicionais. Como sempre, o alinhamento não deve ser comprometido.

Alterações de intensidade

Alterações de intensidade requerem conhecimento teórico e prático da leis físicas (ver Cap. 6). O instrutor precisa ter um claro entendimento de como trabalhar na água antes de poder passar essa informação aos alunos. Embora a instrução a partir do *deck* seja o método preferido para conduzir programas de *deep-water*, também é importante sentir o exercício, passando um tempo praticando na água.

A hidroginástica *deep-water* pode atingir níveis muito altos de intensidade, principalmente porque o corpo todo está imerso e a maioria dos exercícios é sistêmico. Se o instrutor souber como usar as propriedades da água de forma eficiente, uma sessão de *deep-water* pode acomodar todos os níveis de condicionamento e habilidade. Não presuma que as sensações serão as mesmas na transferência de piscina rasa para funda; há diferenças porque os seus pés não estão em contato com o fundo da piscina.

Sobrecarga e adaptação

Na modalidade *deep-water*, assim como em todas, aumente gradualmente o volume de exercício para proporcionar tempo para melhoras na técnica. Os alunos podem facilmente ficar exaustos se a técnica de *deep-water* for insatisfatória. Tipicamente, a modalidade *deep-water* não corresponde a coreografias complicadas. As aulas podem usar menos mudanças de movimento e incorporar mais deslocamento, mudanças no comprimento de alavanca e aceleração. Um bom treino cardiorrespiratório em piscina funda pode incluir menos movimentos de base com cada exercício sustentado por longos períodos. Quando os alunos estiverem prontos para desafios extras, elementos de deslocamento, variações de braço e intensidades variáveis poderão ser incorporados.

Lembre-se de reforçar o alinhamento. Não force os alunos a trabalharem com mais intensidade se isso significar que eles irão perder controle de forma e técnica. Aumentar os níveis de condicionamento não se relaciona apenas a cardio e força; forma e técnica apropriadas, bem como melhora na postura, também são importantes.

Lei da inércia

Um meio de usar a inércia para aumentar a intensidade é diminuir o número de repetições e mudar a direção ao deslocar-se. Em piscina rasa, a inércia é usada efetivamente pela criação de uma sequência como esta:

- 4 movimentos de *jogging* (D, E, D, E) para a frente;
- 4 para trás;
- 4 para a direita;
- 4 para a esquerda;
- 8 em seu próprio círculo.

Se executados dessa forma, os exercício de *deep-water* permitem muito poucas repetições, e as mudanças direcionais são provavelmente mais rápidas para usar com eficiência a inércia da água e manter o alinhamento correto. Assim, essa sequência funcionará melhor em piscina funda se for dessa forma:

- 8 movimentos de *jogging* para a frente;
- meia-volta à D e 8 movimentos de *jogging* para a frente;
- meia-volta à D e 8 movimentos de *jogging* para a frente;
- meia-volta à D e 8 movimentos de *jogging* para a trás, voltando ao ponto de partida.

O mesmo objetivo de sobrepor a inércia diversas vezes para aumentar a intensidade dentro de um padrão de movimento foi alcançado, mas com repetições e mudanças direcionais que são mais controláveis em piscina funda. Lembre-se de que o deslocamento pode ser muito desafiador para alguns alunos e que eles podem precisar retornar para um equivalente estacionário. A combinação de movimentos também usa a lei de inércia. Um esqui de fundo (*cross-country*) combinado com polichinelos em piscina funda usa energia adicional para mudar do plano sagital para o frontal.

Lei da aceleração

A lei da aceleração no ambiente aquático, seja ele raso ou fundo, refere-se basicamente a força em oposição à velocidade de execução. Ao colocar mais ou menos força em um movimento, a intensidade daquele exercício pode ser aumentada ou diminuída. Em piscina rasa, um dos meios de aplicar a lei da aceleração é empurrar o chão da piscina com mais força. Obviamente, essa não é uma opção em piscina funda. Em vez disso, a aceleração é obtida por meio de uma ação de empurrar os braços e as pernas com força contra a resistência da água. O instrutor pode orientar dizendo "força nesse movimento", incentivando um movimento explosivo à medida que mais força é aplicada. A força pode ser usada em todas as direções e pode ser somada ao deslocamento. Mais força significa mais resistência. A quantidade de força irá variar para cada indivíduo, mas qualquer aumento na força leva a um aumento na intensidade.

Se a direção da força é para baixo, chamamos isso de elevação do movimento em *deep-water*. O corpo se eleva ou "aparece" na água. Esse é o mesmo princípio da piscina rasa, mas parecerá diferente porque o aluno não pode usar força contra o fundo da piscina. A elevação em piscina funda é também um ótimo exemplo de lei da ação e reação (discutido a seguir). Embora realizemos discussões sobre leis e princípios isoladamente, na verdade tendemos a aplicá-los de modo concomitante.

Lei da ação e reação

Para cada ação ou movimento na água, há uma reação igual e oposta. Na piscina funda, essa lei pode ser usada para redefinir a técnica de exercício. Por exemplo, o aluno precisa saber exatamente como mover as pernas (ação) para alcançar a reação desejada (deslocamento para a frente). Na piscina rasa, nós simplesmente empurramos para baixo e para trás contra o fundo da piscina para nos impulsionarmos para a frente. Já na piscina funda, devemos empurrar para trás com os braços e as pernas para nos impulsionarmos para a frente.

Os alunos iniciantes na modalidade *deep-water*, em particular aqueles com habilidades de natação limitadas, podem precisar de instrução sobre como executar as fases de recuperação e de potência de um movimento. Por exemplo, se um aluno não é capaz de se deslocar para a frente enquanto realiza *jogging* com braçadas de nado peito, ele pode estar empurrando em ambas as direções (sem movimento) ou na direção errada, o que resulta em movimento para trás. Para se deslocar para a frente com braçadas de nado peito, a fase de recuperação do movimento ocorre quando os braços vêm para a frente, de modo que as braçadas para a frente precisam ocorrer em um movimento suave de "cortar" a água. A fase de potência das braçadas de nado peito ocorre quando os braços são puxados para trás, de modo que você pode querer aumentar o comprimento da alavanca e a área de superfície e empurrar vigorosamente.

Resistência frontal

A resistência horizontal da água é muito perceptível em virtude de sua viscosidade. Ao andar em piscina rasa, sente-se imediatamente a resistência frontal, mesmo quando apenas metade do corpo está submersa. Em piscina funda, com todo o corpo submerso menos a cabeça, a resistência frontal prevalece ainda mais. Lembre-se de que você tem que se deslocar para que o corpo encontre resistência frontal.

A posição corporal vertical torna-se importante. Ao manter a posição vertical contra a linha do deslocamento pretendido, o corpo pode apresentar a máxima área de superfície contra a água. Com movimentos de deslocamento, a combinação entre a área de superfície e a resistência frontal proporcionam ao aluno uma forma simples de aumentar a intensidade do exercício. Um bom exemplo é a corrida em piscina funda (*deep-running*). O aluno é geralmente induzido a se inclinar muito para a frente e deixar o corpo mais aerodinâmico a fim de ir mais rápido e tornar o movimento mais fácil. Devem-se dar instruções para a correção da posição corporal (o corpo se inclina para a frente apenas 5 a 10° a partir da vertical), a fim de manter a máxima resistência frontal e, então, oferecer velocidade variável para aumentar ainda mais a intensidade. Como indicado por pesquisas, a manutenção do alinhamento vertical apropriado em piscina funda afeta significativamente o gasto de energia.

A área de superfície corporal pode ser manipulada para aumentar ainda mais a intensidade. O exercício de *jogging* com as pernas afastadas projeta uma área de superfície maior do que o *jogging* com joelho à frente, assim como

mantém os braços para fora e afastados das laterais. O uso de equipamentos como luvas ou nadadeiras também aumenta a área de superfície. O oposto diminuirá a área de superfície para os alunos, exigindo menor intensidade. Para a maioria dos alunos, o deslocamento lateral, em vez do frontal ou para trás, cria menos área de superfície e menor resistência frontal.

Posições de mão

Na hidroginástica *deep-water* as mãos ficam basicamente sob a água. Elas desempenham um papel crucial na manutenção da estabilidade e do equilíbrio, da forma e da técnica, bem como no treinamento da região superior do tronco. A posição das mãos deve ser definida e claramente demonstrada pelo instrutor sempre que possível. Movimentos de mão e braço ajudam os alunos a ir do ponto A para o ponto B. É preciso estar com as mãos em forma de concha e empurrando a água para se movimentar.

A forma de posicionar a mão determina o grau de resistência; use mão "em corte" para obter menos intensidade e em forma de concha para obter mais intensidade. Utilize luvas mãos de pato para fazer com que a área de superfície fique mais larga. Forneça opções para o posicionamento de mão e incentive os alunos a modificá-lo, se necessário.

Alavancas

A mudança no comprimento da alavanca tem o mesmo efeito em piscina funda e em piscina rasa. Lembre-se de usar esse simples princípio em piscina funda para aumentar ou diminuir a intensidade quando necessário. Sem o fundo da piscina para interferir nos movimentos de perna, as alavancas longas e os movimentos de amplitude total de movimento podem ser combinados para fazer da *deep-water* uma opção de treinamento potente.

Flutuabilidade

Na maior parte do tempo, a resistência da água proporciona o trabalho no ambiente aquático. Dependendo do uso de equipamento, da composição corporal ou do tipo de movimento, a flutuabilidade também pode oferecer resistência. A flutuabilidade é resistida na direção do fundo da piscina e assistida na direção da superfície da água. O uso de equipamento flutuante em piscina funda faz com que esse efeito fique muito mais óbvio. Empurrar halteres flutuantes para baixo sob a água usando extensão de cotovelo produz uma sobrecarga maior para o tríceps em oposição ao uso apenas do braço.

Velocidade

O modo mais eficiente de treinar um músculo é por meio da amplitude total de movimento. Embora a velocidade seja fácil de orientar e eficiente em termos de aumento de intensidade, o aspecto negativo é o comprometimento da amplitude de movimento. Se o instrutor pede aos alunos para irem mais rápido, eles geralmente escolhem reduzir a amplitude de movimento para continuar, em vez de adicionar mais força e manter a amplitude de movimento. Assim, um instrutor com conhecimento mantém um equilíbrio cuidadoso entre o aumento de velocidade e o trabalho em amplitude total de movimento. Na piscina funda, quando você corre mais rápido, o instrutor pode usar algo como "*jogging* intenso" para enfatizar a força sobre a velocidade. À medida que a ação de correr se torna mais rápida, o instrutor continua a orientar uma amplitude total de movimento, e o aluno deve abandonar a velocidade quando sua amplitude de movimento estiver comprometida. É melhor focalizar movimentos fortes e potentes com boa técnica e amplitude total de movimento.

Arrasto

Arrasto é a força que você sente que se opõe aos seus movimentos na água, de modo que você experimenta arrasto com todos os movimentos. A área de superfície frontal do corpo, ou suas partes móveis, afeta a quantidade de arrasto que você experimenta. A velocidade do corpo em movimento e sua forma também afetam essa resistência. Como explicado anteriormente, podemos alterar a forma e a área de superfície do nosso corpo e membros para mudar o desafio do exercício. O arrasto também influencia no modo como movemos os alunos ao redor da piscina. Se em uma aula de *deep-water* 20 alunos correrem juntos atravessando a piscina, o arrasto ocorre e aqueles que estiverem atrás do primeiro corredor sentirão muito menos arrasto e, assim, trabalharão com menos vigor para atingir a mesma velocidade. Com os alunos se deslocando pela piscina em caminhos individuais, o nível de esforço é mais uniforme.

Um instrutor com conhecimento usa a seleção completa de variáveis de intensidade para criar um treino seguro, eficiente e divertido para alunos de todos os níveis de habilidade. Use inércia e aceleração para corrida em piscina funda (*deep-running*); adicione movimento resistido de braços ou pernas para desafiar ainda mais. Use comprimento de alavanca e aceleração para esqui de fundo (*cross-country*). Use velocidade e elevação para batimento de pernas em piscina funda. Use amplitude de movimento e movimento resistido de pernas para chutes frontais em deslocamento para a frente. Há muitas varia-ções para escolher dentro de seu repertório de movimento na modalidade *deep-water*.

Programação e condução de aulas de *deep-water*

Como instrutor, você precisa aprender uma nova série de habilidades para ensinar de modo eficiente a hidroginástica *deep-water*. Formato de aula, seleção de exercícios, tempo de movimento e escolhas de equipamento diferem de alguma maneira em comparação com a programação de aulas na modalidade *shallow-water*. Embora as habilidades de instrução a partir do *deck* sejam semelhantes àquelas de *shallow-water*, ensina na modalidade *deep-water* requer a habilidade de demonstrar uma aula inteira de padrões suspensos, geralmente com longas alavancas, para acomodar a amplitude máxima de movimento na perna. Por exemplo, um batimento de pernas na vertical não pode ser executado em piscina rasa, mas é popular no treinamento em piscina funda. É desafiador demonstrar do *deck* com precisão um batimento de pernas na vertical.

Formatos de aula

A formatação de aula em piscina funda evoluiu ao longo da última década. O desenvolvimento de programas seguros, eficientes e divertidos requer atenção cuidadosa em relação às condições da piscina (temperatura, tamanho, projeto da parede e assim por diante), aos objetivos e às habilidades da população-alvo e ao estilo de ensino preferido. Para expandir sua atuação como a modalidade *deep-water* (e, assim, seu número de alunos), considere alguns dos seguintes modelos de programa.

Treinamento aeróbio tradicional *deep-water*

Esse formato popular geralmente proporciona um aquecimento de 5 a 10 minutos, seguidos de 20 a 60 minutos de treinamento cardiorrespiratório, um parte de condicionamento muscular opcional que frequentemente tem como alvo músculos do *core* e da parte superior do corpo, e uma parte final de 5 a 10 minutos de alongamento e relaxamento. Note que esse programa segue as recomendações gerais para componentes da aula apresentados no Capítulo 8 e representa um formato de treinamento contínuo.

Lembre-se de usar padrões de movimento específicos para piscina funda, seguir as diretrizes do ACSM para promover uma resposta adequada ao treinamento e incorporar as leis físicas e propriedades da água para variações de intensidade. Os instrutores têm muitas opções para coreografia, padrões de estilo de movimento (esporte, dança, calistenia etc.), escolhas musicais e seleção de equipamentos para fazer com que o programa seja único.

Treino intervalado *deep-water*

O treinamento intervalado funciona bem em piscina funda em virtude da formação de ácido láctico. O treinamento intervalado incorpora automaticamente ciclos de recuperação para facilitar a remoção de ácido láctico. Assim como é válido em piscina rasa, o treinamento intervalado em piscina funda é composto de séries de ciclos de trabalho que se alternam entre trabalho e recuperação. Os ciclos de trabalho e recuperação podem variar em intensidade e duração, dependendo das necessidades e objetivos da sessão de exercício. Os ciclos geralmente seguem relações entre trabalho e recuperação estabelecidas pela música e pelo instrutor.

O treinamento intervalado está se tornando popular porque pode proporcionar uma opção de treino desafiador para uma variedade de níveis de habilidade e permite aos alunos trabalharem por meio de platôs de treinamento. Há muitas combinações a considerar para treinamento intervalado *deep-water* com algum foco apenas em treinamento cardiorrespiratório. No exercício em grupo, o período de recuperação é na maioria das vezes uma forma de descanso ativo, em oposição ao repouso verdadeiro em que toda a atividade é suspensa. Um treino desafiador focado em melhorias cardiorrespiratórias pode incluir um ciclo curto de trabalho anaeróbio seguido por um ciclo aeróbio mais longo de recuperação. Um formato menos intenso – e, assim, aplicável a uma variedade de grupos – pode empregar um ciclo de trabalho aeróbio energético seguido por um ciclo de recuperação de técnicas contrastantes de exercício. Algumas sugestões para a programação de treino intervalado *deep-water* são mostradas na Tabela 10.2.

Treinamento combinado *deep-water* e *shallow-water*

A combinação de treinamento em *deep-water* com treinamento em *shallow-water* adiciona variedade e desafio ao seu programa. Se você conta com uma piscina que vai gradualmente de funda para rasa, você tem o ambiente ideal para tentar esse formato de aula. Os alunos comumente usam equipamento de flutuação neutra e se deslocam de volta e adiante entre as áreas funda e rasa. Você pode começar na área rasa por um período e, então, terminar a aula na parte funda. Pode-se também alternar o deslocamento de volta e adiante entre as áreas funda e rasa, incorporando a transição como parte do treino. Por exemplo, pode fazer um padrão de quatro movimentos na área rasa, bater pernas para a área funda e, então, fazer quatro padrões de movimento na área funda. Planeje atentamente todos os exercícios e transições de acordo com o equipamento que você escolher usar. Suas opções para combinar programas em piscina funda e rasa são numerosas e limitadas apenas por sua imaginação.

Treinamento *deep-water*

Como discutimos antes, o treinamento *deep-water* transicional proporciona oportunidades para exercício suspenso em piscinas com profundidades transicionais. Além disso, os alunos que não se sentem confortáveis em piscina funda, mas que podem se beneficiar do exercício em suspensão, talvez sejam mais bem-sucedidos em uma profundidade transicional. Movimentos em suspensão e com toque no fundo da piscina são combinados para acrescentar possibilidades à coreografia. Você pode usar um formato altamente coreografado, calistênico, intervalado ou qualquer outro que seus alunos apreciem. Todos os exercícios devem ser opções viáveis para alternativas de ambos os movimentos, suspenso e com toque, com instruções apropriadas com foco em uma execução segura e adequada.

Treinamento *deep-water* em circuito

O treinamento em circuito funciona bem tanto em programas de *deep-water* como de *shallow-water*. Duas opções principais estão disponíveis para a condução de um circuito durante exercício em grupo:

Tabela 10.2 Opções de intervalo em *deep-water*

Ciclo de trabalho	Ciclo de recuperação
Padrões de movimento anaeróbio	Padrões de movimento aeróbio
Movimentos de deslocamento cardiorrespiratórios	Exercícios estacionários de tronco e do *core*
Exercícios de treinamento de resistência com elevado número de repetições e baixa resistência	Padrões de alongamento dinâmico
Coreografia tradicional em *deep-water*	Movimentos fluidos de ioga ou pilates

- estações autoguiadas – estações são posicionadas geralmente nas paredes da piscina. Cada estação tem informação visual para o exercício a ser executado, tipo de equipamento necessário e dicas de técnica. Os alunos se movem individualmente ou em pequenos grupos de estação em estação de uma maneira uniforme, com ou sem paradas para treinamento cardiorrespiratório em grupo no centro da piscina;

- circuito em grupo guiado pelo instrutor – nesse método, o grupo inteiro executa os mesmos exercícios simultaneamente, seguindo as orientações do instrutor. Novamente, há a opção de mesclar os exercícios de condicionamento muscular com paradas para treinamento aeróbio. Todos os alunos precisam do mesmo tipo de equipamento para cada exercício.

Sem a parte cardiorrespiratória, o foco em um programa em circuito é o condicionamento muscular semelhante ao treinamento na sala de musculação, movendo-se de aparelho em aparelho. Com a parte de cardio, o programa mistura treinamento aeróbio e condicionamento muscular a fim de proporcionar um treino para o corpo todo.

Os instrutores podem usar uma variedade de equipamentos ou estações ou exercícios tradicionais que não requerem equipamento. Esteja ciente de alguns elementos organizacionais que são fundamentais para um treino fluido e eficiente em piscina funda:

- cartões com orientações de uso dos aparelhos, se forem utilizados, devem ser fáceis de ler dentro da piscina e posicionados no nível do *deck*;

- o equipamento nas estações deve estar facilmente acessível na água; considere a quantidade de borda livre na piscina (espaço da superfície da água até o *deck* da piscina);

- evite escolhas de equipamento que exijam ajuste. O equipamento deve ser pego, usado na estação e colocado de volta sem interromper o fluxo do treino;

- tenha certeza de que o equipamento inicial de flutuação (p. ex., cinto) possa permanecer no corpo por todos os exercícios ou estações.

Programas mente-corpo em *deep-water*

Programas mente-corpo têm se tornado comuns no século XXI e são uma tendência dominante no condicionamento físico em terra e na água. A piscina funda é um excelente ambiente para esse formato, porque os programas mente-corpo focam em consciência postural aumentada e habilidades de alinhamento corporal. Os elementos de estabilização central, liberdade de movimento e mobilidade articular presentes na modalidade *deep-water* podem ser todos integrados para a exploração da consciência corporal e melhora postural. Os instrutores geralmente incorporam movimentos de várias filosofias, como ioga (Fig. 10.3), *tai chi*, pilates, NIA, Feldenkrais, técnica de Graham e várias outras disciplinas de artes marciais. Nesse formato de aula, você pode ver uma mistura de treinamento, como a potência do karatê, a graça do *tai chi* e a espontaneidade da dança étnica.

Instrução a partir do *deck*

Como instrutor de condicionamento físico em grupo ou *personal trainer*, seu objetivo principal é conduzir os alunos em uma sessão de exercício enquanto proporciona educação e motivação. Seu objetivo não deve ser realizar seu treino pessoal.

A AEA recomenda que a maioria das aulas de *deep-water* seja conduzida a partir do *deck*. É difícil para os alunos ver o que você faz se você ensina na água. A menos que seu grupo seja muito experiente e esteja familiarizado com o formato do programa e dos seus movimentos, você tem uma razão a mais para optar por ensinar do *deck*. Também será difícil para você observar os alunos se estiver na água com eles, o que faz da verificação e correção do alinhamento corporal, bem como da técnica apropriada, ações desafiadoras.

Ao conduzir a partir do *deck*, sempre esteja consciente de sua segurança pessoal, assim como da de seus alunos. Não é necessário, nem recomendado, executar cada repetição de cada movimento no *deck*. Um instrutor de *deck* experiente desenvolverá uma variedade de opções de exercício de baixo impacto ou sem impacto para demonstrar os exercícios de modo eficiente. Esteja familiarizado com instruções verbais e manuais, cartões de instrução, linguagem corporal e expressões faciais para reforçar a demonstração.

A instrução segura e eficiente a partir do *deck* requer não apenas prática, mas também treinamento específico para força, flexibilidade, equilíbrio, coordenação e execução de movimento. Os instrutores devem desenvolver habilidades para minimizar seu próprio risco de sofrer lesões.

A instrução a partir do *deck* em um programa de *deep-water* é particularmente desafiadora porque você tenta demonstrar movimentos em suspensão no *deck*, onde a gravidade não permite que você fique suspenso. A eficiência também é um importante ponto a considerar. Quanto melhor você mostrar os movimentos a partir do *deck*, mais facilmente sua classe entenderá. Há técnicas que você pode usar para aperfeiçoar sua instrução a partir do *deck*.

Figura 10.3 Postura de ioga na posição de decúbito dorsal, em *deep-water*.

Alguns instrutores ficarão em suspensão ao segurar nos corrimãos da escada da piscina para mostrar movimentos de *deep-water*. Embora isso seja muito eficiente visualmente para o posicionamento em suspensão, esteja atento ao uso excessivo e lesão do ombro e à possibilidade de cair. Se você ensina em uma piscina descoberta sob o sol, os corrimãos de metal podem ficar extremamente quentes.

Muitos instrutores usam uma cadeira para movimentos suspensos em *deep-water* que são difíceis de mostrar quando um pé está em contato com o chão. O uso de um banco de 60 a 90 cm, em vez de uma cadeira, pode se aproximar melhor do movimento que você quer que seus alunos executem na piscina. Um banco permite movimentos em todas as direções, inclusive voltas de lado a lado ou de frente para trás. Você pode mostrar os movimentos com menos flexão de quadril e joelho quando seu peso corporal é suportado pela borda do banco. Você pode elevar ambos os pés do chão de uma vez e mostrar movimentos que precisam estar suspensos para que façam sentido. Uma cadeira ou banco pode ser útil para se equilibrar enquanto estiver no *deck*, como ao demonstrar um alongamento de isquiotibiais de uma perna. Tenha certeza de que o banco é resistente e que está sobre uma superfície não derrapante.

Se o seu programa de *deep-water* incorpora equipamentos que precisam ser segurados pela mão, é útil utilizá-los durante sua instrução a partir do *deck*, para que os alunos possam ver posicionamento e a técnica apropriados. Por exemplo, você deve usar uma luva para hidroginástica ("mão de pato") em uma mão para mostrar como a palma e o dorso da mão, o punho ou o polegar lidam com o movimento. Ou, se seu programa incorpora halteres flutuantes, considere segurar um halter com o propósito de demonstrar o exercício. Deixar uma mão livre permite mais opções em orientações não verbais, como uma contagem regressiva para uma transição.

Um tapete antiderrapante (*mat*) é benéfico para instrutores que atrabalham do *deck* tanto em programas de *deep-water* como de *shallow-water*. O tapete oferece absorção de impacto e previne quedas na superfície escorregadia do *deck*. Ele também proporciona conforto ao demonstrar exercícios em posição de decúbito dorsal ou ventral.

Cartões de orientação são outros recursos que podem facilitar não ensino a partir do *deck*, tornando-o mais seguro e divertido. Cartões grandes e laminados podem ser úteis para elucidar um exercício, dar instruções, alterar intensidade e adicionar motivação.

Lembre-se de que, ao conduzir a aula a partir do *deck*, você faz uma imagem espelhada dos alunos. Assim, se você quer que eles se movam para a direita, indique ou demonstre para sua esquerda. Praticar em frente ao espelho é um bom meio de ensaiar essa habilidade de ensino enquanto analisa ao mesmo tempo suas demonstrações de movimento.

Música e compasso

À medida que a profundidade aumenta, o compasso do movimento precisa reduzir proporcionalmente. As forças de arrasto aumentam consideravelmente da profundidade na altura do peito para a altura no pescoço. Além das mudanças nas forças de arrasto, a piscina funda exige que se manipule a partir do centro de flutuabilidade do corpo, em oposição ao centro de gravidade. O ajuste apropriado no ritmo da música é fundamental para um programa eficiente.

As diretrizes da AEA (especificamente, *AEA Standards & Guidelines for Aquatic Programming*) recomendam a cadência de 100 a 135 bpm para a maioria dos programas de *deep-water*; isso é comum da música de passo-ritmo criada para a indústria de condicionamento físico. Assim como ocorre nos programas de *shallow-water*, a maioria dos movimentos e exercícios será executada em um compasso aquático, ou tempo de água (i. e., qualquer outra batida da música). Alguns movimentos, como *jogging* com elevação do joelho, podem ser executados na batida da música (tempo de terra), enquanto se mantém a amplitude total de movimento. Outros podem ser executados na batida da música apenas com amplitude de movimento limitada. Isso é aceitável por períodos curtos, se o aluno for capaz de manter o alinhamento corporal e o controle. Como mencionado antes, variações de movimento em meio-tempo de água também podem ser executadas no treinamento em *deep-water*.

Público-alvo

Programas de *deep-water* podes atender às necessidades de um público amplo, incluindo populações especiais, bem como atletas e pessoas em busca de condicionamento físico. As oportunidades de mercado incluem:

- adultos que desejam treinar na água, fazer *cross-training* na água, ou combinar exercício terrestre e aquático;

- pessoas que desejam treinar especificamente a força do *core*;

- atletas, como corredores fundistas, que querem reduzir o volume de condicionamento com sustentação de peso (*cross-training* sem impacto pode prevenir lesões por uso excessivo, enquanto mantém os níveis de desempenho);

- atletas que querem manter o condicionamento físico enquanto se recuperam de uma lesão ou cirurgia;

- obesos, que se beneficiam do ambiente sem impacto. (Use equipamento de flutuação adequado para manter o correto alinhamento corporal em uma profundidade de água ideal – entre a ponta dos ombros e a base do queixo);

- idosos, desde que adaptação aquática apropriada seja oferecida. Alguns idosos podem não ter tido a oportunidade de aprender a nadar e, assim, podem não sentir-se confortáveis inicialmente em se exercitar em piscina funda. Deve-se praticar o retorno à vertical a partir da posição horizontal, mantendo o foco no alinhamento e na postura; tenha extremo cuidado com o uso de flutuadores de mão, porque podem proporcionar muita tensão ao cíngulo do membro superior;

- pessoas sem condicionamento físico que tenham força no *core* para manter uma posição corporal vertical se beneficiam de um condicionamento sem sustentação de peso e da resistência multidirecional da água;

- indivíduos com artrite ou outras condições musculoesqueléticas que precisem evitar atividades com sustentação de peso e compressão vertebral. Note que a o programa de treinamento de instrutores da Arthritis Foundation inclui opções de treinamento em *deep-water* e escolhas de equipamento;

- indivíduos com osteoporose. A piscina funda pode ser mais apropriada para aqueles que tenham sofrido uma fratura óssea e precisem de um ambiente sem impacto. Porém, sugere-se a inclusão de movimentos em piscina rasa para proporcionar estresse de impacto ao sistema esquelético – em um ambiente seguro e controlado –, a fim de manter o desempenho em atividades terrestres e em habilidades do dia a dia. Quando o treinamento em *deep-water* é incluído, há maneiras de aperfeiçoar a segurança e a efetividade do programa. Recomenda-se que, se a piscina tiver ambas as propriedades, ser rasa e funda, termine-se a aula no ambiente impactante (final raso). Se a piscina tiver apenas piscina funda, mas possui uma saliência ou um degrau submerso, incorpore alguns movimentos com sustentação de peso antes de sair da água. Se não há degrau ou saliência e a piscina funda é a única opção, inclua movimentos em que os pés toquem a parede da piscina antes da saída, como ficar de frente para a borda da piscina e correr para cima e para baixo contra a parede;

- pessoas com síndrome da dor lombar ou aqueles que estão se recuperando de uma cirurgia na coluna ou em reabilitação de uma lesão na coluna;

- mulheres grávidas que prefiram ou precisem de uma alternativa de exercício de baixo impacto. A posição suspensa alivia a compressão vertebral, a gravidade reduzida ajuda no retorno à curvatura normal da coluna vertebral e a resistência da água permite o treinamento dos músculos posturais em uma posição vertical. Muitas gestantes se sentem confortáveis ao se exercitarem com cinto de flutuação, desde que o material e o tamanho sejam apropriados. O posicionamento do cinto não deve dificultar a respiração durante o exercício e pode precisar ser ajustado à medida que a gravidez avança. Flutuadores de braço ou coletes de flutuação podem ser oferecidos como opções de equipamento.

Resumo

1. A pesquisa sobre hidroginástica *deep-water* fornece uma base de boas oportunidade de aplicação prática.

2. A segurança para a prática de hidroginástica *deep-water* inclui a qualificação dos participantes, o ensino de entrada e saída da piscina com equipamento e a recuperação apropriada a partir das posições de decúbito dorsal e ventral para a vertical.

3. Uma variedade de cintos deve estar disponível para acomodar diferentes composições corporais e oferecer flutuação neutra adequada.

4. Alinhamento vertical neutro e alinhamento postural neutro são a chave para a segurança e eficiência de um treino de *deep-water*.

5. Uma mistura de transições, incluindo transições básicas, movimentos transicionais e transições de ritmo, podem adicionar variedade e eficiência a um programa de *deep-water*.

6. Uma variedade de formatos de treinamento funciona bem na modalidade *deep-water*.

7. Use as leis físicas e as propriedades da água para aumentar e diminuir a intensidade em *deep-water*.

8. Ensine exercícios de *deep-water* principalmente a partir do *deck*, tendo em mente sua segurança pessoal e uma demonstração eficiente dos movimentos.

9. Formatos de programas de *deep-water* podem ser adaptados a um grande número de mercados.

Questões para revisão

1. _____ é maior em piscina funda por causa da profundidade de imersão.

   a. resistência frontal;

   b. ritmo da música;

   c. comprimento de alavanca;

   d. temperatura do ar.

2. Um(a) _____ em hidroginástica *deep-water* é quando você insere um movimento para readquirir alinhamento vertical.

   a. transição básica;

   b. movimento transicional;

   c. transição de ritmo.

3. A piscina funda é benéfica para pessoas com problemas de coluna em virtude:

   a. das propriedades hidrostáticas da água;

   b. do ritmo aumentado de movimento;

   c. da redução da carga de compressão da coluna vertebral;

   d. da redução da tensão ao entrar e sair da piscina.

4. O uso de calçados é obrigatório na prática de hidroginástica *deep-water*. Verdadeiro ou falso?

Questões para revisão (continuação)

5. A aplicação de mais força contra a resistência da água com os braços e as pernas para aumentar intensidade em um exercício de *deep-water* é um exemplo de _____.

6. O espaço de trabalho ideal para a modalidade *deep-water* é um pouco maior ou menor do que na modalidade *shallow-water*?

7. Cintos de flutuação são adequados à maioria dos alunos. Verdadeiro ou falso?

8. Ao realizar uma transição em *deep-water*, o tempo de reação é mais rápido do que na modalidade *shallow--water*. Verdadeiro ou falso?

9. Qual movimento não pode ser executado na *hidroginástica deep-water*?

    a. *jogging* para trás;

    b. esqui de fundo (*cross-country*);

    c. cavalo-marinho;

    d. polichinelos.

10. À medida que a profundidade _____, o ritmo do movimento precisa ser proporcionalmente diminuído.

Ver as respostas a estas questões no Apêndice C.

Bibliografia

Aquatic Exercise Association. 2005. *Deep water techniques*. Instructor Training Workshop. Nokomis, FL. Aquatic Exercise Association.

Ashlie, D. 2004. *Aqua hearts instructor training manual*. Instructor Training Workshop. Vancouver, WA.

Ashlie, D. 2000. V.I.P. populations section 1. *AKWA* 14(6) : 33-34. Nokimis, FL. Aquatic Exercise Association.

Burns, S.S., and T.D. Lauder. 2001. Deep water running: An effective non-weightbearing exercise for the maintenance of land-based running performance. *Military medicine 166* : 253-258.

Bushman, B.A., M.G. Flynn, F.F. Andres, C.P. Lambert, M.S. Taylor, and W.A.Braun. 1997. Effect of 4 deep water run training on running performance. *Medicine and science in sports and exercise, 29* : 694-699.

Coad, D., R. Storie, H. Perez, and J. Wygand. 1987. The energy cost of treadmill vs. hydro-exercise. *Medicine and science in sports and exercise 19* : 63.

DeMaere, J. and B.C. Ruby. 1997. Effects of deep water and treadmill running on oxygen uptake and energy expenditure in seasonally trained cross country runners. *Journal of sports medicine and physical fitness, 37*, 175-181.

Dowzer, C. T. Reilly and N. Cable. 1998. Effects of deep and shallow water running on spinal Shrinkage. *British journal of sports medicine*. 32 (1): 44-48.

Dowzer, C., T. Reilly, N. Cable, and A. Nevill 1998. Maximal Physiological Responses to Deep and Shallow Water Running. *Ergonomics*. 42 (2): 275-81.

Frangolias, D.D. and E.C. Rhodes. 1995. Maximal and ventilatory threshold responded to treadmill and water immersion running. *Medicine and science in exercise and sport, 27*: 1007-1013.

Hertler, L. M. Provost-Craig, P. Sestili, A. Hove, and M. Fees. 1992. Water running and the maintenance of maximum oxygen consumption and leg strenght in women. *Medicine and science i n sports and exercise, 24*: S23.

Killgore, G. 2006-2008. Research conducted in thesis work. Professor of Human Performance, Linfield College, McMinnville, OR. Founder/CEO, AQx, Inc. e-mail:garry.killgore@aqxsports.com.

Kravitz, L. and J. Mayo. 1997. *The physiological effects of aquatic exercise: A brief review*. Nokomis, FL. Aquatic Exercise Association.

Michaud, T.J., D.K. Brennan, R.P. Wilder, and N.W. Sherman. 1995. Aquarunning training and changes in cardiorespiratory fitness. *Journal of strenght and conditioning research, 9*: 78-84.

Richie, S.E. and W.G. Hopkins. 1991. The intensity of exercise in deep-water running. *International journal of sports medicine, 12*: 27-29.

Rudzki, S., and M. Cunningham. 1999. The effect of a modified physical training program in reducing injury and medical discharge rates in Australian army recruits. Linthicum, MD. *Military medicine. September. 164(9)*: 648-52.

Slane, L., and YMCA Staff. 1999. *YMCA water fitness for health*. Champaign, IL. Human Kinetics Publishers.

Sova, R. 2000. *AQUATICS: The complete reference guide for aquatic fitness professionals*. 2nd edition. Pt. Washington, WI: DSL, Ltd.

Stuart C., and P. Ivens. 2004. *HYDRO-FIT: Hand buoy owner's manual*. Eugene, OR: HYDRO-FIT, Inc.

Stuart C. and P. Ivens. 2003. *HYDRO-FIT: Buoyancy & resistance cuff owner's manual*. Eugene, OR: HYDRO-FIT, Inc.

Stuart C. and P. Ivens. 2003. *HYDRO-FIT: Wave belt pro owner's manual*. Eugene, OR: HYDRO-FIT, Inc.

Whitley, J.D., and L.L. Schoene. 1987. Comparison of heart rate responses: Water walking versus traedmill walking. *Physical therapy 67*: 1501-1504.

Wilber, R.L., R.J. Moffatt, B.E. Scott, D.T. Lee, and N.A. Cucuzzo. 1996. Influence of water run training on the maintenance of aerobic performance. *Medicine and science in sports and exercise, 28*: 1056-1062.

capítulo 11

Populações especiais

Introdução

Neste capítulo, daremos uma visão geral sobre as necessidades únicas de grupos de população especial. Trabalhar com populações especiais pode ser muito desafiador, mas também muito compensador. A visão geral básica serve para ajudar o profissional de condicionamento físico que pode vir a entrar em contato com populações especiais integradas em programas regulares. Alguns profissionais de condicionamento físico procurarão conhecimento e treinamento especializados para seguir uma carreira a serviço de uma população específica, como idosos, crianças ou alunos com doença cardiovascular. Este capítulo aborda várias situações e grupos etários, mas está longe de ser uma referência completa para treinamento especializado no sentido de trabalhar com populações especiais. Os profissionais de condicionamento físico devem continuar a procurar recursos, conhecimento e referências para ajudar a desenvolver programas seguros e efetivos para indivíduos com habilidades e deficiências variadas.

Conceitos fundamentais

- Qual a diferença entre idade cronológica e funcional?

- O que é mais relevante para desenvolver uma doença crônica: sobrepeso ou obesidade?

- Quais as três principais considerações ao se elaborar um programa de exercício para crianças?

- Os adolescentes estão no mesmo nível de maturidade física e psicológica?

- Por que o exercício é importante para alunos obesos?

- Quais os benefícios da hidroginástica para a aluna gestante?

- Como a hidroginástica pode beneficiar indivíduos com doença cardiovascular, doenças musculoesqueléticas, doença metabólica, doenças neuromusculares e distúrbios imunológicos/hematológicos?

Se todos os alunos tivessem as mesmas necessidades, o desenvolvimento de programas de exercício seria fácil, exigindo pouca perícia ou raciocínio. Na realidade, as pessoas "vêm" em vários tamanhos, formas e idades, e têm diferentes estilos de vida. Uma vez que cada aluno é único, seus objetivos, habilidades, problemas de saúde e deficiências tambémo são. Como um profissional de condicionamento físico, é importante entender como um exercício pode ajudar ou atrapalhar essas variações. Esse entendimento o torna capaz de guiar todos os indivíduos que cruzam seu caminho para escolhas de exercício seguras e efetivas. É importante reconhecer suas limitações como um profissional de condicionamento físico e inclusive recomendar, quando necessário, um treinador ou instrutor mais qualificado a seus alunos.

Este capítulo apresenta uma visão geral acerca dos grupos de idade e situações mais comuns que você pode encontrar por trás do "típico" adulto saudável, incluindo:

- idosos;

- indivíduos obesos;

- crianças;

- adolescentes;

- mulheres em pré ou pós-natal;

- indivíduos com doença cardiovascular, doença pulmonar, problemas musculoesqueléticos, doença metabólica, disfunções neuromusculares ou distúrbios imunológicos/hematológicos.

Idosos

Temperatura recomendada da água A temperatura entre 28 a 30°C é recomendada para exercícios de intensidade moderada a alta, e de 30 a 31°C, para exercícios de baixa intensidade.

Ritmo recomendado A recomendação é de 120 a 145 batidas por minuto (bpm) utilizadas em um meio-tempo.

Profundidade recomendada da água A profundidade entre a altura da região torácica e as axilas é sugerida para permitir uma redução de impacto e controlar o movimento em programas de piscina rasa. O treinamento em piscina funda com equipamento de flutuação preso ao corpo é apropriado para alguns idosos; ver a seção "Qualificação dos alunos", no Capítulo 10, para maiores informações.

Formatos de programa recomendados A maioria dos formatos de programa pode ser adaptada para uma população idosa. O treinamento aeróbio contínuo pode ser executado em um nível de intensidade dentro da zona de conforto dos alunos. O treinamento intervalado pode ser executado acima e abaixo do limiar aeróbio, e o treinamento em circuito, em uma intensidade de moderada a baixa. Muitos idosos gostam de participar de aulas modificadas tipo *kickboxing* aquático modificado, caminhada aquática a passo largo e de condicionamento muscular. A hidroginástica *deep-water* modificada também é recomendada. Monitore a intensidade e incorpore períodos de repouso em piscina funda, se necessário.

Características

Os termos "idoso" e "sênior" podem incluir adultos de uma faixa etária de 55 até 90 anos, criando uma grande variabilidade em idade e capacidade. A idade funcional é medida pela capacidade do indivíduo em manter as atividades diárias relacionadas à vida independente. A idade cronológica se refere à idade física da pessoa, medida em anos. Muitos idosos podem ter uma idade cronológica avançada, mas uma idade funcional jovem. O inverso também é possível.

O American Medical Association's Comittee on Aging descobriu que é quase impossível distinguir entre os efeitos do envelhecimento e os da inatividade física. Muitas doenças atribuídas ao envelhecimento (baixa energia, fraqueza, força muscular deficiente, estresse e tensão, colesterol alto, diabetes, enrijecimento, constipação, hipertensão, obesidade, insônia, problemas de coluna e amplitude de movimento diminuída) são geralmente reportadas por adultos de meia-idade que estão fisicamente inativos. Pesquisas mostram que o exercício iniciado em qualquer idade proporciona benefícios fisiológicos e psicológicos. Muitas condições podem ser melhoradas ou aliviadas por meio de atividade física regular.

À medida que o corpo amadurece, ocorrem mudanças como parte do processo de envelhecimento. O grau em que essas mudanças ocorrem varia conforme a idade e o indivíduo, e incluem:

- Mudanças sensoriais – a percepção sensorial se modifica com a idade. Mudanças visuais incluem a diminuição da acuidade ou precisão de percepção, diminuição do tamanho ou da extensão do campo visual ou do julgamento da velocidade de movimento dos objetos. A deficiência auditiva afeta uma grande porcentagem de idosos com decréscimos na acuidade ou precisão e capacidade de discriminação de sons. O decréscimo do número e da sensitividade de células nervosas leva a uma transmissão de dados mais lenta, que promove mudanças em mobilidade, tempo de resposta, consciência espacial e equilíbrio. Há um decréscimo geral na coordenação funcional entre nervos e músculos.

- Mudanças físicas – idosos vicenciam diminuições na altura e aumento nas medidas da secção média em virtude, parcialmente, da compressão da coluna vertebral. Mudanças na composição corporal ocorrem geralmente com um aumento da gordura corporal e decréscimo do tecido muscular. O cabelo pode ficar mais fino e perder a cor; a pele perde elasticidade. A densidade óssea diminui, aumentando o risco de fraturas ósseas. Força muscular, resistência e flexibilidade também declinam.

- Mudanças no coração – o coração fica maior com a idade porque o músculo cardíaco é susbstituído por gordura e tecido conjuntivo. Isso resulta em uma perda de contratibilidade e um declínio na capacidade de bombeamento. A frequência cardíaca máxima declina com a idade, e a pressão arterial aumenta em decorrência da perda de elasticidade e do estreitamento das paredes dos vasos sanguíneos. Os sistemas imunológico e respiratório tornam-se menos eficientes.

- Mudanças psicológicas – embora mudanças psicológicas sejam difíceis de documentar, muitos idosos vicenciam depressão, ansiedade, insônia e outros transtornos psicológicos.

Benefícios do exercício

A atividade física retarda o processo de envelhecimento. Programas de condicionamento físico aquático elaborados adequadamente podem auxiliar o idoso a manter o funcionamento das funções físicas e psicológicas. A adesão a programas de treinamento de resistência para idosos tem levado a ganhos de força significativos documentados para indivíduos que estejam bem na casa dos 90 anos. Tornar-se mais ativo em qualquer idade é benéfico. A atividade física ajuda o idoso a manter o funcionamento sensorial, físico e psicológico.

As aulas de hidroginástica são atraentes para idosos por várias razões. A água é um meio complacente, que reduz a compressão articular e a força da gravidade. Muitos alunos que são incapazes de se exercitar em terra podem ser confortavelmente ativos na água. A pressão da água ajuda a reduzir o inchaço nas articulações inflamadas. A água propicia maior percepção tátil e melhora o funcionamento dos sentidos. Um ambiente de aula ajuda a aliviar a solidão, depressão e ansiedade, enquanto permite a socialização com pares. O condicionamento físico aquático pode ser divertido e motivador ao mesmo tempo em que proporciona vários benefícios físicos. Essa atividade pode ajudar o idoso a melhorar a autoestima e a qualidade de vida e a promover uma melhor perspectiva na vida.

Considerações para o programa

Em virtude do decréscimo em equilíbrio, visão e audição, tenha certeza de que seus alunos idosos estão familiarizados com a segurança da piscina antes de começar a aula. As instruções devem ser dadas de uma maneira clara, para que eles as ouçam, vejam e compreendam facilmente. Cinco minutos gastos antes da aula para aclimatar os novos alunos a seus arredores podem prevenir acidentes e aliviar a necessidade de resgate ou ajuda emergencial. Conscientizar os alunos sobre os procedimentos de emergência os torna mais seguros e os capacita a ajudarem você e uns aos outros em uma eventual crise. É importante que os alunos estejam conscientes:

- do formato da piscina, de sua profundidade e do declive;

- da localização de um guarda-vidas;

- dos procedimentos de emergências;

- dos formatos e dos riscos do *deck*, incluindo áreas escorregadias;

- da localização de elevadores, rampas e escadas acessíveis da piscina para as bordas rasa e funda.

Várias mudanças no formato da aula são recomendadas para o idoso. O programa de exercícios pode ser planejado de forma mais específica por meio da incorporação de exercícios que compensem os efeitos do envelhecimento. O formato da aula e a seleção musical devem ser ditadas pela necessidade e pelo desejo dos participantes da aula. As recomendações incluem:

- o aquecimento deve ser mais longo. É necessário um tempo adicional para aquecer progressivamente todas as articulações do corpo;

- ofereça opções de baixo impacto para alunos que não possam executar atividade de alto impacto de forma segura ou confortável;

- evite exercício que agravem a artrite ou problemas nas costas, no quadril ou nos joelhos;

- adapte exercícios porque muitos idosos têm próteses no quadril e no joelho;

- use os três planos de movimento para proporcionar aumento na amplitude de movimento;

- inclua movimentos que mudem a direção para melhorar equilíbrio e coordenação;

- use padrões de espera, de modo a permitir tempo suficiente para transições e reajuste do alinhamento corporal;

- incorpore exercícios de equilíbrio muscular às séries para aumentar a força e a flexibilidade;

- incorpore exercícios de fortalecimento e alongamento para melhorar a postura e prevenir ombros curvados;

- incentive todos os alunos a trabalharem em um nível de intensidade confortável;

- incentive a socialização e a interação entre os alunos;

- procure por resfriamento durante o período de relaxamento e de alongamento pós-exercício;

- ao ensinar a partir do *deck*, varie sua posição para evitar hiperextensão prolongada de pescoço nos alunos;

- incorpore as sinalizações não verbal e verbal (audível) para acomodar alunos com limitações sensoriais.

Idosos se beneficiam do contato visual e da interação com o instrutor. Escolha músicas que tenham o ritmo mais apropriado para seus alunos. Lembre-se de que muitos idosos têm problemas de saúde que devem ser considerados.

Indivíduos obesos

Temperatura recomendada da água A temperatura entre 26,5 e 30°C é recomendada para alunos obesos. O sobreaquecimento pode ser um problema importante para alunos obesos, mesmo na água, por causa do isolamento térmico aumentado. Temperaturas acima de 30°C podem ser mais apropriadas para formatos de aula voltados para tonificação, alongamentos e aulas menos vigorosas. A elaboração do programa deve considerar cuidadosamente se a temperatura da água exceder 32°C. A intensidade da aula deve ser inversamente proporcional à temperatura da água. Assim, conforme a temperatura da água aumenta, a intensidade deve diminuir.

Ritmo recomendado Os limites mínimo e médio de 125 a 150 bpm em piscina rasa e de 100 a 135 bpm em piscina funda são os recomendados para alunos obesos por terem massa corporal e área de superfície maiores; atingir o ritmo máximo de 150 bpm em piscina rasa e de 135 bpm em piscina funda pode ser inapropriado para a maioria dos alunos obesos.

Profundidade da água recomendada A profundidade na altura entre a cintura e as axilas é a sugerida para programas em piscina rasa; a profundidade ideal pode ser influenciada pela flutuabilidade total e pela altura do aluno.

O treinamento em piscina funda com equipamento de flutuação preso ao corpo é apropriado para alguns indivíduos; ver seção "Qualificação dos alunos", no Capítulo 10, para maiores informações.

Formatos recomendados de programa Programas intervalados funcionam bem para um grupo formado por alunos obesos com diferentes níveis de condicionamento físico. O trabalho acima, abaixo e no nível do limiar aeróbio, e dentro do limite-alvo de frequência cardíaca engloba a maioria dos níveis de condicionamento. O treino em circuito também pode ser bem-sucedido para um grupo com tal variação de condicionamento. Para adultos com peso corporal elevado, o treino em piscina funda é uma opção desafiadora e de baixo impacto. Embora muitos adultos com peso corporal elevado sintam que têm uma boa flutuabilidade, ainda pode ser necessário o uso de equipamento de flutuação para manter o alinhamento e a postura adequados. Assegure-se de oferecer cintos largos o suficiente (ou ajustáveis) para atender a todos os alunos.

Características

Sobrepeso é quando o peso do indivíduo excede o da população normal ou média, determinado por tabelas de peso e altura baseadas em gênero, altura e tamanho. Embora seja uma abordagem padronizada, as definições carecem de habilidade para contabilizar a massa corporal significativa. Uma medida melhor pode ser a porcentagem de gordura corporal, mas essa abordagem requer tempo e esforço adicionais e, assim, não tem substituído um método mais simples em todas as situações.

Obesidade é quando há um excesso de gordura corporal, resultando frequentemente em dano significativo à saúde. Indivíduos obesos são aqueles que estão 20% ou mais acima do peso ideal do corpo. A obesidade é geralmente definida e aceita como gordura corporal acima de 20% para homens e 30% para mulheres. Há alguma variância nos limiares de acordo com diferentes organizações ou critérios. A prevalência de obesidade está se aproximando de um nível epidêmico nos Estados Unidos, e também está em ascensão em muitos outros países desenvolvidos.

A obesidade é medida geralmente por meio do índice de massa corporal (IMC) ou porcentagem de gordura comparado com o tecido muscular magro. Um IMC de 25 a 29,9 é considerado sobrepeso; um IMC de 30 ou mais já é considerado obesidade.

Embora nem todos os obesos apresentem problemas de saúde, vários riscos estão associados à obesidade, incluindo:

- morte prematura;
- diabetes tipo 2;
- cardiopatia;
- acidente vascular encefálico (AVE);
- hipertensão;
- doença na vesícula biliar;
- osteoartrite;
- apneia do sono;
- asma;
- problemas respiratórios;
- câncer (endometrial, de cólon, rim, vesícula biliar e câncer de mama pós-menopausa);
- colesterol sanguíneo alto;
- complicações da gestação;
- irregularidades menstruais;
- incontinência por estresse;
- dificuldades psicológicas, incluindo depressão e estigmatização social.

Adaptado de www.nih.gov.

Benefícios do exercício

Existem muitas maneiras pelas quais o exercício é benéfico ao aluno obeso, já que o ajuda a promover equilíbrio energético negativo e nos esforços para perder peso. Com o exercício, há uma maior probabilidade de perder massa de gordura e melhorar a massa magra. Benefícios adicionais incluem:

- redução do risco de doença crônica;
- melhora na circulação;
- fortalecimento de coração e pulmões;
- aumento de resistência e força;
- redução da pressão arterial e do pulso no repouso;
- melhora da composição corporal;
- aumento na expectativa de vida;
- autoconfiança e conscientização;
- mudanças positivas no humor;
- alívio de depressão e ansiedade;
- aumento do bem-estar mental;
- construção de estratégias positivas para lidar com as situações da vida;

Há várias vantagens em se exercitar na água:

- a pressão e a carga de impacto são reduzidas por conta da flutuabilidade da água;
- a pressão hidrostática aumenta a circulação e reduz o inchaço;
- o efeito resfriador da água torna o exercício mais confortável;
- a água "cobre" ou esconde o corpo, fazendo que muitos obesos sintam-se menos autoconscientes ao se exercitarem.

Considerações para o programa

O vestuário é uma importante questão para essa população. Os profissionais de condicionamento físico devem transmitir apropriadamente uma mensagem que faça com que o aluno com sobrepeso se sinta confortável. Vista-se adequadamente como profissional de condicionamento físico, tendo seus alunos obesos em mente. Expor seus corpos na área da piscina pode ser o primeiro impedimento para não participar de um programa de exercício. Oriente-os a encontrar calções de ciclista e sutiãs com suporte para exercício que possam ser usados na água e sugira a opção de usar uma camiseta sobre seu traje de banho, se isso os faz se sentirem mais confortáveis. Ter essa informação disponível ajuda a evitar que muitos deem desculpas para não comparecer.

Esteja ciente que alguns obesos podem ter necessidades especiais no planejamento do exercício. Lembre os alunos de usarem calçados no *deck* da piscina para prevenir escorregões e quedas. O uso de vaselina pode ajudar a prevenir descamação nas áreas em que o corpo se fricciona durante movimentos repetitivos. Ajude-os com o posicionamento na piscina para que não estejam muito flutuantes e acompanhem a aula.

Considerações gerais sobre o programa incluem:

- Indivíduos obesos precisam de acesso seguro e confortável para entrar e sair da piscina. Degraus, rampas e escadas na área rasa da piscina servem a esse propósito. Alguns alunos podem requerer assistência para elevarem seus corpos para fora da água.

- Alguns alunos podem precisar de alternativas em relação ao impacto. A massa corporal pode afetar a amplitude de movimento e modificações podem ser necessárias para alguns exercícios de tonificação e alongamento.

- Evite exercícios que causem desconforto ou desencorajem os alunos com seus corpos obesos. Inclua movimentos de coordenação, equilíbrio, amplitude de movimento e melhora no alinhamento corporal.

- Enfatize a forma e o alinhamento adequados. Sinalize a posição adequada de joelho e pé, já que muitos alunos têm desalinhamentos de perna e tornozelo.

- Use música e movimento apropriados. Alguns alunos obesos podem se sentir mais confortáveis em um ritmo ligeiramente mais lento, em razão da maior massa corporal e da área adicional da superfície frontal que aumentam a intensidade.

Adaptado de Aquatic Exercise Association's 1998 Instructors Training Course, Aquatic fitness principles for the larger adult.

Existem algumas restrições para praticantes de exercício com sobrepeso na água quando comparado com a prática em terra. Movimentos repetidos de alto impacto, movimentos laterais excessivos e exercícios calistênicos que requeiram períodos extensos de suporte em um membro devem ser evitados em terra. A flutuabilidade da água permite o uso de alto impacto com moderação para a maioria dos alunos, reduz o risco de movimentos laterais e dá suporte ao peso para atividades de apoio em apenas um membro. Os alunos podem geralmente assumir uma posição em decúbito dorsal por períodos mais longos na água e não vivenciar tanto peso pressionando seus órgãos internos como em terra. A água proporciona muitos benefícios, opções de programas aumentadas e possibilidades adicionais de movimento para o praticante de exercício acima do peso.

É importante não presumir que todos os alunos com sobrepeso não estão condicionados. Entretanto, muitos nunca foram encorajados a participar de qualquer tipo de atividade física. O instrutor deve estar bem versado sobre as progressões de exercício no ambiente aquático, como inclinações pélvicas progredindo para roscas de perna para cima; alavancas e amplitude de movimento mais curtas levando a alavancas e a amplitudes de movimento mais longas; e não impacto progredindo para baixo impacto e, finalmente, para movimentos restritos. Os alunos devem ser orientados a progredir de maneira segura para contrações musculares de melhor qualidade e atividade mais intensa.

Alunos obesos devem ter a oportunidade de treinarem em intensidade moderada pelo tempo que for tolerado. Eles podem começar a se sentir cansados e sem energia após 20 minutos, se forem previamente inativos. Duração e intensidade devem ser gradualmente aumentadas conforme o aluno se torna mais condicionado. Exercício de duração mais longa e de intensidade moderada é benéfico para os esforços de perda de peso, assim como para tolerabilidade e conforto. O corpo precisa de mais ou menos um mês para ser capaz de usar efetivamente gorduras como energia. Deixe os alunos cientes de que podem se sentir mais pesados quando saírem da piscina nas primeiras vezes e que devem sair da água de modo devagar.

Embora seja necessário algum esforço para desenvolver estratégias no sentido de motivar o aluno obeso, é extremamente gratificante participar no processo que leva ao sucesso e a uma vida mais saudável.

Crianças

Temperatura recomendada da água A temperatura da água entre 28 e 30°C é recomendada para programas de condicionamento físico aquático para crianças.

Ritmo recomendado A recomendação para um ritmo típico em piscina rasa e profunda também se aplica às crianças. Entretanto, a maioria dos programas para crianças (especialmente com crianças mais jovens) pode não seguir um ritmo ou uma batida regular para atividades de condicionamento físico.

Profundidade recomendada da água Várias profundidades de água podem ser usadas em programas de exercícios para crianças.

Formatos recomendados de programa Os principais formatos usados de programas de exercícios para crianças mais jovens seguem um padrão de atividades não contínuas ("comece-pare") ou que revezem movimentos rápidos e lentos ("rápido-devagar"). Isso reflete a tendência das crianças de se movimentar e brincar. À medida que as crianças amadurecem e sua concentração aumenta, vários formatos de treinamento contínuo podem ser introduzidos.

Características

Em geral, há um vasto número de diferenças, assim como de semelhanças, entre adultos e crianças participando em programas de condicionamento físico:

- Crianças precisam ter cuidado para não sobreaquecerem seus corpos porque têm sistemas termorreguladores subdesenvolvidos. Elas devem beber água antes, durante e após o exercício.

- Crianças têm corações e pulmões menores que trabalham extremamente rápido, e requerem mais ventilação que adultos para fornecer certa quantidade de oxigênio. Suas frequências cardíacas são mais altas que a dos adultos e possuem um ritmo ventilatório aumentado, o que dá suporte à noção de que apresentam eficiência respiratória inferior.

- Crianças tendem a ter 20 a 30% a mais de gasto de energia do que adultos durante atividades aeróbias.

- É uma preferência natural da criança participar de atividades "comece-pare", uma vez que geralmente não participa de formas de exercício sustentadas. Crianças devem usar o limiar de esforço percebido (LEP) para transmitir como se sentem.

- Crianças têm débito cardíaco, volume sistólico e capacidade sanguínea de transportar oxigênio reduzidos. Os componentes de condicionamento físico aeróbio diferem dos voltados para adultos.

- Meninas e meninos diferem em nível de condicionamento físico de resistência. Em 1988, uma pesquisa feita pelo dr. Washington descobriu que o menino pré-púbere médio tem níveis maiores de condicionamento físico de resistência do que a menina média.

- Estudos indicam que meninos e meninas demonstram ganhos signifantivos em força após treinamento com peso (Faigenbaum, 1997). Os princípios básicos do treinamento de força, como recomendado pela ACSM, aplicam-se tanto a adultos como a crianças. Cargas submáximas devem ser usadas para crianças, e a forma e a técnica devem ser a ênfase principal.

Adaptado de Aquatic Exercise Association's 1998 Children's Aquatic Fitness Instructor Training Course.

Benefícios do exercício

A obesidade está se tornando um sério problema de saúde para crianças e para adultos. O nível de condicionamento físico em crianças tem declinado significativamente e a prevalência de obesidade, aumentado rapidamente. Um decréscimo nos programas de educação física, de atividades extracurriculares e brincadeiras de rua combinados com a disponibilidade e a conveniência de lanches e *fast-food* não saudáveis aumentam o risco de as crianças se tornarem obesas, sem condicionamento e, consequentemente, não saudáveis. Muitos professores de educação física e condutores de condicionamento físico estão preocupados com o fato de que crianças não são tão ativas quanto deveriam ser. A inatividade pode levar crianças aos mesmos problemas de saúde dos adultos, com redução na expectiva de vida, mais consequências negativas e gastos maiores, no longo prazo, com sistema de saúde.

O exercício proporciona os mesmos ou similares benefícios tanto para crianças como para adultos. O ambiente aquático é ideal para as crianças brincarem e serem ativas. A maioria das crianças ama a piscina e as atividades aquáticas (Fig. 11.1).

Figura 11.1 Crianças gostam e se beneficiam de atividades na piscina.

Considerações para o programa

Os fatores que afetam o conteúdo e o formato do planejamento de exercícios para crianças incluem concentração, capacidades físicas, nível de socialização e contexto socioeconômico. Tal planejamento depende principalmente da idade da criança. Os programas devem ser desenvolvidos para promover condicionamento físico, habilidades sociais, habilidades motoras e hábitos saudáveis para cada nível de idade. As necessidades de um pré-escolar são similares às de um pré-adolescente, mas o planejamento usado para sanar essas necessidades é muito diferente. A ênfase deve ser colocada no desenvolvimento e na manutenção de hábitos saudáveis para crianças de todas as idades, pois esses hábitos seguirão para a vida adulta.

A seguir, estão características e considerações programáticas para crianças de acordo com as necessidades de cada grupo etário.

Nascimento até 2 anos de idade

Essa é uma ótima idade para introduzir o ambiente aquático na vida da criança, já que pode desenvolver muitas habilidades positivas enquanto recebe instrução individual e atenção direta dos pais. A exposição à água para esse grupo etário promove a confiança, reduz o medo da água e ajuda a fortalecer a ligação entre pai e filho. As atividades devem incluir brinquedos, jogos e brincadeiras. A concentração pode ser tão curta como 10 segundos; atividades curtas que são misturadas e repetidas funcionam melhor. Habilidades motoras iniciais para natação são ensinadas e intercaladas com habilidades de "olho-mão" e de parte inferior do tronco.

De 3 a 5 anos de idade

Nessa idade, é imperativo manter a aula em movimento em virtude do tempo de concentração curto. Preste muita atenção na reação de seus alunos. Se eles começarem a perder o interesse, tenha equipamento pronto e acessível para que você possa trocar atividades rapidamente. O planejamento minucioso de aula é crucial. Tenha algumas atividades extras prontas para usar no caso de ter tempo adicional pelo fato de algumas atividades não terem demorado tanto quanto você esperava. Evite ter as crianças ajudando com equipamento para maximizar o tempo de aula. Planeje atividades que incluam todos os alunos e limite as situações em que eles precisem esperar em turnos. Crianças dessa idade não gostam de esperar por nada e ficarão agitadas. Características adicionais incluem:

- habilidades motoras grossas e manipulativas não refinadas. Por exemplo, tenderão a pegar a bola com seu corpo e seus braços em vez de suas mãos;
- níveis altos de imaginação e curiosidade enquanto são imitativas; oportunidades como agir como animais ou fingir serem super-heróis dão suporte à expressão de ideias enquanto usam o corpo;
- muito ativas, com altos níveis de energia. Use atividades contínuas para prender a atenção delas, alternando entre intensidades alta e baixa;
- tempo e concentração curto. As atividades devem mudar a cada 60 a 90 segundos, e incluir jogos simples, músicas e movimentos;
- são individualistas ou egocêntricas e precisam de experiências para aprender a dividir. Brincadeiras paralelas com o grupo, em vez de somente com outra criança, iniciam o ensino da consciência sobre os outros.

Sugestões de planejamento de aula

- Introduza a aula, revise as regras e fale rapidamente sobre o que você fará hoje. Estabeleça uma área para a qual as crianças devem retornar para sentar e receber instruções rápidas entre cada atividade, como contra uma parede ou em um círculo. Informe-as sobre as áreas estabelecidas ou limites dentro dos quais você quer que permaneçam.

- Os programas devem incluir atividades que incorporem habilidades motoras grossas e o uso de grandes músculos para oferecer a oportunidade de refinarem habilidades. Correr, perseguir, saltitar e mudanças de direção são exemplos dessas atividades. Bolas, sacos de feijão, arcos e outros objetos de tamanho médio podem oferecer a oportunidade de praticarem habilidades manipulativas.
- Habilidades motoras grossas, incluindo atividades locomotoras com música.
- Atividades motoras grossas, incluindo coordenação "olho-mão" e "olho-pé" com equipamento.
- Percursos com obstáculos ou outras atividades de agilidade ou coordenação.
- Exploração de movimento com música, histórias e equipamento.
- Habilidades motoras finas com equipamento ou música. (Tente Wee Singer brincadeiras de dedos [www.weesing.com] ou a manipulação de equipamento motor fino.)
- Descanso estruturado deve ser incluído pela adição de atividades calmas ou jogos intercalados no decorrer do programa.
- A chave é manter as coisas simples, mas também com movimentação rápida e em constante mudança.

De 6 a 9 anos de idade

Nessa idade, você pode começar a introduzir conceitos mais avançados, como jogos e atividades de condicionamento físico. Você desejará incluir algumas atividades estruturadas de condicionamento físico, como exercícios de bloqueio de resistência com palmares intercalados com atividades lúdicas. As crianças dessa idade estão se tornando mais sociáveis e gostam de atividades de solução de problemas em grupo. Também se saem bem em formato de circuito e geralmente são motivadas a ir de estação em estação, especialmente se as estações são divertidas; gostam de atividades de revezamento e corridas. Características adicionais incluem:

- Estão mais preocupadas com autoconfiança nessa idade, mas ainda querem se divertir.
- Habilidades motoras grossas estão se tornam mais refinadas e graciosas, assim, as atividades podem introduzir habilidades esportivas e treinos. Combinações de movimentos básicos podem ser agrupadas.

- A coordenação "olho-mão" melhora, de forma que a manipulação de objetos menores torna-se possível, assim como o uso de atividades para melhorar a precisão. Arremessar bolas por meio de um arco ou em um alvo é uma ótima habilidade para se incluir.

- Equilíbrio e controle corporal estão melhores, de forma que atividades como "estátua" e "luz vermelha-luz verde" podem ser incorporadas.

- Há uma tendência à má postura, de modo que atividades devem focar a mecânica corporal e o desenvolvimento de resistência e força.

- Estão socialmente mais maduras e começam a considerar o interesse de um grupo.

- Concentração aumentada, de modo que os jogos podem ser mais longos e as regras, mais complexas.

- O espírito de aventura é alto, de forma que novas atividades e jogos que requeiram ânimo e criatividade também funcionam.

- São intelectualmente curiosas, de modo que podem começar a fazer atividades de solução de problemas e a criar seus próprios jogos e objetivos.

Sugestões de planejamento de aulas

- Introduza a aula com a revisão de regras bem definidas e as consequências, e fale sobre o que você fará ao longo da aula.

- Realize uma atividade informal de aquecimento térmico e um pré-alongamento, incluindo alguns exercícios de alongamento estático se a temperatura da água permitir.

- Crianças dessa idade ainda desejarão fazer atividades do tipo intervalado. Evite longos períodos de atividade intensa e contínua. Incorpore atividades em que possam alternar trabalho muito rápido, rápido, lento e muito lento. Conte uma história em que as crianças sejam personagens ativos e deixe que se expressem, incorporando diferentes intensidades de atividades. Use música rápida e lenta ou apito para mantê-las motivadas e com bom humor.

- Atividades em circuito também funcionam bem. Introduza um bloco de exercícios de condicionamento muscular com brinquedos ou equipamento, começando a enfatizar a forma e a técnica, e mudando de exercício a exercício de forma

relativamente rápida. Faça poucas repetições, alternando entre exercícios e séries para manter a atenção delas.

- Use jogos, revezamentos, circuitos ou corridas apropriados à idade.

- Você pode incluir atividades em equipe, mas a divisão em equipes precisa considerar uma maior diferença relacionada ao gênero em habilidades e espírito competitivo. Meninos podem competir até a fadiga. Agrupamento por habilidade e o equilíbrio de equipes devem ser considerados. Times escolhidos devem ser evitados; use meios mais aleatórios de dividir os alunos.

- Ofereça relaxamento com alongamentos estáticos se a temperatura da água permitir.

De 9 a 12 anos de idade

Crianças de 9 a 12 anos de idade têm tempo de concentração mais longo e podem trabalhar em atividades mais estruturadas. As regras para jogos podem ser mais complexas e esses alunos podem lidar com treinamento de forma e técnica para condicionamento muscular, cardiorrespiratório e exercícios de flexibilidade. Forma e técnica devem ser enfatizadas em alta intensidade para atividades de condicionamento muscular. Você pode alternar atividades individuais com atividades em grupo. Revezamentos, circuitos e intervalos ainda funcionam bem com essa faixa etária, embora você também possa começar a introduzir algum treinamento contínuo. Porém, divertir-se ainda é o aspecto principal. Crianças nessa faixa etária estarão em vários graus de maturidade física e emocional. Características adicionais incluem:

- Essa é uma faixa etária marcada pela diversidade. Muitas crianças estarão passando por mudanças corporais na forma de puberdade, enquanto outras parecerão e agirão como crianças mais jovens.

- A divisão desse grupo pode depender do método usado em uma área particular na escola. Algumas escolas combinam 6º a 9º anos em ginásio, enquanto outras combinam somente 8º e 9º anos.

- Há uma tremenda pressão social nessa faixa etária, como querer se parecer com os outros, ao mesmo tempo que expressando individualismo.

- Crianças dessa idade gostam basicamente dos mesmos tipos de atividades que as de idades menores, apenas com uma ligeira mudança nas regras dos jogos para que estes se tornem mais competitivos.

- Elas gostam da ideia de que podem se socializar com os amigos enquanto se exercitam.

- A coordenação é em grande medida mais desenvolvida e há um interesse grande em proficiência em habilidades. Essas crianças têm o desejo de adquirir habilidades mais difíceis e precisam de mais orientação no refinamento dessas habilidades.

- Há uma grande diferença de habilidades e interesses entre gêneros quando as crianças entram no 7º e 8º anos; o interesse no sexo oposto aumenta. Trabalhar com aulas separadas para meninos e meninas pode ser benéfico para atividades competitivas de contato porque meninos podem jogar mais vigorosamente que meninas. Jogos que levam a esportes são comumente bem recebidos. Meninas costumam gostar de padrões avançados de dança. Meninas podem mostrar falta de interesse em algumas atividades, causada por influências culturais.

- Existem muitos sentimentos de insegurança em ambos os gêneros e o desejo de ser parte de um grupo.

- Boas habilidades, também as físicas, são importantes para a aceitação social, particularmente para os meninos.

- O espírito de grupo é alto e a lealdade ao grupo é forte. Há uma necessidade de pertencer a um grupo consistente, fazer regras e tomar decisões e ser respeitado por ele. Permitir que as crianças participem no estabelecimento de regras considera maior participação no processo. Deixar que as crianças ajudem a selecionar atividades melhora seus sentimentos de autovalorização e assegura maior participação.

- As crianças sentem a necessidade de serem aceitas pelo professor. Isso pode aparecer de diferentes maneiras, positiva e negativamente, por meio da tentativa de receber atenção.

Sugestões de planejamento de aulas

- Introduza a aula com a revisão de regras bem definidas e consequências, e fale sobre o que você fará ao longo da aula.

- Realize uma atividade informal e social de aquecimento térmico e um pré-alongamento, incluindo alguns exercícios de alongamento estático se a temperatura da água permitir. Trabalhe na técnica adequada de alongamento.

- Treinamento em circuito e intervalado funciona bem com essa faixa etária. Esses formatos podem ser elaborados de formas muito similares às de adultos, mas ensinados em formato de grupo, a princípio, e mais tarde, como um esforço individual. Para treinamento cardiorrespiratório, você pode incluir uma série de intervalos ou estações e um bloco interessante de treinamento contínuo. Polichinelos, elevações de joelho, chutes e outros movimentos aeróbios comuns podem ser introduzidos. Mantenha as coisas em movimento e divertidas.

- A música deve refletir os interesses do grupo; as crianças podem ser encorajadas a levarem música para ser exibida e, então, compartilhada.

- Jogos sempre tornam o exercício divertido. Incorpore jogos em que todos os alunos possam participar e ser bem-sucedidos. Você pode querer considerar jogos que são ativos e também sociais e que requeiram resolução de problemas em grupo.

- Treinamento de condicionamento muscular deve focalizar a forma e a técnica. A intensidade deve permanecer moderada. Mantenha os exercícios divertidos e desafiadores.

- Incorpore à aula alguma instrução sobre conscientização em relação aos componentes do condicionamento físico, às mudanças no crescimento e às habilidades variadas. A flexibilidade decresce naturalmente, de modo que surge uma necessidade de manter o nível de flexibilidade dentro das limitações estruturais. O crescimento muscular ocorre, particularmente, nos meninos. Focalizar forma e técnica apropriadas com atividades de força e resistência é importante para ambos os gêneros.

- Oferecer relaxamento, incluindo alongamento estático com ênfase em forma e alinhamento adequados.

Um profissional de condicionamento físico pode servir como um modelo positivo e saudável para crianças de qualquer idade. Adapte jogos terrestres populares para a água e use os equipamentos de uma maneira criativa. Variedade e estimulação são fatores importantes, mas a repetição constrói habilidades motoras. Tenha em mente a interação pareada e as necessidades individuais, mas, o mais importante, divirta-se!

Adolescentes

Temperatura recomendada da água A temperatura da água entre 28 e 30°C é recomendada para exercício de moderado a intenso; para exercício de intensidade mais baixa, entre 30 e 31°C.

Ritmo recomendado 120 a 150 batidas por minuto em meio-tempo para programas em piscina rasa; 100 a 135 batidas por minuto usadas em meio-tempo para programas em piscina funda. O ritmo pode variar com o formato do programa.

Profundidade recomendada da água Profundidade entre a altura do tórax e das axilas é recomendada para permitir impacto reduzido e movimento controlado. Uma profundidade mínima de 1,98 m é recomendada para planejamento da hidroginástica *deep-water*. A profundidade da água pode variar de acordo com o formato do programa.

Formatos recomendados de programa Adolescentes geralmente não gostam de fazer um tipo de exercício ou programa por um longo período. Na medida em que a maturidade se aproxima, o adolescente é mais aberto a um programa regular de condicionamento como desenvolvido para adultos.

Características

A adolescência é um período de rápido crescimento e desenvolvimento corporal em que o corpo amadurece física e sexualmente. Há uma grande variedade com relação à idade em que as crianças entram na adolescência, com o estabelecimento da puberdade. A adolescência é comumente considerada superada quando a idade adulta é alcançada. Embora os adolescentes tenham o mesmo padrão geral de crescimento, o tempo de cada indivíduo nesse processo é único. Geralmente, é importante considerar a maturidade física, emocional, sexual, social e mental em oposição à idade cronológica isoladamente.

Algumas características para adolescentes incluem (adaptado de Darst e Pangrazi, 2001):

- grandes diferenças no desenvolvimento social podem ser vistas entre os adolescentes;

- os alunos mais maduros geralmente são mais pesados e mais altos, além de ter grandes quantidades de músculo e tecido muscular. Geralmente, aqueles que amadurecem mais cedo carregam maior porcentagem de peso corporal sob a forma de tecido adiposo;

- geralmente, meninos que amadurecem mais cedo têm físicos mesomorfos (com mais tendência a adquirir massa muscular);

- meninas que amadurecem mais cedo costumam ser endomorfas (menores, com mais tendência a acumular gordura);

- as diferenças em tamanho e composição corporais provavelmente contam para a variedade de desempenho que requerem força e potência;

- adolescentes obesos são geralmente mais maduros para sua idade do que adolescentes com peso normal;

- a atividade tem pouco ou nenhum impacto sobre a estatura de adolescentes em maturação, mas afetam positivamente os níveis de condicionamento físico;

- o desempenho motor em meninos aumenta com a maturidade esquelética. Já para as meninas, parece não estar relacionado à maturidade fisiológica. Parece que a meninas com amadurecimento mais tardio têm desempenho motor mais alto;

- em virtude das diferenças fisiológicas, os adolescentes estão em desvantagem ao se exercitarem em ambientes quentes em comparação com adultos;

- a competitividade é comum, como brigar com os pais e pares.

- adolescentes mais jovens têm crescimento mais rápido, o que leva à diminuição da efetividade para aprender habilidades motoras. Alta velocidade de crescimento dá menos tempo para se ajustar às mudanças corporais. Muitos adolescentes são autoconscientes sobre seus corpos e a postura pode ser um problema para aqueles que sejam autoconscientes sobre sua altura;

- em virtude das flutuações hormonais, adolescentes precoces podem ficar facilmente bravos, medrosos ou aborrecidos;

- há grande quantidade de pressão e influência de seus pares durante a adolescência. Aparência, roupas e aspecto tornam-se mais importantes. A independência em relação aos adultos é desejada;

- adolescentes mais velhos (ensino médio) terminaram seu surto de crescimento e estão alcançando a maturidade física. Eles passaram o período de dificuldade física e se sentem mais confortáveis com suas habilidades;

- adolescentes mais velhos apresentam menos mudanças de humor e parecem ser um pouco mais estáveis emocionalmente. A maioria completou a puberdade e está mais confortável com seu corpo e o direcionamento de sua vida.

Benefícios do exercício

Há uma prevalência crescente de obesidade entre adolescentes em países em desenvolvimento. O aumento na obesidade também é acompanhado pelo aumento no risco à saúde para essa faixa etária. Há uma preocupação de que adolescentes não saudáveis se tornem adultos não saudáveis. Uma das melhores coisas que um profissional do exercício pode dar a um adolescente é uma atitude positiva sobre seu corpo e exercício, que pode ajudá-lo com o gerenciamento de peso e o desenvolvimento de níveis saudáveis de massa de tecido magro. É muito importante para os adolescentes que desenvolvam hábitos alimentares saudáveis e de exercício para levar isso à idade adulta de maneira a ajudar na redução de doenças relacionadas ao estilo de vida.

Os benefícios adicionais do exercício para adolescentes incluem:

- Treinamento de força causa ganhos de hipertrofia muscular similares ao de adultos, também com efeitos de destreinamento similares.

- A potência aeróbia em adolescentes pode ser aumentada em 10 a 20% por meio de um programa regular de treinamento; entretanto, as respostas ao treinamento serão muito individuais. É possível treinar dois adolescentes com o mesmo programa e terminar com diferentes resultados.

- O tecido ósseo em adolescentes aumenta em diâmetro e densidade em resposta à atividade física e pode ajudar a proteger contra a osteoporose na vida adulta. O exercício assegura o crescimento ótimo dos ossos durante o processo de maturação.

- O exercício pode consolidar a autoconsciência, a autoconfiança e uma imagem corporal saudável. A atividade física apresenta muitos benefícios físicos e psicológicos para o adolescente praticante.

Considerações para o programa

Considere diferentes opções de planejamento de aulas para adolescentes mais jovens quando comparado com adolescentes mais velhos. A maioria dos adolescentes jovens tende a não gostar de fazer um programa de exercício por um longo período. O conceito de jogos e fazer do exercício algo divertido ainda se aplica a uma grande parte dessa faixa etária. A maioria dos adolescentes mais velhos desenvolveu resistência física e mental adequadas para estarem mais abertos a participar em um programa comum de condicionamento. Os adolescentes tendem a gostar de formatos esportivos de condicionamento como *kickboxing* e jogos esportivos em oposição às típicas rotinas aeróbias coreografadas. Para manter os adolescentes interessados, um programa deve ser conduzido em um formato de jogos. Os adolescentes se dão bem com esses formatos baseados em circuito, força, intervalo e atividade em piscina funda.

Pré e pós-natal

Temperatura recomendada da água Uma pesquisa limitada está disponível em relação a mulheres em pré-natal e às temperaturas da água recomendadas para o exercício. O limite superior para temperatura segura da água para hidroginástica pré-natal ainda não foi definido, mas o intervalo de 28 a 29,4°C é atualmente recomendado com base em pesquisa que indica segurança em exercícios em 29,4°C para mulheres grávidas.

Ritmo recomendado O intervalo mais baixo e médio de um intervalo de tempo típico recomendado (125 a 150 bpm em piscina rasa e 100 a 135 bpm para piscina funda) são apropriados. Aproximar-se de 150 bpm em piscina rasa e 135 bpm em piscina funda pode ser inapropriado para alunas gestantes.

Profundidade recomendada da água A profundidade entre a altura do tórax e das axilas é recomendada para permitir impacto reduzido e movimento controlado em treinamento em piscina funda. O planejamento de aula em piscina funda pode ser apropriado, desde que instrutor seja capaz de encontrar equipamento de flutuação que seja confortável e não impeça a respiração; coletes de flutuação ou braçadeiras especialmente projetados para o exercício aquático podem ser mais apropriados do que cintos nos estágios finais da gestação.

Formatos de programa recomendados Exercício aeróbio confortável, contínuo e de intensidade moderada é recomendado, com ênfase em músculos posturais-alvo. Planeje transições mais lentas e inclua exercícios de relaxamento.

Características

O corpo da mulher passa por muitas mudanças durante os três trimestres da gestação. Há mudanças psicológicas em muitos órgãos e sistemas no corpo da mãe para suprir o feto com nutrientes apropriados e permitir a remoção de resíduos. Há muitas mudanças estruturais que ocorrem para acomodar o feto. Para a maioria das mulheres grávidas, o exercício é uma escolha saudável que capacita melhor o corpo para se adaptar às mudanças corporais necessárias. O exercício também pode promover uma autoimagem positiva e um aspecto mental para facilitar a carga psicológica da gestação.

As mudanças características incluem:

- A frequência cardíaca aumenta tanto em repouso (10 a 15% de aumento) quanto durante o exercício.

- A capacidade do pulmão diminui em decorrência do aumento no tamanho do útero.

- As mulheres devem estar conscientes sobre a diminuição do oxigênio disponível para exercício aeróbio durante a gestação e devem ser encorajadas a modificar a intensidade de seu exercício de acordo com os sintomas maternais. Mulheres gestantes devem parar de se exercitar quando começarem a se sentir fatigadas, sem chegar à exaustão.

- As mudanças mecânicas incluem ganho de peso, útero e seios aumentados, adelgaçamento da pele e mudanças posturais.

- As mudanças posturais incluem cifose e cabeça projetada para a frente em decorrência do tamanho aumentado e do peso dos seios, em adição à lordose, à medida que o peso do abdome aumenta. Uma alteração no centro de gravidade ou centro de flutuação pode acompanhar essas mudanças.

- O volume sanguíneo e o débito cardíaco aumentam. Oxigenação adequada é importante. O volume sanguíneo aumentado é parcialmente causado por inchaço, restrição e hipotensão supina (pressão arterial anormalmente baixa) que ocorre durante a gestação. O volume de sangue aumentado também pode causar tontura com mudanças repentinas no movimento.

- Os vasos sanguíneos amolecem e aumentam para acompanhar o volume aumentado de sangue, resultando em veias varicosas, hemorroidas, inchaço, retorno venoso diminuído e potencial aumentado para edema.

- Após o primeiro trimestre, a posição em decúbito dorsal pode resultar em uma diminuição significativa do débito cardíaco. Ficar em pé parado está associado com um decréscimo ainda maior no débito cardíaco do que o decúbito dorsal.

- Aumentos na pressão arterial são possíveis. A pré-eclâmpsia (hipertensão durante a gestação associada com quantidades significativas de proteína na urina) pode se desenvolver a partir de 20 semanas de gestação a até 6 semanas pós-parto.

- O hormônio relaxina de prostaglandina é liberado durante o primeiro trimestre e no restante da gestação. Isso relaxa o sistema muscular esquelético por meio do amolecimento dos ligamentos e do afrouxamento das articulações, preparando o corpo para o nascimento da criança, mas também torna o sistema musculoesquelético vulnerável à lesão. Movimentos abruptos e potentes devem ser evitados.

- A mãe tem um sistema basal metabólico aumentado, requerendo mais calorias para sustentar a si mesma e ao feto, um aumento na produção de calor e um risco mais alto de hipoglicemia (açúcar mais baixo no sangue).

- Muitas mudanças fisiológicas e morfológicas persistem por 4 a 6 semanas pós-parto. O amolecimento do tecido conjuntivo continua por 6 a 12 meses pós-parto.

Adaptado de Aquatic Exercise Association's 1998 Aquatic programming for pregnancy and postpartum instructor training workshop.

Benefícios do exercício

Pensava-se que o exercício durante a gestação não era bom para a mãe ou para o bebê. Em virtude da pesquisa médica e científica, a maioria dos médicos reverteu essa opinião. Muitos incentivam mulheres com gestações normais e de baixo risco a se exercitarem consistentemente durante a gestação e a retomarem o exercício cedo após dar à luz. O ambiente aquático proporciona benefícios adicionais para a aluna grávida (Fig. 11.2). Os benefícios do exercício regular durante a gestação incluem:

- O exercício regular aumenta a capacidade circulatória, permitindo um aumento na habilidade de lidar com estresse psicológico, como no parto.

- O exercício reduz o inchaço e os problemas associados a veias varicosas e hemorroidas. O exercício na água tem se mostrado ainda mais eficiente porque a pressão da água ajuda ainda mais na redução do inchaço.

- O exercício aumenta o metabolismo para melhor regulação do peso.

- O exercício melhora problemas gastrintestinais e constipação.

- O exercício ajuda com a coordenação e facilita os meios reflexos. A água facilita esses benefícios ao remover o medo de cair, sua viscosidade permite movimentos mais lentos, deliberados e controlados, e melhora a estabilização, o equilíbrio e a coordenação durante o exercício.

Figura 11.2 A hidroginástica pode ser uma opção confortável de exercício durante a gestação.

- O exercício fortalece músculos, tendões e ligamentos para reduzir dores nas costas e a dor muscular e articular. A água fornece uma resistência multidirecional que ajuda no desenvolvimento de equilíbrio muscular. A piscina rasa e a profunda proporcionam resistência para o abdome e os músculos do *core*, fortalecendo-os para suportar o peso do útero e manter a postura adequada.

- Pesquisas indicam que mulheres grávidas que se exercitam percebem o trabalho de parto de forma menos dolorosa, têm partos mais curtos e mais fáceis com menos intervenção médica, têm bebês com escores de Apgar neonatais e apresentam recuperações mais rápidas.

- O exercício aquático oferece um ambiente de baixo impacto, o efeito resfriador da água para reduzir o estresse fetal por calor, uma resposta de frequência cardíaca reduzida com consumo de oxigênio similar ao exercício baseado em terra, e a pressão hidrostática para reduzir o inchaço nas extremidades.

Considerações para o programa

Antes de iniciar um programa de exercício, mulheres grávidas devem se consultar com seus médicos para ter certeza de que não há impedimentos obstétricos ou outros problemas de saúde que limitariam a atividade. O consentimento de seu médico é recomendado para alunas grávidas e no pós-parto.

Se você permite a participação de alunas grávidas ou que estão no período pós-parto em suas aulas gerais de condicionamento físico, considere encontrá-las antes que elas se juntem ao grupo ou lhes forneça informações sobre suas necessidades especiais. Aconselhe a aluna pré-natal a conversar com o profissional da saúde que a acompanha para decidir o que melhor se aplica à sua situação individual. O ideal é ter um programa especial para alunas pré e pós-parto a fim de montar um sistema social e de suporte durante a gestação e após o nascimento do bebê.

A ACOG (2003) faz as seguintes recomendações:

- Situações que contraindicam o exercício durante a gestação:
  - fatores de risco para trabalho de parto pré-termo;
  - sangramento vaginal;
  - ruptura prematura das membranas.

- Sinais de alerta para parar o exercício e consultar um médico:
  - sangramento vaginal;
  - tontura, sentir-se em desfalecimento;
  - encurtamento de respiração aumentado;
  - dor torácica;
  - dor de cabeça;
  - fraqueza muscular;
  - dor na panturrilha ou inchaço;
  - contrações uterinas;
  - movimento fetal diminuído;
  - vazamento de fluido pela vagina.

Certas atividades são seguras durante a gestação, até mesmo para praticantes de exercício em nível inicial. Essas atividades incluem caminhada, natação, ciclismo e exercício aeróbio (incluindo os aquáticos).

Outras atividades, quando praticadas moderadamente, são seguras para mulheres que estavam previamente envolvidas na prática de algum esporte (corrida, alguns esportes de raquete, e treinamento de força).

Algumas atividades devem ser evitadas durante a gestação, incluindo esqui na neve, esportes de contato e mergulho.

De www.acog.org/publications/patient.education/bp119.cfm.

Em adição às diretrizes da ACOG para exercício, considere as seguintes recomendações ao planejar programas de exercício para alunas grávidas e no pós-parto:

- Inclua exercícios como inclinações pélvicas, exercícios de *kegel* e retração escapular para compensar mudanças posturais e redistribuição de peso.

- Esteja ciente das opções para exercício abdominal na água (discutido mais adiante no capítulo).

- Focalize equilíbrio muscular, o alinhamento adequado e os movimentos controlados.

- Esteja ciente de que o fluido sinovial diminui; aquecimentos mais longos são necessários para lubrificar as articulações.

- Avalie e considere os prós e os contras para o uso de resistência adicional.

- Seja cauteloso com exercícios com suporte de peso e tome precauções contra o sobrealongamento.

- Incentive as alunas grávidas a manterem os níveis de exercício pré-gestação. Elas podem aumentar a intensidade apenas se isso for feito de modo gradual e cuidadosamente monitorado.

- Evite o sobreaquecimento; encoraje hidratação adequada antes, durante e após o exercício.

- Recomende o uso de vestuário que dê suporte durante o exercício aquático para conforto e segurança. Maiôs podem não fornecer o suporte adequado durante atividades verticais restritas; considere o uso de um sutiã de exercício sob o maiô, caso necessário.

- Calçados também devem ser usados para ir e vir da piscina (a partir da área de vestiário) para ajudar a prevenir escorregões e quedas, e na piscina, durante qualquer exercício de impacto.

Os músculos abdominais desempenham um papel importante nessa situação porque ajudam na manutenção da inclinação pélvica correta e do alinhamento da coluna vertebral, e ajudam a prevenir a dor na região lombar da coluna. Músculos abdominais flexíveis que tenham mantido contratibilidade e circulação sanguínea ótimas alongarão facilmente durante a gestação e encurtarão mais prontamente depois. A ACOG recomenda que, após o primeiro trimestre, o treinamento dorsal não deve ser executado (em terra) porque o peso do feto e a estrutura antômica da mulher grávida podem deprimir a veia cava, o que pode inibir o suprimento sanguíneo para ambos, mãe e feto. Felizmente, em virtude do ambiente flutuante da água e da posição real do corpo, o feto não deprime a veia cava tão extensivamente. Assim, é geralmente considerado seguro para mulheres grávidas continuarem a executar exercícios abdominais dorsais modificados na piscina até quando permanecerem confortáveis, puderem respirar facilmente e não segurarem a respiração. Comunique ao grupo que, se alguém sentir qualquer tontura, náusea ou mareado durante esse tipo de treinamento, deve imediatamente mudar de posição. Como uma precaução adicional, o decúbito dorsal aquático deve ser mantido por apenas um máximo de 2 minutos antes de mudar posições. Se o treinamento abdominal dorsal não é permitido, possível ou confortável, forneça opções como exercícios na vertical com uso de equipamento flutuante para resistência adicional.

As mulheres devem se consultar com seu profissional de saúde, já que alguns médicos ainda recomendam evitar exercícios abdominais mesmo em ambiente aquático. Sempre verifique com o médico da aluna antes de recomendar exercício abdominal dorsal modificado. Se este recomendar que uma aluna não use essa posição de exercício, o instrutor deve proporcionar alternativas para ela.

O treinamento pré-gestação deve retornar gradualmente com base nas capacidades do indivíduo e nas recomendações do profissional da saúde. O retorno à hidroginástica após o nascimento do bebê será influenciado pela cicatrização da episiotomia e o nível de corrimento vaginal (lóquio). O exercício tende a melhorar os padrões de sono, reduzir estresse e tensão e aliviar a depressão pós-parto. Encontrar-se com outras novas mães pode fornecer apoio, encorajamento e conselho em muitos aspectos da maternidade.

Doença cardiovascular

Temperatura recomendada da água A temperatura entre 28 e 30°C é recomendada para exercícios de intensidade moderada à alta; para exercício de intensidade mais baixa, de 30 a 31°C.

Ritmo recomendado 125 a 150 batidas por minuto em meio-tempo são recomendadas para hidroginástica *shallow-water*.

Profundidade recomendada da água Profundidade entre a altura do tórax e das axilas é recomendada para impacto reduzido e movimentos controlados. Veja as considerações para o programa, mais adiante, para mais detalhes.

Formatos recomendados de programa Condicionamento aeróbio contínuo de nível moderado é geralmente prescrito para alunos com doença cardiovascular. Para indivíduos não condicionados, períodos de descanso podem precisar ser incorporados ou treinamento intervalado acima e abaixo do limiar-alvo mais baixo de frequência cardíaca pode proporcionar programas toleráveis.

Características

Doença cardiovascular (DCV) é um termo genérico para denominar as doenças do coração e dos vasos sanguíneos (*cardio* significa "coração", e *vascular* significa "vaso"). A doença cardiovascular inclui pressão arterial alta (hipertensão), aterosclerose, infarto agudo do miocárdio (IAM), acidente vascular encefálico (AVE), doença cardíaca congestiva, doença reumática cardíaca e defeitos congênitos. Algumas dessas doenças afetam os vasos sanguíneos, enquanto outras afetam o próprio coração.

DCV tem sido a principal causa de morte nos Estados Unidos por décadas. A doença arterial coronariana (DAC) (endurecimento das artérias no coração), também conhecida como doença cardíaca coronariana (DCC), afeta mais de 6 milhões de norte-americanos. Em 2003, cerca de 950.000 norte-americanos morreram de DCV, contando quase 40% de todas as mortes. As principais causas de DC são aterosclerose e hipertensão. A aterosclerose contribui para a pressão arterial alta, e vice-versa.

As doenças cardiovasculares são resultado de fatores genéticos e ambientais. Hábitos relacionados a estilo de vida (baixa gordura, dieta rica em fibras e prática de exercício) com medicações desempenham o papel principal em termos de tratamento e prevenção. Adicionalmente, mudanças no estilo de vida podem ajudar a manter uma função cardiovascular ótima após reabilitação cardíaca. Os fatores de risco associados com doença cardiovascular são discutidos no Capítulo 14.

Acidente vascular encefálico (AVE)

Um acidente vascular encefálico (AVE) é causado pela interrupção no suprimento de sangue ao cérebro. Quando o sangue não supre oxigênio e outros nutrientes para as células, as células nervosas na área afetada não podem funcionar apropriadamente e podem ser danificadas permanentemente. É fundamental que aqueles indivíduos que sofrem um AVE recebam transporte imediato a uma instituição médica para receber cuidado médico. Quanto mais tempo o evento continuar sem tratamento, mais alto o risco de dano ao tecido cerebral e de deficiência permanente. No caso de um atendimento médico imediato, uma completa recuperação é possível em alguns casos.

O reconhecimento de um AVE é imperativo para atendimento médico imediato. Embora mudanças súbitas durante o AVE possam ser perdidas, há algumas mudanças óbvias que podem ser percebidas, que incluem:

- falta de atenção e de habilidade para seguir comandos;

- movimentos dos olhos que não estejam simétricos ou visão dupla;

- fraqueza em um braço ou uma perna ou em ambos;

- perda súbita de equilíbrio ou tontura imprecisa;

- dormência em uma extremidade ou queda em um lado do corpo;

- perda de habilidades de fala ou de compreensão;

- assimetria facial no sorriso ou na língua.

O AVE é a principal causa de deficiência de longo termo em países desenvolvidos. Esse problema geralmente afeta a potência motora (controle muscular) em um lado do corpo. Os músculos no lado afetado podem não ter tensão ou força ou podem tornar-se tensos e rígidos. O equilíbrio também pode ser afetado e a comunicação do discurso pode ser prejudicada.

Níveis sanguíneos de colesterol

O colesterol ocorre em várias formas na corrente sanguínea. Ambos os níveis de colesterol total e certos tipos de moléculas de colesterol aumentam ou diminuem a taxa de aterosclerose. O colesterol é um lípide e é insolúvel em água. Assim, para que o colesterol e outras gorduras sejam transportados no sangue, eles devem se combinar com proteínas e fosfolipídios para formar uma molécula que se dissolve em água. Essas moléculas são chamadas de lipoproteínas.

Há três classes principais de lipoproteínas: quilomícrons, lipoproteínas de baixa densidade (LDL) e lipoproteínas de alta densidade (HDL). Os quilomicrons transportam as gorduras dos alimentos dos intestinos para a corrente sanguínea e para o fígado e outros tecidos. Embora o LDL e o HDL transportem lipídios no sangue, eles têm diferentes composições e efeitos sobre a aterosclerose. As LDLs são mais leves e preenchidas com mais lipídios. LDL transporta colesterol e triglicérides do fígado para os tecidos. É o colesterol no LDL que encontra o caminho para as placas de aterosclerose. Assim, o colesterol LDL tem sido chamado de mau colesterol.

O HDL é menor, mais denso e embalado com mais proteína. Os HDLs agem como lixeiros e recolhem o excesso de colesterol e fosfolipídios dos tecidos e os levam de volta ao fígado para eliminação. Os HDLs herdam para si o rótulo de bom colesterol. Níveis altos de colesterol sanguíneo, particularmente uma alta razão de LDL para HDL, são associados ao DC. A Tabela 11.1 lista as diferentes categorias para níveis de colesterol total, LDL e HDL.

Mulheres e doença cardiovascular

No passado, a maioria das pesquisas relacionadas à doença cardíaca tinha seu foco em homens. Mais recentemente, muitos novos fatos reveladores surgiram a respeito de mulheres e doença cardíaca. Esses fatos incluem (AHA, 2008; Rosamond et al., 2007):

- A doença cardíaca é principal responsável pela morte de mulheres norte-americanas; 400.000 morrem anualmente. Porém, apenas 55% das mulheres têm consciência de que a doença cardíaca é a principal causa de morte e 20% identificam a doença cardíaca como o maior risco que as mulheres enfrentam hoje.

- A doença cardíaca tira a vida de 1 mulher norte-americana a cada 3; 1 em 30 morre de câncer de mama.

- Dois terços das 3 milhões de mulheres norte-americanas que sofreram um IAM não tiveram uma recuperação total.

- Trinta e oito por cento das mulheres morrerão um ano após um IAM, comparado com 25% dos homens.

- A maioria das mulheres são mais velhas e doentes na mesma época que o diagnóstico (aproximadamente 10 anos mais velhas).

Uma visão mais aproximada da aterosclerose

A aterosclerose é uma doença que afeta todos nós. Infelizmente, algumas pessoas sofrem de níveis tão altos que o problema se torna fatal. A aterosclerose começa com a formação de tiras moles de gordura ao longo das paredes internas das artérias. Os locais onde a artérias se ramificam contêm a concentração mais alta dessas tiras. Com o tempo, as tiras engrossam e se tornam placas endurecidas, que são montes de material lipídico, em sua maioria colesterol e gordura, que se misturam com células musculares lisas e cálcio para se tornarem duras e inflexíveis. Embora as artérias normalmente expandam com cada batida do coração para acomodar os pulsos de sangue que fluem por meio delas, as artérias preenchidas com placa e endurecidas não podem fazê-lo. Isso eleva a pressão arterial, que, aumentada, mais tarde danifica as paredes das artérias, o que incentiva maior formação de placa nesse ponto. E assim o processo se agrava. O ponto crítico da doença arterial coronariana começa quando as placas cobrirem 60% das paredes arteriais coronarianas. A pressão aumentada formada na artéria talvez leve ao enfraquecimento de uma parte da parede da artéria e formar um balão, ocasionando um aneurisma que pode eventualmente se romper. Um rompimento de aneurisma em aorta, artérias femorais ou no cérebro pode levar a sangramento massivo e morte rápida.

A aterosclerose também acarreta processos de coagulação anormais. Normalmente, há um equilíbrio entre o processo de formação e dissolução de coágulos. A aterosclerose atrapalha esse equilíbrio, já que as plaquetas, os corpos parecidos com células que levam à formação de coágulos, são disparadas erradamente quando encontram placas na corrente sanguínea. As substâncias liberadas pelas plaquetas também podem contribuir para o crescimento da placa.

Um coágulo pode se prender à placa em uma artéria e gradualmente crescer até que a artéria seja completamente bloqueada, evitando que o fluxo sanguíneo chegue ao tecido afetado. O tecido morre lentamente e é substituído por tecido cicatricial. Um coágulo estacionário é chamado de trombo; quando um coágulo fecha uma artéria, chama-se de trombose.

Um coágulo pode se partir e se deslocar por meio da corrente sanguínea até encontrar uma artéria que seja muito pequena para permitir a passagem. Esse coágulo em deslocamento é chamado de êmbolo. Mais uma vez, os tecidos afetados perderão seu suprimento de sangue e morrerão. Um êmbolo nessa condição é chamado de embolia. Se a trombose ou embolia ocorrer no coração, dizemos que a pessoa teve um infarto agudo do miocárdio (IAM). Se ocorrer no cérebro, chamamos de AVE. Quando quantidades significativas de tecido cardíaco ou cerebral são afetadas, a vítima morre.

A hipertensão acelera o processo de aterosclerose. A pressão aumentada nas artérias leva ao desenvolvimento das lesões, o que leva as placas a crescerem mais rápido. Pressão adicional também pode causar rompimento de aneurismas. Às vezes, IAM e AVE ocorrem sem bloqueio aparente. Em vez disso, uma artéria, por uma razão desconhecida, sofre um espasmo e restringe ou corta o suprimento de sangue para o cérebro ou coração.

Tabela 11.1 Níveis de colesterol*

Nível total de colesterol	Categoria de colesterol total
Menos de 200 mg/dL	Desejável
200-239 mg/dL	Limítrofe para alto
240 mg/dL e acima	Alto
Nível de LDL	**Categoria de LDL**
Menos de 100 mg/dL	Ótimo
100-129 mg/dL	Próximo/acima do ótimo
130-159 mg/dL	Limítrofe para alto
160-189 mg/dL	Alto
190 mg/dL e acima	Muito alto
Nível de HDL	**Categoria de HDL**
Menos de 40 mg/dL	Um fator principal de risco para doença cardíaca
40-59 mg/dL	Quanto mais alto, melhor
60 mg/dL	Considerado protetor contra doença cardíaca

*Níveis de colesterol são medidos em miligramas (mg) de colesterol por decilitro (dL) de sangue.
De www.nhlbi.nih.gov/health/public/heart/chol/wyntk.htm.

- A DAC é mais alta em minorias femininas, substancialmente em mulheres afro-americanas.

- Aproximadamente 2/3 das mulheres que morreram subitamente de IAM não tiveram sintomas anteriores.

- Mulheres geralmente têm sintomas diferentes, mais vagos, que os dos homens:

  - dor torácica que inclui dor nas costas ou dor profunda e latejante em um ou ambos os braços;

  - fadiga;

  - pele grudenta ou suada;

  - tontura, desfalecimento inexplicado, possíveis perdas de memória;

  - ansiedade, nervosismo incomum;

  - sensação de peso, como uma dor torácica parecida com uma pressão entre os seios que irradia para o braço esquerdo ou o ombro.

- As mulheres respondem diferentemente ao tratamento e geralmente têm diferentes respostas e recuperações do que os homens:

  - mulheres têm duas vezes mais probabilidade de morrer de um primeiro IAM;

  - mulheres têm maior probabilidade de ter um segundo IAM no primeiro ano;

  - mulheres tendem a esperar mais para procurar por atendimento médico.

AHA (2008) e Rosamond et al. (2007).

Benefícios do exercício

A falta de atividade física é um fator de risco para doença cardíaca coronariana. Os benefícios do exercício regular no tratamento e na prevenção de doença cardiovascular são bem documentados em pesquisas. As diretrizes para a atividade física e o exercício para reduzir o risco de doença crônica são discutidas no Capítulo 1. Benefícios adicionais relacionados ao exercício que reduzem o risco ou ajudam no tratamento de DC incluem:

- Exercício aeróbio regular pode reduzir a pressão arterial se hipertensiva.

- Exercício aeróbio regular pode ajudar a elevar o HDL e diminuir o LDL, e é especialmente importante para aqueles que apresentem níveis altos de triglicéride ou baixos de HDL, sobrepeso e grande medida da cintura (obesidade central).

- Exercício em água aquecida pode reduzir a tensão muscular e aumentar a flexibilidade para vítimas de AVE.

- Os benefícios psicossociais e psicológicos do exercício são importantes para combater depressão e confusão que acompanham mudanças necessárias no estilo de vida que recaem sobre os alunos que foram diagnosticados com doença cardiovascular.

- A circulação aumenta por meio da pressão hidrostática que massageia o sistema venoso.

- A pressão hidrostática promove respiração mais profunda, já que exerce força sobre as paredes respiratórias e faz resistência às respirações.

- O equilíbrio aumenta.

- Há melhora em relação à perda de peso.

- Flexibilidade e força na parte superior do corpo melhoram em pacientes após cirurgia aberta de coração ou esternotomia.

- O desconforto esternal é reduzido após cirurgia aberta de coração.

Considerações para o programa

As doenças cardiovasculares causam a maioria das mortes em nossa sociedade, com a doença arterial coronariana (DAC) como a principal causa de morte prematura nos Estados Unidos. Indivíduos com distúrbios cardiovasculares podem estar medicamente comprometidos ao participarem em um programa de exercício. Por essa razão, qualquer indivíduo com histórico de problemas cardiovasculares deve procurar seu médico antes de participar de um programa de exercício. A doença cardíaca avança, a não ser que as pessoas sejam muito proativas em mudarem seu estilo de vida. O profissional de condicionamento físico pode ser um instrumento em educação sobre fator de risco para promover mudanças saudáveis no estilo de vida. Considerações adicionais incluem:

- É melhor ter a determinação de um médico para o limite superior da frequência cardíaca de exercício. Se um médico recomendou exercício, é apropriado fazer contato com aquele médico com relação às preocupações que você pode ter pelo aluno. Os limites superiores do exercício são geralmente determinados por sintomas e medicações.

- Profissionais de condicionamento físico podem querer se informar sobre as medicações prescritas para controle de frequência cardíaca e pressão arterial. Geralmente, essas medicações afetam as frequências cardíacas de repouso e de exercício, fazendo com que o LEP seja um melhor indicador de intensidade do que métodos de frequência cardíaca isolados.

- Pacientes cardíacos devem fazer parte de um programa clinicamente supervisionado pelo menos nas fases I e II da reabilitação cardíaca. Esses pacientes devem participar de aulas em locais com suprimento médico e atendimento prontamente disponível, e são monitorados por um médico durante o exercício.

- Nas fases III a VI de reabilitação cardíaca, os alunos de exercício devem ser capazes de se exercitar em um nível MET de 5 (medida de intensidade de exercício) como um padrão de cuidado estabelecido pela American Association of Cardiovascular e Pulmonary Rehabilitation (AACVPR). O paciente cardíaco médio geralmente passa da fase II do programa com um nível MET de 4 a 5. É considerado seguro colocar esse indivíduo na água e presumir que será capaz de lidar com a resistência e a carga de trabalho adicionais. Pesquisas indicam que executar calistenia em profundidade de água na altura do tórax é de nível MET 4,6 a 6,8. Todo o programa de reabilitação cardíaca pode ser configurado de forma diferente. Alguns programas de fase II são de apenas 6 sessões e podem envolver exercício em nível MET mais baixo ou mais alto do que 4 a 5 na conclusão do programa. Se uma pessoa pode caminhar por 30 minutos a aproximadamente 3,2 a 4,5 km/h (de 8 a 10 minutos por quilômetro) de modo confortável, ela geralmente pode lidar com exercícios aeróbios aquáticos. Essa é uma diretriz geral para se seguir.

- Após recuperar-se de um IAM, um aluno cardíaco que seja mais atlético e capaz de se exercitar em um nível MET mais alto pode participar em aulas em piscina funda.

- Profundidade da água aumentada, temperaturas de água mais frias e estresse em um ambiente estranho podem afetar o limiar de angina.

- É recomendado que uma pessoa espere seis semanas após o IAM para fazer exercício aquático porque demora seis semanas para o miocárdio cicatrizar após um IAM.

- Três meses é o tempo recomendado após uma cirurgia cardíaca aberta para começar um programa aquático, principalmente por causa da cicatrização da esternotomia. Pode haver perigo em escorregar em um ambiente molhado, estresse de um paciente subindo uma escada ou caindo no esterno vulnerável. O esterno geralmente leva 3 meses para cicatrizar.

- Os alunos que tenham *stents* ou angioplastias sem ataques cardíacos podem querer evitar entrar na água por duas semanas após o procedimento. Isso oferece tempo aos pontos de perfuração para cicatrizarem completamente, já que podem abrir durante as duas semanas após a cirurgia e levar a sérias complicações, com sangramento. Se os alunos já tiveram IAM e têm um *stent* ou angioplastia para interrompê-lo, então, a regra de esperar por seis semanas, como para IAM, é aplicável.

- Não é recomendado que pacientes cardíacos se engagem em um exercício cardiorrespiratório ou um treinamento de resistência em níveis máximos. Níveis submáximos bem dentro da capacidade do indivíduo devem ser prescritos e praticados.

- Informação adicional para considerações programáticas para o paciente cardíaco pode ser encontrada no *ACSM Guidelines for exercise testing and prescription* (2006), no capítulo intitulado "Prescrição de exercícios para pacientes cardíacos" ("Exercise prescription for cardiac patients").

Doenças pulmonares

Temperatura recomendada da água A temperatura entre 28 e 30°C é recomendada para exercício de intensidade moderada à alta, e de 30 a 31°C, para exercício de intensidade mais baixa. A temperatura da água deve aumentar à medida que a intensidade do exercício diminui.

Ritmo recomendado Precisa ser autorritmado.

Profundidade recomendada da água Profundidade na altura da axila pode ser usada por alunos que possam tolerar o trabalho adicional para os músculos da respiração. Uma profundidade de piscina mais rasa pode ser necessária inicialmente até que o aluno se adapte.

Formatos recomendados de programa Os formatos de programa variarão dependendo das limitações e habilidades. Alguns alunos serão capazes de tolerar o formato cardiorrespiratório, e outros, de executar apenas os exercícios básicos de tonificação e alongamento.

Características

Doenças pulmonares limitam a habilidade de fornecer oxigênio aos tecidos corporais. Embora você deva verificar diferentes classificações de doenças pulmonares, elas geralmente se enquadram em duas categorias: a doença pulmonar obstrutiva crônica (DPOC), que inclui enfisema e bronquite crônica, e a asma (National Heart, Lung, and Blood Institute, 2005). Existem várias outras doenças e distúrbios pulmonares, incluindo fibrose cística, transplante de pulmão, câncer de pulmão, mesotelioma, tuberculose e muitas outras, que não serão discutidas neste manual.

De acordo com a American Lung Association, a doença pulmonar é a terceira causa de morte nos Estados Unidos, responsável por uma em cada sete mortes. A ACSM recomenda que todos os alunos com doença pulmonar recebam a liberação de um médico antes de participarem em um programa de exercício. A necessidade do corpo de aporte de oxigênio e de remoção de dióxido de carbono se eleva durante o exercício, assim, alunos com doença pulmonar precisam aprender a lidar com a capacidade pulmonar diminuída e as demandas de oxigênio aumentadas. Deficiências nas trocas gasosas também criam problemas para os sistemas cardiovascular e muscular. Muitas pessoas com doença pulmonar podem se exercitar de forma segura e se beneficiar de um programa regular de exercício.

Doença pulmonar obstrutiva crônica (DPOC)

A doença pulmonar obstrutiva crônica (DPOC) é a doença pulmonar em que o pulmão está danificado, fazendo que seja difícil respirar. No tipo de DPOC de enfisema, as paredes entre muitas das bolsas (alvéolos) nos pulmões estão danificadas. As bolsas normais de ar são substituídas por menos bolsas de ar maiores com área de superfície menor. A habilidade de trocar oxigênio e dióxido de carbono é deficiente, causando encurtamento da respiração.

Na bronquite crônica, as vias aéreas ficam inflamadas e engrossadas e há um aumento na produção de muco. Isso contribui para a tosse excessiva e a dificuldade de colocar o ar para dentro e para fora dos pulmões.

O hábito de fumar é a causa mais comum de DPOC. Inalar irritantes aos pulmões durante um longo período leva as vias aéreas a se tornarem inflamadas e estreitadas, e destrói as fibras elásticas que permitem aos pulmões se alongarem e retornarem ao formato de repouso. Outras exposições que podem contribuir para a DPOC incluem:

- trabalhar ao redor de certos tipos de produtos químicos e respirar os gases por muitos anos;

- trabalhar em área empoeirada por muitos anos;

- exposição pesada à poluição do ar com o tempo;

- exposição à fumaça como fumante passivo.

Pessoas com uma tendência herdada para DPOC (presença de um distúrbio relacionado ao gene) têm alto risco de desenvolver DPOC e a desenvolverão mais rapidamente. Os sintomas da DPOC incluem tosse, produção de esputo (muco), encurtamento da respiração (especialmente com exercício), respiração difícil e sensação de aperto no tórax.

Asma

Asma brônquica é uma síndrome caracterizada por uma obstrução reversível do fluxo de ar e responsividade brônquica aumentada a uma variedade de alergias e estímulos ambientais (Durstine e More, 2002). A asma é a doença pulmonar que pode ameaçar a vida. Ela causa problemas respiratórios, chamados de ataques ou episódios de asma, com os quais é preciso lidar diariamente.

Os sintomas de asma incluem tossir significativamente durante ou após o exercício, respiração encurtada, respiração difícil e sensação de aperto no tórax. Os desencadeadores dos sintomas de asma incluem vírus, resfriados, alergias ou gases e partículas no ar, além de poder incluir outras causas e geralmente podem ser difíceis de descobrir. Descobrir o que desencadeia os ataques ajuda a pessoa a controlar e prevenir episódios de asma.

Os alunos asmáticos podem ser enquadrados em uma de três categorias, considerando-se o exercício (Dustine e Moore, 2002):

- asma induzida por exercício (AIE) sem outros sintomas;
- asma média (a limitação ventilatória não restringe o exercício submáximo);
- asma moderada à severa (limitação ventilatória restringe o exercício submáximo).

Essas categorias ajudam a identificar a intensidade e a duração do exercício para alunos asmáticos. As causas da AIE não são conhecidas, sendo que geralmente ocorre de 5 a 10 minutos após o exercício.

Benefícios do exercício

A maioria dos alunos com doenças pulmonares se beneficia de programas regulares de exercício. A inatividade pode levar a um ciclo vicioso para esses alunos. Encurtamento da respiração e fadiga durante o exercício leva à cessação do exercício, resultando em capacidade pulmonar diminuída, fazendo com que fique mais difícil se exercitar. O andamento, em atividades diárias e no exercício, é uma habilidade importante de aprender para alunos com capacidade pulmonar diminuída. Haverá uma variação na habilidade de dia para dia e até de hora para hora. Os benefícios do exercício para alunos com doença pulmonar incluem:

- recondicionamento cardiovascular;
- desensibilização para dispneia (encurtamento da respiração);
- eficiência ventilatória aumentada;
- força muscular e resistência aumentadas;

- melhora na flexibilidade;
- melhora na composição corporal;
- melhor equilíbrio;
- imagem corporal melhorada;
- sentimentos aumentados de bem-estar.

Os alunos com asma induzida por exercício controlada devem observar ganhos de condicionamento relativamente normais. "Quando a AIE está controlada, a asma não tem efeito sobre as adaptações ao treinamento de exercício" (Durstine e Moore, 2002). Os alunos com DPOC podem ver deficiências na resposta ao exercício, causadas por hipoxemia (oxigênio inadequado no sangue), assim, uma progressão muito conservadora de exercício é a chave para a adaptação. A capacidade de adaptação é determinada pela gravidade da doença e por características individuais.

Considerações para o programa

Intensidade, duração e frequência do planejamento para alunos com doenças pulmonares são aspectos ditados diretamente por fatores individuais dos alunos. Medicações, o ambiente de exercício, a tolerância ao exercício em qualquer dado momento, a necessidade de tratamentos respiratórios ou oxigênio, nível de fadiga e muitos outros fatores fazem do planejamento de exercício para essa população um esforço dinâmico. Geralmente, um terapeuta respiratório (proporciona oxigenação ótima), um terapeuta ocupacional (ajuda o aluno a passar pelas atividades da vida diária) e um profissional de exercício trabalharão juntos para o paciente com doença pulmonar progredir. A seguir, estão algumas considerações adicionais para alunos com doença pulmonar.

- Alunos com DPOC podem se sentir melhor em certos momentos do dia ou um pouco depois de tomar sua medicação. Os limites máximos de exercício são estabelecidos como tolerados a partir dos sintomas.

- É geralmente recomendado que alunos asmáticos tomem a medicação 10 minutos antes do exercício e carreguem sempre um inalador. Esses alunos devem consultar seu médico.

- A asma pode se desenvolver durante o exercício prolongado. O limiar para produzir sintomas de asma é comumente ao redor de 75% da frequência cardíaca máxima prevista.

- A pressão hidrostática da água pode tornar a respiração mais difícil para os alunos com doença pulmonar quando submersos. A fadiga muscular ventilatória é comum em virtude do trabalho aumentado de respiração. Pode ser necessário tempo para fortalecer os músculos da respiração antes de se iniciar um programa de condicionamento. Os alunos podem precisar se exercitar em uma profundidade de água na altura da cintura e trabalhar para chegar à profundidade da água na altura do tórax.

- O aquecimento e a umidade no ambiente aquático podem tornar mais fácil a respiração para alguns alunos com doença pulmonar.

- Os alunos podem ser sensíveis a vapores químicos no ambiente aquático. Esteja ciente das questões ventilatórias e ajude os praticantes de exercício asmáticos a reconhecerem e controlarem os desencadeadores da doença.

- Os alunos com doença pulmonar podem se exercitar mais confortavelmente e de forma bem-sucedida quando estão desensibilizados para dispneia, medo e outros sintomas limitantes. O profissional de exercício físico pode desempenhar um importante papel em ajudar o aluno a construir confiança e tolerância.

- Os alunos devem ser instruídos na respiração "frenolabial" (inspire pelo nariz, mantendo os lábios unidos, com exceção do ponto bem central; expire mandando o ar para fora com um esforço firme e estável). Esse tipo de respiração torna o ritmo de respiração mais lento e ajuda com um senso de controle.

- Coordenação, equilíbrio, forma e técnica melhorados ajudarão a conservar energia e fornecer mais oxigênio aos músculos de trabalho.

- Escolha atividades que sejam percebidas como divertidas e que tenham valores de LEP razoáveis, e aumentará a habilidade de executar atividades usuais da vida diária. A caminhada é fortemente recomendada (ACSM, 2006).

Doenças musculoesqueléticas

Temperatura recomendada da água A temperatura entre 28 e 30°C é recomendada para exercício de intensidade moderada à alta; e de 30 a 31°C, para exercício de intensidade mais baixa. A temperatura da água deve aumentar à medida que a intensidade do exercício diminui.

A Arthritis Foundation recomenda 28,3 a 32,2°C como um intervalo apropriado para o Arthritis Foundation Aquatic Program. Para piscinas em um intervalo de 32,8 a 34,4°C, a Arthritis Foundation sugere uma intensidade mais baixa com exercícios de maior amplitude de movimento e sem componente de resistência. Não é recomendado conduzir uma aula da Arthritis Foundation em água em uma temperatura acima de 34,4°C.

Ritmo recomendado O ritmo variará de acordo com as habilidades dos alunos. Um bom ritmo dentro das capacidades do indivíduo é recomendado. Em formatos de grupo, concessões para ritmo próprio são prudentes.

Profundidade recomendada da água Profundidade na altura das axilas é recomendada para hidroginástica *shallow-water*. Profundidades mais rasas colocam tensão adicional no sistema musculoesquelético. Uma profundidade mínima de 1,98 m é recomendada para hidroginástica *deep-water*.

Formatos recomendados de programa Os formatos de programa variarão conforme as limitações e habilidades.

Características

As doenças musculoesqueléticas incluem uma série de problemas que afetam músculos, tendões, ligamentos, ossos ou articulações (Fig. 11.3). Vários problemas musculoesqueléticos agudos e crônicos e lesões serão discutidos no Capítulo 12. Três problemas principais serão abordados aqui: artrite, dor na região lombar da coluna e osteoporose, os quais serão considerados sob uma perspectiva crônica. Em virtude das diferenças nas recomendações para exercício e programação, cada uma será discutida de forma independente.

Artrite

A artrite é uma doença que resulta em inflamações nas articulações e no tecido conjuntivo ao redor. Essa definição é aplicada a mais de 100 problemas que causam dor às articulações e ao tecido conjuntivo. Os sintomas incluem dor persistente e enrijecimento; desconforto ou inchaço em uma ou mais articulações (especialmente pescoço, região lombar da coluna e joelhos); sensação de formigamento nas pontas dos dedos, mãos e pés; perda de peso inexplicável; febre; fraqueza.

As duas formas de artrite mais comuns são a osteoartrite e a artrite reumatoide. A osteoartrite também é conhecida como uma doença articular degenerativa, que tende a se localizar e a afetar articulação(ções) e se origina com a deterioração do material ao redor da articulação. Se a osteoartrite progredir, geralmente resulta em cirurgia ou substituição da articulação.

Capítulo 11 Populações especiais 225

Figura 11.3 Muitos portadores de doenças musculoesqueléticas serão beneficiados com a hidroginástica.

A artrite reumatoide tende a ser uma doença inflamatória multissistêmica e multiarticular, e surge de uma atividade patológica do sistema imune contra o tecido articular e, às vezes, os sistemas orgânicos (Durstine e Moore, 2002).

Os alunos com artrite podem se beneficiar do exercício regular. Aumentos em força e resistência aumentarão a qualidade de vida e capacitarão o praticante de exercício a executar mais facilmente as atividades da vida diária. A atividade vigorosa não é recomendada durante inflamação articular aguda ou crise de artrite.

A dor e o enrijecimento podem levar à ineficiência biomecânica, que pode causar um aumento do custo metabólico da atividade física. O método de exercício deve ser escolhido conforme o lugar e a gravidade da doença. Muitas pessoas com artrite tendem a evitar exercício em virtude da dor crônica e do enfraquecimento. Geralmente, a amplitude de movimento articular é prejudicada por inchaço, inflamação e rigidez. Os profissionais de exercício devem ter cuidado com a elaboração de programas de exercício porque os alunos com artrite podem ser mais suscetíveis à lesão, especialmente nas articulações afetadas. Durante uma crise (episódio agudo de dor e inflamação), incentive o automonitoramento adicional. O indivíduo deve determinar a posição inicial menos dolorosa e eficiente em energia para um movimento, com a amplitude de movimento e o número de repetições baseados em seu nível de dor ou rigidez, assim como no tipo de artrite. Sugira que os alunos sigam a regra de duas horas de dor – dor maior que o normal duas horas após se exercitar pode indicar esforço excessivo.

Os benefícios do exercício incluem melhora na saúde, resistência cardiorrespiratória, força e resistência musculares, flexibilidade, dor e inchaço articulares diminuídos e aumento na qualidade de vida. Embora o exercício possa ser desafiador, é efetivo para o gerenciamento dos sintomas. A inatividade física promove saúde ruim e sintomas secundários. Um programa de exercício cuidadosamente planejado com progressão gradual pode ser benéfico para indivíduos com artrite para reduzir a dor e manter a amplitude de movimento articular, força muscular e independência.

O exercício em água aquecida é comumente prescrito e tolerado por alunos com artrite. A Arthritis Foundation recomenda exercício em água aquecida como uma escolha de exercício segura e efetiva para pessoas que têm artrite e querem manter flexibilidade, força e resistência ótimas. O Arthritis Foundation Aquatic Program foi desenvolvido no sentido de certificar os instrutores de hidroginástica para conduzir aulas apropriadas para essa população.

Síndrome da dor lombar

Estima-se que 80% dos adultos sofrerão pelo menos um episódio de dor na região lombar que será grave o suficiente para causar ausência no trabalho. A dor na região lombar, que pode ser de natureza aguda ou crônica, é uma das principais causas de deficiência nos Estados Unidos e é um dos problemas relacionados à saúde mais largamente vivenciados no mundo. Geralmente, é vista como um problema multifacetado, incluindo aspectos e causas físicos, psicológicos, comportamentais e sociais. É comumente tratada com medicações e modalidades terapêuticas ou por meio do direcionamento de vários fatores psicológicos e comportamentais.

Muitos problemas de dor na região lombar são causados por deficiência no tônus muscular e na flexibilidade nos músculos do *core*. Em decorrência disso, o exercício geralmente é prescrito como tratamento e prevenção. O planejamento das aulas geralmente inclui exercícios de tonificação para os músculos abdominais, glúteo máximo, isquiotibiais e extensores das costas com exercícios de flexibilidade para os flexores do quadril, quadríceps e isquiotibiais. Alunos com dor lombar podem precisar alterar posições de exercício ou substituir exercícios que usam o suporte da região lombar para evitar dor. Atividades que aumentam dor lombar devem ser evitadas ou eliminadas. Informações educacionais para postura adequada, técnicas de levantamento e saúde da região lombar são úteis.

Durante crises de dor lombar, o exercício pode precisar ser modificado ou interrompido até que os sintomas estejam sob controle. Descobriu-se que a tolerância ao exercício é ditada pelas crenças e atitudes individuais. Dor grave afetará forma, técnica e habilidade de exercício. A maioria dos alunos com síndrome da dor lombar pode progredir efetivamente para níveis mais altos de condicionamento físico e bem-estar. Para muitos que sofrem com dores nessa região, o exercício precisa se tornar um meio de vida para prevenção e gerenciamento do problema.

Uma pesquisa recente indicou que o treinamento em piscina funda pode ser uma modalidade benéfica para os alunos com dor na região lombar. Descobriu-se que a piscina funda diminui sobremaneira a carga compressiva sobre a coluna vertebral, o que tornou a hidroginástica *deep-water* uma ferramenta valiosa nas progressões de treinamento. O treinamento em piscina funda também é muito eficiente para o treinamento da musculatura do *core*, que é importante para a boa postura e a saúde das costas. Para informação adicional, ver o Capítulo 10.

Osteoporose

Osteoporose ("osteo" significa ossos e "porose", poros) é uma doença sistêmica esquelética caracterizada por baixa massa óssea e deterioração da força do osso, levando à fragilidade e a um risco aumentado de fratura (Cotton, 1999). Alguma perda de massa óssea é comum em idosos, em virtude do declínio da atividade das células formadoras de ossos após os 35 anos de idade. Nos EUA, presume-se que 18 milhões de pessoas tenham osteopenia e que mais 10 milhões tenham osteoporose. Há uma diferença sutil aqui, pois a osteopenia é definida como densidade mineral > 1, desvio-padrão do jovem normal, e a osteopororse como densidade óssea mineral > 2,5, desvio-padrão do jovem normal, como promulgado pela Organização Mundial de Saúde. De certa maneira, a osteopenia é o estágio precoce ou inicial da osteoporose.

A osteoporose ocorre quando o cálcio é perdido dos óssos. Na verdade, há dois tipos de perda óssea em diferentes locais do osso. A perda de cálcio eventualmente enfraquece a estrutura até que o osso se torne tão poroso que se quebra com o simples peso do corpo. Os ossos do quadril podem se partir e fazer a pessoa cair. As vértebras podem se desintegrar de repente e esmagar nervos, resultando em dor debilitante e diminuição na altura.

Fatores de risco para osteoporose incluem:

- genética, incluindo descendentes do norte europeu ou asiáticos, pele clara, histórico familiar de osteoporose ou uma estrutura pequena e delgada;
- idade avançada;
- amenorreia, deficiência de estrógeno e menopausa precoce;
- fatores de estilo de vida como tabagismo crônico, falta de atividade física e consumo excessivo de álcool;
- fatores dietéticos, p. ex., baixa ingestão de cálcio;
- uso crônico de certas medicações.

Ganhos em força óssea e densidade ocorrem durante os primeiros 20 a 25 anos de vida. Nesse momento, o cálcio é depositado nos ossos. Por volta da metade dos 30, os ossos param de crescer e, à medida que o tempo passa, o tecido ósseo é perdido, o que resulta em uma diminuição em força e densidade. As mulheres são mais afetadas por esse processo, já que a menopausa representa um decréscimo nos níveis de estrógeno. Esse estrógeno diminuído acelera a taxa de perda de cálcio dos ossos. Uma diminuição nos níveis de estrógeno também é vivenciada por anoréxicas, por mulheres que se exercitam demais e restringem seu peso corporal de forma tão insensata que desenvolvem amenorreia atlética e por mulheres que tiveram seus ovários cirurgicamente removidos.

Infelizmente, a perda óssea é inevitável. A chave para a prevenção ou diminuição da osteoporose é retardar a taxa de perda óssea e depositar a maior quantidade de cálcio possível nos ossos durante a infância e a juventude. As dietas que sejam altas em cálcio durante essas épocas críticas assegurarão ossos densos. A pesquisa também mostrou que o cálcio adicional pode ser benéfico nos 10 anos seguintes à menopausa.

Embora suplementos de cálcio estejam disponíveis, o cálcio em produtos do leite são os mais facilmente absorvidos. Um copo de leite, uma xícara de iogurte e aproximadamente 33 g de queijo podem fornecer 300 mg de cálcio cada um. Outras fontes de cálcio, embora não tão ricas quanto o leite, são tortilhas de milho feitas com lima, tofu, hortaliças e sardinhas ou outro peixe consumido com os ossos. Indivíduos que apresentem intolerância ao leite devem conversar com seu médico sobre um suplemento.

As principais preocupações para o planejamento de exercício são o grau de limitação musculoesquelética imposto por fraturas prévias, deficiência em habilidades motoras e a presença de cifose. Muitos idosos com osteoporose evitarão exercício físico em virtude do risco aumentado e do medo de quedas. Isso pode levar a um maior risco de doença cardiovascular e outras doenças crônicas.

O exercício é benéfico no gerenciamento da osteoporose por várias razões. Um dos aspectos mais benéficos do exercício é que envolve aumento de equilíbrio, força muscular, coordenação, postura e desempenho que acompanham o treinamento regular e diminuem o risco de quedas e lesão. Isso é importante para diminuir chances fraturas, cirurgia, perda de função e morte. Não está claro se o exercício isolado realmente aumenta a densidade óssea. É razoável esclarecer que o exercício pelo menos retarda a perda óssea. A própria osteoporose não é conhecida por ter muitos efeitos sobre os benefícios úteis de exercício cardiovascular e condicionamento muscular. Os efeitos favoráveis do treinamento ainda devem ser atingíveis. A cifose, entretanto, pode causar limitações mecânicas ao sistema respiratório.

A maioria dos alunos necessitará começar com um programa de baixa intensidade e realizar uma progressão segura até níveis mais altos de função ou condicionamento físico. Um programa equilibrado para resistência cardiorrespiratória, condicionamento muscular e flexibilidade é recomendado. O médico do aluno ou fisioterapeuta deve fornecer informações sobre a segurança e viabilidade do programa proposto. Geralmente, quatro sessões de treinamento aeróbio e duas ou três de treinamento de resistência são prescritas semanalmente. O método depende das habilidades dos alunos. Atividades que requerem flexão para a frente e torção da coluna vertebral devem se evitadas. Adaptações e a limitação da massa óssea são específicas à parte do corpo que está sendo usada no exercício. Mantenha a área de exercício livre de perigos para reduzir o risco e o medo de cair.

A água se apresenta como uma faca de dois gumes para ser usada como modalidade de treinamento de alunos com osteoporose. De um lado, a água fornece um ambiente relativamente seguro, minimizando o medo e a lesão em quedas, proporcionando *feedback* cinestésico, flutuabilidade para tensão reduzida na articulação e resistência para condicionamento muscular. Por outro lado, questiona-se se o potencial de carga óssea na água é suficiente para formar ou preservar massa óssea. Pequisas indicam resultados favoráveis e desfavoráveis, conforme o projeto dos estudos. Atualmente, parece que o exercício aquático fornece estímulo suficiente para manter e possivelmente formar massa óssea com base nos resultados de pesquisa limitada. À medida que os mecanismos que causam a osteoporose continuam a se tornar mais nítidos, também se tornarão as recomendações para exercício e os benefícios do exercício aquático.

Doença metabólica

Temperatura recomendada da água A temperatura entre 28 e 30°C é recomendada para exercício de intensidade moderada à alta, e de 30 a 31°C para exercício de intensidade mais baixa. Cuidado com estresse por calor.

Ritmo recomendado O ritmo variará de acordo com as habilidades dos alunos. Um bom ritmo dentro das capacidades do indivíduo é recomendado. Em formatos de grupo, concessões para ritmo próprio são prudentes.

Profundidade recomendada da água Profundidade na altura das axilas é recomendada para hidroginástica *shallow-water*. Uma profundidade mínima de 1,98 m é recomendada para hidroginástica *deep-water*.

Formatos recomendados de programa São recomendados exercício cardiorrespiratório contínuo, treinamento de resistência e exercícios de flexibilidade por uma variedade de formatos de programa.

Características

As doenças metabólicas incluem diabetes melito, obesidade, distúrbios lipídicos, distúrbios da tireoide e doença metabólica em estágio final (falência renal e falência de fígado). Obesidade e distúrbios lipídicos são discutidos separadamente, assim, esta seção focalizará o diabetes melito.

O diabetes melito é caracterizado por anormalidades na produção de insulina pelo pâncreas, pela ação da insulina, ou por ambos. Isso causa um problema com o metabolismo e resulta em intolerância à glicose. A hiperglicemia crônica está associada com dano a longo prazo, disfunção e falência de vários órgãos, incluindo olhos, rins, nervos, coração e vasos sanguíneos. Os sintomas clássicos do diabetes incluem sede intensa, alta excreção de urina e perda de peso inexplicada. O diabetes é diagnosticado por meio do jejum e outros tipos de medições da glicemia.

Uma completa falta e produção de insulina no caso de diabetes melito tipo 1 (diabetes melito insulino-dependente – DMID) requer injeções de insulina ou o uso de uma bomba de insulina para manter a vida. Pensa-se que o DMID seja principalmente geneticamente determinado. Embora o DMID possa ocorrer em qualquer idade, geralmente surge antes de 30 anos de idade. O DMID afeta de 5 a 10% das 16 milhões de pessoas com diabetes nos Estados Unidos.

O tipo mais comum de diabetes é geralmente chamado de diabetes de estabelecimento tardio. A baixa produção de insulina e a receptividade celular diminuída à insulina no diabetes tipo 2 (diabetes melito não insulino-dependente – DMNID) às vezes requer insulina via injeção. Também há medicações orais disponíveis para melhorar a produção e a utilização de insulina, ajudando o diabético a evitar ou adiar a necessidade de injeções de insulina. A causa do DMNID não está clara. Acredita-se que o desenvolvimento de sensitividade à insulina seja causado por vários fatores, incluindo obesidade e genética. Na maioria dos casos, o diabetes tipo 2 se desenvolve após os 40 anos. Entretanto, o diabetes tipo 2 tem se tornado mais comum em crianças, com a crescente incidência de sobrepeso e obesidade. Geralmente, não é detectado até que esteja presente por algum tempo, causando dano aos órgãos antes de ser diagnosticado.

Diabetes gestacional ocorre durante a gestação. Os fatores de risco incluem histórico familiar, obesidade e bebês prévios com grande peso ao nascimento. O diabetes gestacional difere dos tipos 1 e 2 porque se resolve após a gestação.

Benefícios do exercício

O diabetes, como a hipertensão, responde muito bem ao exercício, considerado uma peça essencial para o cuidado dessa doença. O exercício promove muitos benefícios, que incluem:

- possível melhora no controle de açúcar sanguíneo para o diabetes tipo 2;
- sensitividade melhorada à glicose e, geralmente, uma necessidade reduzida de insulina;
- melhoras na composição corporal com diminuições na gordura corporal, levando à melhor sensitividade à insulina;
- redução do risco de doença cardiovascular;
- redução de estresse e consequente melhor controle do diabetes;
- prevenção do diabetes tipo 2.

Considerações para o programa

O exercício tem um efeito parecido com a insulina, aumentando o risco de hipoglicemia (baixo nível de açúcar no sangue). Uma das principais procupações do diabético ao se exercitar é prevenir um evento hipoglicêmico. Eventos hipoglicêmicos podem ser minimizados por:

- medição da glicemia antes, durante e após o exercício. Um aluno com diabetes tipo 1 precisa receber glicose razoavelmente controlada para se exercitar de forma segura;
- evitar se exercitar durante períodos de pico de atividade da insulina;
- preceder exercícios não planejados com carboidratos extra e diminuir a insulina pós-exercício;
- reduzir as doses de insulina quando o exercício é planejado de acordo com a intensidade e duração do exercício e da experiência pessoal;
- consumir carboidratos de fácil acesso durante o exercício;
- comer um lanche rico em carboidrato após o exercício;
- exercitar-se com um companheiro e carregar identificação médica e um carboidrato de ação rápida.

Preocupações adicionais incluem:

- usar calçado adequado e praticar higiene apropriada do pé, o que é especialmente verdadeiro no ambiente aquático. Recomende que os alunos sempre usem calçados, seja no vestiário, na piscina ou no *deck*, para evitar pisar em pequenos objetos, como brincos. Uma vez que a circulação periférica é afetada, especialmente nos pés, qualquer tipo de lesão ou infecção pode ser difícil de cicatrizar e pode até levar a amputações;
- estar ciente de que medicações como betabloqueadores podem interferir na habilidade de discernir sintomas hipoglicêmicos;
- diabéticos geralmente têm risco mais alto de ter transtornos relacionados ao calor e devem evitar se exercitar em calor excessivo;
- programas de exercício para diabéticos devem ser individualizados, baseados no horário de medicação, nas complicações da doença e nas características individuais.

Doenças neuromusculares

Doenças neuromusculares afetam a transmissão de impulsos nervosos do sistema nervoso central às fibras musculares, causando impedimento muscular, espasticidade, perda de função e paralisia. A acomodação de pacientes com doença neuromuscular pode requerer algum pensamento e consideração extras em termos de segurança e adaptação do movimento. A segurança do aluno precisa ser considerada a todo o momento no ambiente aquático. Pode haver a necessidade de uso de dispositivos salva-vidas aprovados por alguns alunos para assegurar sua segurança e reduzir o risco de emergência aquática.

O consentimento do médico deve ser obtido antes da participação em um programa de exercício. A água é uma modalidade maravilhosa para muitos desses alunos, permitindo que readquiram funções por meio do exercício aquático que não seria possível com exercício em terra. Geralmente, a água melhora a qualidade de vida e dá ao aluno com uma doença potencialmente debilitante um enorme estímulo psicológico e emocional.

Várias doenças neuromusculares são brevemente descritas nas seções seguintes. Se você escolher trabalhar com um aluno que apresente uma dessas doenças, recomenda-se altamente que você trabalhe de perto com o terapeuta ou médico desse aluno.

Distrofia muscular (DM) é um distúrbio herdado que afeta a estrutura musculoesquelética. As células musculares são progressivamente destruídas e substituídas por tecido adiposo e, assim, podem parecer maiores que o normal. A DM é caracterizada por enfraquecimento e degeneração dos músculos esqueléticos ou voluntários. Deficiência na função muscular ocorre quando 33% da massa muscular foi perdida. Em algumas formas de DM, os músculos do coração e outros músculos involuntários podem ser afetados. A DM pode afetar pessoas de todas as idades.

Não há cura para a DM atualmente. O tratamento inclui terapia com medicamentos para retardar a progressão, terapia ocupacional e cuidado cardíaco e respiratório, se necessário. A pesquisa indica que treinamento de resistência moderado e alongamento podem ser benéficos para alunos com DM. Não há evidência de que o exercício acelere a taxa de declínio, e muitos alunos vivenciam melhoras amenas em força e nas atividades da vida diária.

Recomenda-se que os programas de exercício para alunos com DM ofereçam objetivos de curto prazo, alongamento para prevenir contraturas e lenta progressão para níveis moderados de treinamento de resistência. Se o aluno não tem estrutura muscular suficiente para usar os pesos convencionais, o foco do programa deve mudar para o trabalho de movimento ao longo de toda a amplitude de movimento, contra a resistência da gravidade ou da água, a fim de prevenir contraturas. Exercícios extenuantes devem ser evitados em casos de temperatura e umidade elevadas.

A esclerose múltipla (EM) é uma doença crônica e potencialmente debilitadora que afeta o sistema nervoso central (cérebro e medula espinal). O corpo direciona anticorpos e células sanguíneas brancas para quebrar proteínas nas bainhas de mielina que circundam os nervos no cérebro e na medula espinal. Inflamação e lesões na bainha causam a formação de cicatrizes (esclerose); o dano retarda ou bloqueia a coordenação muscular, a sensibilidade visual e outros sinais nervosos. A doença pode ter ampla gravidade, indo de doença amena à deficiência permanente. A doença geralmente aparece primeiro em adultos entre as idades de 20 e 50 anos.

Os sintomas iniciais da EM incluem:

- amortecimento, fraqueza ou paralisia em um ou mais membros;

- dor breve, formigamento ou sensações de choque elétrico;

- espamos musculares involuntários rápidos;

- deficiência de visão com dor no movimento ocular;

- movimentos dos olhos desordenados, causando visão dupla ou campo de visão em movimento;

- fadiga e tontura.

Se a doença progride, espasmos musculares, fala enrolada, perda de visão, problemas com a bexiga, o intestino ou a função sexual e paralisia podem ocorrer.

Fatores de risco para a EM incluem hereditariedade e fatores ambientais como vírus e bactérias que podem desencadear a doença se você for suscetível. O exercício não tem efeito sobre o prognóstico ou a progressão da EM. Um processo de três partes, incluindo gerenciamento médico, educação e exercício são comumente prescritos para o gerenciamento da EM. Acredita-se que o exercício seja benéfico para o aumento do condicionamento físico e do desempenho funcional. Ao desenvolver o programa de exercícios para um aluno com EM, lembre-se de que fadiga, perda sensorial, espasticidade e equilíbrio deficiente podem afetar a tolerância ao exercício e o desempenho. Deve ser disponibilizado acesso seguro para a entrada e saída da piscina. Alunos com EM cansarão mais facilmente, de modo que você deve escolher uma duração de aula e hora do dia de acordo com essa informação. O foco do programa deve ser a manutenção ou o desenvolvimento de resistência cardiorrespiratória, força e resistência muscular e flexibilidade articular para aumentar a energia e a eficiência. A intolerância ao calor é outro fator a ser considerado. A maioria dos alunos com EM se senten mais confortáveis ao se exercitar em temperaturas abaixo de 28,9°C; 26,7 a 28,9°C é uma recomendação geral. A água fria é essencial para evitar que a temperatura corporal aumente, minimizando o risco de aumento dos sintomas da EM enquanto se pratica o exercício.

A epilepsia é uma doença neurológica que torna as pessoas suscetíveis a ataques convulsivos. É um dos distúrbios mais comuns do sistema nervoso central, afetando pessoas de todas as idades e contextos étnicos. As convulsões são causadas por uma breve perturbação elétrica no cérebro e pode variar de uma interrupção momentânea dos sentidos a pequenos períodos de inconsciência ou "olhar fixo" até convulsões. Pessoas com epilepsia podem ter apenas um tipo de convulsão ou mais de um tipo.

A epilepsia pode ser herdada, causada por tumores ou AVE, ou não ter uma causa conhecida. Ela não é um distúrbio mental, mas envolve uma mudança súbita no modo como as células cerebrais enviam sinais elétricos entre si. É tratada principalmente com drogas anticonvulsivas, mas também com cirurgia, dieta ou estimulação elétrica ao nervo vago.

Desde que as convulsões sejam mantidas sob controle, acredita-se amplamente que o epiléptico possa participar em quase todos os programas de exercícios e esportivos. Consulte o Capítulo 12 para verificar os procedimentos no caso de convulsões na água. Mergulho, boxe e cabecear a bola no futebol não são recomendados. Atividades envolvendo alturas, como escalada, algumas atividades ginásticas e hipismo e atividades aquáticas exijem monitoramento especial. É mais comum que uma convulsão ocorra durante o repouso após o exercício do que durante o exercício. O exercício regular é benéfico para inibir a atividade convulsiva e tende a suprimir a atividade elétrica. Fatores que aumentam o risco de convulsão incluem:

- luzes estroboscópicas;
- hiperventilação antes de segurar o fôlego;
- hipoglicemia;
- hipóxia;
- frustração;
- raiva ou medo;
- hipertermia;
- fadiga extrema;
- segurar o fôlego durante treinamento de resistência;
- mudanças no ciclo menstrual;
- ingestão excessiva de álcool;
- alto pH sanguíneo.

A atividade física é importante porque o condicionamento cardiorrespiratório ruim parece estar relacionado com a frequência das convulsões. Ganhos típicos em condicionamento físico são esperados do treinamento. Embora a American Medical Association tenha aprovado a participação de epiléticos em esportes de contato, as atividades mais seguras tendem a ser os esportes individuais.

Paralisia cerebral (PC) é um termo geral que se refere a anormalidades no controle motor causadas por dano ao cérebro de uma criança precocemente no curso do desenvolvimento. O dano pode ocorrer durante o desenvolvimento fetal, o processo de nascimento ou os primeiros meses após o nascimento (Mayo Clinic, 2005). A PC pode ser uma ou uma combinação das três formas principais. Indivíduos espásticos sofrem de hipertonia (tensões musculares excessivas). Indivíduos atetoides têm movimentos involuntários descontrolados de mãos ou pés e geralmente fala enrolada e audição deficiente. Indivíduos atáxicos têm um distúrbio no senso de equilíbrio, uma falha na percepção de profundidade e andam de forma vacilante.

A PC é difícil de diagnosticar nos primeiros 6 meses após o nascimento e é geralmente descoberta quando a criança tem 1 ou 2 anos. Os sintomas podem incluir atrasos no desenvolvimento de habilidade motora, fraqueza em um ou mais membros, dificuldade em ficar em pé e andar na ponta dos pés, arrasto de uma perna enquanto anda, saliva excessiva ou dificuldades em engolir e controle insatisfatório de movimento de mão e braço. A PC pode se desenvolver após meningite, mas para a maioria das crianças uma causa específica é desconhecida.

O aluno com PC pode ter dificuldade em executar movimentos que exijam habilidadee pode ter desequilíbrios musculares e força funcional insuficiente. Alguns alunos reportam aumento na espasticidade após o exercício, especialmente exercício árduo. Os alunos com PC se beneficiam dos programas elaborados para desenvolver resistência cardiorrespiratória, condicionamento muscular e flexibilidade. Há forte evidência na literatura sobre os benefícios psicológicos e melhoras fisiológicas que dão suporte aos programas de exercício para os alunos com PC. Programas de longo prazo têm mostrado uma redução dos espasmos musculares e da necessidade de medicação antiespasmódica. A progressão do programa deve ser lenta e enfatizar exercícios para melhorar a função diária e a independência.

A doença de Parkinson (DP) é um distúrbio que afeta as células nervosas na parte do cérebro que controla o movimento muscular (Mayo Clinic, 2005). Os quatro sinais cardeais da DP incluem tremor em repouso (geralmente nas mãos e na cabeça), rigidez muscular (dureza e enrijecimento dos músculos), lentidão de movimento e instabilidade postural. A DP geralmente é identificada pelos tremores das mãos e, às vezes, da cabeça e das pernas. A doença é progressiva, com tremores seguidos de rigidez muscular, lentidão de movimento e perda de expressão facial. A postura e o modo de andar tornam-se problemáticos, mas a saúde geral não é muito afetada. Muitas pessoas têm anos de vida produtiva com boa qualidade de vida após terem sido diagnosticadas.

A doença de Parkinson está geralmente associada com a redução de um neurotransmissor chamado dopamina. Os sintomas podem flutuar de dia para dia, semana a semana ou até de hora a hora. O tratamento atual consiste em medicações e no implante de um estimulador cerebral (semelhante a um marca-passo) para promover estimulação cerebral profunda no sentido de controlar os sintomas. Hoje, os pesquisadores acreditam que a DP pode resultar de uma combinação de fatores genéticos e ambientais ou de um número de drogas tomadas por um longo período em doses excessivas. Diferentemente dos fatores genéticos e ambientais, as causas relacionadas ao consumo de drogas geralmente se revertem quando a droga não é mais tomada (Mayo Clinic, 2005).

Os efeitos do condicionamento cardiorrespiratório atualmente variam na literatura. Não se sabe claramente como o exercício beneficia o aluno com DP. É recomendado que o programa de exercício para essa população inclua flexibilidade, treinamento aeróbio, treinamento funcional, fortalecimento e treinamento neuromuscular. A água proporciona um ótimo meio para o treinamento de alunos com DP e é importante lembrar que os alunos podem estar em vários estágios de progressão da doença. Exercícios de respiração e relaxamento ajudam com a rigidez muscular e devem ser incluídos exercícios para postura e modo de andar. Os exercícios para desenvolver e manter amplitude de movimento são essenciais para indivíduos com DP. A criação de um ambiente social positivo pode ajudar com a depressão e o isolamento social geralmente vivenciados com essa doença.

De acordo com a American Parkinson Disease Association (APDA), o exercício não reverterá os sintomas da DP, mas pode aumentar a qualidade de vida e ajudar a manter independência funcional. Um programa aquático para pessoas com DP deve ter como alvo o equilíbrio, a postura e o treinamento do modo de andar. A temperatura da água de 32,2 a 33,3°C é geralmente ideal para programas de exercício para DP, mas isso não está sempre disponível. Faça ajustes no programa e no vestuário do aluno, se necessário, em relação às condições ambientais.

A esclerose amiotrófica lateral (EAL), às vezes chamada de doença de Lou Gehrig, é uma doença neurológica rapidamente progressiva e invariavelmente fatal que ataca as células nervosas responsáveis pelo controle dos músculos voluntários. É caracterizada pela degeneração gradual e morte dos motoneurônios (National Institute of Neurological Disorders and Stroke [NINDS], 2004). Finalmente, todos os músculos voluntários são afetados, deixando a pessoa acamada, assim como os músculos do diafragma e da parede do tórax falharão, exigindo que o paciente respire com a ajuda de um respirador. A maioria das pessoas com EAL morre dentro de cinco anos a partir do aparecimento dos sintomas. Pessoas de todas as idades e origens étnicas podem ser afetadas. Os homens são geralmente mais afetados que as mulheres. Em 90 a 95% dos casos de EAL, a doença ocorre aleatoriamente sem fatores de risco claramente associados ou causa conhecida (NINDS, 2004).

O exercício para o aluno com EAL será limitado pelo nível de força muscular do aluno, fadiga muscular, espasticidade e coordenação e equilíbrio diminuídos. Não há evidência de que o exercício retarde ou reverta a doença. O exercício pode minimizar a atrofia muscular pela maximização da função das fibras musculares ainda inervadas, o que pode possivelmente ajudar o aluno a reter a função por um período mais longo. As considerações do programa devem incluir a manutenção da resistência aeróbia e força e a função dos músculos respiratórios. A manutenção da amplitude de movimento nas articulações, mesmo se a função estiver perdida, ajudará na habilidade do profissional da saúde em vestir e cuidar do paciente.

Poliomielite (pólio) é uma doença altamente infecciosa causada por vírus. A pólio invade o sistema nervoso e pode causar paralisia total em questão de horas. Pode atacar em qualquer idade, mas afeta principalmente crianças com idade abaixo de 3 anos (Global Polio Eradication Initiative, 2005). Muitas pessoas que têm o vírus não estão conscientes de que foram afetadas. Aproximadamente 1:200 das pessoas com o vírus vivenciarão os sintomas e poderão se tornar permanentemente paralisados, especialmente nos membros inferiores. Não há cura para a pólio, mas pode ser prevenida por meio de imunização.

Calor úmido e terapia física são usados para estimular os músculos naqueles indivíduos afetados com paralisia. Drogas antiespasmódicas são administradas para promover o relaxamento muscular. Esses tratamentos melhoram a mobilidade, mas não revertem a parilisia por pólio.

Adultos que sofreram de pólio quando crianças têm risco aumentado para a síndrome pós-pólio (SPP). Os sintomas são similares aos da pólio, incluindo fadiga, dor articular e muscular, fraqueza, intolerância ao frio e distúrbios de sono. A SPP é caracterizada pelo estabelecimento de dor muscular adicional e fraqueza, além dos sintomas que podem ocorrer na doença original. Os alunos com SPP sintomática geralmente têm força de perna e capacidade aeróbia reduzidas. Embora a pesquisa seja mínima, acredita-se que os alunos com SPP possam aumentar significativamente a força de perna e a função e capacidade aeróbias. O programa deve ser elaborado para promover saúde e condicionamento físico gerais e reduzir o risco de doenças associadas com inatividade física. O programa de exercícios para alunos com SPP deve ter uma abrangência mais restrita de intensidades de exercício, que geralmente não devem exceder intensidade moderada. Se as intensidades de exercício forem muito altas, há um risco de aceleração prematura da perda de unidade motora.

Exercícios sem suporte de peso e aquático são recomendados. Se não há nova fraqueza ou dor, um exercício com intensidade entre 60 e 70% do consumo máximo de oxigênio pode ser prescrito. Se os sintomas estão presentes, uma intensidade de menos de 50% é recomendada. O treinamento contínuo pode precisar ser dividido em intervalos de 2 a 5 minutos. O planejamento das aulas será ditado em grande medida pelos sintomas e pela quantidade de recrutamento muscular possível. O exercício em dias alternados é recomendado com frequência de três vezes por semana. Dor ou fadiga aumentadas devem alertar o aluno para diminuir intensidade e duração. Se os sintomas persistirem por mais de duas semanas e forem exacerbados por exercício, este deve ser suspenso e o aluno deve consultar seu médico (Durstine e Moore, 2002).

Lesão na cabeça (LC) pode resultar de uma pancada na cabeça que produz concussão, fratura de crânio ou contusão. As áreas de funcionamento que podem ser afetadas incluem consciência, habilidade motora, sensação, inteligência e emoção. Geralmente, o tônus muscular é exagerado, bem como a ação reflexa que produz movimento involuntário. As articulações podem ficar em posições de flexão ou extensão. A deficiência de movimento é marcada pela falta de coordenação. Indivíduos com lesão na cabeça em geral respondem melhor em ambientes familiares, fazendo tarefas repetitivas com poucas distrações (especialmente barulho). Esses indivíduos também podem ser sensíveis ao se moverem de um ambiente aquecido, como a pisicina, para temperaturas mais baixas.

Lesão da medula espinal (LME) pode ser causada por doença ou trauma e geralmente resulta em paraplegia ou quadriplegia. A LME afeta muitos sistemas do corpo e pode exigir esforço tremendo para o indivíduo sobreviver. O estresse psicológico em uma pessoa com LME é imenso. Se os problemas envolvidos, como o controle dos intestinos e da bexiga e das feridas por pressão, forem suficientemente resolvidos para capacitar o indivíduo com LME a entrar na água para o exercício, então este pode ser tornar o melhor ambiente "normalizante" para restaurar o movimento. Equipamento de flutuação adequado deve ser usado todas as vezes. Os benefícios do exercício desempenham um papel primordial em saúde e qualidade de vida. O ganho de peso para indivíduos com LME constitui um fator de inibição importante, mas que é facilmente tratado por meio do exercício na água. O exercício para a pessoa com lesão na medula espinal aumenta o metabolismo e queima calorias da mesma maneira que o faz para indivíduos não lesionados.

Distúrbios imunológicos e hematológicos

As seções seguintes discutirão doenças que afetam o sistema imune e o sangue, incluindo câncer, síndrome da fibromialgia, síndrome da fadiga crônica e Aids.

Câncer é um grupo de doenças caracterizado por um crescimento e espalhamento descontrolados de células anormais. Se o espalhamento não for controlado, pode resultar em morte (American Cancer Society, 2005). Existem centenas de tipos de câncer e ele pode afetar todas as idades e etnias. A ocorrência de câncer aumenta à medida que o indivíduo envelhece, com a maioria dos casos ocorrendo em adultos que iniciam a meia-idade. Aproximadamente 76% dos cânceres são diagnosticados na idade de 55 anos ou mais (American Cancer Society, 2005). O risco de desenvolver câncer é classificado de duas maneiras.

Risco vitalício se refere à probabilidade de você desenvolver ou morrer de câncer ao longo de sua vida. Esse risco para homens nos Estados Unidos é um pouco menor do que um em dois, já para mulheres é um pouco mais do que um em três.

Risco relativo compara o risco de desenvolvimento de um câncer específico em pessoas com certo traço ou exposição comparado com o risco em pessoas que não têm essa exposição ou traço. As estatísticas do risco relativo são publicadas pela American Cancer Society.

Fatores de risco para câncer incluem fumo, consumo pesado de álcool, dieta, exposição ao sol, inatividade física, obesidade e riscos ambientais e ocupacionais. Acredita-se que todos os cânceres causados pelo fumo e consumo pesado de álcool sejam completamente evitáveis. Evidência científica sugere que cerca de 1/3 de todas as mortes por câncer nos Estados Unidos são relacionados à má nutrição, inatividade física, sobrepeso e outros fatores associados ao estilo de vida. O câncer de pele pode ser evitado pela limitação da exposição aos raios solares e pelo uso de filtro solar. Os cânceres atribuídos às exposições infecciosas podem ser evitados por meio de mudanças comportamentais, vacinas e antibióticos. Seu risco para câncer depende de diversos fatores, incluindo o histórico médico de sua família, seu ambiente e as escolhas de estilo de vida que você faz (American Cancer Society, 2005).

Pesquisas indicam que quase todos os indivíduos com câncer podem se beneficiar do exercício. Os benefícios do exercício para alunos com câncer incluem:

- capacidade funcional aumentada – capacidade de trabalho aumentada e frequências cardíacas mais baixas em dada intensidade de exercício;

Capítulo 11 Populações especiais **233**

- gordura corporal diminuída;
- tecido magro muscular aumentado;
- náusea e fadiga diminuídas;
- melhora nos mecanismos de defesa natural;
- melhora no senso de controle;
- melhora no humor;
- melhora na autoestima;
- melhora na qualidade de sono autorreportada.

Uma abrangente revisão de literatura feita em 2000 por Courneya, Mackey e Jones (2000) "revela que o exercício tem um efeito positivo sobre uma série de parâmetros de qualidade de vida após os pacientes serem diagnosticados com câncer". Médicos que prescrevem exercícios para seus pacientes com câncer veem melhoras na motivação e adesão. A prescrição geral é de exercício moderado de três a cinco dias por semana por 20 a 30 minutos por sessão. Os efeitos do câncer sobre a resposta ao exercício dependem do tipo e da localização do câncer e das características individuais do aluno. Programas de exercício precisam ser individualizados para cada aluno. Uma preocupação com os sobreviventes de câncer é que podem ter deficiências nas funções cardiovascular e pulmonar como resultado do tratamento.

Considerações programáticas adicionais incluem:

- o exercício pode precisar ser modificado de acordo com a fadiga durante os períodos de tratamento;
- podem precisar ser feitos ajustes para impedimentos cirúrgicos ou a presença e a localização de um catéter implantado para tratamento de quimioterapia;
- a resposta ao exercício pode ser afetada se a pessoa tem doença local ou metastática;
- os objetivos do exercício podem ser alterados dependendo se o aluno recebe tratamento inicial, está em remissão ou recebe tratamento para uma recorrência;
- os objetivos do programa devem incluir o retorno dos alunos a níveis anteriores de funções físicas e psicológicas e a preservação ou a melhora da função.

Existem casos em que o exercício é contraindicado em alunos com câncer (Tab. 11.2). É preciso trabalhar de perto com o oncologista e o médico do aluno para fornecer cuidado seguro e efetivo. Algumas contraindicações com os ajustes no programa de exercício são listadas nas seções seguintes.

Tabela 11.2 Contraindicações para exercício físico após o diagnóstico de câncer

Contraindicação	Comentário
Contagem sanguínea completa • Nível de hemoglobina < 8 g/dL • Contagem absoluta de neutrófilos < 0,6 x 109/mcL • Contagem de plaquetas < 50 × 109/mcL	• Evite atividades que exijam transporte significativo de oxigênio (p. ex., alta intensidade) • Evite atividades que possam aumentar o risco de infecção bacteriana (p. ex., natação) • Evite atividades que aumentem o risco de sangramento (p. ex., esportes de contato ou exercícios de alto impacto)
Febre > 38°C	Pode indicar infecção sistêmica e deve ser investigada, evite exercícios de alta intensidade
Ataxia, tontura ou neuropatia sensorial periférica	Evite atividades de exijam equilíbrio e coordenação significativos como exercício em esteira
Caquexia grave (perda de > 35% do peso pré-morbidade)	Perda de massa muscular geralmente limita o exercício à média intensidade, dependendo do grau de caquexia
Dispneia	Investigue a causa; exercício até a tolerância
Dor óssea	Evite atividades que aumentem o risco de fratura, como esportes de contato e exercícios de alto impacto
Náusea grave	Investigue a causa; exercício até a tolerância
Fadiga extrema e fraqueza muscular	Exercício até a tolerância

Adaptado de K.S. Courneya, J. Mackey e L. Jones. 2000. "Coping with cancer: can exercise help?" The Physician and Sports Medicine Journal (28)5:49-73.

Síndrome da fibromialgia (SFM) é uma doença crônica caracterizada por fadiga e dor disseminada nos músculos, ligamentos e tendões. Para ser classificado com fibromialgia, um paciente deve ter 11 de 18 áreas específicas do corpo com dor ou pressão e dor disseminada que dure pelo menos 3 meses (Mayo Clinic, s/d a).

Sinais e sintomas de fibromialgia incluem dor disseminada, fadiga e distúrbios de sono, síndrome do intestino irritável (SII), dores de cabeça crônicas e dor facial, sensitividade aumentada, depressão, amortecimento ou formigamento nas mãos e pés, dificuldade de concentração, mudanças de humor, dor torácica ou pélvica, período menstrual doloroso, tontura e sensação de mãos e pés inchados.

Acredita-se que diversos fatores, em oposição a apenas uma causa, contribua para o desenvolvimento da fibromialgia. Esses fatores podem incluir o (Mayo Clinic, s/d b):

- mudanças químicas no cérebro;
- distúrbios de sono;
- lesão;
- infecção;
- anormalidades do sistema nervoso autônomo (simpático);
- mudanças no metabolismo muscular.

A fibromialgia ocorre mais em mulheres do que em homens e tende a se desenvolver em pessoas entre 20 e 60 anos de idade. Foram reportados casos em crianças. Acredita-se que padrões de distúrbios de sono aumentam o risco de desenvolvimento de fibromialgia, mas não está claro se é a causa ou o resultado da doença. O histórico familiar também é considerado um risco. Síndromes de dor crônica como a fibromialgia criam dilemas terapêuticos desafiadores e frustrantes. Por causa do conjunto de sintomas, muitos tipos de tratamento são prescritos, incluindo medicação, técnicas de relaxamento e condicionamento físico.

Os benefícios do exercício físico para essa população incluem (Durstine e Moore, 2002):

- redução dos pontos sensíveis e dor diminuída nos pontos sensíveis;
- dor geral diminuída;
- sono melhorado e menos fadiga;
- menos sentimentos de desamparo e desesperança;
- interações sociais mais frequentes e significativas;
- impacto amenizado da doença sobre as atividades diárias.

Os objetivos do planejamento das aulas para alunos com fibromialgia são similares aos objetivos para a maioria das doenças crônicas – restaurar e melhorar função e aspecto mental. Assim como os alunos com artrite, os que sofrem de fibromialgia acham muito confortável e encorajador exercitar-se na água.

Considerações programáticas adicionais incluem:

- exercício sem impacto ou de baixo impacto, de intensidade de baixa a moderada, é geralmente prescrito, incluindo hidroginástica, caminhada e ciclismo.
- treino de resistência usando peso baixo, tiras elásticas ou gravidade e enfatizando forma e técnica apropriadas ajuda a construir resistência muscular e tolerância aumentada à dor. Exercícios de flexibilidade também devem ser incluídos;
- a adesão é geralmente baixa nessa população. Exercício supervisionado ou sessões em grupo tendem a aumentar a adesão. Grupos de apoio e educação do aluno também podem ser úteis;
- o nível inicial de exercício deve ser determinado pelas características do aluno e pelo nível de tolerância à dor. Para a maioria dos alunos, a progressão deve ser muito conservadora, começando em um nível de baixa intensidade;
- evite exercício nas primeiras horas da manhã e atividades repetitivas sobre a cabeça para diminuir o nível de atrito;
- os sintomas podem piorar inicialmente ao começar um programa de exercício pela primeira vez. Os alunos com fibromialgia devem considerar suas sessões de exercício com obrigações de atividade diárias.

De acordo com o site do CDC, a síndrome da fadiga crônica (SFC) foi definida em 1994 por um painel internacional de especialistas em pesquisa. Baseado nessa definição, o diagnóstico de síndrome de fadiga crônica inclui dois critérios (CDC, s/d):

1. Fadiga crônica grave por pelo menos seis meses com exclusão de outros problemas médicos por diagnóstico clínico.

2. Quatro ou mais dos seguintes sintomas de forma concomitante: deficiência substancial na memória de curto prazo ou na concentração; faringite; linfonodos amolecidos; dor muscular; dor multiarticular sem inchaço ou vermelhidão; dores de cabeça de um novo tipo, padrão ou gravidade; sono não reparador; e indisposição pós-esforço que dure mais do que 24 horas.

A SFC faz a pessoa se sentir muito cansada para fazer as atividades normais e ela fica facilmente exausta sem razão aparente. A SFC pode permanecer ativa por meses e, em alguns casos, por anos.

Os sintomas da SFC vêm e vão ou permanecem constantes por pelo menos 6 meses, e incluem dor de cabeça, linfonodos amolecidos, fadiga e fraqueza e inabilidade de se concentrar. Pensada no início dos anos 1980 com a "gripe yuppie", os médicos observam agora a síndrome em pessoas de todas as idades e classes econômicas e sociais. Doenças similares, conhecidas por diferentes nomes, datam do começo de 1800 (NIAID, s/d).

Embora as causas da SFC sejam desconhecidas, existem algumas hipóteses. As principais hipóteses para o que desencadeia e sustenta a SFC incluem:

- infecção viral persistente, incluindo o herpes vírus humano, um enterovírus, o vírus Epstein-Barr, ou um retrovírus;

- disfunção imune crônica com produção e atividade anormais de citoquinas;

- distúrbio neuropsiquiátrico em que a depressão e problemas psiquiátricos podem preceder ou desempenhar um papel no prolongamento da doença;

- o modelo híbrido que sugere que os fatores fisiológicos e psicológicos desempenham um papel no desencadeamento e prolongamento da doença.

A síndrome da fadiga crônica é difícil de diagnosticar porque seus sintomas são similares aos de muitas outras doenças. É geralmente tratada com medicamentos, terapia comportamental cognitiva (aconselhamento ou terapia psicológicos) e terapia de exercício graduada. Recomenda-se que os alunos com SFC tenham uma dieta balanceada, tenham descanso suficiente, exercitem-se regularmente e se coloquem em um ritmo fisicamente, emocionalmente e intelectualmente porque estresse excessivo pode agravar os sintomas (NIAID, s/d). Embora melhoras nos parâmetros psicológicos e de função possam ser modestos para um aluno com SFC, a maioria reporta melhoras dramáticas na qualidade de vida nos resultados percebidos de um programa de exercício regular.

Considerações programáticas adicionais para alunos com SFC incluem:

- estudos indicam que respostas cardíacas, pulmonares, musculares, imunes e endócrinas ao exercício agudo são similares àquelas verificadas em indivíduos normais com profunda falta de condicionamento (Durstine e Moore, 2002);

- pratique exercício em intensidade e duração que não cause fadiga adicional. Exercício ameno a moderado é comumente prescrito com uma progressão lenta e conservadora. Todos os parâmetros de condicionamento físico devem ser abordados.

- febre amena crônica não é incomum nos alunos com SFC. Instrua os alunos a medirem sua temperatura antes do exercício. Se estiver acima de 38°C, o exercício vigoroso deve ser evitado e substituído por alongamento ameno (Cotton e Anderson, 1999);

- os principais objetivos do exercício incluem manutenção da função e prevenção de deterioração física;

- fadiga e desconforto podem ser mais agudos após sessões de exercício nos estágios iniciais de um programa de condicionamento. Avise seu aluno sobre isso com antecedência;

- alunos com SFC tendem a superestimar sua habilidade e estabelecer expectativas irreais;

- incentive as sessões de exercício durante períodos do dia quando os sintomas parecem menos graves.

A síndrome da imunodeficiência adquirida (Aids) se desenvolve a partir do vírus HIV ou da imunodeficiência humana. Embora ganhos positivos tenham sido alcançados em prevenção, dignóstico e tratamento da Aids, uma vacina ou cura ainda não está disponível. O mecanismo dessa doença resulta em imunossupressão, que leva a um risco aumentado de infecções oportunistas, diminuição do consumo de alimento e massa corporal magra, além de diminuição da função do sistema imune e perda avançada de tecido corporal, com a progressão da doença e eventual morte.

Há três estágios do HIV que devem ser considerados no programa de exercícios. O estágio I é o soropositivo assintomático (positivo no sangue). O indivíduo está infectado com o HIV e é contagioso para os outros. O HIV é transmitido via sexual e pela corrente sanguínea. O estágio I pode durar 10 anos ou mais. Geralmente, não há efeitos sobre o desempenho em exercícios ou mudanças na prescrição de exercício para alunos no estágio I de HIV.

O estágio II é composto pelos sintomas precoces do HIV. Nele, sintomas e sinais intermitentes ou persistentes são vivenciados. Os sintomas incluem fadiga, diarreia, perda de peso, febre e linfoadenopatia (doenças dos linfonodos). No estágio II, a progressão da doença pode ser verificada por vários anos. Os alunos que estão nesse estágio podem ter redução da capacidade de realização de exercício, da capacidade de consumo de oxigênio, da frequência cardíaca e da reserva respiratória.

O estágio III é o desenvolvimento da Aids. Os sintomas se tornam mais graves e existe geralmente uma redução na capacidade de realização do exercício. Há limitações mais graves no consumo de oxigênio e respostas neuro-endócrinas alteradas. O aluno vivencia exaustão física e fadiga muscular.

Embora os riscos e benefícios do exercício para alunos com HIV não sejam totalmente entendidos, é de consenso geral que o treinamento é benéfico. Os benefícios incluem um aumento nas células mediadoras da imunidade natural, proteção aumentada contra infecção do trato respiratório superior e relatos de menos resfriados e menos dias em que se sentem mal. Exercício cardiorrespiratório regular, treinamento de resistência e exercícios de flexibilidade ajudam a aumentar o tecido corporal magro, a oxidação e a capacidade de resistência aeróbia. Exercícios de rotina moderados possivelmente podem atrasar o estabelecimento e a gravidade dos sintomas.

Considerações programáticas adicionais incluem:

- é melhor começar um programa de exercício no estágio I, assim que a doença é diagnosticada;
- o programa precisa ser individualizado, levando em consideração o estágio, os sintomas, os perfis sanguíneos e os tratamentos do aluno;
- exercício intenso ou atividade prolongada por mais de 90 minutos não é recomendado (Durstine e Moore, 2002);
- o exercício é contraindicado se a temperatura do aluno estiver elevada ou se ele estiver na fase aguda de uma infecção secundária;
- tenha em mente que o aluno é mais suscetível a resfriados e infecções;
- o programa de exercícios deve ser reavaliado e ajustado conforme a doença progride.

HIV é uma doença contagiosa. Como um profissional de condicionamento físico, deve seguir procedimentos e precauções universais para prevenir a disseminação do HIV. A seguir, estão as diretrizes dos Centers for Disease Control and Prevention (CDC) para evitar a disseminação do vírus:

- há certos fluidos corporais em que as diretrizes são pertinentes. Esse fluidos corporais incluem sangue e outros contendo sangue visível, sêmen e secreções vagnais, tecidos e certos fluidos corporais específicos, entre eles sinovial, cerebrospinal, pleural, percárdico, peritoneal e amniótico;
- há fluidos corporais aos quais as precauções não se aplicam. Esses incluem fezes, secreções nasais, esputo, suor, lágrimas, urina, vômito e saliva (a não ser que estes contenham sangue visível);
- use barreiras protetoras para prevenir a exposição aos fluidos corporais aos quais as precauções universais se aplicam, que podem variar com base na situação;
- lave as mãos ou outra superfície de pele que possa ter sido exposta a qualquer um dos fluidos aos quais os cuidados universais se aplicam imediata e completamente;
- use uma diluição de 1:10 de hipoclorito de sódio para descontaminar equipamento e superfícies.

HIV e instituições públicas

- O HIV não é disseminado pelo contato casual.
- O vírus é facilmente morto por hipoclorito de sódio, álcool ou outros desinfetantes comuns. A lavagem cuidadosa e o uso de desinfetante matam o vírus antes que ele possa entrar em seu corpo.
- O HIV é transmitido apenas pela exposição ao sangue infectado, relação sexual ou amamentação. Além disso, o contato direto e indireto com os fluidos corporais de uma pessoa lesionada devem ser evitados. Toda a precaução deve ser tomada.

2001 Lifeguard Training Manual, American National Red Cross (2001).

Resumo

1. Considerações programáticas para idosos incluem aclimatação apropriada ao ambiente da piscina, aquecimento longo, opções de baixo impacto, exercícios posturais e exercícios funcionais. Os idosos também têm benefícios no aspecto social de um programa de exercícios.

2. Considerações programáticas para adultos obesos incluem acesso confortável para entrada e saída da piscina, modificações por conta dos corpos maiores, sinalização para forma e alinhamento apropriados e ritmo musical ligeiramente mais lento em virtude de a área de superfície frontal ser maior.

3. Ao elaborar programas de exercícios para crianças, a idade é a principal consideração. Concentração,

capacidades físicas, nível de socialização e contexto socioeconômico afetarão o tipo de programa oferecido.

4. Adolescentes jovens precisam de programas de exercício que ainda incluam jogos e diversão. Adolescentes mais velhos podem estar prontos para começar a participar de programas mais padronizados prescritos para adultos.

5. As diretrizes e recomendações do American College of Obstetricians and Gynecologists (ACOG) devem ser seguidas pelas alunas em pré e pós-natal.

6. Alunos com doença cardiovascular e pulmonar podem se beneficiar de um programa de exercício bem elaborado. É melhor ter um médico para determinar o limite superior para exercício baseado nos sintomas do aluno.

7. A maioria dos alunos com doença musculoesquelética podem se beneficiar de um programa de exercício que melhore a resistência, fortaleça músculos enfraquecidos e alongue músculos encurtados para melhorar o equilíbrio muscular e, sobretudo, a capacidade funcional.

8. Alunos com diabetes melito requerem calçado apropriado para hidroginástica a fim de proteger a pele delicada de seus pés. O exercício deve ser coordenado com a aplicação de insulina e um lanche com alto teor de carboidrato.

9. A temperatura da água e as considerações programáticas variam nas doenças neuromusculares e distúrbios imunológicos e hematológicos, dependendo do tipo de doença.

Questões para revisão

1. Nomeie as quatro categorias principais para mudanças que ocorrem à medida que o corpo amadurece.

2. Exercício cardiorrespiratório em temperaturas de água acima de 32°C é seguro e prudente para adultos obesos. Verdadeiro ou falso?

3. Qual doença cardiovascular é causada pelo bloqueio das artérias no cérebro?

   a. doença arterial coronariana;

   b. colesterol sanguíneo alto;

   c. acidente vascular encefálico (AVE);

   d. infarto agudo do miocárdio (IAM).

4. Que doença neurológica é caracterizada por uma perda na função muscular causada pela deterioração das bainhas de mielina ao redor dos nervos?

   a. distrofia muscular;

   b. esclerose múltipla;

   c. paralisia cerebral;

   d. epilepsia.

5. Qual a profundidade de água recomendada para idosos?

6. Qual a diferença entre idade cronológica e funcional?

7. Quais são os quatro fatores que afetam o conteúdo e o formato do programa de exercícios para crianças?

8. Quais são as duas formas mais comuns de artrite?

9. Todos os adolescentes estão no mesmo nível de maturidade física e psicológica. Verdadeiro ou falso?

10. Os músculos _____ são importantes para serem condicionados porque desempenham um importante papel na manutenção da inclinação pélvica correta e do alinhamento espinal, e ajudam a prevenir dor na região lombar durante a gestação.

Ver as respostas a estas questões no Apêndice C.

Bibliografia

American Cancer Society. 2005. *Cancer facts and figures 2005.* Atlanta: American Cancer Society.

American College of Obstetricians and Gynecologists. 1992. *Women and exercise.* Washington, DC: American College of Obstetricians and Gynecologists.

American College of Obstetricians and Gynecologists, 1994. *Exercise during pregnancy and the postpartum period.* Washington, DC: American College of Obstetricians and Gynecologists.

American College of Sports Medicine. 2006. *Guidelines for exercise testing and prescription.* 7th edition. Baltimore: Lippincott, Williams, & Wilkins.

American Congress of Obstetricians and Gynecologists, 2003. *Exercise during pregnancy.* www.acog.org/publications/patient_education/bp119.cfm.

American Heart Association. 2009. *Heart disease and stroke statistics – 2009 Update (At-a-glance version).* www.americanheart.org/presenter.jhtml?identifier=3037327.

American Parkinson Disease Association. 2008. *Aquatic exercise, an exercise program for people with Parkinson's disease.* Staten Island, NY: American Parkinson Disease Association.

American Red Cross. 2001. *Lifeguard training manual.* Washington DC: American Red Cross.

Aquatic Exercise Association. 1998. *Aquatic Fitness Principles for Larger Adults.* Nokomis, FL: Aquatic Exercise Association.

Aquatic Exercise Association. 1998. *Aquatic Programming for Pregnancy and Postpartum.* Nokomis, FL: Aquatic Exercise Association.

Aquatic Exercise Association. 1998. *Children's Aquatic Fitness.* Nokomis, FL: Aquatic Exercise Association.

Arthritis Foundation Aquatic Program Instructor Manual, 2009, Arthritis Foundation, Atlanta GA Ashlie, D. 2004. *Aqua Hearts' instructor training manual.* Instructor Training Workshop. Vancouver, WA: Debra Ashlie.

Bellenir, K. 2004. *Fitness information for teens: Health tips about exercise, physical well being and health maintenance.* Detroit: Omnigraphics Publishers.

Centers for Disease Control and Prevention. n.d. Chronic fatigue syndrome. www.cdc.gov/cfs/cfsdefinition.htm.

Cotton, R.T. and R.E. Andersen. 1999. *Clinical exercise specialist manual: ACE's source for training special populations.* San Diego: American Council on Exercise.

Courneya, K.S., J. Mackey, and L. Jones. 2000. Coping with cancer: Can exercise help? *The Physician and Sportsmedicine Journal* (28)5: 49-51, 55-56, 66-68, 71-73

Darst, P., and R. Pangrazi, 2001. *Dynamic physical education for secondary students.* 4th edition. San Francisco: Pearson-Benjamin Curnmings Publishers.

Durstine, J., and G. Moore. 2002. *ACSM's exercise management persons with chronic disease and disabilities.* 2nd edition. Champaign, IL: Human Kinetics Publishers

Epilepsy Foundation Staff. 2009. *About epilepsy: What is epilepsy.* Landover, MD: Epilepsy Foundation.

Faigenbaum, A., L.D. Zaichowsky, W.L. Westcott, C.J. Long, R. Larosa-Loud, L.J. Micheli, A.R. Outerbridge. 1997. Psychological effects of strength training on children. *Journal of sport behavior, 20: 164.*

Global Polio Eradication Initiative. 2005. *The Disease and the virus.* Geneva, Switzerland: World Health Organization.

Goldenson, R., Dunham, J., and C. Dunham. 1978. *Disability and rehabilitation handbook.* New York: McGraw-Hill Publishers.

Mayo Clinic Staff. n.d. *Cerebral palsy: Definition.* www.mayoclinic.com/health/cerebral-palsy/DS00302.

Mayo Clinic Staff. n.d. *Fibromyalgia: Definition.* www.mayoclinic.com/health/fibromyalgia/DS00079.

Mayo Clinic Staff. n.d. *Multiple sclerosis: Definition.* www.mayoclinic.com/health/multiple-sclerosis/DSOOI88.

Mayo Clinic Staff. n.d. *Parkinson's disease: Definition.* www.mayoclinic.com/health/parkinsons-disease/DS00295.

National Heart, Blood and Lung Institute. 2005. *COPD.* Washington, DC: Department of Health and Human Services.

National Heart, Blood and Lung Institute. 2005. *How is high blood cholesterol diagnosed?* Washington, DC: Department of Health and Human Services.

National Institute of Allergy and Infectious Diseases.n.d. *Women's Health in the U.S.: Research on Health Issues Affecting Women.* www.niaid.nih.gov/publications/womenshealth/womenshealth.pdf.

National Institute of Neurological Disorders and Stroke. 2009. *Amyotrophic lateral sclerosis fact sheet.* Bethesda, MD: Office of Communications and Public Liaison, National Institute of Health.

Quinn, E. n.d. *Exercise as cancer treatment.* http://sportsmedicine.about.com/cs/exercisephysiology/a/aa090501a. htm. 12

capítulo 12

Emergências, lesões e a saúde do instrutor

Introdução

Neste capítulo, apresentaremos informações com o intuito de ajudar o profissional de condicionamento físico aquático a reconhecer as várias emergências médicas e lesões que podem ocorrer, assim como aprender algo sobre a saúde do profissional de condicionamento físico; algumas lesões podem ser agudas e outras mais crônicas, ou ainda decorrer de atividade excessiva (*overtraining*). Também aprenderá a reconhecer que tais lesões podem ocorrer tanto em instrutores quanto em alunos, além de entender que pode se exigir que o profissional de condicionamento físico forneça os procedimentos iniciais de primeiros socorros, comece a RCP ou use um DEA.

Conceitos fundamentais

- Como você identifica uma vítima de afogamento e qual é a resposta instintiva ao afogamento?
- Como você adapta o treinamento de primeiros socorros, RCP e DEA ao ambiente aquático?
- O que é um plano de ação de emergência e a qual propósito ele serve na instituição aquática?
- Que medidas você deve tomar se alguém tiver um infarto agudo do miocárdio (IAM), acidente vascular encefálico (AVE) ou convulsão epilética durante a sua aula?
- Quais são os três estágios de um mal-estar relacionado ao calor?
- Qual é a principal diferença entre uma lesão aguda e uma crônica?
- Como um profissional de condicionamento físico aquático, como você protege sua voz de lesão?

Os profissionais de condicionamento físico aquático esperam nunca ter de vivenciar uma situação de emergência em suas aulas, sessões de treino ou no vestiário. Entretanto, é prudente estar sempre preparado, porque emergências realmente acontecem – e acontecem rápido.

Sugere-se que os instrutores e *personal trainers* trabalhando na piscina e na área ao redor dela mantenham certificações ou treinamento em **ressuscitação cardiopulmonar (RCP)**, uso de **desfibriladores externos automáticos (DEA)**, segurança geral na água e primeiros socorros básicos. Quanto mais conhecimento e prática tiver nessas áreas, mais confiante se sentirá em casos de emergência ou lesão. Você irá melhorar sua resposta, assim como o resultado das emergências, com um plano de ação de emergência (PAE) bem fundamentado e habilmente praticável para cada local em que se trabalha ou treina.

Planos de ação de emergência

Um **plano de ação de emergência (PAE)** é um plano de ação preconcebido para situações de emergência. Seu objetivo é assegurar que os primeiros socorros sejam dados da melhor maneira possível e que a equipe lide com emergências em um esforço conjunto. Cada instituição deve estar preparada para emergências e cada membro da equipe deve ser bem treinado nos procedimentos apropriados.

Os planos de ação de emergência devem incluir as seguintes informações:

- curso de ação para toda a equipe que estiver a trabalho no momento;
- identificação dos deveres principais e de apoio da equipe;
- cadeia de comando;
- números de telefones de emergência;
- número de telefone e endereço da instituição;
- procedimentos de acompanhamento para avaliar o acidente, incluindo a correção da resposta e a prevenção de acidentes similares.

Como profissional de condicionamento físico, você deve saber seus deveres no momento de uma emergência e como se encaixar em um plano de ação de emergência em cada situação que possa surgir enquanto você está trabalhando na instituição.

A seguir está uma lista de cenários de emergência em que você pode ser envolvido:

- resgates de remoção – simplesmente tirar uma pessoa consciente da piscina para um local seguro;

- resgates inconscientes – cobre afogamento e casos em que o resgate de remoção não é efetivo;
- dor no tórax – a base para um infarto agudo do miocárdio (IAM);
- gerenciamento de lesão espinal – uma potencial lesão de pescoço ou coluna;
- vazamento de gás de cloro – conhecimento obrigatório, caso a instituição utilize tal gás.
- evento neurológico súbito;
- lesões decorrentes de quedas na piscina ou no vestiário;
- evacuação em decorrência de incêndio, terremoto, relâmpago ou outros eventos naturais.

Adaptação do treinamento de primeiros socorros, RCP e DEA ao ambiente aquático

A maioria dos códigos estaduais norte-americanos de saúde classifica uma piscina pública de natação como sendo qualquer piscina para a qual uma taxa direta é cobrada (p. ex., taxas de aula ou instrutor). Muitos desses estados exigem que um guarda-vidas esteja de prontidão nessas piscinas durante os horários de operação. Há situações em que o condicionamento físico aquático é ensinado em locais que não têm guarda-vidas na equipe (hotéis, *spas*, condomínios, complexos de apartamentos etc). É aconselhável que nessas situações o profissional de condicionamento físico receba ao menos o treinamento aquático básico em segurança e salvamento. Entretanto, uma certificação de guarda-vidas pode ser necessária para estar de acordo com as exigências locais, municipais ou estaduais.

Um profissional aquático deve respeitar as seguintes diretrizes:

- manter um certificado atual em RCP. Também é altamente recomendado ter certificações em DEA, segurança e salvamento aquático básicos e primeiros socorros;
- estar treinado no uso apropriado do equipamento de salvamento (maleta de primeiros socorros, tubo de resgate, boia salva-vidas, prancha para transporte da vítima e telefone) e assegurar que o equipamento esteja disponível;
- conhecer o PAE de cada local onde trabalha e as reações que são esperadas de sua parte;
- ser capaz de identificar uma crise na água.

Todo instrutor ou *personal trainer* deve saber o que fazer quando for a pessoa mais próxima da cena em uma situação de emergência ou caso uma lesão ocorra durante

Padrões e diretrizes da AEA: guarda-vidas

Códigos nacionais, estaduais, municipais e locais relacionados ao regulamento do guarda-vidas sempre devem ser seguidos.

Para a segurança máxima dos alunos e responsabilidade limitada para o profissional de condicionamento físico aquático e da instituição, a AEA recomenda que, além do profissional de condicionamento físico conduzindo a aula ou sessão, um guarda-vidas certificado deva estar de prontidão na área da piscina quando as aulas de condicionamento físico aquático estiverem sendo dadas.

Se um guarda-vidas certificado não estiver presente durante a aula ou sessão de condicionamento físico aquático, a AEA recomenda o seguinte:

- o profissional de condicionamento físico aquático deve ser certificado em segurança na água e técnicas básicas de resgate aquático.

- o profissional de condicionamento físico aquático deve permanecer no *deck* enquanto conduz a aula ou sessão, a não ser que se trate de uma aula particular ou o treinamento de um grupo pequeno (dois a cinco alunos) que exija assistência ou direcionamento dentro da água.

- o profissional de condicionamento físico aquático deve estar totalmente ciente sobre o PAE e seu papel nesse plano.

uma aula ou sessão de treinamento. A informação a seguir não tem a intenção de substituir os cursos de treinamento em segurança na água, primeiros socorros, RCP e DEA. Tampouco essa informação tem como objetivo eliminar a necessidade de uma equipe de guarda-vidas das instituições com piscina. Em vez disso, essa informação revê o básico que cada um precisa saber como profissional de condicionamento físico aquático.

Primeiros socorros básicos

Os primeiros socorros básicos para lesões podem ser, na maior parte dos casos, gerenciados pelo princípio RICE. Há muitas variações do acrônimo RICE, mas na indústria do condicionamento físico ele geralmente representa repouso (*rest*), gelo (*ice*), compressão (*compression*) e elevação (*elevation*). O repouso após uma lesão permite ao corpo começar a recuperação. O gelo causa vasoconstrição dos vasos sanguíneos e, assim, limita a quantidade de inchaço admitida na área. O gelo também provoca um efeito de amortecimento que reduz a dor. Fazer a compressão e elevação da parte lesionada minimiza o inchaço e a dor causada pelo inchaço excessivo.

Algumas lesões que ocorrem na piscina são mais sérias que colisões, hematomas, luxações ou torções e podem exigir que se chame ajuda de emergência. Essas lesões incluem fraturas de quadril ou pélvicas, deslocamentos de ombro ou patela, tornozelos ou punhos fraturados e lesões de pescoço ou cabeça. Embora as especificidades dessas lesões mais sérias não sejam discutidas mais adiante neste capítulo, nós as mencionamos agora na esperança de que os profissionais de condicionamento físico estarão preparados para o que quer que aconteça na piscina.

Os cursos de segurança da American Red Cross (Cruz Vermelha Norte-americana) ensinam a *verificar*, *pedir ajuda* e então *cuidar* de uma vítima de qualquer emergência. Os procedimentos de emergência na água são:

1. *Verifique* antes de ajudar a vítima:

    a. Há algum perigo ambiental como choque elétrico ou vazamento de cloro?

    b. O que pode ter acontecido (IAM, pânico, passou inesperadamente para uma parte mais funda da piscina, engoliu água, e assim por diante)?

    c. Qual a potencial extensão das lesões? Elas requerem manuseio especial da coluna vertebral ou RCP?

    d. Quantas vítimas estão envolvidas?

    e. Quem pode auxiliar pedindo ajuda, removendo a vítima (se necessário) e evacuando a piscina?

2. *Peça ajuda.* Assim que reconhecer uma situação que exija assistência, inicie o plano de ação de emergência (PAE) do local. Ligue para o serviço médico de emergência local (no Brasil, o Serviço de Atendimento Móvel de Urgência – SAMU 192 – ou o Corpo de Bombeiros 193). Ao lidar com um adulto, faça a ligação imediatamente.

3. *Cuide* da vítima.

    a. No caso em que você possa alcançar rapidamente a vítima ou jogar algo para ela, faça sem hesitação. Estenda um braço, uma perna, um tubo ou jogue uma boia salva-vidas. Você pode chamar ajuda assim que fizer isso.

    b. Se você mesmo não puder fazer o resgate, um guarda-vidas deve ser chamado à cena o mais rápido possível. Você, então, dá apoio ao guarda-vidas evacuando a piscina e supervisionando os outros alunos. Traga os suprimentos que o guarda-vidas precisar e tenha certeza de que a ligação para o SME seja feita.

c. Remova a vítima para um local seguro ou tire-a da água. Dê o atendimento adequado para ajudar a vítima até que o SME chegue e assuma a ocorrência.

RCP e DEA

A parada cardíaca ocorre quando o coração falha em se contrair efetivamente e fazer circular o sangue para o cérebro e outros órgãos vitais, sendo uma emergência com risco de morte. A rápida administração tanto da RCP (uma combinação de compressões torácicas e respiração de salvamento) quanto da desfibrilação (o processo de dar choque elétrico para permitir que o coração desenvolva um ritmo eficiente espontaneamente) aumenta a chance de sobrevivência.

Quando possível, recomenda-se que o indivíduo seja removido da piscina antes de se administrar a respiração de salvamento porque isso permite uma aplicação mais eficiente e efetiva dessa técnica. Para que as compressões torácicas sejam efetivas na RCP, o indivíduo deve ser colocado em decúbito dorsal sobre uma superfície plana e firme. Não é possível executar uma compressão torácica efetiva na água, portanto, o indivíduo deve ser removido antes que a RCP seja iniciada.

Assim como em todos os procedimentos de primeiros socorros, certas precauções devem ser tomadas ao se operar um DEA para assegurar a segurança da vítima, da equipe de resgate e das pessoas ao redor. As diretrizes da American Red Cross recomendam não usar o DEA em uma pessoa que esteja em contato com a água. Se uma pessoa foi removida da água, deve se secar a área do tórax antes de colocar os eletrodos do DEA. Tampouco a vítima ou a equipe de resgate operando o DEA devem estar em uma poça de água (2006).

A remoção de vítimas conscientes ou inconscientes da piscina envolve habilidades que devem ser praticadas. Recomenda-se que o profissional de condicionamento físico aquático frequente um curso de segurança ou de resgate na água para aprender a executar as habilidades de remoção sob a orientação de um indivíduo treinado.

Emergências

A segurança deve ser um fator principal. Os profissionais de condicionamento físico devem estar preparados para reconhecer e reagir a situações de emergência que podem surgir ao se conduzir um programa de exercício em um ambiente aquático.

Desespero e afogamento

O ambiente aquático adiciona uma preocupação com a segurança não encontrada em programas de condicionamento físico baseados em terra: o potencial para afogamento. Uma pessoa em **desespero** é alguém que pode nadar ou flutuar, mas não pode mais progredir. Ela pode estar com cãibra, fatigada ou ter engolido água. Esses indivíduos têm algumas habilidades aquáticas e podem ser capazes de acenar ou pedir ajuda. A situação pode piorar rapidamente se o medo tomar conta.

Uma vítima de **afogamento** é, em geral, uma pessoa com pouca ou nenhuma habilidade de natação que de repente se vê em na parte funda da piscina e entra em pânico. Além disso, uma vítima de desespero pode se tornar uma vítima de afogamento ao entrar em pânico. Em decorrência da resposta instintiva ao afogamento, a vítima não pode acenar ou pedir ajuda. Ela deve ser alcançada dentro de 20 a 60 segundos, o tempo médio que a vítima se debate antes de ir para o fundo.

A **resposta instintiva ao afogamento** (Pia, 1971; 1974) é caracterizada pelo seguinte:

- os braços da vítima estão incontrolavelmente estendidos para o lado, sendo elevados e pressionados para baixo de forma alternada na tentativa de erguer a cabeça acima da água;

- a vítima inala quando a cabeça afunda abaixo da superfície;

- uma vez que a fala é uma função secundária do sistema respiratório, ela não é possível, a não ser que a vítima esteja conseguindo ar suficiente para, primeiramente, satisfazer a necessidade de respirar. Na verdade, a vítima está sendo sufocada pela água e, assim, não pode pedir ajuda;

- o fato de os braços estarem levantados e a cabeça parecer estar boiando para cima e para baixo dá a ilusão de estar brincando. As pessoas geralmente não percebem que o afogamento está ocorrendo a 3 ou 4,5 m de distância delas;

- uma criança pequena se debaterá por 20 segundos e um adulto pode se debater por 60 segundos. Se estiver intoxicado, é provável que um adulto não vá sequer se debater, mas escorregar silenciosamente para baixo da superfície.

Como um profissional de atividades aquáticas, você deve ser capaz de reconhecer a pessoa em desespero, assim como a resposta instintiva ao afogamento. Se estiver trabalhando em um local com guarda-vidas treinados de prontidão, eles são os responsáveis pelo resgate. Você precisa estar ciente de sua responsabilidade no PAE do local. Se estiver em posição de ajudar uma vítima em desespero ou afogamento, uma assistência de alcance ou de lançamento é o meio mais seguro de ajudar a pessoa.

Se você não for treinado, tentar um salvamento a nado não é recomendado e pode criar uma situação de duplo afogamento.

Como fazer uma **assistência de alcance** apropriada:

- tenha certeza de que você não está em perigo de ser puxado para a água;
- mantenha seu centro de gravidade baixo, em direção ao chão, quando estender seu braço, perna, toalha ou camiseta;
- ao estender um tubo, coloque-o na borda da piscina e faça com que escorregue embaixo dos braços estendidos da vítima. *Não tenha como alvo a face ou a área do tórax;*
- se for estender um bastão com pontas ou ganchos, vire-os para longe da vítima enquanto o estende. Uma vez que esteja ao lado da vítima, gire o bastão e pegue a vítima com a ponta ao redor de sua cintura. Escorregue-o para as axilas e puxe a vítima devagar;
- se estiver fazendo uma assistência de alcance direto, assegure-se de apoiar seu corpo na borda ou em um local seguro antes de entrar em contato com a vítima. Leve um objeto com você para estender para a vítima, se possível. Um equipamento flutuante é o melhor objeto para usar como extensão.

Como fazer uma **assistência por lançamento:**

- ao lançar uma boia salva-vidas ou arremessar um pote com uma corda presa, tente jogar um pouco longe da vítima e instrua-a para que agarre e segure a boia ou o pote. Não jogue uma boia ou pote com a corda inteira. Fique parado no final da corda ou prenda-a em seu punho. Tome cuidado para não atingir alguém;
- ao jogar uma boia salva-vidas sem uma corda, tente fazê-la aterrissar e flutuar para baixo dos braços da vítima. Se não for bem-sucedido e puder nadar com segurança até a vítima, nade e empurre a boia para a vítima, mas tenha certeza de que a vítima não pode agarrá-lo. Você pode rebocar a boia e a vítima para um local seguro, dizer para a vítima segurar na boia e seguir até um local seguro ou esperar que chegue mais ajuda;
- qualquer item que flutue e possa ser lançado pode ser usado em uma assistência por lançamento. Isso inclui pranchas, botes infláveis, equipamentos de flutuação e até mesmo roupas térmicas. Estes são arremessados com a corda com que irão aterrissar e flutuam sob os braços da vítima se debatendo;

- uma corda pode ser colocada dentro de um galão de plástico e amarrado ao redor da alça para fazer um pote de lançamento. Simplesmente coloque a parte final solta da corda ao redor do punho e arremesse o galão inteiro, com corda e tudo. Se a vítima estiver muito longe pode ser necessário adicionar um pouco de água para dar peso suficiente ao pote.

Se não houver equipamento disponível para o uso, mas houver várias pessoas na área, você pode formar uma **corrente humana.** Forme uma fila de pessoas em pé, colocando a pessoa mais pesada na parte mais rasa e o nadador mais leve o mais distante dentro da água. A segunda pessoa olha para a direção oposta e os pulsos são agarrados. Uma vez que entre em contato com a vítima, a pessoa na borda começa a puxar a corrente inteira, sendo auxiliada pela próxima a chegar na borda, e assim por diante.

Mal súbito

O mal súbito pode ocorrer a qualquer um, em qualquer lugar. Você pode não saber o que é esse mal-estar, mas ainda assim pode dar assistência. Se achar que algo está errado ou que o indivíduo parece ou se sente doente, verifique se ele tem uma etiqueta médica de alerta. Não tenha medo de fazer perguntas para obter informação sobre o que está errado; a situação pode piorar rapidamente.

Existem muitos tipos de mal súbito, incluindo:

- emergência diabética;
- convulsão;
- acidente vascular encefálico (AVE);
- IAM;
- reação alérgica;
- envenenamento.

Ao prestar atendimento em um caso de mal súbito, siga os procedimentos gerais para situações de emergência. Tenha em mente que você não é obrigado a executar quaisquer habilidades além de seu nível de treinamento.

- use precauções básicas para prevenir a transmissão de doença;
- cuide primeiro das situações que ameacem a vida;
- monitore a via aérea, a respiração e a circulação;
- observe variações de consciência;
- mantenha a pessoa confortável e tranquila;
- previna resfriamento ou sobreaquecimento;
- não dê nada para comer ou beber a não ser que a vítima esteja consciente e não esteja em choque;

Sinais e sintomas de mal súbito

- sensação de aturdimento, tontura ou confusão;
- suor ou fraqueza;
- náusea, vômito ou diarreia;
- mudanças na cor da pele (pálida, cinzenta ou ruborizada);
- dor de cabeça severa, dificuldade para respirar ou pressão ou dor no tórax que não passa;
- convulsões ou mudanças no estado de consciência;
- paralisia, fala enrolada ou visão turva;
- pressão ou dor abdominal que não passa.

- tome cuidado com quaisquer outros problemas que possam se desenvolver, como vômito.

Adaptado de American Red Cross Lifeguarding training manual (2007).

Diabetes

O **diabetes** é uma síndrome caracterizada por níveis de glicemia cronicamente elevados no corpo em decorrência da falta de ou da baixa produção de insulina, ou ainda por problemas nos receptores insulínicos das células corporais. Aqui discutiremos o diabetes de forma breve, com ênfase em como reconhecer e tratar as intercorrências desta doença (o Cap. 11 dá mais detalhes sobre o diabetes como doença). O diabetes é tratado com insulina injetável ou medicações orais. A insulina ajuda o corpo a manter os níveis normais de açúcar. O diabetes pode causar vários tipos de distúrbio, incluindo cegueira, cardiopatia, doença renal, AVE e doença vascular periférica. A amputação de dedos, pé ou perna é comum em diabéticos em decorrência do suprimento sanguíneo deficiente para as extremidades e da neuropatia diabética, que é a falta de sensibilidade normal. Podem ocorrer lesões no pé de um diabético sem que elas sejam percebidas. Alunos diabéticos precisam usar calçados em aulas de condicionamento físico aquático para proteger a pele delicada de seus pés e evitar trauma na pele que pode resultar em infecção. Superfícies ásperas e produtos químicos de piscina às vezes podem tornar impossível para o diabético se exercitar na água. Por fim, tenha certeza de que o aluno diabético inspecione visualmente seus pés antes e após cada aula ou sessão de exercício.

O exercício aumenta o ritmo com que a glicose deixa o sangue para as células corporais e pode ser muito bené-

fico para diabéticos. Na verdade, alguns diabéticos requerem menos insulina quando se exercitam regularmente. O equilíbrio entre consumo de carboidratos, exercícios e insulina ou medicamentos é necessário para manter os níveis de glicose apropriados. Quando esse equilíbrio não é atingido, a glicose pode cair (**hipoglicemia**) ou aumentar (**hiperglicemia**) vertiginosamente. Em geral, uma hora de exercício requer 15 g adicionais de carboidratos. É importante estar atento a sintomas nos alunos diabéticos. O coma diabético, uma forma extrema de hiperglicemia, requer tratamento com insulina. O SME deve ser chamado e a pessoa deve ser tratada para choque. Por outro lado, pessoas com hipoglicemia severa podem apresentar um comportamento bizarro ou até mesmo sintomas parecidos com os de AVE. O tratamento é ministrar alguma forma de glicose ou, de preferência, soro glicosado. Como em qualquer doença, se uma pessoa se torna inconsciente, acione o SME.

É aconselhável que o instrutor de condicionamento físico se torne familiarizado com os sinais e sintomas tanto de hipoglicemia quanto de hiperglicemia, e que conheça os procedimentos de emergência adequados para ambas (Tab. 12.1). Caso não tenha certeza se o que está ocorrendo é hiperglicemia ou hipoglicemia, administre açúcar ou suco de frutas (se a pessoa ainda estiver consciente) e acione o SME.

Algumas pessoas sofrem de hipoglicemia durante ou após o exercício até mesmo quando não têm diabetes. Níveis baixos de açúcar no sangue podem causar letargia, fraqueza, tontura e, em casos severos, desfalecimento. Indivíduos que não se alimentam por várias horas e vão se exercitar podem sofrer os sintomas hipoglicêmicos de baixo nível. Deve-se encorajar os alunos a tomar café da manhã antes da aula matutina ou consumir um lanche saudável antes das aulas da tarde ou noite. Se um aluno mostrar sinais ou sintomas de hipoglicemia, trate-o de acordo com a indicação descrita na Tabela 12.1.

Infarto agudo do miocárdio (IAM)

Alguns IAM são óbvios – súbitos e intensos. Entretanto, a maioria dos IAM começa com desconforto e dor leves, deixando a pessoa afetada confusa sobre o que está errado e demorando muito para pedir ajuda. O reconhecimento dos sintomas de um IAM é importante e a ação imediata é crítica.

Se suspeitar de que alguém esteja tendo um IAM, chame o SME imediatamente. Deite a pessoa e a monitore de perto. Encoraje a vítima a tomar sua própria nitroglicerina, se prescrita. Tenha o DEA disponível se sua situação piorar. Comece a RCP, se necessário.

Capítulo 12 Emergências, lesões e a saúde do instrutor **245**

Tabela 12.1 Sinais e sintomas de hipo e hiperglicemia

Hipoglicemia (baixo nível de açúcar no sangue)	Hiperglicemia (alto nível de açúcar no sangue)
Sinais e sintomas • pele suada, pegajosa • fome • sensação de confusão • tontura • frequência cardíaca alta • sensação de nervosismo e tremor • mudanças de humor	Sinais e sintomas • fadiga • sede extrema (polidipsia)* • urinação frequente (poliúria)* • fome (polifagia)* • visão embaçada • perda súbita de peso Outros sinais e sintomas são feridas que não cicatrizam, infecções vaginais, problemas sexuais e amortecimento ou formigamento nas mãos ou nos pés.
Tratamento • 3-4 tabletes de glicose • 1/2 lata de refrigerante normal (não *diet*) • 120 mL de suco natural • 3-5 balas duras que possam ser mastigadas rapidamente (como as de hortelã) Se houver dúvida, sempre trate com baixo açúcar porque a hipoglicemia pode progredir rapidamente e levar a convulsões ou inconsciência.	Tratamento O tratamento nesse campo é limitado ao estabelecimento de que o açúcar está realmente elevado, pelo uso de um glicosímetro de ponta de dedo. O tratamento adicional deve ser conduzido em ambiente hospitalar e inclui insulina e fluidos intravenosos.

*Esses três sintomas compõem os três "polis" do DM.

Sinais de alerta de IAM

■ **Desconforto no tórax.** A maioria dos ataques cardíacos envolve um desconforto no centro do tórax que dura mais do que alguns minutos ou que vai e volta. A sensação é de pressão desconfortável, aperto no tórax, impressão de saciedade ou dor.

■ **Desconforto em outras áreas da parte superior do corpo.** Os sintomas incluem dor ou desconforto em um ou ambos os braços, nas costas, no pescoço, na mandíbula ou no estômago.

■ **Encurtamento da respiração.** Com ou sem desconforto no tórax.

■ **Outros sinais** podem incluir suor frio, náusea ou confusão. Assim como acontece com os homens, o sintoma mais comum de IAM nas mulheres é a dor ou o desconforto no tórax. Contudo, as mulheres são um tanto mais propensas do que os homens a vivenciar alguns dos outros sintomas comuns, particularmente o encurtamento de respiração, a náusea ou o vômito e a dor nas costas ou na mandíbula.

American Heart Association website: www.american-heart.org

Parada cardíaca

A parada cardíaca é uma cessação abrupta do coração. O coração para de bater. Se isso ocorrer, chame o SME imediatamente e comece a RCP. Quando o DEA estiver disponível ligue-o, prenda os eletrodos torácicos e siga as instruções. Os sinais de parada cardíaca incluem:

■ perda súbita de responsividade. Não há resposta ao sacudir a vítima suavemente;

■ respiração anormal. A vítima não consegue respirar normalmente quando você verifica por vários segundos;

■ sem sinais de circulação. Sem pulso. Sem sinais de vida.

Acidente vascular encefálico (AVE)

Resposta e cuidado imediatos para vítimas de AVE são tão imperativos quanto resposta imediata a um IAM. Em qualquer dos casos, o dano causado pela falta de fluxo sanguíneo é minimizado com cuidado médico imediato. No caso de um AVE, a luta é para salvar o tecido cerebral e a perda permanente de função. Se há suspeita de AVE, chame o serviço médico de emergência imediatamente, deite a pessoa e monitore-a com cuidado.

Sinais de alerta para AVE

- súbito amortecimento ou fraqueza na face, nos braços ou nas pernas, especialmente em um lado do corpo
- súbita confusão e problemas para falar ou entender
- súbito problema na visão em um ou em ambos os olhos
- súbito problema ao andar, tontura, perda de equilíbrio e coordenação
- súbita dor de cabeça severa sem causa conhecida

American Stroke Association website: www.strokeassociation.org

Convulsões epiléticas

Esses passos devem ser seguidos no caso de uma convulsão (epilética ou outra) ocorrer na água. Eles variam levemente em relação àqueles seguidos em terra e vale a pena mencioná-los.

1. Sua preocupação principal é manter a cabeça da vítima acima da água e a via aérea aberta. *Não* tente remover a vítima da piscina durante uma convulsão.

2. Assim que a convulsão acabar, você precisa verificar a respiração e o pulso. Geralmente basta manter a via aérea por meio da elevação do queixo ou da tração anterior da mandíbula. Na maioria das vezes a própria língua do paciente é uma fonte de obstrução da via aérea. Se a respiração de socorro for necessária, remova a vítima da água e coloque cobertores sobre ela para manter a temperatura corporal enquanto administra as respirações de socorro.

3. *Sempre* deve-se acionar o SME em casos de convulsão na água. Não há como saber quanta água pode ter sido engolida ou inalada. A aspiração de água da piscina em grandes quantidades pode ser deletéria à troca apropriada de gases nos pulmões e levar à infecção pulmonar severa.

Emergências relacionadas ao calor e ao frio

A exposição excessiva ao calor combinada com hidratação inadequada pode causar cãibras, exaustão por calor ou insolação. Qualquer um está suscetível ao mal-estar relacionado ao calor, embora os mais jovens e idosos estejam em maior risco. Mal-estares relacionados ao calor podem se tornar sérios ou até mesmo fatais se não cuidados. O segredo para evitar essas situações é a prevenção. A prevenção de hipertermia em exercício inclui a aclima-

tação, identificação de suscetibilidades individuais, reposição irrestrita de fluidos e uma dieta bem balanceada.

A aclimatação significa simplesmente acostumar-se a um novo ambiente. Ao viajar para um local com clima mais quente nos meses de inverno levará tempo para a aclimatação e poderá representar um risco mais elevado de mal-estar relacionado ao calor. Exercícios apropriados e progressão à exposição ao calor são importantes na prevenção de mal-estar por calor. Tenha em mente que o tempo que uma pessoa leva para se aclimatar ao se exercitar em um novo ambiente depende de diversos fatores individuais, incluindo peso corporal, idade e nível de condicionamento.

A exposição excessiva ao calor pode levar aos três estágios do mal-estar relacionado ao calor:

- **Cãibras por calor**: cãibras por calor representam o último estágio severo do mal-estar por calor. As dores e os espasmos musculares que em geral ocorrem nas pernas e no abdome costumam ser os primeiros sinais de que o corpo está tendo dificuldade com o calor. Causada pela exposição ao calor e à umidade altos juntamente com a perda de fluidos e eletrólitos, as cãibras por calor devem ser consideradas como um aviso de uma potencial emergência relacionada ao calor (American Red Cross, 2006).

- **Exaustão por calor**: a exaustão por calor geralmente é consequência de uma perda de fluidos corporais por meio de sudorese pesada e representa uma situação mais severa do que as cãibras. A perda de líquido causa a diminuição do fluxo sanguíneo para os órgãos vitais, resultando em uma forma de choque.

- **Insolação**: embora seja menos comum, a insolação também é mais séria e pode representar uma ameaça à vida. O indivíduo perde a habilidade de suar e esfriar o corpo porque o sistema de controle de temperatura para de funcionar. A temperatura corporal pode se elevar perigosamente, resultando em dano cerebral e morte se o corpo não for resfriado rapidamente.

O cuidado geral para emergências por calor inclui resfriamento do corpo, administração de fluidos e minimização do choque. Sintomas e tratamento adicionais estão listados na Tabela 12.2.

Para prevenir mal-estares relacionados ao calor, a American Red Cross (2009) sugere:

- vista-se para o calor. Use roupas soltas, leves, de cores suaves e um chapéu;
- mantenha-se hidratado bebendo bastante líquido mesmo que não esteja com sede. Evite álcool e cafeína;

Tabela 12.2 Estágios, sintomas e tratamento de mal-estar relacionado ao calor

Estágio I – Cãibras por calor	Estágio II – Exaustão por calor	Estágio III – Acidente vascular encefálico (AVE) por calor
Sintomas Cãibras e espasmos musculares, em geral no abdome e pernas; às vezes muito dolorosas	Sintomas • pele fria, úmida, pálida, cinzenta ou avermelhada • tontura • fraqueza • exaustão	Sintomas • pele vermelha que pode estar seca ou úmida • nível de alerta diminuído ou perda completa de consciência • alta temperatura corporal • pulso fraco e rápido • respiração curta e rápida
Tratamento • Pare a atividade e descanse. • Beba pequenas quantidades de água gelada ou uma bebida esportiva. • Alongue gentilmente o músculo com cãibras. • Massageie o músculo gentilmente. • NÃO ingira comprimidos de sal, já que isso pode piorar a situação. • Se nenhum outro sintoma estiver presente, a atividade pode ser retomada depois que a cãibra parar. Continue a beber bastante líquido.	Tratamento • Leve a pessoa a um local mais frio. • Faça com que descanse em uma posição confortável. • Remova ou afrouxe roupas apertadas. • Providencie circulação de ar e aplique toalhas molhadas. • Chame o serviço médico de emergência se a pessoa recusar água, vomitar ou perder a consciência.	Tratamento • Chame o serviço de emergência. • Tire a pessoa do local onde está calor. • Remova roupas apertadas e aplique panos frios e molhados. • Borrife água; abanar também é benéfico. • Caso esteja consciente, dê-lhe pequenas quantidades de água fria para beber. • A pessoa não deve retomar as atividades normais até o final do dia.

Adaptado de American Red Cross First AID/CPR/AED for schools and the community, 2006.

- coma pequenas refeições com frequência. Evite alimentos com alto teor de proteína, que aumentam o calor metabólico;

- diminua o ritmo, permaneça em atividades em ambientes cobertos e evite atividades árduas durante a parte mais quente do dia;

- preste atenção às previsões do tempo locais.

O instrutor de exercícios aquáticos ensinando a partir do *deck* em condições ambientais extremas e, portanto, suscetível ao mal-estar por calor. O instrutor deve beber muito líquido e submergir frequentemente para esfriar a temperatura do corpo.

A **hipotermia** pode ser um risco em algumas situações ambientais, como em piscinas externas ou piscinas com água mais fria. A hipotermia ocorre quando a perda de calor excede a produção de calor. A água esfria o corpo rapidamente e alguns alunos podem ficar resfriados até o ponto de desconforto e estremecimento. A hipotermia pode ser um risco à saúde tão perigoso quanto a hipertermia. Se as temperaturas do ar e da água combinadas criarem condições que facilitem hipertermia ou hipotermia, medidas apropriadas devem ser tomadas para assegurar a segurança dos alunos. O instrutor não deve conduzir a sessão de treinamento se a segurança do aluno não estiver garantida.

Relâmpagos

A cada dia, a terra é atingida por raios aproximadamente 8 milhões de vezes. Cada descarga carrega em si de 10 a 20 milhões de volts de corrente elétrica direta, juntamente com 20.000 ampères. Por ano, os relâmpagos contribuem para 150 a 250 mortes apenas nos Estados Unidos, com mais de 1.000 pessoas seriamente lesionadas.

Cinco mecanismos de lesão são conhecidos:

- a queda direta de relâmpagos carrega uma alta taxa de lesão e morte;

- o contato com a queda ocorre quando a vítima está tocando um objeto que é atingido;

- um contato lateral ocorre quando a vítima está próxima ao objeto que inicialmente foi atingido e o raio pula do primeiro objeto para o próximo, como acontece de uma árvore para uma pessoa em pé sob ela;

- a corrente vinda do chão ocorre quando uma vítima está parada perto da queda de um raio, e ela é lesionada pela corrente que flui através do chão;
- o efeito explosivo significa que o ar perto da queda do raio se torna superaquecido e cria forças explosivas que podem causar lesões massivas bruscas.

Embora a quantidade de voltagem e amperagem seja enorme, a duração da exposição é muito curta e contribui para os padrões de lesão tipicamente vistos. Queimaduras massivas são bastante incomuns em relâmpagos.

Em geral os tecidos sensitivos elétricos são os mais afetados: o sistema de condução cardíaco e o sistema nervoso central. Essas áreas são responsáveis pelo batimento cardíaco e pela respiração pulmonar, que podem estar abalados após a queda de um raio.

Lesões comuns incluem as:

- neurológicas – perda de consciência, amnésia, hemorragia cerebral;
- cardíacas – parada cardíaca, ritmos cardíacos anormais;
- respiratórias – parada respiratória;
- oculares – catarata, descolamentos de retina, hemorragia intraocular;
- auditivas – ruptura de tímpano, interrupções nos ossos do ouvido;
- de extremidades – espasmo vascular, paralisia temporal, fraturas ósseas;
- obstétricas – abortos.

Lesões menos comuns incluem IAM, queimaduras, lesões abdominais bruscas, falha no funcionamento dos rins e lesões de esmagamento de extremidades.

Obviamente, a melhor maneira de se evitar uma queda de raio é procurar abrigo assim que suspeitar de uma tempestade. O reconhecimento de uma tempestade iminente é crucial. Mantenha-se sintonizado com as constantes mudanças das condições do tempo e seja responsável pela segurança de seus alunos. Quando ouvir um trovão saberá que o relâmpago não está muito longe. O passo seguinte é a evacuação do grupo inteiro de dentro da piscina e do *deck* molhado ao redor para um ambiente interno mais seguro. Se um raio realmente cair e os alunos forem lesionados, peça para alguém chamar (SAMU 192) para ajuda. Embora as vítimas de raios não apresentem perigo ao serem tocadas, tenha consciência de que um raio pode cair duas vezes no mesmo lugar, então, tenha cuidado e seja rápido.

Os protocolos usuais de triagem de trauma em massa dizem para dar assistência àqueles que estejam vivos e deixar os mortos. Os relâmpagos são uma exceção à regra. A assistência imediata às vítimas aparentemente mortas pode salvar vidas porque a respiração de salvamento e as compressões torácicas são muito úteis. Quando um raio cai diretamente em uma pessoa, o músculo cardíaco recebe um choque que o leva à assistolia (parada cardíaca), e os centros respiratórios no tronco encefálico também são abalados. Contudo, as células musculares cardíacas possuem automatismo. Isso significa que elas vão reiniciar por conta própria em alguns minutos. Entre-

---

Padrões e diretrizes da AEA — trovão e relâmpago

A AEA escolheu manter uma abordagem conservadora na segurança em relação a relâmpagos. Baseando-se no National Lightning Safety Institute (NLSI), é recomendado que todos os alunos e a equipe da instituição sejam retirados da área da piscina e do *deck* (tanto em áreas internas quanto externas) ao primeiro som de trovão ou primeiro relâmpago avistado. Os alunos e a equipe não devem voltar para a área da piscina até 30 minutos após o último som de trovão ou último relâmpago avistado.

De acordo com o NLSI, seção 4.7, Segurança pessoal em relação a relâmpagos – na piscina de natação interna/externa, o seguinte plano é sugerido:

1. Reconheça a ameaça com métodos de detecção como o canal do tempo da TV, no rádio ou procurando por relâmpagos e escutando o som de trovões.
2. Identifique com antecedência locais seguros e inseguros.
   - Seguro = áreas secas dentro de edifícios permanentes.
   - Inseguro = perto de condutores e equipamentos elétricos, objetos metálicos e água, incluindo a de chuveiros.
3. Aja para suspender as atividades. Quando o relâmpago está dentro de 9,6 a 12,8 km, evacue as pessoas para áreas seguras; os guarda-vidas devem garantir a segurança na entrada do *deck* da piscina.
4. Determine quando as atividades devem ser retomadas. Espere 30 minutos após o último relâmpago ou trovão observado.

tanto, o tempo de recuperação do cérebro é mais longo, assim, o corpo irá sofrer de hipóxia (falta de oxigênio) a não ser que a respiração de salvamento seja iniciada e as compressões iniciadas e continuadas até que o pulso seja palpado. Esse é o momento apropriado para usar seu treinamento em RCP. Se nada for feito pelas vítimas de raio, a atividade cardíaca, assim que retornar espontaneamente, irá se desintegrar em uma fibrilação ventricular (coração tremendo, não batendo) e a falta de oxigênio no coração e no cérebro causará morte eventual.

O eventual tratamento hospitalar para vítimas de raio depende inteiramente de suas lesões. Qualquer pessoa atingida por raio ou choque, seja como for, deve ser atendida pela emergência médica local. Muitas lesões são sutis e na exaltação do momento podem não ser reconhecidas inicialmente. Permita aos médicos examinar completamente as vítimas de raios, fazer testes e marcar consultas com especialistas, quando necessário.

Adaptado de When lightning strikes, Gary Glassman, MD.

Para mais informação sobre segurança contra raios, ver o Capítulo 5.

Lesões crônicas

Uma lesão **aguda** é definida como tendo estabelecimento súbito e curta duração. Um exemplo de uma lesão aguda ocorre quando um aluno escorrega no *deck* da piscina enquanto anda do vestiário para a aula de condicionamento físico aquático e torce seu tornozelo. O estabelecimento é súbito e o tempo de recuperação é de uma a seis semanas, dependendo da severidade da torção.

Uma lesão **crônica** é definida como uma lesão de longo estabelecimento e longa duração. Um aluno que sofre de tendinite em seu ombro como resultado de 10 anos de natação com mecânica de nado ruim é um exemplo de problema crônico.

Como um profissional de condicionamento físico, é provável que terá um aluno que machuque um tornozelo, joelho ou as costas, se corte ou sofra uma queda durante um treino. Essas lesões em geral são menores e o instrutor precisa simplesmente recomendar o método RICE para tratamento, como descrito anteriormente. Com menos frequência o instrutor pode vivenciar uma situação em que a lesão é séria o suficiente para exigir exame de imagem, como radiografia ou outro acompanhamento médico. O instrutor pode precisar oferecer assistência ao aluno até que ajuda adicional chegue, providenciar que um membro da família seja chamado para ajudar ou, em casos extremos, ficar com o aluno até que uma ambulância chegue. No caso de uma lesão aguda durante a aula, o instrutor deve seguir o protocolo da instituição para tratamento e relato de lesões. Conheça os procedimentos adequados (p. ex., planos de ação de emergência) com antecedência para que você esteja preparado para uma lesão durante a aula e possa lidar com a situação de forma adequada e profissional.

Pessoas que se exercitam regularmente, tanto alunos quanto instrutores, geralmente vivenciam **lesões por uso excessivo**. Muitas dessas lesões ocorrem na extremidade inferior porque o pé absorve choque pelo corpo todo quando em contato com superfícies não resilientes (Vinger e Hoerner, 1986). É importante entender que o corpo é um sistema no qual as forças que impactam o pé e o tornozelo também afetam joelho, quadril, pelve e coluna vertebral. Lesões por uso excessivo podem ser causadas por repetição do mesmo movimento(s) com o tempo e costumam ser lesões crônicas. Essas lesões podem ser prevenidas por métodos de treinamento adequados, incluindo o *cross-training* (treinamento cruzado) de várias atividades. O exercício aquático pode proporcionar um excelente meio para o *cross-training* (treinamento cruzado), assim como para a recuperação de lesões por uso excessivo. Na seção seguinte fornecemos descrições básicas, sintomas e tratamento de lesões comuns associadas com exercícios em geral e, especificamente, com o exercício aquático.

Periostite (síndrome do estresse tibial medial)

Há dois tipos de **periostite (síndrome do estresse tibial medial)**: periostite anterior e posterior. A periostite anterior é caracterizada por dor na parte anterior da tíbia e é o resultado de minúsculos rompimentos ou do atrito anormal do músculo tibial anterior. A periostite posterior é caracterizada por dor na parte posterior da tíbia e é o resultado de minúsculos rompimentos ou da tração dos músculos tibial posterior e sóleo.

A causa exata da periostite não é conhecida, mas várias possibilidades têm sido apresentadas na literatura, incluindo alinhamento postural ruim, pé chato, fadiga muscular, uso excessivo, desequilíbrio químico corporal ou falta de equilíbrio muscular anterior e posterior na perna (Ekstrom, 1987). Outras fontes citam pronação do tornozelo como a principal causa da periostite. Alguns praticantes de exercício vivenciam a periostite após uma mudança nos calçados ou na superfície de corrida, ou do aumento muito rápido de intensidade ou duração do exercício. Alguns especialistas acreditam que ela seja causada pela síndrome do compartimento posterior (aumento da pressão nos músculos profundos da perna), enquanto outros acreditam que seja causada pela inflamação do recobrimento do osso da tíbia onde os músculos se ligam. A dor na parte anterior da tíbia pode ser diagnosticada de forma equivocada como periostite, quando na verdade a dor é causada por fratura por estresse.

No ambiente aquático a periostite pode ser agravada pela prática de exercício em piscina muito rasa (impacto aumentado) ou muito profunda (exercitando-se na ponta dos pés). O gerenciamento desse problema é variado e depende do indivíduo (Arnheim, 1989). Tipicamente, massagem com gelo, alongamento dos músculos anteriores e posteriores da perna e descanso são efetivos. O fortalecimento dos músculos posteriores da perna pisando na ponta dos pés realizando o "passo de pinguim" ajuda a reduzir o estabelecimento e a recorrência do problema. Se ele persistir, é prudente procurar assistência de um médico. Em geral, órteses feitas sob encomenda são prescritas para reduzir o desalinhamento do tornozelo e prevenir a recorrência. Mudar a superfície e os calçados de exercício, ou alterar sua intensidade e duração também pode aliviar a situação.

Fascite plantar

A fáscia plantar é uma membrana de tecido conjuntivo que recobre os músculos na sola do pé. A **fascite plantar** é uma doença que normalmente afeta a sola do pé. Muitos fatores – como discrepâncias no comprimento da perna, mecânica do pé, falta de flexibilidade no gastrocnêmio e no sóleo, calçados de treinamento (ajuste, tipo ou falta de), comprimento da passada e superfícies de corrida – têm sido estudados em relação à causa da fasciite plantar (Arnheim, 1989). Diversos pesquisadores não foram capazes relacionar qualquer fator a essa doença.

Na maioria das vezes, uma pessoa com fascite plantar irá reclamar de dor localizada na parte anterior ao calcanhar. A dor costuma ser pior pela manhã ao sair da cama e colocar os pés no chão; entretanto, a dor geralmente diminui após alguns passos. Gelo e repouso ajudam a aliviar os sintomas. Alongamento e calçados com adaptação apropriada que não sejam muito duros e forneçam bom apoio, ajudam a prevenir esse problema (Vinger e Hoerner, 1986). Suportes ortóticos que previnam a pronação e supinação do tornozelo são geralmente prescritos, assim como terapia com ultrassom, terapias alternativas e medicação anti-inflamatória. Uma vez que o problema se torna crônico, pode ser muito difícil administrá-lo.

Tendinite

A **tendinite** é uma doença crônica que envolve a inflamação do tendão. Os tendões no corpo conectam os músculos aos ossos. A causa mais comum da tendinite é o uso excessivo dessas estruturas. O ombro do nadador envolve tendinite dos músculos rotadores causada pela repetição do nado braçal. Imagine a experiência do nadador competitivo de 9,1 km por dia com pelo menos 18 braçadas por comprimento de piscina, com um total de 7.200 braçadas por dia ou 1.872.000 por ano.

As causas da tendinite também podem incluir forma e técnica de exercício ruins, lesão direta anterior do tendão por uma queda ou pancada, calçado impróprio, uso excessivo articular, progressão de exercício imprópria, causas anatômicas e mudanças nos tendões relacionadas à idade. A tendinite que ocorre como resultado de exercício, afeta joelho, cotovelo e ombro.

Arnheim (1989) descreve três estágios da dor associada à tendinite: dor após atividade esportiva, dor durante ou após atividade esportiva que ainda permite um desempenho normal e dor durante e após o exercício que inibe o desempenho.

O tratamento da tendinite inclui gelo, repouso, terapia com ultrassom, tratamentos alternativos, medicações anti-inflamatórias, fisioterapia e, algumas vezes, cirurgia. Para evitar a tendinite, fortaleça e alongue as áreas afetadas, use sobrecarga progressiva, varie seu programa de exercício e tente não ficar alternando entre períodos de atividade e inatividade. Quando os sintomas aparecerem, pare a atividade agravante e mude para uma atividade que você possa fazer sem dor.

Bursite

A **bursite** é causada pela inflamação da *bursa* (termo em latim para bolsa), que é um saco de fluido sinovial que ajuda a reduzir o atrito entre tendão e osso ou entre tendão e ligamento. A bursite exibe muitos dos sintomas da tendinite. Os locais típicos incluem o joelho anterior, o cotovelo posterior e a lateral do quadril.

A bursite geralmente resulta de um movimento repetitivo ou é causada por pressão excessiva e prolongada (descansar sobre os cotovelos, ajoelhar-se ou andar descalço). Outras causas incluem lesões traumáticas e doenças inflamatórias sistêmicas, como artrite reumatoide.

O tratamento geralmente envolve repousar da articulação afetada e tirar a pressão da região afetada. O movimento ou a pressão apenas pioram a situação. O gelo controla a inflamação e reduz o inchaço. Medicações anti-inflamatórias costumam ser prescritas e injeções de cortisona podem ser recomendadas.

Para prevenir a bursite, aprenda forma e técnica apropriadas, dê um intervalo nos movimentos repetitivos e amorteça suas articulações (p. ex., durante ajoelhamento prolongado).

Problemas da patela

A patela é uma parte importante da articulação do joelho porque aumenta a alavanca de modo funcional (Fig. 12.1). Ela pode permitir 30% de aumento na força ao estender o joelho, como ao chutar uma bola. O sintoma mais comum de irritação patelar é a dor ao sentar por longos períodos e ao descer escadas. Pessoas com esse problema podem vivenciar inchaço do joelho e um som de rangido durante a flexão e a extensão do joelho.

Os três problemas de patela mais comuns são condromalácia patelar, bursite patelar e luxação/deslocamento patelar. A **condromalácia patelar** (vulgarmente conhecida como joelho de corredor), a mais comum das três, ocorre devido à irritação e afinamento da cartilagem articular na superfície inferior da patela. A **bursite patelar** (vulgarmente conhecida como joelho de empregada) se apresenta com inchaço e inflamação na parte da frente do joelho; é comum em pessoas que se ajoelham por períodos extensos, como acarpetadores e jardineiros. O **deslocamento/subluxação patelar**, também chamado de patela instável ocorre quando a patela não acompanha a ranhura no fêmur de forma plena.

O tratamento dessas lesões inclui repouso, gelo, *cross-training* (treinamento cruzado), progressão gradual de volta à atividade, fisioterapia e medicações anti-inflamatórias. Em alguns casos, a cirurgia é exigida.

Dor nas costas

Oito em cada dez pessoas sofrem de **dor na região lombar** durante a vida (Nachemasson, 1985). Esse é um dos sintomas mais comuns dos pacientes ortopédicos. Embora muitos sintomas de dor nas costas em geral se resolvam dentro de algumas semanas trata-se de um problema muito incapacitante. Dor nas costas é um termo amplo para um grande número de problemas das costas. Esta seção inclui informações gerais sobre a dor nas costas e seu tratamento.

O diagnóstico para dor nas costas pode incluir estiramento muscular (que se supõe ser a causa mais comum de dor nas costas), disco intervertebral herniado (Fig. 12.2) ou ruptura de disco, estenose espinal (estreitamento do canal espinal, levando à compressão dos nervos), osteoartrite, osteoporose e espondilolise/espondilolistese (uma malformação adquirida da coluna vertebral).

Os tratamentos para aliviar a dor aguda podem incluir medicações para dor, injeções epidurais de esteroide, fisioterapia e cirurgia. Uma vez que os sintomas agudos se dissipem, o tratamento mais comum prescrito para dor na região lombar é o exercício. A manutenção de força e flexibilidade adequadas na musculatura do *core* é predominante para recuperar a saúde. Se essa musculatura estiver forte, vai permitir que força seja mais bem distribuída e que menos força seja colocada na coluna vertebral.

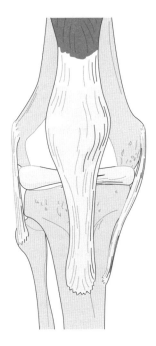

Figura 12.1 Articulação anterior do joelho.

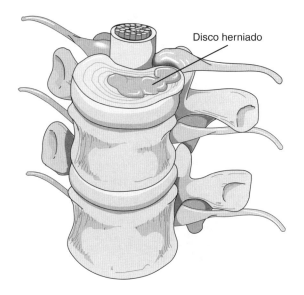

Figura 12.2 Disco herniado.

Síndrome do túnel do carpo

A **síndrome do túnel do carpo** é resultado do excesso de treinamento do punho. O nervo mediano é comprimido por tendões flexores inflamados, que passam juntos por um túnel estreito do carpo. Isso resulta em dor, formigamento e perda da sensibilidade desde o polegar até o dedo anelar da mão (Prentice, 2001). A dor se estende para cima no braço e geralmente é pior à noite (Fig. 12.3).

As causas da síndrome do túnel do carpo incluem diabetes, hipotireoidismo, artrite, gestação e movimento repetitivo ou uso do punho. Dentre os pacientes com síndrome do túnel do carpo, 80% estão acima dos quarenta anos.

A terapia conservadora para a síndrome do túnel do carpo inclui exercícios simples que podem ser feitos em casa. Apoios com descanso para o punho devem ser usados enquanto se digita no computador. A síndrome do túnel do carpo relacionada ao esporte pode ser prevenida com técnica apropriada e o uso de munhequeiras. O problema pode ocorrer durante aulas de condicionamento físico aquático como resultado de um posicionamento de mãos diferente enquanto usa o equipamento. A educação e sinalização dos estudantes em uma posição neutra pode prevenir a ocorrência dessa lesão. O tratamento geralmente se inicia de forma conservadora e torna-se mais agressivo se necessário. O tratamento inclui medicações anti-inflamatórias, o uso de braçadeiras, a injeção de um anestésico ou esteroide combinado e a liberação cirúrgica do túnel do carpo.

Fraturas por estresse

Um osso em geral é quebrado devido à exposição a uma força muito alta, forte o suficiente para quebrá-lo. Os mecanismos podem incluir uma queda, uma pancada direta ou uma batida de carro. Compare isso com uma **fratura por estresse**, que ocorre quando forças de nível mais baixo ocorrem repetidas vezes por um longo período e também é conhecida como "fratura por fadiga". As fraturas por estresse costumam ser vistas em atletas que correm e pulam repetidamente em superfícies duras; é evidente, portanto, que elas são mais vistas em ossos da canela e do pé. Os sintomas incluem dor progressiva e desconforto quando pressão é aplicada sobre o osso. O inchaço pode ou não estar presente. As fraturas por estresse podem não aparecer em radiografias e precisar ser diagnosticadas com ressonância magnética (RM).

Uma fratura por estresse pode resultar em de um estresse repetido causado por superfícies duras, aceleração no treinamento, calçado inadequado, problema já existente ou anormalidades alimentares, e irregularidades menstruais. O melhor tratamento é o repouso. Atividades que causem dor devem ser evitadas. Muletas ou imobilização podem ser necessárias se andar causa dor. Coloque gelo na área afetada, use sobrecarga progressiva e procure aconselhamento médico se a dor persistir ou se intensificar.

Orelha de nadador

Embora a **orelha de nadador** seja uma doença, não uma lesão, se trata de uma situação comum a indivíduos que treinam na piscina. A orelha de nadador é causada por uma infecção bacteriana resultante de falha em secar a orelha adequadamente após natação ou imersão na água (Vinger e Hoerner, 1986). Os sintomas disso incluem coceira, uma secreção de cor esverdeada, dor ao mastigar e uma sensação de orelha tapada (Vinger e Hoerner, 1986; Arnheim, 1989). A prevenção dessa doença inclui a secagem completa das orelhas com uma toalha macia e uso de uma solução de álcool após nadar (Arnheim, 1989). Uma vez que a doença progrida para o ponto em que há dor e secreção da orelha, um médico deve ser visto para tratamento. Antibióticos tópicos ou orais podem ser prescritos e protetores de orelha podem ser recomendados para prevenir infecções futuras.

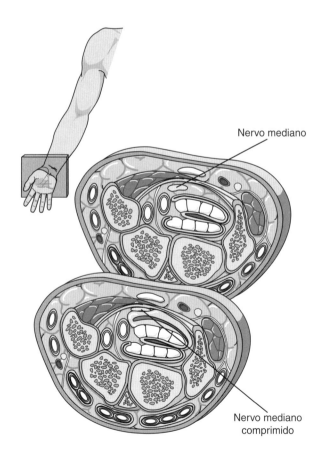

Figura 12.3 Síndrome do túnel do carpo.

Saúde do profissional de condicionamento físico

Assim como é importante para o profissional de condicionamento físico aquático ser proativo na segurança e saúde dos alunos de exercícios, é igualmente importante monitorar sua saúde pessoal. Não somente é impossível proporcionar o mais alto nível de desempenho sem ter uma boa saúde, mas o profissional de condicionamento físico aquático também deve estabelecer um bom exemplo para seus alunos.

Doença pulmonar do guarda-vidas

Uma preocupação crescente no ambiente aquático que vale ser mencionada é a **doença pulmonar do guarda-vidas**. O risco está aumentando com o crescimento de áreas cobertas que têm dispositivos de borrifamento de água. As bactérias que causam essa doença parecem estar suspensas nas gotas de água e são inaladas. Prevenção, por meio de sistemas de filtragem e ventilação adequados e com manutenção apropriada, combinados com detecção precoce e tratamento, são importantes para evitar o risco à saúde.

Relatório

Guarda-vidas e profissionais de condicionamento físico aquático precisam estar cientes do risco de doença pulmonar do guarda-vidas em piscinas cobertas. Uma vez que você tenha a doença, que é parecida com a asma, não há nada que você possa fazer para impedir que ela piore, além de deixar permanentemente a área contaminada da piscina. A doença pode ser tratada caso seja detectada precocemente, porém o escarro continua nos pulmões se o diagnóstico e o tratamento não forem oportunos. Os sintomas incluem tosse persistente, sensação de aperto no tórax, irritação ocular, dores de cabeça, respiração curta, febre, cansaço, suores noturnos, perda de peso, fadiga, sintomas dolorosos semelhantes aos de gripe e respiração ruidosa e trabalhosa.

O diagnóstico pode ser complicado pelo fato de os sintomas serem os mesmos da asma, gripe ou bronquite. A doença ocorre apenas em pessoas associadas a piscinas cobertas e aquecidas. Muitos dos que são afetados colocam a culpa desses sintomas em um resfriado ou no fato de estar treinando demais. As bactérias ficam suspensas nas gotículas de água ou de vapor. Abrir uma torneira é o meio mais fácil de se expor. Uma vez afetado, é muito difícil remover a infecção completamente.

Quando as bactérias suspensas nas gotículas de água são inaladas, os pulmões se inflamam. A doença afeta principalmente aqueles que passam muitas horas em uma área coberta que não é filtrada e ventilada adequadamente. Concentrações de subprodutos bacterianos em suspensão são mais altas perto do posto do guarda-vidas, cerca de 2,4 m da superfície da piscina. As bactérias podem estar mortas, mas ainda são capazes de causar uma reação imune no pulmão.

Fonte: National Jewish Medical and Research Center, www.nationaljewish.org; 1-800-222-lung; lungline@njc.org

Treinamento excessivo

Nem sempre mais é o melhor em termos de exercício. Níveis inapropriados de treinamento podem levar ao excesso de treinamento, ou seja, a pessoa treina demais, com muita frequência e por muito tempo. Isso é um problema potencialmente sério e termina em um estado de degradação e fadiga geral. O corpo reage negativamente ao exercício excessivo, levando à diminuição do desempenho. Muitas síndromes de treinamento excessivo são uma função de ritmo de progressão – em outras palavras, fazer demais e muito rápido. Isso costuma resultar em dor extrema e fadiga.

Geralmente, o treinamento excessivo ocorre de duas maneiras: sobrecarga de um grupo específico de músculos ou sobrecarga do corpo inteiro. Em ambos os casos, a prevenção do excesso de treinamento inclui a variação dos componentes do programa, a prática de periodização e a incorporação de repouso apropriado no treino. O mecanismo para treino excessivo em treinamento de força é um pouco diferente do que ocorre no treinamento cardiorrespiratório ou de resistência, em virtude da diferença nos sistemas metabólicos. Não há medição precisa para estabelecer o excesso de treinamento. Uma vez ocorridos os sintomas, o tratamento mais efetivo é o descanso.

As causas do treinamento excessivo são multifacetadas e incluem fatores fisiológicos e também psicológicos. É importante ter em mente o fato de o exercício ser um componente importante para a saúde geral e o bem-estar. Webster (1993) define a saúde como "um estado de condicionamento do corpo e da mente". Perceba que a definição de Webster não é muito específica e que não inclui medições corporais, pesos ou sistemas corporais. Resumindo, incentive seus alunos a se exercitar e lhes proporcione uma informação precisa sobre estilo de vida para ajudá-los a melhorar e manter a saúde geral e o bem-estar total. Isso é verdade também para o profissional de condicionamento físico, que costuma acabar preso na síndrome do treinamento excessivo por dar muitas aulas e sessões de treinamento.

Fitness aquático: um guia completo para profissionais

O tratamento para o treinamento excessivo inclui diminuir a frequência, duração e intensidade das sessões de exercício. Se for treinar para um evento de atletismo, um treinador pode se beneficiar ao mudar a forma ou a maneira de se exercitar. Muitos atletas fazem *cross-training* na água para aliviar o impacto e o calor enquanto mantém a capacidade funcional.

Se um instrutor ou aluno exibe qualquer um dos sintomas listados na Tabela 12.3, uma reavaliação do comportamento e do programa atuais de exercício podem ser considerados. Há uma linha tênue entre o exercício abusivo ou vício em exercício e exercício saudável. O exercício saudável deixa o indivíduo se sentindo renovado, rejuvenescido, mentalmente alerta e produtivo.

Uso e abuso vocais

A **lesão vocal** é identificada como qualquer alteração na sua maneira normal de falar. Líderes de exercício tendem a contar com o fato de que nada irá acontecer com suas vozes. O abuso vocal aflige cantores, atores, pastores, professores e qualquer um que tenha uma ocupação que exija uma quantidade enorme de fala. Os profissionais de condicionamento físico deveriam se tornar "atletas vocais" ao aprender os sinais e sintomas de alerta de abuso vocal e tomar o cuidado apropriado com sua voz para prevenir a lesão e a deterioração da voz.

De acordo com a dra. Ceila Hooper, professora clínica associada de fala e audição da University of North Carolina em Chapel Hill, "a voz é um som produzido pelas cordas vocais, que são bandas de tecido localizadas na laringe, ou caixa de voz, no pescoço. As funções de fala da laringe incluem a produção de tom, volume e qualidade da voz. Os problemas vocais em profissionais de condicionamento físico são geralmente causados pelo esforço de falar acima da música, gritar ou falar enquanto posiciona o corpo em posturas que exigem esforço do pescoço. Esses hábitos abusivos podem resultar em inchaços ou crescimentos nas cordas vocais que podem se transformar em um tecido granulado chamado **nódulo vocal**. Qualquer mudança no som da voz de alguém que persista por mais de duas semanas deve ser verificada por um médico para eliminar qualquer condição médica séria" (Fig. 12.4).

Há uma variedade de sintomas precoces que podem indicar o mau uso, abuso ou lesão da voz. A progressão dos sintomas é muito gradual. Os sintomas ou sinais de alerta de abuso vocal incluem:

- voz ríspida, arranhada e grossa;
- uso habitual de um tom baixo;
- dor ao engolir;
- sensação de ter algo na garganta;
- dificuldade em engolir;
- boca seca;
- limpar a garganta com frequência (mais de duas vezes por hora);
- rouquidão e perda de voz frequentes;

Tabela 12.3   Sinais e sintomas de treinamento excessivo

Sintomas de excesso de treinamento de resistência	Marcadores comuns de excesso de treinamento aeróbio de resistência
• aumento seguido de diminuição dos ganhos de força	• desempenho diminuído
• distúrbios do sono	• porcentagem de gordura corporal diminuída
• diminuição da massa corporal magra (sem dieta)	• consumo máximo de oxigênio diminuído
• apetite diminuído	• pressão arterial alterada
• frio persistente	• dor muscular aumentada
• sintomas persistentes parecidos com resfriado	• glicogênio muscular diminuído
• perda de interesse no programa de treinamento	• frequência cardíaca de repouso alterada
• mudanças de humor	• frequência cardíaca submáxima de exercício aumentada
• dor muscular excessiva	• concentração de cortisol alterada
	• concentração total de testosterona diminuída
	• tônus simpático diminuído (diminuição das catecolaminas noturnas e de repouso)
	• resposta simpática ao estresse aumentada

Adaptado, com permissão, de NSCA, 2004, Resistance training adaptation, por L.E. Brown e J.P. Weir. In *Essentials of personal training*, editado por R.W. Earle e T.R. Baechle (Champaign, IL: Human Kinetics), 94.

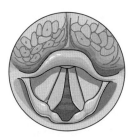
Respiração normal

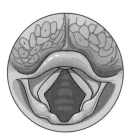
Respiração profunda

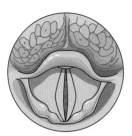
Fonação

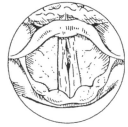
Nódulos vocais

Figura 12.4 Posições e nódulos de pregas vocais.

- quebra de tom, voz cortada;
- alcance reduzido ao cantar;
- voz não muito clara (abafada);
- é questionado com frequência se está resfriado ou lhe pedem para repetir uma sentença;
- comentários de que sua voz é "sensual";
- fadiga vocal (pior à noite);
- voz cansada após falar muito.

Se você acredita que pode estar vivenciando uma lesão de voz, procure a opinião profissional de um otorrinolaringologista, que é um especialista em orelha, nariz e garganta. Ele examinará sua laringe, um órgão feito de cartilagem, músculo e tecido conjuntivo que aloja as **cordas vocais**. As pregas vocais abrem e fecham em ciclos regulares. O otorrinolaringologista provavelmente irá fazer um histórico de voz e olhar suas pregas vocais com um laringoscópio.

Dicas para reduzir abuso vocal

A prevenção de lesão de voz é sua primeira linha de defesa. Para reduzir o risco de abuso vocal, siga estas orientações:

- mantenha a garganta e as cordas vocais hidratadas. Beba muita água no decorrer do dia;
- evite excesso de uso. Limite o número de aulas que você dá e os gritos de entusiasmo. Use linguagem corporal e sinalizações não verbais;
- renove seu fôlego frequentemente;
- use um microfone;
- se estiver usando música, mantenha-a em um nível moderado. Considere a localização do autofalante e do local de onde você projeta sua voz.
- verifique a ventilação e os níveis de vapores químicos na área da piscina;
- projete sua voz com postura e alinhamento apropriados. Mantenha o pescoço em alinhamento neutro;
- minimize o som de fundo o máximo possível;
- limite a fala quando tiver uma infecção respiratória superior. As pregas vocais já estarão inchadas e inflamadas;
- evite engolir em seco para limpar a garganta. Tente tossir com suavidade para juntar as pregas vocais gentilmente.

Quanto mais cedo o abuso vocal é detectado, mais fácil é de tratar. Muitos condutores de exercício vivenciam a negação de problemas relacionados à voz. Eles podem ter medo de que isso vá encerrar suas carreiras com profissionais de condicionamento físico. A terapia vocal pode ajudar o instrutor a desenvolver técnica vocal correta e minimizar o abuso vocal.

O que um instrutor pode aprender com um fonoaudiologista

Um fonoaudiologista pode ajudá-lo a determinar se está falando em um tom muito alto ou muito baixo, com um suporte de respiração inadequado, com a garganta e a posição da boca relaxada ou com muitos ataques glotais bruscos. Além disso, pode aprender aquecimentos vocais e dicas para aqueles que sofrem de alergias e refluxo gastroesofágico, assim como determinar se você fala a partir de sua garganta em vez de pelo diafragma e pelos músculos abdominais. Você pode receber ajuda sobre como aquecer sua voz com palavras e frases ricas em vogais. O terapeuta pode explicar por que sussurrar e gargarejar força a voz.

Resumo

1. Lesões agudas têm rápido estabelecimento e uma duração razoavelmente curta. Uma lesão crônica tem um longo estabelecimento e uma longa duração.

2. Lesões crônicas comuns em exercício incluem periostite, fascite plantar, tendinite, bursite, problemas patelares, dor nas costas, síndrome do túnel carpal e fraturas por estresse.

3. RICE é o tratamento comum para os primeiros socorros básicos.

4. A RCP não pode ser adaptada para se administrar em piscina rasa.

5. Um profissional de condicionamento físico aquático deve estar ciente sobre a segurança na água e como reconhecer uma vítima de afogamento.

6. Preocupações e condições adicionais no ambiente aquático incluem o reconhecimento de sinais e sintomas, a prevenção e o tratamento básico para infarto agudo do miocárdio (IAM), acidente vascular encefálico (AVE), parada cardíaca, crises epiléticas, hiper e hipoglicemia, mal-estar relacionado ao calor e incidência de raios.

7. Reconhecer aspectos da saúde do instrutor, incluindo doença pulmonar do guarda-vidas, treinamento excessivo e cuidado vocal apropriado.

Questões para revisão

1. Que lesão crônica é causada por pressão excessiva e prolongada ou movimento repetitivo?

2. O que as letras em RICE representam para o tratamento de primeiros socorros básico?

3. Deve-se remover da água imediatamente uma vítima que está tendo um ataque convulsivo. Verdadeiro ou falso?

4. Deve-se sempre remover uma vítima da água antes de administrar RCP. Verdadeiro ou falso?

5. Liste três marcadores comuns que indicam excesso de treinamento cardiorrespiratório.

6. Liste três dicas para evitar abuso e lesão vocais.

7. Antes de usar a máquina DEA, não é necessário secar a vítima. Verdadeiro ou falso?

8. Uma lesão aguda é definida como uma lesão de longo estabelecimento e longa duração. Verdadeiro ou falso?

9. Quais são os dois tipos básicos de periostite?

10. Qual a diferença entre hipoglicemia e hiperglicemia?

Ver as respostas a estas questões no Apêndice C.

Bibliografia

American Red Cross. 2006. *First Aid/CPR/AED for Schools and the Community, Participant's Manual.* 3rd edition. Yardley, PA: StayWell.

American Red Cross. 2009. Be Red Cross ready: Heat wave safety checklist.www.redcross.org/portal/site/en/menuit em.86f46a12f382290517a8f21Ob80f78aOI?vgnextoid= 8cc 6a5fOf013bllOVgnVCM 10000089f0870aRCRD#.

American Red Cross. 2007. *Lifeguarding manual.Yardley,* PA: StayWell.

Arnheim, D. 1989. *Modern principles of athletic training.* 7th edition. St. Louis: Times Mirror/Mosby College Publishing.

Baechle, T., and R. Earle. 2004. *NSCA's essentials of personal training.* Champaign, IL: Human Kinetics.

Cailliet, R. 1983. *Knee pain and disability.* 2nd edition.

Philadelphia: F.A. Davis Publishers.

Durstine, J., and G. Moore. 2002. *ACSM's exercise management for persons with chronic disease and disabilities.* 2nd edition. Champaign, IL: Human Kinetics Publishers.

Ekstrom, M. 1987. Lower leg pain can stop athletes in their tracks. *The first aider* 56(5): 1.

Glassman, G. 2003. When lightning *strikes.AKWA* 17(3): 40. Howley, T., and D. Franks. 2003. *Health fitness instructor's handbook.* 4th edition. Champaign, IL: Human Kinetics.

Kasdan, P. n.d. *Disorders and aliments-plantar fasciitis.* www. ourfootdoctor.comJyourfeet_plantarfasciitis.shtml.

Laird, C. 2002. *Webster's new world dictionary and thesaurus.* 2nd edition. Indianapolis: John Wiley & Sons Publishers.

Nachemson, A.L. 1985. Advances in low back pain. *Clinical orthopedics and related research.* Issue 200. pp 266-278.

National Jewish Medical and Research Center report. www. nationaljewish.org.

Pia, F. 1971. *On drowning* 2nd revised edition. Larchmont, NY: Water Safety Films, Inc.

Pia, F. 1974. Observations on the drowning of nonswimmers. *Journal of Physical Education.* Warsaw, IN: The YMCA Society of North America.

Prentice, W. 2001. *Rehabilitation techniques in sport medicine with PowerWeb: Health and human performance.* 3rd edition. New York: McGraw-Hill Publishers.

Vinger, P., and E. Hoerner. 1986. *Sports injuries: The unthwarted epidemic.* 2nd edition. Chicago: Year Book Medical Publishers.

Endereços úteis na internet

About, Inc./Orthopedics www.orthopedics.about.com

American Diabetes Association www.diabetes.org

American Heart Association www.americanheart.org

American Institute of Cancer Research www.aicr.org

American Red Cross www.redcross.org

American Stroke Association www.strokeassociation.com

Hughston Sports Medicine Foundation www.hughston. com 13

capítulo **13**

Nutrição básica e gerenciamento de peso

Introdução

Nutrição e exercício andam de mãos dadas. Como profissionais de condicionamento físico aquático, é imperativo ter um entendimento básico de nutrição para ajudar e guiar os alunos dos programas de exercícios aquáticos no sentido de conservarem hábitos alimentares mais saudáveis. É importante frisar que profissionais de condicionamento físico, não nutricionistas ou dietistas, não estão treinados para escrever dietas ou dar informações nutricionais fora do que é apresentado neste capítulo. Profissionais de condicionamento físico também devem reconhecer que cada indivíduo tem sua série particular de necessidades nutricionais.

Os norte-americanos gastam bilhões de dólares anualmente em controle de peso. Os recursos e produtos de gerenciamento de peso representam um suprimento sem fim de opiniões e pontos de vista, de modo que é importante ser capaz de separar fato de ficção ao ajudar um aluno com o gerenciamento de peso. A perda de peso é o objetivo principal para muitos entusiastas de condicionamento físico; conhecimento e incentivo dados aos alunos pode ajudá-los a alterar hábitos para maximizar o progresso. Seu trabalho é guiar seus alunos na direção certa e ajudá-los a encontrar um profissional licenciado que possa customizar um plano alimentar que melhore a saúde e o bem-estar.

Conceitos fundamentais

- Nomeie três alimentos ricos em nutrientes para cada um dos seguintes macronutrientes: carboidrato, gordura e proteína.
- Quais as diretrizes nutricionais para os norte--americanos?
- Nomeie três doenças crônicas para as quais a nutrição apropriada pode reduzir o risco.
- Quais as diretrizes básicas para a reposição de fluidos durante exercícios?
- Que papel o exercício desempenha no gerenciamento de peso?

Nutrição geral

O que é nutrição? Nutrição é o processo de alimentação o corpo humano pela assimilação de comida e o uso de suas propriedades (i.e., nutrientes) para o crescimento e susbtituição de tecido. Nutrição também é a ciência que entende as propriedades dos alimentos e seus efeitos sobre o corpo humano. A nutrição adequada pode ajudar seus alunos a atingir muitos objetivos, mas a nutrição inadequada pode retardar a perda de peso, reduzir a energia e deixá-los confusos e desencorajados sobre seus programas de exercício. A nutrição apropriada é suprir o corpo com o que ele necessita para sobreviver e se superar. Lembre-se de que a comida fornece a energia que o corpo precisa para funcionar todos os dias e que essas necessidades são maiores durante a atividade física. Em resumo, você irá descobrir que comer de acordo com as diretrizes nutricionais dos EUA (em relação ao seu estágio no ciclo de vida e estado de saúde) garante equilíbrio e moderação adequados em uma dieta para indivíduos saudáveis.

A energia é medida em calorias ou unidades de calor. Estritamente falando, uma caloria é a quantidade de calor requerida para elevar a temperatura de um grama de água em um grau Celsius. Um grama (g) é o peso de um centímetro cúbico (cm³) ou mililitro (mL) de água sob condições definidas de temperatura e pressão (como perspectiva, uma uva passa ou um clipe de papel pequeno pesa cerca de 1 g). As quantidades de comida são medidas em gramas. A energia da comida é medida em quilocalorias (kcal). Assim, uma quilocaloria é a quantidade de calor requerida para aumentar a temperatura de um quilograma (litro) de água em um grau Celsius. Quilocalorias são chamadas de calorias (cal) na linguagem e escrita gerais, assim como neste capítulo.

Componentes nutricionais

O corpo humano requer seis componentes nutricionais para garantir o crescimento e a função normais. Esses componentes são os precursores nutricionais que melhoram o corpo humano ao fornecer energia, criar material construtor, reparar e manter o tecido, promover e sustentar o crescimento, e regular e ajudar em todas as funções e todos os processos no corpo (Tab. 13.1). Os componentes nutricionais são divididos em categorias:

- carboidratos;
- proteínas;
- gorduras (lipídios);
- vitaminas;
- minerais;
- água.

O que se segue é uma divisão simplificada para prover um entendimento geral dos componentes nutricionais mais comuns; tenha em mente que há muitas classificações adicionais para vitaminas e minerais, e estas podem ser estudadas em cursos especializados de nutrição ou mais bem discutidas com um profissional licenciado.

Tabela 13.1 Funções básicas de carboidratos, proteínas e lipídios

Carboidratos	
4 calorias por grama	Energia e combustível muscular Controle de colesterol e de gordura Auxílio à digestão Absorção de água e nutrientes
Proteínas	
4 calorias por grama	Fonte de energia (se os carboidratos acabarem) Fornecimento de aminoácidos essenciais Essencial para desenvolvimento de novo tecido Essencial para a manutenção de tecido existente Substância básica para a produção de enzimas, anticorpos e hormônios Equilíbrio de fluidos Transportadores de substâncias no sangue
Lipídios	
9 calorias por grama	Fornecimento de vitaminas lipossolúveis Fornecimento de ácidos graxos essenciais Energia e combustível muscular para atividades de baixa intensidade Controle de saciedade Substância presente em muitos hormônios

Carboidratos

Carboidratos são a principal fonte de energia, fornecendo 4 calorias por grama. São compostos por açúcares, amido e fibra. A glicose, açúcar produzido pelos carboidratos, é a fonte principal e preferida de energia tanto nos músculos quanto no cérebro; ela é armazenada no músculo como glicogênio. Para uma função cerebral normal, precisam ser consumidas 120 gramas de carboidrato por dia. A maioria das dietas deve conter 55 a 65% de carboidratos dependendo do nível de atividade, com a maior parte das fontes vindo de carboidratos complexos. Os carboidratos vêm em dois tipos: simples e complexos.

Carboidratos simples (monossacarídeos ou dissacarídeos). Esses carboidratos são facilmente digeridos. Em outras palavras, eles fornecem energia imediata, mas por um período muito curto. Assim, os carboidratos não são a melhor fonte de energia para um exercício prolongado. Os carboidratos simples incluem açúcar, farinha branca, cereais processados, biscoitos e doces.

Carboidratos complexos (polissacarídeos). Os carboidratos complexos envolvem um processo de digestão mais complicado e fornecem um fluxo mais longo e estável de energia. Os carboidratos complexos incluem frutas, vegetais, grãos e leite. Eles contêm fibra alimentar, que ajuda na eliminação de resíduos no corpo e fornece uma excelente fonte de energia para o cérebro e os tecidos corporais.

Há duas formas de fibra alimentar: solúvel e insolúvel. A fibra solúvel é encontrada em algumas frutas, cevada, legumes, aveia e alguns vegetais. Elas ajudam a diminuir os níveis sanguíneos de colesterol e a retardar o processo de digestão, permitindo uma maior absorção de nutrientes. As fontes de fibra insolúvel incluem algumas frutas, sementes, alguns vegetais e grãos integrais. Essas fibras são fornecidas por meio do talo de salsão, da casca de legumes e semente de milho e da camada externa do arroz integral. Fibras insolúveis soltam o intestino, regulam os movimentos do intestino, aceleram o trânsito de matéria fecal através do cólon, reduzem o risco de diverticulite, câncer e apendicite, e melhoram o manejo de glicose pelo corpo, o que é especialmente útil para pessoas com diabetes.

Proteínas

As proteínas são consideradas os blocos de construção do corpo; elas ajudam a formar e reparar o tecido muscular. Cada grama de proteína fornece 4 calorias. Sua principal função é ajudar no papel de recuperação após a atividade física, durante a qual a proteína é usada como energia apenas em 2 a 6% do tempo. Proteínas são compostas de aminoácidos, dos quais existem 20 tipos. O corpo pode produzir alguns aminoácidos, mas há outros que são considerados aminoácidos essenciais porque não podem ser produzidos pelo corpo e devem vir a partir do consumo de alimentos.

Os dois subgrupos de proteínas são proteínas completas e proteínas incompletas. As proteínas completas contêm todos os aminoácidos essenciais; as proteínas incompletas têm um ou mais aminoácidos essenciais em falta. As proteínas completas incluem ovos, leite, carne e peixe; as proteínas incompletas incluem macarrão, grãos, vegetais, feijão e soja. Certas combinações de alimentos podem fornecer todos os aminoácidos essenciais sob a forma de uma proteína completa. Algumas proteínas complementares incluem arroz e feijão, pão e pasta de amendoim, lentilhas e arroz.

A ingestão diária recomendada (IDR) para homens e mulheres é de 0,80 g de proteína de alta qualidade por quilo de peso corporal por dia. Para determinar a quantidade de proteína necessária na dieta, multiplique o peso da pessoa em quilogramas por 0,8.

Lipídios

A gordura é um macronutriente. Seu papel no corpo é armazenar energia, proteger órgãos vitais, fornecer isolamento e transportar vitaminas lipossolúveis. Os lipídios representam um valor energético de 9 calorias por grama; eles são facilmente armazenados além de uma boa fonte de energia para exercícios de longa duração e baixa intensidade. Os lipídios contribuem para o gosto e cheiro das comidas que estimulam o apetite e ajudam a proporcionar saciedade (sentir-se "cheio").

Há dois tipos principais de gorduras alimentares: saturada e insaturada. As gorduras saturadas derivam, em sua maioria, de fontes animais e contêm excesso de colesterol, o que pode contribuir para doenças cardiovasculares. As gorduras insaturadas (mono e poli-insaturadas) são as gorduras "saudáveis" de uma dieta. Exemplos incluem azeite de oliva, óleo de canola, a maioria dos tipos de castanha e peixes gordurosos, como o salmão. O grau de saturação determina a temperatura em que a gordura derrete. Quanto menos saturada a gordura, mais líquida ela é em temperatura ambiente. De modo contrário, quanto mais saturada a gordura, mais sólida ela é sob temperatura ambiente. Gordura trans (gordura hidrogenada insaturada) tem propriedades físicas que geralmente se parecem com as da gordura saturada. Diferente de outras gorduras alimentares, as gorduras trans não são essenciais e não promovem a boa saúde.

A American Dietetic Association recomenda que 65 g de gordura sejam incluídas em uma dieta média, principalmente a partir de gorduras insaturadas.

> ### Sua energia precisa de "colinha"
>
> - Para atividades de curta duração e alta intensidade, os carboidratos são o combustível principal.
> - Para atividades de longa duração, os lipídios são o combustível principal, seguidos pelos carboidratos e, então, pela proteína.

Vitaminas

As vitaminas são reguladoras do corpo e executam cada ação interna necessária para a manutenção da vida. São nutrientes orgânicos não calóricos que podem ser classificados como hidrossolúveis e lipossolúveis. Vitaminas hidrossolúveis são em geral absorvidas diretamente para a corrente sanguínea. Como elas não são armazenadas nos tecidos até o nível ótimo, o excesso é excretado na urina, reduzindo o potencial para a toxicidade. As vitaminas lipossolúveis seguem o mesmo caminho de absorção que as gorduras. Elas são absorvidas pela linfa e se deslocam no sangue com as proteínas carreadoras. As vitaminas lipossolúveis são armazenadas nos tecidos adiposos corporais. Quantidades excessivas podem levar à concentrações tóxicas acompanhadas por efeitos prejudiciais.

Vitaminas lipossolúveis

Vitamina A – mantém a pele e a membrana mucosa e desempenha uma parcela integrante na saúde dos olhos.

Vitamina D – auxilia o corpo na absorção de cálcio para a saúde óssea ideal.

Vitamina E – auxilia o corpo na reparação de tecidos e é um antioxidante.

Vitamina K – desempenha um papel integrante na coagulação do sangue.

Vitaminas hidrossolúveis

Vitamina B – mantém o metabolismo normal de carboidratos e ajuda com os centros de energia do corpo.

Vitamina C – um oxidante principal, envolvido na maioria das funções corporais; ajuda na súde de cartilagem e tendões e na função imunológica.

Minerais

Os minerais são substâncias inorgânicas que ocorrem naturalmente (não contêm carbono, hidrogênio ou oxigênio). Os minerais, sendo nutrientes essenciais, são classificados em dois grupos: minerais principais e minerais de vestígio. Os minerais trabalham como reguladores dos processos do corpo e são componentes de várias células corporais (p. ex., ferro nas células vermelhas do sangue) ou de várias estruturas (p. ex., osso). Assim como acontece com as vitaminas, o excesso de suplementação de minerais pode perturbar o equilíbrio normal dos processos corporais.

Alguns dos minerais que o corpo humano precisa para funcionar apropriadamente incluem o seguinte:

- Ferro – está envolvido na produção de hemoglobina, componente principal das células sanguíneas. Ele também ajuda no fornecimento de oxigênio às células pelas células sanguíneas e protege o corpo contra infecção. Esse mineral é o de deficiência mais comum em mulheres fisicamente ativas.

- Magnésio – está envolvido em cada faceta do sistema interno do corpo, como na síntese proteica, na produção de energia, na função nervosa e na contração muscular. Sua deficiência foi ligada à cãibra muscular.

- Selênio – um antioxidante que ajuda a proteger as células contra o dano causado pelas partículas de oxigênio livres e ajuda no funcionamento normal do coração.

- Cálcio – ajuda a manter ossos e dentes fortes e tem se mostrado um auxiliar do corpo no combate à pressão arterial alta e certas formas de câncer. Esse mineral também é muito importante na contração muscular.

- Potássio – um componente principal na circulação do oxigênio e do sangue através do sistema e importante na regulação da pressão arterial. Sob o ponto de vista do condicionamento físico, a deficiência de potássio tem sido ligada à cãibra muscular e ao desequilíbrio hídrico. Ele também é um importante contribuinte na contração muscular.

- Sódio – ajuda no equilíbrio hídrico e na contração muscular e sua reposição é essencial após fases longas de exercício árduo, especialmente em ambientes úmidos ou com temperatura elevada.

Esses minerais e vitaminas são um pequeno exemplo dos muitos compostos disponíveis para o funcionamento e a saúde humanos. Seu corpo prefere receber esses nutrientes por fontes alimentares do que na forma de suplemento. Repasse essa informação aos seus alunos de hidroginástica para ajudá-los a entender melhor a saúde nutricional. Conforme seu interesse em nutrição aumenta, há uma abundância de informação disponível e muitos outros compostos que têm um enorme impacto no trabalho do dia a dia do corpo humano.

Tabelas de consumo alimentar de referência para vitaminas e minerais podem ser encontradas no site da USDA National Agriculture Library no www. nal.usda.gov.

Água

A água é o principal elemento para todos os trabalhos no corpo humano e o mais importante nutriente durante o exercício. Uma diminuição na água leva à desidratação; para um entusiasta do condicionamento físico a desidratação pode significar desde fadiga e colapso muscular à, até mesmo, morte. Conforme a demanda de água aumenta por meio de exercício, calor e esforço em geral, o consumo de água também deve aumentar.

A água está presente em cada célula e tecido do corpo e é o principal meio de transporte para todos os nutrientes ao longo de todas as células. Ela é responsável pela remoção dos subprodutos metabólicos e resíduos no corpo. Ela trabalha com o fígado para metabolizar a gordura de forma eficiente durante o treinamento cardiovascular e trabalha diretamente no músculo para ajudar na contração para ganhos de força.

Uma diretriz geral para o consumo de água para o entusiasta de exercício médio é de 5 a 8 copos de 240 mL por dia, ajustando o consumo conforme a sede aumentar ou sob condições úmidas e quentes. O objetivo é manter um nível constante de fluidos no sistema para prevenir a sede. Quando o corpo sente falta de água, ele transmite a sensação de sede; se a sede não é saciada, o próximo alarme é a fome. Deve-se repor a água sempre que sentir sede, mas é importante notar que a sede não é um indicador confiável sobre quando beber. Quando a sensação de sede ocorre, você já está parcialmente desidratado. A resposta de sede é ainda mais reduzida durante exercícios na água. Estudos mostram que indivíduos que se exercitam na água não provocam uma resposta de sede forte e, assim, não são levados a se hidratar enquanto executam hidroginástica. A promoção de pausas para beber água durante a aula é altamente recomendada (Sagawa et al., 1992).

A declaração do American College of Sports Medicine (ACSM) 2007, "Exercício e reposição de fluido", enfatiza as considerações individuais de hidratação e fornece detalhes sobre a hidratação antes, durante e depois do exercício. O pronunciamento oficial do ACSM está publicado na edição de fevereiro de 2007 do *Medicine and science in sports and exercise*, seu periódico oficial. A declaração de 2007 inclui os seguintes pontos fundamentais:

- A variabilidade nas exigências de hidratação durante o exercício existirá de acordo com os indivíduos e as diferentes atividades físicas, assim como as condições ambientais. A taxa de suor e a perda de fluidos irão variar com base nas características individuais, incluindo, mas não se limitando a, peso corporal, predisposição genética e metabolismo. Considerações ambientais como temperatura do ar, temperatura da água para treinamento na piscina e umidade, assim como a vestimenta e o tipo de atividade executada, irão influenciar as necessidades de reposição de fluido para um indivíduo.

- A reposição de fluido antes do exercício tem o objetivo de iniciar a atividade física com níveis "normais" de água e eletrólitos. O fluido deve ser consumido várias horas antes do exercício, o que possibilita a absorção e permite que a excreção de urina retorne aos níveis normais.

- Durante o exercício, a reposição de fluido acontece no sentido de prevenir a desidratação (redução > 2% da linha basal de peso corporal) e evitar mudanças excessivas no equilíbrio eletrolítico, o que pode comprometer o desempenho. O ritmo de consumo e a quantidade de fluidos dependerão do indivíduo e da atividade, incluindo as oportunidades para beber. Essas diretrizes sugerem que as bebidas que contêm eletrólitos e carboidratos geralmente fornecem mais benefícios do que apenas a água.

- A reposição de fluido após o exercício é necessária para repor completamente qualquer perda de fluido e eletrólitos. Refeições regulares e ingestão de líquidos irão restaurar os níveis normais de hidratação, quando o momento permitir. A velocidade necessária para a hidratação e o nível de perda de eletrólitos determinarão se será preciso um programa de hidratação mais específico.

A cafeína, o álcool e certas medicações contribuem para a desidratação. Essas substâncias devem ser mantidas a um consumo mínimo, mas, se consumidas, quantidades adicionais de água ajudam a contrabalançar os efeitos. Note também que o uso constante de sua voz pode contribuir para a desidratação. Assegure-se de beber água antes, durante e depois de uma aula e manter quantidade adequada de hidratação durante o dia. Para aqueles ensinando em área externa, o processo de hidratação deve começar bem antes da aula e continuar durante a aula para manter o nível de hidratação adequado.

Álcool

Não costumamos pensar no álcool como um nutriente, mas ele contém calorias. Há 7 calorias por grama de álcool (mais do que em proteínas ou carboidratos), mas elas não fornecem benefício como um susbtrato energético. Algumas pesquisas indicam potencial para efeitos colaterais benéficos, como o estímulo para a saúde cardiovascular a partir do consumo de quantidades moderadas de álcool, em particular vinho tinto. Entretanto, quando é consumido em excesso, torna-se mais arriscado do que útil.

O álcool contribui para a desidratação, pode diminuir o desempenho e prolongar o tempo necessário para a recuperação. O álcool é geralmente chamado de "nutriente antinutriente" porque interfere diretamente com a absorção, o armazenamento e o uso de outros nutrientes.

Absorção dos nutrientes

Os componentes nutricionais são absorvidos para dentro de nossos corpos por meio do processo digestivo e, deste modo, formam a essência de todo o funcionamento humano. O processo começa no momento em que colocamos comida em nossa boca. As enzimas digestivas começam a quebrar a comida em seus próprios componentes únicos, que são distribuídos pelo corpo nas áreas que mais precisam deles. A absorção de nutrientes nos dá energia para fazer exercício e a força para manter um corpo saudável e livre de mal-estar ou doença. Nossas escolhas alimentares determinam os nutrientes (macro e

micro) que nosso corpo tem disponíveis para recuperação, crescimento e fontes de energia. Cada escolha nutricional que fazemos tem consequências, algumas boas, outras ruins. Vivendo em sociedade, fomos programados para comer por conforto, em ocasiões sociais ou simplesmente por prazer. Precisamos nos educar para comer por nutrição, de modo que nossos corpos funcionem e tenham desempenho em seu nível ideal.

Quantas calorias um indivíduo deve consumir por dia depende de muitos fatores, incluindo altura, peso, idade, gênero (esses quatro contribuem para o gasto de energia basal – GEB – de um indivíduo), composição corporal e nível de atividade. Em geral, uma pessoa que quer perder peso deve produzir um balanço energético negativo por meio de uma combinação de exercício (queima de calorias) e uma redução da quantidade de calorias alimentares consumidas. Entretanto, é importante não restringir o consumo de calorias abaixo do GEB de um indivíduo. Fazer isso causa fadiga, diminui o desempenho e também faz com que fique mais difícil perder peso – você pode até *ganhar* peso. O profissional de condicionamento físico pode tentar motivar seus alunos a fazer escolhas mais saudáveis, mas a criação de um plano calórico específico deve se deixada para profissionais licenciados.

A qualidade da comida deve um dos principais componentes da nutrição saudável. Incentive a si mesmo e a seus alunos a procurar por alimentos nutricionalmente completos que promovam a saúde física e o desempenho ideal. Nutricionalmente, 200 calorias de batatas fritas não são iguais a 200 calorias de vegetais refogados e peixe. Mesmo que esteja fornecendo a seu corpo a energia calórica necessária, a falta de nutrientes faz com que o corpo deseje mais comida até que as necessidades nutricionais sejam atendidas. Uma vez que seu corpo está suprido de alimentos de alta qualidade, pode funcionar de maneira apropriada.

Diretrizes nutricionais para norte-americanos

As Diretrizes nutricionais para norte-americanos oferecem um conselho científico para promover saúde e reduzir o risco para as principais doenças crônicas por meio de dieta e atividade física. Doenças específicas ligadas a uma dieta ruim e inatividade física incluem, mas não se limitam a, doença cardiovascular, diabetes tipo 2, hipertensão, osteoporose e alguns cânceres. Dieta ruim e inatividade física representam os fatores mais importantes que contribuem para o aumento do sobrepeso e da obesidade nos EUA.

As Diretrizes nutricionais para norte-americanos foram publicadas pela primeira vez em 1980 e são revisadas e atualizadas a cada cinco anos. Publicadas pelo Depart-

---

Recomendação da American Heart Association

Se for beber álcool, faça-o com moderação. Isso significa uma média de um ou dois drinques por dia para homens e um drinque por dia para mulheres. (Um drinque são 355 mL de cerveja, 120 mL de vinho, 45 mL de bebida alcoólica com 46 GL ou 30 mL de bebida alcoólica com 50 GL.) Beber mais álcool aumenta perigos como alcoolismo, pressão arterial alta, obesidade, acidente vascular encefálico (AVE), câncer de mama, suicídio e acidentes. Também não é possível prever em qual pessoa o alcoolismo se tornará um problema. Em decorrência desse e de outros riscos, a American Heart Association alerta as pessoas para *não* começarem a beber. Consulte seu médio sobre os benefícios e riscos do consumo de álcool com moderação.

ment of Health and Human Services (HSS) e pelo United States Department of Agriculture (USDA), as diretrizes de 2005 incluem apêndices com informações detalhadas sobre o Guia alimentar do USDA e o Plano alimentar de abordagem dietética para interromper a hipertensão (DASH). Tanto o Guia alimentar do USDA quanto o plano alimentar DASH fazem as seguintes sugestões nutricionais gerais:

- Consuma *mais* vegetais de cor verde-escura e laranja, legumes, frutas, grãos integrais, leite semidesnatado e produtos derivados.

- Consuma *menos* grãos refinados, gorduras totais (especialmente colesterol e gorduras saturadas e trans), açúcares adicionados e calorias.

As Diretrizes nutricionais para norte-americanos 2005 fornecem as seguintes recomendações fundamentais para a população geral.

As Diretrizes de atividade física para norte-americanos, *que complementam as* **Diretrizes nutricionais**, *fornecem informação adicional sobre o componente de atividade física; ver Capítulo 1 para mais informações.*

Nutrição adequada dentro das necessidades calóricas

- Consuma uma variedade de alimentos e bebidas ricos em nutrientes dentro dos grupos alimentares básicos, ao mesmo tempo escolhendo alimentos que limitem o consumo de gorduras saturadas e trans, colesterol, açúcares adicionados, sal e álcool.

- Certifique-se de atender ao padrão de consumo recomendado dentro das necessidades energéticas por meio da adoção de uma alimentação balanceada, de acordo com o Guia alimentar da USDA e o plano alimentar DASH.

Gerenciamento de peso

- Para manter o peso corporal dentro de um limite saudável, equilibre as calorias dos alimentos e das bebidas em relação às calorias gastas.

- Para prevenir aumento de peso gradual, faça pequenas diminuições em comidas e bebidas e aumente a atividade física.

Atividade física

- Para promover a saúde, o bem-estar psicológico e um peso corporal saudável, entre em um programa regular de atividade física e reduza as atividades sedentárias.

- Para reduzir o risco de doença crônica na fase adulta, participe de um programa de atividade física moderada de pelo menos 30 minutos, acima do nível de atividade normal, no trabalho ou em casa, na maioria dos dias da semana.

- Para a maior parte das pessoas, mais benefícios de saúde podem ser obtidos ao engajar-se em atividades físicas de intensidade mais vigorosa ou duração mais longa.

- Para ajudar a gerenciar o peso corporal e prevenir o ganho gradual e não saudável de peso corporal na fase adulta, participe de atividade de intensidade moderada a intensa por aproximadamente 60 minutos na maioria dos dias da semana, cuidando para não ultrapassar as exigências calóricas de consumo.

- Para manter a perda de peso na fase adulta, participe em pelo 60 a 90 minutos de atividade física diária de intensidade moderada, enquanto não ultrapassa as exigências calóricas de consumo. Algumas pessoas podem precisar consultar um profissional de saúde antes de participar deste nível de atividade.

- Alcance o condicionamento físico por meio da inclusão de condicionamento cardiovascular, exercícios de alongamento para flexibilidade ou calistenia para força e resistência musculares.

Grupos alimentares a se incentivar

- Consuma uma quantidade suficiente de frutas e vegetais, pemanecendo dentro das necessidades energéticas. Duas xícaras de frutas e duas xícaras e meia de vegetais por dia são recomendadas para um consumo de 2.000 calorias, com quantidades mais altas ou mais baixas dependendo do nível calórico.

- Escolha uma variedade de frutas e vegetais a cada dia. Em particular, selecione de todos os cinco subgrupos (cor verde-escura e laranja, legumes, vegetais com amido e outros vegetais) várias vezes por semana.

- Consuma 85 g ou mais de produtos de grão integral por dia, com o resto dos grãos recomendados vindo de produtos enriquecidos ou de grão integral. Em geral, pelo menos metade dos grãos devem vir de grãos integrais.

- Consuma três xícaras de leite desnatado ou semi-desnatado por dia ou o equivalente em produtos derivados do leite.

Gorduras

- Consuma menos de 10% das calorias de ácidos graxos saturados e menos de 300 mg por dia de colesterol; mantenha o consumo de ácido graxo trans o mais baixo possível.

- Mantenha o consumo total de gordura entre 20 a 35% das calorias, com a maior parte das calorias vinda de fontes de ácidos graxos poli-insaturados e monoinsaturados, como peixe, castanhas e óleos vegetais.

- Ao selecionar e preparar carne, ave, feijão seco e leite ou seus derivados, faça escolhas que sejam de gordura magra e baixa ou sem gordura.

- Limite o consumo e gorduras e óleos com alto teor de ácidos graxos saturados ou trans; escolha produtos com baixo teor dessas gorduras e óleos.

Carboidratos

- Escolha geralmente frutas ricas em fibras, vegetais e grãos integrais.

- Escolha e prepare alimentos e bebidas com poucos açúcares adicionados ou adoçantes calóricos, de acordo com as quantidades sugeridas pelo Guia alimentar do USDA e o plano alimentar DASH.

- Reduza a incidência de cavidades dentárias, praticando boa higiene oral e consumindo com menos frequência alimentos e bebidas contendo açúcar e amido.

Sódio e potássio

- Consuma menos de 2.300 mg (aproximadamente 1 colher de chá de sal) de sódio por dia.

- Escolha e prepare alimentos com pouco sal. Ao mesmo tempo, consuma alimentos ricos em potássio, como frutas e vegetais.

Bebidas alcoólicas

- Aqueles que escolhem tomar bebidas alcoólicas devem fazê-lo de forma sensata e com moderação – o que é definido pelo consumo de até um drinque por dia para as mulheres e até dois drinques por dia para os homens.

- As bebidas alcoólicas não devem ser consumidas por alguns indivíduos, incluindo aqueles que não podem restringir seu consumo de álcool, mulheres em idade fértil que podem vir a engravidar, mulheres grávidas ou amamentando, crianças e adolescentes, indivíduos tomando medicações que podem interferir com o álcool e aqueles com problemas médicos específicos.

- Bebidas alcoólicas devem ser evitadas por indivíduos empenhados em atividades que exijam atenção, habilidade ou coordenação, como dirigir ou operar máquinas.

Segurança dos alimentos

Para evitar doença por contaminação microbiana dos alimentos:

- Lave as mãos, as superfícies em contato com a comida, as frutas e os vegetais. Carne e frango não devem ser lavados ou enxaguados.

- Separe alimentos crus, cozidos e prontos para comer, enquanto compra, prepara ou armazena os alimentos.

- Cozinhe os alimentos em uma temperatura segura para matar microrganismos.

- Congele (refrigere) alimentos perecíveis rapidamente e descongele-os de maneira apropriada.

- Evite leite cru (não pasteurizado) ou quaisquer produtos feitos de leite não pasteurizado, ovos crus ou parcialmente cozidos, carne e frango crus ou malpassados, sucos não pasteurizados e brotos crus.

As Diretrizes nutricionais para norte-americanos (2005) contêm recomendações adicionais para populações específicas. A publicação completa está disponível no site da HSS (www.health.gov/ DietaryGuidelines) e pode ser baixada sem custo.

Guia alimentar do USDA

O Guia alimentar do USDA fornece uma excelente ferramenta para ajudar os alunos a seguir as Diretrizes nutricionais para norte-americanos. O Guia alimentar não é uma dieta para perder peso; eleilustra exemplos de como se alimentar de acordo com as Diretrizes nutricionais para norte-americanos. O Guia alimentar é construído por meio de uma extensão de níveis calóricos para estar de acordo com as necessidades de vários grupos etários e de gênero. O conteúdo de nutrientes estimado para cada grupo e subgrupo alimentar é baseado nos consumos alimentares médios da população.

O USDA introduziu o MyPyramid em 2005 para susbtituir o Guia alimentar Pyramid de 1992. O MyPyramid oferece uma abordagem mais individualizada para um sistema de guia alimentar geral para melhorar a dieta e o estilo de vida. Ele incorpora recomendações das Diretrizes nutricionais para norte-americanos e usa um formato interativo para ajudar os indivíduos a determinar suas necessidades calóricas diárias pessoais baseando-se em idade, gênero e atividade física.

O site (www.mypyramid.gov) oferece uma variedade de características que fazem com que esse sistema de diretriz alimentar seja acessível para todas as idades: plano MyPyramid, rastreador MyPyramid, por dentro do MyPyramid, dicas adicionais, recursos e planilha eletrônica. Uma versão infantil também foi desenvolvida para crianças de 6 a 11 anos de idade. O símbolo MyPyramid representa a proporção recomendada de alimentos para cada grupo alimentar e foca na importância de fazer escolhas alimentares inteligentes em cada grupo alimentar, todos os dias (Fig. 13.1). A atividade física é um novo elemento no símbolo.

Preocupações nutricionais comuns

Podemos usar estratégias nutricionais para alterar nossa aparência corporal, melhorar o desempenho ou promover a saúde. Certos padrões alimentares têm sido reconhecidos como redutores de risco de muitas doenças, incluindo alguns tipos de cânceres, cardiopatia, aterosclerose, osteoporose e hipertensão. Algumas dessas preocupações com doenças são discutidas nas seções seguintes.

Redução do risco de câncer

Acredita-se que os fatores nutricionais desempenham um papel no desenvolvimento de um terço dos cânceres humanos. As recomendações da American Cancer Society são:

- Atinja ou mantenha um peso saudável.
- Consuma cinco ou mais porções de vegetais e frutas por dia.
- Escolha grãos integrais em vez dos grãos e açúcares processados (refinados).
- Limite o consumo de carnes processadas e vermelhas.
- Limite o consumo de bebidas alcoólicas.

O guia completo da American Cancer Society pode ser encontrado no site www.cancer.org.

Cardiopatia, aterosclerose e colesterol sanguíneo

Aterosclerose, colesterol sanguíneo e cardiopatia caminham lado a lado. O colesterol sanguíneo elevado é um dos principais fatores de risco identificados para a aterosclerose e a cardiopatia. Quanto mais alto o nível de colesterol sanguíneo, maior o risco de infarto agudo do miocárdio (IAM), aterosclerose e cardiopartia. É desejável manter o colesterol total abaixo de 200 mg/dL; os níveis totais de colesterol são determinados com base em uma proporção de LDL, HDL e triglicérides.

- Lipoproteínas de baixa densidade (LDL), também chamadas de mau colesterol, podem causar a formação de placa nas paredes das artérias. Quanto mais LDL no sangue, maior o risco de cardiopatia.
- Lipoproteínas de alta densidade (HDL), também chamadas de bom colesterol, ajudam o corpo a se livrar do mau colesterol no sangue. Quanto mais alto o nível de HDL no sangue, melhor. Caso seus níveis de HDL estejam baixos, seu risco para cardiopatias aumenta.
- Triglicérides são outro tipo de gordura transportada no sangue. O excesso de calorias, álcool ou açúcar no sangue é convertido em triglicérides e armazenado em células adiposas pelo corpo.

Figura 13.1 MyPyramid.

O colesterol pode ser acumulado pelo consumo alimentar. Alimentos com gordura altamente saturada e colesterol podem aumentar seus níveis de colesterol. Outros fatores de risco para o colesterol alto incluem estar com sobrepeso e sedentário. Perder peso, participar de uma atividade física regular, aumentar o consumo de fibra e água e substituir produtos com gordura insaturada por produtos com gorduras saturadas são atitudes que podem reduzir o LDL-colesterol e aumentar o HDL-colesterol. Cada indivíduo deve ter seus níveis de colesterol verificados e estar ciente sobre o que esses níveis significam. Não existem sintomas de colesterol alto; ele está ligado tanto a hereditariedade (histórico familiar) quanto comportamento (dieta, exercício, gerenciamento de peso). Ver a Tabela 11.1 para detalhes sobre os níveis de colesterol e as categorias de saúde.

Considerações nutricionais adicionais para a doença cardiovascular

Dois dos ácidos graxos ômega 3 encontrados em certos peixes de água fria têm sido associados com a diminuição do risco de doença cardiovascular. Os ácidos graxos ômega 3 parecem ajudar a controlar as plaquetas de forma que não formem tantos coágulos. Peixes que são ricos em ácidos graxos ômega 3 incluem: anchova europeia, peixe azul, arenque, cavala, tainha, peixe-carvão-do-pacífico, salmão, esturjão comum e do Atlântico, truta de água doce, atum branco ou atum azul e peixe branco de água doce.

Os nutrientes antioxidantes têm se mostrado efetivos na diminuição do risco de DCV. Esses nutrientes, que incluem vitaminas C, E, selênio e betacaroteno são encontrados em frutas e vegetais. Acredita-se que os antioxidantes protegem o LDL-colesterol da oxidação, o que causa menos lesão nas paredes arteriais e menos formação de placa.

Algumas pesquisas ligaram o consumo moderado de álcool, não mais que um ou dois drinques por dia, com a diminuição do risco para doença cardiovascular. Até agora, considerando a pesquisa abundante ligando o consumo de álcool à saúde ruim, os abstêmios não devem ser encorajados a consumir álcool.

Osteoporose

A osteoporose é uma doença que fragiliza o osso e reduz a sua matriz estrutural levando a um enfraquecimento da estrutura óssea e, eventualmente, a fraturas. Dieta e exercício podem ter um resultado direto sobre a ocorrência e o tratamento da osteoporose e osteopenia (os estágios iniciais da osteoporose). A inclusão das recomendações diárias de cálcio e vitamina D em sua dieta ajuda na prevenção e no tratamento. Praticar exercícios com peso suportado para fortalecimento de músculos é outro componente necessário para prevenir e tratar essa doença.

Hipertensão

A hipertensão é a pressão arterial alta, ou a quantidade de força exercida contra as paredes dos vasos. Tem sido chamada de matadora silenciosa porque não tem sinais ou sintomas, embora seja a principal causa de morte de mais de 50.000 pessoas por ano nos Estados Unidos. A hipertensão também é listada como fator contribuinte para a morte de 300.000 indivíduos anualmente. Está incluída na lista de fatores de risco para a cardiopatia e, assim, aumenta o risco de infarto agudo do miocárdio (IAM). Os fatores de risco para a hipertensão incluem idade, histórico familiar, gênero, obesidade e ascendência africana. O alto consumo de álcool, o diabetes e o estilo de vida sedentário também são fatores de risco contribuintes para a hipertensão.

A redução no consumo de sódio, colesterol e gordura saturada ajudará a diminuir o risco de hipertensão. Padrões alimentares como vegetarianismo, o plano alimentar DASH e o aumento de fibra incluída no consumo diário provaram ajudar na redução da pressão arterial. Os instrutores devem incentivar os alunos a monitorar a pressão arterial regularmente, acompanhar as leituras (Tab. 13.2) e consultar um médico se houver preocupação.

Tabela 13.2 Pressão arterial

Número máximo (sistólica)		Número mínimo (diastólica)	Sua categoria
Abaixo de 120	e	Abaixo de 80	Pressão arterial normal
120 a 139	ou	80 a 89	Pré-hipertensão
140 a 159	ou	90 a 99	Estágio 1 de hipertensão
160 ou mais	ou	100 ou mais	Estágio 2 de hipertensão

Adaptado de www.mayoclinic.com

Deficiência de ferro e anemia por deficiência de ferro

O ferro desempenha um papel importante no corpo porque é um componente das proteínas hemoglobina e mioglobina. A hemoglobina é encontrada nas células vermelhas do sangue e transporta o oxigênio dos pulmões para todas as células do corpo. A mioglobina transporta e armazena o oxigênio nos músculos.

A deficiência de ferro ocorre quando não há consumo e absorção suficientes de ferro. Também pode estar relacionada à perda de sangue causada por lesão, parasitas e úlceras. A menstruação também coloca as mulheres em risco. A taxa de absorção aumenta à medida que as reservas de ferro são esgotadas ou a necessidade de ferro cresce (p. ex., durante a gestação ou em períodos de crescimento intenso).

Há diferença entre deficiência de ferro e anemia por deficiência de ferro. É possível tornar-se deficiente sem estar anêmico. A deficiência de ferro se refere ao esgotamento das reservas desse mineral, embora não necessariamente no nível de esgotamento suficiente para provocar anemia. A anemia se refere ao esgotamento severo das reservas de ferro, resultando em baixa hemoglobina sanguínea. Durante o esgotamento de ferro, a capacidade de transporte de oxigênio é prejudicada e as células não recebem mais oxigênio suficiente para a quebra de energia. Os sintomas incluem fadiga, apatia e tendência a sentir frio.

A IDR de ferro é de 8 mg por dia para homens e mulheres idosas. As mulheres em idade reprodutiva têm uma IDR de 18 mg por dia para repor a perda sanguínea da mesntruação. A gestação requer 30 mg por dia para garantir reservas adequadas de ferro para a mãe e o feto em desenvolvimento. Os homens, em virtude de seu consumo alimentar mais alto, costumam ter menos problemas em cumprir as exigências em comparação às mulheres, que devem ser muito mais seletivas em suas escolhas alimentares porque consomem menos comida.

Embora haja suplementos disponíveis, é muito importante comer uma dieta rica em ferro porque o ferro na comida é mais facilmente absorvido. Alguns alimentos ricos em ferro são a carne de órgãos, a carne de vaca, de porco, de frango, peixes e ostras; outras opções incluem uvas passas, hortaliças, melancia, morangos, legumes, damascos secos e ameixas. Também é importante reconhecer que certos alimentos podem retardar a absorção de ferro; estes incluem chá, café, cálcio e fósforo no leite, e fitatos e fibras em cereais de grão integral.

Gerenciamento de peso

A Pesquisa Nacional de Avaliação da Saúde e Nutrição de 2005–2006 (NHANES) estimou que 32,7% dos adultos nos Estados Unidos com 20 anos de idade ou mais estão com sobrepeso, 34,3% são obesos e 5,9% são extremamente obesos (CDC, s/d). O sobrepeso ocorre quando o peso do indivíduo excede a média ou a norma da população, que pode ser determinada por tabelas de altura e peso baseadas em gênero, altura e tamanho da estrutura. Embora seja uma abordagem padronizada, as medições de altura e peso não têm a habilidade de medir as diferenças em massa muscular. Uma medição mais precisa é determinar a porcentagem de gordura corporal, que leva em conta as diferenças individuais em massa de tecido magro.

Na obesidade, há "um excesso de gordura corporal que costuma resultar em um prejuízo significativo para a saúde", um nível 20% ou mais, acima do seu peso corporal individual ideal (Durstine et al., 2009). O National Institute of Health fornece diretrizes federais para a identificação, avaliação e tratamento de sobrepeso e obesidade. Ferramentas de avaliação de obesidade que usam medidas de peso e altura incluem tabelas de peso e altura e o índice de massa corporal (IMC). Embora o IMC seja uma ferramenta precisa para avaliar a obesidade em populações, no caso de indivíduos ele pode avaliar apenas peso. Em decorrência do fato de esta ferramenta usar apenas valores de peso e altura, ela não avalia a massa muscular. Use-a então como uma ferramenta para classificar a obesidade; confirme sua avaliação pela estimativa da porcentagem de gordura corporal. A fórmula para determinação do IMC está localizada no Capítulo 14.

Muitos dos seus alunos terão algum tipo de objetivo para perda de peso em mente. É importante que o instrutor de condicionamento físico seja capaz de fornecer informação de qualidade aos alunos sem ultrapassar o âmbito de sua prática.

O corpo queima calorias de três formas principais (Fig. 13.2).

- Efeito térmico do alimento (ETA)
  - Aumento no consumo de oxigênio após uma refeição, causado pela digestão.
  - Pode ser responsável por 10 a 15% do gasto de energia total.
  - O custo energético das refeições é maior para proteína, menor para carboidratos e o mais baixo para gorduras.
- Efeito térmico da atividade física (ETAF)
  - O exercício é a parte mais variável da equação de gasto de energia (5 a 40% do gasto de energia diário).
  - O exercício pode diminuir ligeiramente o apetite.

- A perda de peso por meio de exercício acontece quase inteiramente por perda de gordura.
- A dieta parece fazer perder tecido magro, assim como gordura.

■ Taxa metabólica basal (de repouso) (TMB)
- A energia é gasta pelo corpo para sustentar os processos vitais (metabolismo basal).
- Representa de 60 a 75% do total de gasto de energia na pessoa sedentária média.
- Proporcional à massa livre de gordura (músculo, osso, órgãos).
- A atividade física pode ajudar a manter a TMB durante a perda de peso, mas é incerto se o treinamento de exercício pode aumentar a TMB independente dos aumentos em massa livre de gordura.

Esses métodos de gasto calórico (queima de calorias) podem ser manipulados para ajudar no gerenciamento de peso. O efeito térmico da atividade física, ou as calorias queimadas pela execução de atividade, é a fonte de ajuste principal para a equação de equilíbrio energético.

Ao olhar para a equação a seguir, você pode ver que o ajuste no consumo ou o gasto de energia afetam diretamente o equilíbrio energético.

Consumo de energia – gasto de energia = equilíbrio energético

Esta é a premissa básica para perder peso. Se uma pessoa aumenta a ingestão energética sem ajustar o gasto energético, ganha-se peso. Por outro lado, se uma pessoa diminui a ingestão energética e aumenta o gasto energético, perde-se peso.

Consumo de 3.000 calorias – gasto de 3.000 calorias = equilíbrio energético

Consumo de 3.000 calorias – gasto de 2.000 calorias = desequilíbrio energético levando a ganho de peso

Consumo de 2.000 calorias – gasto de 3.000 calorias = desequilíbrio energético levando a perda de peso

Encontrar a equação de equilíbrio energético apropriada para ajudar os alunos com seus objetivos de perda de peso não é uma tarefa fácil. Geralmente leva-se tempo e múltiplas manipulações para atingir os objetivos de perda de peso que os alunos buscam. Ter diários alimentares preenchidos pelo aluno pode ajudar a encontrar uma mistura perfeita de regulação nutricional e gasto calórico (atividade física). Pode-se ajudar os alunos por meio do uso das diretrizes do MyPyramid ou encaminhando-os a um nutricionista registrado.

Teorias sobre a obesidade

Há certo número de teorias sobre a obesidade estabelecidas para explicar por que algumas pessoas se tornam excessivamente gordas enquanto outras permanecem com um peso normal. Essas teorias geralmente convergem para um dos dois campos de pensamento a seguir: as causas metabólicas herdadas/genéticas (causas internas ao corpo), ou os fatores comportamentais (causas externas ao corpo).

É importante perceber que essas duas visões não são necessariamente conflitantes. Qualquer uma das teorias ou uma combinação delas pode explicar a(s) causa(s) da obesidade em um indivíduo, enquanto outras teorias podem explicar a causa de obesidade em outro indivíduo. Tendências comportamentais também podem ter um componente genético. É importante notar que a etiologia da obesidade é ao mesmo tempo complexa e ainda não completamente compreendida. Nesse intervalo, familiarize-se com as várias teorias para ajudar a entender os alunos e suas necessidades.

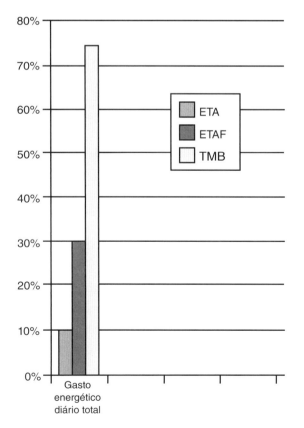

Figura 13.2 Comparação de gasto calórico.

Causas de obesidade internas ao corpo

Teorias metabólicas para obesidade genética/herdada incluem teorias que pertencem à composição fisiológica interna do indivíduo. Essas diferenças genéticas podem fazer com que o indivíduo seja mais propenso à obesidade, mas não determinam que ele de fato será obeso.

Teoria do ponto estabelecido Essa teoria propõe que o corpo escolhe um peso com o qual quer estar e defende a manutenção desse peso por meio da regulação de comportamentos alimentares, ações hormonais e metabolismo. Foi teorizado que o exercício e o consumo de certos alimentos podem reajustar favoravelmente o ponto estabelecido.

Teoria enzimática Pesquisas têm mostrado uma forte ligação entre níveis de reservas de gordura e concentrações elevadas da enzima LPL, ou lipase lipoproteica. A LPL capacita as células adiposas a armazenar triglicérides. Quanto mais LPL, mais facilmente as células adiposas armazenam lipídios, o que aumenta o risco de se tornar obeso.

Teoria da célula adiposa A teoria da célula gorda é baseada na premissa de que tanto o número quanto o tamanho das células adiposas determinam a quantidade de gordura no corpo de um indivíduo. O número de células adiposas aumenta durante os anos de crescimento e se nivela durante a fase adulta. O desenvolvimento aumentado de células adiposas quando criança pode determinar o estabelecimento da obesidade.

Embora antes se pensasse que o aumento no número de células adiposas ocorresse somente durante a infância e adolescência, agora foi descoberto que uma célula adiposa também se divide quando aumenta de tamanho em oito a dez vezes. Em decorrência do fato de as células em pessoas obesas também possuírem mais lipase lipoproteica (LPL), as células têm maior probabilidade de alcançar um tamanho maior rapidamente. Como consequência, pessoas obesas não têm apenas células adiposas aumentadas em tamanho e número, mas elas também são mais eficientes. Infelizmente, quando as pessoas perdem peso elas diminuem o tamanho da célula adiposa, mas não seu número. Isso faz com que seja mais dicícil para uma pessoa obesa perder e manter a perda de peso, o que demonstra a importância da prevenção da obesidade em qualquer ponto do ciclo de vida.

Teoria da termogênese A termogênese é definida como a geração e liberação de gordura corporal associada com a degradação de combustíveis corporais. A teoria da termogênese foca na relação de um tecido, a gordura marrom, ao metabolismo corporal. A gordura marrom é um tecido adiposo abundante em animais hibernadores e crianças humanas. As células adiposas marrons estão cheias de enzimas pigmentadas que queimam energia e dão às células adiposas marrons uma aparência escurecida quando vistas sob um microscópio. Animais magros tendem a ter mais gordura marrom do que os obesos.

A teoria está baseada na premissa de que um indivíduo que tenha menos gordura marrom, ou cujo corpo queima muito pouca gordura, tenderá a armazenar mais gordura branca do que outras pessoas. Embora pesquisas tenham demonstrado que a hereditariedade desempenha um papel significante no desenvolvimento de gordura marrom em animais, a mesma relação não foi claramente demonstrada em estudos de obesidade humana.

Causas de obesidade externas ao corpo

Estas teorias são derivadas de sinalizações não genéticas, ambientais ou externas. Elas estão focadas no ambiente e na disponibilidade nutricional. Similar às teorias genéticas ou herdadas, estas não causam necessariamente a obesidade, mas elas realmente apresentam uma grande oportunidade para o indivíduo se tornar obeso.

Teoria da sinalização externa Esta teoria propõe que a pessoa come demais como uma resposta às coisas que o cercam, como o relógio (comer apenas porque o relógio diz que é hora), um pote de doces sobre a mesa (dispara em você a vontade de comer) ou ao passar perto de sua loja de rosquinhas favorita. Aprendemos a associar certas sinalizações ambientais com o ato de comer.

O poder engordativo da gordura O excesso de gordura alimentar é armazenado de forma mais eficiente como gordura corporal quando se compara ao excesso alimentar de carboidrato. Um excedente de 100 calorias de carboidrato requer 23 dessas calorias para converter o alimento em gordura corporal, enquando um excedente de 100 calorias de gordura requer apenas 3 daquelas calorias para armazená-la como gordura corporal.

Falta de exercício O exercício foi considerado o indicador mais importante para aqueles que serão bem-sucedidos em manter ou perder peso. Da mesma maneira, a falta de exercício é o principal fator contribuinte para a obesidade. O exercício não apenas aumenta significativamente o gasto de energia, mas também eleva a taxa metabólica mesmo depois que a fase de exercício acabou. A forma mais benéfica de exercício para perda e manutenção de peso é aumentar de maneira progressiva a duração (ou várias sessões para somar a mesma duração mais longa) e a intensidade das sessões.

Distúrbios alimentares

A American Academy of Family Physicians estabelece que "um distúrbio alimentar é uma obsessão com comida e peso que prejudca o bem-estar de uma pessoa". A causa dos distúrbios alimentares é desconhecida, mas causas sugeridas relacionam o aspecto psicológico do distúrbio. Os indivíduos podem acreditar que seriam mais felizes e bem-sucedidos se fossem magros; eles têm a necessidade de ser perfeitos e são consumidos pelas pressões que a sociedade impõe sobre a forma e o tamanho corporais. Eles permitem que o estresse, o excesso de compromisso e a sensação de precisar estar no controle ditem seus sentimentos sobre si mesmos.

Distúrbios alimentares são encontrados com mais frequência em adolescentes do sexo feminino e mulheres, mas também podem ocorrer em adolescentes do sexo masculino e homens. Costuma-se pensar que os distúrbios alimentares são relacionados com a perda de peso, mas o ganho de peso é outra área para desenvolvimento de um distúrbio alimentar. O tratamento em geral inclui intervenção médica, aconselhamento e terapia e, em alguns casos, hospitalização.

Pelo fato de os distúrbios alimentares terem fundo psicológico, o papel do profissional de condicionamento físico é o de encaminhar o aluno para um especialista treinado. Identificar os alunos é o papel principal do profissional de condicionamento físico no processo de treinamento. É responsabilidade dele alertar os alunos sobre os perigos associados e fornecer indicações profissionais (para um nutricionista registrado ou um especialista em comportamento, como um psicólogo) para aqueles que têm suspeita de um distúrbio alimentar.

Complicações médicas e psicológicas associadas aos distúrbios alimentares incluem o seguinte:

- problemas gastrointestinais (digestivos);
- arritmia cardíaca (batimento cardíaco irregular);
- hipotensão (pressão arterial baixa);
- hipotermia (intolerância ao frio);
- desidratação;
- amenorreia;
- osteoporose;
- distúrbios do sono;
- pele excessivamente seca;
- baixa autoestima;
- depressão, raiva, ansiedade;
- baixa tolerância à frustração;
- grande necessidade de aprovação.

Anorexia

A anorexia é uma doença em que a pessoa está obcecada em ser magra. Indivíduos com anorexia tentam perder uma grande quantidade de peso e ficam com pavor de ganhá-lo de volta. Eles não querem comer e podem estar constantemente preocupados com quantas calorias consomem ou quanta gordura existe em sua comida. Eles podem usar comprimidos para regime, laxantes e diuréticos para perder peso ou ficar obcecados em fazer exercício.

Os sinais de alerta de anorexia incluem:

- semi-inanição autoinduzida, com perda de peso;
- medo de ganhar peso;
- recusa em comer;
- recusa de estar sentindo fome;
- exercícios constantes;
- grandes quantidades de pelo no corpo ou na face (lanugo);
- sensibilidade a temperaturas frias;
- ausência ou irregularidade na menstruação (amenorreia);
- perda de cabelo;
- percepção de estar gorda quando na verdade a pessoa está muito magra.

Bulimia

Bulimia é um distúrbio alimentar caracterizado por compulsão alimentar recorrente seguida por comportamentos compensatórios – chamados de purgação – como autoindução de vômito, jejum, uso de laxantes, enemas ou diuréticos, ou se exercitando excessivamente. Tipicamente, os indivíduos estão em seu peso normal ou com sobrepeso com leves flutuações. Os sinais de alerta de bulimia incluem:

- preocupação com comida (compulsão por carboidratos, alta ingestão de líquidos, ingestão rápida em grandes bocados, recusa em disperdiçar comida, consciência de calorias);
- busca implacável da magreza; significante insatisfação com o corpo;
- hálito amargo ou azedo (halitose);
- hábitos e comportamentos alimentares anormais;
- irregularidades menstruais;
- doenças dentais e gengivais;
- glândulas salivares permanentemente inchadas em decorrência do vômito repetitivo (bochechas de esquilo);

Capítulo 13 Nutrição básica e gerenciamento de peso

- problemas gastrointestinais;

- desidratação;

- complicações associadas ao uso de laxativos e diuréticos, como inchaço, diarreia, constipação, fadiga, cãibras musculares; densidade óssea diminuída.

Distúrbio de compulsão alimentar

Também chamado de superalimentação compulsiva, o distúrbio de compulsão alimentar é caracterizado pela ingestão de quantidades extraordinariamente grandes de comida e, em geral, sentir-se culpado ou reservado sobre isso. Pessoas com distúrbio de compulsão alimentar têm uma relação diferente com a comida. Primeiro a comida pode fornecer sustento ou conforto, mas finalmente poderá se tornar foco de culpa ou desespero. Pessoas com esse distúrbio comem grandes quantidades de comida rapidamente e se sentem completamente fora de controle quando fazem isso. É diferente de comer muito, ocasionalmente. Há um senso de perda de controle e uma sensação de que você não pode parar ou controlar o quanto você está comendo. Esse distúrbio é diferente da anorexia e da bulimia porque as pessoas com distúrbio de compulsão alimentar geralmente estão com sobrepeso. Os riscos mais comuns à saúde são os mesmos que acompanham a obesidade. As causas são desconhecidas, mas muitas das pessoas que comem compulsivamente dizem que isso é disparado por sentimentos de raiva, tristeza, tédio, depressão ou ansiedade. Os sinais de alerta para o distúrbio de compulsão alimentar incluem o seguinte:

- ingestão de muita comida rapidamente;

- possuir o padrão de comer em resposta ao estresse emocional, como conflito familiar, rejeição pelos colegas e desempenho acadêmico ruim;

- sentir-se envergonhado ou desgostoso pela quantidade de comida ingerida;

- ter potes de comida escondidos no quarto ou na casa da pessoa;

- possuir um padrão cada vez mais irregular de ingerir comida, como pular refeições, comer muita porcaria e em momentos incomuns (como tarde da noite).

Transtorno dismórfico corporal

O transtorno dismórfico corporal (TDC) ou dismorfofobia é uma doença que, de acordo com o *Science Daily*, aproximadamente três milhões de norte-americanos lutam para esconder do mundo. Esses indivíduos estão tão descontentes com sua aparência que farão de tudo para modificá-la ou transformá-la. Do exercício excessivo à cirurgia plástica, eles se tornam obcecados em fazer uma mudança. O profissional de condicionamento físico precisa ser capaz de comunicar objetivos realistas e incentivar uma autoestima positiva.

Anorexia atlética

Um distúrbio que é visto com mais frequência em atletas de competição, a anorexia atlética pode ocorrer também na população geral. Um indivíduo com anorexia atlética se preocupa com dieta e perda de peso e "trata" disso por meio de exercício compulsivo. A quantidade de exercício executado é excessiva e interfere com as funções diárias do indivíduo, em geral levando ao isolamento e consumindo todos os pensamentos na vida daquela pessoa. Um indivíduo com esse distúrbio costuma ter uma percepção distorcida de sua imagem corporal e usa o exercício para tentar corrigir isso.

Indivíduos com anorexia atlética se encaixam em cinco critérios:

- medo excessivo de se tornar obeso;

- restrição do consumo calórico;

- perda de peso;

- sem distúrbio médico para explicar a magreza;

- queixas gastrointestinais.

Adicionalmente, eles se encaixam em um ou mais desses critérios relacionados:

- distúrbio da imagem corporal;

- exercício compulsivo;

- compulsão alimentar;

- uso de métodos purgatórios;

- puberdade atrasada;

- disfunção menstrual.

Transtorno alimentar não especificado

O transtorno alimentar não especificado (TANE) envolve padrões alimentares desordenados e foi descrito no *Manual estatístico e diagnóstico de distúrbios mentais* como uma "categoria de distúrbios alimentares que não se encaixa em nenhum critério de qualquer distúrbio alimentar específico". Isso pode representar uma combinação de distúrbios alimentares, assim como pessoas que não estão de acordo com os critérios de diagnóstico específicos. A importância dessa classificação é que as pessoas que não se encaixam em nenhum perfil podem ser identificadas e obter ajuda.

O profissional de condiciomento físico se depara com uma grande variedade de indivíduos no dia a dia, que confiam nele para alcançar seus objetivos físicos. Se encontrar indivíduos que acredita que possam ter um dos problemas alimentares citados, encaminhe-os a um profissional o mais rápido possível. Esses distúrbios podem ter efeitos prejudiciais sobre o corpo e a saúde do indivíduo. Apesar de estar em uma posição desconfortável, sua inspiração e orientação podem fazer uma diferença positiva na saúde e no bem-estar do indivíduo. Alguns confrontos com alunos que tenham distúrbios alimentares ou de autoimagem são bem recebidos e outros, não; seu trabalho é orientar esses indivíduos como puder para a melhoria da saúde deles.

Estratégias de gerenciamento de peso

Você pode ser o primeiro profissional que um participante da aula tem como referência para entender o conceito de saúde total. Que diretrizes deve dar aos alunos que querem gerenciar o peso? A seção seguinte oferece conselho prático para ajudar nas recomendações gerais.

Exercício

Infelizmente, quando alguém faz uma dieta alimentar sem exercício, o corpo queima tanto gordura quanto músculo para criar energia. Quando a pessoa sai do plano de perda de peso apenas por meio de dieta e readquire peso corporal, uma grande porcentagem dessa recuperação é, em geral, de gordura.

A dieta mais o exercício protegem o tecido muscular porque o músculo assumiu um papel (atuar durante aquele exercício). Em decorrência do fato de a gordura ser o depósito principal das calorias, esse combustível será queimado preferencialmente ao se exercitar. Alguns alunos podem estar com medo de não perder peso suficiente se praticarem exercício, ou podem estar desencorajados porque, especialmente no começo, a perda de peso de gordura costuma ser compensada pelo ganho de peso muscular, resultando em nenhuma perda de peso na balança. Lembre aos alunos de que o aumento do músculo resulta em centímetros perdidos e em uma melhor aparência, que não serão registrados na balança.

Os efeitos de perda muscular são piores com alta proteína, baixo carboidrato, jejum ou consumo extremamente baixo de calorias. Uma das necessidades mais vitais do corpo é a função cerebral. O cérebro depende principalmente de glicose, mas pode usar corpos cetônicos produzidos pela cetose (situação em que as cetonas, ou produtos anormais do metabolismo de gordura e proteína, se acumulam no sangue). Um consumo baixo de carboidrato põe em risco o suprimento de glicose do cérebro, que sinaliza a degradação de uma quantidade ainda maior de músculo e gordura do que o normal. Com a inanição inicial, a glicogenólise (degradação de glicogênio) fornece a maior parte da glicose circulante. À medida que a inanição progride, a gliconeogênese (formação de glicose a partir de algo que não seja carboidrato) a partir de aminoácidos torna-se a fonte principal de combustível. Nos estágios finais de inanição, a produção de corpos cetônicos pelo fígado fornece uma fonte alternativa de combustível para o cérebro, economizando, assim, glicose e, indiretamente, aminoácidos. Isso se torna muito perigoso. A cetose indica que as proteínas corporais (encontradas não apenas no músculo esquelético, mas também em órgãos essenciais) estão sendo degradadas para produzir combustível.

Descobriu-se que programas de exercício de intensidade moderada, loga duração e alta frequência são os mais benéficos para a perda de peso em mulheres. Uma revisão da pesquisa atual indica as seguintes estratégias para uma perda de peso segura e efetiva, assim como um gerenciamento de peso de longo prazo. Parece que intensidade e duração do exercício podem desempenhar um papel mais significativo na perda de gordura do que se pensava.

- Para a perda ideal de gordura, incentive os alunos a aumentar progressivamente o esforço deles nas aulas. Inclua segmentos de treinamento intervalado e aulas combinadas, com desafios seguros de intensidade moderada a alta (65 a 85% da frequência cardíaca máxima, 11 a 13 TEP) para os alunos. Sabe-se que a intensidade do exercício > 60% de $\dot{V}O_2$máx ajuda a preservar o tecido muscular e promover a perda de gordura. Esse nível de intensidade é ligeiramente mais alto do que do exercício de baixa intensidade (40 a 60%) anteriormente usado na maioria das estratégias de perda e gerenciamento de peso.

- Verifique a frequência cardíaca ou a taxa de esforço percebido a cada 15 minutos durante o exercício, para incentivar os alunos a trabalhar em um nível de intensidade que seja ideal para a perda de peso.

- Incentive os alunos a acumular ≥ 200 minutos de atividade aeróbia no decorrer de uma semana. A ênfase mudou mais para o tempo acumulado para o exercício em programas de perda de peso.

- Incorpore regularmente o treinamento de resistência no treino dos alunos para ajudar a preservar, manter e, em alguns casos, aumentar a massa muscular ou livre de gordura.

- A inclusão de uma restrição alimentar moderada (500 a 1.000 kcal/dia) e a intervenção comportamental são necessárias para a perda de peso e de gordura bem-sucedida.

A efetividade da hidroginástica em gerenciamento de peso foi questionada no passado.

Assim como em terra, diversas variáveis afetam o consumo calórico durante o exercício aquático vertical. As variáveis incluem:

- profundidade da água, que afeta o suporte de peso, o controle de movimento e a quantidade de resistência;

- velocidade de movimento, que afeta a quantidade de arrasto e resistência;

- quantidade de força aplicada contra a resistência da água;

- comprimento dos membros da pessoa;

- fatores ambientais (temperatura da água, temperatura do ar, umidade, produtos químicos, e assim por diante).

Obviamente, o aluno que "trabalha a água" ao aplicar mais força vai gastar mais energia, ter VO_2máx mais alto e, assim, gastar mais calorias. Em qualquer forma de exercício, quanto mais intensamente se trabalha, mais calorias se queima.

Pesquisas indicam claramente que de fato se queima calorias em um treino aquático vertical (Colado, Tella, Triplett e González, 2009; Gaspard et al., 1995; Nagle et al., 2003). Quantas calorias queima? Em condições apropriadas, com motivação adequada para trabalhar, pesquisas indicam uma estimativa de aproximadamente 400 a 500 calorias para 1 hora de sessão (aula em piscina rasa, profundidade na altura da axila, água a 28,3 a 30°C, usando movimentos de braço e perna) (Chewning, 2002). Parece que a resistência da água compensa a perda de carga causada pelo suporte de peso diminuído por causa da flutuabilidade da água. Isso fica claro quando vemos alunos perderem peso em treinos aquáticos. O gasto calórico e, assim, a perda de peso são inevitáveis na água desde que o aluno respeite as recomendações para intensidade, duração e frequência do exercício.

Pesquisas recentes têm mostrado que fases curtas de exercício ou atividade aumentada em geral podem ser benéficas para a perda de peso. Três a cinco minutos de qualquer tipo de exercício, preferivelmente no final da tarde, podem acelerar o metabolismo justo quando este está começando a diminuir no ritmo do dia. Embora isso possa não ter um enorme impacto sobre a perda de peso, qualquer aumento na atividade física é benéfico.

Exercício sem dieta também é conhecido por ser uma forma efetiva de gerenciamento de peso. Isso ocorre porque o corpo tem a chance de se adaptar às mudanças metabólicas lentamente, sem os efeitos drásticos da dieta. Os praticantes de exercício geralmente se tornam conscientes disso e modificam seus hábitos alimentares por conta própria.

Um pouco de pesquisa

Embora alguns estudos aquáticos não tenham resultado em perda de peso, aqueles usando frequência, duração, intensidade e extensão de estudo apropriados indicaram claramente a perda de peso com hidroginástica. Um estudo de Gappmaier e Lake em 2006 basicamente resumiu a atitude prevalente em hidroginástica e perda de peso com essa conclusão: "resultados indicam que não há diferenças no efeito de atividades aeróbias na água *versus* exercícios aeróbios com suporte de peso em terra sobre os componentes de composição corporal quando intensidade, duração e frequência similares são usadas". Em outras palavras, se a intensidade apropriada é alcançada na hidroginástica, o consumo de oxigênio e o gasto calórico ocorrem no mesmo ritmo, mesmo se a água suprimir a frequência cardíaca (ver Capítulo 1). Aplicando cuidadosamente uma dedução de frequência cardíaca e monitorando diligentemente a intensidade, a duração e a frequência do exercício aquático podem levar a perda de peso e melhorias na composição corporal para a maioria dos alunos, de forma bem-sucedida.

Guia de classificação alimentar

A lista de verificação fornecida a seguir pode aumentar a conscientização e ajudar a evitar informações enganosas ou imprecisas. Use essa lista para avaliar dietas populares de perda de peso. Se a resposta a qualquer uma dessas questões for "não", tome cuidado com a dieta. Caso pareça bom demais para ser verdade, provavelmente é.

- _____ O autor ou consultor é um profissional de nutrição respeitável, como um nutricionista ou um médico?

- _____ O plano de dieta inclui educação nutricional e mudanças no estilo de vida com os quais possa viver para o resto de sua vida?

- _____ O exercício regular está incluído?

- _____ A dieta fornece pelo menos 1.200 calorias diárias para mulheres e ao menos 1.500 calorias para homens? Se não, a dieta é supervisionada de perto por um médico?

- _____ A dieta inclui uma variedade de alimentos de todos os grupos alimentares para evitar a monotonia e fornecer os nutrientes adequados e um consumo balanceado?

- _____ Existe um plano de manutenção para manter o peso após atingir seu peso ideal?

- _____ A dieta evita fazer apelos sensacionalistas como "coma tudo o que quiser", "funciona como mágica", "derrete a gordura" e "resultados rápidos e fáceis"?

- _____ A dieta promove uma perda de peso gradual e estável de 225 a 800 g por semana?

- _____ A dieta é prática? Todos os alimentos são permitidos? Os alimentos recomendados são fáceis de conseguir e preparar, com preços acessíveis e apetitosos?

- _____ É aconselhada a consulta a um médico antes de iniciar a dieta?

- _____ A dieta pode ser seguida não importa onde você coma: sua casa, restaurante, cafeteria, escritório ou festas?

- _____ As porções de alimentos são realistas e satisfatórias?

- _____ A dieta exclui drogas, megadoses de comprimidos de vitaminas e minerais e supressores de apetite?

- _____ O custo é razoável?

- _____ A dieta evita o apelo de que um alimento sozinho ou combinações de alimento causarão a perda de peso e devem ser ingeridos em momentos específicos do dia?

Modificação comportamental

A modificação comportamental é simplesmente a mudança de comportamentos ou hábitos. Ela é provavelmente o aspecto mais difícil do gerenciamento de peso, mas, ao mesmo tempo, o mais essencial. Sem mudança nos comportamentos do estilo de vida e nos hábitos alimentares, a perda de peso é apenas temporária.

O aluno pode ter objetivos físicos muito específicos, no entanto pode não estar pronto para investir em um profissional licenciado. Dentro das limitações da orientação nutricional, o profissional de condicionamento físico pode

encorajá-los a manter um diário alimentar que os ajude a monitorar o consumo de alimentos e os padrões de alimentação. Preferencialmente, isso irá criar uma melhor visão dos motivos pelos quais eles não veem as mudanças físicas tão rapidamente quanto gostariam. Um bom diário alimentar dá uma ideia sobre o tipo e a quantidade de alimento, quando o alimento foi ingerido, quanta gordura foi obtida a partir do alimento, uma lista de verificação para as porções recomendadas pela MyPyramid e um espaço para registrar a mudança de comportamento e os hábitos de exercício. Nem todos os registros são tão detalhados. Na verdade, qualquer registro que ajude o aluno a se tornar mais consciente dos hábitos é útil. Entretanto, quanto mais informação eles puderem delinear, mais fácil será para eles verem as áreas que precisam ser focadas.

A seguir está uma lista de ideias de modificação comportamental que pode ser recomendada. A coisa mais importante para se lembrar é escolher apenas uma ou duas mudanças de cada vez e estabelecer um plano de ação realista para alcançar essas mudanças. Os hábitos não irão mudar da noite para o dia; eles levaram meses ou anos para serem criados e levarão o mesmo tempo para serem desfeitos.

- Planeje previamente as refeições, inclusive os lanches.

- Faça uma lista de compras e atenha-se a ela.

- Elimine os alimentos tentadores da sua casa.

- Beba muita água antes das refeições.

- Use pratos, tigelas, copos e colheres de servir menores.

- Não mantenha os pratos de servir na mesa.

- Coma apenas na mesa.

- Coma lentamente.

- Afaste as sobras antes de sentar para comer.

- Deixe um pouco de comida no prato.

- Tire seu prato assim que acabar de comer.

- Comemore ocasiões especiais sem comida e sem bebida.

- Divida um item do cardápio em vez de comer tudo você mesmo.

- Pratique exercícios de relaxamento; participe de um programa de alívio de tensão que você goste.

- Reconheça o que você come em resposta à fome, ao tédio e ao estresse.

- Reconheça os indvíduos que o influenciam com comportamentos alimentares ruins.

Motivação

A motivação é um aspecto importante no sucesso do gerenciamento de peso e está associada à modificação de comportamento. Sem isso, os esforços provavelmente cessarão. Isso é especialmente verdade quando se está promovendo uma perda de peso lenta. Deve-se tentar manter os alunos motivados com coisas além da queda de peso na balança.

Por exemplo, o estabelecimento de objetivos pode ser muito motivador. Garanta que, para cada objetivo de longo prazo, existam muitos objetivos de curto prazo no caminho. Os objetivos devem ser orientados por comportamento, mensuráveis e realistas. Evite que os alunos estabeleçam como objetivo um determinado peso na balança. Em vez disso, tente focar o objetivo na porcentagem de gordura corporal, se avaliação da composição corporal não estiver disponível. "Preciso cortar os biscoitos" é um objetivo muito vago. Um melhor exemplo pode ser, "Dentro de uma semana, diminuirei meu consumo de biscoitos a não mais que três por dia".

O *feedback* positivo é outra boa maneira de os profissionais de condicionamento físico motivarem os alunos. A psicologia da linguagem torna-se extraordinariamente importante. Em vez de elogiar a perda de peso rápida, o que apenas incentiva o foco na escala de peso da balança, elogie os esforços que foram estabelecidos para atingir aquela perda de peso (p. ex., a dedicação ao programa e as mudanças positivas no plano alimentar). Ser hábil com as palavras ajuda a incentivar a autoimagem positiva e a realmente motivar um indivíduo. Em vez de dizer, "Você está ótimo, está tão magro!" tente uma opção mais positiva: "Você está parecendo realmente saudável e magro; mantenha o bom trabalho.".

Estabelecimento de objetivos

Parte do trabalho dos profissionais de condicionamento físico é entender a psicologia do que leva um indivíduo até eles. Esses profissionais são motivadores e educadores nas áreas de condicionamento físico e exercício. A maioria dos alunos procura ajuda profissional com um objetivo muito específico em mente, voltado para a imagem corporal, e mais da metade desses alunos estão interessados estritamente em perda de peso. A maioria olha para a perda de peso como uma diminuição real do peso na balança; infelizmente, eles não estão prestando atenção na proporção entre gordura corporal e massa muscular magra – principalmente porque não entendem a diferença.

Descreva objetivos realistas e ofereça instruções para alcançá-los. De acordo com Gene Donohue, fundador da Top Achievement, o modo mais fácil de estabelecer um objetivo é seguindo a fórmula SMART. Cada objetivo deve ser:

Específico – um objetivo específico tem uma ênfase muito maior do que um objetivo geral. Seja o mais claro e conciso possível.

Mensurável – estabeleça um plano de ação firme para medir os resultados. A avaliação de condicionamento físico pode ser uma ótima ferramenta para mostrar claramente as áreas que foram aperfeiçoadas e aquelas que precisam de melhoras.

Atingível – ao identificar um objetivo com o qual se sente fortemente comprometido, você vive e respira o objetivo. Pode-se visualizar resultados e procurar pela jornada que o levará até eles. O objetivo se torna tão real que você sabe que pode alcançá-lo.

Realista – ao direcionar seu objetivo para uma coisa muito específica e criar um plano de ação para levá-lo até ele, então você saberá que o objetivo é alcançável e, assim, realista.

Orientado pelo tempo – um objetivo precisa de uma linha de tempo; sem um prazo final não há sensação de urgência, e o progresso se arrasta. Um plano bem pensado tem uma linha de tempo que é realisticamente alcançável.

Ao seguir uma fórmula como a acima, você cria um mapa para se motivar. Delegue aos participantes da aula a habilidade de realizar uma mudança positiva. A ciência do condicionamento físico nos ajuda a estabelecer expectativas realistas, como perder 1 ou 2 kg por semana, que é a maneira mais segura de perder peso.

Indicar ou não indicar?

Para um profissional de condicionamento físico a área de especialidade é, obviamente, o condicionamento físico. Embora a comida desempenhe um papel enorme na perda de peso e saúde geral, é preciso entender os parâmetros de um profissional para executar o melhor serviço para os alunos. Os alunos de exercício têm uma série de questões que irão fazer ao profissional de condicionamento físico antes de procurar conselho de um nutricionista registrado. É importante lembrar que cada indivíduo é diferente em relação a medicações, saúde e histórico. As consequências de um conselho nutricional inadequado podem ser prejudiciais para a saúde de um indivíduo. Não importa o quanto seu conhecimento nutricional seja ótimo para você e sua família, os alunos devem receber de você apenas informações gerais, a não ser que esteja trabalhando lado a lado com um nutricionista e seguindo suas ordens prescritas.

Um sistema de orientação é a melhor maneira de fornecer aos participantes da aula o plano nutricional mais personalizado para atender às necessidades específicas. Um sistema de orientação eficiente proporciona benefícios mútuos para todos os envolvidos. É importante entender os fundamentos de cada tipo de profissional da nutrição para guiar seus alunos na direção certa.

- Nutricionista registrado – a Associação Dietética Norte-americana define um nutricionista registrado (RD) como "um especialista em alimento e nutrição que atingiu as exigências acadêmicas e profissionais mínimas para ser qualificado com a credencial RD".

- Nutricionista – um nutricionista é alguém que aconselha pessoas em questões alimentares relacionadas a saúde, bem-estar e nutrição ideal. Infelizmente não há definição legal para nutricionista, de modo que o nível educacional pode variar de um simples curso de educação continuada, subindo até o mestrado em química. Ao trabalhar com nutricionistas, investigue a experiência deles para conhecer completamente o nível de educação e especialidade.

Coisas para se ter em mente

Um profissional de condicionamento físico será alvo de uma série de questões de seus alunos e, embora possa ser capaz de dar conselhos bem simplificados, é bom entender algumas coisas que configuram a indústria nutricional.

- Orgânico *versus* convencional. Frutas e vegetais convencionais são borrifados com vários níveis de pesticidas que foram considerados seguros pela FDA em estudos executados em homens adultos de 68 kg. Os pesticidas penetram na camada mais externa, assim, aquelas com cascas mais grossas (p. ex., laranjas, bananas) podem conter níveis mais baixos do que aquelas com cascas finas. (p. ex., morangos, framboesas). O produto orgânico é aquele que cresceu em solos que foram recultivados para não ter resíduo de pesticida e crescem sem o uso de qualquer pesticida.

- Produção desenvolvida naturalmente. São frutas e legumes que cresceram bastante próximos (entre 8 e 240 km) ao mercado onde são vendidos. Por esta razão, a quantidade de tempo da fazenda à mesa de jantar é mais curta e o conteúdo nutricional pode ser mais alto (dependendo do solo e da forma de transporte). Ao escolher os produtos, quanto mais escura a cor, mais alto o valor nutricional.

- Comidas processadas – existem comidas comercializadas em caixas e latas que possuem uma combinação de ingredientes. Muitos alimentos processados contêm grandes quantidades de gorduras trans e sódio. Sob o ponto de vista da perda de peso, estes não fornecem os benefícios nutricionais de sua contraparte não processada. Você encontrará alimentos processados que têm um alto nível de proteínas, como uma refeição pronta ou as barras de suplemento, mas os ingredientes e o valor calórico podem não fornecer o benefício nutricional de que você precisa. Ao ler a lista de ingredientes, escolha produtos dos quais você possa definir cada ingrediente; se houver uma palavra ou duas que não saiba o significado ou não consegue pronunciar, aquela comida pode não valer as calorias.

- Índice glicêmico. Essa é uma medida da rapidez com que um alimento aumentará o açúcar no sangue. Açúcares simples como xarope de milho com frutose elevada, rapidamente inundam o sangue com glicose. Isso traz tensão ao corpo, na medida em que tenta trazer a glicemia de volta ao equilíbrio. Quanto mais baixo o índice glicêmico, mais lentamente a glicemia aumentará. Alimentos com índice glicêmico mais baixo têm mais proteína, fibra ou gordura para retardar o processo digestivo.

- Suplementos alimentares. Os suplementos alimentares são produtos alimentícios que, adicionados à dieta total, contêm pelo menos um dos seguintes ingredientes: vitamina, mineral, erva ou botânico, aminoácido, metabólito, constituinte, extrato, ou uma combinação de qualquer um desses. Esses produtos não são regulamentados pela FDA, de modo que podem conter muitos nutrientes que não estão listados no rótulo. Como mencionado anteriormente, o corpo prefere a forma natural de nutrientes à sua forma sintética. Entretanto, se faltam tais nutrientes em uma dieta, então, um suplemento alimentar pode ser adequado. Com relação aos suplementos, considere o seguinte:

  - A nutrição é o único fator que influencia a saúde, o bem-estar e a resistência contra doenças.

  - Suplementos alimentares podem fornecer uma falsa sensação de segurança aos indivíduos que os usam como substitutos para uma dieta saudável.

  - Tomar suplementos de um único nutriente em altas doses pode ter efeitos prejudiciais sobre o estado emocional e a sáude.

  - Indivíduos que usam suplementos alimentares como uma alternativa para medicamentos podem evitar procurar por tratamento médico eficiente.

  - Suplementos alimentares variam tremendamentte em qualidade.

- Inúmeros estudos de caso têm mostrado que o uso de diversos suplementos alimentares pode comprometer a saúde e ainda ser fatal.

- Charlatanismo. De acordo com a FDA, o charlatanismo não se refere apenas às práticas falsas, mas também a produtos sem valor e promoções enganosas daquele produto. Apelos mentirosos ou enganadores de qualquer produto, incluindo produtos alimentares, constituem charlatanismo. Como se pode identificar o charlatanismo? Aqui estão algumas coisas para se prestar atenção:

  - O produto promete melhorias rápidas na saúde e no desempenho físico?

  - Ele contém algum ingrediente ou fórmula "secretos"?

  - Sua propaganda é feita principalmente com o uso de piadas, histórias de casos ou testemunhos?

  - Personalidades atuais ou atletas famosos aparecem na propaganda?

  - Ele pega uma simples verdade sobre um nutriente e a exagera em termos de saúde ou desempenho físico?

  - Ele questiona a integridade de estabelecimentos científicos ou médicos?

  - Está anunciado em uma revista de saúde e esportes cujos editores também vendam suplementos nutricionais?

  - A pessoa que o recomenda também vende o produto?

  - Ele usa os resultados de um único estudo ou de uma pesquisa antiga e mal controlada para apoiar sua venda?

  - É caro?

  - É uma descoberta recente não disponível em quaisquer outras fontes?

  - Os apelos de venda são muito bons para ser verdade? O produto promete o impossível?

Endereços úteis na internet

Fazer buscas na internet é uma prática comum para indivíduos procurando perder peso ou aumentar a atividade física. Com tantos sites confusos e enganosos, os alunos podem procurar pelo profissional de condicionamento físico para uma informação boa e útil. Aqui estão alguns sites científicos que podem ser consultados com confiança (em inglês):

www.eatright.org

www.fda.gov

www.dietitiancentral.com

www.rd411.com

www.shapeup.org

www.nationaldairycouncil.org

www.nutrition.gov

www.fruitsandveggiesmorematters.org

www.cspinet.org

www.cancer.org

www.mayoclinic.org

www.healthierus.gov

www.hhs.gov

www.usda.gov

www.mypyramid.gov

www.health.gov

www.nih.gov

www.webmd.com

Resumo

A nutrição é uma parte integral de um programa de condicionamento físico completo. Uma nutrição apropriada fornece a energia para executar, a força para atingir os objetivos e a longevidade para manter uma ótima saúde. O profissional de condicionamento físico entende totalmente o corpo humano e como o movimento cria músculos e queima gordura. Trabalhar com um nutricionista adiciona o componente que falta para maximizar os resultados de um programa de exercício bem elaborado. Seu trabalho é motivar os participantes da aula a batalharem por uma saúde excelente, incentivando-os a seguir bons hábitos alimentares e indicá-los para especialistas quando necessário.

Questões para revisão

1. Que função os nutrientes executam no corpo?

2. Quantas calorias são encontradas em um grama de carboidrato, gordura e proteína?

    a. Carboidrato 6, gordura 7 e proteína 4.

    b. Carboidrato 4, gordura 4 e proteína 9.

    c. Carboidrato 2, gordura 9 e proteína 4.

    d. Carboidrato 4, gordura 9 e proteína 4.

3. Que tipo de colesterol é considerado bom porque ajuda a baixar o risco de adesão de placa nas artérias?

    a. Lipoproteína de baixa densidade (LDL).

    b. Lipoproteína de alta densidade (HDL).

    c. Triglicérides.

    d. Fibra.

4. É uma prática prudente para um profissional de exercício recomendar suplementos a seus alunos. Verdadeiro ou falso?

5. Que distúrbio é caracterizado por inanição e perda de peso para aliviar o medo de engordar?

    a. Anorexia.

    b. Bulimia.

    c. Transtorno de compulsão alimentar.

6. Que tipo de exercício costuma ser prescrito e é efetivo para os esforços de perda de peso?

    a. Apenas treinamento de resistência.

    b. Atividade aeróbia de curta duração e alta intensidade com treinamento de resistência moderado.

    c. Atividade aeróbia de longa duração e intensidade moderada com treinamento de resistência moderado.

    d. Apenas exercício aeróbio de curta duração e moderado.

7. Quais são os seis componentes nutricionais de que o corpo humano necessita para assegurar o crescimento e a função normais?

8. Deficiência de ferro e anemia por deficiência de ferro são diferentes de que maneiras?

9. A fórmula SMART corresponde a quê?

10. Que nutriente é composto de aminoácidos?

    a. Gorduras.

    b. Proteínas.

    c. Carboidratos.

    d. Minerais.

Ver as respostas a estas questões no Apêndice C.

Bibliografia

American Academy of Family Physicians. 2003. *Eating disorders: Facts for teens.* Leawood, KS: Online and Custom Publishing, American Academy of Family Physicians. http://familydoctor.org/277.xml.

Baechle, T., and R. Earle. 2004. *NSCA's essentials of personal training.* Charnpaign, IL. Human Kinetics Publishers.

Bernardot, D. 1992. *Sports nutrition-A guide for the professional working with active people.* 2nd edition. Chicago: American Dietetic Association.

Centers for Disease Control and Prevention (CDC). n.d. Prevalence of overweight, obesity and extreme obesity among adults: United States, trends 1960-62 through 2005-2006, December 2008.

Chewning, J.L. 2002. How many calories? AEA Research Council. Nokmis: FL: Aquatic Exercise Association.

Colado, J.C., V. Tella, N.T. Triplett, and L.M. Gonzalez, 2009. Effects of a short-term aquatic resistance program on strength and body composition in fit young men. *Journal of strength and conditioning research.* 23(2) 549-559.

Colgan, Michael. 1982. *Your personal vitamin profile.* New York: Quill.

Dietary Guidelines Advisory Committee. 2005. *Dietary guidelines for Americans.* Washington D.C.: U.S. Department of Health and Human Services and D.S. Department of Agriculture. www.healthierus.gov/dietaryguidelines.

Durstine, J.L., G.E. Moore, and L.J. Durstine. 2009. *ACSM's exercise management for persons with chronic diseases and disabilities.* 3rd edition. Champaign, IL: Human Kinetics.

Freeman, V., and L. Kravitz. 2004. Women and weight loss: Practical applications for water fitness instructors. *AKWA.* 18(3): 26-30.

Gappmaier, E., W. Lake, A.G. Nelson and A.G. Fisher. 2006. Aerobic exercise in water versus walking on land: Effects on indices of fat reduction and weight loss of obese women. *Journal of sports medicine and physical fitness 46(4):* 564-9.

Gaspard, G., J. Schmal, J. Porcari, N. Butts, A. Simpson, G. Brice. 1995. Effects of a seven-week aqua step training program on aerobic capacity and body composition of college-aged women. *Medicine and science in sports and exercise.* 27: 1003-1011.

Nagle, E.F., A.D. Otto, J.M. Jakicic, R.J. Robertson, F.L. Goss, J.L. Ranalli. 2003. Effects of aquatic plus walking exercise on weight loss and function in sedentary obese females. *Medicine and science in sport and exercise.* 35(5): S136.

National Heart, Blood and Lung Institute. 2005. *High blood cholesterol, what you need to know.* Washington, DC: Department of Health and Human Services. NIH Publication No. 013290. www.nhlbi.nih.gov/health/public/heartl chol/wyntk.htm.

Oz, M., and M. Roizen. 2006. *You on a diet.* New York: Simon & Schuster, Inc.

Sagawa, S., K. Miki, F. Tajima, H. Tanaka, J.K. Choi, L.C. Keil, K. Shiralei, J.E. Greenleaf. 1992. Effect of dehydration on thirst and drinking during immersion in men. *Journal of applied physiology.* 72: 128-134.

Sawka, M.N., L.M. Burke, E.R. Eichner, R.J. Maughan, S.J. Montain, N.S. Stachenfeld. 2007. American College of Sports Medicine position stand: Exercise and fluid replacement. *Medicine and science in sport and exercise.* 39: 377- 390.

Endereços úteis na internet

American Cancer Society 1701 Rickenbacker Drive Suite 5B Sun City Center, FL 33573-5361 (Educational material available) www.cancer.org

American Heart Association. National Center, 7272 Greenville Avenue, Dallas, TX 75231 www.americanheart.org

Gatorade Sports Science Institute PO. Box 049003 Chicago, IL 60604-9003 1-800-884-2867 www.gssiweb.com

The National Center for Nutrition and Dietetics, The American Dietetic Assoc. 215 West Jackson Blvd. Suite 800 Chicago, IL 1-800-366-1655 (Educational materials & referrals to dietitians) www.eatright.org

U.S. Department of Agriculture Center for Nutrition Policy and Promotion 1120 20th ST. NW Suite 200, North Lobby Washington, DC 20036-3475 www.usda.gov

U.S. Department of Health and Human Services Public Health Service National Heart, Lung, and Blood Institute www. hhs.gov

Wheat Foods Council 5500 South Quebec Suite III Englewood, CO (303) 694-5828 (Educational materials on Grains) www.wheatfoods.org 14

capítulo **14**

Avaliações de risco à saúde e da classificação física

Introdução

Neste capítulo, discutiremos a conduta apropriada e os métodos para administrar as avaliações do risco à saúde e da classificação física. Sendo você requisitado e apropriadamente treinado para estar envolvido nesse processo ou não, é importante entender sua mecânica e importância. A seguir estão as diretrizes básicas para as avaliações do risco à saúde e da classificação física. Para informações mais detalhadas, consulte as referências e os recursos no final deste capítulo.

Conceitos fundamentais

- Qual o principal propósito do questionário de histórico de saúde de pré-participação?

- Que situações tipicamente requerem autorização médica antes da participação em um programa de exercício?

- É ético que qualquer indivíduo execute avaliações de classificação física ou são necessários treinamento e prática?

- Quais as avaliações comumente usadas para a resistência cardiorrespiratória, o condicionamento muscular, a composição corporal e a flexibilidade?

Atividade física reduz o risco de doença, limpa a mente e aumenta a qualidade de vida. A maioria dos adultos pode participar de forma segura em atividades físicas ou programas de condicionamento físico. Muitas instituições ou programas exigem que os alunos preencham um formulário de histórico de saúde e, às vezes, que recebam autorização médica antes de participar em um programa de exercício. Nem todas as instituições requerem uma avaliação de saúde e uma avaliação de risco para que se participe em uma aula de hidroginástica em grupo. As instituições que envolvem maior responsabilidade (como uma instituição baseada em um hospital) ou que oferecem programas para populações especiais geralmente requerem histórico de saúde e autorização médica de cada aluno. Instituições comunitárias, redes de academia ou instituições privadas podem exigir apenas um consentimento informado assinado e uma isenção de responsabilidade em vez de uma avaliação do risco de saúde. Um típico consentimento informado estabelece que o aluno foi informado sobre os possíveis riscos e não tem conhecimento de quaisquer razões para que não possa participar de um programa de exercício. A isenção de responsabilidade estabelece que o indivíduo isenta o lugar e sua equipe da responsabilidade em caso de um evento de lesão pessoal durante o exercício. Isso permite que o aluno tenha responsabilidade sobre sua própria saúde e sua situação médica. Algumas instituições requerem uma avaliação de risco de saúde e possível autorização médica, mas não exigem ou executam avaliações físicas. Deve ser notado que as exigências de avaliações do risco à saúde e da classificação física irão variar de lugar para lugar e, até mesmo, de programa para programa dentro do lugar. Por exemplo, as avaliações do risco à saúde e da classificação física completas podem ser requeridas para um aluno de treinamento personalizado em uma instituição, mas não para um aluno de condicionamento físico em grupo.

Conheça e sempre siga os procedimentos de sua instituição para o tratamento inicial dos alunos de condicionamento físico, seja uma avaliação do risco à saúde ou a assinatura de um consentimento informado e de uma isenção de responsabilidade. Se for um contratante independente e responsável por suas próprias políticas e procedimentos, certifique-se de verificar com um advogado em sua área para determinar que processo é o mais apropriado. Mais informações sobre os aspectos empresariais e legais para os profissionais de condicionamento físico são fornecidas no Capítulo 16.

Um profissional de condicionamento físico precisa estar alerta aos alunos que entram nos programas precisando de classificação adicional ou de autorização médica.

A AEA recomenda que qualquer indivíduo que esteja executando qualquer tipo de avaliação de risco de saúde ou classificação física de alunos de condicionamento físico seja qualificada e treinada de forma apropriada. Treinamento e prática apropriados são exigidos para tornar-se proficiente em administrar uma avaliação do risco à saúde, avaliação de fator de risco, classificação física e avaliação de condicionamento físico.

Os processos de avaliação do risco e classificação física para um aluno de condicionamento físico consistem nos seguintes passos principais:

- histórico de saúde completo;
- avaliação do fator de risco para doença cardiovascular;
- autorização médica para o risco de doença cardiovascular, se necessário, ou para doença cardiovascular, pulmonar ou metabólica conhecida;
- determinação de lesões ortopédicas, doença crônica, gestação ou outras contraindicações ou riscos para o exercício;
- autorização ou consulta médica para as situações previamente listadas. Você pode precisar de autorização adicional do especialista do aluno juntamente ou no lugar da emitida pelo médico principal;
- uma avaliação da classificação física.

Histórico de saúde

O histórico de saúde de um aluno é em geral conduzido com o uso de um questionário de histórico de saúde, uma entrevista de histórico de saúde ou ambos. O propósito de um histórico de saúde é identificar quaisquer intercorrências médicas passadas ou atuais que possam afetar a habilidade do indivíduo de participar em um programa de condicionamento físico de forma segura. Essas condições podem incluir lesões passadas e atuais, doenças ou cirurgias. Um histórico de saúde também deve rever e determinar o risco atual, incluindo informação sobre a idade do indivíduo, o histórico familiar, o gênero, o uso de tabaco, o colesterol, a pressão arterial, o nível atual de atividade física, o diabetes, a obesidade, o estresse e o uso de medicações e suplementos. Um formulário de histórico de saúde apropriado fornece a informação necessária para identificar riscos e determinar se a autorização médica é recomendada.

Escolha um formulário que seja relativamente rápido e simples de completar. Tenha certeza de incluir informações de saúde comuns e de ser minucioso com a avaliação de risco. Uma amostra de formulário de histórico de saúde e informações é fornecida neste capítulo, mas é possível consultar outras fontes profissionais. Se quiser, também é possível combinar informações de vários formulários para desenvolver um que se adapte a seus alunos.

Um formulário de histórico de saúde não está completo até que seja revisado com o aluno e todas as informações sejam esclarecidas e totalmente entendidas. Revisar o formulário de histórico de saúde com o aluno é a melhor maneira de se assegurar que está recebendo todas as informações necessárias para fazer uma avaliação do risco à saúde adequada.

É importante reavaliar periodicamente o estado de saúde de cada aluno. É recomendada a reavaliação anual, a não ser que uma mudança no estado de saúde indique uma necessidade de atualização imediata. A informação nesses formulários pode aumentar o potencial de responsabilidade para a instituição e o profissional de condicionamento físico. Assim, é imperativo agir apropriadamente em relação à informação colhida no formulário de histórico de saúde de acordo com as diretrizes da indústria. A amostra do formulário de histórico de saúde e informação é apresentada na Figura 14.1.

Avaliação de fator de risco

Depois que o histórico de saúde é completado, use padrões e diretrizes da indústria para determinar a presença ou o risco para doença cardiovascular, pulmonar e metabólica, assim como para outras situações que possam limitar a participação segura no exercício. O American College of Sports Medicine (ACSM) sugere uma classificação de saúde de pré-participação e uma avaliação de fator de risco pelas seguintes razões (ACSM, 2010):

- identificação e exclusão de indivíduos com qualquer contraindicação médica para o exercício;

- identificação de indivíduos com risco aumentado para doenças por causa da idade, com sintomas ou fatores de risco e que devem se submeter a avaliação médica e teste de exercício antes de começar um programa de exercício;

- identificação de indivíduos com doença clinicamente significativa e que devem participar apenas em um programa de exercício supervisionado por um médico;

- identificação de indivíduos com outras necessidades especiais.

O questionário e a entrevista de histórico de saúde determinarão se um aluno tem quaisquer fatores ou sinais de risco que sugiram doença cardiovascular. Fatores de risco positivos são indesejáveis e aumentam seu risco para a doença cardiovascular; um fator de risco negativo é desejável e reduz seu risco para a doença cardiovascular. A lipoproteína de densidade alta (HDL) elevada, o "bom" colesterol, é considerada um fator de risco negativo, que ajuda a diminuir o risco para a doença cardiovascular. Se esse fator negativo estiver presente, subtraia um fator de risco positivo na avaliação.

Os principais fatores de risco para a doença cardiovascular estão listados a seguir (ACSM, 2010):

Fatores de risco positivos

- Idade: homens > 45 anos, mulheres > 55 anos.

- Histórico familiar: infarto do miocárdio, revascularização coronária ou morte súbita antes dos 55 anos de idade do pai ou outro homem com parentesco de primeiro grau (p. ex., irmão ou filho); ou antes dos 65 anos de idade da mãe ou outra mulher com parentesco de primeiro grau (p. ex., irmã ou filha).

- Fumo: é fumante ou parou dentro dos últimos seis meses ou fica exposto à fumaça do tabaco no ambiente.

- Estilo de vida sedentário: não participa de, no mínimo, 30 minutos de atividade física de intensidade moderada em pelo menos três dias por semana, por ao menos três meses. A intensidade moderada é designada como 40 a 60% de reserva de consumo de O_2 ($\dot{V}O_2R$).

- Obesidade: índice da massa corporal (IMC) $\geq$ 30 kg/m^2 ou circunferência de cintura > 102 cm para homens e > 88 cm para mulheres.

- Hipertensão (pressão arterial alta): pressão arterial sistólica $\geq$ 140 mmHg ou diastólica $\geq$ 90 mmHg confirmada por medições em pelos menos duas ocasiões separadas ou sob medicação anti-hipertensiva.

- Dislipidemia (colesterol alto): colesterol lipoproteína de baixa densidade (LDL) $\geq$ 130 mg/dL ou colesterol lipoproteína de alta densidade (HDL) < 40 mg/dL ou sob medicação redutora de lipídios. Colesterol total no soro (se houver apenas uma medida disponível) $\geq$ 200 mg/dL.

- Pré-diabetes:

  - Glicemia de jejum (GJ): glicose plasmática em jejum $\geq$ 100 mg/dL, mas < 126 mg/dL ou tolerância à glicose (TG) alterada. Os valores de duas horas no teste de tolerância à glicose (TTG) $\geq$ 140 mg/dL,

Formulário de histórico de saúde e informações

Nome _____ Data _____

Endereço (rua, cidade, estado, código postal) _____

Telefone residencial (   ) _____ Telefone celular (   ) _____

Telefone do trabalho (   ) _____ Número de fax (   ) _____ E-mail _____

Emprego (companhia, posição) _____

Data de nascimento _____ Idade _____ Gênero: Masculino _____ Feminino _____

Contato em caso de emergência _____

Telefone _____ Relação _____

Você tem ou já teve:

1. Histórico de problemas cardíacos com parentes diretos (mãe, pai, irmão, avós)? . . . . Sim   Não
   Se sim, quantos anos esse parente tinha? _____
2. Vício em cigarro ou outro tipo de tabaco?   Sim   Não
3. Pressão arterial elevada ou necessidade de medicamento para pressão arterial?   Sim   Não
4. Colesterol, triglicérides altos ou necessidade de medicação para diminuir os lipídios?   Sim   Não
   Qual o seu nível total de colesterol? _____
5. Diabetes ou problema na tireoide e glicemia de jejum alterada?   Sim   Não
6. Alguma doença crônica?   Sim   Não
   Por favor, especifique: _____
7. Dificuldade com exercícios físicos? . . . . Sim   Não
8. Conselho médico para não se exercitar? . . . . Sim   Não
9. Cirurgia recente (nos últimos de 12 meses)? . . . . Sim   Não
   Por favor, liste: _____
10. Gestação (agora ou nos últimos 3 meses)? . . . . Sim   Não
11. Histórico de problemas alérgicos, respiratórios ou pulmonares? . . . . Sim   Não
12. Distúrbio muscular, articular ou nas costas, ou alguma lesão antiga que ainda esteja lhe afetando? . . . . Sim   Não
    Por favor, especifique: _____
13. Problema cardíaco, cardiopatia ou doença vascular? . . . . Sim   Não
14. Você tem dor, desconforto ou outro equivalente anginoso no tórax, no pescoço, na mandíbula,
    nos braços ou em outras áreas, que possa ser causado por falta de fluxo sanguíneo? . . . . Sim   Não
15. Encurtamento de respiração em repouso ou com esforço leve? . . . . Sim   Não
16. Tontura ou desmaio? . . . . Sim   Não
17. Respiração rápida ou problemática à noite ou necessidade de se sentar para respirar? . . . . Sim   Não
18. Inchaço no tornozelo ou nas pernas? . . . . Sim   Não
19. Batimento cardíaco rápido ou palpitações? . . . . Sim   Não
20. Cãibra na panturrilha ou na perna? . . . . Sim   Não
21. Um sopro cardíaco conhecido? . . . . Sim   Não
22. Fadiga incomum ou encurtamento da respiração em atividades diárias normais? . . . . Sim   Não
23. Outras preocupações de que o seu profissional de condicionamento físico deva estar ciente? . . . . Sim   Não
    Por favor, liste: _____

Qual seu nível atual de atividade (interesses de trabalho e lazer)? _____

Atualmente, você está participando em um programa regular de exercício físico? Se sim, por favor, descreva-o:

_____

Está tomando alguma medicação, drogas, vitaminas, ervas ou outros suplementos? Se sim, por favor, liste tipo, dose
e motivo. _____

Peso atual _____ Que peso você acha que seria o seu ideal? _____

Está vendo um especialista ou terapeuta? _____

Nome do terapeuta _____ Telefone (   ) _____

Localização do consultório _____

Nome do médico _____ Telefone (   ) _____

Localização do consultório _____

Seu médico ou especialista sabe que você está participando deste programa? _____

Quais seus objetivos pessoais em condicionamento físico? O que você espera alcançar por meio de seu programa de
exercício? _____

Uma amostra deste formulário está disponível apenas para membros do site da AEA em www.aeawave.com (em inglês).

Figura 14.1   Amostra de formulário de histórico de saúde e informações.

mas < 200 mg/dL. Medições confirmadas em pelo menos duas ocasiões separadas.

- Glicemia de jejum (GJ): uma amostra de sangue será colhida após jejum de pelo menos 8 horas ou durante a noite.

- Curva de tolerância à glicose ou teste de tolerância à glicose: uma amostra de sangue será colhida após jejum de pelo menos 8 horas ou durante a noite; então, uma solução adoçada é consumida e o nível de açúcar sanguíneo é medido novamente após 2 horas.

Fatores de risco negativos

A lipoproteína de alta densidade (HDL) ≥ 60 mg/dL é um fator de risco negativo que diminui as chances de doença cardiovascular.

Todos os sinais e sintomas sugestivos de doença cardiovascular estão relacionados a seguir (ACSM, 2010):

- dor, desconforto (ou outro anginoso equivalente) no tórax, no pescoço, na mandíbula, nos braços e em outras áreas, que podem ser causados por isquemia (falta de fluxo sanguíneo);

- encurtamento da respiração em repouso ou com esforço leve;

- tontura ou síncope (breve falta de consciência);

- ortopneia (a necessidade de sentar para respirar confortavelmente) ou dispneia (encurtamento da respiração) paroxística (ataque súbito inesperado) noturna;

- edema no tornozelo (inchaço ou retenção de líquido);

- palpitações ou taquicardia (batimento rápido de coração);

- claudicação intermitente (cãibra na panturrilha);

- sopro no coração conhecido;

- fadiga incomum ou encurtamento de respiração com atividades usuais.

Deve haver questões no formulário de histórico de saúde a partir das quais é determinado se qualquer um desses fatores ou sinais e sintomas de risco estão presentes no aluno. É útil encontrar um formulário de histórico familiar que inclua a maioria dessa informação. Em geral, o aluno é entrevistado para coletar qualquer informação adicional para esclarecer o risco, por exemplo, a idade do parente com histórico familiar ou se o aluno fumou nas seis semanas anteriores.

Autorização médica

A ACSM recomenda colocar o aluno em uma das três categorias de estratificação de risco. A categoria, então, determinará se a autorização médica é recomendada para exercício moderado, exercício vigoroso, teste submáximo ou teste máximo. Use a Tabela 14.1 como uma diretriz geral. A Figura 14.2 é uma amostra do formulário de autorização médica.

Muitos alunos de programas de condicionamento físico tomam medicações. Duas medicações comuns são os betabloqueadores para hipertensão e medicações para resfriados e problemas de seios da face ou febre do feno. A medicação pode afetar a frequência cardíaca de repouso e de exercício de um indivíduo. Algumas medicações aumentam a frequência cardíaca de repouso ou de exercício, algumas a diminuem e outras não têm efeito. Sugere-se que o profissional de condicionamento físico esteja ciente de como a medicação pode alterar a frequência cardíaca de um aluno. Fale com o médico do aluno, verifique uma fonte confiável que liste os efeitos da medicação nas frequências cardíacas ou consulte um farmacêutico. Algumas medicações podem tornar impossível atingir uma frequência cardíaca alvo ao se exercitar e o aluno pode precisar usar o esforço percebido como uma alternativa para monitorar a intensidade.

Preocupações médicas adicionais

Após determinar o risco para doença cardiovascular e se a autorização médica é exigida, pode ser necessário classificar o aluno quanto a preocupações médicas adicionais com relação a limitações do exercício. A maioria dos profissionais de condicionamento físico que ensinam em programas especializados para determinada situação, como aula para artrite ou aula pré e pós-parto, exigirão autorização médica para participar. Para programas especializados que lidam com problemas médicos ou doenças, a autorização médica é uma prática prudente.

Se a sua instituição requer uma classificação de saúde completa e avaliação do fator de risco, você precisa primeiro seguir as diretrizes para a avaliação de risco para doença cardiovascular. Também vai precisar considerar as preocupações adicionais com a saúde que exijam autorização médica. Exemplos de situações que podem requerer uma autorização ou consulta incluem gestação, considerações ortopédicas (como lesão ou cirurgia recentes), artrite, fibromialgia, osteoporose, pólio, esclerose múltipla, câncer, dor na região lombar e outras doenças crônicas. Esses alunos podem ser classificados como de baixo risco para doença cardiovascular, mas ainda será necessária a autorização médica, por conta do problema preexistente.

Tabela 14.1 Recomendações gerais do American College of Sports Medicine para a determinação de consentimento do médico

Risco	Critérios	Autorização médica recomendada
Baixo risco	Assintomático, fator de risco ≤ 1	Sem necessidade de exame médico e teste de esforço progressivo (TEP) antes de exercício moderado ou vigoroso Sem necessidade de supervisão médica de teste de exercício para testes submáximo e máximo
Risco moderado	Assintomático, fatores de risco ≥ 2	Sem necessidade de exame médico e TEP antes de exercício moderado, mas é recomendado antes de exercício vigoroso Sem necessidade de supervisão médica de teste de exercício para teste submáximo, mas é recomendada para o teste máximo
Alto risco	Sintomático ou com doença cardíaca, pulmonar ou metabólica conhecida	Exame médico e TEP recomendados antes de exercício moderado ou vigoroso Supervisão médica de teste de exercício recomendada para teste submáximo e máximo

A intensidade moderada é definida como 40 a 60% do $\dot{V}O_2$máx ou 3 a 6 METs; uma intensidade bem dentro do nível de capacidade do indivíduo e que pode ser confortavelmente sustentada por um período prolongado (45 minutos).

A intensidade vigorosa é definida como > 60% do $\dot{V}O_2$máx ou > 6 METs; exercício intenso o suficiente para representar um desafio cardiorrespiratório substancial.

Classificação física

Na maioria das configurações, a classificação física não é conduzida para alunos de condicionamento físico em grupo. A classificação física é usada amplamente em treinamento individual e em pequenos grupos (dois a cinco indivíduos) para estabelecer um início ou ponto de referência, determinar pontos fortes e deficiências, definir o alvo do programa e determinar um programa individualizado para o aluno. Mesmo que as responsabilidades como professor de condicionamento físico não exijam que execute a avaliação física, entender os conceitos básicos sobre o processo de classificação pode ajudá-lo a reconhecer e acomodar os alunos que poderiam se beneficiar de uma intervenção individualizada. Como na avaliação de saúde e na de risco, a classificação física requer educação, treinamento e prática para se tornar proficiente.

A classificação física é dividida em duas categorias neste capítulo. A primeira categoria é de componentes de classificação relacionados à saúde e inclui frequência cardíaca de repouso, pressão arterial e avaliação postural. As medidas metabólicas de colesterol sanguíneo, de açúcar sanguíneo e da função do rim e do fígado também podem ser usadas para acompanhar as melhoras na saúde, mas não serão abordadas neste capítulo.

A segunda categoria inclui as ferramentas usadas para avaliar o condicionamento físico. Essas ferramentas testam a composição corporal, o condicionamento muscular, o condicionamento cardiorrespiratório e a flexibilidade. Embora haja muitas ferramentas de avaliação disponíveis, é fornecida neste capítulo apenas uma lista dos protocolos de avaliação usados com mais frequência. Normas e protocolos de teste estão além do objetivo deste manual. Recomenda-se que se receba educação e treinamento adicionais para administrar as avaliações físicas.

Classificação relacionada à saúde

Como mencionado no Capítulo 1, alguns alunos focam os benefícios dos exercícios relacionados à saúde em oposição a se preocuparem com a melhora do condicionamento físico; assim, não estão interessados em avaliação de condicionamento físico e escores. Nesse caso, os parâmetros de condicionamento físico metabólicos ou relacionados à saúde podem ser usados para estabelecer um ponto de referência para monitorar o progresso.

Frequência cardíaca de repouso

A frequência cardíaca de repouso pode ser usada como indicador geral de saúde e condicionamento físico. Se a

Formulário de autorização médica

Eu, _____, permito que _____
libere meus arquivos e informação médicos para _____ para o desenvolvimento
de meu programa de condicionamento físico.

Assinado _____ Data _____

Nome da instituição _____ Data _____

Tipo de medicação _____ Efeito _____

Tipo de medicação _____ Efeito _____

Por favor, identifique quaisquer recomendações, limitações ou restrições que sejam apropriadas para seu paciente
nesse programa de exercício _____

_____

_____

Obrigado,

Profissional de condicionamento físico, nome da instituição, número de telefone, número de fax, e-mail
_____ tem minha aprovação
para começar um programa de exercício com as recomendações e restrições que indiquei acima.

Assinado _____ Data _____

Telefone _____

Uma amostra deste formulário está disponível apenas para membros do site da AEA em www.aeawave.com (em inglês).

Figura 14.2 Amostra de formulário de autorização médica.

frequência cardíaca de repouso estiver alta, pode ser uma indicação de doença ou condicionamento físico ruim. Se a frequência cardíaca de repouso estiver baixa, o músculo cardíaco é eficiente e bombeia mais sangue a cada batida. Isso pode ser uma indicação de bom condicionamento físico e boa saúde.

É fácil educar os alunos sobre como medir suas frequências cardíacas de repouso e de exercício. Isso promove uma maior consciência da saúde e ajuda os alunos a ficarem sintonizados com seus corpos. Lembre-se de que a frequência cardíaca de repouso pode ser afetada por medicações, condições ambientais, estresse, cafeína, nicotina e outros fatores. Uma verdadeira frequência cardíaca de repouso é mais bem medida logo de manhã, assim que acordar e antes de se levantar da cama. Esse é o momento em que a maioria das pessoas não está afetada por fatores que poderiam aumentar a frequência cardíaca, assim, uma leitura mais precisa pode ser obtida. A seguir está uma explicação sobre as normas e os termos para a referência de frequência cardíaca e como medir a frequência cardíaca de repouso.

- A frequência cardíaca de repouso é mais bem determinada na artéria radial localizada na parte lateral do punho no lado da palma da mão, alinhada com a base do polegar (Fig. 14.3).

- As pontas dos dedos médio e indicador devem ser usadas, não a do polegar. O polegar tem uma pulsação própria.

- Inicie o cronômetro simultaneamente com a pulsação.

- Conte a primeira batida como zero.

- Continue contando por 30 segundos e, então, multiplique por dois para obter o total de batimentos por minuto.

Adaptado de *Exercise testing & prescription* (Nieman, 2002)

A Tabela 14.2 lista as normas para frequências cardíacas de repouso baseadas em gênero e idade, com categorias variando entre muito ruim e excelente.

As definições a seguir ajudam a esclarecer os vários tipos de frequência cardíaca que costumam ser discutidos e usados em condicionamento físico para ambas as programações, terrestre e aquática.

- Frequência cardíaca de repouso verdadeira – medida pela manhã por três dias consecutivos (após despertar, mas antes de se levantar da cama) e, então, é calculada a média das três.
- Frequência cardíaca de repouso – medida em decúbito dorsal após 30 minutos de repouso. Pode ser ligeiramente mais alta do que a frequência cardíaca de repouso verdadeira por conta do uso de cafeína, de medicação ou do estresse (Tab. 14.2).
- Frequência cardíaca na posição de sentado – medida após estar sentado por 30 minutos. Pode ser ligeiramente mais alta do que a frequência cardíaca de repouso devido à posição corporal, ao uso de medicação ou drogas, ou ao estresse.
- Frequência cardíaca pré-exercício – medida imediatamente antes de começar o exercício. Pode ser ligeiramente mais alta do que as frequências cardíacas de repouso e na posição sentada pelo efeito antecipado do exercício, que causa uma elevação na frequência cardíaca.
- Frequência cardíaca submáxima de exercício – medida durante exercício submáximo em estado estável.
- Frequência cardíaca máxima – a mais alta frequência cardíaca que seu corpo pode atingir fisiologicamente. É a frequência cardíaca mais alta atingida durante um teste de exercício máximo. Essa frequência pode ser estimada usando-se a fórmula de 220 menos a idade do indivíduo em anos.

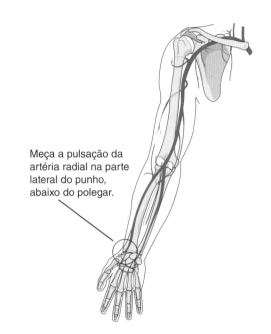

Figura 14.3 Artéria radial.

Pressão arterial

A pressão arterial é a força que o sangue circulante exerce sobre as paredes das artérias. Como o coração bombeia sangue dentro de um sistema circulatório fechado, uma onda de pressão é criada. Essa onda de pressão mantém o sangue circulando pelo corpo. Os pontos alto e baixo da onda de pressão são medidos com a ajuda de um esfigmomanômetro (almofada de pressão arterial), que faz com que seja possível medir a quantidade de pressão do ar equivalente à pressão arterial na artéria. A pressão sistó-

Tabela 14.2 Padrões de frequência cardíaca de repouso (batidas/minuto)

Idade (anos)	18–25		26–35		36–45		46–55		56–65		>65	
Gênero	M	F	M	F	M	F	M	F	M	F	M	F
Excelente	49–55	54–60	49–54	54–59	50–56	54–59	50–57	54–60	51–56	54–59	50–55	54–59
Bom	57–61	61–66	57–61	60–64	60–62	62–64	59–63	61–65	59–61	61–64	58–61	60–64
Acima da média	63–65	66–69	62–65	66–68	64–66	66–69	64–67	66–69	64–67	67–69	62–65	66–68
Média	67–69	70–73	66–70	69–71	68–70	70–72	68–71	70–73	68–71	71–73	66–69	70–72
Abaixo da média	71–73	74–78	72–74	72–76	73–76	74–78	73–76	74–77	72–75	75–77	70–73	73–76
Ruim	76–81	80–84	77–81	78–82	77–82	79–82	79–83	78–84	76–81	79–81	75–81	75–79
Muito ruim	84–95	86–100	84–94	84–94	86–96	84–92	85–97	85–96	84–78	85–96	83–98	88–96

Reproduzido com permissão de Referee Enterprises, Inc., 1999, *Successful sport coaching* (Champaign, IL: Human Kinetics), 99.

lica é o ponto alto da onda de pressão e representa a pressão criada pelo coração conforme ele bombeia o sangue para o corpo (fase de contração). Essa é a pressão máxima criada pelo coração durante um ciclo cardíaco completo. A pressão diastólica é o ponto baixo da onda de pressão e representa a pressão nas artérias quando o coração relaxa (fase de enchimento). Essa é a pressão mínima que as artérias vivenciam durante um ciclo cardíaco completo.

A pressão arterial é medida em milímetros de mercúrio (mmHg). O sangue nas artérias de um adulto comum exerce uma pressão igual àquela requerida para elevar a coluna de mercúrio em 120 mmHg durante a sístole (pressão sistólica) e 80 mmHg durante a diástole (pressão diastólica). Isso é expresso com uma pressão arterial de 120 por 80 ou 120/80 mmHg. As leituras de pressão arterial variam bastante em um indivíduo durante o dia.

Medidas de pressão arterial deveriam ser verificadas em ambiente calmo e confortável, com o indivíduo sentado por aproximadamente 10 a 15 minutos antes da avaliação, permitindo, assim, o relaxamento e a redução da ansiedade. A pressão arterial é medida com um estetoscópio e um esfigmomanômetro. A almofada de pressão arterial é enrolada ao redor do braço sobre a artéria braquial. O ar é bombeado na almofada por um bulbo compressor. Isso faz com que a pressão de ar seja exercida contra a parte externa da artéria. O ar é adicionado à almofada até que a pressão do ar exceda a pressão arterial dentro da artéria e a comprima. Nesse momento, nenhum pulso pode ser ouvido por meio do estetoscópio, que está posicionado sobre a artéria braquial, na articulação do cotovelo. A liberação lenta de ar na almofada leva a uma diminuição da pressão do ar até que ela se iguale à pressão arterial na artéria. Nesse ponto, os vasos sanguíneos se abrem um pouco e uma pequena quantidade de sangue passa através da artéria, produzindo um primeiro som que representa a pressão arterial sistólica. Isso é seguido por sons cada vez mais altos que de repente mudam em intensidade, conforme a pressão do ar diminui. Os sons se tornam mais distantes e, então, desaparecem todos juntos. A leitura mais baixa em que o som pode ser ouvido logo antes de desaparecer representa a pressão diastólica. Essa série de sons ouvidos enquanto se mede a pressão arterial é conhecida como sons de Korotkoff (Fig. 14.4).

Se uma leitura imprecisa ou anormal é obtida, espere de um a dois minutos antes de medir a pressão arterial outra vez, para que a circulação normal possa retornar ao membro. Caso uma leitura anormal seja obtida novamente, o exame deve ser repetido no braço oposto. Se ocorrerem discrepâncias entre as leituras de cada braço ou leituras anormais, o indivíduo deve ser encaminhado a seu médico para consulta. A pressão arterial deve ser medida de forma padronizada, usando equipamento que atenda aos critérios de certificação. Está além do propósito deste manual e da certificação ensinar como medir a pressão arterial. Para aprender, treinamento e prática são necessários.

O National Heart, Lung, and Blood Institute, uma divisão do National Institutes of Health (NIH), fornece informações detalhadas sobre a prevenção, a detecção e o tratamento da pressão arterial elevada. A Tabela 14.3 delineia as categorias atuais de pressão arterial e as pressões correspondentes em mmHg. Mais informações relacionadas à medida da pressão arterial podem ser encontradas em *Recommendations for human blood pressure determination by sphygmomanometers* da American Heart Association (www.americanheart.org).

Avaliação postural

A postura é influenciada por muitos fatores, incluindo estilo de vida, demandas da carreira, tipo corporal, desequilíbrios musculares e genética. Um profissional de condicionamento físico deve entender os parâmetros de postura ideal e reconhecer os desvios posturais nos alunos. Lembre-se de que o papel do profissional de condicionamento físico não é diagnosticar ou corrigir anormalidades anatômicas. O instrutor pode fazer com que o aluno se conscientize de sua postura, enfatizar a mecânica corporal apropriada durante uma aula de hidroginástica e evitar exercícios que possam exacerbar esse problema.

A Figura 14.5 delineia os pontos ósseos de referência que servem como orientação para os desvios posturais listados a seguir.

- Cabeça para a frente: o ponto de referência do processo mastoide está anterior à linha lateral de gravidade (Fig. 14.6).

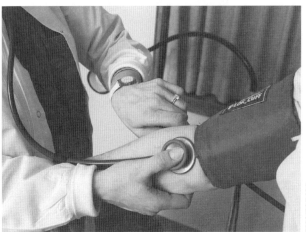

Figura 14.4 Medindo a pressão arterial.

- Cifose: um aumento excessivo na curva da coluna vertebral torácica. O ponto de referência do processo acrômio está anterior à linha lateral da gravidade (consultar Capítulo 3).
- Lordose: um aumento excessivo da curva da coluna vertebral lombar ou um aumento na inclinação pélvica anterior. O trocânter maior está posterior à linha lateral de gravidade (consultar Capítulo 3).
- Escoliose: uma curva em forma de S na coluna vertebral. Isso é observado a partir da coluna do indivíduo, não da linha lateral de gravidade (consultar Capítulo 3).
- *Genu recurvatum:* hiperextensão do joelho. O ponto do joelho está posterior à linha lateral de gravidade.

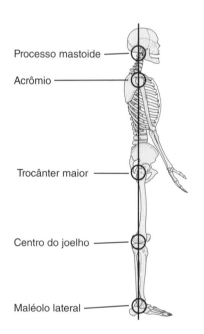

Figura 14.5 Pontos ósseos para avaliação postural.

Classificação de condicionamento físico

No preenchimento do formulário de histórico de saúde, devem ser avaliadas a análise de fatores de risco, a frequência cardíaca de repouso, a pressão arterial e a avaliação postural – os parâmetros do condicionamento físico do aluno. Os parâmetros de condicionamento físico, como delineado no Capítulo 1, são a composição corporal, a flexibilidade, a força muscular, a resistência muscular e a resistência cardiorrespiratória. A avaliação de condicionamento físico em geral inclui avaliações de composição corporal, resistência cardiorrespiratória e teste de condicionamento muscular superior, inferior e central, e pode incluir vários testes de flexibilidade. O teste de condicionamento físico não é uma seção exigida no processo de classificação física para programas de condicionamento físico em grupo, ainda que tenha diversas vantagens. Não é o objetivo deste capítulo discutir em detalhe cada um dos testes usados para uma avaliação de condicionamento físico. A seguir está uma breve descrição de algumas opções para avaliar cada parâmetro de condicionamento físico e uma tabela de avaliações comumente usadas para cada componente dele.

Composição corporal

A avaliação de composição corporal é um aspecto importante da avaliação de condicionamento físico. A composição corporal pode ser dividida em duas categorias: massa corporal magra, que inclui músculos, ossos, órgãos e fluidos internos, e massa de gordura, que é o tecido adiposo.

Muitas pessoas usam tabelas de peso e altura como referência para determinar o peso corporal apropriado. Pesquisas indicam que, em muitos casos, esse tipo de medição pode ser enganoso em razão de a fórmula não levar em consideração a composição corporal real. O fator importante não é o peso corporal, mas quanto desse peso

Tabela 14.3 Pressão arterial

Categoria	Sistólica		Diastólica
Normal	< 120	e	< 80
Pré-hipertensão	120–139	ou	80–89
PA alta estágio I	140–159	ou	90–99
PA alta estágio II	> 160	ou	> 100

Nota: os valores sistólicos e diastólicos podem não estar na mesma categoria. Nesse caso, a categoria mais grave determina a classificação de pressão arterial.

Adaptado de National Heart, Lung, and Blood Institute, 2008, www.nhlbi.nih.gov/.

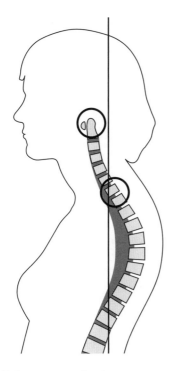

Figura 14.6 Cabeça para a frente.

corporal é gordura. A expressão "porcentual de gordura corporal" refere-se à quantidade de gordura no corpo e é expressa por uma porcentagem do peso corporal total. A Tabela 14.4 lista as categorias gerais de porcentual de gordura corporal.

O método mais confiável e preciso para determinar a composição corporal é por meio de análise química; entretanto, esse tipo de análise requer que o organismo seja violado. Há muitos métodos para estimativa da composição corporal que não são invasivos. A Tabela 14.5 lista as avaliações de composição corporal que costumam ser administradas.

Caso não tenha disponível o equipamento para avaliar a composição corporal usando a maioria dos métodos mencionados na Tabela 14.5, o técnico, se for treinado, pode usar compassos de dobras cutâneas para obter uma estimativa relativamente precisa da porcentagem de gordura corporal. Aprender como avaliar a composição corporal de forma precisa com o uso de compassos de dobras cutâneas requer treinamento e muita prática. Para teste de campo, medidas circunferenciais ou o índice de massa corporal (IMC) geralmente são usados para estimar a gordura corporal. O IMC é calculado a partir do peso e da altura de um indivíduo e costuma ser usado como uma medida de obesidade em estudos de grandes populações. Tenha em mente que indivíduos com massa muscular mais alta (i. e., atletas) podem ter um IMC distorcido, porque esse tipo de fórmula não distingue entre massa magra e massa de gordura. Há um número de índices de massa corporal, todos eles derivando de medidas de peso e altura corporais. Aqui, o índice de Quetelet é usado, que é a razão de peso corporal pela altura ao quadrado:

$$\text{IMC (kg/m}^2) = \text{peso (em kg)} (\div) \text{altura (em m)}^2$$

O exemplo a seguir demonstra esse método de cálculo do IMC. Por exemplo, para uma mulher que pesa 60 kg e mede 1,62 m de altura, o IMC é calculado como segue:

$$\text{IMC} = 60 \text{ kg} (\div) (1,62 \text{ m})^2 = 22,7 \text{ kg/m}^2$$

Uma fórmula que não requer uma conversão métrica é:

$$\text{IMC} = [\text{peso (em libras)} \times 703] (\div) [\text{altura (em polegadas) quadrado}]$$

$$\text{IMC} = [132 \times 703] (\div) [64 \times 64]$$

$$\text{IMC} = 92.796 (\div) 4.096 = 22,65$$

Um IMC de 22,7 coloca essa mulher como normal na classificação para obesidade, como pode ser visto na Tabela 14.6. Muitos estudos têm confirmado que os riscos à saúde associados à obesidade começam no intervalo de 25 a 30 kg/m². O IMC é mais adequado como uma indicação do risco de saúde de um indivíduo do que como uma medida real da composição corporal. Embora usado atualmente como uma avaliação que oferece um panorama amplo sobre os estado de saúde, um estudo recente da Mayo Clinic indica que adultos com um IMC regular podem ainda estar em risco para a síndrome metabólica e o diabetes tipo 2 (IDEA Health & Fitness Journal, 2008).

Tabela 14.4 Categorias de porcentagem geral da gordura corporal

Classificação	Porcentagem de gordura em mulheres	Porcentagem de gordura em homens
Gordura essencial	10–12%	2–4%
Atletas	14–20%	6–13%
Condicionados	21–24%	14–17%
Aceitável	25–31%	18–25%
Obeso	32% ou mais	25% ou mais

Tabela 14.5 Métodos para avaliação da composição corporal

Método	Vantagens	Desvantagens
Métodos laboratoriais		
Pesagem hidrostática (pesagem embaixo da água)	• Considerado o mais preciso até o momento	• Envolve equipamento caro • O aluno pode ter dificuldade de ficar embaixo da água
Absormetria de raio X de dupla energia (DEXA)	• Método relativamente novo, considerado altamente confiável • Seguro, rápido e leva em conta as diferenças individuais no conteúdo mineral do osso	• Envolve equipamento caro
Pletismografia por deslocamento de ar	• Fácil e simples – o aluno senta em um compartimento em forma de ovo • Mede o volume do corpo para estimar a densidade corporal	• Envolve equipamento caro
Métodos de campo		
Método de dobras cutâneas	• Barato, rápido, não invasivo, relativamente preciso	• Requer um alto grau de habilidade técnica • Pode ser afetado pela compressibilidade da pele e pelo compasso usado • Não é tão preciso para alunos muito obesos ou muito magros
Método da impedância bioelétrica (BIA)	• Relativamente barato, rápido, não invasivo e relativamente preciso • Não requer um alto grau de habilidade técnica • Mais confortável e menos invasivo • Pode ser usado em indivíduos muito obesos	• Requer equipamento mais caro do que o método de compasso de dobras cutâneas • A precisão pode ser afetada pela habilidade técnica e pela retenção de água • O equipamento é menos portátil
Método da interactância quase infravermelha (NIR) (Futrex)	• Fácil, relativamente barato, rápido, não invasivo	• Requer equipamento mais caro do que o método de compasso de dobras cutâneas • Ainda está em estágio de desenvolvimento • Precisão e validade questionáveis
Método antropométrico (circunferência)	• Muito barato, não invasivo • Não requer um alto grau de habilidade técnica • Pode ser mais preciso do que as equações de previsão de dobras cutâneas para alunos muito obesos	• Pode ser constrangedor • Grau mais baixo de precisão geral
Índice de massa corporal (IMC)	• Muito barato, não invasivo • Não requer um alto grau de habilidade técnica • Rápido e simples	• Fornece apenas um índice bruto de obesidade • Pode superestimar indivíduos com massa muscular* • Pode subestimar idosos ou indivíduos que tenham perdido músculo*

*NIH, 2009.

A circunferência da cintura também é usada como um método simples para prever o risco de saúde relacionado à obesidade. A circunferência da cintura leva em conta as reservas internas de gordura presentes na área abdominal, o que indica o risco de doença metabólica, mas ela não pode ser medida de forma precisa com compasso de dobras cutâneas ou representada adequadamente pela equação do IMC. A circunferência da cintura combinada com o IMC tem se mostrado como um método para prever o risco de saúde melhor do que o IMC isolado. Além disso, estudos recentes indicam que a circunferência da cintura isolada pode prever o risco de saúde relacionado à obesidade melhor do que o IMC isolado (Heyward, 2002). De acordo com o National Heart, Lung, and Blood Institute (sem data), as medidas de circunferência da cintura > 102 cm para homens e > 88 cm para mulheres indicam obesidade como um fator de risco para doença cardiovascular e metabólica.

A Tabela 14.6 resume os riscos de doença associada de acordo com o IMC e a tabela de tamanho da cintura.

Outro indicador do potencial risco à saúde associado com a obesidade é a razão cintura-quadril (RCQ). Calcule a razão cintura-quadril dividindo a medida da cintura pela do quadril (meça a circunferência da cintura em seu menor ponto e a dos quadris em seu maior ponto). Uma razão cintura-quadril maior que 0,9 para homens e 0,85 para mulheres indica riscos de saúde aumentados (Gorgan, 2008).

Condicionamento cardiorrespiratório

A avaliação da resistência cardiorrespiratória geralmente está em uma de duas categorias gerais: testes laboratoriais e teste de campo. O teste de laboratório mede o consumo de oxigênio enquanto se exercita em uma bicicleta, esteira ou outro ergômetro. Ele é um tanto complicado e requer técnicos treinados e equipamento computadorizado para medir o consumo de oxigênio, podendo ser máximo ou submáximo. No teste máximo, o indivíduo se exercita até a exaustão para que os valores máximos de consumo de oxigênio e a frequência cardíaca possam ser mais diretamente atingidos. No teste submáximo, o indivíduo se exercita em um ou dois estágios submáximos do exercício e esses dados são usados para prever os valores máximos matematicamente.

O teste de campo é mais fácil de administrar e não requer um laboratório e equipamento caro. Os escores obtidos a partir de avaliações de campo primeiramente dão ao aluno uma categoria generalizada para o condicionamento cardiorrespiratório. Alguns testes de campo usam dados para estimar matematicamente o consumo máximo de oxigênio. A Tabela 14.7 é uma lista das avaliações de resistência cardiorrespiratória em geral administradas.

Condicionamento muscular

A avaliação do condicionamento muscular recai em duas categorias principais: avaliação de força muscular e avaliação de resistência muscular. Ocasionalmente, testes de potência muscular, como o salto vertical, são usados em atletas, uma vez que a potência é um aspecto importante do desempenho atlético.

Equipamentos especializados encontrados em clínicas de terapia ou de medicina esportiva são usados para o teste de força muscular. Pelo fato de o teste ser caro, não se costuma usá-lo fora de terapia ou aplicações esportivas. O teste de repetição máxima (1 RM) também é usado para avaliar força muscular. Um protocolo estabelecido e pesos livres são comumente usados em testes de 1 RM. Por conta do aumento do risco de lesão com esse teste e do fato de muitos alunos não terem experimentado o levantamento de peso pesado, o teste 1 RM não costuma ser usado para o adulto comum ou descondicionado.

A maioria dos testes de campo usados em classificação geral avalia a resistência muscular. Os testes de resistência muscular típicos medem o número de repetições de um exercício que pode ser executado em um período específico ou até a exaustão. Os testes de abdominal e flexão de braços são os dois mais usados devido a sua fácil administração. O aluno usa seu peso corporal como resistência, assim, nenhum equipamento especializado ou pesado é necessário. A Tabela 14.8 lista os protocolos típicos usados para avaliar a força e a resistência muscular.

Tabela 14.6 Risco de doença, obesidade e sobrepeso

IMC		Cintura menor ou igual a 1 m (homens) ou 0,8 m (mulheres)	Cintura maior que 1 m (homens) ou 0,8 m (mulheres)
18,5 ou menos	Abaixo do peso	--	N/A
18,5–24,9	Normal	--	N/A
25–29,9	Sobrepeso	Aumentado*	Alto*
30–34,9	Obesidade classe I	Alto*	Muito alto*
35–39,9	Obesidade classe II	Muito alto*	Muito alto*
40 ou mais	Extremamente obeso, obesidade classe III	Extremamente alto*	Extremamente alto*

*Risco de doença para diabetes tipo 2, hipertensão e DCV.

Reproduzido de www.ftc.gov/bcp/edu/pubs/consumer/health/hea05.pdf.

Fitness aquático: um guia completo para profissionais

Tabela 14.7 Avaliações de resistência cardiorrespiratória

Testes de exercício submáximo em esteira	Protocolos de multiestágio ou estágio único para caminhada, *jogging* ou caminhada/*jogging*. Os protocolos de Bruce e Balke são os mais comumente usados.
Testes máximos em esteira	Protocolos de multiestágio, teste graduado, caminhada contínua e descontínua, *jogging* ou caminhada/*jogging*. Usados para diagnóstico e teste funcional. Os protocolos de Bruce e Balke são os mais comumente usados.
Testes de exercício submáximo em bicicleta ergométrica	Testes de multiestágio, contínuo ou descontínuo. Protocolos da YMCA*, da Astrand-Rhyming e da ACSM são os mais comumente usados.
Testes máximos em bicicleta ergométrica	Testes de multiestágio, graduado, contínuo ou descontínuo. Usados para diagnóstico e teste funcional. ACSM e Astrand são os mais comumente usados.
Testes de exercício submáximo em subida e descida de banco	Alguns são usados para avaliar condicionamento cardiorrespiratório, alguns para predizer $\dot{V}O_2$máx. Testes de degrau de Astrand-Rhyming e do Queens College predizem o $\dot{V}O_2$máx. O teste de banco de 3 minutos da YMCA é o mais comumente usado para avaliar o condicionamento cardiorrespiratório.
Testes de corrida de distância	Os testes mais comuns usam distâncias de 1,6 a 2,4 km. Testes de 9 ou 12 minutos medem distância em tempo. Os testes de corrida/caminhada de 2,4 km e o de *jogging* de 1,6 km medem tempo por distância.
Teste de caminhada	O teste de caminhada de Rockport mede o tempo para completar 1,6 km.
Teste de natação	O teste de natação de 12 minutos de Cooper mede a distância percorrida em 12 minutos, em qualquer tipo de nado, e o descanso permitido.
Teste de ciclismo	O teste de ciclismo de 12 minutos de Cooper usa uma bicicleta de 3 a 16 km/h em uma superfície dura plana. Mede a distância por tempo.

* YMCA: Young Men's Christian Association. No Brasil, Associação Cristã de Moços (ACM).

Tabela 14.8 Avaliações de resistência e força musculares comumente usadas

Testes de uma repetição máxima (1 RM)	Teste de força dinâmica	Resistência variável ou constante	Decúbito dorsal, rosca de braço, puxada de latíssimo, *legpress*, extensão de perna, rosca de perna
Teste de pressão de banco da YMCA	Teste de resistência dinâmica	Resistência variável	Levantar determinado peso em determinado ritmo, até a exaustão
Teste de flexão de braço	Teste de resistência	Uso do próprio peso corporal	Teste de tempo ou execução de flexão de braço até a exaustão
Teste de sentar-levantar	Teste de resistência	Uso do próprio peso corporal	De tempo ou até quebrar o ritmo
Teste de abdominais	Teste de resistência	Uso do próprio peso corporal	De tempo ou até quebrar o ritmo
Teste de barra	Teste de resistência	Uso do próprio peso corporal	De tempo ou até a exaustão

Flexibilidade

A flexibilidade é geralmente medida na posição estática. Por exemplo, no teste padrão de sentar e alcançar, o aluno inclina-separa a frente em uma posição sentada e mantém essa posição enquanto é feita a medida. O teste de flexibilidade pode ser simples e rápido (Figs. 14.7 a 14.10); mais complicado, como o teste de sentar e alcançar; ou muito técnico, como a medida dos ângulos articulares com um goniômetro.

Avaliações de condicionamento físico aquático

Algumas pesquisas têm sido conduzidas para a avaliação do condicionamento cardiorrespiratório na caminhada aquática em piscina rasa e na corrida em piscina rasa e funda. Em 1993, Kaminsky et al., da Ball State University, começaram a estudar a validade do teste de condicionamento cardiorrespiratório em corrida de 460 m em piscina rasa como teste de campo para estimar o $\dot{V}O_2$máx. Pesquisadores compararam esse estudo com o teste da corrida de 2.414 m executado em terra. Os coeficientes de correlação com o $\dot{V}O_2$máx medido foram de 0,89 para a corrida de 2.414 m e de 0,80 para a corrida de 460 m em piscina rasa. Os pesquisadores descobriram que a porcentagem de gordura corporal e a altura melhoraram a previsão para o teste de corrida de 460 m em piscina rasa para 0,86, assim, a gordura corporal e o comprimento da perna foram levados em conta nessa equação.

Em 1995, Cisar et al. testaram a validade de ambas as avaliações, de 460 m e de 270 m de corrida em piscina rasa. Eles encontraram um erro na equação original da corrida de 450 m e recomendaram uma correção. Levaram em conta idade, gênero, peso corporal, altura, comprimento de perna e porcentagem de gordura para encontrar a confiabilidade (r) = 0,94 e o desvio-padrão estimado (DPE) = 0,316 L/min. Estudos adicionais foram conduzidos para um teste de corrida de 15 minutos em piscina funda (Sherman, Michaud e Ryan, 1997), um teste de corrida de 12 minutos em piscina rasa (Black, 1995; Dickey, 1996) e um teste de caminhada de 6 minutos em piscina rasa (Gowans, de Hueck e Voss, 1999) para indicar a mudança com o tempo.

Em 2006, Clemens e Cisar investigaram a diferença entre usar ou não calçados para a avaliação de corrida de Ball State de 460 m em piscina rasa e desenvolveram uma equação de regressão para o uso de calçados. Descobriu-se que o nível de condicionamento cardiorrespiratório foi mais bem estimado ao se usar calçados.

Devido ao fato de mais pesquisas terem sido conduzidas sobre o teste de corrida de Ball State de 460 m em piscina rasa (com previsão melhorada pela inclusão de gênero, peso corporal e comprimento de perna; r = 0,94, DPE = 0,316 L/min) e porque normas básicas foram estabelecidas, no momento essa parece ser a avaliação aquática de escolha para o condicionamento cardiorrespiratório.

Pode-se usar testes aquáticos que não foram pesquisados para avaliar os possíveis ganhos na saúde e no condicionamento medindo as mudanças ao longo do tempo. Embora essas avaliações sejam limitadas e não se possa determinar uma categoria de condicionamento físico ou um perfil normal para seus alunos, é possível determinar se eles melhoraram ao estabelecer um escore de base e, então, repetir o teste. Espera-se que se veja melhoras nos escores. Aqui estão algumas sugestões para testes que podem ser usados nos alunos. Também pode-se desenvolver os próprios testes de "mudança ao longo do tempo", dependendo dos recursos disponíveis e da população de alunos em particular. Lembre-se de que, para medir de forma precisa a mudança ao longo do tempo, o teste deve ser o mais controlado possível, sendo sempre executado no mesmo ambiente e exatamente da mesma maneira.

- Teste submáximo de esqui de fundo (*cross-country*) de recuperação de frequência cardíaca: o indivíduo executa o movimento de esqui de fundo (*cross-country*) por três minutos a 140 batidas por minuto. Imediatamente depois, mede-se a frequência cardíaca em 15 segundos em pé. A profundidade da água deve estar na altura da metade do tórax.

- Avaliação de flexibilidade: o indivíduo segura na borda ou na escada da piscina e vai levantando os pés até que estes estejam na mesma altura das mãos. O instrutor então mede e registra o grau de flexão na articulação do joelho, preferivelmente com um goniômetro.

- Avaliação de resistência muscular da parte superior do corpo: o indivíduo começa na posição com os braços estendidos, as mãos no *deck* da piscina e o corpo suspenso verticalmente na água, e realiza flexões de braço na borda da piscina com flexão de cotovelo de 90° e extensão do tronco (instruções para a flexão de braço em pé [empurrando a piscina enquanto está em pé, com a profundidade da água na altura da metade do tórax] são dadas aos alunos que não sejam fortes o suficiente para suportar seu peso corporal). O número de repetições em um minuto (ou até a fadiga) é contado e registrado.

- Avaliação de resistência muscular da parte inferior do corpo: o indivíduo fica em pé com profundidade de água na altura da cintura. Ele executa agachamentos (até a flexão do joelho em 90°) e chutes com uma perna durante um minuto ou até a fadiga. O número de repetições executadas corretamente é contado e registrado.

- Avaliação de resistência muscular abdominal: assume-se a posição em decúbito dorsal, segurando nas mãos um equipamento de flutuação. O instrutor dá apoio aos tornozelos enquanto o indivíduo executa flexão da coluna ou abdominais por um minuto. O número de repetições executadas corretamente é contado e registrado.

Interpretação dos processos de avaliação do risco à saúde e da classificação física

Ao completar o processo de avaliação do risco à saúde e da classificação física opcional, o profissional de condicionamento físico deve discutir os resultados da avaliação com o indivíduo. Isso deve ser feito em um local reservado, que seja confortável e não intimide o aluno.

Um profissional de condicionamento físico pode ter de ser responsável por comunicar ao aluno que, baseado em sua avaliação do risco de saúde, a autorização médica é necessária. Os resultados da classificação física não serão discutidos, a não ser que o instrutor tenha sido treinado para administrar as avaliações.

Testes rápidos para avaliação de flexibilidade

Por favor, note que essas são descrições gerais de testes rápidos de flexibilidade. Mais informações podem ser encontradas em ACSM (1998) e Kendall, McCreary e Provance (1993). Não permita aos alunos que se alonguem até o ponto de causar dor. Tenha certeza de que eles fizeram aquecimento antes de executar as avaliações. As amplitudes de movimento "normais" são sugeridas. Avaliação acima desse patamar pode ser feita futuramente com um goniômetro ou pode-se pedir a orientação a um fisioterapeuta.

Amplitude de movimento dos flexores do ombro. Na posição em pé, peça ao aluno para elevar os braços como se fosse alcançar algo, para a frente e para cima, o mais longe possível. O úmero deve estar paralelo à orelha (Fig. 14.7).

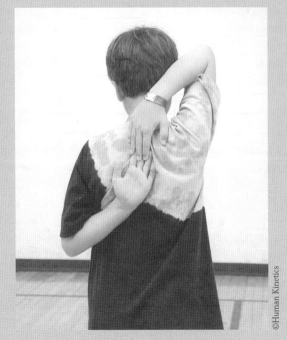

Figura 14.8 Teste de amplitude de movimento dos rotadores do ombro.

Figura 14.7 Teste de amplitude de movimento dos flexores do ombro.

Amplitude de movimento dos rotadores do ombro. Na posição em pé, peça ao aluno para elevar um braço acima da cabeça, dobrar o cotovelo e tentar alcançar as costas, tocando-a com a palma e os dedos. Ao mesmo tempo, o aluno dobra o outro cotovelo e tenta tocar os dedos da outra mão, subindo pelas costas, com a palma virada para fora (Fig. 14.8).

Amplitude de movimento do flexor do quadril. Peça ao aluno para deitar em decúbito dorsal sobre uma mesa, de forma que as articulações dos joelhos de ambas as pernas estejam logo além da borda da mesa. Peça ao aluno para manter a pelve em inclinação posterior com a região lombar e o sacro planos na mesa ao trazer a coxa na direção do tórax (Fig. 14.9). (Prenda ambas as mãos atrás do joelho e traga-o na direção do tórax até que a região lombar e o sacro estejam planos.) Se o aluno puder:

- tocar a mesa com a parte de trás da coxa livre, com o joelho a 80° de flexão, então o iliopsoas e o reto femoral estão no comprimento normal;

- tocar a mesa com a parte de trás da coxa livre apenas se o joelho estiver estendido, então o iliopsoas está no comprimento normal e o reto femoral está encurtado (assim como, possivelmente, o tensor da fáscia lata).

Amplitude de movimento dos isquiotibiais. Coloque o aluno deitado em decúbito dorsal no chão, com as pernas estendidas e a região lombar e o sacro planos no chão. Coloque uma de suas mãos sobre a coxa. Peça ao aluno para relaxar o pé e manter o joelho em extensão enquanto você eleva a perna dele o máximo possível sem dobrar o joelho (Fig. 14.10). O ângulo da perna estendida em relação ao chão é anotado (como com o goniômetro); o escore desejável é de 80–90°.

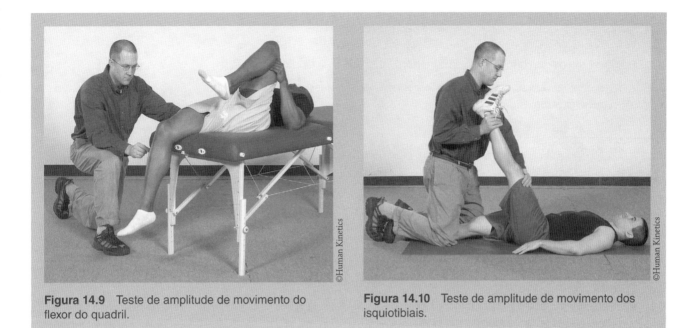

Figura 14.9 Teste de amplitude de movimento do flexor do quadril.

Figura 14.10 Teste de amplitude de movimento dos isquiotibiais.

Um *personal trainer*, entretanto, usará a avaliação do risco de saúde e a da classificação física para recomendar programas e exercícios específicos aos pontos fortes e fracos do indivíduo, e para estabelecer objetivos realistas em longo e em curto prazo. Esse processo coleta informações valiosas e permite ao *personal trainer* conhecer o indivíduo e abrir linhas de comunicação. Em algumas configurações, a data de reavaliação é estabelecida em aproximadamente 12 semanas a partir das avaliações de condicionamento físico originais. Essa reavaliação, ou consulta, permite ao indivíduo notar as melhoras que tenham sido feitas em seu nível de condicionamento físico e ajuda o *personal trainer* a reavaliar e reelaborar o programa de condicionamento físico. Isso pode ser usado como uma ferramenta motivacional para o indivíduo e o *personal trainer*.

Resumo

1. É importante entender e seguir os procedimentos definidos por sua instituição para determinar se a avaliação do risco de saúde ou a da classificação física é executada pelos alunos de condicionamento físico.

2. Um formulário de histórico de saúde é usado para obter informações sobre o condicionamento físico de um aluno.

3. Há um processo para determinar o risco de doença cardiovascular e se a autorização médica é exigida. Siga as diretrizes da indústria como determinado pela ACSM. É importante estar adequadamente treinado para determinar uma estratificação de risco e seguir as recomendações.

4. Além da avaliação do risco cardiovascular, pode ser necessária autorização médica para considerações adicionais de saúde e doenças crônicas.

5. Parâmetros em geral avaliados para a classificação física incluem frequência cardíaca de repouso, pressão arterial, postura, composição corporal, resistência cardiorrespiratória, condicionamento muscular e flexibilidade. Esteja ciente dos protocolos de avaliação de condicionamento físico usados por técnicos treinados para avaliar os níveis básicos de condicionamento físico para os alunos.

300 Fitness aquático: um guia completo para profissionais

Questões para revisão

1. Quais são os oito fatores positivos do risco para a doença cardiovascular?

2. Uma frequência cardíaca medida por três manhãs seguidas logo após despertar e antes de se levantar é uma frequência cardíaca:

   a. de repouso verdadeira

   b. na posição de sentado

   c. submáxima de exercício

   d. máxima

3. O teste de caminhada de Rockport é considerado um teste para condicionamento cardiorrespiratório laboratorial ou de campo?

4. Nomeie três avaliações que costumam ser usadas para medir a resistência muscular.

5. Como geralmente se conduz um histórico de saúde do aluno?

6. A pressão diastólica é o ponto baixo da onda de pressão e representa a pressão nas artérias quando o coração relaxa. Verdadeiro ou falso?

7. A composição corporal pode ser dividida em duas categorias. Quais são elas?

8. Se uma mulher pesa 61,2 kg e mede 1,60 m de altura, qual seu IMC?

9. Ao avaliar a composição corporal, quais as desvantagens do método de dobras cutâneas?

10. Uma avaliação de condicionamento físico em geral inclui o quê?

Ver as respostas a estas questões no Apêndice C.

Bibliografia

American College of Sports Medicine 1998. *ACSM's resource manual for guidelines for exercise testing and prescription.* Baltimore: Williams and Wilkins.

American College of Sports Medicine. 2010. *Guidelines for exercise testing and prescription.* 8th edition. Baltimore: Lippincott, Williams & Wilkins.

American Council on Exercise. 2000. *Group fitness instructor manual.* San Diego: American Council on Exercise.

Black, M.R. 1995. *Estimation of maximal oxygen uptake in highly conditioned college males and females from a 12-minute shallow water run test and a 12-minute land run test.* Unpublished master's thesis, Mississippi State University, Starkville.

Cisar, R.B., Cisar, C.J., Bowen, J., and Wilkinson S. 1995. *Evaluation and comparison of a 300yd and 500yd shallow water run test as predictors of aerobic power.* Unpublished master's thesis, San Jose State University, Department of Human Performance, San Jose, California.

Clemens, C.A., and Cisar, C.J. 2006. The effect of footwear on the reliability of the 500-yard shallow water run as a predictor of maximal aerobic capacity (VO$_2$max). *AEA aquatic fitness research journal* 3(1): 34-38.

Dickey, J.B. 1996. *Validation of a 12-minute shallow water run for predicting maximal oxygen consumption in colleqe-aqed males.* Unpublished master's thesis, Mississippi State University, Starkville.

Fitness and Amateur Sport. 1981. *Government of Canada: Canadian standardized test of fitness operations manual.* 2nd edition. Ottawa, Ontario, Canada: Fitness and Amateur Sport.

Golding, L., and C. Myers. 1989. *Y's way to physical fitness.* 3rd edition. Champaign, Il.: Human Kinetics Publishers.

Gowans, S.E., deHueck, A., and S. Voss. 1999. Six- minute walk test: a potential outcome measure for hydrotherapy. *Arthritis care and research* 12(3): 208-11.

Grogan, Martha, MD. 2008. *Waist-to-hip ratio: A risk factor for heart disease?* www.mayoclinic.com/health/biography/SB00043.

Heyward, V. 2002. *Advanced fitness assessment & exercise prescription.* 4th edition. Champaign, IL: Human Kinetics Publishers.

IDEA Health & Fitness Journal. 2008. *Making news 5(7):* July.

Kaminsky, L.A., KW. Wehrli, A.D. Mahon, G.C. Robbins, D.L. Powers, and M.H. Whaley, 1993. Evaluation of a shallow water running test for the estimation of peak aerobic power. *Medicine and science in sports and exercise* 25(11): 1287-1292.

Kendall, F., E. McCreary, and P. Provance. 1993. *Muscles testing and junction.* Baltimore: Williams and Wilkins.

National Heart, Lung, and Blood Institute (NHLBI). *2009. Guidelines on overweight and obesity: Electronic textbook.* www.nhlbi.nih.gov/guidelines/obesity/e_txtbk/index. htm.

Nieman, D. 2002. *Exercise testing and prescription with power web bind-in passcard.* 5th edition. New York: McGraw-Hill Publishers.

Sherman, N.W., Michaud, T.J., and N.D. Ryan, 1997. VO_2max estimation in healthy adults using submaximal deepwater running. *Research quarterly.* Supplement 11: 73-76.

Sample forms on pages 292 and 295 are available at the Members Only area of the AEA Web site at www. aeawave.com

capítulo 15

Comportamento de exercício

Introdução

Recrutar e manter os alunos nos programas de condicionamento físico pode ser um desafio. Por que os alunos desistem e o que pode ser feito para mantê-los motivados? Como o profissional de educação física pode ser eficiente ao oferecer apoio e incentivo? Essas e outras questões serão respondidas neste capítulo, aumentando seu conhecimento e consciência sobre o comportamento de exercício.

Conceitos fundamentais

- Qual a taxa de desistência para programas de exercícios?
- Que fatores contribuem para a desistência da prática de exercícios?
- Qual a diferença entre adesão e cumprimento?
- Liste cinco estratégias para motivar os alunos a cumprir um programa de exercícios.
- Liste quatro estilos ou métodos de aprendizagem diferentes.

Desistência da prática de exercícios

Iniciação e desistência de um programa de exercícios são problemas encontrados por muitos nutricionistas e profissionais da saúde e de exercício. O aluno sabe que um estilo de vida saudável trará mudanças positivas, mas, ainda assim, tem dificuldade em adotar e continuar a praticar esse comportamento. Os fatores em torno desse dilema são complexos e variam muito de um indivíduo para outro. Se entender a psicologia básica por trás da saúde e do comportamento de exercício, poderá ser capaz de melhor motivar os indivíduos na adoção de um estilo de vida saudável em longo prazo e de forma bem-sucedida.

"Para entender por que certas vezes falta às pessoas a motivação para manter uma atividade física regular, deve-se primeiro conhecer um fator simples, porém importante: o exercício é voluntário e consome tempo" (ACSM, 2006). As atividades e os compromissos diários geralmente interferem no tempo ou na motivação do indivíduo para o exercício. As taxas de desistência costumam ser maiores nos primeiros três meses de iniciação de um programa de exercícios e as estatísticas variam de 9 a 87%, dependendo de como a desistência é definida no estudo. As taxas de desistência após um ano estão tipicamente em torno de 50%. Taxas de desistência similares são encontradas em programas de gerenciamento de peso, com cessação do hábito de fumar e por anuência a medicação (ACSM, 2006).

O fumo tende a ser um dos indicadores mais prevalentes de desistência da prática de exercícios. A taxa de desistência tende a ser progressiva, e a adição ou o acúmulo de fatores aumenta essa probabilidade. Pode ser importante considerar programas adicionais de educação e de intervenção para reduzir a desistência da prática de exercícios. Em geral, os alunos descontinuam a prática porque, inicialmente, ela é difícil. Praticantes de exercício iniciantes podem vivenciar fadiga e dores musculares, o que causa desconforto. Costuma ser difícil levar os praticantes para aquele estágio em que o exercício os faz se sentir bem e gera resultados visíveis. Para alguns, aquele estado não é alcançado por muitos meses.

Características e psicologia do comportamento de exercício

O comportamento de exercício pode ser definido como o que motiva um indivíduo a iniciar e manter o exercício regular. Além disso, o comportamento de exercício determina como um indivíduo escolhe se exercitar.

A tendência para iniciar e manter a prática é determinada principalmente por opiniões e atitudes. Uma **opinião** é definida como um estado ou hábito mental em que a fé ou a confiança é depositada em alguma coisa ou alguém. Opiniões são muito poderosas na determinação do comportamento de exercício e não devem ser negligenciadas. Se um indivíduo não acredita que o exercício promova saúde, seja um instrumento na perda de peso ou que faça com que ele se sinta melhor, há pouca chance de iniciar e cumprir um programa de exercícios. Não há motivação para a prática se não houver a crença de que o exercício é benéfico. Por outro lado, a opinião de que exercitar-se é benéfico ajuda a fornecer a motivação necessária para iniciar e manter um programa de exercícios regular.

Uma **atitude** é definida como um posicionamento mental ou uma sensação emocional com relação a um fato ou estado. Se um indivíduo tem uma atitude negativa preconcebida sobre exercícios ou quem se exercita, há pouca chance de que se torne um praticante regular. Por exemplo, se um indivíduo imagina que todos os praticantes de exercícios são fanáticos ou loucos por saúde, e não quer ser rotulado como tal, escolherá não se exercitar. Se uma mulher que tem definição muscular é vista como não atraente, será difícil convencer outras mulheres a se exercitarem.

Atitudes e opiniões são formadas por experiências familiares, sociais e educacionais. Muitas delas são passadas pela própria família. Além disso, as atitudes e opiniões de um indivíduo podem afetar o comportamento de exercício de outro. Por exemplo, o companheiro ou os pais podem ter influência sobre os seus hábitos de exercício.

A segunda parte da definição do comportamento de exercício lida com o modo como a pessoa escolhe se exercitar. As escolhas de exercício são afetadas pelas atitudes e opiniões, pelas escolhas pessoais e pela educação relacionada ao exercício. A escolha pessoal determina se um indivíduo decide se exercitar sozinho, com um parceiro ou em um grupo. Alguns indivíduos preferem se exercitar sozinhos, outros preferem se exercitar com uma ou duas pessoas, e há quem prospere com a interação e o apoio de um grupo. É importante respeitar as preferências de cada indivíduo para melhorar a retenção.

A educação relacionada ao exercício também determina como um indivíduo escolhe se exercitar. Se ele foi ensinado em algum ponto de sua vida que abdominais com a perna completamente estendida são a melhor maneira de treinar os músculos dessa área, escolherá esse exercício sistematicamente. Pode haver hábitos ou comportamentos inapropriados relacionados ao exercício que precisem ser redirecionados e corrigidos.

É importante explorar as opiniões e atitudes de um indivíduo para reduzir o risco de desistência da prática. Isso pode ser feito por meio de perguntas e conversas diretas ou com a ajuda de questionários ou sondagens. Um profissional do exercício deve tomar cuidado para não impor ao aluno suas opiniões e atitudes sobre exercícios. Em vez disso, deve ser um bom exemplo, exercendo suas opiniões e estando aberto para explorar e descobrir as opiniões do aluno.

Adesão e cumprimento do exercício

A **adesão** é definida como dedicação, lealdade ou conexão constante. O cumprimento é definido como conformidade, cooperação ou obediência, como ao seguir ordens. Embora os dois termos sejam similares, há uma pequena diferença em relação ao comportamento de exercício e ao cumprimento dos objetivos dos exercícios.

Um indivíduo que *adere* pode fazê-lo em relação à ideia do que lhe foi passado. Se os alunos são orientados a se exercitar três vezes por semana, eles podem fazê-lo, mas não especificamente como foi orientado. As "ordens" dadas podem ter sido para se exercitar três vezes por semana em 75% de intensidade durante 30 minutos. Eles podem aderir ao fazer algum tipo de exercício, talvez durante 15 minutos três vezes por semana, sem seguir estritamente o programa.

O **cumprimento** implica obedecer integralmente. Se quiser que o aluno alcance os objetivos dele, deve determinar se ele está ou não cooperando. Apenas perguntar ao aluno se ele está se exercitando três vezes por semana pode não fornecer o quadro completo. Entretanto, se pedir a ele que mantenha um diário de exercício, anotando o dia, a intensidade e a duração dos exercícios, poderá ver melhor se ele está cumprindo os objetivos.

A aderência é útil, mas é o cumprimento, em geral, o seu objetivo com os alunos. Se não tiver certeza sobre o cumprimento, a falta de adaptação pode ser erroneamente atribuída ao programa, e não ao comportamento do indivíduo. Para rastrear adequadamente a progressão e a adaptação, assim como fazer ajustes no programa, é preciso ter certeza de que o aluno está seguindo as ordens integralmente, em vez de meramente aderindo. Caso ele não esteja cooperando, é importante descobrir o porquê. Seriam as opiniões do indivíduo sobre o exercício, a falta de entretenimento no programa prescrito, a falta de apoio ou alguma outra causa? Descobrir a causa (ou as causas) permitirá um trabalho conjunto e sistemático com o aluno para transpor as barreiras ao cumprimento dos exercícios.

A lei de causa e efeito

A **lei de causa e efeito** promove a premissa de que os pensamentos internos são a causa de todo efeito ou resultado. Expectativas positivas levam a resultados positivos, e expectativas negativas levam a resultados negativos. É importante para um profissional de educação física adotar atitudes e opiniões positivas sobre os exercícios para promover resultados positivos. Isso pode ser feito por meio de educação, exemplo ou testemunhos de outros. Se o aluno acreditar positivamente que barreiras podem ser transpostas e que um programa pode ser iniciado e mantido, o cumprimento irá provavelmente acontecer.

A lei da atração

A **lei da atração** promove que outras pessoas são atraídas por nossos pensamentos mais dominantes. É importante para um profissional de educação física ser honesto e sincero com os alunos para atrair e promover um sistema de opinião positivo. Ser positivo abre relacionamentos positivos. Ser genuinamente sincero e atencioso atrai muitas pessoas às aulas ou sessões de exercício, que continuarão a voltar pela sensação boa promovida (Fig. 15.1).

Figura 15.1 Um instrutor carismático e alto-astral atrairá muitas pessoas para as aulas de hidroginástica.

Autoeficácia do exercício

A **autoeficácia do exercício** é um previsor potente de comportamento de exercício, cumprimento e desistência. A eficácia é definida como a capacidade de produzir um resultado ou efeito desejado. Autoeficácia, consequentemente, significa autoeficiência. A autoeficácia determina, de maneira ampla, se alguém será eficiente na iniciação e no cumprimento de um programa de exercícios. É importante ter a confiança de que o exercício está dentro de suas capacidades e que fornecerá resultados favoráveis.

A autoeficácia pode ser prejudicada por experiências anteriores. Se um indivíduo iniciou programas de exercícios várias vezes no passado e desistiu, pode ser difícil para ele acreditar que um comportamento consistente relacionado ao exercício possa ser alcançado. Ajudar aquele aluno a superar os comportamentos ou as razões pelas quais desistiu do exercício no passado pode proporcionar mais confiança na prática atual.

Há muitas técnicas que um profissional de educação física pode usar para estimular e melhorar a autoeficácia. A educação, com o treinamento de forma e técnica, pode melhorar a confiança de que o exercício pode ser confortável e efetivo. Um dos benefícios de um programa de exercícios consistente é a autoeficácia melhorada. Ela leva ao cumprimento do exercício, que, por sua vez, leva a uma autoeficácia mais elevada; assim, a realização tem um impacto enorme sobre a autoeficácia. As realizações de desempenho a estimulam, assim como a persuasão e o incentivo vindos de uma fonte respeitável. Ver outras pessoas realizarem seus objetivos também pode motivar um indivíduo a moldar um comportamento positivo.

Lócus de controle

O **lócus de controle** determina como um indivíduo percebe de onde o poder pessoal emana. O **lócus de controle externo** é quando se acredita que outras pessoas e o ambiente controlam a vida de um indivíduo e os consequentes resultados de suas ações. Essa é uma visão muito desencorajadora, que promove a sensação de que o indivíduo tem muito pouco controle sobre sua vida ou destino. Indivíduos com forte lócus de controle externo podem nunca se sentir inspirados a iniciar um programa de exercícios e, se ele for iniciado, podem apresentar altas taxas de desistência e cumprimento ruim.

Um indivíduo que tem um **lócus de controle interno** acredita que é responsável pelos acontecimentos e resultados em sua vida. Essa mentalidade é encorajadora, levando-o a se sentir no controle de sua vida e destino. Aqueles que têm lócus de controle interno tendem a assumir responsabilidade por suas vidas e sua saúde.

Para muitos, o exercício parece promover sentimentos de autocontrole e autoemancipação. O lócus de controle é trazido para uma perspectiva mais interna, deixando os praticantes de exercício com mais controle e comando de suas vidas. Os sentimentos de realização e mudanças psicológicas subsequentes que ocorrem no corpo encorajam e capacitam os praticantes de exercício a obter mais da vida como resultado direto de um comportamento autoiniciado.

Motivação

Profissionais de educação física bem-sucedidos são habilidosos nas técnicas motivacionais. A motivação é um ramo do reforço. O reforço pode ser intrínseco, extrínseco ou indireto.

O **reforço intrínseco** ocorre quando a própria atividade é a recompensa. Indivíduos que estão intrinsecamente motivados a se exercitar o fazem pelo divertimento e pelo fato de que a atividade faz com que se sintam bem. O próprio processo é a recompensa, não o resultado.

O **reforço extrínseco** ocorre quando incentivos e recompensas externos fornecem a motivação. Esses indivíduos gostam de incentivo e reconhecimento. Eles gostam de incentivos de participação e jogos. E continuam seu programa de exercícios por verem resultados e considerá-los importantes. O resultado proporciona a motivação, não o processo.

O **reforço indireto** ocorre a partir dos arredores do indivíduo. A atmosfera geral, uma área limpa e bem iluminada, um bom sistema de som e um ambiente confortável, todos contribuem para a motivação indireta. Faça com que a atmosfera, a área e a experiência do exercício sejam o mais agradável possível para incentivar os indivíduos a retornar.

Pode-se fornecer motivação para todos os tipos de reforço, mas, no fim, a motivação deve vir do próprio indivíduo. Os alunos motivados intrinsecamente são tipicamente os mais colaboradores. Descobrir que tipo de reforço é o motivador para cada aluno pode facilitar o processo. Ofereça camisetas grátis, bônus ou promova sorteios para aqueles que alcançarem o cumprimento dos objetivos. Programe um horário de aula ou treino no local de acordo com a atmosfera e o perfil dos alunos. Por exemplo, se um deles gosta de uma atmosfera mais tranquila e relaxada, marque-o em um horário de pequeno movimento no ambiente. Leve em consideração onde os alunos gostam de se exercitar. Eles podem preferir uma área externa ou em casa. Caso seja um instrutor de condicionamento físico em grupo, a motivação da aula pode assumir muitas formas. Use uma variedade de reforços intrínseco, extrínseco e indireto para atingir o maior número possível de alunos.

Habilidades de comunicação também são importantes na motivação dos alunos antes, durante e após o exercício. Seja um ouvinte ativo. Tente dar a eles toda a sua atenção ao ouvir. Aprenda a comunicar de maneira eficiente as sinalizações de forma, transição e motivação para fazer com que as aulas progridam facilmente. Procure tornar a experiência agradável, para que os alunos queiram voltar e fazer novamente.

Direcione-os para a **internalização** da motivação contínua. A internalização ocorre quando um indivíduo está engajado na atividade pela satisfação pessoal. Quando a internalização é alcançada, é muito provável que ocorra o cumprimento. Espera-se que os alunos queiram se exercitar pela satisfação pessoal, não por causa do instrutor ou treinador, ou porque seu companheiro quer que se exercite. Eles fazem por si mesmos e, assim, adotam um estilo de vida saudável permanente.

Personalidade e exercício

O profissional de educação física irá encontrar e lidar com muitos tipos diferentes de personalidade em aulas de exercício em grupo, particulares ou fisioterapia. Entender os tipos de personalidade pode ajudar a motivar e incentivar uma grande variedade de indivíduos. Alguns tipos de personalidade comumente encontrados no ambiente de exercício são discutidos abaixo.

O **praticante de exercício do tipo A** é motivado pela competição e intensidade. Esse indivíduo tem uma tendência a se exercitar em excesso e pode até mesmo correr o risco de sofrer uma lesão ao trabalhar em níveis muito altos de intensidade. Esses praticantes de exercício se beneficiam do *cross-training* (treinamento cruzado), para compensar o esgotamento psicológico e físico. Eles visivelmente tendem a ser os participantes da aula que amam usar equipamento, pular mais alto, trabalhar com mais afinco e comparecer à aula todos os dias.

O **praticante de exercício do tipo B** está no exercício pelos benefícios de saúde. Ele se exercita em nível de intensidade razoável, bebe muita água e possui muitas informações sobre os exercícios. O praticante de exercício do tipo B tende a ficar satisfeito com o trabalho em níveis moderados de intensidade para reduzir o risco de lesão, mas tende a se exercitar sempre.

O **praticante de exercício intermitente** é aquele que vai e vem. Esses praticantes tendem a vagar, às vezes entrando e saindo de programas por semanas ou meses. Eles geralmente são consumidos por restrições de tempo e assuntos de família e não têm hábitos de exercícios regulares. Eles gostam de se exercitar, mas simplesmente não podem se comprometer a comparecer com regularidade.

Modelo transteorético

O modelo **transteorético**, ou a prontidão para mudança, é extensivamente usado em considerações sobre mudanças de comportamento relacionado à saúde. Acredita-se que, ao entender o estágio atual de mudança, pode-se guiar melhor o aluno pelo processo de mudança ao movê-lo para afrente.

Os cinco estágios do modelo transteorético são pré-contemplação, contemplação, preparação, ação e manutenção (ACSM, 2006).

1. Pré-contemplação. Nesse estágio, o indivíduo mostra falta de interesse em iniciar um programa de exercício. Eles podem ser persuadidos com materiais educacionais e influenciados por seu médico, membros da família e profissionais de educação física.

2. Contemplação. Nesse estágio, o indivíduo está pensando em iniciar um programa de exercício. Geralmente, ele passa por esse estágio ao fazer com que ele se conscientize dos riscos e benefícios associados com o fato de tomar ou não a decisão de mudar.

3. Preparação. Nesse estágio, o indivíduo começa a fazer algum tipo de atividade, mas não necessariamente na extensão ou no grau que fará mudanças relacionadas à saúde. Incentive qualquer tipo de atividade ou exercício, na esperança de que ele eventualmente fique pronto para o estágio de ação. Também pode ser importante ensinar sobre os benefícios de executar o exercício adequado, para estar de acordo com as diretrizes recomendadas.

4. Ação. Nesse estágio, o indivíduo está cumprindo o programa de exercício e trabalhando em direção aos objetivos pretendidos. Estratégias de reforço o ajudarão a continuar motivado.

5. Manutenção. No estágio de manutenção, o indivíduo tem estado em ação por seis meses ou mais. Esse é um estágio muito recompensador tanto para o aluno quanto para o profissional de educação física. O indivíduo deve estar seguindo na direção da internalização da motivação contínua.

Ao conhecer o estágio atual de prontidão para a mudança, podem ser aplicados os métodos corretos para levar os indivíduos em direção à manutenção. A maioria dos alunos que vêm até você já conhece a importância do exercício. Muitos deles estarão em contemplação ou preparação. Forneça razões para praticar exercícios que sejam específicas às necessidades e aos objetivos pessoais de cada um. Trabalhe para convencê-los de que os benefícios superam os riscos. Se o aluno em potencial está praticando exercício ocasionalmente, incentive-o a continuar e trabalhe para convencê-lo de que seu tempo será aproveitado de forma mais eficiente se fizer a intensidade, duração e frequência de exercício recomendadas. Se ele está no estágio de ação, use objetivos significativos, recompensas extrínsecas e outros meios para fazer com que continue.

Dependência de exercício

A **dependência de exercício** pode assumir duas formas. A primeira forma lida com a dependência do aluno ao incentivo e à motivação de um instrutor ou treinador. Um indivíduo também pode se tornar dependente de um estímulo externo. Esse praticante de exercício pode desistir do programa se o instrutor mudar de grade de horário ou para outra instituição, ou se não houver mais as recompensas externas. Há uma linha tênue entre incentivar e apoiar um aluno e promover a dependência. Todo o instrutor deve encorajar os alunos a assistir às aulas de outros instrutores. Eles devem promover as aulas uns dos outros e criar uma atmosfera de trabalho conjunto para o benefício dos alunos. É preciso ajudar os alunos a ir em direção à internalização e, então, continuar a oferecer suporte técnico em novas opções de exercício e treino. Criar uma atmosfera de competição entre instrutores e treinadores apenas causa desavença e promove a dependência dos alunos. Os profissionais de educação física devem trabalhar juntos para o bem de todos os alunos.

A segunda forma de dependência de exercício ocorre quando um aluno se foca no próprio exercício. Todos têm uma necessidade de estímulo e motivação. Quando alguém alcança o nível de estimulação ideal entra em um estado conhecido como fluxo. Fluxo é aquela sensação que se tem quando tudo parece bem e se tem a impressão de flutuar durante um treino. O indivíduo está sereno e em paz ou em um estado de euforia, física e emocionalmente. Isso também é chamado de euforia do corredor, um estado emocional especial que é, em parte, induzido psicologicamente. O corpo produz hormônios e outros produtos químicos que promovem esse estado. É importante para um instrutor ou treinador ajudar os alunos a alcançar boas sensações trazidas pelo exercício regular e pelas melhoras no condicionamento físico. Isso é conhecido como adição positiva de exercício e promove o reforço intrínseco. Entretanto, também é possível que se tornem dependentes do estado que o exercício produz. Eles se tornam obsessivos e ignoram outras facetas importantes de suas vidas. Uma pessoa viciada negativamente em exercícios tende a ser obsessiva e doentia. Se a obsessão se tornar autoabusiva ou dominar a vida do indivíduo, o aconselhamento psicológico pode ser requerido.

Facilitação da mudança comportamental

Há vários fatores ou razões que fazem com que um indivíduo possa decidir iniciar um programa de exercícios. Essas motivações em geral são usadas em publicidade ou propaganda para seduzir o não praticante a se juntar a um programa de exercícios. Os motivadores comuns incluem:

- desejo de melhorar a aparência física (reduzir e ganhar peso, tonificar músculos, melhorar massa muscular);
- recomendação médica ou o desejo de melhorar a saúde;
- sugestão de alguém importante ou dos pais;
- desejo de se sentir melhor e ter mais energia;
- redução de estresse;
- como reabilitação de cirurgia, lesão ou doença;
- por ver um amigo ou companheiro participando;
- desejo de fazer algo por si próprio ou ter tempo para si;
- melhorar a qualidade de vida.

Ao tentar começar novos programas ou recrutar alunos, recomenda-se apelar para motivadores positivos e minimizar ou eliminar desculpas negativas. Muitas instituições oferecem espaço para crianças, a fim de eliminar o fato de ter crianças para cuidar como desculpa para não comparecer às aulas. Ajude os alunos em potencial ao resolver problemas que os impedem da participação, enquanto promove os benefícios positivos do exercício.

Há muitas maneiras de se reter os alunos, uma vez que eles estejam no programa. O desafio não termina quando já entraram na aula. O instrutor deve criar uma experiência significativa e divertida para que eles queiram voltar. A hierarquia de necessidades de Maslow é bem aceita em psicologia e pode emprestar ideias para táticas de aderência. Se der a alguém o que ele precisa, ele voltará. A hierarquia de Maslow (1943) é como se segue.

1. Necessidades fisiológicas.
2. Necessidades de segurança e garantia.
3. Necessidade de se sentir amado e aceito.
4. Necessidade de autoestima.
5. Necessidade de realização pessoal (satisfação).

De acordo com Maslow, as necessidades de cada nível devem ser satisfeitas na ordem, do número 1 ao número 5. As necessidades do nível 1 devem ser sanadas antes daquelas do nível 2, que devem ser sanadas antes daquelas do nível 3, e assim por diante. Na maioria dos casos, as necessidades de comida, vestimenta e abrigo (nível 1) são sanadas. O instrutor pode se envolver do nível 2 ao 5. É importante proporcionar uma atmosfera que seja segura e oferecer uma sensação de segurança aos alunos (Fig. 15.2). Caso eles se sintam desconfortáveis devido ao tamanho, à aparência e à vestimenta deles, e assim por diante, podem não retornar.

É o objetivo final de qualquer programa de condicionamento físico fazer com que os alunos alcancem o nível 5 – a satisfação. Isso é difícil porque são indivíduos que estão em níveis diferentes no desenvolvimento pessoal. Há algumas táticas gerais de aderência que podem ser usadas para ajudar a satisfazer as necessidades dos alunos e fazer com que se sintam seguros e confortáveis:

- apresente-se e apresente a equipe para os alunos, para que eles se sintam confortáveis;
- apresente-os aos outros alunos na instituição ou aula;
- faça com que se sintam como uma parte da instituição ou aula;
- faça com que os outros alunos o ajudem para que um recém-chegado se sinta bem-vindo;
- faça com que o programa de exercícios seja divertido e recompensador;
- incentive a interação e o apoio;
- desencoraje a ridicularização e a competição;
- encoraje estímulo e compartilhamento;
- seja agradável, amigável e acessível;
- dê apoio.

Estratégias de modificação comportamental

Agora que entende os vários fatores psicológicos que afetam o comportamento de exercício, como pode ajudar os alunos a reduzir o risco de desistência e melhorar o cumprimento de um programa de exercícios? Felizmente, existem várias estratégias que têm sido desenvolvidas e pesquisadas para promover a modificação de comportamento. Infelizmente, pode ser necessário usar o processo de tentativa e erro para encontrar o método que funcione melhor para cada indivíduo. Avalie os comportamentos de seus alunos com uma sondagem ou um questionário sobre o interesse de exercício e, então, use aquela informação para filtrar as opções e escolher uma tática motivacional aprovada. Se aquela tática não funcionar, tente outra. Empregar técnicas de modificação comportamental pode ser o fator determinante que mantém o aluno iniciante na prática. A seguir estão algumas estratégias que têm sido usadas para a modificação comportamental.

Estabelecimento de objetivos

O estabelecimento de objetivos pode ser uma estratégia de mudança comportamental poderosa. O sucesso do estabelecimento de objetivos se apoia em vários fatores:

- identificação de objetivos realistas e significativos. Isso é alcançado ao se trabalhar próximo ao aluno, para descobrir o que é importante para ele. Pode ser necessário educar para ajudá-lo a trocar um objetivo não realista e insalubre por uma opção mais saudável. Certifique-se de que o indivíduo acredita que os objetivos são atingíveis;
- trabalhar com o aluno para estabelecer objetivos comportamentais de curto prazo. Isso pode incluir aparecer para se exercitar três vezes por semana ou, finalmente, ser capaz de realizar *jogging* aquático por 30 minutos consecutivos;
- reforçar os objetivos comportamentais de curto prazo para o desenvolvimento dos objetivos de realização de longo prazo;
- objetivos de realização são geralmente monitorados por meio de resultados mensuráveis. Estabeleça critérios mensuráveis para determinar se o programa está funcionando;

Figura 15.2 Uma atmosfera positiva, segura e acolhedora pode ajudar os alunos a se sentirem confiantes o suficiente para continuar com a prática.

- priorizar e estabelecer um prazo para os objetivos de curto e longo prazos. Os objetivos devem ser colocados no papel;

- reavaliar periodicamente os objetivos para determinar se eles ainda são realistas e significativos. Estabeleça novos objetivos, se necessário.

Acordos ou contratos

Alguns profissionais de educação física escrevem acordos ou contratos e os assinam com seu aluno. O contrato pode estabelecer que a pessoa concorda em participar de exercícios quatro vezes por semana ou até atingir certo objetivo. Essencialmente, o aluno dá sua palavra de se ater ao contrato. Contratos ou acordos podem ser muito estimulantes para alguns indivíduos.

Forneça *feedback* frequentemente

O *feedback* pode ser verbal ou sob a forma de resultados medidos. Forneça *feedbacks* que sejam significativos para os alunos. Se tiver algum que seja motivado por números e gráficos, forneça meios de traçar ou projetar medições simples, como intensidade, duração, frequência de exercício, frequência cardíaca de recuperação ou pressão arterial. Se tiver algum que seja motivado pelo *feedback* visual, lembre-o de como certa calça lhe serve bem toda sexta-feira à medida que progride no programa.

Programe recompensas apropriadas

As recompensas podem ser os esboços da participação do grupo a cada mês ou recompensas específicas, como colocar uma nota de um real em um pote cada vez que se exercita no curso de um mês. Você, então, gasta aquele dinheiro no final de cada mês com algo agradável. Programe uma recompensa que seja significativa e pela qual a pessoa irá trabalhar para alcançar.

Integração do apoio social

Integre o apoio social dos colegas praticantes de exercício, da família e do companheiro. Desenvolva oportunidades sociais dentro do formato da aula, como sair para almoçar, fazer refeições improvisadas ou comemorar aniversários. Trabalhe com os alunos individualmente para descobrir de quem vem o seu apoio principal e como explorar isso.

Forneça lembretes

Lembretes podem incluir pistas, incentivos ou hábitos para ajudar os alunos a se exercitar. Alguns podem precisar programar sua sessão de exercício, assim como fazem com uma reunião de negócios. Colocar um bilhete no espelho do banheiro pode servir como um lembrete diário que motiva alguns. Outros podem precisar colocar sua mochila de ginástica ao lado da porta da frente toda noite antes de seu dia programado para exercitar-se.

Identificação e modificação do diálogo interior

É divertido e eficiente trabalhar com um indivíduo que descobre que o diálogo interior pode sabotar o exercício. Ele pode inventar boas desculpas para não se exercitar ou simplesmente declarar que o indivíduo odeia se exercitar. Substituir o diálogo interior negativo é fácil. Escreva declarações positivas para o aluno recitar várias vezes durante o dia. Faça com que identifique o diálogo negativo e pratique a substituição pelo diálogo positivo.

Imagem mental

Alguns indivíduos são altamente motivados pela imagem mental ou por meio da visualização de relaxamento, de resultados positivos ou da melhora na qualidade de vida. Faça com que os alunos revisem mentalmente ou visualizem qualquer faceta ou resultado positivo do exercício para reforçar o comportamento positivo e uma experiência positiva. A imagem mental também pode ser usada para redirecionar a atenção da pessoa a passar por uma dificuldade percebida ou uma parte desagradável de uma sessão de exercício.

Identifique falsas crenças

Identificar e substituir falsas crenças pode ser muito motivador. Como mencionado previamente, opiniões e atitudes são os fatores principais que moldam o comportamento de exercício. Eliminar ou substituir crenças falsas ou negativas pode remover as barreiras à participação e ao cumprimento.

Minimize a procrastinação

Somos geralmente distraídos por compromissos familiares, de trabalho e sociais. O ritmo de vida acelerado da sociedade hoje em dia faz com que seja fácil adiar o exercício quando dias se transformam em semanas e semanas em meses. Pode ser difícil, mas prova-se muito útil falar com os alunos sobre gerenciamento de tempo, programação e equilíbrio com os compromissos familiares para fazer com que decidam agir. Elimine as desculpas, uma por uma, até que não tenha sobrado nenhuma. Isso pode motivar uma pessoa a começar e manter a prática.

É importante encontrar, escolher e usar uma tática que funcione para cada aluno, individualmente. Nos exercícios em grupo, use uma variedade de técnicas para atingir o maior número de personalidades diferentes possível. O instrutor pode oferecer tanto um sorteio mensal de prêmios quanto um gráfico para acompanhar o progresso ou a participação individual. Também pode pedir aos alunos para encontrar uma calça para usar a cada semana para uma prova semanal e fazer com que relatem seu progresso. A melhor tática a ser usada é aquela que funcionar.

Facilitação do conhecimento sobre exercícios

Como mencionado antes, o conhecimento sobre exercícios determina em grande parte como um indivíduo escolhe se exercitar. Infelizmente, muitos foram expostos a vários hábitos ruins relacionados ao exercício e à falta de informação. Pelo fato de o tempo ser uma restrição para muitos indivíduos, é bastante benéfico ensinar aos alunos como tirar o melhor de seu programa de exercícios no menor tempo possível. Isso é chamado de eficiência do programa. Segurança e efetividade são as maiores considerações do profissional de educação física. Se um aluno vê resultados e está trabalhando dentro de um prazo gerenciável, ele, muito provavelmente, continuará a se exercitar. O instrutor deve ser versado e passar informação precisa e significativa para os alunos. A educação possivelmente irá afetar a motivação e a aderência. O conhecimento deve ser disseminado de uma maneira clara, concisa e efetiva. É benéfico entender o básico sobre aprendizagem.

Há três domínios do comportamento humano associados à aprendizagem. No primeiro domínio, o cognitivo, os humanos coletam e processam o conhecimento. O conhecimento pode ter influência em opiniões e atitudes e, assim, afetar o comportamento de exercício. Proporcionar conhecimento aos alunos promove sensações positivas sobre o exercício e melhora a aderência a ele.

O segundo domínio é o afetivo, onde residem sentimentos e emoções. É essencial promover sentimentos de apoio, aceitação e carinho para os alunos. É útil se esses sentimentos emanarem de outros alunos e sistemas de apoio, assim como do instrutor.

O terceiro domínio é o motor e representa todo o conhecimento adquirido por meio de movimentos ou do corpo físico. A aprendizagem motora é fundamental em exercícios. Os alunos aprendem a aceitar e ter confiança em seus corpos. A atividade física promove a saúde física, assim como a autoestima e uma imagem corporal positiva.

Cada indivíduo aprende de uma maneira diferente. Se as informações forem apresentadas sempre do mesmo modo, por exemplo, em um folheto educativo, o instrutor só conseguirá se comunicar com alguns dos alunos. Alguns indivíduos são **aprendizes visuais** e atingem melhores resultados por meio do estímulo visual. Alguns são **aprendizes auditivos** e são mais bem estimulados por meio de fala, música ou outro estímulo audível. Outros aprendem pelo sentido do tato. Eles precisam sentir para aprender. Esses **aprendizes cinestésicos** são estimulados a aprender ao tentar fazer o movimento ou ao tocar o conceito que está sendo aprendido. É benéfico fornecer estímulo educacional com meios visuais, audíveis e cinestésicos. Mais alunos serão atingidos com a informação educacional. O Capítulo 8 discute as técnicas de sinalização para atingir com eficiência os diferentes estilos de aprendizagem.

Outra teoria da educação lida com como os indivíduos processam a informação. Alguns aprendizes devem ter a visão completa antes que possam visualizar as partes do conceito. Essa abordagem de aprendizagem é chamada **método todo-parte**. Alguns alunos devem ver todas as partes antes que possam visualizar o conceito todo. Isso exemplifica o **método parte-todo** de aprendizagem. Ao trabalhar com alunos individuais, tente diferentes métodos até que encontre um que funcione. Use diferentes tipos de coreografia aquática ao dar uma aula de condicionamento físico em grupo. Um aprendiz todo-parte gosta da coreografia padronizada em que o padrão todo é ensinado primeiro e, então, desmembrado. O aprendiz todo-parte gosta da coreografia construída em blocos, em que os padrões são formados ao uni-los, adicionando-se os movimentos sequencialmente.

Um conceito final a se considerar é a forma pela qual os adultos aprendem. Eles aprendem principalmente baseados em suas crenças, cultura, experiências anteriores e conhecimento (ACSM, 2006). É mais fácil educar no estilo em que você prefere aprender. Para atingir mais pessoas, esteja ciente de que existem estilos de aprendizagem, métodos de processamento de informação e técnicas educacionais adicionais.

Resumo

1. A desistência da prática de exercícios é um problema encontrado pela maioria dos profissionais de educação física. Ela é atribuída a fatores pessoais, ao programa e outros.

2. O comportamento de exercício motiva um indivíduo a iniciar e manter um programa de exercícios. Também determina que tipo de exercício é mais provável que o indivíduo procure. Atitudes e opiniões são fortes determinantes para comportamento de exercício, assim como a escolha pessoal e a educação de exercício.

312 Fitness aquático: um guia completo para profissionais

3. A psicologia do comportamento de exercício é complicada e multifacetada. A consciência da lei de causa e efeito, da lei da atração, da autoeficácia, do lócus de controle, da motivação, da personalidade, do modelo transteorético e da dependência ao exercício irá capacitar profissionais de educação física para escolher melhor as técnicas motivacionais para os alunos, individualmente.

4. As estratégias de modificação de comportamento incluem estabelecer objetivos, fazer acordos ou contratos, proporcionar *feedback*, programar recompensas apropriadas, apoiar a integração social, fornecer sugestões, modificar o diálogo interior, usar a imagem mental, identificar falsas opiniões e minimizar a procrastinação.

5. A informação educacional deve ser disseminada sob muitas formas para acomodar todos os tipos de aprendizes e todos os estilos e métodos de aprendizagem.

Questões para revisão

1. A desistência da prática de exercícios após o primeiro ano tem uma média de:
   a. 20%
   b. 30%
   c. 40%
   d. 50%

2. Qual o indicador mais prevalente de desistência da prática de exercícios?
   a. Fumo
   b. Depressão
   c. Exercitar-se sozinho
   d. Má condução do exercício

3. Que conceito psicológico promove a premissa de que pensamentos internos são a causa de todos os efeitos ou resultados?
   a. A lei da atração
   b. A lei de causa e efeito
   c. O modelo transteorético
   d. A autoeficácia

4. Liste três motivadores comuns que podem servir como fatores para iniciar um programa de exercício.

5. Defina o comportamento de exercício.

6. Promove a ideia de que outras pessoas são atraídas por seus pensamentos mais dominantes:
   a. lei de causa e efeito
   b. princípio da autoeficácia do exercício
   c. lei da atração
   d. lócus de controle

7. Quais passos um instrutor poderia seguir para determinar as opiniões e atitudes de exercício de um indivíduo?

8. Descreva a diferença entre lócus de controle externo e lócus de controle interno.

9. Nomeie e descreva os três tipos de personalidade de exercício mencionados.

10. Liste os estágios do modelo transteorético.

Ver as respostas a estas questões no Apêndice C.

Bibliografia

Acton, M., L. Denomme, and J. Powers. 2005. *Aquatic aftercare manual.* 2nd edition. Venice, FL. Personal Health Trac.

American College of Sports Medicine. 2006. *Guidelines for exercise testing and prescription.* 7th edition. Baltimore: Lippincott, Williams & Wilkins.

American Council on Exercise. 2000. *Group fitness instructor manual.* San Diego: American Council on Exercise.

Baechle, T., and R. Earle. 2004. *NSCA's essentials of personal training.* Charnpaign, IL. Human Kinetics Publishers.

Howley, T., and D. Franks. 2003. *Healthfitness instructor's handbook.* 4th edition. Champaign, IL. Human Kinetics Publishers.

Maslow, A. 1943. A theory of human motivation. *Psychological review 50(4):370-96.*

Poliock, M., and J. Wilmore. 1990. *Exercise in health and disease: Evaluation and prescription for prevention and rehabilitation.* St. Louis: W.B. Saunders Company.

Van Roden, J., and L. Gladwin. 2002. *Fitness: Theory & practice.* 4th edition. Sherman Oaks, CA: Aerobic & Fitness Association of America.

capítulo 16

Questões empresariais e considerações legais[1]

Introdução

O objetivo deste capítulo é dar aos instrutores de exercícios aquáticos uma visão geral de questões empresariais e responsabilidades legais na indústria. As áreas fundamentais são as condições de trabalho, a necessidade de seguro, o gerenciamento de risco, o padrão de atendimento, a responsabilidade, a negligência e o dever. Os profissionais de educação física devem estar cientes dos importantes documentos relacionados com os procedimentos de sua instituição, entender os aspectos legais do uso de música e estar familiarizado com o Americans with Desabilities Act. Este capítulo tem a intenção de ser apenas um recurso. A AEA recomenda que todo o instrutor de exercícios aquáticos receba aconselhamento apropriado para necessidades ou preocupações individuais, porque as regulamentações costumam ser diferentes em cada estado ou país. Este capítulo não tem a intenção de dar aconselhamentos legais, mas sim ser uma fonte de informação. Todos os termos e definições são baseados na terminologia dos Estados Unidos. A terminologia pode variar em outros países.

Conceitos fundamentais

- O que diferencia um empregado de um prestador de serviços independente?

- Quais as responsabilidades legais e empresariais de um prestador de serviços independente?

- O que é padrão de atendimento e como ele afeta a liderança da aula e a segurança do aluno?

- O que é o comprometimento do profissional de educação física como indicado pelo código de ética da AEA?

- Quais os fatores envolvidos na determinação da responsabilidade?

- O que é gerenciamento de risco?

- Como o Ato de Direitos Autorais de 1976 dos EUA afeta um profissional de educação física?

- Por que o Ato dos Americanos com Deficiências (ADA) foi estabelecido?

---

1 N.E.: As afirmações que constam neste capítulo referentes a conceitos internacionais também se aplicam às leis brasileiras. No entanto, vale ressaltar que o contexto aqui relatado refere-se aos EUA.

Condição de trabalho e estruturas empresariais

Nesta seção, são definidas as condições de trabalho e as estruturas empresariais que são típicas na indústria do condicionamento físico. Na indústria do condicionamento físico, dois termos comuns estão associados a instrutores e *personal trainers* – **empregado** e **prestador de serviços** (alguns estados usam subcontratado – Fig. 16.1). Cada um tem uma definição única, e as responsabilidades e obrigações do indivíduo diferem entre as classificações. Também é possível para os profissionais dessa indústria mudar de uma categoria para outra.

Com a crescente participação e o interesse público em exercícios e na melhora da saúde, a indústria de condicionamento físico mostrou um aumento na posse de empresas, como **propriedades exclusivas**, **sociedades** e **corporações**. É aconselhável procurar aconselhamento legal antes de começar uma empresa, uma vez que há vantagens e desvantagens em cada opção.

Empregado

Um empregado é um indivíduo contratado para fornecer serviços a uma companhia regularmente em troca de compensação e que não fornece esses serviços como parte de um negócio independente. Se for um empregado, seu empregador ou sua empresa é responsável pela dedução, em sua compensação, de impostos federais e estaduais exigidos e por todo o registro disso. Também estaria coberto pelo seguro de responsabilidade geral e profissional da companhia ao dar aulas nas instalações ou todas as vezes que representar a companhia e estiver recebendo compensação por isso. Outros benefícios, diretrizes, políticas e procedimentos poderiam ser encontrados no manual de empregado ou na documentação de incentivo.

Prestador de serviços independente

Um indivíduo ou empresa que fornece bens ou serviços a outra entidade sob termos especificados em contrato é um prestador de serviços. Diferente de um empregado, um prestador de serviços não trabalha necessariamente de forma regular para uma companhia. Um prestador de serviços é pessoalmente responsável por todos os impostos federais e estaduais relacionados à compensação recebida por serviços prestados. Ele é, ainda, pessoalmente responsável pelo seguro de responsabilidade tanto profissional quanto geral, e pode precisar providenciar um comprovante de seguro para cada entidade com a qual mantém contrato. Um prestador de serviços assume toda a responsabilidade, obrigação financeira, débito, reclamação ou potencial perda.

Figura 16.1 *Personal trainers* aquáticos podem escolher trabalhar como prestadores de serviços ou como empregados.

Também é importante observar que um prestador de serviços é alguém contratado para completar um serviço específico, mas que está livre para fazer o trabalho que desejar e estabelecer a programação que desejar. Um prestador de serviços não pode processar a empresa por um ato injusto ou lesão sofridos no trabalho porque ele não é um empregado. Esse indivíduo assume todo o risco e responsabilidade, geralmente trabalhando sob contrato para instituições de condicionamento físico ou no setor privado, como em hotéis e condomínios. Alguns prestadores de serviços também usam as piscinas de suas próprias casas ou da casa dos alunos para realizar os exercícios. É importante estar ciente do valor exato da cobertura de seguros necessária para cada local. A maioria dos hotéis, condomínios e complexos privados requerem comprovante de seguro ou um seguro temporário para verificar se um prestador de serviços está apropriadamente coberto em caso de acidente.

Além disso, é recomendado que o prestador de serviços independente verifique as opções de seguro de saúde e de invalidez. Caso esteja abrindo uma empresa nesta área, é prudente pesquisar sobre como proteger sua própria saúde, seu bem-estar e seus investimentos.

Propriedade exclusiva

Uma propriedade exclusiva é uma estrutura empresarial em que o indivíduo e a companhia são considerados uma única entidade para fins de impostos e de responsabilidade. A propriedade exclusiva é uma companhia que não está registrada pelo estado como uma companhia ou corporação limitada. O dono não recolhe imposto sobre rendimentos separadamente para a companhia, mas registra os rendimentos e perdas em sua devolução sobre o imposto de renda.

Sociedades

As sociedades também são comuns na indústria de condicionamento físico. Esse tipo de empresa é composto de dois ou mais indivíduos que controlam a empresa e são pessoalmente responsáveis pelos débitos da sociedade. Sócios não são considerados empregados. Lucros e perdas são divididos entre todas as partes e os rendimentos ou as perdas são divididos entre todas as partes nas declarações de imposto de renda individuais.

A maioria dos advogados sugere que uma sociedade opere sob um acordo legalmente estabelecido. Esse acordo determina os parâmetros para participação, compensação, contribuição e o que aconteceria se uma das partes resolvesse dissolver a sociedade. Ter esse acordo escrito por um advogado e assinado por todos os sócios é uma prática empresarial segura.

Companhia de responsabilidade limitada (Cia. Ltda.)

Uma companhia de responsabilidade limitada é uma estrutura empresarial permitida pelo estatuto estadual e comum na indústria de condicionamento físico. Estão ganhando popularidade porque os proprietários têm responsabilidade pessoal limitada sobre os débitos e as ações de companhias desse tipo. Seus proprietários são chamados de membros, mas alguns estados permitem ter um proprietário da companhia de responsabilidade limitada. Verifique nos estatutos de seu estado ou procure pela Agência Nacional de Arrecadação de Impostos para informação mais detalhada.

Corporações

As corporações na área de condicionamento físico são geralmente empresas registradas, organizadas com o propósito de fornecer serviços profissionais. O que se constitui em serviços profissionais é definido pela lei estadual e diferem em cada estado. Existem vários tipos de corporações com diferentes acionistas e configurações de impostos. O advogado e o contador podem ajudar a escolher a corporação que é mais benéfica para sua estrutura empresarial e suas necessidades pessoais. Se a corporação tem mais de uma acionista, é prudente operar sob um acordo acionário legalmente estabelecido. Um acordo acionário define o número de acionistas que tem lugar, contribuição, compensação e envolvimento. O acordo também determina como um acionista é capaz de vender ou dissolver sua parte na companhia se não quiser mais estar envolvido.

É importante para um profissional de educação física entender seu papel e sua responsabilidade com relação a impostos, exigências de seguro, responsabilidade legal e confiabilidade. Pelo fato de os profissionais terem mais de uma qualificação de condição de trabalho (como empregado e sócio de empresa), é melhor consultar um advogado, um contador e o Departamento de Estado para garantir que todas as exigências sejam cumpridas.

Seguro

O risco é inerente seja lá quais forem os serviços profissionais oferecidos ao público. Os tipos mais comuns de seguro associados à profissão de condicionamento físico incluem (mas não estão limitados a) os listados a seguir:

- **Seguro de responsabilidade geral:** protege a companhia no caso de um aluno ser lesionado em suas instalações ou se o instrutor ou um dos empregados lesionar alguém ou danificar alguma propriedade em local pertencente ao aluno.

Fitness aquático: um guia completo para profissionais

- **Seguro de responsabilidade profissional:** fornece proteção quando o instrutor é responsabilizado legalmente pela maneira como prestou seus serviços ou por ter falhado em prestar serviços profissionais.

- **Seguro de propriedade:** protege a propriedade empresarial e o inventário (bens) contra perda física ou dano por roubo, acidente ou outros meios, mesmo que a propriedade esteja fora de uso quando for perdida ou danificada.

- **Seguro de interrupção de serviços ou negócios:** é um tipo especial de seguro, que cobre perdas indiretas que ocorrem quando uma perda direta (que resulta de um acidente com cobertura, como um incêndio) força a uma interrupção temporária do negócio. Dependendo da estrutura da apólice, o seguro de interrupção de negócio reembolsa os detentores da apólice pela diferença entre o rendimento normal e a receita devida durante o período de fechamento forçado.

- **Seguro de compensação do trabalhador:** fornece cobertura médica e por deficiência aos empregados que sofreram lesões relacionadas ao trabalho. Geralmente, essas apólices de seguro de compensação do trabalhador cobrem as despesas médicas do empregado e o reembolsam por alguma porcentagem de perda de salário. Alguns estados têm um programa de compensação obrigatório do trabalhador, do qual você deve participar, enquanto outros estados exigem que você tenha cobertura por meio de um corretor privado. De qualquer maneira, a lei requer o seguro de compensação do trabalhador e quem não tiver uma apólice estará sujeito às penalidades e multas.

- Se estiver trabalhando em um clube ou em uma piscina privada ou pública, pode ser exigido o fornecimento de um certificado de seguro que liste o local como um "segurado adicional". Um **segurado adicional** é um indivíduo ou entidade adicionada à apólice de seguro de responsabilidade com fins de cobertura. Algumas companhias de seguro podem cobrar uma taxa por esse serviço.

Existem muitos tipos de apólices de seguro, e o melhor é consultar um advogado e um corretor de seguros para determinar as exigências de seguro baseadas na estrutura do negócio e nos serviços oferecidos. Também é importante verificar a quantidade de cobertura recomendada (ou possivelmente obrigatória) pelo Estado. Existem várias apólices disponíveis por intermédio de organizações de condicionamento físico que oferecem valores de grupo mais baixos e cobertura adequada para profissionais de educação física. É importante ler e entender sua cobertura. Ligue para a sua agência de seguros para tirar dúvidas caso conduza atividades que não estão claramente definidas por sua apólice ou se não tiver certeza sobre a extensão de cobertura. Reveja e renove sua apólice de seguro anualmente, ou como foi indicado, para evitar a interrupção da cobertura.

Gerenciamento de risco

O gerenciamento de risco é o processo de medição ou avaliação do risco e, assim, o desenvolvimento de estratégias para gerenciar esse risco. O gerenciamento de risco inclui regular e aplicar diretrizes de conduta e segurança para garantir a segurança dos alunos. Regras e diretrizes rígidas e riscos potenciais devem ser fixados para todas as atividades e áreas de exercício. As regras devem ser visíveis a todos os alunos e rigidamente reforçadas pela equipe. A falta de práticas apropriadas de gerenciamento de risco pode levar a danos.

Exemplos de riscos potenciais para alunos de hidroginástica incluem:

- superfície do *deck* escorregadia;

- escadas quebradas, corrimãos frouxos nos degraus para entrar na piscina;

- valetas lascadas;

- azulejos do chão soltos (azulejos das raias) no fundo da piscina;

- extensões elétricas aterradas de forma imprópria;

- problemas com produtos químicos e saneamento da piscina;

- coberturas de ralo impróprias (de acordo com o ato Virginia Graeme Baker Pool and Spa Safety, 2007).

A habilidade de identificar perigos existentes e potenciais é importante para profissionais de educação física (Fig. 16.2). Crie e implemente políticas com diretrizes claras. Avalie as diretrizes regularmente para garantir o bem-estar dos alunos.

Padrão de atenção

O padrão de atenção é definido como o grau de cuidado que um indivíduo razoável teria para prevenir outro de uma lesão. É importante saber as limitações e restrições de um profissional de educação física e desenvolver um padrão de atenção confortável baseado no conhecimento e na habilidade pessoais. Não exceda essas limitações e restrições. É responsabilidade do profissional manter todos os certificados atualizados e comparecer a cursos de

Figura 16.2 Testes regulares ajudarão a manter adequada a qualidade da água.

educação continuada. O estudo constante é importante para que um profissional de educação física mantenha-se atualizado em relação aos conhecimentos e mudanças mais recentes na indústria. Ler periódicos profissionais e procurar por fontes de pesquisa e organizações respeitáveis na internet ajudam a crescer e adquirir novas ideias para a programação.

Há duas séries de padrões fornecidos pela AEA. O primeiro é o Código de Ética e Conduta da AEA (AEA's Code of Ethics and Conduct), que define os padrões básicos esperados de profissionais de educação física certificados pela AEA. O segundo, Padrões e Diretrizes para Programas de Condicionamento Físico Aquático (**Standards and Guidelines for Aquatic Fitness Programming**), fornece informações importantes para liderança e aplicação profissionais, preocupações ambientais, recomendações da instituição e questões de instrução para a segurança em geral dos alunos atendidos. Diversos dos padrões e diretrizes foram incluídos em vários locais neste manual. A lista completa de padrões e diretrizes está disponível no site da AEA (em inglês) e é atualizada anualmente.

Responsabilidade

Sempre existe a possibilidade de lesão ou dano ao participar de programas de condicionamento físico. Um profissional de educação física tem a obrigação e a responsabilidade legais de garantir a segurança de todos os alunos. Há deveres exigidos de por parte da instituição em que se trabalha, assim como padrões da indústria. Para minimizar a responsabilidade, siga as diretrizes e o protocolo da instituição e esteja familiarizado com as definições do papel e condição de trabalho a desempenhar.

Existem cinco fatores gerais que influenciam a **responsabilidade**:

- ignorância sobre a lei: não conhecer a lei;
- ignorar a lei: fazer algo que se sabe ser contrário à lei;
- falhar em agir: sabe-se que se deveria fazer algo, mas se falha em fazê-lo;
- falhar em prevenir: não fazer com que os alunos ou supervisores estejam suficientemente cientes dos perigos inerentes;
- despesa: falha em orçar ou gastar dinheiro para objetivos de segurança adicionais.

É importante seguir as exigências de sua instituição com relação à redução da responsabilidade de risco. A AEA recomenda que esteja qualificado antes de executar as avaliações do risco de saúde e da classificação física. Treino e prática apropriados são exigidos para se tornar proficiente em avaliação de risco de saúde, avaliação de fator de risco, classificação física e avaliação de condicionamento físico. Ver Capítulo 14 para informações adicionais.

Os pontos a seguir também podem ajudar a reduzir a responsabilidade:

- cada aluno deve ler e assinar um consentimento informado e uma isenção de responsabilidade que sejam profissionalmente redigidos por um advogado em sua área. Isso será discutido mais tarde neste capítulo;
- todos os alunos devem preencher formulários apropriados de classificação de saúde. Ver Capítulo 14 para mais informações e recomendações;
- incentive os alunos a fazer um teste de condicionamento físico para identificar o seu nível e a habilidade;
- siga os procedimentos recomendados para a documentação e políticas para os alunos de condicionamento físico, tanto os de trabalho em grupo quanto os com *personal trainers*. As políticas podem variar de acordo com membros, convidados e o tipo de serviços que está sendo oferecido;

Código de Ética e Conduta do profissional de hidroginástica certificado pela Aquatic Exercise Association (AEA)

- Manterei altos padrões de conduta profissional em todos os momentos.

- Permanecerei ciente dos atuais padrões e diretrizes para programas de condicionamento físico aquático da AEA. Não irei contradizer propositalmente os padrões da indústria atualmente aceitos.

- Devo manter minha certificação da AEA atualizada por meio de educação contínua, para me manter informado sobre a indústria. Reconheço que um mínimo de 15 horas de educação continuada seja recomendado para cada dois anos de período de renovação de minha certificação da AEA.

- Manterei treinamento e certificação em ressuscitação cardiopulmonar (RCP) e obterei treinamento no uso do desfibrilador externo automático (DEA).

- Manterei níveis recomendados de treinamento em primeiros socorros e segurança na água.

- Conhecerei minhas habilidades e limitações como profissional de educação física. Exercerei minha profissão de forma ética e representarei apropriadamente minhas qualificações.

- Devo manter uma comunicação clara e honesta com meus alunos, além de confidencialidade em todos os momentos.

- Devo respeitar e cooperar com todos os profissionais de assistência à saúde e de educação física para promover melhorias nessa indústria

- Contribuirei para a saúde, a segurança e o bem-estar de meus alunos para ganhar o respeito contínuo na indústria aquática.

- Devo manter os padrões, as políticas e os procedimentos determinados pela instituição em que trabalho.

- Devo me vestir de uma maneira profissional e apropriada ao representar a indústria de condicionamento físico aquático.

- Devo me abster do uso de qualquer droga que altere a mente, álcool ou substâncias tóxicas, ao conduzir aulas ou dar instrução a alunos.

- Devo fornecer serviços com a melhor qualidade possível a meus alunos em conjunto com os padrões, diretrizes e objetivos da Aquatic Exercise Association (AEA).

- siga os procedimentos da instituição com relação aos relatórios de acidentes e de lesões; documente quaisquer ocorrências;

- evite exercícios de alto risco. Ensine exercícios seguros com forma e técnica apropriados;

- mantenha-se certificado, instruído e atualizado com as práticas da indústria, incluindo (mas não se limitando) RCP, DEA e habilidades de segurança na água;

- verifique e garanta que o ambiente está seguro e livre de riscos;

- determine se os equipamentos estão funcionando bem;

- mantenha um seguro de proteção adequado.

Dever

O **dever** é a responsabilidade de agir como um indivíduo razoável quando puder prever um problema (Lenart, 2007). Dever é a responsabilidade e a obrigação moral do profissional de executar serviços seguindo os padrões e as diretrizes da indústria. Em um processo ou julgamento em potencial, o juiz e o júri examinariam se o indivíduo (réu) agiu de acordo para evitar o dano ou agiu de modo a provocar o dano. Um profissional de educação física pode ser processado por fazer algo de forma incorreta ou por falhar em agir para prevenir o dano. Todos os fatores listados aqui devem ser confirmados para descobrir se um indivíduo foi negligente. Se um dos fatores a seguir estiver faltando, não é possível atribuir responsabilidade ou dano.

Capítulo 16 Questões empresariais e considerações legais **321**

- Existência de dever: era sua responsabilidade proporcionar o dever em questão ao aluno?

- Quebra de dever: aquele dever foi quebrado ou comprometido? Você agiu de forma inapropriada ou falhou em agir para prevenir dano?

- Causa da lesão: a sua quebra de dever foi a causa direta da lesão?

- Extensão da lesão: qual a extensão real da lesão?

Negligência

A **negligência** é definida como o fato de realizar um ato que alguém exercendo cuidados usuais não realizaria sob circunstâncias similares. A negligência também pode ser definida como a falha em fazer o que alguém exercendo cuidados usuais faria sob circunstâncias similares.

Os profissionais de educação física podem ser processados por negligência, por isso, é importante estar ciente das informações a seguir, que são adaptadas de Lenart (2007). Dois itens que determinam a negligência:

- Você tem um dever?

- Você quebrou esse dever?

Quatro deveres básicos do profissional de condicionamento físico:

- informar;

- instruir;

- monitorar;

- supervisionar.

Quatro fatores devem estar presentes para demonstrar negligência profissional ou imperícia:

- causa direta: suas ações foram a causa da lesão?

- danos: a parte lesionada deve mostrar danos.

- dever: você tem um dever?

- quebra de dever: você quebrou (falhou em fazer) aquele dever?

Existem dez riscos potenciais de responsabilidade legal para profissionais de condicionamento físico:

- falha em se proteger pelos padrões da ACSM;

- falha em providenciar suporte emergencial. Tenha o equipamento de segurança disponível e conheça suas exigências no plano de ação de emergência (PAE) da instituição. Para mais informações de situações de emergência no ambiente aquático, ver Capítulo 12;

- falha em instruir adequadamente para uso seguro de equipamento e técnicas;

- oferecer mais do que apenas a informação básica em relação a suplementos e nutrição. Quando em dúvida, consulte um nutricionista;

- diagnóstico ou tratamento de um problema médico;

- falha em obter um consentimento informado e uma liberação ou renúncia à responsabilidade;

- falha em proporcionar ao aluno acordos e depoimentos com confidencialidade;

- falha em manter o condicionamento adequado de cada aluno;

- falha em inspecionar e avisar o aluno sobre defeitos no equipamento, dos quais se tenha conhecimento ou que sejam detectáveis;

- tocar de forma inapropriada e sem consentimento.

Consentimento informado

Por definição legal, o consentimento é "um indivíduo concordar em permitir que algo aconteça". É importante informar a todos os alunos de condicionamento físico sobre os riscos e lesões potenciais inerentes à participação em programas de exercícios. Um **consentimento informado** em geral é incluído no contrato inicial ou no contrato obrigatório de um aluno para serviços profissionais fornecidos.

Isenção ou renúncia à responsabilidade

A **isenção ou renúncia à responsabilidade** é comumente usada na indústria de condicionamento físico. Esse formulário é emitido para proteger a instituição ou o indivíduo dos potenciais danos e processos. O aluno concorda que está aproveitando os serviços da instituição de forma voluntária e participando de atividades e renuncia a todos os direitos de dano ou negligência. Essencialmente, o aluno está renunciando ao direito de futuros processos e danos que possam resultar de sua participação.

A renúncia age como uma isenção de responsabilidade e deve incluir proeminentemente uma declaração que requer a assinatura do indivíduo de forma similar ao que se segue (Lenart, 2007): "Reconheço que li cuidadosamente essa renúncia e isenção de responsabilidade. Entendo que estou renunciando a um direito legal de propor uma ação legal e a fazer uma alegação contra o treinador por negligência".

Algumas considerações legais não podem ser renunciadas, incluindo as seguintes (Lenart, 2007):

- exigências de segurança, como qualificações de RCP;

- má conduta grosseira, que é a ação ou omissão com desprezo das consequências para a segurança ou propriedade de outrem;

- má conduta intencional.

Em muitos casos, o consentimento informado e a renúncia à responsabilidade são combinados em um formulário que deve ser assinado por todos os alunos. A assinatura desse formulário é obrigatória antes de se entrar em um programa. Para a maioria dos casos, os membros assinam o formulário em seu contrato inicial com a instituição. Se tiver um convidado ou um aluno de um dia, garanta a disponibilidade de uma versão da renúncia de responsabilidade e do consentimento informado, além de apólices à mão para que esses alunos assinem o formulário. Se estiver trabalhando como um subcontratado, garanta o consentimento informado e a renúncia de responsabilidade elaborados por um advogado de sua área para seguir as diretrizes estaduais ou de área. Periodicamente, peça ao advogado que revise e atualize o formulário. Garanta que todos os alunos assinem o formulário antes de participar dos programas. A Figura 16.3 é uma amostra de um formulário de consentimento informado/renúncia à responsabilidade.

Formulário de relatório de lesão

Os **relatórios de lesão** são essenciais e devem ser preenchidos e documentados apropriadamente para todos os acidentes e lesões sofridos por algum aluno ou convidado. O instrutor pode ser responsabilizado por danos por muitos anos, dessa maneira, a documentação adequada é fundamental caso o incidente resulte em processo. É falta de responsabilidade tentar contar com a memória; documente e registre de forma apropriada todos os eventos imediatamente após uma incidência. Sem levar em consideração a sua condição de trabalho, um relatório de lesão deve ser preenchido para qualquer situação que tenha a possibilidade de dano. A Figura 16.4 é uma amostra de um relatório de lesão. É possível consultar também sua companhia de seguros para obter formulários de relatório de lesão. Muitas companhias os fornecem.

Uso de música em programas de condicionamento físico

O **Ato de Direitos Autorais de 1976 dos EUA** estabelece que "o proprietário dos direitos autorais tem o direito de cobrar uma taxa pelo uso de sua música em exibição pública". A exibição pública é definida como "um lugar aberto ao público ou qualquer lugar onde um número substancial de indivíduos fora do círculo normal ou de familiares e conhecidos esteja reunido". Sob essa definição, as aulas e os programas de condicionamento físico são considerados uma "exibição pública". Nos Estados Unidos, uma taxa deve ser paga a companhias apropriadas de direitos de exibição por organizações com ou sem fins lucrativos, clubes de saúde, estúdios, igrejas, escolas e outras entidades ou indivíduos que usem a música em seus programas de condicionamento físico ou em suas instalações.

A ASCAP (American Society of Composers, Authors, and Publishers) e a BMI (Broadcast Music Incorporated) são as duas maiores companhias mundiais de proteção aos compositores de música.[2] Essas companhias fazem qualquer um que esteja usando músicas para outros propósitos além do divertimento pessoal cumprir as leis de direitos autorais dos Estados Unidos por meio da emissão de requerimento de liberação (por uma taxa) para poder utilizar publicamente as músicas com direitos autorais. Pela lei, quando um indivíduo deseja tocar música publicamente, em outras palavras, fora do círculo de amigos ou familiares, primeiro deve obter permissão dos detentores de seus direitos autorais. Os serviços da ASCAP e BMI capacitam o profissional de educação física a ter acesso e usar música por meio de contratos, procedimentos de licenciamento e pelo pagamento de taxas sem precisar entrar em contato com cada artista individualmente.

Muitas gravadoras e outras empresas criam ou produzem CDs, DVDs, arquivos de música para baixar e outros produtos elaborados especificamente para várias aplicações em programas de exercícios. Produtores e cantores são contratados para criar ou recriar a música e a trilha sonora compiladas para requerimentos de programas específicos, como os formatos aquático, *step*, ciclismo, caminhada ou intervalado. Esses produtos musicais têm contagem, expressão, batidas por minuto ajustadas, variação de tempo, transições e ritmos que ajudam no ensino de um programa de exercícios eficiente. Essas empresas pagam as taxas mecânicas e de reprodução apropriadas pelo direito de produzir, reproduzir, vender ou duplicar esses produtos. Ao comprar músicas de companhias especializadas nesses formatos, lembre-se de que as taxas de execução pública não estão cobertas.

Se copiar ou baixar músicas a partir de CDs originais, serviços digitais/eletrônicos ou sites para CD, MP3, iPod ou dispositivo pessoal de música para usar em aulas, isso é aceitável desde que o próprio instrutor ou a instituição pague as taxas para exibição pública. Se vende ou distribui uma criação baixada digitalmente, seria preciso seguir

---

2 N.E.: No Brasil, o órgão responsável é o Escritório Central de Arrecadação e Distribuição (Ecad).

Capítulo 16 Questões empresariais e considerações legais **323**

Amostra de consentimento informado/renúncia à responsabilidade

Nome da instituição ou logotipo

Eu, _____, me inscrevi em um árduo programa de atividade física que inclui (mas não se limita a) treinamento aeróbio, treinamento de resistência, exercício em piscina rasa e piscina funda, treinamento intervalado, treinamento em circuito e o uso de vários equipamentos aeróbios e de condicionamento, além de pesos livres oferecidos por [nome da instituição ou empresa] e/ou equipamento de exercício de propriedade de _____ (aluno, dono da casa).

Por este meio afirmo que estou em boa condição física e não sofro de nenhuma deficiência que poderia impedir ou limitar minha participação neste programa de exercícios.

Em relação à minha participação no programa da [nome da instituição ou empresa], eu _____, por mim mesmo, meus herdeiros e representantes, por meio deste formulário isento o programa de exercícios da [nome da instituição ou empresa], seus empregados, proprietários e subcontratados de quaisquer reivindicações, requerimentos ou causas de ação que surjam de minha participação no programa de exercício.

Entendo perfeitamente que posso ficar lesionado como resultado de minha participação no programa de exercícios da [nome da instituição ou empresa]. Então eu, _____, por meio deste, isento _____, seus empregados e proprietários de qualquer responsabilidade agora ou no futuro, incluindo (mas não se limitando a) ataques cardíacos, tensão muscular, estiramentos ou rompimentos, ossos quebrados, periostite, prostração por calor, lesões de joelho/região lombar/pés, assim como qualquer outro mal-estar, dor ou lesão causados de qualquer maneira durante ou após minha participação neste programa de exercícios.

Reconheço que li cuidadosamente esta renúncia e isenção de responsabilidade. Compreendo que estou renunciando a um direito legal de propor uma ação legal e fazer uma alegação contra o treinador, o instrutor ou a instituição por negligência.

Assinatura: _____ Data: _____

Nome impresso: _____

Figura 16.3 Amostra de formulário de consentimento informado/renúncia à responsabilidade.

Amostra de relatório de incidente/lesão

Nome da instituição: _____   Data do incidente: _____

Nome do lesionado/envolvido: _____

Endereço: _____

Telefone: _____

Descrição detalhada do incidente (use o verso da folha, se necessário):

Assinatura do lesionado/envolvido: _____

Data: _____

Nome da testemunha: _____   Telefone: _____

Nome da testemunha: _____   Telefone: _____

Nome da testemunha: _____   Telefone: _____

Nome do empregado presente: _____

Nome do empregado presente: _____

Nome da pessoa que está preenchendo este relatório: _____

Assinatura da pessoa que está preenchendo este relatório: _____   Data: _____

Informação adicional: _____

Figura 16.4 Amostra de relatório de incidente/lesão.

procedimentos similares aos das companhias de produção musical. Isso requereria o pagamento das taxas apropriadas para propósitos de venda e distribuição, mesmo que se entregasse o produto de graça. Muitos profissionais de educação física querem respeitar a lei de direitos autorais. É mais fácil e profissional comprar músicas de companhias especializadas nesse serviço para usar na elaboração de programas de exercícios, a não ser, é claro, que se seja um compositor, editor ou produtor.

As instituições ou aulas que usam música devem pagar as taxas de licenciamento de direitos de exibição pública, uma vez que essas situações são assim consideradas. É de responsabilidade da instituição ou do profissional garantir que as taxas da ASCAP, da BMI ou de outro editor estejam sendo pagas para garantir a conformidade com a lei dos direitos autorais. De acordo com a lei, é exigido ao empregado ou prestador de serviços pagar as taxas para ter o direito de usar as músicas em seu programa de exercícios. Em geral, essas taxas são criadas com base no número de alunos em sala. Além de pagar taxas pela música usada no programa, uma instituição deve pagar taxas pela música tocada por um alto-falante em todo o local, mesmo que a música venha de uma estação de rádio. Essas taxas costumam ser baseadas no número de alto-falantes na instituição.

Essa lei é simples: você toca, você paga. A não ser que a música seja original e em formato original, ou sem proteção, ou a não ser que você tenha recebido permissão por escrito do artista para usar a música, é ilegal usá-la para aulas ou sessões de exercícios caso não pague as taxas por exibição pública.

Os seguintes sites (em inglês) fornecem informações adicionais sobre o importante tópico do uso de música e as responsabilidades dentro da indústria de condicionamento físico:

- www.ascap.com.

- www.bmi.com.

- Direitos autorais na era digital: um artigo do relatório de intenções encontrado em www.ascap.com/rights/billText.aspx.

- Para mais informações sobre as questões de legislação de direitos autorais de música dos Estados Unidos, acesse www.ascap.com/legislation.

- Um bom recurso para entender muitas posições que afetam a indústria musical é encontrado nas bibliotecas on-line da Stanford University em http://fairuse.satanford.edu/index.html. Esse site fornece versões condensada e estendida de várias leis ao longo da História.

Ato dos Americanos com Deficiências (ADA)

O Ato dos Americanos com Deficiências foi iniciado e aprovado em 1990. O propósito desse ato é "estabelecer uma proibição clara e abrangente de discriminação com base em deficiência". O Ato dos Americanos com Deficiências é uma lei federal de direitos civis que proíbe a exclusão do indivíduo com deficiências das atividades do dia a dia, como comprar um item em uma loja, ver um filme no cinema, apreciar uma refeição em um restaurante local, exercitar-se em uma academia local ou ter um carro consertado em uma garagem local. Para estar de acordo com os objetivos do ADA, a lei estabelece exigências para as empresas privadas de todos os tamanhos. Essas exigências entraram pela primeira vez em vigor em 26 de janeiro de 1992, e assim permanecem para as empresas ou organizações com ou sem fins lucrativos.

As empresas privadas que fornecem bens e serviços para o público são chamadas de acomodações públicas no ADA. O ADA estabelece exigências para doze categorias de acomodações públicas, incluindo lojas e depósitos, restaurantes e bares, estabelecimentos de serviço, cinemas, hotéis, instituições recreativas, museus, escolas particulares e outros. Quase todas as empresas privadas que servem ao público estão incluídas nessas categorias, independentemente do tamanho.

Caso seja proprietário, opere, alugue, ou alugue para uma empresa que atende o público, então, tem a obrigação de respeitar o ADA para instalações existentes, alteradas e novas. As instalações existentes costumam não estar isentas pelo código de construção estadunidense denominado "cláusula do avô".

Para pequenas empresas, a obediência ao ADA não é difícil. Para ajudar as empresas com seus esforços de obediência, o Congresso dos Estados Unidos estabeleceu um programa de assistência técnica para responder questões sobre o ADA. Além disso, está estabelecido que créditos e deduções de impostos podem ser usados anualmente a fim de compensar os gastos para providenciar acesso às pessoas com deficiências. Para mais informações, acesse o site do Department of Justice (www.usdoj.gov/crt/ada).

Resumo

1. É importante para os profissionais que trabalham na indústria de condicionamento físico entender as questões empresariais, as considerações legais e a responsabilidade potencial ao lidar com o público, baseando-se na condição de trabalho ou estrutura empresarial.

2. A responsabilidade final do profissional de educação física é manter o mais alto padrão de atenção no cumprimento do dever, usar estratégias adequadas de gerenciamento de risco e evitar a negligência.

3. Os profissionais de educação física devem examinar e reconhecer cuidadosamente ambos os limites, pessoal e profissional. É importante receber certificação, e é essencial manter as mais atualizadas informações, publicações e treinamentos relacionados à indústria, a fim de garantir a segurança do público atendido.

4. É necessário entender e seguir os atos governamentais associados, incluindo o Ato de Direitos Autorais de 1976 dos EUA e o Ato dos Americanos com Deficiências (ADA). Esteja ciente de que as leis estaduais e municipais irão variar. Para cada país, é apropriado seguir as leis e recomendações aplicáveis fornecidas por organizações respeitadas e corpos governamentais autorizados.

5. A AEA recomenda enfaticamente que todos os profissionais tenham certificado de conselho legal e conselho empresa/contabilidade para garantir e se proteger em relação à responsabilidade profissional e pessoal.

Questões para revisão

1. Um(a) _____ é legalmente responsável por cobrir seu seguro de responsabilidade e pagar impostos federais e estaduais em seu nome, baseado na compensação paga a você.

2. Defina negligência.

3. O dever é seu _____ e sua obrigação moral para com seus alunos e a instituição.

4. _____ é definido como o processo de medição ou avaliação de risco e, então, o desenvolvimento de estratégias para gerenciar o risco.

5. O Ato de Direitos Autorais de 1976 dos EUA fornece proteção para _____.

6. O Ato dos Americanos com Deficiências (ADA) foi estabelecido em _____ para proteger os direitos dos _____

7. Uma pessoa ou empresa que fornece bens e serviços para outra entidade sob termos especificados em contrato é chamada de:

   a. empregado

   b. prestador de serviços independente

   c. sociedade

   d. corporação

8. Quais os tipos de seguro mais comuns associados com a profissão de condicionamento físico?

9. Quais as duas séries de padronização fornecidas pela Aquatic Exercise Association?

10. Quais os quatro deveres básicos de um profissional de hidroginástica?

Ver as respostas a estas questões no Apêndice C.

Bibliografia

Acton, M., L. Denomme, and J. Powers. 2005. *Aquatic after care manual.* 2nd edition. Venice, FL: Personal Health Trac.

American Society of Composers, Authors, and Publishers. 2005. *Legislative history.* New York: ASCAP. www.ascap. corn/legislation

American Society of Composers, Authors, and Publishers. 2008. *Music copyright in the digital age: A position paper,* www.ascap.com/rights/bilIText.aspx

Broadcast Music, Inc. 2005. *Music copyright: Do I need a license (frequently asked questions.* New York: BMI, Inc. www.bmi.com

Herbert, D., and W. Herbert. 2003. *Exercise standards and malpractice reporter, full series.* Canton, OH: PRC Publishing.

Internal Revenue Service. 2005. *Businesses.* Washington, DC: Internal Revenue Service. www.irs.gov/businesses.

Lenart, C. 2007. *Legal liability issues for personal trainers.* www.fitnessthinktank.com/forum/legal-liability-issuesfor- personal- trainers-vt221.html.

Spezzano, M. 2004. *ISCA personal training manual.* 2nd edition. Miami: International Sports Conditioning Association.

U.S. Department of Justice. 2004. *Enforcing the ADA: A status report from the department of justice.* U.S. Department of Justice, Civil Rights Division, Disability Rights Section. www.usdoj.gov/crtlada/statrpt.htm

U.S. Small Business Administration. 1999. *ADA guide for small business.* 4th printing. U.S. Small Business Administration, U.S. Department of Justice, Civil Rights Division. www.usdoj.gov/crtlada/smbustxt.htm

Apêndice A
Hidroginástica *shallow-water*

Os exercícios mostrados neste apêndice representam técnicas elaboradas para o adulto saudável. Populações especiais ou com problemas médicos podem exigir modificações nos exercícios. Algumas técnicas são avançadas e devem ser praticadas com cuidado.

Níveis de impacto em piscina rasa — polichinelo

Nível I: os movimentos de nível I são executados na posição vertical, com o nível de profundidade da água na altura entre tórax e axila. O grau de impacto pode ser alterado com vários métodos.

Nível II: os movimentos de nível II são executados pela flexão a partir dos quadris e joelhos, imergindo o corpo até a altura do ombro, enquanto executa o movimento. É uma opção de baixo impacto.

Nível III: os movimentos de nível III são executados sem tocar o fundo da piscina (suspenso). É uma opção sem impacto.

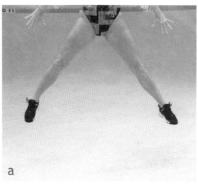

Posição ancorada: movimentos ancorados são executados com um pé em contato com o fundo da piscina o tempo todo. A variação mostrada é um passo lateral. É uma opção de baixo impacto.

Posição de rebote: (a) movimento impulsionado para cima e para fora da água – treinamento do tipo pliométrico (alto impacto); (b) salto grupado ou enérgico elevado (pode estar nos níveis I, II ou III, assim, o impacto varia, mas a intensidade é aumentada).

Níveis de impacto em piscina rasa — Esqui de fundo (*cross-country*)

Nível I: os movimentos de nível I são executados na posição vertical com nível de profundidade da água entre tórax e axila. O grau de impacto pode ser alterado com vários métodos.

Nível II: os movimentos de nível II são executados pela flexão a partir dos quadris e joelhos, imergindo o corpo até a altura do ombro, enquanto executa o movimento. É uma opção de baixo impacto.

Nível III: os movimentos de nível III são executados sem tocar o fundo da piscina (suspenso). É uma opção sem impacto.

Apêndice A **331**

  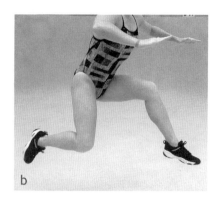

Posição ancorada: movimentos ancorados são executados com um pé em contato com o fundo da piscina o tempo todo. A variação mostrada é um passo para trás. É uma opção de baixo impacto.

Posição de rebote: (a) movimento impulsionado para cima e para fora da água – treinamento do tipo pliométrico (alto impacto); (b) salto grupado ou enérgico elevado, com troca de pernas (pode estar nos níveis I, II ou III, assim o impacto varia, mas a intensidade é aumentada).

Exercícios cardiorrespiratórios em piscina rasa (mostrados em nível I)

Balanço: saltar com os dois pés. Um movimento transicional comum, o balanço pode ser executado no lugar ou em deslocamento, alternando de frente para trás ou de um lado a outro, ou com muitas outras variações, como um giro (rotação do corpo de lado a lado) ou um salto grupado (levar os joelhos em direção ao tórax).

***Jogging* com elevação de joelho:** elevações de joelho alternadas na frente do corpo, enquanto transfere o peso de um pé para outro. É uma alternativa de baixo impacto, pois é uma marcha em que o corpo não recebe o rebote do fundo da piscina.

Elevação da perna com rotação lateral do quadril/alcance do tornozelo à frente: variação do *jogging* com elevação do joelho, em que o quadril faz uma rotação lateral conforme o joelho se eleva; a mão oposta segura o tornozelo.

Rosca de perna/rosca de isquiotibiais/*Jogging* com elevação do calcanhar: (a) flexão alternada de tornozelo; (b) elevar o tornozelos para trás, na altura do joelho; elevá-los até os glúteos pode causar tensão nos joelhos. Comparado ao *jogging* com elevação de joelho, este movimento busca trabalhar os músculos posteriores da perna.

Chute frontal com perna estendida: chute para a frente do corpo pela flexão de quadril; o joelho fica estendido, mas não travado. Buscar empurrar a água para baixo (extensão de quadril) a fim de colocar mais foco nos glúteos e isquiotibiais.

Exercícios cardiorrespiratórios em piscina rasa (*continuação*)

Chute frontal/karatê: esse movimento difere do chute frontal com perna estendida por envolver o movimento do joelho *e* do quadril. A perna tem quatro posições: extensão de joelho e quadril, extensão de joelho, flexão de joelho e retorno ao início.

Chute diagonal: este movimento é uma variação do chute frontal com perna estendida; o movimento é executado para diagonal, em vez de para a frente.

Chute cruzado: este movimento é uma variação do chute frontal com perna estendida; aqui a perna chuta cruzando em frente ao corpo, em vez de chutar para a frente. Como esse movimento faz a perna cruzar a linha média do corpo, ele pode não ser recomendado para participantes com próteses de quadril.

Chute lateral: chutar lateralmente, fazendo abdução do quadril; o joelho fica estendido, mas não travado. Evite a rotação do quadril; os dedos dos pés devem estar voltados para a frente, não para cima, na direção da superfície da piscina. Variação: chute lateral/karatê.

Chute para trás: chute atrás do corpo. Mantenha o chute suficientemente baixo para que região lombar não sofra hiperextensão durante o movimento, que deve ocorrer a partir da articulação do quadril. Trazer um ou ambos os braços para a frente ajuda a manter o alinhamento da coluna vertebral. Variação: chute para trás/karatê.

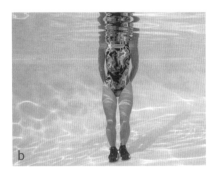

Polichinelo: (a) saltar com os pés afastados, então (b) saltar unindo os pés. Há muitas variações desse movimento, incluindo o polichinelo com alternância de tornozelos (cruzamento alternado de um pé em frente ao outro) e outras variações de ritmo, impacto e padrões de braço.

Esqui de fundo (*cross-country*): saltar com os pés afastados na posição de caminhada (uma perna para a frente e a outra, para trás) e, então, saltar para trocar as posições de perna. Há muitas variações de ritmo, impacto e padrões de braço.

Salto: (a) salte para a frente com a perna direita, deixando a perna esquerda estendida para trás. (b) Salte novamente, fazendo com que a perna esquerda encontre a direita, transferindo o peso para o pé esquerdo; a perna direita está pronta para repetir o movimento. Repita várias vezes e mude para o lado esquerdo. (c) Variação: execute o salto lateralmente.

 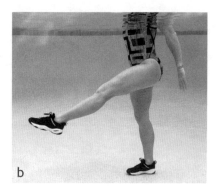 

Chute de *jazz* frontal: (a) levante um tornozelo atrás do corpo. (b) Balance a perna para a frente (flexão de quadril) e estenda a perna a partir do joelho. Alterne as pernas, evitando hiperextensão da região lombar e excesso de extensão dos joelhos. (c) Pressione os braços para trás enquanto a perna chuta para a frente, ajudando no equilíbrio.

Chute de *jazz* diagonal: (a) levante um calcanhar para trás do corpo na direção do glúteo oposto. (b) Balance essa perna diagonalmente (para a diagonal externa) para a frente (flexão de quadril) e estenda-a a partir do joelho. Alterne as pernas, evitando a hiperextensão na região lombar e o excesso de extensão dos joelhos.

Pêndulo: equilibre-se sobre o pé direito e eleve a perna esquerda lateralmente (abdução de quadril). Puxe a perna esquerda para a linha média do corpo (abdução do quadril) e salte sobre o pé esquerdo, enquanto eleva a perna direita lateralmente. Transfira o peso de lado para lado como um pêndulo.

Exercícios cardiorrespiratórios em piscina rasa (*continuação*)

Passos largos/passos laterais: (a) dê um passo para o lado com a perna direita. (b) Puxe a perna esquerda para encontrar a direita. (c) Dê outro passo para o lado com a perna direita e continue a se deslocar lateralmente pela distância desejada. Repita com o lado oposto.

Passo cruzado: (a) dê um passo para o lado com a perna direita. (b) Dê um passo com a perna esquerda, cruzando com a direita; alterne o cruzamento pela frente e (c) por trás. Repita com o lado oposto. Como esse movimento cruza a linha média do corpo, ele pode não ser recomendado para participantes com próteses de quadril.

Deslizamento: similar ao passo largo, mas envolve uma ação de deslize, e o ritmo é sincopado. (a) Mais ênfase é colocada na perna de domínio, (b) arrastando-se (deslizando) a perna de movimento para encontrar a perna de domínio. (c) **Escorregar:** variação de nível II sobre os dedos dos pés com os quadris em rotação lateral.

Cavalo-marinho: (a) mova o peso do corpo para a frente, equilibrando-se sobre a perna esquerda, enquanto eleva o calcanhar direito na parte de trás do corpo. (b) Mova-se para trás sobre a perna direita enquanto eleva o joelho esquerdo. Alterne o movimento de equilíbrio por várias vezes antes de mudar a perna de domínio. (c) Variação: alavancas longas com as pernas aumentarão a intensidade.

Exercícios de tonificação em piscina rasa (condicionamento muscular)

Abdução e adução de quadril (abdutores e adutores do quadril): (a) levante a perna para o lado com os dedos do pé voltados para a frente e (b) puxe de volta para baixo, para o centro. (c) Cruzar a linha média é aceitável, a não ser que o participante tenha prótese de quadril.

Flexão e extensão de joelho (isquiotibiais e quadríceps): (a) levante o calcanhar na direção do glúteo e (b) retorne à posição estendida. Variação: comece com o quadril flexionado (perna levantada na frente do corpo), (c) dobre o joelho e, então, estenda a perna.

Exercícios de tonificação em piscina rasa (*continuação*)

Flexão, extensão e hiperextensão do quadril (iliopsoas e glúteos): (a) flexione a perna a partir do quadril. (b) Estenda o quadril empurrando a perna para baixo e, então, (c) ligeiramente para trás do corpo, em hiperextensão.

Abdução e adução transversais de ombro (peitoral, deltoide anterior e deltoide posterior): (a) comece com os ombros abduzidos. (b) Puxe os braços para a frente, paralelos ao fundo da piscina (adução transversa) e, então, retorne à (a) posição inicial (abdução transversa). (c) Retrair as escápulas, tentando juntá-las; terá como alvo o trapézio médio.

Abdução e adução de ombro (deltoides e latíssimo do dorso): (a) levante os braços lateralmente (abdução) e (b) retorne para os lados (adução). Evite elevá-los acima da altura do ombro. (c) Variações: puxe as mãos para baixo, na frente ou atrás do corpo.

Flexão e extensão de cotovelo/bíceps e tríceps braquiais: (a) dobre ou flexione o cotovelo com as mãos empurrando para a frente. (b) Então, estenda o cotovelo com as mãos pressionando para baixo e para trás. (c) Variação: braços alternados.

Flexão e extensão da coluna vertebral em pé (reto do abdome e eretor da espinha): (a) flexione a coluna para a frente, levando o tronco na direção do quadril; o movimento é ao longo da coluna, e não nos quadris. (b) Estenda a coluna vertebral, retornando à posição ereta. (c) *Nota*: a parede da piscina é um bom ponto de referência, mas o exercício pode ser executado no meio da piscina; o equipamento é opcional.

Flexão e extensão da coluna em decúbito dorsal (reto do abdome e eretor da espinha): (a) é executado suspenso, em um decúbito dorsal modificado. (b) Flexione a coluna para a frente, levando o tronco em direção à pelve. (c) Variação: suspenso, mas em posição vertical, em vez do decúbito dorsal.

Exercícios de tonificação em piscina rasa (*continuação*)

Rotação da coluna vertebral (oblíquos interno e externo): execute o movimento rotacional a partir da coluna vertebral, tendo certeza de que os quadris permanecem voltados para a frente. Repita com o lado oposto.

Flexão lateral da coluna vertebral (quadrado do lombo e reto do abdome): incline o corpo para o lado, permanecendo no plano frontal (i. e., não se incline para a frente ou para trás). Repita com o lado oposto. Sinalização visual: deslize a mão para baixo na lateral da perna.

Rotação e flexão da coluna vertebral (oblíquos, reto do abdome e eretor da espinha): combine flexão para a frente com rotação; traga o ombro na direção do quadril oposto. Diversas variações. A posição mostrada é em pé. Repita com o lado oposto. Essa combinação de funções da coluna pode não ser apropriada para alguns indivíduos.

Alongamentos em piscina rasa

Gastrocnêmio: (a) ficar na posição básica da caminhada a passos largos com uma perna à frente com o joelho dobrado; a outra perna fica para trás, com o joelho estendido, os dedos do pé voltados para a frente e o calcanhar, no fundo da piscina. Variações: (b) coloque uma mão na parede para equilíbrio ou fique de frente para a parede com ambas as mãos nela. Repita com ambos os lados.

Sóleo: comece com o alongamento do gastrocnêmio e flexione ligeiramente a perna de trás, mantendo o calcanhar para baixo para alongar o sóleo. Repita com ambos os lados.

Quadríceps e iliopsoas, posições de caminhada a passos largos: a partir da posição da caminhada a passos largos, (a) abaixe o joelho de trás e permita a elevação do calcanhar; (b) incline a pelve (inclinação posterior). (c) Variação: o dorso do pé, ou superfície dorsal, pode ser posicionado na direção do fundo da piscina para incorporar um alongamento do tibial anterior. Repita com ambos os lados.

Quadríceps e iliopsoas, posição de pé levantado: (a) levante um pé atrás do corpo com o joelho apontado para baixo e a pelve inclinada (inclinação posterior). (b) Se a amplitude de movimento permitir, o pé pode ser segurado com a mão. (c) Opcional: o pé pode ser posicionado na parede da piscina. Repita com ambos os lados.

Isquiotibiais e glúteo máximo: levante uma perna em frente ao corpo (flexão de quadril e extensão de joelho). (a) Segure embaixo da coxa para suporte, se a amplitude de movimento permitir. (b) A dorsiflexão do tornozelo aumenta o alongamento por meio do gastrocnêmio. Repita com ambos os lados.

Região lombar da coluna: com os braços para a frente, incline a pelve (posterior), contraia o cóccix e arredonde a região lombar.

Latíssimo do dorso: levante os braços acima da cabeça e mova a cavidade torácica para cima. Lembre aos participantes da aula que (a) mantenham os braços ligeiramente à frente da cabeça para garantir o alinhamento adequado. Os dedos podem ser intercruzados ou as mãos podem estar separadas. (b) Variação: alongamento de um braço.

Trapézio médio: pressione ambos os braços para a frente, "abrindo" ou "arredondando" a parte superior das costas. O alongamento pode ser ligeiramente intensificado ao abaixar o queixo na direção do tórax.

Alongamentos em piscina rasa (*continuação*)

Peitoral e deltoide anterior: (a) abduza os ombros no plano transversal com os polegares virados para cima. (b) Variações: coloque as mãos atrás da cabeça e abra bem os cotovelos; (c) prenda as mãos atrás das costas com os ombros empurrados para baixo e para trás.

Tríceps braquial e deltoide posterior: cruze um braço na direção do ombro oposto, na altura do meio do tórax. (a) Empurre gentilmente com a outra mão acima do cotovelo ou (b) no antebraço. (c) Variação: solte uma mão atrás da cabeça e empurre gentilmente com a outra mão acima do cotovelo. Repita com ambos os lados.

Parte descendente do trapézio e pescoço: (a) incline a cabeça lateralmente para a direita e para a esquerda; (b) rotacione a cabeça para olhar para a direita e para a esquerda; (c) flexione o pescoço para a frente e estenda-o para olhar para cima. Limite a amplitude de movimento a uma posição confortável.

Apêndice B
Hidroginástica *deep-water*

Os exercícios mostrados neste apêndice representam técnicas elaboradas para o adulto saudável. Populações especiais ou com problemas médicos podem exigir modificações nos exercícios. Algumas técnicas são avançadas e devem ser praticadas com cuidado.

Alinhamento em piscina funda

Alinhamento adequado: posição vertical correta com a quantidade apropriada de flutuação e correto posicionamento do cinto.

Alinhamento incorreto: pernas flexionadas a partir dos quadris (posição sentada), em vez de ter os quadris estendidos com os pés na direção deles, como na posição vertical adequada.

Alinhamento incorreto: inabilidade em manter alinhamento vertical ereto pode ser causada pelo posicionamento inadequado do equipamento de flutuação; ajuste a posição ou a quantidade de flutuação, como for necessário.

Exercícios cardiorrespiratórios em piscina funda

***Jogging* com elevação do joelho (estacionário):** quando se flexiona o quadril, o joelho fica flexionado com o pé ligeiramente posterior ao joelho (visão lateral). Enfatize o pé plano, pressionando para baixo à medida que o quadril e o joelho estendem. Cuidado para não fazer um movimento de bicicleta.

Elevações de joelho: difere do *jogging* com elevação do joelho estacionário, porque seu movimento é mais parecido com o da marcha, com o pé diretamente abaixo do joelho (visão lateral) quando o quadril e o joelho flexionam.

Elevação da perna com rotação lateral do quadril/alcance do tornozelo à frente: variação do *jogging* com elevação do joelho; aqui, o quadril faz uma rotação lateral à medida que o joelho se eleva; a mão oposta tenta alcançar o tornozelo. Alterne os lados.

Rosca de perna/rosca de isquiotibiais/*jogging* com elevação do calcanhar: flexão alternada de joelho. Eleve o calcanhar para trás na altura do joelho. Comparado ao *jogging* com elevação do joelho, este movimento foca mais nos músculos posteriores da perna.

Alcance dos calcanhares atrás do corpo (mão oposta na direção do calcanhar): este movimento é uma variação da rosca de perna; aqui, o quadril faz uma rotação lateral à medida que o joelho flexiona; a mão oposta tenta alcançar o calcanhar por trás do corpo. Alterne os lados.

***Jogging* largo/*jogging* com as pernas afastadas:** fazer o *jogging* com as pernas em uma posição levemente abduzida (pernas afastadas); pode ser feito com os joelhos ou os calcanhares altos.

Deep-running: este é um movimento de deslocamento. (a) Incline o corpo para a frente em 5 a 10° a partir da vertical. (b) A perna de ação vai para baixo e ligeiramente na diagonal para trás, para obter uma corrida para a frente.

Batimento de pernas na vertical: mantenha o alinhamento vertical correto e contraia os músculos do *core*. As pernas executam flexão e extensão de quadril alternadamente e em pequena amplitude de movimento, com os joelhos frouxos. Apontar os dedos dos pés (flexão plantar) aumenta a alavanca.

***Jogging* para trás:** o movimento de perna é similar ao de pedalar para trás, mas o corpo permanece na vertical. (a) Os pés pedalam para baixo e para trás, empurrando a água para a frente com a parte da frente da perna e do pé. (b) Auxilie adicionando uma ação simétrica de braço, como um nado de peito reverso.

Pedalada: o corpo fica posicionado como se estivesse sentado em uma bicicleta, com alguma flexão a partir dos quadris; as pernas executam o movimento de pedalar ligeiramente à frente do corpo. O movimento pode ser para a frente ou para trás, mudando-se o foco do movimento de empurrar com as pernas.

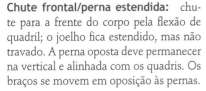

Chute frontal/perna estendida: chute para a frente do corpo pela flexão de quadril; o joelho fica estendido, mas não travado. A perna oposta deve permanecer na vertical e alinhada com os quadris. Os braços se movem em oposição às pernas.

Chute frontal/karatê: esse movimento difere do chute frontal/perna estendida por envolver movimentos do joelho e do quadril. A perna tem quatro posições: (a) flexão de joelho e quadril, (b) extensão de joelho, flexão de joelho e retorno ao início.

Exercícios cardiorrespiratórios em piscina funda *(continuação)*

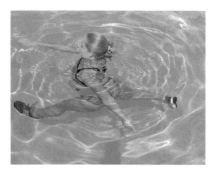  

Esqui de fundo (*cross-country*) (estacionário): o tronco permanece centralizado e na vertical. As pernas balançam de forma equidistante para a frente e para trás. Ambas as pernas permanecem estendidas (leve flexão de joelho).

Esqui de fundo (*cross-country*) (deslocamento): (a) incline o corpo ligeiramente para a frente. (b) O joelho é um pouco flexionado enquanto balança para a frente e, então, ele se estende à medida que a perna se move para trás, para a hiperextensão de quadril, impulsionando o corpo para a frente.

Barreira modificada: este movimento se inicia a partir de (a) uma posição grupada (joelhos flexionados, pernas unidas). Uma perna é lançada para a frente e se estende a partir do joelho (sem travamento), enquanto (b) a perna oposta empurra para trás e o joelho permanece dobrado. (c) A perna de trás *não* faz rotação lateral, como no movimento verdadeiro de barreira em terra.

Polichinelo em piscina funda: (a) abdução e (b) adução de quadril. Para evitar a agitação da água, (a) mova os braços em oposição às pernas. (c) Os braços também podem se mover em sincronia com as pernas. Diversas variações são possíveis; opções incluem ritmo, joelhos flexionados e unidos e padrões de braço.

Moguls/grupamento lateral com pequena amplitude de movimento: (a) flexione e una os joelhos, então (b) lance ambas as pernas para um lado do corpo, diagonalmente e para baixo, enquanto mantém o alinhamento da coluna vertebral. (c) Flexione e una novamente os joelhos e repita para o outro lado. Se necessário, use os braços para equilíbrio e estabilidade.

Log jump/grupamento para a frente e para trás com pequena amplitude de movimento: (a) flexione e una os joelhos, então (b) lance ambas as pernas para a frente do corpo, diagonalmente e para baixo, enquanto mantém o alinhamento da coluna vertebral. (c) Flexione e una novamente os joelhos e repita para trás do corpo. Se necessário, use os braços para equilíbrio e estabilidade; geralmente é melhor deixar os braços em oposição às pernas.

Alongamentos suspensos em piscina funda

Região lombar: eleve um joelho na direção do tórax, focando em arredondar a coluna para a frente. Uma opção é colocar a mão sob a coxa. Movimente o braço livre para manter o equilíbrio. Repita com o outro lado.

Quadríceps/iliopsoas e isquiotibiais/glúteo máximo: (a) execute um esqui de fundo (*cross-country*) lentamente, com parada na amplitude total de movimento, então, troque a perna de domínio; os braços mantêm o equilíbrio. Variação em quatro pontos: abduza as pernas para a (b) posição de polichinelo entre os passos largos do esqui de fundo (*cross-country*).

Alongamentos suspensos em piscina funda *(continuação)*

Quadríceps/uma perna: (a) flexione uma perna a partir do joelho, elevando o calcanhar na direção dos glúteos. Se a flexibilidade permitir, (b) segure o pé ou o tornozelo com a mão do mesmo lado do corpo (p. ex., mão direita para pé direito). Movimente o braço livre para manter o equilíbrio. Repita com o outro lado.

Gastrocnêmio (opção rítmica): execute um esqui de fundo (*cross-country*) lento, fazendo dorsiflexão do tornozelo à medida que balança as pernas para a frente. Repita com o outro lado.

Gastrocnêmio (estacionário): faça dorsiflexão do tornozelo com os joelhos e os quadris estendidos enquanto suspenso verticalmente; mova os braços para manter o equilíbrio.

Parte externa da coxa: (a) cruze o tornozelo sobre o joelho oposto (alongamento de bíceps femoral); mova os braços ou use halteres de espuma para manter o equilíbrio. (b) Mantenha o alinhamento vertical da coluna vertebral. Repita com o outro lado.

Trapézio médio: pressione ambos os braços para a frente, afastando as escápulas ou arredondando a parte superior das costas. Execute um *jogging* lento ou uma pedalada para manter a posição vertical.

Peitoral/deltoide anterior (estacionário): mantenhas as mãos agarradas uma a outra atrás da coluna, com os ombros empurrados para baixo e para trás, para abrir o tórax. Execute um *jogging* lento ou uma pedalada para manter a posição vertical.

Peitoral/deltoide anterior (deslocamento): mantenha ambos os braços abduzidos, os ombros rotacionados com os polegares voltados para cima e a escápula retraída. Desloque-se para a frente com uma *deep-running* a fim de aprimorar o alongamento.

Tríceps braquial/deltoide posterior: cruze um braço na frente do corpo, na altura do meio do tórax; auxilie o alongamento empurrando lentamente com a mão oposta acima ou abaixo do cotovelo. Mantenha os ombros pressionados para baixo e para trás. Execute um *jogging* lento para manter a posição vertical.

Parte descendente do trapézio/pescoço: (a) incline a cabeça lateralmente para a direita e para a esquerda; (b) Rotacione a cabeça para olhar para a direita e para a esquerda. Execute um *jogging* lento ou uma pedalada para manter a posição vertical.

Alongamentos em parede de piscina funda

Alongamentos em parede podem não ser apropriados para todos os indivíduos.

Região lombar: (a) de frente para a parede, coloque os pés juntos nela, com os joelhos flexionados. (b) As duas mãos devem segurar na borda da piscina. Incline a coluna vertebral para a frente (a foto a demonstra sem o cinto para uma melhor visualização da flexão da coluna vertebral).

Isquiotibiais: comece no alongamento da região lombar em parede e lentamente estenda os joelhos. Não faça hiperextensão nem trave a articulação do joelho.

Parte interna da coxa: comece com o alongamento de isquiotibiais em parede e mova as pernas para uma posição com as pernas afastadas. (a) Visão embaixo da água; (b) visão acima da água. Incline-se para o lado direito dobrando o joelho direito; foque em pressionar a parte interna da coxa contra a parede da piscina. Repita do outro lado.

Parte externa da coxa: cruze o tornozelo direito sobre o joelho esquerdo e posicione o pé esquerdo na parede, com o joelho dobrado. Visualize-se sentado em uma cadeira com a perna cruzada. Repita do outro lado.

Gastrocnêmio: de frente para a parede com o corpo alongado e na vertical. (a) Ambas as mãos devem segurar na borda da piscina; a região metatarsal ("almofadas dos pés") repousa na parede. Pressione os calcanhares na direção do fundo da piscina (tornozelos dorsiflexionados). (b) Variação: uma perna e lados alternados.

Iliopsoas: de frente para a parede com o corpo alongado e na vertical. Ambas as mãos devem segurar na borda da piscina; a região metatarsal ("almofadas dos pés") repousa na parede. Estenda uma perna atrás do corpo para alongar o iliopsoas e o reto femoral do quadríceps. Repita do outro lado.

Latíssimo do dorso: posicione o lado direito na direção da parede com o braço direito segurando na borda da piscina (duas opões mostradas). Com os pés juntos contra a parede, permita que o corpo se incline para longe dela. Estenda o braço esquerdo acima da cabeça contra a orelha e, então, alongue na direção do canto superior direito. Repita do outro lado.

Trapézio médio: de frente para a parede com o corpo alongado e na vertical. Ambas as mãos devem segurar na borda da piscina; a região metatarsal ("almofadas dos pés") repousa na parede. Realize protração ("abra") a escápula. Para intensificar, abaixe o queixo na direção do tórax.

  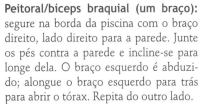

Peitoral/bíceps braquial (um braço): segure na borda da piscina com o braço direito, lado direito para a parede. Junte os pés contra a parede e incline-se para longe dela. O braço esquerdo é abduzido; alongue o braço esquerdo para trás para abrir o tórax. Repita do outro lado.

Peitoral/bíceps braquial (dois braços): de costas para a parede com pés apoiados nela. (a) Segure na borda da piscina com ambos os braços atrás do corpo. Incline o corpo para longe da parede ou aproxime os braços para aprimorar o alongamento. (b) É uma opção ao alongamento no canto da piscina.

Apêndice C

Respostas às questões para revisão de capítulo

Capítulo 1 — Condicionamento físico

1. _____ é definida como a força máxima que pode ser exercida por um músculo ou grupo muscular contra uma resistência.

   Resposta: força muscular.

2. Que proprioceptor é encontrado nos **tendões** de seus músculos e mede a tensão muscular?

   Resposta: órgão tendinoso de Golgi.

3. Cite os seis componentes de condicionamento físico relacionados à habilidade.

   Resposta: equilíbrio, coordenação, velocidade, potência, agilidade e tempo de reação.

4. Qual a diferença entre frequência cardíaca máxima e frequência cardíaca de reserva?

   Resposta: a frequência cardíaca máxima é a mais alta que uma pessoa pode atingir. Pode ser medida com um teste de FCmáx ou estimada pelo cálculo de 220 menos a idade. A frequência cardíaca de reserva é a sua frequência cardíaca máxima, menos sua frequência cardíaca de repouso.

5. Como a compressão diminui sua frequência cardíaca na água?

   Resposta: a água comprime todos os sistemas corporais, incluindo o sistema vascular, causando uma menor sobrecarga venosa ao coração e reduzindo a frequência cardíaca.

6. Qual a frequência recomendada pelo ACSM (2010) para treinamento de resistência?

   Resposta: dois ou três dias por semana para cada grupo muscular principal.

7. Defina composição corporal.

   Resposta: é a porcentagem relativa de gordura quando comparada com o tecido magro (ossos, músculos e órgãos).

8. Liste cinco benefícios do exercício regular.

   Resposta: melhora a aparência física; melhora a capacidade funcional; o coração se torna mais forte; fortalece as paredes dos vasos sanguíneos; melhora força e resistência; melhora a eficiência dos sistemas nervoso, linfático e endócrino; melhora a função psicológica.

9. Para calcular a intensidade do exercício, um método popular é a fórmula de Karvonen, que também é conhecida como _____.

   a. Método máximo da frequência cardíaca.

   b. Método da frequência cardíaca de reserva.

   c. Método da frequência cardíaca máxima.

   d. Classificação de esforço percebido.

   Resposta: b) Método da frequência cardíaca de reserva.

10. De acordo com as Physical Activity Guidelines for Americans de 2008, lançadas pelo Department of Health & Human Services dos Estados Unidos, quais são as diretrizes-chave adicionais para idosos?

    Resposta:

    - Quando idosos não puderem fazer 150 minutos de atividade aeróbia de intensidade moderada por semana em virtude de condições crônicas, eles devem ser tão ativos quanto suas habilidades e condições permitirem.

    - Idosos devem fazer exercícios que mantenham ou melhorem o equilíbrio se estiverem sempre em risco de cair.

- Idosos devem determinar seu nível de esforço para a atividade física em relação ao seu nível de condicionamento físico.
- Idosos com condições crônicas devem saber se e como essas condições afetam sua habilidade em fazer atividade física regular de forma segura.

Capítulo 2 — Anatomia do exercício

1. O sistema esquelético fornece ao nosso corpo suporte, proteção e _____.
   Resposta: forma.

2. O úmero é classificado como um osso _____.
   Resposta: longo.

3. Qual característica do músculo permite que ele se encurte e se compacte?
   Resposta: contratilidade.

4. O grupo muscular _____ flexiona a perna a partir do joelho.
   Resposta: isquiotibiais.

5. O que é um motoneurônio?
   Resposta: uma célula nervosa especializada que inerva as fibras musculares.

6. Descreva a manobra de Valsalva.
   Resposta: fechar a glote e fazer força para baixo para criar pressão no peito, resultando em queda da pressão arterial e diminuição do fluxo sanguíneo para o coração.

7. Nomeie os 11 sistemas do corpo.
   Resposta: tegumentar, esquelético, muscular, nervoso, endócrino, cardiovascular, linfático, respiratório, digestivo, urinário, reprodutivo.

8. Nomeie os seis termos anatômicos de referência relacionados ao exercício, usados para descrever localização e posição.
   Resposta: superior, inferior, anterior, posterior, medial, lateral.

9. Liste os três tipos de tecidos musculares no corpo humano.
   Resposta: visceral, cardíaco e esquelético.

10. O processo pelo qual os ossos crescem no corpo é chamado _____.
    Resposta: ossificação.

Capítulo 3 — Análise de movimento

1. _____ é o afastamento da linha mediana do corpo.
   Resposta: abdução.

2. Flexão e extensão são executadas principalmente no plano _____.
   Resposta: sagital.

3. Em uma alavanca de terceira classe, a _____ está entre a _____ e o _____.
   Resposta: esforço, fulcro, resistência.

4. Que tipo de articulação é a umeroulnar (parte do complexo do cotovelo)?
   Resposta: dobradiça.

5. Nomeie os três tipos de curvaturas permanentes naturais na coluna vertebral.
   Resposta: cervical, torácica e lombar.

6. Em piscina funda, você manipula principalmente seu centro de _____.
   Resposta: flutuação.

7. Liste pelo menos seis termos relacionados ao movimento, usados para identificar ações de articulação.
   Resposta: flexão/extensão, abdução/adução, elevação/depressão, protração/retração, pronação/supinação, inversão/eversão, hiperextensão, rotação medial (interna) e rotação lateral (externa), circundução, inclinação.

8. Descreva a posição anatômica.
   Resposta: o corpo está ereto (ou deitado em decúbito dorsal como se estivesse ereto), braços ao lado do corpo, palmas das mãos voltadas para a frente, pernas unidas e pés direcionados para a frente. As articulações estão em posição neutra, exceto pelos antebraços, que estão na posição supina.

9. O cíngulo do membro superior é composto de _____ e de _____.
   Resposta: clavículas e escápulas.

10. Escoliose se refere a uma curvatura _____ da coluna.
    Resposta: lateral.

Capítulo 4 – Fisiologia do exercício

1. _____ estabelece que você treine apenas a parte do sistema ou do corpo que é sobrecarregada.

   Resposta: especificidade.

2. Nomeie três pares musculares no corpo.

   Resposta: bíceps e tríceps braquiais; deltoide anterior e deltoide posterior; peitoral e trapézio/latíssimo do dorso; reto do abdome e eretor da espinha; iliopsoas e glúteo máximo; abdutores e adutores do quadril; quadríceps e isquiotibiais; tibial anterior e gastrocnêmio/sóleo.

3. Que sistema metabólico produz a maior quantidade de ATP para o músculo em trabalho?

   Resposta: sistema oxidativo.

4. A proteína é quebrada em _____.

   Resposta: aminoácidos.

5. Defina o princípio do tudo ou nada.

   Resposta: todas as fibras musculares em uma unidade motora se contraem, ou nenhuma contrai.

6. Que tipo de tecido muscular está mais bem adaptado para atividades de resistência?

   Resposta: contração lenta.

7. Ações musculares concêntricas e excêntricas são parte de uma contração muscular _____.

   Resposta: isotônica.

8. Ao iniciar o exercício, o tempo de suprimento inadequado de oxigênio é chamado de _____.

   Resposta: déficit de oxigênio.

9. Há uma dada sobrecarga que deve ser excedida para que sejam vistas melhoras no condicionamento físico. Isto se chama _____.

   Resposta: limiar de treinamento.

10. Nomeie três tipos de ações musculares que o músculo esquelético pode gerar.

    Resposta: isotônica, isométrica e isocinética.

Capítulo 5 – O ambiente aquático

1. Como a radiação é diferente da convecção na dissipação de calor?

   Resposta: a radiação é a perda de calor por meio da vasodilatação na superfície dos vasos; convecção é a transferência de calor por meio dos movimentos de um líquido ou gás entre áreas de diferentes temperaturas.

2. Quais são os possíveis problemas associados à execução de exercício vertical em água abaixo dos 27°C?

   Resposta: as respostas fisiológicas serão alteradas; demorará mais para se aquecer; os participantes podem se resfriar. Com o fluxo de sangue para as extremidades reduzido, há uma grande chance de lesões musculoesqueléticas.

3. Qual é o intervalo de temperatura ideal para uma típica aula de condicionamento físico e cardiorrespiratório aquático?

   Resposta: 28 a 30°C.

4. Qual é o intervalo recomendado de profundidade da água de uma piscina para conduzir um programa aquático de condicionamento físico em piscina rasa?

   Resposta: uma profundidade de 1 a 1,4 m é considerada ideal e acomodará a maioria dos praticantes de exercício em piscina rasa confortavelmente na profundidade recomendada entre a altura do tórax e a axila. Uma profundidade ligeiramente maior, de 0,9 a 1,5 m, garantirá que a maioria dos participantes participe de forma segura e confortável.

5. Qual é geralmente o principal irritante no ambiente aquático de uma piscina clorada?

   Resposta: cloraminas.

6. Um aluno não pode dissipar calor por meio do suor ao se exercitar na água. Verdadeiro ou falso?

   Resposta: falso.

7. As respostas fisiológicas à imersão em água são afetadas por composição corporal, intensidade de exercício e fatores individuais de cada aluno, como idade, gênero e doença. Verdadeiro ou falso?

   Resposta: verdadeiro.

8. Liste ao menos três benefícios do uso de calçados aquáticos durante o exercício em piscina rasa.

   Resposta:

   - protege a pele na sola do pé;
   - a tração proporcionada pelos calçados torna mais fácil mudar de direção ou fazer movimentos elevados;
   - proporciona absorção ao choque, amortecimento e suporte adicionais;
   - fornece peso e resistência adicionais;

352 Fitness aquático: um guia completo para profissionais

- proporciona segurança adicional ao entrar e sair da piscina.

9. A acústica em áreas de piscina é geralmente ruim. Liste três ideias que podem ajudar a reduzir lesão de voz no instrutor.

Resposta:

- experimente diferentes localizações para ensinar ao redor da piscina;
- aprenda como usar efetivamente sinais de mão e braço e outras técnicas de sinalização não verbais;
- use um microfone.

10. O que é o método relâmpago-trovão?

Resposta: o método relâmpago-trovão é usado para determinar, grosso modo, a distância e a velocidade de raios e trovões. Essa técnica mede o tempo entre ver o relâmpago e escutar o estrondo do trovão associado. Cada cinco segundos entre o brilho do raio ou relâmpago, e o estrondo do trovão indica que aquele raio está a 1.600 m de distância.

Capítulo 6 — Leis físicas aplicadas ao ambiente aquático

1. Ao adicionar o elemento de deslocamento na coreografia aquática, você está aumentando a intensidade ao usar a lei _____.

Resposta: da inércia.

2. Qual a diferença entre movimento linear e rotacional?

Resposta: movimento linear é o movimento do corpo todo para a frente e para trás ou para a direita e a esquerda. Movimento rotacional é o movimento a partir de uma articulação.

3. O atrito entre moléculas de um líquido ou gás é chamado de _____.

Resposta: viscosidade.

4. Qual movimento é mais intenso baseando-se na resistência frontal: uma corrida alternada com passos largos para a frente ou uma corrida alternada com passos largos para a lateral?

Resposta: uma corrida alternada com passos largos para a frente.

5. O aumento considerável na velocidade na água reduz a amplitude de movimento para a maioria dos movimentos. Verdadeiro ou falso?

Resposta: verdadeiro.

6. Empurrar os braços para a frente enquanto corre para a frente na água aumenta ou diminui a intensidade?

Resposta: aumenta (braços resistores).

7. Você irá afundar ou flutuar se você pesa mais do que a água que desloca?

Resposta: afundar.

8. Qual é a principal força que causa resistência no ambiente aquático: flutuação, gravidade ou a viscosidade e o arrasto da água?

Resposta: a viscosidade e o arrasto da água.

9. Qual é a principal força que causa resistência no ambiente aquático: flutuação, gravidade ou a viscosidade e o arrasto da água?

Resposta: ação e reação.

10. Liste os dois fatores importantes a considerar quando se aplica a lei da inércia em programas de hidroginástica.

Resposta: níveis de condicionamento físico e habilidade do participante; acústica do ambiente da piscina.

Capítulo 7 — Equipamentos de condicionamento físico aquático

1. Liste cinco fatores a se considerar ao selecionar e comprar um equipamento aquático.

Resposta: utilidade, população apropriada, armazenamento e transporte, durabilidade e manutenção, adequação ao ambiente aquático, atrativo para trazer novos alunos.

2. Quando o movimento é facilitado pelas propriedades do equipamento, ele é considerado um movimento _____.

Resposta: assistido.

3. Ao se executar uma rosca de perna em pé em terra, a flexão do joelho é uma ação _____ dos músculos isquiotibiais, e a extensão é uma ação _____ dos músculos isquiotibiais.

Resposta: concêntrico, excêntrico.

4. Ao se executar um chute frontal na água, a flexão do quadril é uma ação _____ do músculo iliopsoas, e a extensão é uma ação _____ do músculo glúteo máximo.

Resposta: concêntrico, concêntrico.

5. Ao incorporar equipamento de arrasto, uma elevação lateral de braço é (resistida ou assistida) para cima e (resistida ou assistida) para baixo.

Resposta: **resistida e resistida.**

6. Descreva como o ponto de base afeta a ação muscular ao trabalhar com equipamento emborrachado.

Resposta: **qualquer ação muscular que se afaste do ponto de base é resistida; qualquer ação muscular em direção ao ponto de base é assistida pelo equipamento emborrachado.**

7. Ao se exercitar na água, você precisa entender apenas o efeito da flutuação porque a gravidade não é mais um fator que influencia o movimento. Verdadeiro ou falso?

Resposta: **falso.**

8. _____ é a ação muscular que independe de fatores ambientais, incluindo gravidade, água e equipamento.

Resposta: **movimento puro.**

   a. Ao usar o equipamento de flutuação, é difícil atingir os _____, a não ser que você assuma posições inviáveis.

   b. Latíssimo do dorso, adutores do quadril e glúteos.

9. Deltoides, abdutores do quadril e iliopsoas.

Resposta: **b) Deltoides, adutores do quadril e iliopsoas.**

10. Todo equipamento, se não for de peso, flutuante ou emborrachado, aumentará a _____ em algum grau porque cria uma maior área de superfície.

Resposta: **forças de arrasto.**

Capítulo 8 – Elaboração de programas e liderança em hidroginástica

1. Nomeie três opções principais disponíveis para o componente de resistência de um treino aquático.

Resposta: **treinamento de resistência cardiorrespiratória; treinamento de condicionamento muscular; flexibilidade muscular e treinamento de amplitude de movimento (ADM) articular.**

2. Qual a diferença entre dança aquática e caminhada a passo largo?

Resposta: **o exercício de dança tem sequências coreográficas mais altamente desenvolvidas e pode incorporar movimentos orientados por dança. A**

caminhada a passos largos é uma caminhada ou *jogging* aquático.

3. Dê um exemplo de orientação de trabalho de pés.

Resposta: **três elevações de joelho e balanço central – direita, esquerda, direita, balanço central, esquerda, direita, esquerda, balanço central.**

4. Que tipo de orientação (audível, visual ou tátil) é melhor usar em todos os momentos?

Resposta: **visual – a maioria das pessoas são aprendizes visuais.**

5. Que tipo de transição requer o melhor nível de força do *core* e coordenação para ser executada de forma segura?

Resposta: **avançada.**

6. Nomeie três opções para demonstrar ou ensinar movimentos a partir do *deck*.

Resposta: **alto impacto, baixo impacto, sem impacto.**

7. Por que os batimentos de perna são considerados um movimento de alto risco para a maioria dos alunos?

Resposta: **esses movimentos podem levar à hiperextensão cervical e lombar.**

8. Liste quatro qualificações que os empregadores podem procurar em um instrutor de exercícios aquáticos.

Resposta: **educação e conhecimento; experiência; energia e entusiasmo; motivação; boas relações interpessoais; adaptabilidade; responsabilidade; sinceridade.**

9. Os componentes de uma sessão de treino como estabelecido pelas recomendações da ACM são:

Resposta: **aquecimento, fase de resistência aeróbia, atividades opcionais, relaxamento.**

10. _____ é um programa aquático que tem como alvo o tronco, chamado de casa de força, e todo o movimento é preciso e executado com um propósito.

   a. *Ai chi.*

   b. Ioga aquático.

   c. *Tai chi* aquático.

   d. Pilates aquático.

Resposta: **d) Pilates aquático.**

Capítulo 9 — Hidroginástica *shallow-water*

1. Qual a diferença entre bpm e compasso?

   Resposta: bpm são pulsações regulares que têm algum ritmo. Compasso é a graduação de velocidade em que as pbm ocorrem.

2. Qual estilo de coreografia substitui movimentos com outros movimentos um de cada vez em um padrão ou sequência original?

   Resposta: em camadas.

3. Qual compasso a seguinte tabela representa?

Batida – 8 batidas de tempo de terra	1	2	3	4	5	6	7	8
Chute frontal	D		E		D		D	

   Resposta: tempo de água.

4. Uma _____ ocorre quando há a mudança de um movimento para outro ou de um padrão para outro.

   Resposta: transição.

5. O número de repetições de cada movimento em uma combinação é gradualmente diminuído ou aumentado em qual estilo de coreografia?

   Resposta: coreografia piramidal.

6. Quais são os cinco estilos de coreografia listados neste capítulo?

   Resposta: progressão linear/estilo livre, piramidal, adição, repetição pura/padronizada e coreografia em camadas.

7. Em que profundidade da água os movimentos de níveis I e II devem ser executados?

   Resposta: profundidade na altura entre o tórax e a axila.

8. Há cinco maneiras básicas de adicionar variedade aos padrões de braço. Que opção faz com que fique mais fácil para os alunos manterem o alinhamento adequado?

   Resposta: deixar os braços flutuando na superfície da água.

9. Quais são os três métodos de movimento ao se exercitar na piscina?

   Resposta: tempo de terra, tempo de água e meio-tempo de água.

10. Qual a diferença entre movimento impulsionado e movimento em suspensão?

Resposta: com movimentos de elevação (saltos enérgicos ou grupados), a ênfase é puxar os joelhos em direção ao tórax e empurrar as pernas energicamente em direção ao fundo da piscina, em vez de impulsionar o corpo para cima e para fora da água.

Capítulo 10 — Hidroginástica *deep-water*

1. _____ é maior em piscina funda por causa da profundidade de imersão.

   a. Resistência frontal.

   b. Ritmo da música.

   c. Comprimento de alavanca.

   d. Temperatura do ar.

   Resposta: a) Resistência frontal.

2. Um(a) _____ em hidroginástica *deep-water* é quando você insere um movimento para readquirir alinhamento vertical.

   a. Transição básica.

   b. Movimento transicional.

   c. Transição de ritmo.

   Resposta: b) Movimento transicional.

3. A piscina funda é benéfica para pessoas com problemas de coluna em virtude de:

   a. Propriedades hidrostáticas da água.

   b. Ritmo aumentado de movimento.

   c. Redução da carga de compressão da coluna vertebral.

   d. Redução da tensão ao entrar e sair da piscina.

   Resposta: c) Redução da carga de compressão na coluna vertebral.

4. O uso de calçados é obrigatório na prática de hidroginástica *deep-water*. Verdadeiro ou falso?

   Resposta: falso.

5. A aplicação de mais força contra a resistência da água com os braços e as pernas para aumentar intensidade em um exercício *deep-water* é um exemplo de _____.

   Resposta: aceleração.

6. O espaço de trabalho ideal para a modalidade *deep-water* é um pouco maior ou menor do que na modalidade *shallow-water*?

   Resposta: maior, porque os participantes em piscina funda têm a tendência de vagar e flutuar. De preferência, cada participante de exercícios em piscina funda deve ter de 9,7 a 11 m² de espaço de trabalho, dependendo do nível da aula, equipamento envolvido e tipo de programação.

7. Cintos de flutuação são adequados à maioria dos alunos. Verdadeiro ou falso?

Resposta: verdadeiro.

8. Ao realizar uma transição em *deep-water*, o tempo de reação é mais rápido do que na modalidade *shallow-water*. Verdadeiro ou falso?

Resposta: falso. O tempo de reação é mais lento porque o participante não é capaz de empurrar o fundo da piscina ao realizar a transição.

9. Qual movimento não pode ser executado na hidroginástica *deep-water*?

a. *Jogging* para trás.

b. Esqui de fundo (*cross-country*).

c. Cavalo-marinho.

d. Polichinelos.

Resposta: c) Cavalo-marinho, porque esse movimento requer a transferência do peso do pé da frente para o de trás enquanto o corpo se inclina para a frente e para trás.

10. À medida que a profundidade _____, o ritmo do movimento precisa ser proporcionalmente diminuído.

Resposta: aumenta.

Capítulo 11 – Populações especiais

1. Nomeie as quatro categorias principais para mudanças que ocorrem à medida que o corpo amadurece.

Resposta: sensorial, física, cardíaca, psicológica.

2. Exercício cardiorrespiratório em temperaturas de água acima de 32°C é seguro e prudente para adultos obesos. Verdadeiro ou falso?

Resposta: falso.

3. Qual doença cardiovascular é causada pelo bloqueio das artérias no cérebro?

a. Doença arterial coronariana.

b. Colesterol sanguíneo alto.

c. Acidente vascular encefálico (AVE).

d. Infarto agudo do miocárdio (IAM).

Resposta: c) Acidente vascular encefálico (AVE).

4. Que doença neurológica é caracterizada por uma perda na função muscular causada pela deterioração das bainhas de mielina ao redor dos nervos?

a. Distrofia muscular.

b. Esclerose múltipla.

c. Paralisia cerebral.

d. Epilepsia.

Resposta: b) Esclerose múltipla.

5. Qual a profundidade de água recomendada para idosos?

Resposta: profundidade na altura entre o tórax e a axila, para permitir impacto reduzido e movimentos controlados em programas em piscina rasa.

6. Qual a diferença entre idade cronológica e funcional?

Resposta: a idade cronológica se refere à idade física da pessoa, medida em anos. A idade funcional é medida pela habilidade do indivíduo em manter as atividades diárias relacionadas à vida independente.

7. Quais são os quatro fatores que afetam o conteúdo e o formato do programa de exercícios para crianças?

Resposta: concentração, capacidades físicas, nível de socialização e contexto socioeconômico.

8. Quais são as duas formas mais comuns de artrite?

Resposta: osteoartrite e artrite reumatoide.

9. Todos os adolescentes estão no mesmo nível de maturidade física e psicológica. Verdadeiro ou falso?

Resposta: falso.

10. Os músculos _____ são importantes para serem condicionados porque desempenham um importante papel na manutenção da inclinação pélvica correta e do alinhamento espinal e ajudam a prevenir dor na região lombar durante a gestação.

Resposta: abdominais.

Capítulo 12 – Emergências, lesões e a saúde do instrutor

1. Que lesão crônica é causada por pressão excessiva e prolongada ou movimento repetitivo?

Resposta: bursite.

2. O que as letras em RICE representam para o tratamento de primeiros socorros básico?

Resposta: repouso, gelo (*ice*), compressão e elevação.

Fitness aquático: um guia completo para profissionais

3. Deve-se remover da água imediatamente uma vítima que está tendo um ataque convulsivo. Verdadeiro ou falso?

Resposta: falso.

4. Deve-se sempre remover uma vítima da água antes de administrar RCP. Verdadeiro ou falso?

Resposta: verdadeiro.

5. Liste três marcadores comuns que indicam excesso de treinamento cardiorrespiratório.

Resposta: desempenho diminuído; porcentagem de gordura corporal diminuída; consumo máximo de oxigênio diminuído; pressão arterial alterada; dor muscular aumentada; diminuição do glicogênio muscular; frequência cardíaca de repouso alterada; frequência cardíaca submáxima de exercício aumentada; alteração da concentração de cortisol; diminuição da concentração total de testosterona; diminuição do aspecto simpático (catecolaminas noturnas e de repouso diminuídas); aumento da resposta simpática ao estresse.

6. Liste três dicas para evitar abuso e lesão vocais.

Resposta: manter a garganta úmida; evitar uso excessivo; renovar o fôlego frequentemente; usar o microfone; se for usar música, mantê-la em volume moderado; verificar os níveis de produtos químicos e vapores na área da piscina; projetar sua voz com postura e alinhamento corporal apropriados; minimizar o barulho de fundo; limitar a fala quando estiver com uma infecção respiratória superior; engolir em vez de limpar a garganta excessivamente.

7. Antes de usar a máquina DEA, não é necessário secar a vítima. Verdadeiro ou falso?

Resposta: falso.

8. Uma lesão aguda é definida como uma lesão de longo estabelecimento e longa duração. Verdadeiro ou falso?

Resposta: falso.

9. Quais são os dois tipos básicos de periostite?

Resposta: periostite anterior e posterior.

10. Qual a diferença entre hipoglicemia e hiperglicemia?

Resposta: hipoglicemia é quando se tem níveis baixos de glicose; hiperglicemia é quando se tem níveis altos de glicose.

Capítulo 13 – Nutrição básica e gerenciamento de peso

1. Que função os nutrientes executam no corpo?

Resposta: os nutrientes fornecem energia, servem como material de formação, ajudam a manter ou reparar partes do corpo, promovem ou sustentam o crescimento e regulam ou auxiliam os processos corporais.

2. Quantas calorias são encontradas em um grama de carboidrato, gordura e proteína?

a. Carboidrato 6, gordura 7 e proteína 4.

b. Carboidrato 4, gordura 4 e proteína 9.

c. Carboidrato 2, gordura 9 e proteína 4.

d. Carboidrato 4, gordura 9 e proteína 4.

Resposta: d) Carboidrato 4, gordura 9 e proteína 4.

3. Que tipo de colesterol é considerado bom colesterol porque ajuda a baixar o risco de adesão de placa nas artérias?

a. Lipoproteína de baixa densidade (LDL).

b. Lipoproteína de alta densidade (HDL).

c. Triglicérides.

d. Fibra.

Resposta: b) Lipoproteína de alta densidade (HDL).

4. É uma prática prudente para um profissional de exercício recomendar suplementos a seus alunos. Verdadeiro ou falso?

Resposta: falso

5. Que distúrbio é caracterizado por inanição e perda de peso para aliviar o medo de ganhar peso?

a. Anorexia.

b. Bulimia.

c. Transtorno de compulsão alimentar.

Resposta: a) Anorexia.

6. Que tipo de exercício costuma ser prescrito e é efetivo para os esforços de perda de peso?

a. Apenas treinamento de resistência.

b. Atividade aeróbia de curta duração e alta intensidade, com treinamento de resistência moderado.

c. Atividade aeróbia de longa duração e intensidade moderada, com treinamento de resistência moderado.

d. Apenas exercício aeróbio de curta duração e moderado.

Resposta: c) Atividade aeróbia de longa duração e intensidade moderada, com treinamento de resistência moderado.

7. Quais são os seis componentes nutricionais que o corpo humano necessita para assegurar o crescimento e a função normais?

Resposta: carboidratos, proteínas, gorduras, vitaminas, minerais e água.

8. Deficiência de ferro e anemia por deficiência de ferro são diferentes de que maneiras?

Resposta: a deficiência de ferro se refere à diminuição das reservas de ferro, embora não necessariamente ao grau de diminuição ou à presença de anemia. A anemia se refere à severa diminuição dos estoques de ferro, resultando em baixa hemoglobina sanguínea.

9. A fórmula SMART corresponde a quê?

Resposta: específico, mensurável, atingível, realista e orientado por tempo.

10. Que nutriente é composto de aminoácidos?

a. Gorduras.

b. Proteínas.

c. Carboidratos.

d. Minerais.

Resposta: b) Proteína.

Capítulo 14 – Avaliação de risco à saúde e da classificação física

1. Quais são os oito fatores positivos do risco para a doença cardiovascular?

Resposta: idade, histórico familiar, hábitos de fumo, estilo de vida sedentário, obesidade, hipertensão, dislipidemia e pré-diabetes.

2. Uma frequência cardíaca medida por três manhãs seguidas logo após despertar e antes de se levantar é uma frequência cardíaca:

a. De repouso verdadeira.

b. Na posição de sentado.

c. Submáxima de exercício.

d. Máxima.

Resposta: a) De repouso verdadeira.

3. O teste de caminhada de Rockport é considerado um teste para condicionamento cardiorrespiratório laboratorial ou de campo?

Resposta: teste de campo.

4. Nomeie três avaliações que costumam ser usadas para medir a resistência muscular.

Resposta: flexão de braço, abdominal e barra.

5. Como geralmente se conduz um histórico de saúde do aluno?

Resposta: pelo uso de um questionário ou uma entrevista sobre o histórico de saúde.

6. A pressão diastólica é o ponto baixo da onda de pressão e representa a pressão nas artérias quando o coração relaxa. Verdadeiro ou falso?

Resposta: verdadeiro.

7. A composição corporal pode ser dividida em duas categorias. Quais são elas?

Resposta: massa corporal magra e massa gorda.

8. Se uma mulher pesa 61,2 kg e mede 1,60 m de altura, qual seu IMC?

Resposta: 23,91. A fórmula é [61,2] dividido por [1,6 × 1,6] = 23,91.

9. Ao avaliar a composição corporal, quais as desvantagens do método de dobras cutâneas?

Resposta: pode ser afetado pela compressibilidade da pele e pelo compasso usado, requer alto grau de habilidade técnica e não é tão preciso para alunos muito obesos ou muito magros.

10. Uma avaliação de condicionamento físico em geral inclui o quê?

Resposta: uma avaliação de composição corporal, resistência cardiorrespiratória, condicionamento muscular e flexibilidade.

Capítulo 15 – Comportamento de exercício

1. A desistência da prática de exercícios após o primeiro ano tem uma média de:

a. 20%.

b. 30%.

c. 40%.

d. 50%.

Resposta: d) 50%.

2. Qual o indicador mais prevalente de desistência da prática de exercícios?

a. Fumo.

b. Depressão.

c. Exercitar-se sozinho.

d. Má condução do exercício.

Resposta: a) Fumo.

3. Que conceito psicológico promove a premissa de que pensamentos internos são a causa de todos os efeitos ou resultados?

a. A lei da atração.

b. A lei de causa e efeito.

c. O modelo transteorético.

d. A autoeficácia.

Resposta: b) A lei de causa e efeito.

4. Liste três motivadores comuns que podem servir como fatores para iniciar um programa de exercício.

Resposta: o desejo de melhora na aparência física (reduzir peso, ganhar peso, tonificar músculos, melhorar massa muscular); uma recomendação médica ou o desejo de melhorar a saúde; sugestão de alguém significante ou dos pais; o desejo de se sentir melhor e ter mais energia; redução de estresse; reabilitação de uma cirurgia, lesão ou doença; ver um amigo ou esposa/marido participando; o desejo de fazer algo por si mesmo ou ter tempo para si; melhorar a qualidade de vida.

5. Defina o comportamento de exercício.

Resposta: é o comportamento que motiva um indivíduo a iniciar e manter um programa regular de exercício.

6. Promove a ideia de que outras pessoas são atraídas por seus pensamentos mais dominantes:

a. Lei de causa e efeito.

b. Princípio da autoeficácia do exercício.

c. Lei da atração.

d. Lócus de controle.

Resposta: c) Lei de atração.

7. Quais passos um instrutor poderia seguir para determinar as opiniões e atitudes de exercício de um indivíduo?

Resposta: questionamento ou conversação diretos; uso de questionários ou levantamentos.

8. Descreva a diferença entre lócus de controle externo e lócus de controle interno.

Resposta: uma pessoa que tem um lócus de controle externo acredita que outras pessoas ou o ambiente controlam a vida de um indivíduo e as ações consequentes; uma pessoa que tem um lócus de controle interno acredita que o indivíduo é responsável pelo que acontece e resulta em sua vida.

9. Nomeie e descreva os três tipos de personalidade de exercício mencionados.

Resposta:

Tipo A – motivado por competição e intensidade; faz exercício demais.

Tipo B – motivado pelos benefícios à saúde; se exercita em um nível de intensidade responsável.

Intermitente – tende a ir e vir; geralmente tem restrições de tempo e compromissos que interferem com hábitos regulares de exercício.

10. Liste os estágios do modelo transteorético.

Resposta: pré-contemplação, contemplação, preparação, ação e manutenção.

Capítulo 16 – Questões empresariais e considerações legais

1. Um(a) _____ é legalmente responsável por cobrir seu seguro de responsabilidade e pagar impostos federais e estaduais em seu nome baseado na compensação paga a você.

Resposta: empregador.

2. Defina negligência.

Resposta: cometer de um ato que uma pessoa exercendo cuidado comum não faria sob circunstâncias similares.

3. O dever é seu _____ e sua obrigação moral para com seus alunos e a instituição.

Resposta: responsabilidade.

4. _____ é definido como o processo de medição ou avaliação de risco e, então, o desenvolvimento de estratégias para gerenciar o risco.

Resposta: gerenciamento de risco.

5. O Ato de Direitos Autorais de 1976 dos EUA fornece proteção para _____.

Resposta: os proprietários de direitos autorais de música.

6. O Ato dos Americanos com Deficiências (ADA) foi estabelecido em _____ para proteger os direitos dos _____

Resposta: 1990; pessoas com deficiências.

7. Uma pessoa ou empresa que fornece bens e serviços para outra entidade sob termos especificados em contrato é chamada de:

a. Empregado.

b. Prestador de serviços independente.

c. Sociedade.

d. Corporação.

Resposta: b) prestador de serviços independente.

8. Quais os tipos de seguro mais comuns associados com a profissão de condicionamento físico?

Resposta: responsabilidade geral, propriedade, responsabilidade profissional, interrupção de serviço ou de negócio, compensação do trabalhador e segurado adicional.

9. Quais as duas séries de padronização fornecidas pela Aquatic Exercise Association?

Resposta: Código de ética e conduta da AEA, e padrões e diretrizes para programação de condicionamento físico aquático.

10. Quais os quatro deveres básicos de um profissional de hidroginástica?

Resposta: informar, instruir, monitorar e supervisionar.

Glossário

A

Abdução – mover um membro, afastando-o da linha mediana do corpo.

Ação – *ver* Componente.

Ação e reação – para cada ação há uma reação oposta equivalente.

Ação muscular concêntrica – uma ação muscular em que o músculo gera tensão durante o encurtamento ou a contração.

Ação muscular excêntrica – manutenção da tensão no músculo enquanto este se alonga.

Aceleração – a reação de um corpo medida por sua aceleração é proporcional à força aplicada, está na mesma direção dessa aplicação de força e é inversamente proporcional à sua massa.

Acidente vascular encefálico (AVE) – uma obstrução de uma artéria no cérebro.

Ácido graxo ômega 3 – considerado um ácido graxo essencial, deve ser consumido na dieta. Encontrado em certos peixes de água fria e algumas plantas e óleos de castanhas.

Ácido láctico – um subproduto da produção de ATP por meio do sistema glicolítico (glicólise anaeróbia). O ácido láctico pode ser reconvertido em glicogênio no fígado.

Aclimatação – o processo de ajuste de um organismo às mudanças no seu ambiente.

Adaptação – a habilidade de um sistema ou órgão em se adaptar, com o tempo, à tensão adicional ou sobrecarga pelo aumento na força ou função.

Adenosina trifosfato (ATP) – composto químico que é a fonte química de energia mais imediata para uma célula.

Aderência – fricção entre moléculas que as faz aderirem umas às outras.

Adesão – comprometimento, conexão ou aliança estáveis.

Adesão ao exercício – um compromisso individual de participar de um programa regular de exercício.

Adução – mover um membro, aproximando-o da linha mediana do corpo.

Aferente – parte do sistema nervoso periférico. Um neurônio aferente transmite um impulso na direção do sistema nervoso central; também conhecido como neurônio sensorial.

Afogamento – uma vítima de afogamento é tipicamente uma pessoa com pouca ou nenhuma habilidade de natação que de repente se vê em águas profundas e entra em pânico. Adicionalmente, uma pessoa em desespero pode se tornar uma vítima de afogamento se entrar em pânico.

Agilidade – habilidade de mudar rápida e fluentemente o posicionamento do corpo durante o movimento.

Agonista – é o músculo, em um par, que se contrai ativamente em qualquer momento para mover o osso. Também é chamado de motor principal. Seu músculo contraposto é o antagonista.

Água – classe de nutriente essencial necessário ao corpo.

Alavanca – barras rígidas que giram em torno de um eixo. O eixo ou fulcro pode ser visto como um ponto de giro. No corpo, os ossos representam as barras rígidas e as articulações são os eixos (fulcro).

Álcool – um composto químico orgânico no qual um ou mais grupos hidroxila (OH) estão conectados a átomos de carbono (C) no lugar de átomos de hidrogênio (H). O álcool não é considerado um nutriente, mas contém 7 calorias por grama.

Alinhamento – postura correta.

Alongamento balístico – forçar repetidamente, puxar ou estirar um músculo em excesso; na verdade pode levar a um encurtamento do músculo em vez de relaxamento. Provoca o arco reflexo de alongamento.

Alongamento dinâmico (rítmico) – movimentação de partes do corpo pela máxima amplitude de movimento de uma forma lenta e controlada. Difere do alongamento balístico pelo fato de não envolver ações vigorosas.

Alongamento estático – alongamento até o ponto de dor, recuando levemente e mantendo a posição alongada. Ativa o arco reflexo inverso de alongamento e facilita o relaxamento muscular.

Alongamento rítmico – mover partes do corpo até a amplitude total de movimento de uma maneira lentamente controlada.

Alvéolos – pequenos sacos em forma de balão presentes nos pulmões onde ocorre a troca entre oxigênio e dióxido de carbono.

Amenorreia – ausência de menstruação.

American College of Sports Medicine (ACSM) – reconhecida como a maior e mais respeitada organização mundial relacionada à medicina esportiva e ciência do exercício; as diretrizes desenvolvidas pelo ACSM são as principais utilizadas pelos profissionais do exercício.

Aminoácidos – cordões de carbonos, hidrogênio, oxigênio e nitrogênio. Proteínas são compostas por aminoácidos.

Aminoácidos essenciais – um aminoácido que não pode ser sintetizado pelo corpo e, assim, deve ser suprido pela dieta.

Amplitude de movimento (ADM) – a distância e direção com que uma articulação pode se mover em potencial total. Cada articulação específica tem uma amplitude de movimento normal que é expressa em graus.

Ancorado – *ver* Apoiado no solo.

Anemia por deficiência de ferro – também conhecida como anemia ferropriva, é uma condição em que o corpo não tem células sanguíneas vermelhas saudáveis, que fornecem oxigênio aos tecidos corporais. A anemia por deficiência de ferro é uma diminuição do número de células no sangue causada pelo nível muito baixo de ferro.

Angina – sensação de pressão ou aperto no peito. Essa dor cardíaca pode irradiar-se para braço, ombro, mandíbula ou parte superior das costas.

Anorexia – um distúrbio alimentar caracterizado por peso corporal extremamente baixo e distorção da imagem corporal com um medo obsessivo de ganhar peso.

Anorexia atlética – preocupação com dieta e perda de peso que resulta em prática de exercício excessiva e compulsiva que interfere nas funções diárias.

Antagonista – o músculo, em um par, que permanece relaxado ou alongado enquanto o outro músculo está se contraindo. É o contraposto de agonista. No caso de uma contração estática (sem movimento), ambos os músculos agonista e antagonista ficam em posição para manter a contração.

Anterior – um termo usado em exercício para descrever a posição de uma parte do corpo em relação à outra. Anterior significa "em frente a".

Antioxidantes – protegem a membrana celular, os lipídios, as proteínas, o DNA ou as moléculas de colesterol, sendo destruídos no lugar desses componentes.

Aorta – uma grande artéria que se origina no ventrículo esquerdo do coração, através da qual o sangue flui para o corpo.

Aparição – as leis de aceleração e de ação e reação podem ser usadas nos exercícios em piscina funda, colocando-se uma quantidade de força nos movimentos realizados na direção do fundo, o que leva o corpo a elevar-se, ou *pop-up*. Este é considerado o movimento de aparição.

Apoplexia por calor – superexposição ao calor combinada com hidratação inadequada pode causar apoplexia por calor, que é uma emergência médica. Os sintomas são pele quente, seca e muito vermelha; geralmente sem perspiração; pulso rápido e forte; respiração laboriosa; perda de consciência.

Aprendiz auditivo – pessoa que aprende principalmente por meio de palavra falada, música ou outro recurso auditivo.

Aprendiz cinestésico – uma pessoa que aprende principalmente pelo sentido do tato.

Aprendiz visual – uma pessoa que aprende principalmente por dados visuais.

Aquecimento cardiorrespiratório – projetado para sobrecarregar gradualmente os sistemas cardiovascular e respiratório na preparação para uma parte aeróbia do treinamento. Movimentos se tornam progressivamente mais vigorosos para aumentar a carga de trabalho.

Aquecimento térmico – o objetivo é elevar a temperatura central do corpo, aumentar o fornecimento de oxigênio aos músculos de trabalho do corpo e liberar o fluido sinovial dentro das articulações.

Área frontal de resistência – em exercícios aquáticos, isso representa a área total da superfície do corpo enquanto se move contra a resistência da água.

Área projetada – área de superfície de uma parte do equipamento que determina a quantidade de força de arrasto.

Arrasto – a resistência dinâmica de fluido que atua sobre um objeto que está se movendo por um determinado fluido.

Arritmia – uma frequência cardíaca anormal ou irregular.

Artérias – vasos que transportam sangue oxigenado do músculo cardíaco para todas as partes do corpo. A exceção a essa regra são as artérias pulmonares, que transportam sangue desoxigenado para os pulmões.

Artérias coronárias – os vasos sanguíneos principais que abastecem o coração de sangue.

Artérias pulmonares – dois vasos que carregam sangue desoxigenado do ventrículo esquerdo do coração, um para cada pulmão.

Arteríolas – um pequeno ramo arterial que leva sangue para um capilar.

Arteriosclerose – uma doença arterial em que as paredes dos vasos sanguíneos se tornam mais espessas e endurecidas.

Articulação – os mecanismos pelos quais os ossos são mantidos juntos. Constituem o ponto em que duas estruturas (normalmente ossos) se encontram, permitindo ou não algum grau de movimento. Há três categorias básicas de articulações: fixa, semimóvel e totalmente móvel (sinovial).

Articulação elipsóidea ou condilar – esta articulação é formada por uma superfície oval convexa próxima a uma superfície côncava elíptica (p. ex.: articulação radiocarpal – punho).

Articulação em dobradiça ou gínglimo – envolve duas superfícies articulares que restringem o movimento fundamentalmente a um eixo (p. ex., cotovelo, joelho (funcionalmente), tornozelo).

Articulação esferóidea ou bola-e-soquete – uma superfície em forma de bola se articula com uma superfície em forma de xícara. Por exemplo, quadril e ombro.

Articulação imóvel – articulação em que os ossos estão unidos por tecido conectivo fibroso, o qual forma um ligamento interósseo ou uma membrana. Não há cavidade articular e movimento perceptível nesse tipo de articulação.

Articulação ligeiramente móvel (semimóvel) – articulação com movimento limitado em que os ossos são mantidos juntos por fortes membranas fibrocartilaginosas.

Articulação móvel livre – também conhecida como articulação sinovial, em que os ossos são mantidos juntos por cápsulas articulares que contêm membranas sinoviais. A cavidade articular está preenchida com fluido sinovial que permite que o movimento ocorra com um mínimo de fricção entre as partes (normalmente ósseas).

Articulação plana ou deslizante – estas articulações são formadas pela proximidade de duas superfícies relativamente planas. Isso permite a ocorrência de movimentos deslizantes (p. ex., articulações intertarsais – no pé).

Articulação selar – cada superfície articular tem uma convexidade com os ângulos certos para se encaixar em uma superfície côncava, em duas selas (de cavalo) invertidas. Todos os movimentos, com exceção de rotação, são possíveis nesta articulação. Por exemplo, a primeira articulação carpometacarpal (polegar).

Articulação sinovial – articulação totalmente móvel em que a cavidade sinovial está presente entre os dois ossos que se articulam (*ver* também Articulação móvel livre).

Articulação trocóidea ou pivô – formada por um pivô ósseo central cercado pelo anel osteoligamentoso. A rotação é o único movimento possível (p. ex., articulação radioulnar superior).

Artrite – edema de uma articulação.

Artrite reumatoide – uma das duas formas mais comuns de artrite; costuma ter natureza multiarticular ou multisistêmica.

Asma – constrição das vias aéreas.

Assistência de alcance – assistência a uma pessoa em desespero em que o indivíduo que realiza o resgate estende seu braço ou um objeto, como um bastão de resgate ou cajado.

Assistência com objeto lançado – um auxílio de fora da água a uma pessoa em perigo, em que o resgatador joga um objeto, como uma boia salva-vidas ou um pote com uma corda presa nele.

Ataxia – incapacidade sintomática de alguns distúrbios e lesões do sistema nervoso central em controlar movimentos musculares voluntários, sem ser causada por fraqueza muscular.

Aterosclerose – uma forma de arteriosclerose em que depósitos gordurosos de colesterol e cálcio se desenvolvem nas paredes das artérias.

Atetose – manifestação de movimentos lentos, contorcidos e involuntários de mãos, pés e outras partes do corpo.

Atividades diárias (AD) – atividades que um indivíduo realiza no dia a dia, incluindo cuidados pessoais, trabalho e lazer.

Atividades opcionais – atividades incluídas em um grupo de exercícios depois, ou no lugar, do esfriamento cardiorrespiratório.

Ato de Direitos Autorais de 1976 dos EUA – o ato enumera os direitos básicos dos detentores de direitos de reprodução. Para a indústria relacionada ao condicionamento físico, este ato cobre o uso de música com a seguinte declaração: "o dono dos direitos de reprodução tem o direito de cobrar uma taxa pelo uso de sua música em exibição pública".

Ato dos Americanos com Deficiências – iniciado e aprovado em 1990, o objetivo dessa lei federal de direitos civis é "estabelecer proibição clara e abrangente da discriminação relacionada à deficiência".

Átrio direito – câmara de recebimento do coração na qual o sangue desoxigenado chega primeiro, vindo do corpo.

Átrio esquerdo – uma câmara de recebimento do coração em que o sangue oxigenado chega dos alvéolos pulmonares.

Atrofia – perda ou debilidade de tecido ou função muscular por falta de uso ou por doença.

Autoeficácia do exercício – a capacidade de produzir o resultado ou efeito desejados, e uma previsão de comportamento, cumprimento e abandono de exercício.

Avaliação do fator de risco – determinação da presença, ou do risco, de doença cardiovascular, pulmonar ou metabólica por meio do uso de informações de um histórico de saúde e de padrões e diretrizes industriais.

Avaliação postural – ánalise do corpo em que se localiza a falta de equilíbrio ao comparar os pontos ósseos específicos aos desvios posturais de referência.

B

Batimentos – bits de pulsações regulares com ritmo constante.

Biarticulado – um músculo que abrange duas articulações.

Biomecânica – área da cinesiologia que lida com a análise de movimento.

Bradicardia – frequência cardíaca anormalmente lenta ou baixa.

Brometo – um higienizante alternativo usado em sistemas de desinfecção de piscinas que apresenta efeito parecido com o do cloro, com alguns resultados ligeiramente diferentes. É usado para eliminar patógenos, como as bactérias.

Bronquíolos – ramos menores dos brônquios nos pulmões.

Bronquite crônica – inflamação e produção aumentada de muco nos brônquios e bronquíolos.

Bulimia – uma condição caracterizada por um aumento anormal da fome seguido de síndrome de compulsão alimentar e purgação.

Bursite – uma inflamação da bursa (bolsa sinovial), um saco sinovial de fluido que ajuda a reduzir a fricção entre tendão e osso ou entre tendão e ligamento.

Bursite patelar – condição de edema e inflamação na parte da frente do joelho.

C

Cabeça à frente – o ponto de referência do processo mastoide está anteriorizado em relação à linha lateral da gravidade.

Cadência – tempo ou ritmo; movimento calculado, como em uma dança ou marcha, ou na batida desse movimento.

Cãibras por calor – superexposição ao calor combinada com hidratação inadequada pode causar cãibra muscular (cãibra na panturrilha é comum).

Calorias – medida de energia ou unidades de calor.

Capacidade funcional – a habilidade de um indivíduo em realizar trabalho aeróbio definido pelo consumo máximo de oxigênio.

Capilares – Vaso sanguíneo intermediário entre as veias e as artérias. Por seu diâmetro menor do que um fio de cabelo (por isso o nome capilar), é responsável por facilitar a troca de oxigênio e nutrientes por dióxido de carbono e produtos metabólicos através de suas paredes, com os órgãos e tecidos do corpo.

Capilares pulmonares – vasos sanguíneos finos onde o oxigênio é trocado nos pulmões. O oxigênio atravessa para os capilares pulmonares vindo dos alvéolos para ser transportado pela corrente sanguínea.

Carboidratos – um nutriente essencial. Substâncias compostas por açúcares simples ou complexos. Carboidratos são produzidos pelas plantas verdes em um processo chamado de fotossíntese.

Carboidratos complexos – cadeias de três ou mais moléculas únicas de açúcar unidas que requerem um processo digestivo mais complexo do que os carboidratos simples; fornecem um fluxo longo e estável de energia.

Carboidratos simples – compostos de unidades de monossacarídeos e dissacarídeos e facilmente digeridos.

Carga progressiva – aumento gradual e sistemático da tensão ou demanda em um sistema fisiológico ou órgão, para evitar o risco de fadiga crônica ou lesão.

Cavidade medular – cavidade no centro do osso preenchida com medula adiposa amarela.

Centro de flutuação – centro do volume de água deslocado pelo corpo.

Centro de gravidade – centro da massa de um corpo. No corpo humano, a posição dos segmentos corporais determina onde o centro de gravidade estará em qualquer momento.

Cetose – uma condição em que cetonas, ou produtos anormais do metabolismo de gordura, se acumulam no sangue.

Ciclo cardíaco – contração simultânea dos átrios seguida pela contração simultânea dos ventrículos. A sequência de eventos em um batimento cardíaco.

Cifose – uma curvatura anormal na coluna vertebral. Cifose (corcunda) se refere a uma curvatura exagerada na região torácica. A cabeça está geralmente projetada para a frente com ombros curvados e peito para dentro.

Cinesiologia – o estudo do movimento humano.

Circuito de treinamento – um treinamento em formato de estação. Estações podem treinar o indivíduo aerobicamente ou para força e resistência musculares, ou uma mistura dos dois. Geralmente usa-se equipamento.

Circundução – movimento em uma articulação em que a extremidade proximal do osso permanece relativamente estável e a extremidade distal do osso descreve um círculo. É uma combinação de flexão, extensão, abdução e adução.

Circunferência da cintura – um modo simples de prever um fator de risco à saúde relacionado à obesidade por meio da medição da circunferência da cintura, que leva em conta as reservas internas de gordura localizadas na área abdominal e que estão associadas à doença metabólica. Também conhecida como relação cintura-quadril.

Cloraminas – agrupamento de cloro disponível formado quando o cloro livre na água se junta com outros elementos, como a amônia.

Cloro – um popular agente desinfetante usado nos sistemas de piscinas. Seu propósito é eliminar patógenos perigosos, como a bactéria, que se desenvolve na água, tornando a piscina segura para uso.

Cóccix – osso da coluna vertebral que é composto por quatro vértebras fundidas em um ou dois ossos. Evolutivamente, é o vestígio de uma cauda.

Coeficiente de arrasto – valor experimentalmente determinado que representa o efeito relativo do perfil frontal de um objeto sobre o arrasto de fluido.

Coesão – fricção entre moléculas que as leva a aderir a um objeto submerso na água.

Coluna cervical – a parte da coluna vertebral relativa ao pescoço e que contém sete pequenas vértebras.

Coluna vertebral – a coluna dorsal ou espinha do esqueleto humano que é composta por 26 ossos, as vértebras (24), o sacro e o cóccix; é dividida em cinco partes.

Combinação – *ver* Padrão.

Companhia de responsabilidade limitada (CRL) – uma estrutura empresarial em que os proprietários (chamados de membros) têm responsabilidade limitada pelos débitos e ações da companhia.

Compensação do trabalhador – seguro que fornece cobertura médica e por invalidez para empregados que suportam lesões relacionadas ao trabalho.

Componente – a menor parte ou segmento em uma coreografia. Uma elevação de joelho, um chute ou um polichinelo é considerado um "movimento" ou um componente básico de uma coreografia.

Componentes de condicionamento físico relacionados à habilidade – têm como objetivo a melhora no desempenho em esportes e nas habilidades motoras. Os componentes costumam ser definidos como agilidade, equilíbrio, coordenação, força, velocidade e tempo de reação.

Comportamento de exercício – ações que motivam um indivíduo a iniciar e manter a prática regular de exercício. Também determina como a pessoa escolhe se exercitar.

Composição corporal – a porcentagem de lipídeos armazenados (massa de gordura) relativa do corpo comparada com o tecido magro (ossos, músculos e órgãos).

Concordância – o ato de adequar, cooperar ou obedecer, como em seguir ordens.

Condicionamento aeróbio – *ver* Condicionamento cardiorrespiratório.

Condicionamento cardiorrespiratório – capacidade física do corpo em realizar grandes movimentos musculares por um período prolongado.

Condicionamento físico – a habilidade das partes físicas do corpo em funcionar, medida pelo nível em que essas partes físicas são capazes de funcionar.

Condicionamento físico em pequeno grupo – de dois a cinco indivíduos se exercitando sob a orientação de um profissional de condicionamento físico para atingir saúde e benefícios do condicionamento físico ideais, por meio de uma ambientação mais pessoal e íntima do que o exercício em grupo.

Condicionamento muscular – um segmento da aula elaborado para isolar grupos musculares específicos e melhorar sua força ou resistência durante treinamento de resistência.

Condromalácia – processo degenerativo gradual no joelho.

Condução – a transferência de calor para uma substância ou um objeto em contato com o corpo.

Consumo máximo de oxigênio – o máximo de oxigênio que o corpo consome durante o exercício intenso.

Contração estática – contração em que os músculos opositores contraem-se um contra o outro e impedem o movimento. O músculo desenvolve tensão sem mudança no comprimento. (*ver* Isométrico)

Contratado independente – uma pessoa ou um negócio que fornece serviços ou bens para outra entidade de acordo com termos especificados em um contrato.

Contratibilidade – a propriedade do músculo que lhe permite contrair quando é estimulado a fazê-lo, encurtando seu comprimento.

Contraturas – um encurtamento permanente de um músculo ou tendão no corpo humano em resposta a uma tensão hipertônica contínua exercida sobre aquele músculo ou tendão, como uma convulsividade constante.

Controle externo de posicionamento – crença de que outras pessoas e o ambiente controlam a vida do indivíduo e suas consequências.

Convecção – a transferência de calor pelo movimento de um líquido ou gás entre áreas com diferentes temperaturas.

Convulsividade – músculos retesados ou rígidos com tendão profundo exagerado. A condição pode interferir ao andar, movimentar-se ou falar.

Coordenação – a integração entre muitas habilidades motoras ou movimentos separados em um padrão eficiente de movimento.

Cordas vocais – conhecidas também como pregas vocais, são um par de músculos e ligamentos recobertos por uma membrana localizados no meio da garganta. Eles vibram para produzir som.

Coreografia – arranjo ou anotação escrita de uma série de movimentos.

Coreografia de progressão linear ou de estilo livre – um estilo de coreografia em que uma série de movimentos são executados sem um padrão previsível (daí o termo "estilo livre").

Coreografia piramidal – o número de repetições para cada movimento em uma combinação é gradualmente diminuído e/ou aumentado.

Corporação – uma estrutura empresarial em que a característica que a define é a independência legal das pessoas que a criaram. Corporações existem como um produto de lei corporativa e suas regras equilibram os interesses entre a diretoria que dirige a corporação; credores que emprestam bens, serviços ou dinheiro; acionistas que investem seu capital e os empregados que contribuem com seu trabalho.

Corrente humana – vários indivíduos unem mãos e braços para formar uma linha enquanto permanecem em pé na água para acessar uma pessoa em desespero.

Cumprimento do programa de exercício – um indivíduo participando de um programa de exercício seguindo os parâmetros recomendados para forma, intensidade, duração e frequência.

D

Débito cardíaco – o volume de sangue bombeado por um ventrículo em um minuto. Geralmente expresso como DC = VS × FC, débito cardíaco é igual ao volume sistólico multiplicado pela frequência cardíaca.

Dedução da frequência cardíaca aquática (fórmula de Kruel) – é determinada pela subtração da frequência cardíaca dentro da água pela frequência cardíaca fora da água.

Deficiência de ferro – reservas de ferro diminuídas, embora não no nível de anemia.

Dependência do exercício – Há duas formas: uma é a dependência individual do encorajamento e motivação dados pelo instrutor ou treinador; a outra é quando o indivíduo presta atenção no reforço fornecido pelo próprio exercício.

Depressão – mover uma parte do corpo na direção dos pés, como ao pressionar os ombros para baixo.

Descondicionamento – diminuição de um estado de condicionamento físico por causa de um período prolongado de inatividade.

Desespero – Uma pessoa em desespero é aquela que pode nadar ou flutuar, mas não consegue sair do lugar.

Desfibrilador externo automático (DEA) – equipamento eletrônico portátil que diagnostica automaticamente as arritmias cardíacas de fibrilação e taquicardia ventricular que ameacem potencialmente a vida dos pacientes e que sejam possíveis de serem tratadas por desfibrilação.

Deslocamento/subluxação patelar – condição em que a patela não se encaixa adequadamente com o sulco no fêmur.

Dever – a responsabilidade e obrigação moral do profissional em executar as tarefas seguindo os padrões e parâmetros industriais.

Diabetes – distúrbio caracterizado por elevação crônica dos níveis de glicose sanguínea no corpo.

Diáfise – a secção principal ou central (haste) de um osso longo.

Diafragma – um músculo esquelético em forma de cúpula entre as cavidades torácica e abdominal.

Diástase do reto abdominal – separação do músculo abdominal que pode ocorrer durante a gravidez.

Diástole (pressão diastólica) – a pressão sanguínea quando o coração está em repouso, especificamente a pressão mínima arterial durante o relaxamento e a dilatação dos ventrículos do coração quando estes se enchem de sangue. O momento em que o coração está em estado de relaxamento é chamado diástole.

Diretrizes dietéticas para norte-americanos – publicado em conjunto pelo Departamento de Saúde e Serviços Humanos (HHS) e pelo Departamento de Agricultura (USDA) a cada cinco anos desde 1980, essas diretrizes fornecem aconselhamento impositivo para pessoas de dois anos ou mais sobre como bons hábitos alimentares podem promover saúde e reduzir o risco para as principais doenças crônicas.

Dispneia – respiração difícil ou laboriosa.

Disposição – uma sensação emocional ou posição mental relacionada a um fato ou estado.

Distrofia muscular – um distúrbio hereditário que afeta estruturas do músculo esquelético quando as células musculares são progressivamente destruídas e substituídas por tecido adiposo.

Distúrbio de compulsão alimentar – uma condição caracterizada pela ingestão de grandes quantidades de comida e, em geral, provoca sentimento de culpa ou faz com que a pessoa mantenha isso em segredo.

Distúrbios musculoesqueléticos – qualquer problema relacionado a músculos, tendões, ligamentos, ossos ou articulações.

Diurese – aumento na produção de urina pelo rim.

Doença arterial coronariana (DAC) – quando a aterosclerose afeta as artérias do músculo cardíaco.

Doença cardíaca coronariana (DCC) – também conhecida como doença arterial coronariana (DAC), em que aterosclerose se desenvolve nas artérias do coração.

Doença cardiovascular – doenças do coração e dos vasos sanguíneos.

Doença de Parkinson (DP) – distúrbio que afeta as células nervosas na parte do cérebro que controla o movimento muscular; os primeiros quatro sinais são tremores quando em repouso, rigidez muscular, lentidão de movimento e instabilidade postural.

Doença metabólica – qualquer doença ou distúrbio que atrapalhe o metabolismo normal.

Doença pulmonar – limita a habilidade do corpo em fornecer oxigênio aos tecidos corporais.

Doença pulmonar do guarda-vidas – pneumonite granulomatosa. Doença caracterizada por nódulos inflamatórios nos pulmões e é geralmente associada com instalações de piscina coberta, onde há mecanismos de pulverização de água, em que bactérias são suspensas em gotas de água.

Doença pulmonar obstrutiva crônica (DPOC) – uma obstrução do fluxo de ar decorrente de asma crônica, bronquite ou enfisema.

Dopamina – um neurotransmissor responsável pelo aumento do estado de alerta.

Dor na região lombar – um sintoma comum de distúrbios musculoesqueléticos ou que envolvem as vértebras lombares e estruturas de tecido mole, como músculos, ligamentos, nervos e discos intervertebrais.

Dorsal – a superfície de trás do corpo e também a parte superior do pé (peito do pé).

Duração do treinamento – período de tempo que um indivíduo se exercita.

E

Eferente – parte do sistema nervoso periférico. Os neurônios eferentes, também conhecidos como motoneurônios, transmitem a informação do sistema nervoso central para as células musculares.

Eixo laterolateral – o eixo que se estende horizontalmente de um lado para o outro do corpo, na altura da cintura.

Eixo longitudinal – uma linha que vem do topo da cabeça e passa verticalmente até os pés, pelo centro do corpo.

Eixo sagital – linha que vai da frente para trás do corpo na altura da cintura.

Eixo vertical – *ver* Eixo longitudinal.

Elasticidade – uma propriedade que permite a um músculo retornar à sua forma original depois de sua contração ou extensão.

Elevação – mover uma parte do corpo na direção da cabeça, como ao levar os ombros para uma posição mais alta.

Embolia – obstrução repentina de um vaso sanguíneo, em geral causada por um trombo trazido pela corrente sanguínea.

Êmbolo – um trombo sanguíneo que se move rapidamente.

Empregado – uma pessoa que é contratada para realizar regularmente serviços para uma companhia em troca de compensação e que não realiza esses serviços como parte de um negócio independente.

Endósteo – camadas de células que preenchem a cavidade medular do osso.

Enfisema – uma doença pulmonar que causa diminuição e perda de elasticidade do tecido pulmonar.

Enzimas – proteínas produzidas em células vivas que aceleram reações metabólicas.

Epífise – as extremidades arredondadas ou bulbosas dos ossos longos.

Epilepsia – uma condição neuromuscular que faz com que a pessoa fique suscetível a convulsões.

Equilíbrio – controle da posição do centro de gravidade do corpo ou manutenção do equilíbrio enquanto parado (equilíbrio estático) ou em movimento (equilíbrio dinâmico).

Equilíbrio muscular – equilíbrio entre força e flexibilidade em pares musculares, permitindo postura adequada e estabilidade corporal.

Equipamento de flutuação – equipamento usado em exercício aquático para manter a flutuação neutra ou auxiliar na manutenção de alinhamento adequado.

Eritrócitos – células sanguíneas vermelhas que contêm a proteína hemoglobina, na qual o oxigênio é transportado pelo sangue.

Esclerose amiotrófica lateral (ALS) – às vezes chamada de doença de Lou Gehrig, a ALS é uma doença neurológica de avanço rápido e fatal que ataca as células nervosas responsáveis pelo controle dos músculos voluntários.

Esclerose múltipla (EM) – doença crônica potencialmente debilitante que afeta o sistema nervoso central; relacionada à perda da bainha de mielina que envolve os nervos no cérebro e na medula espinhal.

Escoliose – curva anormal em forma de "S" ou "C" na coluna, em vista anterior ou posterior. Escoliose se refere a uma curvatura lateral da coluna vertebral. Os ombros e a pelve parecerão desnivelados e a caixa torácica pode estar distorcida.

Esforço (F) – força que atua sobre uma alavanca na tentativa de superar a resistência.

Especificidade – princípio que estabelece que a pessoa treina apenas aquela parte do sistema ou corpo na qual recebe sobrecarga.

Esqueleto apendicular – refere-se aos ossos associados aos membros e inclui os ossos dos membros superiores e inferiores.

Esqueleto axial – consiste nos ossos que se encontram ao redor do eixo axial ou linha média imaginária do corpo, incluindo o crânio, a coluna vertebral, o esterno e as costelas.

Estabilização dinâmica – a habilidade do corpo em se manter neutro ou próximo ao alinhamento postural neutro (uma posição estável) enquanto se move.

Estabilizadores – músculos que envolvem a articulação e se contraem para fixar ou estabilizar a área, impedindo que outro membro ou parte do corpo exerça a força e se movimente. Também conhecidos como fixadores.

Estilos coreográficos – diferentes formas de relacionar movimentos ou padrões tanto em sequência quanto número de repetições ou ambos.

Evaporação – perda de calor corporal pelo mecanismo da produção de suor. A evaporação do suor da pele refrigera o corpo.

Eversão – girar a sola do pé para fora ou lateralmente.

Exaustão pelo calor – superexposição ao calor combinada com hidratação inadequada pode causar exaustão pelo calor. Os sintomas são pele pálida, grudenta; sudorese profusa; tontura; pulso fraco e rápido; respiração curta; náusea; dor de cabeça; e perda de consciência.

Excesso de oxigênio consumido pós-exercício (EPOC) – *ver* Débito de oxigênio.

Excitabilidade – uma propriedade do músculo que lhe permite receber e responder a estímulos.

Exercício em piscina funda (hidroginástica *deep-water*) – exercício realizado em profundidades aquáticas que permitem ao participante permanecer na vertical e, ainda assim, não tocar o fundo da piscina, fornecendo um verdadeiro treinamento sem impacto. Equipamento de flutuação costuma ser usado para manter o alinhamento correto.

Exercícios em piscina rasa (hidroginástica *shallow-water*) – exercícios tipicamente executados em posição vertical, com a profundidade da água no nível entre a cintura e o tórax. Há menor impacto do que o treinamento em terra, mas ocorre carga sobre a articulação.

Extensão – aumento do ângulo em uma articulação ou retorno à posição anatômica.

Extensibilidade – uma propriedade do músculo que lhe permite se alongar.

F

Falta de oxigênio – o momento do exercício em que há um suprimento inadequado de oxigênio.

Fáscia – tecido conectivo de cobertura encontrado no músculo.

Fascículos – feixe de fibras em um músculo que são, na verdade, feixes de células musculares unidos por tecido conectivo.

Fascite plantar – condição crônica que afeta a parte de baixo ou o calcanhar do pé.

Fase estável – uma fase do exercício em que o corpo é capaz de suprir o oxigênio necessário para se exercitar, e o suprimento é equivalente à demanda de oxigênio.

Fator de risco positivo – fator indesejável que aumenta o risco de doença cardiovascular.

Fator negativo de risco – um fator de risco desejável que reduz o risco para a doença cardiovascular.

Feedback **proprioceptivo** – *feedback* proveniente dos proprioceptores no músculo e nos tendões e dos sensores de equilíbrio que fornecem informação da sensação do movimento. A propriocepção é o sentido de posição relativa das partes vizinhas do corpo.

Fibra – a parte da planta que o corpo humano não pode normalmente digerir. Há duas formas de fibra dietéticas: solúvel (pode absorver água) e insolúvel (não pode absorver água), e cada uma tem seus benefícios para a saúde.

Fibra insolúvel – incapaz de se dissolver em água, ela fornece fibra dietética que amolece as fezes; regula movimentos intestinais; acelera o trânsito da matéria fecal por meio do cólon; reduz o risco de diverticulose, alguns cânceres e apendicite; e aumenta a capacidade do corpo em manusear a glicose.

Fibra muscular de contração lenta – conhecida como fibra muscular "vermelha", é caracterizada por sua lenta velocidade de contração e alta capacidade para glicólise aeróbia.

Fibra muscular de contração rápida – conhecida como fibra muscular "branca", é caracterizada pela rápida velocidade de contração e alta capacidade de realizar glicólise anaeróbia.

Fibra solúvel – capaz de se dissolver em água, a fibra solúvel ajuda a baixar os níveis sanguíneos de colesterol e reduzir a velocidade do processo digestivo para permitir maior absorção de nutrientes.

Filamento actínico – um dos finos miofilamentos em uma miofibrila.

Filamento de miosina – um dos abundantes miofilamentos contráteis em uma miofibrila.

Fisiológico – relacionado ao estudo das funções mecânicas, físicas e biomecânicas de um organismo vivo.

Flexão – diminuir o ângulo na articulação ou afastar-se da posição anatômica.

Flexibilidade – a habilidade dos membros em mover as articulações por meio de uma amplitude normal de movimento.

Flexibilidade articular – a flexibilidade em uma articulação específica abrange todos os componentes do sistema musculoesquelético e as vias neuromusculares específicas do corpo.

Flutuabilidade – a força exercida sobre um objeto pelo fluido no qual está submerso; matematicamente, essa força é igual ao volume de fluido deslocado × sua densidade.

Flutuação assistida – movimento de um objeto flutuante pela superfície da água.

Flutuação neutra – a relação gravidade *vs* flutuação que resulta da igualdade entre a força do peso e a força de flutuação (levando o objeto a permanecer suspenso em algum ponto intermediário dentro do fluido).

Flutuação resistida – movimento de um objeto flutuante pelo fundo da piscina.

Flutuação suportada – qualquer movimento de flutuação na superfície da água.

Fluxo laminar – movimento contínuo e estável de um fluido.

Fluxo turbulento – movimento irregular de um fluido com movimentação variando em qualquer ponto fixo.

Fómula de Karvonen – método de cálculo da zona-alvo de treinamento com base na frequência cardíaca máxima e frequência cardíaca de repouso.

Força muscular – a força máxima que pode ser exercida por um músculo ou grupo muscular contra uma resistência.

Formulário de autorização médica – permissão escrita por um médico.

Formulário de liberação (*ver* Isenção de responsabilidade) – um formulário que, essencialmente, retira uma responsabilidade real ou potencial da outra parte do acordo. Por exemplo, ao assinar o formulário de liberação ou isenção de responsabilidade, um participante assume o risco associado à participação em um programa de exercício.

Fotossíntese – o processo de conversão de energia luminosa em energia química e seu armazenamento em cadeias de açúcar; ocorre em plantas e algumas algas.

Fratura por tensão – uma fratura (geralmente incompleta) do osso como resultado de uma tensão repetida de nível baixo e por um longo período de tempo; também chamada de fratura por fadiga.

Frequência cardíaca – o número de vezes que o coração bate ou completa o ciclo cardíaco em um minuto.

Frequência cardíaca de pré-exercício – frequência cardíaca medida imediatamente antes de se começar o exercício. Pode ser mais alta que a frequência de repouso ou na posição de sentado por causa do efeito antecipado do exercício.

Frequência cardíaca de repouso (FCrep) – frequência cardíaca após estar em repouso por um longo período de tempo. Uma frequência cardíaca de repouso verdadeira é encontrada ao medir a frequência cardíaca durante 60 segundos em três manhãs seguidas antes de se levantar, e obter a média da três medições.

Frequência cardíaca de repouso verdadeira – média da frequência cardíaca medida pela manhã em três dias consecutivos (após despertar, mas antes de levantar-se).

Frequência cardíaca de reserva (FCR) – a frequência cardíaca máxima menos a frequência cardíaca de repouso.

Frequência cardíaca máxima (FC$_{máx}$) – a frequência cardíaca mais alta que um indivíduo pode atingir durante uma sessão de exercício. Uma estimativa comumente aceita da frequência cardíaca máxima é calcular 220 menos a idade.

Frequência cardíaca na posição sentada – frequência cardíaca tomada após permanecer sentado por 30 minutos. Pode ser ligeiramente mais alta do que a frequência cardíaca de repouso por causa da posição do corpo, medicação, ao uso de drogas ou estresse.

Frequência cardíaca submáxima de exercício – frequência cardíaca medida durante um exercício submáximo em fase estável.

Frequência de treinamento – a frequência com que se deveria se exercitar ou treinar.

Fulcro (F) – o eixo ou ponto de giro de uma alavanca.

Fuso muscular – um órgão sensorial muscular que transmite informações sobre distância e velocidade de contração ao sistema nervoso central.

G

Genu recurvatum – hiperextensão do joelho. O ponto de referência do joelho se encontra em posição posterior em relação à linha lateral de gravidade.

Gerenciamento de risco – o processo de medição ou determinação de risco e posterior desenvolvimento de estratégias para gerenciar esse risco.

Glicogênio – às vezes chamada de amido animal; a forma de armazenamento da glicose encontrada em animais.

Glicogenólise – a quebra do glicogênio.

Glicólise anaeróbia – produção de energia na ausência de oxigênio que resulta na quebra incompleta de carboidratos e produção de ácido láctico. Também conhecido como sistema glicolítico.

Gliconeogênese – a formação de glicose a partir de algo diferente de carboidrato.

Glicose – o açúcar simples feito pelo corpo a partir de carboidratos.

Gordura insaturada – qualquer gordura que não seja completamente hidrogenada (mono ou polinsaturada); fica líquida em temperatura ambiente.

Gordura saturada – geralmente de origem animal, este tipo de gordura é sólido à temperatura ambiente, e as cadeias de ácidos graxos não podem incorporar átomos de hidrogênio adicionais. O excesso dessas gorduras na dieta está associado com a doença cardiovascular.

Gordura subcutânea – gordura corporal encontrada logo abaixo da pele.

Gordura trans – um tipo de gordura processada, também chamado de gordura ou óleo hidrogenado ou parcialmente hidrogenado. Diferente de outras gorduras da dieta, gorduras trans não são essenciais e não promovem boa saúde.

Gorduras – um nutriente essencial. Os lipídios como um todo são chamados de gorduras. Lipídios são uma família de compostos solúveis em solventes orgânicos, mas não em água.

Guia de alimentação USDA – o Departamento de Agricultura dos Estados Unidos ilustra como comer de acordo com as *Diretrizes de dieta para norte-americanos*. Construída inteiramente com uma variação dos níveis de calorias para suprir as necessidades de várias idades e gêneros.

H

Hemoglobina – proteína do sangue em que o oxigênio é carregado. O ferro é um componente essencial da hemoglobina e se combina com oxigênio.

Hiperextensão – ir além da extensão neutra.

Hiperglicemia – desequilíbrio nos níveis de glicose (nível elevado) causado por vários fatores. Sinais e sintomas incluem fadiga, sede extrema, urinação frequente, fome, visão embaçada e perda de peso repentina.

Hipertensão – pressão sanguínea alta.

Hipertrofia – termo usado para descrever o aumento no tamanho, na circunferência ou na função do tecido muscular.

Hipoglicemia – desequilíbrio nos níveis de glicose (nível baixo) causado por vários fatores. Sinais e sintomas incluem pele suada ou grudenta, fome, sensação de confusão, tontura, frequência cardíaca rápida, sensação de nervosismo ou instabilidade, além de mudanças de humor.

Hipotermia – ocorre quando a perda de calor excede a produção desta, e a temperatura corporal cai abaixo de 35°C; esta é uma condição potencialmente fatal.

Histórico de saúde – processo conduzido utilizando-se um questionário ou uma entrevista para coletar informações sobre o participante e determinar qualquer risco de saúde.

Homeostase – a habilidade ou tendência em manter o equilíbrio interno por meio do ajuste de processos fisiológicos.

I

Idade cronológica – idade física medida em anos.

Idade funcional – idade medida pela habilidade do indivíduo em manter atividades diárias relacionadas à vida independente.

Imunossupressão – supressão do sistema imune do corpo e sua habilidade em combater infecções e outras doenças.

Inclinação – movimentos da cabeça, escápula e pelve. A cabeça e o quadril têm inclinação anterior e posterior.

Inclinação anterior – inclinação anterior da cabeça significa flexão (achatamento) da coluna cervical. Com relação à pelve, a coluna lombar se extende e a parte superior da pelve se move para a frente.

Inclinação posterior – movimento usado para descrever o movimento da cabeça ou da pelve. Com a cabeça, resultará em extensão da coluna cervical (queixo para cima); com a pelve será o oposto, com a coluna lombar flexionando-se ou achatando-se.

Índice de massa corporal (IMC) – calculado com base no peso e na altura de um indivíduo, é um indicador de gordura corporal para a maioria das pessoas e é usado para classificar as categorias de peso que podem levar a problemas de saúde.

Índice glicêmico – a medida da velocidade com a qual um alimento irá aumentar o nível de açúcar no sangue.

Inércia – um objeto permanece em repouso ou em movimento com velocidade constante a não ser que seja influenciado por uma força resultante externa.

Infarto agudo do miocárdio (IAM) – popularmente conhecido como ataque cardíaco, ocorre quando uma parte do coração morre por falta de suprimento sanguíneo.

Inferior – termo usado em exercício para descrever a posição de uma parte do corpo em relação à outra. Inferior significa abaixo.

Inserção – a maioria dos músculos tem ao menos dois tendões, cada um deles ligado a um osso. Aquele que tende a ser mais móvel é chamado de inserção.

Insulina – hormônio que estimula a movimentação de glicose e aminoácidos para o interior da maioria das células e a síntese de proteína, gordura e glicogênio.

Intensidade de treinamento – uma medida objetiva ou subjetiva sobre o quão arduamente um indivíduo está se exercitando.

Internalização – quando uma pessoa está engajada em uma atividade para satisfação própria; quando alcançada, é provável que ocorra o cumprimento do programa.

Inversão – girar a sola do pé para dentro ou medialmente.

Isenção de responsabilidade – um acordo entre o clube e o participante de que, se o clube permitir que o participante se exercite em suas instalações, o participante concorda em não processar a instituição se sofrer alguma lesão.

Isocinético – tipo de ação muscular em que o movimento ocorre na articulação, como uma ação isotônica; entretanto, a tensão permanece constante, como uma ação isométrica.

Isométrico – ações musculares que ocorrem quando a tensão é desenvolvida no músculo sem movimento na articulação ou quando ocorre uma mudança no comprimento do músculo. A tensão permanece constante porque o comprimento do músculo não muda.

Isotônico – ações musculares em que o músculo se encurta e alonga, e o movimento ocorre na articulação.

L

Lâmina epifisária – lâminas cartilaginosas de crescimento localizadas nas extremidades ósseas, e, em particular, nos ossos longos.

Lateral – um termo usado em exercício para descrever a posição de uma parte do corpo em relação à outra. Lateral significa para longe da linha média.

Lei da atração – tem a premissa de que outras pessoas são atraídas por seus pensamentos mais dominantes.

Lei de causa e efeito – tem a premissa de que pensamentos internos são a causa de todo o efeito ou resultado.

Lesão aguda – uma lesão de ocorrência repentina e de curta duração.

Lesão crônica – uma lesão de estabelecimento lento e longa duração.

Lesão da medula espinal (LME) – lesão na medula espinhal por doença ou trauma; geralmente resulta em paraplegia ou quadriplegia.

Lesão na cabeça (LC) – resulta de uma pancada na cabeça que produz concussão, fratura de crânio ou contusão que pode afetar o funcionamento normal (p. ex., consciência, habilidade motora, sensação, inteligência ou emoção).

Lesão vocal – lesão nas cordas vocais, causando alterações na forma normal de falar, como rouquidão ou tom baixo.

Lesões por uso excessivo – lesão de repetição, como tendinite e bursite, causada por atividades repetitivas.

Leucócitos – células brancas do sangue que protegem o corpo contra doenças infecciosas e fornecem imunidade.

Ligamento – uma faixa de tecido, em geral denso, branco e fibroso, que une um osso a outro.

Limiar de treinamento – o limite de intensidade em que os resultados de treinamento ocorrem; a quantidade mínima de exercício que irá melhorar o condicionamento físico.

Lipídios – família de compostos solúveis em solventes orgânicos, mas não em água.

Lipoproteína – molécula de proteína e lipídios hidrossolúvel.

Lipoproteínas de alta densidade (HDL) – HDL atua como recicladores retiram o excesso de colesterol e fosfolípides dos tecidos e os levam ao fígado para degradação. HDLs receberam o rótulo de "bom colesterol".

Lipoproteínas de baixa densidade (LDL) – carregam colesterol e triglicérides do fígado para os tecidos. É o colesterol na LDL que se deposita nas placas de aterosclerose, e ele foi apelidado de "mau colesterol".

Lócus de controle – determina onde uma pessoa percebe que ele ou ela tem poder pessoal.

Lócus de controle interno – crença de que cada um é pessoalmente responsável pelo que acontece e pelos resultados em sua própria vida.

Lordose – curvatura anormal da coluna vertebral. Lordose (curvatura para trás) é uma curva côncava aumentada na região lombar da coluna vertebral. Ela costuma ser acompanhada por um aumento na inclinação pélvica anterior. O abdome e as nádegas se sobressaem e os ombros caem mais para trás.

M

Manobra de Valsalva – fechamento da glote ou rolamento para baixo para criar pressão no peito, resultando em uma queda na pressão arterial e diminuição de fluxo sanguíneo para o coração.

Marcação audível (verbal) – marcação que é reconhecida pela audição, como por meio de palavras faladas, apitos, palmas, variações musicais ou sinos.

Massa corporal magra – a quantidade de tecido magro no corpo que compreende ossos, músculos e órgãos.

Massa gorda – a quantidade de tecido adiposo no corpo.

Medial – um termo usado em exercício para descrever a posição de uma parte do corpo em relação à outra. Medial significa em direção à linha mediana.

Medula torácica – a parte da coluna vertebral que se encontra atrás da cavidade torácica e que consiste de 12 vértebras de tamanho médio.

Meio-tempo de água – a realização de movimentos com saltito em ritmo aquático, batida sim, batida não. Há opções para o posicionamento do saltito – "duplos" e "centro de saltitos".

Metabolismo – a soma de todos os processos químicos que ocorrem dentro de uma célula viva ou organismo.

Metabolismo basal – quantidade de energia que o corpo precisa para a manutenção da vida quando a pessoa se encontra em repouso digestivo, físico e emocional.

Metabolismo energético – reações químicas que envolvem as transformações de energia dentro das células.

Método parte-todo – processo de aprendizagem em que o indivíduo precisa ver as várias partes antes de visualizar o conceito todo.

Método todo-parte – um processo de aprendizagem em que o indivíduo precisa ver todo o panorama antes de visualizar os conceitos individuais.

Minerais – um nutriente essencial. Ocorrem naturalmente e são substâncias homogêneas inorgânicas.

Miofibrilas – filamentos proteicos que, ao serem dispostos em feixes, formam as fibras que, também dispostas em feixes, constituem os músculos.

Mitocôndria – compartimento subcelular especializado existente na célula muscular. A "usina de força" da célula, capaz de produzir quantidades massivas de ATP para abastecer as contrações musculares.

Modelo transteorético – prontidão para mudança. Com cinco estágios, o modelo tem a intenção de explicar ou prever o sucesso ou fracasso de uma pessoa em alcançar uma mudança de comportamento proposta, como desenvolver hábitos diferentes.

Modo de treinamento – o tipo de exercício que é feito.

Momentos – o produto da força e da distância que a força está das articulações móveis; torque.

Monoinsaturado – quando há apenas um ponto de insaturação na cadeia de ácidos graxos.

Movimento – o movimento ocorre quando uma pessoa muda sua localização no espaço.

Movimento apoiado no chão (ancorado) – movimentos em que um dos pés permanece em contato com o fundo da piscina o tempo todo.

Movimento assistido – refere-se a qualquer parte na extensão do movimento em um exercício que é facilitada pelas forças de gravidade ou flutuabilidade, ou pelas propriedades ou características técnicas de um aparato ou parte específica de equipamento.

Movimento de elevação – movimentos vigorosos ou saltos com joelhos próximos ao peito. Movimentos que enfatizam trazer os joelhos vigorosamente na direção do peito, e então empurrar as pernas vigorosamente na direção do fundo da piscina.

Movimento de transição – uma das três categorias de transições para exercício em piscina funda, envolve colocar um movimento simples (normalmente uma corrida leve com joelho elevado) entre outros dois movimentos para tornar a transição mais fluente.

Movimento propulsivo – treino aquático de saltos. Movimentos em que o foco é propulsionar o corpo para cima e para fora da água.

Movimento puro – ação muscular destituída de gravidade, água ou equipamento.

Movimento resistido – se refere a qualquer parte na amplitude de movimento de um exercício em que a força de resistência adicional é criada ao se mover uma carga contra as forças de gravidade e flutuabilidade. A força de resistência adicional também pode ser criada pelas propriedades mecânicas de um aparato ou parte específica de equipamento.

Movimentos de nível I – ficar em posição vertical, ricocheteando ou se impulsionando do fundo da piscina.

Movimentos de nível II – flexionar os quadris e joelhos para abaixar o corpo para uma posição em que os ombros estejam na superfície da água. Os pés ainda estarão em contato com o fundo da piscina, mas sem as forças de ricochete ou salto.

Movimentos de nível III – flexionar os quadris e joelhos para abaixar o corpo para uma posição em que os ombros estejam na superfície da água enquanto os pés são mantidos sem encostar no fundo da piscina por várias repetições.

Movimentos específicos para água – movimentos que podem ser executados seguramente na água, mas são impossíveis de serem realizados em terra ou são considerados de alto risco.

Multiarticulado – músculo que abrange três ou mais articulações.

Músculo cardíaco – músculo encontrado no coração.

Músculo esquelético – são músculos voluntários sob o controle da consciência; ligam-se aos ossos e permitem ao esqueleto mover-se.

Músculo visceral – músculo liso ou involuntário no corpo, sobre o qual não temos controle.

Músculos agonistas – *ver* Sinergista.

MyPyramid – A USDA introduziu o MyPyramid em 2005 para substituir o Guia alimentar Pyramid de 1992. Oferece uma abordagem mais individualizada e interativa para melhorar a dieta e o estilo de vida ao incorpor recomendações das *Diretrizes dietéticas para norte-americanos*.

N

Negligência – ato que uma pessoa, ao exercer cuidados normais, não cometeria sob circunstâncias padrões, ou a falha em executar o que se faria durante cuidados em circunstâncias normais.

Nervo ciático – nervo que começa na parte inferior da coluna e segue através das nádegas, descendo para o membro inferior. É o nervo único mais longo e mais largo do corpo humano.

Nervo femoral – o maior ramo do plexo lombar e que se origina a partir das divisões ventrais do segundo, terceiro e quarto nervos lombares.

Nervo mediano – um dos cinco nervos principais que se originam do plexo braquial. É o único nervo que passa através do túnel carpal, onde pode ser comprimido e causar a síndrome do túnel do carpo.

Nervo obturador – nervo que se origina das divisões ventrais do segundo, terceiro e quarto nervos lombares; o ramo proveniente do terceiro é o maior, enquanto o proveniente do segundo é geralmente muito pequeno.

Nervo radial – nervo que se origina da corda posterior do plexo braquial com raízes das quatro últimas vértebras cervicais e da primeira vértebra torácica.

Nervo safeno – o maior e mais longo ramo do nervo femoral, que inerva a pele da parte de dentro da perna.

Nervo vago – nervo craniano que é extremamente longo, estendendo-se do tronco cerebral até os órgãos internos. Quando o nervo vago é estimulado, a resposta é, em geral, uma redução na frequência cardíaca ou respiração.

Neuroendócrino – relacionado aos sistemas nervoso e endócrino (especialmente quando funcionam juntos).

Neurônios motores – células nervosas especializadas que inervam as fibras musculares.

Neurotransmissor – substância química que transmite impulsos nervosos entre neurônios por meio da sinapse.

Nível MET – termo equivalente metabólico. Termo usado para descrever a intensidade de exercício. Um único MET é igual à energia gasta em um minuto de repouso.

Nódulos vocais – pequenos calos formados nas cordas vocais causados por sobreuso e abuso da voz.

Nutrição – o estudo dos nutrientes nos alimentos e suas funções no corpo.

Nutricionista – uma pessoa que aconselha em assuntos de dieta, relacionados à saúde, bem-estar e nutrição ideal; não há definição legal, assim o nível educacional pode variar.

Nutricionista licenciado – de acordo com a Associação Norte-americana de Nutrição é "um *expert* em alimento e nutrição que atingiu os requisitos acadêmicos e profissionais mínimos para receber a qualificação de nutricionista".

Nutrientes – componentes da comida que ajudam a alimentar o corpo desempenhando uma das seguintes funções: fornecer energia, servir como material de construção, ajudar a manter ou reparar partes do corpo, prover ou sustentar o crescimento e regular ou ajudar nos processos corporais.

O

Obesidade – condição em que há "um excesso de gordura corporal, resultando com frequência em um dano significativo à saúde"; um nível de 20% ou mais, acima do peso corporal ideal.

Opinião – um estado de espírito em que fé e confiança são depositadas em uma pessoa ou coisa.

Órgão tendinoso de Golgi – um órgão sensorial no tendão que reconhece alterações na tensão no músculo.

Origem – a maioria dos músculos tem ao menos dois tendões, cada um deles ligado a um osso. Uma dessas ligações tende a ser mais estática ou fixa e é chamada de origem do músculo.

Ossificação – o processo pelo qual o osso cresce no corpo.

Osso curto – um osso curto tem basicamente a forma de um cubo e sua largura é semelhante à altura. Exemplos de ossos curtos são os tarsos e carpos.

Osso irregular – osso com uma forma complexa, como uma vértebra.

Osso longo – um osso que é mais comprido do que largo. Ossos longos incluem fêmur, tíbia e úmero.

Osso plano – um osso plano é delgado e geralmente plano, como o nome diz. Os exemplos são o crânio e a escápula.

Osteoartrite – forma de artrite em que alterações degenerativas ocorrem na articulação, causando dor, inflamação e perda da mobilidade normal.

Osteoporose – doença óssea que leva ao aumento do risco de fratura.

Ouvido de nadador – causado pela infecção bacteriana decorrente da falha em secar o ouvido adequadamente após a natação. Sintomas dessa condição incluem coceira, secreção esverdeada, dor ao mastigar e sensação de que o ouvido está tampado.

P

Padrão – um padrão (ou uma combinação) é composto por dois ou mais movimentos unidos para formar algum tipo de sequência repetida em coreografia.

Padrão de cuidado – o nível de cuidado que uma pessoa razoável tomaria para prevenir a lesão de outra.

Paralisia cerebral (PC) – termo genérico que se refere a anormalidades no controle motor causadas por dano precoce ao cérebro de uma criança no decorrer do seu desenvolvimento.

Periférico – perto da superfície ou do exterior, como na circulação periférica.

Periósteo – bainha densa, branca e fibrosa na superfície do osso onde músculos e tendões se ligam.

Periostite (síndrome de tensão tibial medial) – dor e irritação resultantes de inflamação na região do periósteo, geralmente na tíbia (osso da perna).

Plano de ação de emergência (PAE) – um plano de ação predeterminado para situações de emergência. Seu propósito é assegurar que os primeiros socorros sejam providenciados de uma maneira prática e coordenada.

Plano frontal – um plano longitudinal imaginário que divide o corpo em metades anterior e posterior.

Plano sagital – um plano vertical imaginário que se estende da frente para trás, dividindo o corpo em metades direita e esquerda.

Plano transverso – um plano horizontal imaginário que divide o corpo em metades superior e inferior.

Plantar – refere-se à superfície de baixo ou à sola do pé.

Plaquetas – células do sangue cuja função é prevenir perda sanguínea, incluindo o mecanismo de coágulo.

Plexo braquial – um dos ramos nervosos primários ao longo da coluna vertebral; inerva os braços e a área dos ombros.

Plexo cervical – um dos quatro ramos nervosos principais ao longo da coluna vertebral; inerva o troco superior e as extremidades.

Plexo lombar – um dos quatro ramos nervosos principais ao longo da coluna; inerva as regiões glútea e inguinal e as extremidades inferiores.

Plexo sacral – um dos quatro ramos nervosos principais ao longo da coluna vertebral; inerva os músculos glúteos, os músculos que formam a superfície interna da pelve e os músculos que unem o fêmur e a pelve para estabilizar a articulação do quadril.

Pliometria – uma forma de treinamento de resistência dinâmico-ativo de aterrissagem; exercício cíclico de alongamento-encurtamento. Geralmente chamado de treinamento de saltos.

Polinsaturado – se refere ao triglicéride em que dois ou mais carbonos possuem ligações duplas.

Poliomielite (pólio) – doença altamente infecciosa causada por um vírus que invade o sistema nervoso e causa paralisia.

Pós-alongamento – parte do relaxamento, consistindo de exercícios de alongamento para que os músculos retornem ao comprimento pré-exercício.

Posição anatômica – corpo em posição ereta e vertical com os antebraços na posição supina e todas as articulações em posição neutra.

Posterior – termo usado em exercícios para descrever a posição de uma parte do corpo em relação a outra. Posterior significa nas costas ou atrás.

Potência – função de força e velocidade. Habilidade de transformar energia em força em uma escala rápida.

Praticante de exercício intermitente – pessoa que não mantém um horário regular e estável de exercício; gosta de praticar exercício, mas tem dificuldade em reservar tempo para isso.

Praticante de exercício tipo A – uma pessoa que é motivada a exercitar-se pela competição e intensidade.

Praticante de exercício tipo B – uma pessoa que é motivada a exercitar-se pelos benefícios à saúde.

Pré-alongamento – exercícios de alongamento estático realizados depois do aquecimento térmico e antes do aquecimento cardiorrespiratório.

Pressão hidrostática – pressão exercida pelas moléculas de um fluido sobre um corpo submerso.

Pressão sanguínea – a força que o sangue exerce contra as paredes dos vasos sanguíneos.

Princípio de Arquimedes – a diminuição de peso de um corpo submerso é equivalente ao peso do fluido deslocado pelo corpo.

Princípio tudo ou nada – ou todas as fibras musculares de uma unidade motora se contraem com determinado estímulo, ou nenhuma se contrai.

Progressão – aumento gradual da intensidade, duração e frequência com o tempo para reduzir o risco de lesão e melhorar o cumprimento do programa de exercício.

Pronação – rotacionar ou girar o antebraço para dentro de forma que a palma da mão esteja voltada para trás, na posição anatômica.

Pronado – refere-se ao corpo deitado na posição com o rosto virado para o chão.

Proprioceptor – receptor muscular especializado que monitora mudança no comprimento do músculo e a velocidade desta mudança.

Proteínas – um nutriente essencial. São compostos de carbono, hidrogênio, oxigênio e nitrogênio arranjados em filamentos chamados aminoácidos.

Proteínas completas – proteínas que contém grandes quantidades de todos os aminoácidos essenciais.

Protração – movimento do cíngulo do membro superior para a frente, afastando-se da coluna vertebral. Abdução da escápula.

Psicológico – relacionado à mente, especialmente na função de percepção, sentimento ou motivação.

Q

Quilocaloria – a quantidade de calor necessária para aumentar a temperatura de um quilograma (um litro) de água em um grau Celsius.

Quilomícrons – uma das três classes principais de lipoproteínas que transportam gorduras alimentares dos intestinos para a corrente sanguínea e para o fígado e outros tecidos.

R

Radiação – perda de calor corporal por meio de vasodilatação da superfície dos vasos sanguíneos. O calor irradia do corpo para o ambiente circundante.

Reflexo de alongamento – contração muscular em resposta ao alongamento dentro do músculo que promove regulagem automática do comprimento do músculo esquelético. Protege o músculo do excesso de alongamento e de ser danificado pela limitação de movimento.

Reflexo de mergulho – reflexo primitivo associado a um nervo encontrado na área nasal. Quando a face está submersa em água, esse reflexo diminui a frequência cardíaca e a pressão arterial.

Reforço extrínseco – incentivos externos e recompensas que promovem a motivação.

Reforço indireto – motivação que resulta de um ou mais fatores presentes ao redor do participante.

Reforço intrínseco – motivação resultante do fato de a própria atividade ser a recompensa.

Região lombar da coluna – a área inferior da coluna vertebral que é relativa ao abdome, consiste em cinco grandes vértebras.

Relatório de incidente – *ver* Relatório de lesão. Proteínas incompletas – falta de um ou mais aminoácidos em determinadas proteínas.

Relatório de lesão (formulário de relatório de lesão) – registro escrito sobre um incidente ou lesão que ocorreu.

Relaxamento cardiorrespiratório ativo – diminuição gradual das frequências cardíaca e respiratória antes de continuar isoladamente com o condicionamento muscular ou alongamento.

Resistência (R) – uma força a ser superada por uma alavanca.

Resistência cardiorrespiratória – capacidade dos sistemas cardiovascular e respiratório em fornecer oxigênio aos músculos de trabalho por períodos prolongados de produção de energia.

Resistência frontal – resistência que resulta das forças horizontais da água na medida em que o corpo ou parte do corpo se move pela água.

Resistência muscular – a capacidade do músculo de exercer força repetidamente ou manter uma contração fixa ou estática por um tempo.

Respiração metabólica – a conversão de energia química em energia mecânica necessária para contrações musculares.

Responsabilidade – obrigação, débito ou responsabilidade relacionados a alguém; em condicionamento físico, há uma obrigação e responsabilidade legais de manter a segurança para todos os participantes.

Resposta instintiva ao afogamento – refere-se às características do afogamento e à inabilidade de uma pessoa em desespero em chamar ou acenar por socorro e o curto período antes de submergir.

Ressucitação cardiopulmonar (RCP) – um procedimento de emergência que consiste em massagem cardíaca externa e respiração artificial.

Retração – movimento da cintura escapular para trás em direção à coluna. Adução da escápula.

Reversibilidade – este princípio estabelece que o corpo regredirá gradualmente ao estado de pré-treinamento quando a pessoa não se exercitar.

RICE – Primeiros socorros para lesões. Sigla para *rest, ice, compression and elevation* (repouso, gelo, compressão e elevação).

Ritmo (tempo) – a velocidade com que a batida ocorre.

Rotação – refere-se ao movimento ao redor do eixo longo do membro.

Rotação lateral (externa) – também chamada de rotação para fora; ocorre principalmente nas articulações do quadril e ombro. A rotação se refere ao movimento ao redor do longo eixo do membro.

Rotação medial (interna) – também chamada de rotação para dentro; ocorre principalmente nas articulações do quadril e ombro. A rotação se refere ao movimento ao redor do longo eixo do membro.

Ruído cardíaco – um som cardíaco anormal ou extra, causado pelo mal funcionamento de uma válvula cardíaca.

S

Sacro – o osso abaixo da região lombar da coluna vertebral que é composto de cinco vértebras sacrais fundidas.

Sarcômero – a unidade básica de uma miofibrila do músculo estriado.

Saturado – triglicéride que tem um hidrogênio unido a cada ligação livre nos carbonos.

Segurado adicional – pessoa ou entidade adicionada à uma apólice de seguro contra terceiros, para fins de cobertura. Uma parte que está coberta pela apólice de seguro de outra parte.

Seguro de interrupção de serviço (empresa) – seguro que cobre perdas indiretas que ocorrem quando uma perda direta (que resulta de um perigo coberto, como um incêndio) força uma interrupção temporária do funcionamento da empresa.

Seguro de propriedade – seguro que protege a propriedade e o inventário da empresa contra perdas físicas ou danos por roubo, acidente ou outros acontecimentos.

Seguro de responsabilidade geral – seguro que cobre uma situação em que um participante é lesionado nas instalações de trabalho, ou no caso em que um empregado lesione alguém ou danifique a propriedade nas instalações do participante.

Seguro de responsabilidade profissional – seguro que cobre uma situação em que a pessoa é legalmente responsável pela prestação, ou falha na prestação, de serviços profissionais.

Septo – parede entre os lados direito e esquerdo do coração.

Serviços médicos de emergência (SME) – acessado pelo telefone 192 (SAMU) ou outro número apropriado, de acordo com a área geográfica específica.

Sinalização – uma forma especializada de comunicação a fim de instigar a ação. Um sinal para os participantes de uma aula que pode indicar transição, dar informação sobre segurança ou ordem, oferecer motivação, compartilhar *feedback*, envolver a imaginação ou encorajar o relaxamento.

Sinalização de *feedback* – sinalizações usadas para manter um canal aberto de comunicação entre o instrutor ou treinador e o praticante de exercício.

Sinalização de forma – um sinal aos participantes para prestar atenção no alinhamento e na técnica corporais.

Sinalização de movimento ou cadência – uma sinalização transicional que expressa o movimento básico que está sendo executado.

Sinalização de passo – *ver* Sinalização de movimento.

Sinalização de relaxamento – sinalização para obter a percepção de um ambiente de exercício confortável.

Sinalização direcional – sinalização transicional para explicar em que direção quer que seus alunos avancem ou movimentem seus corpos.

Sinalização motivacional – um sinal verbal ou não verbal usado para encorajamento ou reforço.

Sinalização numérica – uma sinalização transicional que comunica as repetições desejadas para cada movimento.

Sinalização para movimentação com os pés – uma sinalização transicional que fornece sinalizações de movimento específicas à parte inferior do corpo, geralmente expressa em direita ou esquerda.

Sinalização rítmica – sinalização transicional que expressa o compasso musical durante o movimento. Mudanças de ritmo e contagens complexas são consideradas sinalizações de ritmo.

Sinalização tátil – uma sinalização que é recebida por toque, como uma mão colocada sobre o grupo muscular alvo ou a movimentação do membro somente no ponto de contato com um objeto.

Sinalização transicional – uma instrução verbal ou não verbal para mudar uma atividade ou direção.

Sinalização visual – uma sinalização que é recebida pela visão, como por meio de sinais manuais, contato visual, expressão facial, postura, demonstração física e linguagem corporal.

Sinalização/sugestão de imagem – uma sugestão que cria uma imagem na mente do participante do exercício que pode ser usada para facilitar o relaxamento ou até o treinamento de alta intensidade.

Síndrome da fadiga crônica (SFC) – um distúrbio imunológico caracterizado por fadiga severa em conjunto com quatro ou mais sintomas específicos.

Síndrome da imunodeficiência adquirida (Aids) – desenvolvimento de sintomas decorrentes da infecção pelo vírus HIV.

Síndrome do impacto no ombro – é causada pela compressão dos tendões do manguito rotador entre uma parte da escápula e a cabeça do úmero.

Síndrome do túnel do carpo – uma lesão por excesso de uso do punho em que o nervo mediano é comprimido pelos tendões flexores inflamados (todos os que passam pelo túnel do carpo), levando à dormência e à fraqueza muscular na mão.

Síndrome pós-pólio (SPP) – afeta adultos que sofreram de pólio na infância e têm sintomas similares aos da pólio.

Sinergista – músculos que ajudam ou dão assistência na ação dos agonistas, mas não são os principais responsáveis pela ação; também chamados de músculos guias.

Sistema ATP-PCr – sistema metabólico anaeróbio que fornece combustível imediato a partir de fosfocreatina armazenada.

Sistema cardiovascular – engloba o coração, os vasos sanguíneos e o sangue. Distribui oxigênio e nutrientes para as células, remove dióxido de carbono e produtos metabólicos das células e mantém equilíbrio ácido-básico do corpo.

Sistema digestório – uma série de órgãos e glândulas que processam a comida. Inclui o trato digestivo e os órgãos associados (p. ex., fígado, vesícula biliar, pâncreas).

Sistema endócrino – um sistema de glândulas que produz e libera moléculas sinalizadoras conhecidas como hormônios.

Sistema esquelético – todos os ossos do corpo, a cartilagem associada e as articulações.

Sistema glicolítico – um sistema metabólico anaeróbio que fornece uma fonte intermediária de ATP e o seu subproduto ácido láctico.

Sistema linfático – este sistema é composto por linfonodos, vasos linfáticos e gânglios linfáticos e transporta um fluido aquoso límpido chamado linfa.

Sistema muscular – abrange os tecidos muscular esquelético, visceral e cardíaco. Há mais de 600 músculos no corpo humano.

Sistema nervoso – conjunto de cérebro, medula espinhal, nervos e órgãos sensitivos, que funciona como centro de controle e rede de comunicação dentro do corpo.

Sistema nervoso autônomo – parte do sistema nervoso eferente e consiste em neurônios eferentes que transmitem impulsos para as glândulas e os músculos involuntários.

Sistema nervoso central – o cérebro e a medula espinal.

Sistema nervoso periférico (SNP) – conecta o cérebro e a medula espinhal com receptores, músculos e glândulas.

Sistema nervoso somático – uma parte do sistema nervoso periférico composta de fibras somáticas eferentes que passam entre o sistema nervoso central e os músculos esqueléticos.

Sistema oxidativo – um sistema metabólico aeróbio no corpo que produz grandes quantidades de ATP e dos subprodutos, dióxido de carbono, água e calor.

Sistema reprodutivo – inclui órgãos que produzem, armazenam e transportam células reprodutivas.

Sistema respiratório – composto pelos pulmões e uma série de passagens que entram ou saem dos pulmões.

Sistema tegumentar – o maior sistema orgânico; inclui a pele e todas as estruturas derivadas dela, inclusive o cabelo e as unhas.

Sistema urinário – inclui órgãos que produzem, armazenam e eliminam urina.

Sístole (pressão sistólica) – a pressão sanguínea quando o coração está se contraindo; especificamente, a pressão arterial máxima durante a contração do ventrículo esquerdo. O tempo em que cada contração ventricular ocorre é chamado de sístole.

Sobrecarga – tensão ou demanda maior do que o normal, localizadas em um sistema fisilógico ou órgão, resultando geralmente em aumento na força ou função.

Sobrepeso – uma condição em que o peso de um indivíduo excede o da população normal ou da média, que é determinado pelas tabelas de peso-altura baseadas em gênero, altura e proporção da constituição física.

Sociedade – uma estrutura empresarial composta de dois ou mais indivíduos que controlam a companhia e são pessoalmente responsáveis por seus débitos. Lucros e perdas são divididos entre todas as partes e suas declarações de renda sobre lucro individual.

Superior – um termo usado em exercício para descrever a posição de uma parte do corpo em relação à outra. Superior significa acima.

Supinação – rotação da palma da mão lateralmente, de maneira que fique voltada para a frente na posição anatômica.

Supino – refere-se ao corpo deitado em uma posição com o rosto virado para cima.

T

Taquicardia – frequência cardíaca anormalmente rápida ou alta.

Taxa de esforço percebido (TEP) – Um valor subjetivo, incluindo todas as respostas corporais sobre a intensidade de esforço. Existe uma escala de 6 a 20 ou de 1 a 10 que pode ser usada para determinar o nível de esforço percebido.

Tecido adiposo – gordura corporal. Seu principal papel é armazenar energia, embora também proteja o corpo e mantenha o calor corporal.

Técnica estratificada – um padrão em coreografia que pode ser repetido; o primeiro padrão pode ser ensinado por repetição de sequência, adicionado ou pela coreografia piramidal.

Tempo de água – velocidade apropriada que é usada no ambiente aquático para permitir reação mais lenta.

Tempo de reação – a quantidade de tempo que se passa entre o estímulo e a ação de acordo com o estímulo.

Tempo de terra – movimento realizado na mesma velocidade usada em terra. O movimento ocorre a cada batida.

Tendão – forte tecido conectivo fibroso que une a fáscia de um músculo com os ossos ou músculos com músculos.

Tendinite – uma condição crônica que envolve inflamação do tendão ou junção musculotendinosa.

Tensão superficial – a força exercida entre as moléculas superficiais de um fluido.

Teoria do filamento deslizante – a explicação de como os músculos produzem força; o filamento grosso (miosina) e o fino (actina) deslizam um sobre o outro, encurtando o comprimento total do sarcômero.

Termo de consentimento informado – um termo assinado que registra que o participante foi completamente informado sobre os riscos e possíveis desconfortos envolvidos em um programa de condicionamento físico.

Teste da fala – um método usado para medir a intensidade do exercício; habilidade de falar durante um exercício pode determinar o quão vigorosamente um indivíduo está se exercitado. Uma pessoa que está se exercitando acima de seu limite é incapaz de falar durante o exercício.

Titularidade única – uma estrutura empresarial em que um indivíduo e a companhia são considerados uma única entidade para fins de arrecadação e responsabilidade.

Torque – a tendência de uma força em rotacionar um objeto sobre um eixo. O torque mede com que intensidade alguma coisa é rotacionada.

Transição – uma transição ocorre quando há uma mudança de um movimento para outro; mudar de uma elevação de joelho para uma corrida leve é uma transição.

Transição avançada – uma transição em que há mudança entre planos *e* que faz a troca de movimentos com um para dois pés sem passar pela posição neutra. Transições avançadas também podem se caracterizar por uma mudança no nível de impacto ou mudanças extremas no posicionamento corporal.

Transição básica – uma transição em que o próximo movimento começa onde o movimento anterior terminou ou uma transição que passa pela posição neutra.

Transição de tempo – uma das três categorias de transição para exercícios em piscina funda, envolve o uso de um movimento em meio-tempo para criar uma mudança suave de um movimento para outro.

Transição intermediária – uma transição em que há troca de planos *ou* mudança entre movimentos com um ou dois pés, sem passar pela posição neutra.

Transtorno alimentar não especificado (TANE) – categoria de padrões de distúrbios alimentares que não se encaixam nos critérios de outros distúrbios alimentares específicos. Pode representar uma combinação desses distúrbios ou descrever alguém que não apresenta todos os critérios de um diagnóstico específico.

Transtorno dismórfico corporal (TDC ou dismorfofobia) – distúrbio em que o indivíduo preocupa-se e inquieta-se excessivamente com um defeito visível em suas características físicas.

Traqueia – tubo que conecta as cavidades nasais com os pulmões.

Treinamento contínuo – parece uma curva em forma de sino. Após o aquecimento, um nível de treinamento equilibrado é mantido na zona-alvo de treinamento por um período de tempo recomendado.

Treinamento em excesso – exercício excessivo resultando em vários sintomas físicos, como fadiga crônica ou insônia.

Treinamento funcional – exercício que envolve treinamento do corpo para atividades realizadas no dia a dia.

Treinamento intervalado – consiste em períodos de exercício com maior dificuldade (ciclos de trabalho) que são intercalados com períodos mais fáceis (ciclos de recuperação).

Treinamento transicional em piscina funda – um formato de treinamento que fornece uma opção para treinamento suspenso em profundidades transicionais (água muito rasa para exercício tradicional em piscina funda, e de fundo para exercício tradicional de água rasa). Ambos os movimentos, supensos e tocando o fundo, são possíveis, e sinalizações apropriadas devem ser dadas para segurança e forma.

Triglicérides – a forma de armazenamento de gordura. Consiste de três ácidos graxos livres e glicerol.

Trombo – um coágulo sanguíneo estacionário.

Trombose – um coágulo em um vaso sanguíneo.

Turbilhões – movimentos rotatórios de um fluido.

Turbulência – fluxo de água agitado e inquieto.

U

Uma repetição máxima (1 RM) – quantidade máxima de peso que alguém pode levantar em uma única repetição para um dado exercício.

Unidade motora – consiste de um motoneurônio e todas as miofibrilas que ele estimula.

V

Valvas – pregas membranosas que abrem para permitir que o sangue flua para dentro das câmaras cardíacas, e então fecham para evitar refluxo.

Vantagem mecânica – fator pelo qual um mecanismo multiplica a força ou o torque colocado nele.

Variabilidade – a variação de intensidade, duração ou forma (treino combinado) das sessões de exercício para obter melhor equilíbrio muscular e condicionamento físico geral.

Vasodilatação periférica – o alargamento dos vasos sanguíneos perto da superfície da pele.

Veias cavas – duas grandes veias que transportam o sangue do corpo para o átrio direito.

Veia cava inferior – grande veia que transporta sangue desoxigenado da metade inferior do corpo para o átrio direito.

Veia cava superior – grande veia que transporta sangue desoxigenado da metade superior do corpo para o átrio direito.

Veias – pequenos vasos que carregam sangue desoxigenado através do corpo e de volta ao coração.

Veias pulmonares – as veias que transportam o sangue oxigenado dos pulmões de volta para o coração pelo átrio esquerdo.

Velocidade – o ritmo e a direção do movimento.

Velocidade – ritmo em que um movimento ou atividade podem ser executados.

Velocidade relativa – a velocidade de um objeto medida em relação à velocidade de outro objeto.

Ventral – a superfície da frente do corpo.

Ventrículo direito – câmara de envio ou bombeamento que manda o sangue para o átrio direito através da artéria pulmonar e para os capilares nos alvéolos nos pulmões.

Ventrículo esquerdo – uma câmara de envio do coração que bombeia o sangue oxigenado para a artéria aorta, que o distribui para o corpo todo.

Vênulas – os ramos menores das veias.

Vértebras – os ossos individuais que compõe a coluna vertebral.

Viscosidade – refere-se à fricção entre moléculas de um líquido ou gás, levando as moléculas a aderir umas às outras (coesão) e, em água, a um corpo submerso (adesão).

Vitaminas – um nutriente essencial. Nutrientes orgânicos não calóricos necessários em pequenas quantidades na dieta.

Vitaminas hidrossolúveis – dissolvem-se facilmente em água e, em geral, qualquer excesso é excretado na urina. Pelo fato de não serem fáceis de armazenar, é importante uma ingestão diária e consistente delas.

Vitaminas lipossolúveis – essas vitaminas seguem o mesmo caminho de absorção que as gorduras e são armazenadas em tecido adiposo. Grandes quantidades podem levar à toxicidade.

Volume corrente – a quantidade de ar inalado e exalado em cada respiração.

Volume sistólico – a quantidade de sangue bombeada por um ventrículo em um batimento cardíaco.

Índice remissivo

Nota: Os números de página seguidos de "f" indicam figuras; aqueles seguidos de "t" indicam tabelas.

A

Abdução/adução 45t, 46f
Abdutores do quadril 25t, 30, 31-32
Acidente vascular encefálico (AVE) 217-219, 245-246
Ácidos graxos ômega 3 267-268
Aclimatação 132
Ações musculares
  concêntricas 77-79, 115t
  excêntricas 77-79, 115t
  isocinéticas 77-80
  isométricas 77-79
Ações musculares e equipamentos aquáticos
  cinco categorias de equipamento 116
  equipamento com peso 119t, 127t
  equipamento de flutuação 124-126f
  equipamento emborrachado 124t, 125t, 127t
  equipamento flutuante 118t, 127t
  equipamento resistivo 120t-121f, 127t
  exercício comuns usando equipamento flutuante, com peso e de arrasto 123t
  movimento básico 114-116t, 117t
  tabela resumida para ações musculares 125-126, 127t
Actina 76-77, 78f
Adaptação 70-71
Adenosina trifosfato (ATP) 72-74
Adiamento e exercício 310-311
Adolescentes
  benefícios do exercício para 213-214
  características dos 212-214
  considerações sobre programa para 213-214
  diretrizes de atividades físicas para 11-12
  temperatura recomendada da água para 212-213
Adutores do quadril 25t, 31-32f
Agilidade 3-4
Ai chi 85-86, 135t, 137-138
Alavancas 52f-54f, 106-108f, 193-194
Álcool 263-264, 265-267
Alinhamento e posicionamento corporal
  definição 160
  do instrutor 139-140
Alongamento 2-4
  balístico 2-3

dinâmico 2-4
estático 2-3
pós-exercício 135-136
rítmico 2-4
Ambiente aquático
  choque elétrico e 92-94
  conceitos fundamentais 83
  considerações sobre piscina 87-92, 93-94
  dissipação de calor em 84-85
  fatores acústicos em 91-92
  imersão em água 84
  questões para revisão 94-95
  resistência da água 86-88
  resumo 94-95
  temperatura da água 84-87, 181-182
  umidade e temperatura do ar em 86-87, 181-182
Ambiente aquático, leis e princípios aplicados a
  alavancas 106-108f, 109t, 193-194
  alterações de intensidade com velocidade 102-104
  arrasto 100-101, 193-194
  conceitos fundamentais 97
  flutuação 107-110, 193-194
  interação das leis físicas 108-111
  lei da ação e reação 106f-107, 109t, 192-193
  lei da inércia 98-101, 109t, 191-193
  leis de aceleração 104f-106, 109t, 192-193
  movimento 98-99
  posições para as mãos – fatores relacionados ao formato 102-103, 109t, 193-194
  pressão hidrostática 108-110
  questões para revisão 111-112
  resistência frontal 101-103f, 109t,192-194
  resumo 110-111
  tensão superficial 108-110
  viscosidade 100-102
Aminoácidos 260-261
Análise de movimento. *Ver também* articulações
  alavancas 52f-54f
  articulações, movimentos possíveis e planos 59t
  coluna e cíngulo do membro inferior 62-65

conceitos fundamentais 43
considerações sobre movimento do cíngulo do membro superior 59-62f
definições matemáticas de termos relacionados a movimento 48
grupos musculares e movimentos 49t
interação entre sistemas esquelético e muscular 58-59
movimentos articulares e amplitude de movimento 50t
planos e eixos 47-48, 48, 50-51t
posição anatômica 44f
postura e alinhamento 64-66
questões para revisão 67
resumo sobre 65-66
termos relacionados a movimento 44-48f
tipos de articulações 54f-58f
Anatomia, exercício
  conceitos fundamentais 17
  questões para revisão 41
  resumo 40
  sistema cardiovascular 37f-39f
  sistema esquelético 18-21f
  sistema muscular 22, 32-33f
  sistema nervoso 32-33f, 36
  sistema respiratório 35f-36
  sistemas do corpo humano 18-20
  termos anatômicos de referência 18-20
Anemia, deficiência de ferro 268-269
Anorexia 272-273
  atlética 273-274
Aquecimento cardiorrespiratório 132
Aquecimento térmico 132
Arco reflexo de alongamento 2-3
Arrasto, definição 100-101, 193-194
Artéria radial 290f
Articulação(ções)
  classificação das articulações sinoviais 55t
  definição 53-54
  do cotovelo 56f, 62-63
  do joelho 56f, 64-65
  do ombro 55f, 62-63
  do polegar 57f
  do punho 57f
  do quadril 55f, 64-65
  do tornozelo 56f
  dobradiça ou gínglimo 56f

382 Fitness aquático: um guia completo para profissionais

elipsóidea ou condilar 57*f*
esferóidea ou bola-e-soquete 55*f*
imóveis 54*f*
intertarsal 57*f*
levemente móvel 54*f*
movimentos, planos de movimento, e 59*t*
pivô ou trocoide 58*f*
plana ou deslizante 57*f*
radiulnar 58*f*
selar 57*f*
totalmente móvel 55*f*
Artrite 224-225
reumatoide 224-225
Asma 222-223
Assistência por lançamento 242-243
Aterosclerose 40, 218-219, 267-268
Atividade física *versus* condicionamento físico 9-12
Atividades diárias (ADs) 2-3
Ato de direitos de reprodução, EUA 1976 315, 321-322, 325-326
Ato dos Americanos com Deficiências (ADA) 315, 322-326
Atrofia muscular 2
Aulas, piscina funda
alterações de intensidade para 191-194
centro de flutuação e gravidade diminuída 186-188
conceitos fundamentais 177
descrição de 136-137, 177, 178
disposição de equipamento de flutuação 187-189
equilíbrio e 188-189
equilíbrio muscular e 152, 188-190
estabilização dinâmica e 186-187
fisiologia e benefícios de 178-180
gerenciando o ambiente 181-184
habilidades de recuperação em posição vertical para 181-183
imersão total e 185-187
opções de equipamento para 183-185
princípio de Arquimedes e 187-188
programa de exercício e liderança para 193-198
público-alvo para 197-199
qualificação dos participantes para 179-181
questões para revisão 199-200
resumo 198-199
segurança de equipamento para 182-184
transições para 189-190/191-192
Aulas, piscina rasa
conceitos fundamentais 159
definições e termos comuns em coreografia 160
execução de movimento em 171-174*t*
movimentos aquáticos específicos 167-169
movimentos básicos em coreografia

aquática 161*t*
música para 170-171
opções de impacto para 163-167*t*
padrões de braço em hidroginástica 169*t*-170*t*
questões para revisão 175
resumo 175
tipos ou estilos de coreografia 161-164
Autoeficácia 304-306
Avaliação da percepção subjetiva de esforço 7
Avaliação de flexibilidade 295-297, 298*f*, 299*f*
Avaliação de risco à saúde e classificação física
avaliação relacionada a saúde 288-293
classificação de condicionamento físico 292-299
classificação física 287-289
conceitos fundamentais 283
consentimento médico 285, 287, 288*t*, 289*f*
histórico de saúde 284-285, 286*f*
interpretação de 297-300
mensuração de fator de risco 284-285, 285, 287
questões para revisão 297-301
resumo 297, 299-300
Avaliação postural 291-293*f*

B

Batimento de pernas em suspensão 153
Benefícios do exercício regular 8-10, 274-276
Benefícios psicológicos de exercício regular 9-10
Biomecânica 44
Boia tipo espaguete 114*f*, 155, 184-185
Bolas 114-115, 118*f*
Brometo 90-91
Bulimia 272-273
Bursite 250-251

C

Cadência 170-171
Calçados, condicionamento físico aquático 87-89*f*, 155, 228-229
Cálcio 225-226, 226-227, 262-263
Calorias, definição 260
Câncer 232-233*t*
Capacidade funcional 8-9
Carboidratos 260*t*, 260-261, 265-266
Células sanguíneas 38*f*
Centro de flutuação 65-66
Cetose 274-275
Choque elétrico 92-94
Chute
alto 167-168
com pegada 167-168
de Kelly 167-168

duplo de perna 167-168
rápido 167-168
sinais para 141*t*
Ciclismo aquático 137-138
Cifose 64*f*, 291-292
Cinesiologia 44
Cíngulo do membro superior (cintura escapular) 59-62
Cintos, flutuação 114-115, 183-185, 187-189
Circulação pulmonar 39*f*
Circundução 45*t*, 46-47, 48*f*
Circunferência da cintura 293-295
Classificação de condicionamento físico
avaliações em condicionamento físico aquático 295-297, 297, 299
composição corporal 3-4, 293*t*-295
condicionamento cardiorrespiratório 296*t*
condicionamento muscular 295-296*t*
flexibilidade 295-297, 298*f*, 299*f*
Classificação relacionada à saúde
avaliação postural 291-293*f*
frequência cardíaca de repouso 288-291
pressão arterial 291*f*, 292*t*
Cloraminas 90-91
Cloro 89-92
Código de ética para profissionais de condicionamento físico aquático 318-319, 319-320
Coeficiente de arrasto 122*f*
Colete, flutuação 155, 184-185
Coluna e cíngulo do membro inferior 62-65
Componente de aquecimento do exercício aquático 132-133
Componentes nutricionais
água 262-264
carboidratos 260*t*, 260-261, 265-266
definição 260*t*-261
gorduras 260*t*, 262, 265-266
minerais 261-263
proteínas 260*t*, 260-261
vitaminas 261-262
Comportamento de exercício
adesão e cumprimento 304-306
autoeficácia e 304-306
conceitos fundamentais 303
definição 304-306
dependência de exercício 307-308
desistência de exercício 304
estilos de aprendizagem e conhecimento de exercício 310-312
estratégias de modificação comportamental 309-311
hierarquia de necessidades humanas e 308-309
lei da atração e 304-306
lei da causa e efeito e 304-306

lócus de controle e 306
modelo transteorético (disposição
    para mudança) 306-308
motivação para se exercitar 306-307
motivadores comuns 308-309
personalidade e exercício 306-307
questões para revisão 312
resumo 311-312
táticas gerais de adesão 308-310
Comportamento e vestuário para
    instrutor 155-156
Composição corporal 3-4, 293t-295
Condicionamento aeróbio, tipos de 8-9
Condicionamento físico
atividade física *versus* 9-12
cinco componentes do 2
componentes relacionados a
    habilidade do 3-4
composição corporal 3-4, 293t-295
conceitos fundamentais 1
definição 2
em pequeno grupo 138-140
em piscina funda 136-137. *Ver também*
    exercício em piscina funda
flexibilidade 2-4
força muscular 2
questões para revisão 13-14
resistência cardiorrespiratória 2
resistência muscular 2-3
resumo 13-14
Condicionamento muscular 136-137
Consentimento
do médico 285, 287, 288t, 289f
esclarecido 321-322, 323f
Considerações legais e questões
    empresariais
Ato dos americanos com deficiências
    (ADA) 315, 322, 325-326
conceitos fundamentais 315
condição de trabalho e estrutura
    empresarial 316-317
gerenciamento de risco 317-319
questões para revisão 326-327
responsabilidade 318-322
resumo 325-326
seguro 317-318
Considerações sobre piscina
calçados 182-183
componentes da piscina 91f
entrada e saída da piscina 181-182
espaço de trabalho do aluno 181-182
fundo da piscina 87-89
lista de checagem 93-94
profundidade da piscina 181-182
profundidade e declive 87-88
qualidade da água 89-92
qualidade do ar 91-92
superfícies de *deck* 89-90
valetas e escadas 89-90

Consumo máximo de oxigênio
    ($\dot{V}O_2$max) 4-5
Contrações
exercício 309-310
isotônicas 77-79
Contratados independentes 316-317
Convulsões epiléticas 229-231, 245-246
Coordenação 3-4
Coreografia aquática
de adição 161-163
definições e termos 160
em progressão linear ou estilo livre
    161-162
movimentos básicos em 161t
padronizada 162-163
piramidal 161-162
Corporações na profissão de educador
    físico 316, 317
Corrente humana 242-243
Crianças
até 2 anos de idade 208-210
benefícios do exercício para 208-209
características das 208-209
de 3 a 5 anos 210-211
de 6 a 9 anos 210-211
de 9 a 12 anos 210-213
diretrizes para atividade física para
    considerações para o programa
    208-209/212-213
formatos de programas recomendados
    para 207-209
temperatura recomendada da água
    para 86t, 207-208

D

Débito de oxigênio 79-80
Dedução da frequência cardíaca aquática
    de Kruel 5-7
Deficiência
de ferro 261-262, 268-269
de oxigênio 79-80
Dependência, exercício 307-308
Desfibriladores externos automáticos
    (DEA) 240, 241-242
Diabetes
atendimento médico de emergência e
    243-245t
descrição de 227-228
exercício e 227-229
índice de massa corporal e 293-295
Diafragma 34-36
Diálogo interior, modificação do 310-311
Dicas de ensino para instrutores de
    condicionamento físico aquático
código de ética 318-319, 319-320
comportamento e vestuário 155-156
ensinando a partir do *deck* e na piscina
    151-152
ensinando de dentro da piscina
    149-152

instrução a partir do *deck* 146, 146-
    150, 196-198
liderando o exercício 151-152
movimentos de alto risco a evitar
    152-154
posicionamento e alinhamento
    corporal 139-140, 160
sinalização 139-144
Dieta (componentes nutricionais)
água 262-264
carboidratos 260t, 260-261, 265-266
definição 260t-260-261
gorduras 260t, 261-262, 265-266
minerais 261-263
proteínas 260t, 260-261
vitaminas 261-262
Dieta e gerenciamento de peso
conceitos fundamentais 259
distúrbios alimentares 271-274
doenças e padrões alimentares 266-269
estratégias de gerenciamento de peso
    274-278
nutrição geral 260-267
questões para revisão 280
recursos da internet 278-279
resumo 278-279
teorias sobre obesidade 270-272
Diretrizes alimentares para norte-
    americanos 264-267
Diretrizes de atividade física para norte-
    americanos 11-12, 264-265
Diretrizes para exercício
do American College of Sports
    Medicine (ACSM) 3-5
Diretrizes para atividade física. *Ver*
    também diretrizes para exercício
para adultos 11-12
para adultos com deficiências 12-13
para adultos com mais de 65 anos
    11-13
para crianças 11-12
para mulheres durante a gravidez
    12-13
Diretrizes para o consumo de água
    262-264
Distrofia muscular (DM) 228-229
Distúrbio de compulsão alimentar
    272-274
Distúrbios alimentares 271-274
Distúrbios imunológicos e
    hematológicos
Aids e HIV 234-237
câncer 232-233, 233t
síndrome da fadiga crônica 234-235
síndrome de fibromialgia 233-234
Doença cardiovascular
acidente vascular encefálico (AVE)
    217-219
aterosclerose 40, 217-218, 218-219,
    267-268

384 Fitness aquático: um guia completo para profissionais

características de 217-218
considerações para o programa 217-218, 219-222
considerações sobre a dieta 267-268
doença cardíaca coronariana (DCC) 217-218
exercício e 219-221
infarto agudo do miocárdio (IAM) 217-218, 244-245
mulheres e 218-221
níveis de colesterol e 220t, 267-268
Doença de Parkinson (DP) 86t, 230-232
Doença metabólica 226-229
Doença pulmonar do guarda-vidas 91-92, 252-254
Doença pulmonar obstrutiva crônica (DPOC) 222-223
Doenças musculoesqueléticas 224-227
Doenças neuromusculares 228-233
Doenças pulmonares
  asma 222-223
  características das 222-223
  considerações para o programa 221-223, 223-224
  doença pulmonar obstrutiva crônica (DPOC) 222-223
  exercício e 223
Doenças que afetam populações especiais
  diabetes 227-228, 228-229, 243-245t, 293-295
  distúrbios imunológicos e hematológicos 232-237
  doença cardiovascular 217-222
  doença metabólica 226-229
  doenças musculoesqueléticas 224-227
  doenças neuromusculares 228-233
  doenças pulmonares 221-224
  lesões crônicas 248-253
  questões para revisão 236-238
  resumo em 236-237
Dor nas costas 224-226, 251-252f
Dor no joelho 251f, 251-252

E

Embolia 218-219
Emergências médicas e lesões
  conceitos fundamentais 239
  desespero e afogamento 241-243
  diabetes 243-245t
  emergências relacionadas a frio e calor 245-249
  infarto agudo do miocárdio (IAM) 217, 245
  lesões crônicas 248-253
  mal súbito 242-244
  parada cardíaca 245-246
  planos de ação de emergência 240
  questões para revisão 256-257
  relâmpago 92-94, 247-249

resumo 255-257
treinamento em primeiros socorros, RCP, DEA 240-242
Equilíbrio 3-4, 188-189
Equilíbrio muscular 72f-73, 151-152, 188-190
Equipamento
  com peso 119f, 127t
  de arrasto 120f-121f, 127t
  de flutuação 124-126f, 183-185
  emborrachado 124f, 125t, 127t
  flutuante 118f, 127t
Equipamento de condicionamento físico aquático
  calçados 87-89f, 155, 228-229
  cinco categorias de 116
  conceitos fundamentais 113
  equipamento com peso 119f, 123t, 127t
  equipamento de arrasto 120f-123t
  equipamento de flutuação 124-126f, 155
  equipamento emborrachado 124f, 125t,127t
  equipamento flutuante 118f, 123t, 127t, 155
  equipamentos resistivos 120f-123t, 127t
  lista de 114-115
  opções de equipamento para piscina funda 183-185
  principais movimentos e ações musculares 114-116t, 117t
  questões para revisão 129
  resumo 129
  seleção e compra de 125-128
  tabela resumida para ações musculares 125-126, 127t
  uso adequado de 154-155
Eritrócitos 38f
Escadas, piscina 89-90
Esclerose lateral amiotrófica (ELA) 231-232
Esclerose múltipla (EM) 86t, 228-230
Esqueleto humano 21f
Estabelecimento de objetivos
  para gerenciamento de peso 277
  programas de exercício e 309-310
Estabilização dinâmica 186-187
Estilos de aprendizagem 311-312
Estilos ou tipos de coreografia aquática
  de adição 161-163
  de progressão linear ou estilo livre 161-162
  de repetição de sequência ou padronizada 162-163
  definição 160
  piramidal 161-162
  técnica seriada 162-164
Estratégias de gerenciamento de peso

estabelecimento de objetivos 277
exercício 274-276
exercício aquático 274-276
guia de avaliação de dieta 275-276
modificação de comportamento 276
motivação 277
recursos da internet em 278-279
sistema de referência e 277-278
Ética, código de 318-319, 319-320
Eversão 45t, 46-47
Excesso de consumo de oxigênio pós-exercício (EPOC) 80-81
Excesso de treinamento aeróbio de resistência 254t
Execução de movimento
  meio-tempo de água (1/2A) 172-173t
  tempo de água (TA) 171-172, 171-172t
  tempo de terra (TT) 171, 171-172t
  tempo de terra combinado com tempo de água e meio-tempo de água 174t
Exercício
  aeróbio em estado de equilíbrio 80f
  anaeróbio 79-80, 80f
  benefícios de 8-10
  de dança aquática 136-137
  para gerenciamento de peso 274-276
Exercício em piscina funda (deep-water)
  alterações de intensidade para 191-194
  centro de flutuação e gravidade diminuída 186-188
  conceitos fundamentais 177
  definição 177, 178
  disposição de equipamento de flutuação para 187-189
  equilíbrio e 188-189
  equilíbrio muscular e 152, 188-190
  estabilização dinâmica e 186-187
  fisiologia e benefícios de 178-180
  gerenciando o ambiente 181-184
  habilidades de recuperação da posição vertical para 181-183
  imersão total 185-187
  opções de equipamento para 183-185
  princípio de Arquimedes e 187-188
  programa de exercício e liderança para 193-198
  público-alvo para 197-199
  qualificação dos participantes para 179-181
  questões para revisão 199-200
  resumo 198-199
  segurança de equipamento 182-184
  transições para 189-192
Exercício em piscina rasa (shallow-water)
  conceitos fundamentais do capítulo 159
  definições e termos comuns em coreografia 160
  estilos ou tipos de coreografia 161-164

Índice remissivo **385**

execução de movimento 171-174*t*
movimentos básicos em coreografia
aquática 161*t*
movimentos específicos para água
167-169
música 170-171
opções de impacto para exercício
aquático 163-167*t*
padrões de braço em hidroginástica
169*t*-170*t*
questões para revisão 175
resumo 175
Exercícios
abdominais 154
com apoio na parede 153-154
neuromusculares 7-9
Extensão 44, 45*f*
Extensores do punho 24*f*, 25*t*, 28*f*

F

Fascite plantar 249-250
Fatores acústicos na área da piscina
91-92
Fibra 260-261
Fibras musculares
de contração lenta 77-79
de contração rápida 77-79
Fisiologia do exercício
conceitos fundamentais 69
equilíbrio muscular 72*f*-73, 152,
188-190
especificidade 71
metabolismo de energia 72-77*f*
princípios fisiológicos 70-71
questões para revisão 81-82
respostas ao exercício aeróbio 80*f*-81
resumo 80-81
tecido muscular esquelético 77*f*-80
Flexão 44-45*f*
Flexibilidade, definição 2-4, 7-8
Flexores do punho 24*f*, 25*t*, 28*f*
Flutuabilidade 107-110, 193-194
Flutuadores de braço 114-115, 118*f*, 124*f*,
155
flutuação superior 184-185
Fluxo sanguíneo e oxigenação 38-39*f*
Fluxo suave 102*f*
Força muscular 2
Fórmula de Karvonen 5-7
Formulário de consentimento 321-322,
323*f*
Formulário de relatório sobre lesão 231-
322, 324*f*
Fraturas por estresse 252-253
Frequência cardíaca 40, 288-291
de repouso (FCrep) 5-7, 288-291
de repouso verdadeira 289-290
de reserva (FCR) 5-7
Frequência de treinamento 4-5
Fuso muscular 3*f*

G

Gasto calórico 269-270*f*
Gasto de energia 269-270*f*
Gerenciamento de risco 317-319
Glicose 290-291
Glúteo
máximo 25*t*, 30-31*f*
médio 30-31*f*
mínimo 30-31*f*
Gorduras 260*t*, 261-262, 265-266
insaturadas 261-262
saturadas 261-262
trans 261-262
Gravidez, programas aquáticos durante
a 137-139
Grupo muscular quadríceps femoral 25*t*,
31-32*f*
Grupos e movimentos musculares 49*t*
Guia alimentar da USDA 264-265,
266-267
Guia de avaliação de dieta 275-276

H

Habilidades de recuperação da posição
vertical 181-183
Hemoglobina 38*f*
Hidroginástica *deep-water*
alterações de intensidade 191-194
centro de flutuação e gravidade
186-188
conceitos fundamentais 177
definição 136-137, 177, 178
disposição de equipamento flutuante
187-189
equilíbrio e 188-189
equilíbrio muscular e 152, 188-190
estabilização dinâmica e 186-187
fisiologia e benefícios 178-180
gerenciando o ambiente 181-184
habilidades de recuperação da posição
vertical 181-183
imersão total 185-187
opções de equipamento para 183-185
princípio de Arquimedes e 187-188
programa de exercício e liderança para
193-198
público-alvo 197-199
qualificação de participantes para
179-181
questões para revisão 199-200
resumo 198-199
segurança de equipamento 182-184
transições para 189-192
Hiperextensão 45*t*, 46*f*
Hiperflexão da articulação do joelho 154
Hiperglicemia 227-228, 243-244, 245*t*
Hipertensão 218-219, 268-269
Hipertrofia, músculo 2
Hipoglicemia 227-229, 243-245*t*
Hipotermia 246-249

Histórico, saúde 284-285, 286*f*
HIV (vírus da imunodeficiência humana)
234-237

I

Idade
cronológica 204
funcional 204
Idosos
benefícios do exercício para 204-205
características de 204-205
considerações para o programa
204-206
diretrizes para 11-13
formatos de programa recomendados
para 204
temperatura recomendada da água
para 86*t*, 204
Iliopsoas 25*t*, 29-30, 30-31*f*
Imagem mental 310-311
Imersão em água 84, 185-187
Imersão total 185-187
Inclinação 45*t*, 46-48
anterior 48*f*
Índice de massa corporal (IMC) 206-207,
269-270
Índice glicêmico 277-279
Indivíduos obesos
benefícios do exercício para 206-207,
271-272
características de 205-207
considerações para o programa
206-208
formatos de programa recomendados
para 205-206
temperatura recomendada da água
para 86*t*, 205-206
Inércia, lei da 98-101, 109*t*
Infarto agudo do miocárdio (IAM) 217-
218, 244-245
Instrução a partir do *deck*
aulas em piscina funda e 196-198
padronizações e diretrizes para
146-147
transmitindo execução de movimento
147-150
transmitindo o ritmo apropriado
149-150
vantagens e desvantagens da 146-148
Instrutor de condicionamento físico
aquático
código de ética para 318-319, 319-320
comportamento e vestuário para
155-156
doença pulmonar do guarda-vidas 91-
92, 252-254
ensinando a partir do *deck* e na piscina
151-152
ensinando de dentro da piscina
149-152

instrução a partir do *deck* 146, 146-150, 196-198

liderando o exercício 151-152

posicionamento e alinhamento corporal 139-140, 160

preocupações com a saúde 91-92, 252-254

sinalização feita por 139-144

treinamento excessivo 253-254, 254*t*

uso e abuso vocal pelo 253-255*f*

Instrutores, questões de saúde de

doença pulmonar do guarda-vidas 91-92, 252-254

treinamento excessivo 253-254, 254*t*

uso e abuso vocal 253-255*f*

Intensidade de treinamento 4-8

Inversão 45*t*, 46-47

J

Jogging

como movimento básico 161*t*

sinais para 141*t*

K

Kickboxing aquático 136-138

L

Lei da ação e reação 106*f*-107, 192-193

Lei da aceleração 104*f*-106, 109*t*, 192-193

Lei da atração 304-306

Lei da causa e efeito 304-306

Lei da inércia 98-101, 109*t*, 191-193

Leis de movimento de Newton

descrição da 98-99, 109*t*

lei da ação e reação 106*f*-107, 192-193

lei da aceleração 104*f*-106, 192-193

lei da inércia 98-101, 191-193

Leis físicas aplicadas ao ambiente aquático

alavancas 106-108*f*, 109*t*, 193-194

alterações de intensidade com velocidade 102-104

arrasto 100-101, 193-194

conceitos fundamentais 97

flutuabilidade 107-110, 193-194

interação de leis físicas 108-111

lei da ação e reação 106*f*-107, 109*t*, 192-193

lei da aceleração 104*f*-106, 109*t*, 192-193

lei da inércia 98-101, 109*t*, 191-193

leis de movimento de Newton 98-99

movimento 98-99

posições de mão; fatores relacionados ao formato 102-103, 109*t*, 193-194

pressão hidrostática 108-110

questões para revisão 111-112

resistência frontal 101-103*f*, 109*t*, 192-194

resumo 110-111

tensão superficial 108-110

viscosidade 100-102

Lesão de medula espinal (LME) 232-233

Lesão na cabeça 231-233

Lesões crônicas

bursite 250-251

definição 248-249

diretrizes para pessoas com 12-13

dor nas costas 251-252

dor no joelho 250-252

fascite plantar 249-250

fraturas por estresse 252-253

ouvido de nadador 252-253

periostite 249-250

síndrome do túnel do carpo 251-252*f*-253

tendinite 249-251

Lesões e emergências

conceitos fundamentais 239

convulsões epiléticas 245-246

desespero e afogamento 241-243

diabetes 243-245*t*

emergências relacionadas a frio e calor 245-249

infarto agudo do miocárdio (IAM) 217-218, 244-245

mal súbito 242-244

parada cardíaca 245-246

planos de ação de emergência 240

primeiros socorros, treinamento em RCP e DEA 240-242

questões para revisão 257-257

relâmpago 92-94, 247-249

resumo 255-257

Lesões por uso excessivo 248-249

Leucócitos 38*f*

Liberação ou renúncia do direito de responsabilidade 321-322, 323*f*

Ligamentos 24*f*, 25*t*, 31-32*f*, 72*f*

Limiar de treinamento 71

Lipoproteínas de alta densidade (HDL) 220*t*, 268-269

Lipoproteínas de baixa densidade (LDL) 220*t*, 267-268

Lócus externo de controle 306

Lócus interno de controle 306

Lordose 64*f*, 291-293

Luvas para hidroginástica (luvas "mão de pato") 114-115, 120*f*, 120, 122, 184-185

M

Manobra de Valsalva 155, 184-185

Massa corporal magra 292-293

Meio-tempo aquático 172-173*t*, 174*t*

Metabolismo energético

adenosina trifosfato (ATP) 72-74*f*

cadeia de conversão de energia 73*f*

sistema ATP-PCr 73-75*f*

sistema glicolítico 75*f*

sistema oxidativo 74-76*f*

sistemas metabólicos trabalhando juntos 75-77*f*

Método relâmpago-trovão 92-94

Microfones 92*f*, 255-256

Minerais 261-263

Minha pirâmide 267*f*

Miofibrilas 77*f*

Miosina 76-77, 78*f*

Mitocôndria 74-75, 76*f*

Modelo transteorético 306-308

Modificação de comportamento para perda de peso 276

Modo de treinamento 4-5

Motivação e participação no exercício 306-307, 308-309

Motoneurônios 33-34*f*, 76-77

Movimento

com apoio no chão ou ancorado 164-167

elevado e impulsionado 166-167*t*

em terra 114-115, 117*t*, 127*t*

puro 114-115, 116*t*, 117*t*, 127*t*

submerso 116, 117*t*, 127*t*

Movimentos

alto risco 152-154

básicos em coreografia aquática 161*t*

escapulares 60*t*, 62*f*

específicos para água 167-169

Mudança, disposição para 306-308

Mulheres

deficiência de ferro e 261, 269

distúrbios alimentares e 271-274

doença cardiovascular e 218-221

osteoporose e 225-227, 267-269

Mulheres em pré-natal e pós-natal

benefícios do exercício para 215-216

características das 214-216

considerações para o programa 137-139, 215-218

diretrizes de atividades física para 12-13

temperatura recomendada da água para 86*t*, 213-214

Músculo

agonista 22-23, 72, 115*t*

antagonista 22-23, 72, 115*t*

bíceps braquial 23*f*, 24*f*, 25*t*, 26-27*f*, 116*f*

cardíaco 22

deltoide 24*f*, 25*t*, 26-27*f*

eretor da espinha 25*t*, 27-28, 28-29*f*

esquelético 22

esternocleidomastoideo 24*f*, 25*t*, 26*f*

gastrocnêmio 24*f*, 25*t*, 31-32, 32-33*f*, 72*f*

latíssimo do dorso 24*f*, 25*t*, 26-27*f*

peitoral maior 24*f*, 25*t*, 26*f*

quadrado lombar 25*t*, 27-29*f*

reto abdominal 25*t*, 28-29*f*

sóleo 25*t*, 31-33*f*

tibial anterior 25*t*, 32-33*f*

transversal do abdome 25*t*, 28-29,
29-30*f*
trapézio 24*f*, 25*t*, 26*f*
tríceps braquial 23*f*, 23-24, 25*t*, 26-27,
27-28*f*, 116*f*
visceral 22
Músculos
da perna 25*t*, 29-33*f*
do braço 23*f*, 25*t*, 26-27*f*, 27-28*f*
oblíquos externos 25*t*, 29-30*f*
oblíquos internos 25*t*, 29-30*f*
Música
em relação a questões legais 321-322,
325
exercício em piscina funda e 197-198
exercício em piscina rasa e 170-171

N

Negligência 320-322
Níveis de colesterol 220*t*, 267-268
Níveis de glicose e diabetes 243-245*t*
Nódulos vocais 254-255, 255*f*
Nutrição e gerenciamento de peso
conceitos fundamentais 259
Diretrizes alimentares para norte-
americanos 264-267
distúrbios alimentares 271-274
doenças e padrões alimentares
266-269
estratégias de gerenciamento de peso
274-278
nutrição geral 260-267
questões para revisão 280
recursos de internet em 278-279
resumo 278-279
teorias sobre obesidade 270-272

O

Obesidade
definição 269-270
índice de massa corporal, risco de
doença e 206-207, 295*t*
teorias sobre 270-272
Objetivos SMART 277
Opções de impacto para exercício
aquático
movimento com apoio no chão ou
ancorado 164-167
movimento elevado e impulsionado
166-167*t*
níveis I, II e III 163-166*f*
Órgão tendinoso de Golgi 3*f*, 3-4
Ossos
classificação 18-20
como crescem 20-21
curtos 18-20, 19-20*f*
esqueleto humano 21*f*
longos 18-20, 19-20*f*
partes de um osso 19-20*f*
planos 18-20, 19-20*f*

Osteoartrite 224-225
Osteoporose 225-227, 267-269
Ouvido de nadador 252-253
Oxigenação e fluxo sanguíneo 38-39*f*

P

Padrão de atendimento 318-319
Padrões de braço em hidroginástica 153,
169*t*-170*t*
Palmares 114-115, 120*f*
Pânico e afogamento 241-243
Parada cardíaca 245-246
Paralisia cerebral (PC) 230-231
Passos largos (caminhada e *jogging*
aquático) 136-137
Patela, problemas da 251*f*, 251-252
Periostite 249-250
Personalidade e exercício 306-307
Pesos para tornozelo 119*f*
Pilates 85-86, 137-138
Planejamento e liderança em exercício
aquático
componente de aquecimento 132-133
componente de relaxamento 134-136
componentes da aula 132
comportamento e vestuário do
profissional 155-156
conceitos fundamentais 131
fase de condicionamento e resistência
132-135
ideias para formatos de aula para
treinamento de condicionamento
muscular 135*t*
ideias para formatos de aula para
treinamento de flexibilidade
muscular 135*t*
métodos para instrução segura e
efetiva 146-152
movimentos de alto risco e ineficazes
152-154
posicionamento e alinhamento
corporal do instrutor 139-140,
160
questões para revisão 157
resumo 155-156
sinalização 139-144
transições suaves para criar fluidez
143-145*t*
uso adequado de equipamento
154-155
variações no formato de programas
135-140
Planos e eixos do corpo 47-48, 50-51*t*
frontal 47-48, 51*t*, 59*t*
sagital 47-48, 51*t*, 59*t*
transversal 47-48, 50, 51*t*, 59*t*
Pliometria 153, 166-167
Poliomielite 231-232
Polichinelos
como movimento de nível III 164-166

opções impulsionadas/elevadas para
167*t*
padrões de braço e 169*t*
sinais para 141*t*
Populações especiais
adolescentes 212-214
crianças 207-213
diretrizes de atividades físicas para
11-13
idosos 204-206
indivíduos obesos 205-208
mulheres em pré-natal e pós-natal
213-218
Populações especiais com distúrbios/
doenças
distúrbios imunológicos e
hematológicos 232-237
doença cardiovascular 217-222,
267-268
doença metabólica 226-229
doenças musculoesqueléticas 224-227
doenças neuromusculares 228-233
doenças pulmonares 221-224
questões para revisão 236-238
resumo em 236-237
Posição
anatômica 44*f*
neutra 64, 65*f*
Posicionamento e alinhamento corporal
definição 160
do instrutor 139-140
Posições de mão – fatores relacionados
ao formato 102-103, 109*t*, 193-194
Postura e alinhamento corporal 64-66
Potência 3-4
Potência cardíaca 40
Praticante de exercício
intermitente 306-307
tipo A 306-307
tipo B 306-307
Pré-alongamento 132
Pressão arterial
alta 40, 218-219, 268*t*
definição 39-40
medindo 291*f*-292*t*
Pressão hidrostática 108-110
Primeiros socorros 240-242. *Ver também*
Emergências médicas e lesões
Princípio de Arquimedes 107-108,
187-188
Princípio do tudo ou nada 77
Programa de exercício e liderança
componente de aquecimento 132-133
componente de relaxamento 134-136
componentes da aula 132
comportamento e vestuário
profissional 155-156
conceitos fundamentais 131
fase de condicionamento e resistência
132-135

388 Fitness aquático: um guia completo para profissionais

ideias para formatos de aula para
treinamento de condicionamento
muscular 135t
ideias para formatos de aula para
treinamento de flexibilidade
muscular 135t
métodos para instrução segura e
eficiente 146-152
movimentos de alto risco e ineficazes
152-154
posicionamento e alinhamento
corporal do instrutor 139-140, 160
questões para revisão 157
resumo 155-156
sinalização 142f-144
transições suaves para criar fluidez
143-145t
uso apropriado de equipamento
154-155
variações de formato de programa
135-140
Programa de exercício e liderança para
piscina funda
cross-training (treinamento cruzado) de
piscina funda e rasa 194-196
formato de aula 194-196
instrução a partir do deck 196-198
música e ritmo 197-198
programas corpo-mente 195-196
treinamento em circuito 195-196
treinamento intervalado 195t
treinamento tradicional 194-195
treinamento transicional 195-196
Programas de ioga 85-86, 135t, 137-138
Programas mente-corpo em piscina
funda 195-196
Programas para artrite 86t, 135t, 138-139
Pronação 45t, 47f
Proporção cintura-quadril 293-295
Proteínas 260t, 260-261
Pulso, tomando o 290f

Q
Qualidade da água, piscina 89-92
Questões empresariais e considerações
legais
Ato dos Americanos com Deficiência
(ADA) 215, 322-326
conceitos fundamentais 315
condição de trabalho e estruturas
empresariais 316-317
gerenciamento de risco 317-319
questões para revisão 326-327
responsabilidade 318-322
resumo 325-326
seguro 317-318

R
Recrutando e mantendo alunos
adesão e cumprimento 304-306

autoeficácia e 304-306
conceitos fundamentais 303
conhecimento sobre exercício e
310-312
definição 304-306
dependência do exercício 307-308
desistência do exercício 304
estratégias de modificação
comportamental e 309-311
hierarquia das necessidades humanas
e 308-309
lei da atração e 304-306
lei da causa e efeito e 304-306
lócus de controle e 306
modelo transteorético (disposição
para mudança) e 306-308
motivação 306-307, 308-309
motivadores comuns para 308-309
personalidade e exercício 306-307
questões para revisão 312
resumo 311-312
táticas gerais de adesão 308-310
Redução do risco de câncer 267-268
Reforço e motivação 306-307
Regras do guarda-vidas 182-183, 240-241
Relaxamento 134-136
cardiorrespiratório 135-136
Renúncia à responsabilidade 321-322,
323f
Resistência
cardiorrespiratória 2
da água 86-88
frontal 101-103f, 109t, 192-194
muscular 2-3
Respiração frenolabial 224
Respirando corretamente durante o
exercício 36
Responsabilidade 318-322
Resposta instintiva de afogamento
241-243
Respostas ao exercício aeróbio 80f-81
Ressuscitação cardiopulmonar (RCP)
240-242
Reversibilidade 71
Rotação 45-46, 47f

S
Saltar e virar 168-169
Salto, como movimento básico 161t
Salto grupado e em direção ao calcanhar
168-169
Saltos pliométricos 153
Sarcômero 76-77
Saúde do profissional de
condicionamento físico aquático
doença pulmonar do guarda-vidas 91-
92, 252-254
treinamento excessivo 253-254, 254t
uso e abuso vocal 253-255f
Seguro 317-318

Seguro contra acidentes de trabalho
317-318
Sinais
de feedback 140-141
de relaxamento 140-141
de trabalho dos pés 140-141
definição 160
direcionais 140-141
motivacionais 139-141
rítmicos 140-141
transicionais 140-141
Sinalização
audível 140-141t
de imagem 140-141
dicas em 141-144
estilo 143-144
tátil 141-142
tipos de 139-141
visual 141t
Síndrome
da dor lombar 224-226
da fadiga crônica (SFC) 234-235
da fibromialgia (SFM) 233-234
da imunodeficiência adquirida (Aids)
234-237
do túnel do carpo 251-252f-253
Sistema
aferente 33-34f
eferente 33-34f
esquelético 18-21f
glicolítico 75f
oxidativo 74-76f
respiratório 35f-36
Sistema cardiovascular
artérias 37f, 36-37
células sanguíneas 38f
coração 36, 37-38f
fluxo sanguíneo e oxigenação 38-39f
veias 37f, 36-37, 38-39
Sistema muscular
características do tecido muscular
22
estrutura muscular 22-23f
organização muscular 22-24
pares musculares 72f-73
principais músculos do corpo 25t
região superior do tronco 23-24,
26f-27f
região inferior do tronco e
extremidades 29-33f
tecido muscular esquelético 22
tronco (seção média) 27-30f
Sistema nervoso
definição 33
nervos básicos periféricos 34f-36
organização do 33f-34
Sobrecarga 70, 191-192
progressiva 70
Step aquático 136-137
Sua energia precisa de "colinha" 261-262

Superfícies do *deck* 89-90
Supinação 45*t*, 47*f*

T

Tabagismo e desistência do exercício 304
Tai chi 85-86, 135*t*, 137-138
Taxa metabólica de repouso (basal)
(TMR) 269-270
Tecido muscular esquelético 77*f*-80
Técnica seriada 162-164
Técnicas de sinalização audível e visual
140-141*t*
Temperatura
da água 84-87, 181-182
e umidade do ar 86-87, 181-182
Tempo de reação 3-4
Tempo de terra (TR) 171-172, 172*t*, 174*t*
Tempo de água (TA)
como execução do movimento 171-
172, 172*t*, 174*t*
definição 160
Tempos
meio-tempo de água 172-173*t*
movimentos com ritmos combinados
174*t*
tempo de água (TA) 160, 171-172*t*
tempo de terra (TT) 171-172, 171*t*
Tendinite 249-251
Teoria
da célula adiposa 270-272
de enzimas 270-271
do filamento deslizante 76-78*f*
do ponto crítico 270-271

do sinal externo 271-272
Terminologia muscular 115*t*
Termogênese 271-272
Termos cardiovasculares 39-40
Teste de fala 7
Tornozeleiras 159, 184-185
Transição
avançada 143-144, 144-145*t*, 146*t*
básica 143-144, 144-146, 145*t*, 146*t*
definição 160
intermediária 143-144, 144-146, 145*t*,
146*t*
Transições
piscina funda 189-192
piscina rasa 143-145*t*
Transtorno dismórfico corporal (TDC)
273-274
Treinadores de perna 121*f*
Treinamento
aeróbio em piscina funda
(hidroginástica *deep-water*),
tradicional 194-195
com degrau (*step* aquático) 136-137
contínuo 8-9
de condicionamento muscular 133-
134, 135*t*
de flexibilidade/amplitude de
movimento 133-135
de resistência cardiorrespiratória
132-134*t*
duração 7-8
em circuito 8-9, 135-136, 195-196
excessivo 253-254, 254*t*

flexibilidade 7-8
funcional 3-4
frequência 4-5
intensidade 4-8
intervalado 8-9, 135-137
intervalado, piscina funda *deep-water*
195*t*
modo(s) 4-5
personalizado e condicionamento
físico em pequeno grupo 138-140
Trombose 218-219
Trovão e relâmpago 92-94, 247-249
Tubos emborrachados 114-115, 124*f*
Turbilhões 102*f*

U

Uma repetição máxima (1 RM) 7-8
Uso e abuso vocal 253-255*f*

V

Vantagem mecânica 52-53, 54*f*
Variabilidade / *cross-training* (treinamento
cruzado) 71
Velocidade 3-4
relativa 120, 122
Viscosidade 100-102
Vitaminas 261-262
hidrossolúveis 261-262
lipossolúveis 261-262
Vítimas de afogamento/vítimas de
pânico 241-243
Volume corrente 9-10
Volume sistólico 9-10, 40